PLATONIS OPERA

RECOGNOVIT
BREVIQVE ADNOTATIONE CRITICA INSTRVXIT

IOANNES BURNET

IN VNIVERSITATE ANDREANA LITTERARVM GRAECARVM PROFESSOR
COLLEGII MERTONENSIS OLIM SOCIVS

TOMVS V

TETRALOGIAM IX DEFINITIONES ET SPVRIA
CONTINENS

PARS I

OXONII

E TYPOGRAPHEO CLARENDONIANO

OXONII

Excudebat Ioannes Johnson
Architypographus academicus

Printed in Great Britain

PRAEFATIO

QVOD mihi primo contigit ut totum Platonem ex optimis libris ederem, id sane maiore ex parte clarissimis viris debetur qui nostra aetate in codicibus excutiendis et aestimandis elaboraverunt, quorum duo in primis honoris causa nominandi sunt, Immanuel Bekker et Martinus Schanz. et Bekkerus quidem fundamentum iecit, sed plurimos optimae notae libros non novit; novit Schanzius, sed editionem suam incohatam reliquit[1]. multorum collationibus usus est Godofredus Stallbaum, sermonis Platonici interpres luculentissimus, sed parum accurate descriptis (cf. tom. IV Praef.). ad recensionem nil fere novi attulerunt Turicenses et C. F. Hermann, cum in emendatione operam suam collocare maluerint.

Quae cum ita se habere perspexissem, hanc mihi legem imposui, ut in iis acquiescerem quae satis firmata esse viderentur; quae contra ab aliis omissa aut non satis accurate tradita essent, ipse retractarem. nunc igitur superest ut quae mea sint, quae aliorum propria exponam, quae res statim opinor apparebit, si de optimis libris deinceps viderimus.

A.—Parisinum 1807 post Bekkerum contulit Schanz, qui in *Clitophonte* et *Legum I-VI* collationes suas evulgavit. In *Politia* contulerant Ludovicus Campbell

---

[1] Desunt adhuc *Politicus, Parmenides, Philebus, Respublica, Timaeus, Critias. Minos, Legum VI-XII, Epinomis, Epistulae, Spuria.*

et Iacobus Adam. ego in *Timaeo, Critia, Legum III–XII, Epinomide, Epistulis* et *Spuriis* ipse contuli (cf. tom. IV Praef.).

B.—Clarkiani 39 in omnibus dialogis praeter *Politicum, Parmenidem, Philebum,* praesto erant collationes Schanzianae. *Parmenidem* cum pulvisculo excusserat W. W. Waddell. *Politicum* et *Philebum* ipse contuli. cum autem sero intellexissem veteris diorthotae (B²) correctiones et recentiorum (b) a Schanzio parum curiose notatas esse, huic malo inde a tetralogia V et in tetralogia I iterum anno M.CM.V impressa quodam modo succurrere studui.

T.—Tetralogiam I prius ediderat Schanz quam Veneti App. Class. 4, 1 praestantiam intellexit, sed postea, cum *Euthyphronem, Apologiam, Critonem* in usum scholarum iterum ederet, hunc quoque librum adhibuit. ego primus cum in *Phaedone* tum in *Politico* et *Philebo* a Schanzio nondum editis eius lectiones publici iuris feci.

W.—Vindobonensem suppl. phil. gr. 7, librum a Schanzio iniuria spretum, ut nunc fere constat inter omnes, cognovi partim ex ipsius editione, partim e viri doctissimi Iosephi Král collationibus, quas mecum comiter communicavit. in *Sophista* Apeltii editione usus sum. in tetralogia I anno M.CM.V iterum impressa in *Phaedone* quoque huius libri testimonium adhibui.

P.—Excerpta Palatina Vaticana (173) meum in usum contulit Petrus S. McIntyre, cuius collatione in *Gorgia* et *Timaeo* usus sum.

F.—Vindobonensem suppl. phil. gr. 39 in *Politia* contulerat Schneider, ego ex hac collatione intellexi librum ex exemplari uncialibus litteris exarato descriptum esse. cum igitur pro sua singulari humanitate reliquos dialogos meum in usum contulisset Iosephus Král, hunc novum testem in *Gorgia, Menone, Hippia utroque, Ione, Menexeno, Clitophonte, Timaeo, Critia, Minoe* produxi (cf. tom. III, IV Praef).

Levioris momenti est quod membrana papyracea quotquot innotuerunt in censum vocavi. etiam in *Theaeteto* ex *Anonymo Commentario* nonnulla in rem meam convertere potui, cum anno M.CM.V tomus I denuo prelo mandaretur.

Haec igitur fere sunt quae in textu recensendo de meo addere potui; quod ad emendationem attinet, spero me numquam temere a tradita scriptura recessisse. hoc enim mihi proposui ut ad archetypum quinto aut sexto saeculo exaratum quam proxime accederem, quo tempore adhuc in Academia florebant Platonis diadochi.

De tetralogia IX et *Spuriis* longus esse nolo, cum nuper de iis copiose disputavit O. Immisch [1], cuius rationibus ego prorsus adsentior. scilicet ut hic quoque longe integerrimus testis est Parisinus A, ita negari non potest diversae memoriae vestigia etiamnunc servari in codice Laurentiano lxxx. 17 (L = Stallbaumii δ) et in Vaticani 7,6 (O = Bekkeri Ω [2]) marginalibus. quin etiam ipse vidi dum librum conferebam multa inde in Parisino ipso adscripta esse manu saeculi, ut videtur, XII (A[3]). huius tamen memoriae idoneus testis hodie non exstare videtur, ut valde dolendum sit Vindobonensem F nihil post *Minoem* habere.

---

[1] Philologische Studien zu Plato, II (1903).
[2] Hic liber a Bekkero et Bastio collatus hodie inveniri non potest.

PRAEFATIO

In *Legibus* edendis malui plerumque traditam scripturam etiam corruptam repraesentare quam Musuri lectiones ex Aldina arripere; sunt enim fere vulnera obtegentis, non sanantis, correctiunculae, et multis locis, ut mihi persuasi, vera emendatio citius ex librorum erroribus elucebit. nimirum haud raro impedita et turbata oratio est, sed tam saepe distinctione leviter immutata vidi omnia plana et perspicua fieri, ut non liceat desperare de locis quae nondum sanare contigerit. de traiectionibus et anacoluthiis huic scribendi generi propriis non est quod moneam; hoc tantum dico, persaepe particulas μέν, δέ, οὖν postpositas librariis et editoribus fraudi fuisse, cum has voculas nisi in secundo loco concoquere non possent.

Spuria, quae olim in tomo sexto cum *Supplemento*, ut aiunt, *Platonico* edere constitui, mutato consilio huic tomo adieci, ut quinque voluminibus includerem omnia quae pro Platonicis antiquitus circumferebantur. *Supplementum* in editione maiore, si vires suppetent, auctum et emendatum tradam.

IOANNES BURNET.

*Scribebam Andreapoli
e collegio S. Salvatoris et D. Leonardi
mense Novembri* M.CM.VI.

Nuper repertus est codex O (Vaticanus graecus I, perperam olim numero 796 insignitus), sed nondum denuo collatus. Vide H. Rabe in *Museo Rhenano* vol. lxiii. pp. 235 sqq.

mense Novembri M.CM.XIII.

DIALOGORVM ORDO

TOMVS I

TOMVS II

DIALOGORVM ORDO

DIALOGORVM ORDO

TOMVS V

SIGLA

A = cod. Parisinus graecus 1807

A^2 = idem post diorthosin (eadem manu ut videtur)

A^3 = manus saeculi xii (ut videtur)

a = manus Constantini (saec. xiv)

a^2 = manus altera saeculi xiv

a^3 = manus saeculi xv–xvi

L = cod. Laurentianus lxxx. 17 = (Stallb. Flor. ἰ)

O = cod. Vaticanus graecus 1 (Bekkeri Ω)

F = cod. Vindobonensis 55, suppl. phil. Gr. 39

Y = cod. Vindobonensis 21 (= Bekkeri Y)

Z = cod. Parisinus 3009

scr. recc. = lectiones librorum post litteras renatas exaratorum

ΜΙΝΩΣ ἢ ΠΕΡΙ ΝΟΜΟΥ

ΣΩΚΡΑΤΗΣ ΕΤΑΙΡΟΣ

ΣΩ. Ὁ νόμος ἡμῖν τί ἐστιν;

ΕΤ. Ὁποῖον καὶ ἐρωτᾷς τῶν νόμων;

ΣΩ. Τί δ'; ἔστιν ὅτι διαφέρει νόμος νόμου κατ' αὐτὸ τοῦτο, κατὰ τὸ νόμος εἶναι; σκόπει γὰρ δὴ ὃ τυγχάνω ἐρωτῶν σε. ἐρωτῶ γάρ, ὥσπερ εἰ ἀνηρόμην τί ἐστιν χρυσός, εἰ με ὡσαύτως ἀνήρου ὁποῖον καὶ λέγω χρυσόν, οἴομαί σε οὐκ ἂν ὀρθῶς ἐρέσθαι. οὐδὲν γάρ που διαφέρει οὔτε χρυσὸς χρυσοῦ οὔτε λίθος λίθου κατά γε τὸ λίθος εἶναι καὶ κατὰ τὸ χρυσός· οὕτω δὲ οὐδὲ νόμος που νόμου οὐδὲν διαφέρει, ἀλλὰ πάντες εἰσὶν ταὐτόν. νόμος γὰρ ἕκαστος αὐτῶν ἐστιν ὁμοίως, οὐχ ὁ μὲν μᾶλλον, ὁ δ' ἧττον· τοῦτο δὴ αὐτὸ ἐρωτῶ, τὸ πᾶν τί ἐστιν νόμος. εἰ οὖν σοι πρόχειρον, εἰπέ.

ΕΤ. Τί οὖν ἄλλο νόμος εἴη ἂν, ὦ Σώκρατες, ἀλλ' ἢ τὰ νομιζόμενα;

ΣΩ. Ἦ καὶ λόγος σοι δοκεῖ εἶναι τὰ λεγόμενα, ἢ ὄψις τὰ ὁρώμενα, ἢ ἀκοὴ τὰ ἀκουόμενα; ἢ ἄλλο μὲν λόγος, ἄλλο δὲ τὰ λεγόμενα· καὶ ἄλλο μὲν ὄψις, ἄλλο δὲ τὰ ὁρώμενα·

a

b

5

5

c

---

a 1 ὁ Γ: absciso margine periit in Λ   a 2 ὁποῖον ΛF Alexander: ποῖον Hermann   τῶν νόμων ΛF Alexander: τὸν νόμον vulg.   a 5 εἰ ἀνηρόμην Λ: εἰ ἀνηρώμην F: ἂν εἰ ἠρόμην Heimann   a 6 με Λ: μὲν F   ἀνήρου Λ: ἂν ἤρου F   οἴομαί Λ: οἶμαί F   a 7 ἔρεσθαι Λ · αἵρεσθαι F   b 5 εἰπέ Λ: εἶπε F   b 9 ἄλλο δὲ Λ: ἄλλα δὲ F (et mox ἄλλα δὲ τὰ ὁρώμενα`   c 1 καὶ ἄλλο... ὁρώμενα F: om Λ

καὶ ἄλλο μὲν ἀκοή, ἄλλο δὲ τὰ ἀκουόμενα, καὶ ἄλλο δὴ
νόμος, ἄλλο δὲ τὰ νομιζόμενα; οὕτως ἢ πῶς σοι δοκεῖ;

ΕΤ. Ἄλλο μοι νῦν ἐφάνη.

5 ΣΩ. Οὐκ ἄρα νόμος ἐστὶν τὰ νομιζόμενα.

ΕΤ. Οὔ μοι δοκεῖ.

ΣΩ. Τί δῆτ' ἂν εἴη νόμος; ἐπισκεψώμεθ' αὐτὸ ὧδε. εἴ
τις ἡμᾶς τὰ νυνδὴ λεγόμενα ἀνήρετο, "Ἐπειδὴ ὄψει φατὲ
314 τὰ ὁρώμενα ὁρᾶσθαι, τίνι ὄντι τῇ ὄψει ὁρᾶται;" ἀπεκριναμεθ'
ἂν αὐτῷ ὅτι αἰσθήσει ταύτῃ τῇ διὰ τῶν ὀφθαλμῶν δηλούσῃ
τὰ πράγματα· εἰ δ' αὖ ἤρετο ἡμᾶς, "Τί δέ; ἐπειδὴ ἀκοῇ τὰ
ἀκουόμενα ἀκούεται, τίνι ὄντι τῇ ἀκοῇ;" ἀπεκριναμεθ' ἂν
5 αὐτῷ ὅτι αἰσθήσει ταύτῃ τῇ διὰ τῶν ὤτων δηλούσῃ ἡμῖν τὰς
φωνάς. οὕτω τοίνυν καὶ εἰ ἀνέροιτο ἡμᾶς, "Ἐπειδὴ νόμῳ
τὰ νομιζόμενα νομίζεται, τίνι ὄντι τῷ νόμῳ νομίζεται;
b πότερον αἰσθήσει τινὶ ἢ δηλώσει, ὥσπερ τὰ μανθανόμενα
μανθάνεται δηλούσῃ τῇ ἐπιστήμῃ, ἢ εὑρέσει τινί, ὥσπερ τὰ·
εὑρισκόμενα εὑρίσκεται, οἷον τὰ μὲν ὑγιεινὰ καὶ νοσώδη
ἰατρικῇ, ἃ δὲ οἱ θεοὶ διανοοῦνται, ὥς φασιν οἱ μάντεις, μαν-
5 τικῇ; ἢ γάρ που τέχνη ἡμῖν εὕρεσίς ἐστιν τῶν πραγμάτων·
ἢ γάρ;"

ΕΤ. Πάνυ γε.

ΣΩ. Τί οὖν ἂν τούτων ὑπολάβοιμεν μάλιστα τὸν νόμον
εἶναι;

10 ΕΤ. Τὰ δόγματα ταῦτα καὶ ψηφίσματα, ἔμοιγε δοκεῖ.
τί γὰρ ἂν ἄλλο τις φαίη νόμον εἶναι; ὥστε κινδυνεύει, ὃ
c σὺ ἐρωτᾷς, τὸ ὅλον τοῦτο, νόμος, δόγμα πόλεως εἶναι.

ΣΩ. Δόξαν, ὡς ἔοικε, λέγεις πολιτικὴν τὸν νόμον.

ΕΤ. Ἔγωγε.

c 2 ἄλλο δὲ A : ἄλλα δὲ F   c 3 ἄλλο δὲ A : ἄλλα δὲ F   post
νομιζόμενα b 8 ἢ καὶ .. c 3 νομιζόμενα (omissis b 9 ἢ ἄλλο...
c 2 ἀκουόμενα iterat F   c 4 ἄλλό μοι A : ἀλλ' ὅμοιον F   c 8 ἀνή-
ρετο A : ἂν ἤρετο F   a 3 τὰ πράγματα A F : ἡμῖν τὰ χρώματα vulg.
ἡμᾶς A F : om. vulg.   ἀκοῇ A : om. F   a 5 ὅτι αἰσθήσει
ταύτῃ in marg. A² : ὅτι αἰσθήσει F : om A   b 3 καὶ A : καὶ τὰ F
b 4 μαντικῇ· ἢ A : μαντικὴ F

ΣΩ. Καὶ ἴσως καλῶς λέγεις· τάχα δὲ ὧδε ἄμεινον εἰσόμεθα. λέγεις τινὰς σοφούς;—ΕΤ. Ἔγωγε.—ΣΩ. Οὐκοῦν 5
οἱ σοφοὶ εἰσιν σοφίᾳ σοφοί;—ΕΤ. Ναί.—ΣΩ. Τί δέ; οἱ
δίκαιοι δικαιοσύνῃ δίκαιοι;—ΕΤ. Πάνυ γε.—ΣΩ. Οὐκοῦν
καὶ οἱ νόμιμοι νόμῳ νόμιμοι:—ΕΤ. Ναί.—ΣΩ. Οἱ δὲ
ἄνομοι ἀνομίᾳ ἄνομοι;—ΕΤ. Ναί.—ΣΩ. Οἱ δὲ νόμιμοι δί- d
καιοι;—ΕΤ. Ναί.—ΣΩ. Οἱ δὲ ἄνομοι ἄδικοι;—ΕΤ. Ἄδικοι.
—ΣΩ. Οὐκοῦν κάλλιστον ἡ δικαιοσύνη τε καὶ ὁ νόμος;
ΕΤ. Οὕτως.—ΣΩ. Αἴσχιστον δὲ ἡ ἀδικία τε καὶ ἡ ἀνομία;
—ΕΤ. Ναί.—ΣΩ. Καὶ τὸ μὲν σῴζει τὰς πόλεις καὶ τἆλλα 5
πάντα, τὸ δὲ ἀπόλλυσι καὶ ἀνατρέπει;—ΕΤ. Ναί.—ΣΩ. Ὡς
περὶ καλοῦ ἄρα τινὸς ὄντος δεῖ τοῦ νόμου διανοεῖσθαι, καὶ
ὡς ἀγαθὸν αὐτὸ ζητεῖν.—ΕΤ. Πῶς δ᾽ οὔ;

ΣΩ. Οὐκοῦν δόγμα ἔφαμεν εἶναι πόλεως τὸν νόμον;—
ΕΤ. Ἔφαμεν γάρ.—ΣΩ. Τί οὖν; οὐκ ἔστιν τὰ μὲν χρηστὰ e
δόγματα, τὰ δὲ πονηρά;—ΕΤ. Ἔστιν μὲν οὖν.—ΣΩ. Καὶ
μὴν νόμος γε οὐκ ἦν πονηρός.—ΕΤ. Οὐ γάρ.—ΣΩ. Οὐκ
ἄρα ὀρθῶς ἔχει ἀποκρίνεσθαι οὕτως ἁπλῶς ὅτι νόμος ἐστὶ
δόγμα πόλεως.—ΕΤ. Οὐκ ἔμοιγε δοκεῖ.—ΣΩ. Οὐκ ἄρα 5
ἁρμόττοι ἂν τὸ πονηρὸν δόγμα νόμος εἶναι.—ΕΤ. Οὐ δῆτα.

ΣΩ. Ἀλλὰ μὴν δόξα γέ τις καὶ αὐτῷ μοι καταφαίνεται
ὁ νόμος εἶναι· ἐπειδὴ δὲ οὐχ ἡ πονηρὰ δόξα, ἆρα οὐκ ἤδη
τοῦτο κατάδηλον, ὡς ἡ χρηστή, εἴπερ δόξα νόμος ἐστί;—
ΕΤ. Ναί.—ΣΩ. Δόξα δὲ χρηστὴ τίς ἐστιν; οὐχ ἡ ἀληθής; 10
—ΕΤ. Ναί.—ΣΩ. Οὐκοῦν ἡ ἀληθὴς δόξα τοῦ ὄντος ἐστὶν 315
ἐξεύρεσις;—ΕΤ. Ἔστιν γάρ.—ΣΩ. Ὁ νόμος ἄρα βούλεται
τοῦ ὄντος εἶναι ἐξεύρεσις.

ΕΤ. Πῶς οὖν, ὦ Σώκρατες, εἰ ὁ νόμος ἐστὶν τοῦ ὄντος
ἐξεύρεσις, οὐκ ἀεὶ τοῖς αὐτοῖς νόμοις χρώμεθα περὶ τῶν 5
αὐτῶν, εἰ τὰ ὄντα γε ἡμῖν ἐξηύρηται;

d 1 ἄνομοι (bis) Λ : ἀνόμιμοι bis) F   d 8 αὐτὸ Α · αὐτῷ F
e 1 χρηστὰ Λ : χρυσὰ F   e 7 αὐτῷ Λ : αὐτό F   e 10 οὐχ ἡ Λ :
οὐχὶ F   a 3 ἐστιν τοῦ ὄντος Λ : τοῦ ὄντος ἐστὶν F

1*

ΣΩ. Βούλεται μὲν οὐδὲν ἧττον ὁ νόμος εἶναι τοῦ ὄντος
ἐξεύρεσις· οἱ δ' ἄρα μὴ τοῖς αὐτοῖς ἀεὶ νόμοις χρώμενοι
b ἄνθρωποι, ὡς δοκοῦμεν, οὐκ ἀεὶ δύνανται ἐξευρίσκειν ὃ
βούλεται ὁ νόμος, τὸ ὄν. ἐπεὶ φέρε ἴδωμεν ἐὰν ἄρα ἡμῖν
ἐνθένδε κατάδηλον γένηται εἴτε τοῖς αὐτοῖς ἀεὶ νόμοις χρώ-
μεθα ἢ ἄλλοτε ἄλλοις, καὶ εἰ ἅπαντες τοῖς αὐτοῖς ἢ ἄλλοι
5 ἄλλοις.

ΕΤ. Ἀλλὰ τοῦτό γε, ὦ Σώκρατες, οὐ χαλεπὸν γνῶναι,
ὅτι οὔτε οἱ αὐτοὶ ἀεὶ τοῖς αὐτοῖς νόμοις χρῶνται ἄλλοι τε
ἄλλοις. ἐπεὶ αὐτίκα ἡμῖν μὲν οὐ νόμος ἐστὶν ἀνθρώπους
θύειν ἀλλ' ἀνόσιον, Καρχηδόνιοι δὲ θύουσιν ὡς ὅσιον ὂν
c καὶ νόμιμον αὐτοῖς, καὶ ταῦτα ἔνιοι αὐτῶν καὶ τοὺς αὑτῶν
υἱεῖς τῷ Κρόνῳ, ὡς ἴσως καὶ σὺ ἀκήκοας. καὶ μὴ ὅτι βάρ-
βαροι ἄνθρωποι ἡμῶν ἄλλοις νόμοις χρῶνται, ἀλλὰ καὶ οἱ
ἐν τῇ Λυκαίᾳ οὗτοι καὶ οἱ τοῦ Ἀθάμαντος ἔκγονοι οἵας
5 θυσίας θύουσιν Ἕλληνες ὄντες. ὥσπερ καὶ ἡμᾶς αὐτοὺς·
οἶσθά που καὶ αὐτὸς ἀκούων οἵοις νόμοις ἐχρώμεθα πρὸ τοῦ
περὶ τοὺς ἀποθανόντας, ἱερεῖά τε προσφάττοντες πρὸ τῆς
ἐκφορᾶς τοῦ νεκροῦ καὶ ἐγχυτιστρίας μεταπεμπόμενοι· οἱ
d δ' αὖ ἐκείνων ἔτι πρότεροι αὐτοῦ καὶ ἔθαπτον ἐν τῇ οἰκίᾳ
τοὺς ἀποθανόντας· ἡμεῖς δὲ τούτων οὐδὲν ποιοῦμεν. μυρία
δ' ἄν τις ἔχοι τοιαῦτα εἰπεῖν· πολλὴ γὰρ εὐρυχωρία τῆς
ἀποδείξεως ὡς οὔτε ἡμεῖς ἡμῖν αὐτοῖς ἀεὶ κατὰ ταὐτὰ νομί-
5 ζομεν οὔτε ἀλλήλοις οἱ ἄνθρωποι.

ΣΩ. Οὐδέν τοι θαυμαστόν ἐστιν, ὦ βέλτιστε, εἰ σὺ μὲν
ὀρθῶς λέγεις, ἐμὲ δὲ τοῦτο λέληθεν. ἀλλ' ἕως ἂν σύ τε
κατὰ σαυτὸν λέγῃς ἅ σοι δοκεῖ μακρῷ λόγῳ καὶ πάλιν ἐγώ,
e οὐδὲν μή ποτε συμβῶμεν, ὡς ἐγὼ οἶμαι· ἐὰν δὲ κοινὸν τεθῇ
τὸ σκέμμα, τάχ' ἂν ὁμολογήσαιμεν. εἰ μὲν οὖν βούλει,

a 8 ἐξεύρεσις A : εὕρεσις F   οἱ Λ : εἰ F   χρώμενοι rc vera
Λ F : χρῶνται Par. 1642   b 7 τε A . γε F   c 1 καὶ τοὺς αὑτῶν A :
om. F   c 2 καὶ σὺ Par. 1642 : σὺ Λ : καὶ οὐκ F   c 6 ἐχρώμεθα A :
χρώμεθα F   c 8 ἐγχυτιστρίας Λ F : ἐγχυτριστρίας vulg.   οἱ δ'
A . οὐδ' F   d 1 ἔτι Λ : om. F

πυνθανόμενός τι παρ' ἐμοῦ κοινῇ μετ' ἐμοῦ σκόπει· εἰ δ' αὖ
βούλει, ἀποκρινόμενος.

ΕΤ. Ἀλλ' ἐθέλω, ὦ Σώκρατες, ἀποκρίνεσθαι ὅτι ἂν 5
βούλῃ.

ΣΩ. Φέρε δή σύ, πότερα νομίζεις τὰ δίκαια ἄδικα εἶναι
καὶ τὰ ἄδικα δίκαια, ἢ τὰ μὲν δίκαια δίκαια, τὰ δὲ ἄδικα
ἄδικα;—ΕΤ. Ἐγὼ μὲν τά τε δίκαια δίκαια καὶ τὰ ἄδικα
ἄδικα.—ΣΩ. Οὐκοῦν καὶ παρὰ πᾶσιν οὕτως ὡς ἐνθάδε νο- 316
μίζεται;—ΕΤ. Ναί.—ΣΩ. Οὐκοῦν καὶ ἐν Πέρσαις;—⟨ΕΤ.
Καὶ ἐν Πέρσαις⟩.—ΣΩ. Ἀλλὰ ἀεὶ δήπου;—ΕΤ. Ἀεί.—
ΣΩ. Πότερον δὲ τὰ πλεῖον ἕλκοντα βαρύτερα νομίζεται
ἐνθάδε, τὰ δὲ ἔλαττον κουφότερα, ἢ τοὐναντίον;—ΕΤ. Οὐκ, 5
ἀλλὰ τὰ πλεῖον ἕλκοντα βαρύτερα, τὰ δὲ ἔλαττον κουφό-
τερα.—ΣΩ. Οὐκοῦν καὶ ἐν Καρχηδόνι καὶ ἐν Λυκαίᾳ;—
ΕΤ. Ναί.—ΣΩ. Τὰ μὲν καλά, ὡς ἔοικε, πανταχοῦ νομίζεται
καλὰ καὶ τὰ αἰσχρὰ αἰσχρά, ἀλλ' οὐ τὰ αἰσχρὰ καλὰ οὐδὲ b
τὰ καλὰ αἰσχρά.—ΕΤ. Οὕτως.—ΣΩ. Οὐκοῦν, ὡς κατὰ πάν-
των εἰπεῖν, τὰ ὄντα νομίζεται εἶναι, οὐ τὰ μὴ ὄντα, καὶ παρ'
ἡμῖν καὶ παρὰ τοῖς ἄλλοις ἅπασιν.—ΕΤ. Ἔμοιγε δοκεῖ.—
ΣΩ. Ὃς ἂν ἄρα τοῦ ὄντος ἁμαρτάνῃ, τοῦ νομίμου ἁμαρτάνει. 5

ΕΤ. Οὕτω μέν, ὦ Σώκρατες, ὡς σὺ λέγεις, καὶ φαίνεται
ταῦτα νόμιμα καὶ ἡμῖν ἀεὶ καὶ τοῖς ἄλλοις· ἐπειδὰν δ' ἐν-
νοήσω ὅτι οὐδὲν παυόμεθα ἄνω κάτω μετατιθέμενοι τοὺς c
νόμους, οὐ δύναμαι πεισθῆναι.

ΣΩ. Ἴσως γὰρ οὐκ ἐννοεῖς ταῦτα μεταπεττευόμενα ὅτι
ταὐτά ἐστιν. ἀλλ' ὧδε μετ' ἐμοῦ αὐτὰ ἄθρει. ἤδη ποτὲ
ἐνέτυχες συγγράμματι περὶ ὑγιείας τῶν καμνόντων;—ΕΤ. 5
Ἔγωγε.—ΣΩ. Οἶσθα οὖν τίνος τέχνης τοῦτ' ἐστὶ τὸ σύγ-

e 7 πότερα Λ : πότερον F   a 2 οὐκοῦν καὶ ἐν Πέρσοις; Λ F . om.
Herm., qui ἐν Πέρσαις pro παρὰ πᾶσιν supra   a 3 καὶ ἐν Πέρσαις
add. vulg. : om. Λ F   ἀλλά: Λ. sed ά : in ras.   ἀλλ' F   a 4 δὲ
Λ : om F   πλεῖον Λ · πλείονα F (et mox a 6)   a 6 βαρύτερα F :
βαρύτερα νομίζεται ἐνθάδε Λ   b 2 πάντων Λ : πάντα F   b 5 ὁμαρ-
τάνῃ Λ : ἀμάρτοι F   b 6 καὶ φαίνεται ταῦτα Λ : ταῦτα φαίνεται καὶ
F : ταὐτὰ φαίνεται Basileensis altera

γραμμα;—ΕΤ. Οἶδα, ὅτι ἰατρικῆς.—ΣΩ. Οὐκοῦν ἰατροὺς
καλεῖς τοὺς ἐπιστήμονας περὶ τούτων;—ΕΤ. Φημί.—ΣΩ.

d Πότερον οὖν οἱ ἐπιστήμονες ταὐτὰ περὶ τῶν αὐτῶν νομί-
ζουσιν ἢ ἄλλοι ἄλλα;—ΕΤ. Ταὐτὰ ἔμοιγε δοκοῦσι.—ΣΩ.
Πότερον οἱ Ἕλληνες μόνοι τοῖς Ἕλλησιν ἢ καὶ οἱ βάρβαροι
αὐτοῖς τε καὶ τοῖς Ἕλλησι, περὶ ὧν ἂν εἰδῶσι, ταὐτὰ νομί-
5 ζουσι;—ΕΤ. Ταὐτὰ δήπου πολλὴ ἀνάγκη ἐστὶν τοὺς εἰδότας
αὐτοὺς αὐτοῖς συννομίζειν καὶ Ἕλληνας καὶ βαρβάρους.—
ΣΩ. Καλῶς γε ἀπεκρίνω. οὐκοῦν καὶ ἀεί;—ΕΤ. Ναί,
καὶ ἀεί.

ΣΩ. Οὐκοῦν καὶ οἱ ἰατροὶ συγγράφουσι περὶ ὑγιείας ἅπερ
e καὶ νομίζουσιν εἶναι;—ΕΤ. Ναί.—ΣΩ. Ἰατρικὰ ἄρα καὶ
ἰατρικοὶ νόμοι ταῦτα τὰ συγγράμματα ἐστὶν τὰ τῶν ἰατρῶν.
—ΕΤ. Ἰατρικὰ μέντοι.—ΣΩ. Ἆρ' οὖν καὶ τὰ γεωργικὰ συγ-
γράμματα γεωργικοὶ νόμοι εἰσίν;—ΕΤ. Ναί.—ΣΩ. Τίνων
5 οὖν ἐστιν τὰ περὶ κήπων ἐργασίας συγγράμματα καὶ νόμιμα;
—ΕΤ. Κηπουρῶν.—ΣΩ. Κηπουρικοὶ ἄρα νόμοι ἡμῖν εἰσιν
. οὗτοι.—ΕΤ. Ναί.—ΣΩ. Τῶν ἐπισταμένων κήπων ἄρχειν;
—ΕΤ. Πῶς δ' οὔ;—ΣΩ. Ἐπίστανται δ' οἱ κηπουροί.—ΕΤ.
Ναί.—ΣΩ. Τίνων δὲ τὰ περὶ ὄψου σκευασίας συγγράμματά
10 τε καὶ νόμιμα;—ΕΤ. Μαγείρων.—ΣΩ. Μαγειρικοὶ ἄρα οὗτοι
νόμοι εἰσί;—ΕΤ. Μαγειρικοί.—ΣΩ. Τῶν ἐπισταμένων, ὡς
317 ἔοικεν, ὄψου σκευασίας ἄρχειν;—ΕΤ. Ναί.—ΣΩ. Ἐπί-
στανται δέ, ὥς φασιν, οἱ μάγειροι;—ΕΤ. Ἐπίστανται γάρ.
—ΣΩ. Εἶεν· τίνων δὲ δὴ τὰ περὶ πόλεως διοικήσεως συγ-
γράμματά τε καὶ νόμιμά ἐστιν; ἆρ' οὐ τῶν ἐπισταμένων
5 πόλεων ἄρχειν;—ΕΤ. Ἔμοιγε δοκεῖ.—ΣΩ. Ἐπίστανται δὲ
ἄλλοι τινὲς ἢ οἱ πολιτικοί τε καὶ οἱ βασιλικοί;—ΕΤ. Οὗτοι
μὲν οὖν.—ΣΩ. Πολιτικὰ ἄρα ταῦτα συγγράμματά ἐστιν,

---

d 2 ἄλλοι ἄλλα Λ · ἄλλοι ἄλλοι F   d 4 αὐτοῖς Λ : αὐτοὶ F
εἰδῶσι Λ : ἴδωσι F   d 9 οἱ Λ : om. F   e 4 γεωργικοὶ F : om. Λ
e 6 κηπουρῶν Λ : κηπωρῶν F sed ου supra ω F   νόμοι Λ : οἱ νόμιμοι
F   ἡμῖν Λ et s. v. F : om F   e 10 οὗτοι F : om. Λ   a 6 τε
Λ : om. F   a 7 ταῦτα συγγράμματα Λ · τὰ συγγράμματα
ταῦτα F

οὓς οἱ ἄνθρωποι νόμους καλοῦσι, βασιλέων τε καὶ ἀνδρῶν
ἀγαθῶν συγγράμματα.—ΕΤ. Ἀληθῆ λέγεις.   b

ΣΩ. Ἄλλο τι οὖν οἵ γε ἐπιστάμενοι οὐκ ἄλλοτε ἄλλα
συγγράψουσι περὶ τῶν αὐτῶν;—ΕΤ. Οὔ.—ΣΩ. Οὐδὲ μετα-
θήσονταί ποτε περὶ τῶν αὐτῶν ἕτερα καὶ ἕτερα νόμιμα;—
ΕΤ. Οὐ δῆτα.—ΣΩ. Ἐὰν οὖν ὁρῶμέν τινας ὁπουοῦν τοῦτο 5
ποιοῦντας, πότερα φήσομεν ἐπιστήμονας εἶναι ἢ ἀνεπιστή-
μονας τοὺς τοῦτο ποιοῦντας;—ΕΤ. Ἀνεπιστήμονας.—ΣΩ.
Οὐκοῦν καὶ ὃ μὲν ἂν ὀρθὸν ᾖ, νόμιμον αὐτὸ φήσομεν ἑκάστῳ
εἶναι, ἢ τὸ ἰατρικὸν ἢ τὸ μαγειρικὸν ἢ τὸ κηπουρικόν;—
ΕΤ. Ναί.—ΣΩ. Ὃ δ' ἂν μὴ ὀρθὸν ᾖ, οὐκέτι φήσομεν τοῦτο c
νόμιμον εἶναι;—ΕΤ. Οὐκέτι.—ΣΩ. Ἄνομον ἄρα γίγνεται.
—ΕΤ. Ἀνάγκη.—ΣΩ. Οὐκοῦν καὶ ἐν τοῖς συγγράμμασι
τοῖς περὶ τῶν δικαίων καὶ ἀδίκων καὶ ὅλως περὶ πόλεως
διακοσμήσεώς τε καὶ περὶ τοῦ ὡς χρὴ πόλιν διοικεῖν, τὸ μὲν 5
ὀρθὸν νόμος ἐστὶ βασιλικός, τὸ δὲ μὴ ὀρθὸν οὔ, ὃ δοκεῖ
νόμος εἶναι τοῖς μὴ εἰδόσιν· ἔστιν γὰρ ἄνομον.—ΕΤ. Ναί.
—ΣΩ. Ὀρθῶς ἄρα ὡμολογήσαμεν νόμον εἶναι τοῦ ὄντος d
εὕρεσιν.—ΕΤ. Φαίνεται.

ΣΩ. Ἔτι δὲ καὶ τόδε ἐν αὐτῷ διαθεώμεθα. τίς ἐπιστήμων
διανεῖμαι ἐπὶ γῇ τὰ σπέρματα;—ΕΤ. Γεωργός.—ΣΩ. Οὗτος
δὲ τὰ ἄξια σπέρματα ἑκάστῃ γῇ διανέμει;—ΕΤ. Ναί.— 5
ΣΩ. Ὁ γεωργὸς ἄρα νομεὺς ἀγαθὸς τούτων, καὶ οἱ τούτου
νόμοι καὶ διανομαὶ ἐπὶ ταῦτα ὀρθαί εἰσιν;—ΕΤ. Ναί.—
ΣΩ. Τίς δὲ κρουμάτων ἐπὶ τὰ μέλη ἀγαθὸς νομεύς, καὶ τὰ
ἄξια νεῖμαι; καὶ οἱ τίνος νόμοι ὀρθοί εἰσιν;—ΕΤ. Οἱ τοῦ
αὐλητοῦ καὶ τοῦ κιθαριστοῦ.—ΣΩ. Ὁ νομικώτατος ἄρα ἐν e
τούτοις, οὗτος αὐλητικώτατος.—ΕΤ. Ναί.—ΣΩ. Τίς δὲ τὴν

a 8 οἱ Λ : om. F   νόμους Λ : om. F   ἀνδρῶν F : om. Λ
b 3 συγγράψουσι Λ. συγγράφουσι F   οὔ . . . b 4 τῶν αὐτῶν Λ :
om. F   b 5 ὅπου οὖν Λ : ὁποιοῦν F   b 8 ἂν F : om. Λ
c 6 ὃ Λ : om. F Stob   c 7 εἶναι Λ : εἶναι βασιλικὸς F   d 3 δια-
θεώμεθα Hermann : διαθώμεθα Λ : θεασώμεθα F Stob.   d 4 ἐπὶ γῇ Λ :
ἐπειγεῖ F (ἐν τῇ γῇ Stob. Λ   d 7 καὶ Λ Stob. : καὶ αἱ F   d 8 καὶ
secl. Hermann : νέμει pro d 9 νεῖμαι Boeckh

τροφὴν ἐπὶ τὰ τῶν ἀνθρώπων σώματα διανεῖμαι ἄριστος; οὐχ
ὥσπερ τὴν ἀξίαν;—ET. Ναί.—ΣΩ. Αἱ τούτου ἄρα διανομαὶ
5 καὶ οἱ νόμοι βέλτιστοι, καὶ ὅστις περὶ ταῦτα νομικώτατος,
καὶ νομεὺς ἄριστος.—ET. Πάνυ γε.—ΣΩ. Τίς οὗτος;—
318 ET. Παιδοτρίβης.—ΣΩ. Οὗτος τὴν ἀνθρωπείαν ἀγέλην τοῦ
σώματος νέμειν κράτιστος;—ET. Ναί.—ΣΩ. Τίς δὲ τὴν τῶν
προβάτων ἀγέλην κράτιστος νέμειν; τί ὄνομα αὐτῷ;—ET.
Ποιμήν.—ΣΩ. Οἱ τοῦ ποιμένος ἄρα νόμοι ἄριστοι τοῖς προ-
5 βάτοις.—ET. Ναί.—ΣΩ. Οἱ δὲ τοῦ βουκόλου τοῖς βουσί.—
ET. Ναί.—ΣΩ. Οἱ δὲ τοῦ τίνος νόμοι ἄριστοι ταῖς ψυχαῖς
τῶν ἀνθρώπων· οὐχ οἱ τοῦ βασιλέως; φάθι.—ET. Φημὶ δή.

b　ΣΩ. Καλῶς τοίνυν λέγεις. ἔχοις ἂν οὖν εἰπεῖν τίς τῶν
παλαιῶν ἀγαθὸς γέγονεν ἐν τοῖς αὐλητικοῖς νόμοις νομο-
θέτης; ἴσως οὐκ ἐννοεῖς, ἀλλ' ἐγὼ βούλει σε ὑπομνήσω;—
ET. Πάνυ μὲν οὖν.—ΣΩ. Ἆρ' οὖν ὁ Μαρσύας λέγεται καὶ
5 τὰ παιδικὰ αὐτοῦ Ὄλυμπος ὁ Φρύξ;—ET. Ἀληθῆ λέγεις.—
ΣΩ. Τούτων δὴ καὶ τὰ αὐλήματα θειότατά ἐστι, καὶ μόνα
κινεῖ καὶ ἐκφαίνει τοὺς τῶν θεῶν ἐν χρείᾳ ὄντας· καὶ ἔτι καὶ
c　νῦν μόνα λοιπά, ὡς θεῖα ὄντα.—ET. Ἔστι ταῦτα.—ΣΩ. Τίς δὲ
λέγεται τῶν παλαιῶν βασιλέων ἀγαθὸς νομοθέτης γεγονέναι,
οὗ ἔτι καὶ νῦν τὰ νόμιμα μένει ὡς θεῖα ὄντα;—ET. Οὐκ ἐννοῶ.

ΣΩ. Οὐκ οἶσθα τίνες παλαιοτάτοις νόμοις χρῶνται τῶν
5 Ἑλλήνων;

ET. Ἆρα Λακεδαιμονίους λέγεις καὶ Λυκοῦργον τὸν νομο-
θέτην;

ΣΩ. Ἀλλὰ ταῦτά γε οὐδέπω ἴσως ἔτη τριακόσια ἢ ὀλίγῳ
τούτων πλείω. ἀλλὰ τούτων τῶν νομίμων τὰ βέλτιστα πόθεν
d　ἥκει; οἶσθα;

ET. Φασί γε ἐκ Κρήτης.

ΣΩ. Οὐκοῦν οὗτοι παλαιοτάτοις νόμοις χρῶνται τῶν
Ἑλλήνων;

---

a 2 σώματος Λ F (sed ος in ras. Λ et α ut vid. s. v. Λ²)　　b 2 ἐν
F : om. Λ (γέγονε τοῖς)　νόμοις secl. Hermann　　c 1 λοιπά Λ :
λοιπά ἐστιν F　　c 6 λέγεις Λ : λέγοις F

ΕΤ. Ναί. 5

ΣΩ. Οἶσθα οὖν τίνες τούτων ἀγαθοὶ βασιλῆς ἦσαν; Μίνως καὶ Ῥαδάμανθυς, οἱ Διὸς καὶ Εὐρώπης παῖδες, ὧν οἵδε εἰσὶν οἱ νόμοι.

ΕΤ. Ῥαδάμανθύν γέ φασιν, ὦ Σώκρατες, δίκαιον ἄνδρα, τὸν δὲ Μίνων ἄγριόν τινα καὶ χαλεπὸν καὶ ἄδικον. 10

ΣΩ. Ἀττικόν, ὦ βέλτιστε, λέγεις μῦθον καὶ τραγικόν.

ΕΤ. Τί δέ; οὐ ταῦτα λέγεται περὶ Μίνω; e

ΣΩ. Οὔκουν ὑπό γε Ὁμήρου καὶ Ἡσιόδου· καίτοι γε πιθανώτεροί εἰσιν ἢ σύμπαντες οἱ τραγῳδοποιοί, ὧν σὺ ἀκούων ταῦτα λέγεις.

ΕΤ. Ἀλλὰ τί μὴν οὗτοι περὶ Μίνω λέγουσιν; 5

ΣΩ. Ἐγὼ δή σοι ἐρῶ, ἵνα μὴ καὶ σὺ ὥσπερ οἱ πολλοὶ ἀσεβῇς. οὐ γὰρ ἔσθ' ὅτι τούτου ἀσεβέστερόν ἐστιν οὐδ' ὅτι χρὴ μᾶλλον εὐλαβεῖσθαι, πλὴν εἰς θεοὺς καὶ λόγῳ καὶ ἔργῳ ἐξαμαρτάνειν, δεύτερον δὲ εἰς τοὺς θείους ἀνθρώπους· ἀλλὰ πάνυ πολλὴν χρὴ προμήθειαν ποιεῖσθαι ἀεί, ὅταν μέλλῃς 10 ἄνδρα ψέξειν ἢ ἐπαινέσεσθαι, μὴ οὐκ ὀρθῶς εἴπῃς. τούτου καὶ 319 ἕνεκα χρὴ μανθάνειν διαγιγνώσκειν χρηστοὺς καὶ πονηροὺς ἄνδρας. νεμεσᾷ γὰρ ὁ θεός, ὅταν τις ψέγῃ τὸν ἑαυτῷ ὅμοιον ἢ ἐπαινῇ τὸν ἑαυτῷ ἐναντίως ἔχοντα· ἔστι δ' οὗτος ὁ ἀγαθός. μὴ γάρ τι οἴου λίθους μὲν εἶναι ἱεροὺς καὶ ξύλα 5 καὶ ὄρνεα καὶ ὄφεις, ἀνθρώπους δὲ μή· ἀλλὰ πάντων τούτων ἱερώτατόν ἐστιν ἄνθρωπος ὁ ἀγαθός, καὶ μιαρώτατον ὁ πονηρός.

Ἤδη οὖν καὶ περὶ Μίνω, ὡς αὐτὸν Ὅμηρός τε καὶ Ἡσίοδος ἐγκωμιάζουσι, τούτου ἕνεκα φράσω, ἵνα μὴ ἄνθρωπος ὢν b ἀνθρώπου εἰς ἥρω Διὸς υἱὸν λόγῳ ἐξαμαρτάνῃς. Ὅμηρος γὰρ περὶ Κρήτης λέγων ὅτι πολλοὶ ἄνθρωποι ἐν αὐτῇ εἰσιν·

d 7 prius καὶ Λ : τε καὶ F   d 10 μίνων Λ : μίνω F   c 1 τί δὲ δαὶ Λ᾿ οὐ ταῦτα Λ : οὐ ταῦτα δέ τι F   e 2 γε re vera Λ : τε F
c 3 τραγῳδιοποιοί Λ F   c 7 οὐδ' ὅτι Λ : οὐδ' οὕτω F   a 1 ἐπαινέσεσθαι Λ᾿ ἐπαινέσθαι (sic F   a 5 τι Λ F : τοι vulg.   a 7 τούτων Λ· om. F   ὁ Λ: om. F   a 9 μίνω ὡς Λ : μίνωος F   b 3 ἐν αὐτῇ εἰσιν Λ   εἰσὶν ἐν αὐτῇ F

καὶ ἐνενήκοντα πόληες, τῇσι δέ, φησίν—

    ἔνι Κνωσὸς μεγάλη πόλις, ἔνθα τε Μίνως
    ἐννέωρος βασίλευε Διὸς μεγάλου ὀαριστής.

c ἔστιν οὖν τοῦτο Ὁμήρου ἐγκώμιον εἰς Μίνων διὰ βραχέων
εἰρημένον, οἷον οὐδ᾽ εἰς ἕνα τῶν ἡρώων ἐποίησεν Ὅμηρος.
ὅτι μὲν γὰρ ὁ Ζεὺς σοφιστής ἐστιν καὶ ἡ τέχνη αὕτη
παγκάλη ἐστί, πολλαχοῦ καὶ ἄλλοθι δηλοῖ, ἀτὰρ καὶ ἐνταῦθα.
5 λέγει γὰρ τὸν Μίνων συγγίγνεσθαι ἐνάτῳ ἔτει τῷ Διὶ ἐν
λόγοις καὶ φοιτᾶν παιδευθησόμενον ὡς ὑπὸ σοφιστοῦ ὄντος
τοῦ Διός. ὅτι οὖν τοῦτο τὸ γέρας οὐκ ἔστιν ὅτῳ ἀπένειμεν
Ὅμηρος τῶν ἡρώων, ὑπὸ Διὸς πεπαιδεῦσθαι, ἄλλῳ ἢ Μίνῳ,
d τοῦτ᾽ ἔστιν ἔπαινος θαυμαστός. καὶ Ὀδυσσείας ἐν Νεκυίᾳ
δικάζοντα χρυσοῦν σκῆπτρον ἔχοντα πεποίηκε τὸν Μίνων,
οὐ τὸν Ῥαδάμανθυν· Ῥαδάμανθυν δὲ οὔτ᾽ ἐνταῦθα δικά-
ζοντα πεποίηκεν οὔτε συγγιγνόμενον τῷ Διὶ οὐδαμοῦ. διὰ
5 ταῦτά φημ᾽ ἐγὼ Μίνων ἁπάντων μάλιστα ὑπὸ Ὁμήρου
ἐγκεκωμιάσθαι. τὸ γὰρ Διὸς ὄντα παῖδα μόνον ὑπὸ Διὸς
πεπαιδεῦσθαι οὐκ ἔχει ὑπερβολὴν ἐπαίνου—τοῦτο γὰρ ση-
μαίνει τὸ ἔπος τὸ—

    ἐννέωρος βασίλευε Διὸς μεγάλου ὀαριστής,

e συνουσιαστὴν τοῦ Διὸς εἶναι τὸν Μίνων. οἱ γὰρ ὄαροι λόγοι
εἰσίν, καὶ ὀαριστὴς συνουσιαστής ἐστιν ἐν λόγοις—ἐφοίτα
οὖν δι᾽ ἐνάτου ἔτους εἰς τὸ τοῦ Διὸς ἄντρον ὁ Μίνως, τὰ μὲν
μαθησόμενος, τὰ δὲ ἀποδειξόμενος ἃ τῇ προτέρᾳ ἐννεετηρίδι
5 ἐμεμαθήκει παρὰ τοῦ Διός. εἰσὶν δὲ οἳ ὑπολαμβάνουσι τὸν
ὀαριστὴν συμπότην καὶ συμπαιστὴν εἶναι τοῦ Διός, ἀλλὰ
τῷδε ἄν τις τεκμηρίῳ χρῷτο ὅτι οὐδὲν λέγουσιν οἱ οὕτως
320 ὑπολαμβάνοντες· πολλῶν γὰρ ὄντων ἀνθρώπων καὶ Ἑλ-

b 5 κνωσσὸς Α F   b 6 ἐννέωρος Α : ἐννέορος F (et infra d 9)
c 4 παγκάλη Α : παγκάλης F   c 5 λέγει F : λέγοι Α   μίνων Α : μίνῳ
F   d 1 νεκυία F : νεκυεία Α   d 3 ῥαδάμανθυν alterum Α : om. F
δικάζοντα πεποίηκεν Α : πεποίηκε δικάζοντα F   d 5 ÷ ἁπάντων Α :
πάντων F   d 9 ὁ ἀριστής F et mox)   e 4 προτέρᾳ F : προτεραίᾳ Α
e 5 ἐμεμαθήκει Α : μεμάθηκε F

λήνων καὶ βαρβάρων, οὐκ ἔστιν οἵτινες ἀπέχονται συμποσίων
καὶ ταύτης τῆς παιδιᾶς, οὗ ἔστιν οἶνος, ἄλλοι ἢ Κρῆτες καὶ
Λακεδαιμόνιοι δεύτεροι, μαθόντες παρὰ Κρητῶν. ἐν Κρήτῃ
δὲ εἷς οὗτός ἐστι τῶν ἄλλων νόμων οὓς Μίνως ἔθηκε, μὴ 5
συμπίνειν ἀλλήλοις εἰς μέθην. καίτοι δῆλον ὅτι ἃ ἐνόμιζεν
καλὰ εἶναι, ταῦτα νόμιμα ἔθηκεν καὶ τοῖς αὑτοῦ πολίταις.
οὐ γάρ που, ὥσπερ γε φαῦλος ἄνθρωπος, ὁ Μίνως ἐνόμιζεν b
μὲν ἕτερα, ἐποίει δὲ ἄλλα παρ' ἃ ἐνόμιζεν· ἀλλὰ ἦν αὕτη
ἡ συνουσία ὥσπερ ἐγὼ λέγω, διὰ λόγων ἐπὶ παιδείᾳ εἰς
ἀρετήν. ὅθεν δὴ καὶ τοὺς νόμους τούτους ἔθηκε τοῖς αὑτοῦ
πολίταις, δι' οὓς ἥ τε Κρήτη τὸν πάντα χρόνον εὐδαιμονεῖ 5
καὶ Λακεδαίμων, ἀφ' οὗ ἤρξατο τούτοις χρῆσθαι, ἅτε θείοις
οὖσιν.

Ῥαδάμανθυς δὲ ἀγαθὸς μὲν ἦν ἀνήρ· ἐπεπαίδευτο γὰρ
ὑπὸ τοῦ Μίνω. ἐπεπαίδευτο μέντοι οὐχ ὅλην τὴν βασιλικὴν c
τέχνην, ἀλλ' ὑπηρεσίαν τῇ βασιλικῇ, ὅσον ἐπιστατεῖν ἐν
τοῖς δικαστηρίοις· ὅθεν καὶ δικαστὴς ἀγαθὸς ἐλέχθη εἶναι.
νομοφύλακι γὰρ αὐτῷ ἐχρῆτο ὁ Μίνως κατὰ τὸ ἄστυ, τὰ δὲ
κατὰ τὴν ἄλλην Κρήτην τῷ Τάλῳ. ὁ γὰρ Τάλως τρὶς 5
περιῄει τοῦ ἐνιαυτοῦ κατὰ τὰς κώμας, φυλάττων τοὺς νόμους
ἐν αὐταῖς, ἐν χαλκοῖς γραμματείοις ἔχων γεγραμμένους τοὺς
νόμους, ὅθεν χαλκοῦς ἐκλήθη. εἴρηκε δὲ καὶ Ἡσίοδος ἀδελφὰ
τούτων εἰς τὸν Μίνων. μνησθεὶς γὰρ αὐτοῦ τοῦ ὀνόματος d
φησίν—

οὗ δὲ βασιλεύτατος γένετο θνητῶν βασιλήων,
καὶ πλείστων ἤνασσε περικτιόνων ἀνθρώπων,
Ζηνὸς ἔχων σκῆπτρον· τῷ καὶ πολέων βασίλευεν. 5

καὶ οὗτος λέγει τὸ τοῦ Διὸς σκῆπτρον οὐδὲν ἄλλο ἢ τὴν
παιδείαν τὴν τοῦ Διός, ᾗ εὔθυνε τὴν Κρήτην.

a 3 οὗ Λ · οὔτ F   b 3 ἐγὼ Λ : om. F   παιδείᾳ Λ : παιδείαις
F   c 1 μίνω Λ : μίνως F   c 5 τάλῳ Λ sed λ in ras.) :
τάλλω F   τάλως Λ : τάλλως F   c 7 γραμματείοις Λ : γραμ-
ματίοις F   d 3 γένετο Λ : γένοιτο F   βασιλήων Λ : βασι-
λειῶν F

ΕΤ. Διὰ τί οὖν ποτε, ὦ Σώκρατες, αὕτη ἡ φήμη κατε-
e σκέδασται τοῦ Μίνω ὡς ἀπαιδεύτου τινὸς καὶ χαλεποῦ ὄντος;

ΣΩ. Δι' ὃ καὶ σύ, ὦ βέλτιστε, ἐὰν σωφρονῇς, εὐλαβήσῃ,
καὶ ἄλλος πᾶς ἀνὴρ ὅτῳ μέλει τοῦ εὐδόκιμον εἶναι, μηδέποτε
ἀπεχθάνεσθαι ἀνδρὶ ποιητικῷ μηδενί. οἱ γὰρ ποιηταὶ μέγα
5 δύνανται εἰς δόξαν, ἐφ' ὁπότερα ἂν ποιῶσιν εἰς τοὺς ἀνθρώ-
πους, ἢ εὐλογοῦντες ἢ κακηγοροῦντες. ὃ δὴ καὶ ἐξήμαρτεν
ὁ Μίνως, πολεμήσας τῇδε τῇ πόλει, ἐν ᾗ ἄλλη τε πολλὴ
σοφία ἐστὶ καὶ ποιηταὶ παντοδαποὶ τῆς τε ἄλλης ποιήσεως
321 καὶ τραγῳδίας. ἡ δὲ τραγῳδία ἐστὶν παλαιὸν ἐνθάδε, οὐχ
ὡς οἴονται ἀπὸ Θέσπιδος ἀρξαμένη οὐδ' ἀπὸ Φρυνίχου, ἀλλ'
εἰ θέλεις ἐννοῆσαι, πάνυ παλαιὸν αὐτὸ εὑρήσεις ὂν τῆσδε
τῆς πόλεως εὕρημα. ἔστιν δὲ τῆς ποιήσεως δημοτερπέστατόν
5 τε καὶ ψυχαγωγικώτατον ἡ τραγῳδία· ἐν ᾗ δὴ καὶ ἐντείνοντες
ἡμεῖς τὸν Μίνων τιμωρούμεθα ἀνθ' ὧν ἡμᾶς ἠνάγκασε τοὺς
δασμοὺς τελεῖν ἐκείνους. τοῦτο οὖν ἐξήμαρτεν ὁ Μίνως,
ἀπεχθόμενος ἡμῖν, ὅθεν δή, ὃ σὺ ἐρωτᾷς, κακοδοξότερος
b γέγονεν. ἐπεὶ ὅτι γε ἀγαθὸς ἦν καὶ νόμιμος, ὅπερ καὶ ἐν τοῖς
πρόσθεν ἐλέγομεν, νομεὺς ἀγαθός, τοῦτο μέγιστον σημεῖον,
ὅτι ἀκίνητοι αὐτοῦ οἱ νόμοι εἰσίν, ἅτε τοῦ ὄντος περὶ πόλεως
οἰκήσεως ἐξευρόντος εὖ τὴν ἀλήθειαν.

5 ΕΤ. Δοκεῖς μοι, ὦ Σώκρατες, εἰκότα τὸν λόγον εἰρηκέναι.

ΣΩ. Οὐκοῦν εἰ ἐγὼ ἀληθῆ λέγω, δοκοῦσί σοι παλαι-
οτάτοις Κρῆτες οἱ Μίνω καὶ Ῥαδαμάνθυος πολῖται νόμοις
χρῆσθαι;

ΕΤ. Φαίνονται.

10 ΣΩ. Οὗτοι ἄρα τῶν παλαιῶν ἄριστοι νομοθέται γεγό-
c νασιν, νομῆς τε καὶ ποιμένες ἀνδρῶν, ὥσπερ καὶ Ὅμηρος
ἔφη ποιμένα λαῶν εἶναι τὸν ἀγαθὸν στρατηγόν.

e 2 εὐλαβήσηι A sed ηι in ras.` : εὐλαβῆς ῇ F   e 6 prius ῇ A ;
om. F   κακηγοροῦντες F: κατηγοροῦντες A   a 2 οἴονται
A : οἵόν τε F   a 5 ψυχαγωγικώτατον A : ψυχαγωγιμώτατον Γ
a 7 δασμοὺς A : δεσμοὺς F   b 5 εἰρηκέναι re vera A F   b 7 κρῆτες
A F : κριταῖς s. v. F   μίνωος A F   ῥαδαμάνθυος A : ῥαδάμανθυς F

ΕΤ. Πάνυ μὲν οὖν.

ΣΩ. Φέρε δὴ πρὸς Διὸς φιλίου· εἴ τις ἡμᾶς ἔροιτο, ὁ τῷ
σώματι ἀγαθὸς νομοθέτης τε καὶ νομεὺς τί ἐστιν ταῦτα ἃ 5
διανέμων ἐπὶ τὸ σῶμα βέλτιον αὐτὸ ποιεῖ, εἴποιμεν ἂν καλῶς
τε καὶ διὰ βραχέων ἀποκρινόμενοι, ὅτι τροφήν τε καὶ πόνους,
τῇ μὲν αὔξων, τοῖς δὲ γυμνάζων καὶ συνιστὰς τὸ σῶμα αὐτό.

ΕΤ. Ὀρθῶς γε.

ΣΩ. Εἰ οὖν δὴ μετὰ τοῦτο ἔροιτο ἡμᾶς, "Τί δὲ δή ποτε d
ἐκεῖνά ἐστιν, ⟨ἃ⟩ ὁ ἀγαθὸς νομοθέτης τε καὶ νομεὺς διανέμων
ἐπὶ τὴν ψυχὴν βελτίω αὐτὴν ποιεῖ;" τί ἂν ἀποκρινάμενοι
οὐκ ἂν αἰσχυνθεῖμεν καὶ ὑπὲρ ἡμῶν αὐτῶν καὶ τῆς ἡλικίας
αὐτῶν; 5

ΕΤ. Οὐκέτι τοῦτ' ἔχω εἰπεῖν.

ΣΩ. Ἀλλὰ μέντοι αἰσχρόν γε τῇ ψυχῇ ἡμῶν ἐστιν
ἑκατέρου, τὰ μὲν ἐν αὐταῖς φαίνεσθαι μὴ εἰδυίας, ἐν οἷς
αὐταῖς ἔνεστι καὶ τὸ ἀγαθὸν καὶ τὸ φλαῦρον, τὰ δὲ τοῦ
σώματος καὶ τὰ τῶν ἄλλων ἐσκέφθαι. 10

c 5 ἀγαθὸς νομοθέτης Λ : νομοθέτης ἀγαθὸς F   d 2 ἃ om. Λ F
d 4 αὐτῶν F et s. v. Λ² : om. Λ   τῆς Λ : ὑπὲρ τῆς F   d 8 ἐν
αὐταῖς Λ : ἑαυταῖς F   d 9 ἀγαθὸν καὶ F et καὶ s. v. Λ : ἀγαθὸν Λ
φλαῦρον Λ : φαῦρον F

ΝΟΜΟΙ

ΑΘΗΝΑΙΟΣ ΞΕΝΟΣ   ΚΛΕΙΝΙΑΣ ΚΡΗΣ
ΜΕΓΙΛΛΟΣ ΛΑΚΕΔΑΙΜΟΝΙΟΣ

A

a   ΑΘ. Θεὸς ἤ τις ἀνθρώπων ὑμῖν, ὦ ξένοι, εἴληφε τὴν
αἰτίαν τῆς τῶν νόμων διαθέσεως;

ΚΛ. Θεός, ὦ ξένε, θεός, ὥς γε τὸ δικαιότατον εἰπεῖν·
παρὰ μὲν ἡμῖν Ζεύς, παρὰ δὲ Λακεδαιμονίοις, ὅθεν ὅδε
5   ἐστίν, οἶμαι φάναι τούτους Ἀπόλλωνα.   ἢ γάρ;

ΜΕ. Ναί.

ΑΘ. Μῶν οὖν καθ' Ὅμηρον λέγεις ὡς τοῦ Μίνω φοι-
b   τῶντος πρὸς τὴν τοῦ πατρὸς ἑκάστοτε συνουσίαν δι' ἐνάτου
ἔτους καὶ κατὰ τὰς παρ' ἐκείνου φήμας ταῖς πόλεσιν ὑμῖν
θέντος τοὺς νόμους;

ΚΛ. Λέγεται γὰρ οὕτω παρ' ἡμῖν· καὶ δὴ καὶ τὸν ἀδελ-
5   φόν γε αὐτοῦ Ῥαδάμανθυν—ἀκούετε γὰρ τὸ ὄνομα—δικαιό-
625   τατον γεγονέναι.   τοῦτον οὖν φαῖμεν ἂν ἡμεῖς γε οἱ Κρῆτες,
ἐκ τοῦ τότε διανέμειν τὰ περὶ τὰς δίκας, ὀρθῶς τοῦτον τὸν
ἔπαινον αὐτὸν εἰληφέναι.

ΑΘ. Καὶ καλόν γε τὸ κλέος υἱεῖ τε Διὸς μάλα πρέπον.
5   ἐπειδὴ δὲ ἐν τοιούτοις ἤθεσι τέθραφθε νομικοῖς σύ τε καὶ
ὅδε, προσδοκῶ οὐκ ἂν ἀηδῶς περί τε πολιτείας τὰ νῦν
καὶ νόμων τὴν διατριβήν, λέγοντάς τε καὶ ἀκούοντας ἅμα κατὰ
b   τὴν πορείαν, ποιήσασθαι.   πάντως δ' ἥ γε ἐκ Κνωσοῦ ὁδὸς
εἰς τὸ τοῦ Διὸς ἄντρον καὶ ἱερόν, ὡς ἀκούομεν, ἱκανή, καὶ

ἀνάπαυλαι κατὰ τὴν ὁδόν, ὡς εἰκός, πνίγους ὄντος τὰ νῦν,
ἐν τοῖς ὑψηλοῖς δένδρεσίν εἰσι σκιαραί, καὶ ταῖς ἡλικίαις
πρέπον ἂν ἡμῶν εἴη τὸ διαναπαύεσθαι πυκνὰ ἐν αὐταῖς, 5
λόγοις τε ἀλλήλους παραμυθουμένους τὴν ὁδὸν ἅπασαν οὕτω
μετὰ ῥᾳστώνης διαπερᾶναι.

ΚΛ. Καὶ μὴν ἔστιν γε, ὦ ξένε, προϊόντι κυπαρίττων τε
ἐν τοῖς ἄλσεσιν ὕψη καὶ κάλλη θαυμάσια, καὶ λειμῶνες ἐν c
οἷσιν ἀναπαυόμενοι διατρίβοιμεν ἄν.

ΑΘ. Ὀρθῶς λέγεις.

ΚΛ. Πάνυ μὲν οὖν· ἰδόντες δὲ μᾶλλον φήσομεν. ἀλλ᾽
ἴωμεν ἀγαθῇ τύχῃ. 5

ΑΘ. Ταῦτ᾽ εἴη. καί μοι λέγε· κατὰ τί τὰ συσσίτιά
τε ὑμῖν συντέταχεν ὁ νόμος καὶ τὰ γυμνάσια καὶ τὴν τῶν
ὅπλων ἕξιν;

ΚΛ. Οἶμαι μέν, ὦ ξένε, καὶ παντὶ ῥᾴδιον ὑπολαβεῖν εἶναι
τά γε ἡμέτερα. τὴν γὰρ τῆς χώρας πάσης Κρήτης φύσιν 10
ὁρᾶτε ὡς οὐκ ἔστι, καθάπερ ἡ τῶν Θετταλῶν, πεδιάς, διὸ d
δὴ καὶ τοῖς μὲν ἵπποις ἐκεῖνοι χρῶνται μᾶλλον, δρόμοισιν
δὲ ἡμεῖς· ἥδε γὰρ ἀνώμαλος αὖ καὶ πρὸς τὴν τῶν πεζῇ
δρόμων ἄσκησιν μᾶλλον σύμμετρος. ἐλαφρὰ δὴ τὰ ὅπλα
ἀναγκαῖον ἐν τῷ τοιούτῳ κεκτῆσθαι καὶ μὴ βάρος ἔχοντα 5
θεῖν· τῶν δὴ τόξων καὶ τοξευμάτων ἡ κουφότης ἁρμόττειν
δοκεῖ. ταῦτ᾽ οὖν πρὸς τὸν πόλεμον ἡμῖν ἅπαντα ἐξήρτυται,
καὶ πάνθ᾽ ὁ νομοθέτης, ὥς γ᾽ ἐμοὶ φαίνεται, πρὸς τοῦτο βλέ- e
πων συνετάττετο· ἐπεὶ καὶ τὰ συσσίτια κινδυνεύει συναγα-
γεῖν, ὁρῶν ὡς πάντες ὁπόταν στρατεύωνται, τόθ᾽ ὑπ᾽ αὐτοῦ
τοῦ πράγματος ἀναγκάζονται φυλακῆς αὐτῶν ἕνεκα συσσι-
τεῖν τοῦτον τὸν χρόνον. ἄνοιαν δή μοι δοκεῖ καταγνῶναι τῶν 5
πολλῶν ὡς οὐ μανθανόντων ὅτι πόλεμος ἀεὶ πᾶσιν διὰ βίου
συνεχής ἐστι πρὸς ἁπάσας τὰς πόλεις· εἰ δὴ πολέμου γε
ὄντος φυλακῆς ἕνεκα δεῖ συσσιτεῖν καί τινας ἄρχοντας καὶ
ἀρχομένους διακεκοσμημένους εἶναι φύλακας αὐτῶν, τοῦτο 626

d 7 ἐξήρτυται ΛΟ: ἐξήρτηται Ι.

καὶ ἐν εἰρήνῃ δραστέον. (ἣν γὰρ καλοῦσιν οἱ πλεῖστοι τῶν
ἀνθρώπων εἰρήνην, τοῦτ' εἶναι μόνον ὄνομα, τῷ δ' ἔργῳ
πάσαις πρὸς πάσας τὰς πόλεις ἀεὶ πόλεμον ἀκήρυκτον κατὰ
5 φύσιν εἶναι. καὶ σχεδὸν ἀνευρήσεις, οὕτω σκοπῶν, τὸν
Κρητῶν νομοθέτην ὡς εἰς τὸν πόλεμον ἅπαντα δημοσίᾳ καὶ
ἰδίᾳ τὰ νόμιμα ἡμῖν ἀποβλέπων συνετάξατο, καὶ κατὰ ταῦτα
b οὕτω φυλάττειν παρέδωκε τοὺς νόμους, ὡς τῶν ἄλλων οὐδενὸς
οὐδὲν ὄφελος ὂν οὔτε κτημάτων οὔτ' ἐπιτηδευμάτων, ἂν
μὴ τῷ πολέμῳ ἄρα κρατῇ τις, πάντα δὲ τὰ τῶν νικωμένων
ἀγαθὰ τῶν νικώντων γίγνεσθαι.

5 ΑΘ. Καλῶς γε, ὦ ξένε, φαίνῃ μοι γεγυμνάσθαι πρὸς τὸ
διειδέναι τὰ Κρητῶν νόμιμα. τόδε δέ μοι φράζε ἔτι σαφέ-
στερον· ὃν γὰρ ὅρον ἔθου τῆς εὖ πολιτευομένης πόλεως,
c δοκεῖς μοι λέγειν οὕτω κεκοσμημένην οἰκεῖν δεῖν, ὥστε
πολέμῳ νικᾶν τὰς ἄλλας πόλεις. ἦ γάρ;

ΚΛ. Πάνυ μὲν οὖν· οἶμαι δὲ καὶ τῷδε οὕτω συνδοκεῖν.

ΜΕ. Πῶς γὰρ ἂν ἄλλως ἀποκρίναιτο, ὦ θεῖε, Λακεδαι-
5 μονίων γε ὁστισοῦν;

ΑΘ. Πότερ' οὖν δὴ πόλεσι μὲν πρὸς πόλεις ὀρθὸν τοῦτ'
ἐστί, κώμῃ δὲ πρὸς κώμην ἕτερον;

ΚΛ. Οὐδαμῶς.

ΑΘ. 'Αλλὰ ταὐτόν;

10 ΚΛ. Ναί.

ΑΘ. Τί δέ; πρὸς οἰκίαν οἰκίᾳ τῶν ἐν τῇ κώμῃ, καὶ πρὸς
ἄνδρα ἀνδρὶ ἑνὶ πρὸς ἕνα, ταὐτὸν ἔτι;

ΚΛ. Ταὐτόν.

d ΑΘ. Αὐτῷ δὲ πρὸς αὑτὸν πότερον ὡς πολεμίῳ πρὸς
πολέμιον διανοητέον; ἢ πῶς ἔτι λέγομεν;

ΚΛ. Ὦ ξένε 'Αθηναῖε—οὐ γάρ σε 'Αττικὸν ἐθέλοιμ' ἂν
προσαγορεύειν· δοκεῖς γάρ μοι τῆς θεοῦ ἐπωνυμίας ἄξιος
5 εἶναι μᾶλλον ἐπονομάζεσθαι· τὸν γὰρ λόγον ἐπ' ἀρχὴν

ὀρθῶς ἀναγαγὼν σαφέστερον ἐποίησας, ὥστε ῥᾷον ἀνευρή-
σεις ὅτι νυνδὴ ὑφ' ἡμῶν ὀρθῶς ἐρρήθη τὸ πολεμίους εἶναι
πάντας πᾶσιν δημοσίᾳ τε, καὶ ἰδίᾳ ἑκάστους αὐτοὺς σφίσιν
αὐτοῖς.

ΛΘ. Πῶς εἴρηκας, ὦ θαυμάσιε: e

ΚΛ. Κἀνταῦθα, ὦ ξένε, τὸ νικᾶν αὐτὸν αὐτὸν πασῶν
νικῶν πρώτη τε καὶ ἀρίστη, τὸ δὲ ἡττᾶσθαι αὐτὸν ὑφ' ἑαυτοῦ
πάντων αἴσχιστόν τε ἅμα καὶ κάκιστον. ταῦτα γὰρ ὡς πολέ-
μου ἐν ἑκάστοις ἡμῶν ὄντος πρὸς ἡμᾶς αὐτοὺς σημαίνει.   5

ΛΘ. Πάλιν τοίνυν τὸν λόγον ἀναστρέψωμεν. ἐπειδὴ
γὰρ εἷς ἕκαστος ἡμῶν ὁ μὲν κρείττων αὑτοῦ, ὁ δὲ ἥττων
ἐστί, πότερα φῶμεν οἰκίαν τε καὶ κώμην καὶ πόλιν ἔχειν   627
ταὐτὸν τοῦτο ἐν αὑταῖς ἢ μὴ φῶμεν;

ΚΛ. Τὸ κρείττω τε ἑαυτῆς εἶναι λέγεις τινά, τὴν δ' ἥττω;   •

ΛΘ. Ναί.

ΚΛ. Καὶ τοῦτο ὀρθῶς ἤρου· πάνυ γὰρ ἔστι καὶ σφόδρα   5
τὸ τοιοῦτον, οὐχ ἥκιστα ἐν ταῖς πόλεσιν. (ἐν ὁπόσαις μὲν
γὰρ οἱ ἀμείνονες νικῶσιν τὸ πλῆθος καὶ τοὺς χείρους, ὀρθῶς
ἂν αὕτη κρείττων τε ἑαυτῆς λέγοιθ' ἡ πόλις, ἐπαινοῖτό
τε ἂν δικαιότατα τῇ τοιαύτῃ νίκῃ· τοὐναντίον δέ, ὅπου
τἀναντία.   10

ΑΘ. Τὸ μὲν τοίνυν εἴ ποτέ ἐστίν που τὸ χεῖρον κρεῖττον   b
τοῦ ἀμείνονος ἐάσωμεν—μακροτέρου γὰρ λόγου—τὸ δὲ ὑπὸ
σοῦ λεγόμενον μανθάνω νῦν, ὥς ποτε πολῖται, συγγενεῖς καὶ
τῆς αὐτῆς πόλεως γεγονότες, ἄδικοι καὶ πολλοὶ συνελθόντες,
δικαίους ἐλάττους ὄντας βιάσονται δουλούμενοι, καὶ ὅταν   5
μὲν κρατήσωσιν, ἥττων ἡ πόλις αὑτῆς ὀρθῶς αὕτη λέγοιτ'
ἂν ἅμα καὶ κακή, ὅπου δ' ἂν ἡττῶνται, κρείττων τε καὶ
ἀγαθή.

ΚΛ. Καὶ μάλα ἄτοπον, ὦ ξένε, τὸ νῦν λεγόμενον· ὅμως   c
δὲ ὁμολογεῖν οὕτως ἀναγκαιότατον.

ΛΘ. Ἔχε δή. καὶ τόδε πάλιν ἐπισκεψώμεθα· πολλοὶ

d 7 ὀρθῶς ὑφ' ἡμῶν Eus.

ἀδελφοί που γένοιτ' ἂν ἑνὸς ἀνδρός τε καὶ μιᾶς ὑεῖς, καὶ
5 δὴ καὶ θαυμαστὸν οὐδὲν τοὺς πλείους μὲν ἀδίκους αὐτῶν
γίγνεσθαι, τοὺς δὲ ἐλάττους δικαίους.

ΚΛ. Οὐ γὰρ οὖν.

ΑΘ. Καὶ οὐκ ἂν εἴη γε πρέπον ἐμοί τε καὶ ὑμῖν τοῦτο
θηρεύειν, ὅτι νικώντων μὲν τῶν πονηρῶν ἥ τε οἰκία καὶ ἡ
10 συγγένεια αὕτη πᾶσα ἥττων αὑτῆς λέγοιτ' ἄν, κρείττων δὲ
d ἡττωμένων· οὐ γὰρ εὐσχημοσύνης τε καὶ ἀσχημοσύνης
ῥημάτων ἕνεκα τὰ νῦν σκοπούμεθα πρὸς τὸν τῶν πολλῶν
λόγον, ἀλλ' ὀρθότητός τε καὶ ἁμαρτίας πέρι νόμων, ἥτις
ποτ' ἐστὶν φύσει.

5 ΚΛ. Ἀληθέστατα, ὦ ξένε, λέγεις.

ΜΕ. Καλῶς μὲν οὖν, ὥς γε ἐμοὶ συνδοκεῖν, τό γε τοσοῦ-
τον, τὰ νῦν.

ΑΘ. Ἴδωμεν δὴ καὶ τόδε· τούτοις τοῖς ἄρτι λεγομένοις
ἀδελφοῖς γένοιτ' ἄν πού τις δικαστής;

10 ΚΛ. Πάνυ γε.

ΑΘ. Πότερος οὖν ἀμείνων, ὅστις τοὺς μὲν ἀπολέσειεν
e αὐτῶν ὅσοι κακοί, τοὺς δὲ βελτίους ἄρχειν αὐτοὺς αὑτῶν
προστάξειεν, ἢ ὅδε ὃς ἂν τοὺς μὲν χρηστοὺς ἄρχειν, τοὺς
χείρους δ' ἐάσας ζῆν ἄρχεσθαι ἑκόντας ποιήσειεν; τρίτον
δέ που δικαστὴν πρὸς ἀρετὴν εἴπωμεν, εἴ τις εἴη τοιοῦτος
5 ὅστις παραλαβὼν συγγένειαν μίαν διαφερομένην, μήτε ἀπο-
628 λέσειεν μηδένα, διαλλάξας δὲ εἰς τὸν ἐπίλοιπον χρόνον,
νόμους αὐτοῖς θείς, πρὸς ἀλλήλους παραφυλάττειν δύναιτο
ὥστε εἶναι φίλους.

ΚΛ. Μακρῷ ἀμείνων γίγνοιτ' ἂν ὁ τοιοῦτος δικαστής τε
5 καὶ νομοθέτης.

ΑΘ. Καὶ μὴν τοὐναντίον γε ἢ πρὸς πόλεμον ἂν βλέπων
αὐτοῖς τοὺς νόμους διανομοθετοῖ.

ΚΛ. Τοῦτο μὲν ἀληθές.

c 5 πλείους Α L O : πλείστους Oʼ   d 6 ἐμοὶ Α L : καὶ ἐμοὶ O (sed
καὶ punct. not.   e 3 ἑκόντας] ἄκοντας ci C. Ritter

ΑΘ. Τί δ' ὁ τὴν πόλιν συναρμόττων; πρὸς πόλεμον
αὐτῆς ἂν τὸν ἔξωθεν βλέπων τὸν βίον κοσμοῖ μᾶλλον,   10
ἢ πρὸς πόλεμον τὸν ἐν αὐτῇ γιγνόμενον ἑκάστοτε, ἣ δὴ   b
καλεῖται στάσις; ὃν μάλιστα μὲν ἅπας ἂν βούλοιτο μήτε
γενέσθαι ποτὲ ἐν ἑαυτοῦ πόλει γενόμενόν τε ὡς τάχιστα
ἀπαλλάττεσθαι.

ΚΛ. Δῆλον ὅτι πρὸς τοῦτον.   5

ΑΘ. Πότερα δὲ ἀπολομένων αὖ τῶν ἑτέρων εἰρήνην τῆς
στάσεως γενέσθαι, νικησάντων δὲ ποτέρων, δέξαιτ' ἄν τις,
μᾶλλον ἢ φιλίας τε καὶ εἰρήνης ὑπὸ διαλλαγῶν γενομένης,
οὕτω τοῖς ἔξωθεν πολεμίοις προσέχειν ἀνάγκην εἶναι τὸν
νοῦν;   c

ΚΛ. Οὕτω πᾶς ἂν ἐθέλοι πρότερον ἢ 'κείνως περὶ τὴν
αὑτοῦ γίγνεσθαι πόλιν.

ΑΘ. Οὐκοῦν καὶ νομοθέτης ὡσαύτως;

ΚΛ. Τί μήν;   5

ΑΘ. Ἆρα οὖν οὐ τοῦ ἀρίστου ἕνεκα πάντα ἂν τὰ νόμιμα
τιθείη πᾶς;

ΚΛ. Πῶς δ' οὔ;

ΑΘ. Τό γε μὴν ἄριστον οὔτε ὁ πόλεμος οὔτε ἡ στάσις,
ἀπευκτὸν δὲ τὸ δεηθῆναι τούτων, εἰρήνη δὲ πρὸς ἀλλήλους   10
ἅμα καὶ φιλοφροσύνη, καὶ δὴ καὶ τὸ νικᾶν, ὡς ἔοικεν, αὐτὴν
αὑτὴν πόλιν οὐκ ἦν τῶν ἀρίστων ἀλλὰ τῶν ἀναγκαίων·   d
ὅμοιον ὡς εἰ κάμνον σῶμα ἰατρικῆς καθάρσεως τυχὸν ἡγοῖτό
τις ἄριστα πράττειν τότε, τῷ δὲ μηδὲ τὸ παράπαν δεηθέντι
σώματι μηδὲ προσέχοι τὸν νοῦν, ὡσαύτως δὲ καὶ πρὸς
πόλεως εὐδαιμονίαν ἢ καὶ ἰδιώτου διανοούμενος οὕτω τις   5
οὔτ' ἄν ποτε πολιτικὸς γένοιτο ὀρθῶς, πρὸς τὰ ἔξωθεν πολε-
μικὰ ἀποβλέπων μόνον καὶ πρῶτον, οὔτ' ἂν νομοθέτης
ἀκριβής, εἰ μὴ χάριν εἰρήνης τὰ πολέμου νομοθετοῖ μᾶλλον
ἢ τῶν πολεμικῶν ἕνεκα τὰ τῆς εἰρήνης.   e

ΚΛ. Φαίνεται μέν πως ὁ λόγος οὗτος, ὦ ξένε, ὀρθῶς
εἰρῆσθαι, θαυμάζω γε μὴν εἰ τά τε παρ' ἡμῖν νόμιμα καὶ
ἔτι τὰ περὶ Λακεδαίμονα μὴ πᾶσαν τὴν σπουδὴν τούτων
5 ἕνεκα πεποίηται.

629 ΑΘ. Τάχ' ἂν ἴσως· δεῖ δὲ οὐδὲν σκληρῶς ἡμᾶς αὐτοῖς
διαμάχεσθαι τὰ νῦν ἀλλ' ἠρέμα ἀνερωτᾶν, ὡς μάλιστα
περὶ ταῦτα ἡμῶν τε καὶ ἐκείνων σπουδαζόντων. καί μοι
τῷ λόγῳ συνακολουθήσατε. προστησώμεθα γοῦν Τύρταιον,
5 τὸν φύσει μὲν Ἀθηναῖον, τῶνδε δὲ πολίτην γενόμενον, ὃς
δὴ μάλιστα ἀνθρώπων περὶ ταῦτα ἐσπούδακεν εἰπὼν ὅτι—

οὔτ' ἂν μνησαίμην οὔτ' ἐν λόγῳ ἄνδρα τιθείμην

b οὔτ' εἴ τις πλουσιώτατος ἀνθρώπων εἴη, φησίν, οὔτ' εἰ
πολλὰ ἀγαθὰ κεκτημένος, εἰπὼν σχεδὸν ἅπαντα, ὃς μὴ περὶ
τὸν πόλεμον ἄριστος γίγνοιτ' ἀεί. ταῦτα γὰρ ἀκήκοάς που
καὶ σὺ τὰ ποιήματα· ὅδε μὲν γὰρ οἶμαι διακορὴς αὐτῶν ἐστι.
5 ΜΕ. Πάνυ μὲν οὖν.

ΚΛ. Καὶ μὴν καὶ παρ' ἡμᾶς ἐλήλυθε κομισθέντα ἐκ
Λακεδαίμονος.

ΑΘ. Ἴθι νυν ἀνερώμεθα κοινῇ τουτονὶ τὸν ποιητὴν οὐ-
τωσί πως· "Ὦ Τύρταιε, ποιητὰ θειότατε—δοκεῖς γὰρ δὴ
c σοφὸς ἡμῖν εἶναι καὶ ἀγαθός, ὅτι τοὺς μὲν ἐν τῷ πολέμῳ
διαφέροντας διαφερόντως ἐγκεκωμίακας—ἤδη οὖν τυγχά-
νομεν ἐγώ τε καὶ ὅδε καὶ Κλεινίας ὁ Κνώσιος οὑτοσὶ συμ-
φερόμενοί σοι περὶ τούτου σφόδρα, ὡς δοκοῦμεν· εἰ δὲ περὶ
5 τῶν αὐτῶν λέγομεν ἀνδρῶν ἢ μή, βουλόμεθα σαφῶς εἰδέναι.
λέγε οὖν ἡμῖν· ἆρα εἴδη δύο πολέμου καθάπερ ἡμεῖς ἡγῇ
καὶ σὺ σαφῶς; ἢ πῶς;" πρὸς ταῦτ' οἶμαι κἂν πολὺ φαυλό-
d τερος εἴποι Τυρταίου τις τἀληθές, ὅτι δύο, τὸ μὲν ὃ καλοῦ-
μεν ἅπαντες στάσιν, ὃς δὴ πάντων πολέμων χαλεπώτατος,

a 1 αὐτοῖς Bekker : αὐτοὺς libri   b 1 οὔτ'. . . οὔτ'. . .] οὐδ'. . .
οὐδ'. . Boeckh (ex Tyrtaeo)   b 8 νυν Schanz : νῦν A : νῦν δὴ O
ἀνερώμεθα Λ O, δὴ ἐρώμεθα Λ² (δὴ supra ἀν)   c 3 ἐγώ τε fecit
Λ² τ s. v.) : ἔγωγε Λ   κνώσιος A sed add. σ s. v. Λ' (sic saepius).
Schanz, Praef § 1

ὡς ἔφαμεν ἡμεῖς νυνδή· τὸ δὲ ἄλλο πολέμου θήσομεν οἶμαι
γένος ἅπαντες ᾧ πρὸς τοὺς ἐκτός τε καὶ ἀλλοφύλους χρώ-
μεθα διαφερόμενοι, πολὺ πρᾳότερον ἐκείνου. 5

ΚΛ. Πῶς γὰρ οὔ;

ΑΘ. Φέρε δή, ποτέρους, καὶ πρὸς πότερον ἐπαινῶν τὸν
πόλεμον, οὕτως ὑπερεπήνεσας, τοὺς δὲ ἔψεξας τῶν ἀνδρῶν;
ἔοικας μὲν γὰρ πρὸς τοὺς ἐκτός· εἴρηκας γοῦν ὧδε ἐν τοῖς
ποιήμασιν, ὡς οὐδαμῶς τοὺς τοιούτους ἀνεχόμενος, οἳ μὴ e
τολμήσωσιν μὲν ὁρᾶν φόνον αἱματόεντα,

> καὶ δηίων ὀρέγοιντ' ἐγγύθεν ἱστάμενοι.

οὐκοῦν τὰ μετὰ ταῦτα εἴποιμεν ἂν ἡμεῖς ὅτι " Σὺ μὲν ἐπαι-
νεῖς, ὡς ἔοικας, ὦ Τύρταιε, μάλιστα τοὺς πρὸς τὸν ὀθνεῖόν 5
τε καὶ ἔξωθεν πόλεμον γιγνομένους ἐπιφανεῖς." φαίη ταῦτ'
ἂν που καὶ ὁμολογοῖ;

ΚΛ. Τί μήν;

ΑΘ. Ἡμεῖς δέ γε ἀγαθῶν ὄντων τούτων ἔτι φαμὲν ἀμεί- 630
νους εἶναι καὶ πολὺ τοὺς ἐν τῷ μεγίστῳ πολέμῳ γιγνομένους
ἀρίστους διαφανῶς· ποιητὴν δὲ καὶ ἡμεῖς μάρτυρ' ἔχομεν,
Θέογνιν, πολίτην τῶν ἐν Σικελίᾳ Μεγαρέων, ὅς φησιν—

> πιστὸς ἀνὴρ χρυσοῦ τε καὶ ἀργύρου ἀντερύσασθαι 5
> ἄξιος ἐν χαλεπῇ, Κύρνε, διχοστασίῃ.

τοῦτον δή φαμεν ἐν πολέμῳ χαλεπωτέρῳ ἀμείνονα ἐκείνου
πάμπολυ γίγνεσθαι, σχεδὸν ὅσον ἀμείνων δικαιοσύνη καὶ
σωφροσύνη καὶ φρόνησις εἰς ταὐτὸν ἐλθοῦσαι μετ' ἀνδρείας, b
αὐτῆς μόνης ἀνδρείας. πιστὸς μὲν γὰρ καὶ ὑγιὴς ἐν στά-
σεσιν οὐκ ἄν ποτε γένοιτο ἄνευ συμπάσης ἀρετῆς· διαβάντες

d 3 ἔφαμεν ἡμεῖς νῦν δὴ libri : φαμὲν ἡμεῖς νῦν δὴ Photius (probante
Cobet)   d 7 ἐπαινῶν secl. Badham   d 9 πρὸς τοὺς πρὸς τὸν
πρὸς τοὺς Boeckh : τοὺς πρὸς τὸν Ast : πρὸς τὸν Baiter   e 3 ὀρέγοιντο
A   e 6 γιγνομένους Eus.   γιγνόμενον libri   a 7 δή Proclus
in Remp. 187. 16 Kroll cum libris : δέ Eus.   b 1 ἐλθοῦσαι Eus.
Proclus ἐλθοῦσα libri   b 2 αὐτῆς μόνης ἀνδρείας Eus. Proclus :
om. libri

δ' εὖ καὶ μαχόμενοι ἐθέλοντες ἀποθνῄσκειν ἐν ᾧ πολέμῳ
5 φράζει Τύρταιος τῶν μισθοφόρων εἰσὶν πάμπολλοι, ὧν
οἱ πλεῖστοι γίγνονται θρασεῖς καὶ ἄδικοι καὶ ὑβρισταὶ καὶ
ἀφρονέστατοι σχεδὸν ἁπάντων, ἐκτὸς δή τινων εὖ μάλα
ὀλίγων. ποῖ δὴ τελευτᾷ νῦν ἡμῖν οὗτος ὁ λόγος, καὶ τί
c φανερόν ποτε ποιῆσαι βουληθεὶς λέγει ταῦτα; δῆλον ὅτι
τόδε, ὡς παντὸς μᾶλλον καὶ ὁ τῇδε παρὰ Διὸς νομοθέτης,
πᾶς τε οὖν καὶ σμικρὸν ὄφελος, οὐκ ἄλλο ἢ πρὸς τὴν μεγί-
στην ἀρετὴν μάλιστα βλέπων ἀεὶ θήσει τοὺς νόμους· ἔστι
5 δέ, ὥς φησιν Θέογνις, αὕτη πιστότης ἐν τοῖς δεινοῖς, ἥν
τις δικαιοσύνην ἂν τελέαν ὀνομάσειεν. ἣν δ' αὖ Τύρταιος
ἐπῄνεσεν μάλιστα, καλὴ μὲν καὶ κατὰ καιρὸν κεκοσμημένη
τῷ ποιητῇ, τετάρτη μέντοι ὅμως ἀριθμῷ τε καὶ δυνάμει τοῦ
d τιμία εἶναι λέγοιτ' ἂν ὀρθότατα.

ΚΛ. Ὦ ξένε, τὸν νομοθέτην ἡμῶν ἀποβάλλομεν εἰς
τοὺς πόρρω νομοθέτας.

ΑΘ. Οὐχ ἡμεῖς γε, ὦ ἄριστε, ἀλλ' ἡμᾶς αὐτούς, ὅταν
5 οἰώμεθα πάντα τά τ' ἐν Λακεδαίμονι καὶ τὰ τῇδε πρὸς
τὸν πόλεμον μάλιστα βλέποντας Λυκοῦργόν τε καὶ Μίνω
τίθεσθαι τὰ νόμιμα.

ΚΛ. Τὸ δὲ πῶς χρὴν ἡμᾶς λέγειν;

ΑΘ. Ὥσπερ τό τε ἀληθὲς οἶμαι καὶ τὸ δίκαιον ὑπέρ γε
c θείας διαλεγομένους λέγειν, οὐχ ὡς πρὸς ἀρετῆς τι μόριον,
καὶ ταῦτα τὸ φαυλότατον, ἐτίθει βλέπων, ἀλλὰ πρὸς πᾶσαν
ἀρετήν, καὶ κατ' εἴδη ζητεῖν αὐτῶν τοὺς νόμους οὐδ' ἅπερ
οἱ τῶν νῦν εἴδη προτιθέμενοι ζητοῦσιν. οὗ γὰρ ἂν ἕκαστος
5 ἐν χρείᾳ γίγνηται, τοῦτο ζητεῖ νῦν παραθέμενος, ὁ μὲν τὰ
περὶ τῶν κλήρων καὶ ἐπικλήρων, ὁ δὲ τῆς αἰκίας πέρι, ἄλλοι
δὲ ἄλλ' ἄττα μυρία τοιαῦτα· ἡμεῖς δέ φαμεν εἶναι τὸ περὶ

b 4 ἐν ᾧ πολέμῳ Eus. : ἐν τῷ πολέμῳ libri   b 5 φράζει Τύρταιος
om. Clemens   b 7 εὖ Eus. : om. libri   c 3 ἄλλο libri cum
Eus.: ἄλλοσε Heindorf   c 8 τετάρτη᾽ A   d 9 τε ΑΟ²: γε Ο et
lecit Α² γ s. v.)   c 1 θείας] δῆλον ὅτι πολιτείας schol. : πολιτείας
add. Stephanus alii : fo.t. ἀληθείας (cf. Phaedr. 2₄7c 5)

νόμους ζήτημα τῶν εὖ ζητούντων ὥσπερ νῦν ἡμεῖς ἠρξά- 631
μεθα. καὶ σοῦ τὴν μὲν ἐπιχείρησιν τῆς ἐξηγήσεως περὶ
τοὺς νόμους παντάπασιν ἄγαμαι· τὸ γὰρ ἀπ' ἀρετῆς ἄρ-
χεσθαι, λέγοντα ὡς ἐτίθει ταύτης ἕνεκα τοὺς νόμους, ὀρθόν·
ὅτι δὲ πάντα εἰς μόριον ἀρετῆς, καὶ ταῦτα τὸ σμικρότατον, 5
ἐπαναφέροντα ἔφησθ' αὐτὸν νομοθετεῖν, οὔτε ὀρθῶς ἔτι μοι
κατεφάνης λέγων τόν τε ὕστερον νῦν λόγον τοῦτον πάντα
εἴρηκα διὰ ταῦτα. πῇ δὴ οὖν σε ἔτ' ἂν ἐβουλόμην διελό-
μενον λέγειν αὐτός τε ἀκούειν; βούλει σοι φράζω;   b

ΚΛ. Πάνυ μὲν οὖν.

ΑΘ. "Ὦ ξένε," ἐχρῆν εἰπεῖν, "οἱ Κρητῶν νόμοι οὐκ
εἰσὶν μάτην διαφερόντως ἐν πᾶσιν εὐδόκιμοι τοῖς Ἕλλησιν·
ἔχουσιν γὰρ ὀρθῶς, τοὺς αὐτοῖς χρωμένους εὐδαίμονας ἀπο- 5
τελοῦντες. πάντα γὰρ τἀγαθὰ πορίζουσιν. διπλᾶ δὲ ἀγαθά
ἐστιν, τὰ μὲν ἀνθρώπινα, τὰ δὲ θεῖα· ἤρτηται δ' ἐκ τῶν
θείων θάτερα, καὶ ἐὰν μὲν δέχηταί τις τὰ μείζονα πόλις,
κτᾶται καὶ τὰ ἐλάττονα, εἰ δὲ μή, στέρεται ἀμφοῖν. ἔστι   c
δὲ τὰ μὲν ἐλάττονα ὧν ἡγεῖται μὲν ὑγίεια, κάλλος δὲ δεύ-
τερον, τὸ δὲ τρίτον ἰσχὺς εἴς τε δρόμον καὶ εἰς τὰς ἄλλας
πάσας κινήσεις τῷ σώματι, τέταρτον δὲ δὴ πλοῦτος οὐ τυφλὸς
ἀλλ' ὀξὺ βλέπων, ἅπερ ἅμ' ἕπηται φρονήσει· ὃ δὴ πρῶτον 5
αὖ τῶν θείων ἡγεμονοῦν ἐστιν ἀγαθῶν, ἡ φρόνησις, δεύ-
τερον δὲ μετὰ νοῦ σώφρων ψυχῆς ἕξις, ἐκ δὲ τούτων μετ'
ἀνδρείας κραθέντων τρίτον ἂν εἴη δικαιοσύνη, τέταρτον δὲ
ἀνδρεία. ταῦτα δὲ πάντα ἐκείνων ἔμπροσθεν τέτακται φύ-   d
σει, καὶ δὴ καὶ τῷ νομοθέτῃ τακτέον οὕτως. μετὰ δὲ ταῦτα
τὰς ἄλλας προστάξεις τοῖς πολίταις εἰς ταῦτα βλεπούσας
αὐτοῖς εἶναι διακελευστέον, τούτων δὲ τὰ μὲν ἀνθρώπινα
εἰς τὰ θεῖα, τὰ δὲ θεῖα εἰς τὸν ἡγεμόνα νοῦν σύμπαντα 5

a6 ÷÷÷÷÷÷ ἐπαναφέροντα Λ   b6 πάντα Λ. ἅπαντα
Eus. vulg.   διπλᾶ] διττὰ Eus. Stob.   b8 τις libri cum Stob.:
om. Eus.   πόλις κτᾶται libri cum Eus.: παρίστασθαι Stob.:
παρίσταται Badham· προσκτᾶται Hug   c4 δὲ δὴ libri cum
Stob.: δὲ Eus.   c6 ἀγαθῶν Λ Eus.: ἀγαθὸν vulg.   c7 νοῦ
Eus.: νοῦν Α L O Stob.

βλέπειν· περί τε γάμους ἀλλήλοις ἐπικοινουμένους, μετά τε
ταῦτα ἐν ταῖς τῶν παίδων γεννήσεσιν καὶ τροφαῖς ὅσοι
e τε ἄρρενες καὶ ὅσαι θήλειαι, νέων τε ὄντων καὶ ἐπὶ τὸ πρε-
σβύτερον ἰόντων μέχρι γήρως, τιμῶντα ὀρθῶς ἐπιμελεῖσθαι
δεῖ καὶ ἀτιμάζοντα, ἐν πάσαις ταῖς τούτων ὁμιλίαις τάς τε
λύπας αὐτῶν καὶ τὰς ἡδονὰς καὶ τὰς ἐπιθυμίας συμπάντων
632 τε ἐρώτων τὰς σπουδὰς ἐπεσκεμμένον καὶ παραπεφυλαχότα,
ψέγειν τε ὀρθῶς καὶ ἐπαινεῖν δι᾽ αὐτῶν τῶν νόμων· ἐν ὀργαῖς
τε αὖ καὶ ἐν φόβοις, ὅσαι τε διὰ δυστυχίαν ταραχαὶ ταῖς
ψυχαῖς γίγνονται καὶ ὅσαι ἐν εὐτυχίαις τῶν τοιούτων ἀπο-
5 φυγαί, ὅσα τε κατὰ νόσους ἢ κατὰ πολέμους ἢ πενίας ἢ τὰ
τούτοις ἐναντία γιγνόμενα προσπίπτει τοῖς ἀνθρώποις παθή-
ματα, ἐν πᾶσιν τοῖς τοιούτοις τῆς ἑκάστων διαθέσεως δι-
b δακτέον καὶ ὁριστέον τό τε καλὸν καὶ μή. μετὰ δὲ ταῦτα
ἀνάγκη τὸν νομοθέτην τὰς κτήσεις τῶν πολιτῶν καὶ τὰ
ἀναλώματα φυλάττειν ὅντιν᾽ ἂν γίγνηται τρόπον, καὶ τὰς
πρὸς ἀλλήλους πᾶσιν τούτοις κοινωνίας καὶ διαλύσεις ἑκούσίν
5 τε καὶ ἄκουσιν καθ᾽ ὁποῖον ἂν ἕκαστον πράττωσιν τῶν
τοιούτων πρὸς ἀλλήλους ἐπισκοπεῖν, τό τε δίκαιον καὶ μὴ
ἐν οἷς ἔστιν τε καὶ ἐν οἷς ἐλλείπει, καὶ τοῖς μὲν εὐπειθέσιν
τῶν νόμων τιμὰς ἀπονέμειν, τοῖς δὲ δυσπειθέσι δίκας τακτὰς
c ἐπιτιθέναι, μέχριπερ ἂν πρὸς τέλος ἁπάσης πολιτείας ἐπ-
εξελθών, ἴδῃ τῶν τελευτησάντων τίνα δεῖ τρόπον ἑκάστοις
γίγνεσθαι τὰς ταφὰς καὶ τιμὰς ἅστινας αὐτοῖς ἀπονέμειν
δεῖ· κατιδὼν δὲ ὁ θεὶς τοὺς νόμους ἅπασιν τούτοις φύλακας
5 ἐπιστήσει, τοὺς μὲν διὰ φρονήσεως, τοὺς δὲ δι᾽ ἀληθοῦς
δόξης ἰόντας, ὅπως πάντα ταῦτα συνδήσας ὁ νοῦς ἑπόμενα
σωφροσύνῃ καὶ δικαιοσύνῃ ἀποφήνῃ, ἀλλὰ μὴ πλούτῳ μηδὲ
d φιλοτιμίᾳ." οὕτως, ὦ ξένοι, ἔγωγε ἤθελον ἂν ὑμᾶς καὶ ἔτι
νῦν βούλομαι διεξελθεῖν πῶς ἐν τοῖς τοῦ Διὸς λεγομένοις

d 6 posterius τε Λ et fecit O² (τ s. v.) · δὲ O Eus.   e 3 πάσαις]
πάσαις τε ci. Stallbaum   a 1 τε Λ²O² (τ s. v.) Eus. : δὲ Λ O
b 5 ἕκαστον Λ O : ἑκάστωι l.   c 4 ἅπασιν] πᾶσι Eus   c 5 ἐπι-
στήσει O Eus. : ἐπιστήσεται Λ sed οι supra αι (sic) Λ²

νόμοις τοῖς τε τοῦ Πυθίου Ἀπόλλωνος, οὓς Μίνως τε καὶ
Λυκοῦργος ἐθέτην, ἔνεστί τε πάντα ταῦτα, καὶ ὅπῃ τάξιν
τινὰ εἰληφότα δῆλά ἐστιν· τῷ περὶ νόμων ἐμπείρῳ τέχνῃ 5
εἴτε καί τισιν ἔθεσιν, τοῖς δὲ ἄλλοις ἡμῖν οὐδαμῶς ἐστι
καταφανῆ.

ΚΛ. Πῶς οὖν, ὦ ξένε, λέγειν χρὴ τὰ μετὰ ταῦτα;

ΑΘ. Ἐξ ἀρχῆς πάλιν ἔμοιγε δοκεῖ χρῆναι διεξελθεῖν,
καθάπερ ἠρξάμεθα, τὰ τῆς ἀνδρείας πρῶτον ἐπιτηδεύματα, c
ἔπειτα ἕτερον καὶ αὖθις ἕτερον εἶδος τῆς ἀρετῆς διέξιμεν,
ἐὰν βούλησθε· ὅπως δ᾽ ἂν τὸ πρῶτον διεξέλθωμεν, πειρασώ-
μεθα αὐτὸ παράδειγμα θέμενοι καὶ τἆλλ᾽ οὕτω διαμυθολο-
γοῦντες παραμύθια ποιήσασθαι τῆς ὁδοῦ, ὕστερον δὲ ἀρετῆς 5
πάσης ἅ γε νυνδὴ διήλθομεν ἐκεῖσε βλέποντα ἀποφανοῦμεν,
ἂν θεὸς ἐθέλῃ.

ΜΕ. Καλῶς λέγεις, καὶ πειρῶ πρῶτον κρίνειν τὸν τοῦ 633
Διὸς ἐπαινέτην τόνδε ἡμῖν.

ΑΘ. Πειράσομαι, καὶ σέ τε καὶ ἐμαυτόν· κοινὸς γὰρ ὁ
λόγος. λέγετε οὖν· τὰ συσσίτιά φαμεν καὶ τὰ γυμνάσια
πρὸς τὸν πόλεμον ἐξηυρῆσθαι τῷ νομοθέτῃ; 5

ΜΕ. Ναί.

ΑΘ. Καὶ τρίτον ἢ τέταρτον; ἴσως γὰρ ἂν οὕτω χρείη
διαριθμήσασθαι καὶ περὶ τῶν τῆς ἄλλης ἀρετῆς εἴτε μερῶν
εἴτε ἅττ᾽ αὐτὰ καλεῖν χρεών ἐστι, δηλοῦντα μόνον ἃ λέγει.

ΜΕ. Τρίτον τοίνυν, ἔγωγ᾽ εἴποιμ᾽ ἂν καὶ Λακεδαιμονίων b
ὁστισοῦν, τὴν θήραν ηὗρε.

ΑΘ. Τέταρτον δέ, ἢ πέμπτον εἰ δυναίμεθα, λέγειν
πειρώμεθα.

ΜΕ. Ἔτι τοίνυν καὶ τὸ τέταρτον ἔγωγε πειρῴμην ἂν 5
λέγειν, τὸ περὶ τὰς καρτερήσεις τῶν ἀλγηδόνων πολὺ παρ᾽
ἡμῖν γιγνόμενον, ἔν τε ταῖς πρὸς ἀλλήλους ταῖς χερσὶ μάχαις
καὶ ἐν ἁρπαγαῖς τισιν διὰ πολλῶν πληγῶν ἑκάστοτε γιγνο-

c 3 πειραπάμεθα Λ : πειραπόμεθα Ο et fecit Λ² ο supra ά)
c 6 ἃ ser. recc. : τά Λ L O   b 8 γιγνομένων] γιγνυμέναις Ast

μένων· ἔτι δὲ καὶ κρυπτεία τις ὀνομάζεται θαυμαστῶς πολύ-

c πονος πρὸς τὰς καρτερήσεις, χειμώνων τε ἀνυποδησίαι καὶ
ἀστρωσίαι καὶ ἄνευ θεραπόντων αὐτοῖς ἑαυτῶν διακονήσεις
νύκτωρ τε πλανωμένων διὰ πάσης τῆς χώρας καὶ μεθ᾽
ἡμέραν. ἔτι δὲ κἂν ταῖς γυμνοπαιδίαις δειναὶ καρτερήσεις

5 παρ᾽ ἡμῖν γίγνονται τῇ τοῦ πνίγους ῥώμῃ διαμαχομένων, καὶ
πάμπολλα ἕτερα, σχεδὸν ὅσα οὐκ ἂν παύσαιτό τις ἑκάστοτε
διεξιών.

ΑΘ. Εὖ γε, ὦ Λακεδαιμόνιε ξένε, λέγεις. τὴν ἀνδρείαν
δέ, φέρε, τί θῶμεν; πότερον ἁπλῶς οὕτως εἶναι πρὸς φόβους

d καὶ λύπας διαμάχην μόνον, ἢ καὶ πρὸς πόθους τε καὶ ἡδονὰς
καί τινας δεινὰς θωπείας κολακικάς, αἳ καὶ τῶν σεμνῶν
οἰομένων εἶναι τοὺς θυμοὺς ποιοῦσιν κηρίνους.

ΜΕ. Οἶμαι μὲν οὕτω· πρὸς ταῦτα σύμπαντα.

5 ΑΘ. Εἰ γοῦν μεμνήμεθα τοὺς ἔμπροσθεν λόγους, ἥττω
τινὰ ὅδε καὶ πόλιν ἔλεγεν αὐτὴν αὑτῆς καὶ ἄνδρα. ἦ γάρ, ὦ
ξένε Κνώσιε;

ΚΛ. Καὶ πάνυ γε.

e ΑΘ. Νῦν οὖν πότερα λέγομεν τὸν τῶν λυπῶν ἥττω κακὸν
ἢ καὶ τὸν τῶν ἡδονῶν;

ΚΛ. Μᾶλλον, ἔμοιγε δοκεῖ, τὸν τῶν ἡδονῶν· καὶ πάντες
που μᾶλλον λέγομεν τὸν ὑπὸ τῶν ἡδονῶν κρατούμενον τοῦτον

5 τὸν ἐπονειδίστως ἥττονα ἑαυτοῦ πρότερον ἢ τὸν ὑπὸ τῶν
λυπῶν.

634 ΑΘ. Ὁ Διὸς οὖν δὴ καὶ ὁ Πυθικὸς νομοθέτης οὐ δήπου
χωλὴν τὴν ἀνδρείαν νενομοθετήκατον, πρὸς τἀριστερὰ μόνον
δυναμένην ἀντιβαίνειν, πρὸς τὰ δεξιὰ καὶ κομψὰ καὶ θωπευ-
τικὰ ἀδυνατοῦσαν; ἢ πρὸς ἀμφότερα;

5 ΚΛ. Πρὸς ἀμφότερα ἔγωγε ἀξιῶ.

d 3, 1 ποιοῦσιν [οἶμαι μὲν οὕτω π]ρὸς ταῦτα ξύμπαντα A (sed inclusa
in ras.). κηρίνους πρὸς ταῦτα ξύμπαντα in marg. A² cum ind ad
ποιοῦσιν: ποιοῦσι πρὸς ταῦτα ξύμπαντα (om. οἶμαι μὲν οὕτω O (sed
κηρίνους in marg.): μαλάττουσαι ante κηρίνους add. vulg.   a 3 καὶ
ante κομψὰ om. A. add. s. v. A²

ΑΘ. Λέγωμεν τοίνυν πάλιν ἐπιτηδεύματα ποῖα ἔσθ᾽ ὑμῖν
ἀμφοτέραις ταῖς πόλεσιν, ἃ γεύοντα τῶν ἡδονῶν καὶ οὐ
φεύγοντα αὐτάς, καθάπερ τὰς λύπας οὐκ ἔφευγεν, ἀλλ᾽
ἄγοντα εἰς μέσας, ἠνάγκαζε καὶ ἔπειθεν τιμαῖς ὥστε κρατεῖν
αὐτῶν; ποῦ δὴ τοῦτ᾽ ἔστιν ταὐτὸν περὶ τὰς ἡδονὰς συν- b
τεταγμένον ἐν τοῖς νόμοις; λεγέσθω τί τοῦτ᾽ ἔστιν ὃ καὶ
ἀπεργάζεται ὑμῖν ὁμοίως πρός τε ἀλγηδόνας καὶ πρὸς
ἡδονὰς τοὺς αὐτοὺς ἀνδρείους, νικῶντάς τε ἃ δεῖ νικᾶν
καὶ οὐδαμῶς ἥττους πολεμίων τῶν ἐγγύτατα ἑαυτῶν καὶ 5
χαλεπωτάτων.

ΜΕ. Οὕτω μὲν τοίνυν, ὦ ξένε, καθάπερ πρὸς τὰς ἀλγη-
δόνας εἶχον νόμους ἀντιτεταγμένους πολλοὺς εἰπεῖν, οὐκ ἂν
ἴσως εὐποροίην κατὰ μεγάλα μέρη καὶ διαφανῆ λέγων περὶ c
τῶν ἡδονῶν· κατὰ δὲ σμικρὰ ἴσως εὐποροίην ἄν.

ΚΛ. Οὐ μὴν οὐδ᾽ ἂν αὐτὸς ἔγωγε ἐν τοῖς κατὰ Κρήτην
νόμοις ἔχοιμι ἐμφανὲς ὁμοίως ποιεῖν τὸ τοιοῦτον.

ΑΘ. Ὦ ἄριστοι ξένων, καὶ οὐδέν γε θαυμαστόν. ἀλλ᾽ 5
ἂν ἄρα τις ἡμῶν περὶ τοὺς ἑκάστων οἴκοι νόμους ψέξῃ τι,
βουλόμενος ἰδεῖν τό τε ἀληθὲς ἅμα καὶ τὸ βέλτιστον, μὴ
χαλεπῶς ἀλλὰ πράως ἀποδεχώμεθα ἀλλήλων.

ΚΛ. Ὀρθῶς, ὦ ξένε Ἀθηναῖε, εἴρηκας, καὶ πειστέον.

ΑΘ. Οὐ γὰρ ἄν, ὦ Κλεινία, τηλικοῖσδε ἀνδράσιν πρέποι d
τὸ τοιοῦτον.

ΚΛ. Οὐ γὰρ οὖν.

ΑΘ. Εἰ μὲν τοίνυν ὀρθῶς ἢ μή τις ἐπιτιμᾷ τῇ τε Λακω-
νικῇ καὶ τῇ Κρητικῇ πολιτείᾳ, λόγος ἂν ἕτερος εἴη· τὰ δ᾽ 5
οὖν λεγόμενα πρὸς τῶν πολλῶν ἴσως ἐγὼ μᾶλλον ἔχοιμ᾽
ἂν ὑμῶν ἀμφοτέρων λέγειν. ὑμῖν μὲν γάρ, εἴπερ καὶ με-
τρίως κατεσκεύασται τὰ τῶν νόμων, εἰς τῶν καλλίστων ἂν

---

b 3 ὑμῖν Λ Ο . ἡμῖν L O² c 6 ἡμῶν Λ Ο¹ ὧν s. v. : ἡμᾶς O
ψέξῃ τί Λ ψ in ras.) : in marg. γρ. ἐζήτει Λ Ο c 9 πειστέον ex
πιστεον Λ²   d 5 λόγος Eus. · ὁ λόγος libri   δ᾽ οὖν Bekker: γ᾽
οὖν libri cum Eus.   d 7 μὲν om. Eus.   εἴπερ καὶ] εἰ Eus. (εἰ καὶ
Theod.

εἴη νόμων μὴ ζητεῖν τῶν νέων μηδένα ἐᾶν ποῖα καλῶς
e αὐτῶν ἢ μὴ καλῶς ἔχει, μιᾷ δὲ φωνῇ καὶ ἐξ ἑνὸς στόματος
πάντας συμφωνεῖν ὡς πάντα καλῶς κεῖται θέντων θεῶν,
καὶ ἐάν τις ἄλλως λέγῃ, μὴ ἀνέχεσθαι τὸ παράπαν ἀκού-
οντας· γέρων δὲ εἴ τίς τι συννοεῖ τῶν παρ᾽ ὑμῖν, πρὸς
5 ἄρχοντά τε καὶ πρὸς ἡλικιώτην μηδενὸς ἐναντίον νέου
ποιεῖσθαι τοὺς τοιούτους λόγους.

ΚΛ. Ὀρθότατά γε, ὦ ξένε, λέγεις, καὶ καθάπερ μάντις,
635 ἀπὼν τῆς τότε διανοίας τοῦ τιθέντος αὐτά, νῦν ἐπιεικῶς μοι
δοκεῖς ἐστοχάσθαι καὶ σφόδρα ἀληθῆ λέγειν.

ΑΘ. Οὐκοῦν ἡμῖν τὰ νῦν ἐρημία μὲν νέων, αὐτοὶ δ᾽
ἕνεκα γήρως ἀφείμεθ᾽ ὑπὸ τοῦ νομοθέτου διαλεγόμενοι περὶ
5 αὐτῶν τούτων μόνοι πρὸς μόνους μηδὲν ἂν πλημμελεῖν;

ΚΛ. Ἔστι ταῦτα οὕτως, εἰς ἃ καὶ μηδέν γε ἀνῇς ἐπι-
τιμῶν τοῖς νόμοις ἡμῶν· οὐ γὰρ τό γε γνῶναί τι τῶν μὴ
καλῶν ἄτιμοι, ἀλλὰ ἴασιν ἐξ αὐτοῦ συμβαίνει γίγνεσθαι
b τῷ μὴ φθόνῳ τὰ λεγόμενα ἀλλ᾽ εὐνοίᾳ δεχομένῳ.

ΑΘ. Καλῶς· οὐ μὴν ἐπιτιμῶν γε ἐρῶ τοῖς νόμοις πω,
πρὶν βεβαίως εἰς δύναμιν διασκέψασθαι, μᾶλλον δὲ ἀπορῶν.
ὑμῖν γὰρ ὁ νομοθέτης μόνοις Ἑλλήνων καὶ βαρβάρων, ὧν
5 ἡμεῖς πυνθανόμεθα, τῶν μεγίστων ἡδονῶν καὶ παιδιῶν ἐπέ-
ταξεν ἀπέχεσθαι καὶ μὴ γεύεσθαι, τὸ δὲ τῶν λυπῶν καὶ
φόβων, ὅπερ ἄρτι διεληλύθαμεν, ἡγήσατο εἴ τις ἐκ παίδων
c φεύξεται διὰ τέλους, ὁπόταν εἰς ἀναγκαίους ἔλθῃ πόνους
καὶ φόβους καὶ λύπας, φεύξεσθαι τοὺς ἐν ἐκείνοις γεγυ-
μνασμένους καὶ δουλεύσειν αὐτοῖς. ταὐτὸν δὴ τοῦτ᾽, οἶμαι,
καὶ πρὸς τὰς ἡδονὰς ἔδει διανοεῖσθαι τὸν αὐτὸν νομοθέτην,
5 λέγοντα αὐτὸν πρὸς ἑαυτὸν ὡς ἡμῖν ἐκ νέων εἰ ἄπειροι τῶν
μεγίστων ἡδονῶν οἱ πολῖται γενήσονται, καὶ ἀμελέτητοι
γιγνόμενοι ἐν ταῖς ἡδοναῖς καρτερεῖν καὶ μηδὲν τῶν αἰσχρῶν

e 3 ανεσθαι Λ: ἀνέχεσθαι Λ² (ἐχ s. v.)   e 4 ὑμῖν ΛΟ᾽ (ὑ
s. v. Eus.: ἡμῖν Ο   e 5 καὶ πρὸς ΛΟ² (καὶ s. v.): καὶ Ο Eus.
e 7 λέγεις] κελεύεις Eus.   a 6 καὶ s. v. Λ: om. Schanz   b 1 εὐνοίαι
ex ἐννοιαι fecit Λ²   b 4 μόνοις Ο et in marg. a²: νόμοις Λ

ἀναγκάζεσθαι ποιεῖν, ἕνεκα τῆς γλυκυθυμίας τῆς πρὸς τὰς
ἡδονὰς ταὐτὸν πείσονται τοῖς ἡττωμένοις τῶν φόβων· δου- d
λεύσουσι τρόπον ἕτερον καὶ ἔτ᾽ αἰσχίω τοῖς γε δυναμένοις
καρτερεῖν ἐν ταῖς ἡδοναῖς καὶ τοῖς κεκτημένοις τὰ περὶ τὰς
ἡδονάς, ἀνθρώποις ἐνίοτε παντάπασι κακοῖς, καὶ τὴν ψυχὴν
τῇ μὲν δούλην τῇ δὲ ἐλευθέραν ἕξουσιν, καὶ οὐκ ἄξιοι ἁπλῶς 5
ἀνδρεῖοι καὶ ἐλευθέριοι ἔσονται προσαγορεύεσθαι. σκο-
πεῖτε οὖν εἴ τι τῶν νῦν λεγομένων ὑμῖν κατὰ τρόπον δοκεῖ
λέγεσθαι.

ΚΛ. Δοκεῖ μὲν ἡμῖν γέ πως λεγομένου τοῦ λόγου· περὶ c
δὲ τηλικούτων εὐθὺς πεπιστευκέναι ῥᾳδίως μὴ νέων τε ἦ
μᾶλλον καὶ ἀνοήτων.

ΑΘ. Ἀλλ᾽ εἰ τὸ μετὰ ταῦτα διεξίοιμεν ὧν προυθέμεθα,
ὦ Κλεινία τε καὶ Λακεδαιμόνιε ξένε—μετ᾽ ἀνδρείαν γὰρ δὴ 5
σωφροσύνης πέρι λέγωμεν—τί διαφέρον ἐν ταύταις ταῖς
πολιτείαις ἢ ταῖς τῶν εἰκῇ πολιτευομένων ἀνευρήσομεν,
ὥσπερ τὰ περὶ τὸν πόλεμον νυνδή; 636

ΜΕ. Σχεδὸν οὐ ῥᾴδιον· ἀλλ᾽ ἔοικεν γὰρ τά τε συσσίτια
καὶ τὰ γυμνάσια καλῶς ηὑρῆσθαι πρὸς ἀμφοτέρας.

ΑΘ. Ἔοικεν δῆτα, ὦ ξένοι, χαλεπὸν εἶναι τὸ περὶ τὰς
πολιτείας ἀναμφισβητήτως ὁμοίως ἔργῳ καὶ λόγῳ γίγνεσθαι· 5
κινδυνεύει γάρ, καθάπερ ἐν τοῖς σώμασιν, οὐ δυνατὸν εἶναι
προστάξαι τι πρὸς ἓν σῶμα ἓν ἐπιτήδευμα, ἐν ᾧ οὐκ ἂν
φανείη ταὐτὸν τοῦτο τὰ μὲν βλάπτον τὰ ἡμῶν σώματα,
τὰ δὲ καὶ ὠφελοῦν. ἐπεὶ καὶ τὰ γυμνάσια ταῦτα καὶ τὰ b
συσσίτια πολλὰ μὲν ἄλλα νῦν ὠφελεῖ τὰς πόλεις, πρὸς δὲ
τὰς στάσεις χαλεπά—δηλοῦσιν δὲ Μιλησίων καὶ Βοιωτῶν
καὶ Θουρίων παῖδες—καὶ δὴ καὶ παλαιὸν νόμον δοκεῖ τοῦτο
τὸ ἐπιτήδευμα καὶ κατὰ φύσιν, τὰς περὶ τὰ ἀφροδίσια 5
ἡδονὰς οὐ μόνον ἀνθρώπων ἀλλὰ καὶ θηρίων, διεφθαρκέναι.
καὶ τούτων τὰς ὑμετέρας πόλεις πρώτας ἄν τις αἰτιῷτο καὶ

---

a 8 τὰ ἡμῶν I. O: τὰ ἡμῶν ÷ A: ἡμῶν τὰ Aldina   b 4 παλαιὸν
νόμον Λ O: παλαιῶν νόμων fecit A : ο supra ω bis scripsit et νόμιμον
in marg. a² · παλαιὸν νόμιμον L (ut vid.)

c ὅσαι τῶν ἄλλων μάλιστα ἅπτονται τῶν γυμνασίων· καὶ εἴτε
παίζοντα εἴτε σπουδάζοντα ἐννοεῖν δεῖ τὰ τοιαῦτα, ἐννοητέον·
ὅτι τῇ θηλείᾳ καὶ τῇ τῶν ἀρρένων φύσει εἰς κοινωνίαν ἰούσῃ
τῆς γεννήσεως ἡ περὶ ταῦτα ἡδονὴ κατὰ φύσιν ἀποδεδόσθαι
5 δοκεῖ, ἀρρένων δὲ πρὸς ἄρρενας ἢ θηλειῶν πρὸς θηλείας
παρὰ φύσιν καὶ τῶν πρώτων τὸ τόλμημ' εἶναι δι' ἀκράτειαν
ἡδονῆς. πάντες δὲ δὴ Κρητῶν τὸν περὶ Γανυμήδη μῦθον
d κατηγοροῦμεν ὡς λογοποιησάντων τούτων· ἐπειδὴ παρὰ Διὸς
αὐτοῖς οἱ νόμοι πεπιστευμένοι ἦσαν γεγονέναι, τοῦτον τὸν
μῦθον προστεθηκέναι κατὰ τοῦ Διός, ἵνα ἑπόμενοι δὴ τῷ
θεῷ καρπῶνται καὶ ταύτην τὴν ἡδονήν. τὸ μὲν οὖν τοῦ
5 μύθου χαιρέτω, νόμων δὲ πέρι διασκοπουμένων ἀνθρώπων
ὀλίγου πᾶσά ἐστιν ἡ σκέψις περί τε τὰς ἡδονὰς καὶ τὰς
λύπας ἔν τε πόλεσιν καὶ ἐν ἰδίοις ἤθεσιν· δύο γὰρ αὗται
πηγαὶ μεθεῖνται φύσει ῥεῖν, ὧν ὁ μὲν ἀρυτόμενος ὅθεν τε
e δεῖ καὶ ὁπότε καὶ ὁπόσον εὐδαιμονεῖ, καὶ πόλις ὁμοίως καὶ
ἰδιώτης καὶ ζῷον ἅπαν, ὁ δ' ἀνεπιστημόνως ἅμα καὶ ἐκτὸς
τῶν καιρῶν τἀναντία ἂν ἐκείνῳ ζῴη.

ΜΕ. Λέγεται μὲν ταῦτα, ὦ ξένε, καλῶς πως· οὐ μὴν
5 ἀλλ' ἀφασία γ' ἡμᾶς λαμβάνει τί ποτε χρὴ λέγειν πρὸς
ταῦτα, ὅμως δ' ἔμοιγε ὀρθῶς δοκεῖ τὸ τὰς ἡδονὰς φεύγειν
διακελεύεσθαι τόν γε ἐν Λακεδαίμονι νομοθέτην, περὶ δὲ
τῶν ἐν Κνωσῷ νόμων ὅδε, ἂν ἐθέλῃ, βοηθήσει. τὰ δ' ἐν
637 Σπάρτῃ κάλλιστ' ἀνθρώπων δοκεῖ μοι κεῖσθαι τὰ περὶ τὰς
ἡδονάς· οὗ γὰρ μάλιστ' ἄνθρωποι καὶ μεγίσταις προσπί-
πτουσιν ἡδοναῖς καὶ ὕβρεσι καὶ ἀνοίᾳ πάσῃ, τοῦτ' ἐξέβαλεν
ὁ νόμος ἡμῶν ἐκ τῆς χώρας συμπάσης, καὶ οὔτ' ἂν ἐπ'
5 ἀγρῶν ἴδοις, οὔτ' ἐν ἄστεσιν ὅσων Σπαρτιάταις μέλει, συμ-
πόσια οὐδ' ὁπόσα τούτοις συνεπόμενα πάσας ἡδονὰς κινεῖ
κατὰ δύναμιν, οὐδ' ἔστιν ὅστις ἂν ἀπαντῶν κωμάζοντί τινι
b μετὰ μέθης οὐκ ἂν τὴν μεγίστην δίκην εὐθὺς ἐπιθείη, καὶ οὐδ'

d 7 ἤθεσι(ν) Λ L O : ἔθεσι al.   a 7 ἀπαντῶν ᾳ ἀπάντων Α   b 1 οὐδ'
Schweighäuser: οὔτ' libri

ἂν Διονύσια πρόφασιν ἔχοντ' αὐτὸν λύσαιτο, ὥσπερ ἐν
ἁμάξαις εἰδόν ποτε παρ' ὑμῖν ἐγώ, καὶ ἐν Τάραντι δὲ
παρὰ τοῖς ἡμετέροις ἀποίκοις πᾶσαν ἐθεασάμην τὴν πόλιν
περὶ τὰ Διονύσια μεθύουσαν· παρ' ἡμῖν δ' οὐκ ἔστ' οὐδὲν 5
τοιοῦτον.

ΑΘ. Ὦ Λακεδαιμόνιε ξένε, ἐπαινετὰ μὲν πάντ' ἐστὶν τὰ
τοιαῦτα, ὅπου τινὲς ἔνεισιν καρτερήσεις, ὅπου δὲ ἀνεῖνται,
βλακικώτερα· ταχὺ γάρ σου λάβοιτ' ἄν τις τῶν παρ' ἡμῶν c
ἀμυνόμενος, δεικνὺς τὴν τῶν γυναικῶν παρ' ὑμῖν ἄνεσιν.
ἅπασιν δὴ τοῖς τοιούτοις, καὶ ἐν Τάραντι καὶ παρ' ἡμῖν καὶ
παρ' ὑμῖν δέ, μία ἀπόκρισις ἀπολύεσθαι δοκεῖ τοῦ μὴ κακῶς
ἔχειν ἀλλ' ὀρθῶς· πᾶς γὰρ ἀποκρινόμενος ἐρεῖ θαυμάζοντι 5
ξένῳ, τὴν παρ' αὐτοῖς ἀήθειαν ὁρῶντι, "Μὴ θαύμαζε, ὦ ξένε·
νόμος ἔσθ' ἡμῖν οὗτος, ἴσως δ' ὑμῖν περὶ αὐτῶν τούτων
ἕτερος." ἡμῖν δ' ἐστὶ νῦν, ὦ φίλοι ἄνδρες, οὐ περὶ τῶν d
ἀνθρώπων τῶν ἄλλων ὁ λόγος, ἀλλὰ περὶ τῶν νομοθετῶν
αὐτῶν κακίας τε καὶ ἀρετῆς. ἔτι γὰρ οὖν εἴπωμεν πλείω
περὶ ἁπάσης μέθης· οὐ γὰρ σμικρόν ἐστιν τὸ ἐπιτήδευμα
οὐδὲ φαύλου διαγνῶναι νομοθέτου. λέγω δ' οὐκ οἴνου περὶ 5
πόσεως τὸ παράπαν ἢ μή, μέθης δὲ αὐτῆς πέρι, πότερον
ὥσπερ Σκύθαι χρῶνται καὶ Πέρσαι χρηστέον, καὶ ἔτι
Καρχηδόνιοι καὶ Κελτοὶ καὶ Ἴβηρες καὶ Θρᾷκες, πολεμικὰ
σύμπαντα ὄντα ταῦτα γένη, ἢ καθάπερ ὑμεῖς· ὑμεῖς μὲν γάρ, c
ὅπερ λέγεις, τὸ παράπαν ἀπέχεσθε, Σκύθαι δὲ καὶ Θρᾷκες
ἀκράτῳ παντάπασι χρώμενοι, γυναῖκές τε καὶ αὐτοί, καὶ κατὰ
τῶν ἱματίων καταχεόμενοι, καλὸν καὶ εὔδαιμον ἐπιτήδευμα
ἐπιτηδεύειν νενομίκασι. Πέρσαι δὲ σφόδρα μὲν χρῶνται 5
καὶ ταῖς ἄλλαις τρυφαῖς ἃς ὑμεῖς ἀποβάλλετε, ἐν τάξει δὲ
μᾶλλον τούτων.

ΜΕ. Ὦ λῷστε, διώκομεν δέ γε ἡμεῖς πάντας τούτους, 638
ὅταν ὅπλα εἰς τὰς χεῖρας λάβωμεν.

ΑΘ. Ὦ ἄριστε, μὴ λέγε ταῦτα· πολλαὶ γὰρ δὴ φυγαὶ

b 2 ῥύσαιτο Athenaeus   c 1 ταῦτα Λ Oᶜ : ταῦτα τὰ I. O

καὶ διώξεις ἀτέκμαρτοι γεγόνασίν τε καὶ ἔσονται, διὸ φα.
5 νερὸν ὅρον τοῦτον οὐκ ἄν ποτε λέγοιμεν, ἀλλὰ ἀμφισβητή-
σιμον, περὶ καλῶν ἐπιτηδευμάτων καὶ μή, νίκην τε καὶ ἧτταν
λέγοντες μάχης. ἐπειδὴ γὰρ αἱ μείζους τὰς ἐλάττους πόλεις
b νικῶσιν μαχόμεναι καὶ καταδουλοῦνται, Συρακόσιοι μὲν
Λοκρούς, οἳ δὴ δοκοῦσιν εὐνομώτατοι τῶν περὶ ἐκεῖνον τὸν
τόπον γεγονέναι, Κείους δὲ Ἀθηναῖοι· μυρία δὲ ἄλλα τοιαῦτ'
ἂν εὕροιμεν. ἀλλὰ περὶ αὐτοῦ ἑκάστου ἐπιτηδεύματος πειρώ-
5 μεθα λέγοντες πείθειν ἡμᾶς αὐτούς, νίκας δὲ καὶ ἧττας
ἐκτὸς λόγου τὰ νῦν θῶμεν, λέγωμεν δ' ὡς τὸ μὲν τοιόνδ'
ἐστὶν καλόν, τὸ δὲ τοιόνδε οὐ καλόν. πρῶτον δ' ἀκούσατέ
τί μου, περὶ αὐτῶν τούτων ὡς δεῖ τό τε χρηστὸν καὶ τὸ μὴ
σκοπεῖν.

c ΜΕ. Πῶς οὖν δὴ λέγεις;

ΑΘ. Δοκοῦσί μοι πάντες οἱ λόγῳ τι λαβόντες ἐπιτή-
δευμα, καὶ προθέμενοι ψέγειν αὐτὸ ἢ ἐπαινεῖν εὐθὺς ῥηθέν,
οὐδαμῶς δρᾶν κατὰ τρόπον, ἀλλὰ ταὐτὸν ποιεῖν οἷον εἰ δή
5 τις, ἐπαινέσαντός τινος πυροὺς βρῶμα ὡς ἀγαθόν, εὐθὺς
ψέγοι, μὴ διαπυθόμενος αὐτοῦ μήτε τὴν ἐργασίαν μήτε τὴν
προσφοράν, ὅντινα τρόπον καὶ οἷστισι καὶ μεθ' ὧν καὶ ὅπως
ἔχοντα καὶ ὅπως προσφέρειν ἔχουσιν. νῦν δὴ ταὐτόν μοι
d δοκοῦμεν ἡμεῖς ἐν τοῖς λόγοις ποιεῖν· περὶ μέθης γὰρ ἀκού-
σαντες τοσοῦτον μόνον, εὐθὺς οἱ μὲν ψέγειν αὐτό, οἱ δ'
ἐπαινεῖν, καὶ μάλα ἀτόπως. μάρτυσιν γὰρ καὶ ἐπαινέταις
χρώμενοι ἐπαινοῦμεν ἑκάτεροι, καὶ οἱ μέν, ὅτι πολλοὺς
5 παρεχόμεθα, ἀξιοῦμέν τι λέγειν κύριον, οἱ δέ, ὅτι τοὺς μὴ
χρωμένους αὐτῷ ὁρῶμεν νικῶντας μαχομένους· ἀμφισβη-
τεῖται δ' αὖ καὶ τοῦτο ἡμῖν. εἰ μὲν δὴ καὶ περὶ ἑκάστων
e οὕτω καὶ τῶν ἄλλων νομίμων διέξιμεν, οὐκ ἂν ἔμοιγε κατὰ
νοῦν εἴη, τρόπον δὲ ἄλλον, ὃν ἐμοὶ φαίνεται δεῖν, ἐθέλω

a 7 λέγοντες] γρ. βλέποντες cod. Voss.   b 1 συρακόσιοι O·
συρακούσιοι A : συρακούσσιοι L O² (υσ s. v.`   b 4 αὐτοῦ] αὖ τοῦ A
c 5 πυρούς] τυρούς Cornarius   c 8 προσφέρειν secl. Madvig
d 3 μάρτυ÷σιν A   d 4 χρώμενοι L O : om. A

λέγειν περὶ αὐτοῦ τούτου, τῆς μέθης, πειρώμενος ἂν ἄρα
δύνωμαι τὴν περὶ ἁπάντων τῶν τοιούτων ὀρθὴν μέθοδον
ἡμῖν δηλοῦν, ἐπειδὴ καὶ μυρία ἐπὶ μυρίοις ἔθνη περὶ αὐτῶν 5
ἀμφισβητοῦντα ὑμῖν πόλεσι δυοῖν τῷ λόγῳ διαμάχοιτ' ἄν.

ΜΕ. Καὶ μὴν εἴ τινα ἔχομεν ὀρθὴν σκέψιν τῶν τοιούτων,
οὐκ ἀποκνητέον ἀκούειν. 639

ΑΘ. Σκεψώμεθα δή πῃ τῇδε. φέρε, εἴ τις αἰγῶν τροφήν,
καὶ τὸ ζῷον αὐτὸ κτῆμα ὡς ἔστιν καλόν, ἐπαινοῖ, ἄλλος δέ
τις ἑωρακὼς αἶγας χωρὶς νεμομένας αἰπόλου ἐν ἐργασίμοις
χωρίοις δρώσας κακὰ διαψέγοι, καὶ πᾶν θρέμμα ἄναρχον ἢ 5
μετὰ κακῶν ἀρχόντων ἰδὼν οὕτω μέμφοιτο, τὸν τοῦ τοιούτου
ψόγον ἡγούμεθα ὑγιὲς ἄν ποτε ψέξαι καὶ ὁτιοῦν;

ΜΕ. Καὶ πῶς;

ΑΘ. Χρηστὸς δὲ ἄρχων ἔσθ' ἡμῖν ἐν πλοίοις πότερον ἐὰν
τὴν ναυτικὴν ἔχῃ ἐπιστήμην μόνον, ἄντ' οὖν ναυτιᾷ ἄντε μή, ἢ b
πῶς ἂν λέγοιμεν;

ΜΕ. Οὐδαμῶς, ἄν γε πρὸς τῇ τέχνῃ ἔχῃ καὶ τοῦτο τὸ
πάθος ὃ λέγεις.

ΑΘ. Τί δ' ἄρχων στρατοπέδων; ἆρ' ἐὰν τὴν πολεμικὴν 5
ἔχῃ ἐπιστήμην, ἱκανὸς ἄρχειν, κἂν δειλὸς ὢν ἐν τοῖς δεινοῖς
ὑπὸ μέθης τοῦ φόβου ναυτιᾷ;

ΜΕ. Καὶ πῶς;

ΑΘ. Ἂν δὲ αὖ μήτε ἔχῃ τὴν τέχνην δειλός τε ᾖ;

ΜΕ. Παντάπασίν τινα πονηρὸν λέγεις, καὶ οὐδαμῶς 10
ἀνδρῶν ἄρχοντα ἀλλά τινων σφόδρα γυναικῶν.

ΑΘ. Τί δ' ἐπαινέτην ἢ ψέκτην κοινωνίας ἡστινοσοῦν ἢ c
πέφυκέν τε ἄρχων εἶναι μετ' ἐκείνου τε ὠφέλιμός ἐστιν,
ὁ δὲ μήτε ἑωρακὼς εἴη ποτ' ὀρθῶς αὐτὴν αὐτῇ κοινωνοῦσαν
μετ' ἄρχοντος, ἀεὶ δὲ ἄναρχον ἢ μετὰ κακῶν ἀρχόντων

e 5 ἡμῖν] ὑμῖν Hug   e 6 δυεῖν Α L Ο   a 2 δή Λ Ο : δέ L
'ut vid.) Eus.   a 6 κακῶν Eus. : τῶν κακῶν libri   a 7 ἡγούμεθα
Eus.: ἡγώμεθα libri   b 6 κἂν Stephanus : καὶ libri   b 7 ὑπὸ] ὡς
ὑπὸ Cobet   c 4 ἄναρχον . . . ἀρχόντων] ἀναρχόντων Α sed in marg.
χον ἢ μετὰ κακῶν ἀρ Λ²

PLATO, VOL. V.   3

5 συνοῦσαν; οἰόμεθα δή ποτε τοὺς τοιούτους θεωροὺς τῶν
τοιούτων κοινωνιῶν χρηστόν τι ψέξειν ἢ ἐπαινέσεσθαι;

ΜΕ. Πῶς δ' ἄν, μηδέποτέ γε ἰδόντας μηδὲ συγγενομένους
d ὀρθῶς γενομένῳ μηδενὶ τῶν τοιούτων κοινωνημάτων;

ΑΘ. Ἔχε δή· τῶν πολλῶν κοινωνιῶν συμπότας καὶ
συμπόσια θεῖμεν ἂν μίαν τινὰ συνουσίαν εἶναι;

ΜΕ. Καὶ σφόδρα γε.

5 ΑΘ. Ταύτην οὖν μῶν ὀρθῶς γιγνομένην ἤδη τις πώποτε
ἐθεάσατο; καὶ σφῷν μὲν ἀποκρίνασθαι ῥᾴδιον· ὡς οὐδε-
πώποτε τὸ παράπαν—οὐ γὰρ ἐπιχώριον ὑμῖν τοῦτο οὐδὲ
νόμιμον—ἐγὼ δὲ ἐντετύχηκά τε πολλαῖς καὶ πολλαχοῦ, καὶ
προσέτι πάσας ὡς ἔπος εἰπεῖν διηρώτηκα, καὶ σχεδὸν ὅλην
e μὲν οὐδεμίαν ὀρθῶς γιγνομένην ἑώρακα οὐδὲ ἀκήκοα, μόρια δ'
εἴ που σμικρὰ καὶ ὀλίγα, τὰ πολλὰ δὲ σύμπανθ' ὡς εἰπεῖν
διημαρτημένα.

ΚΛ. Πῶς δὴ ταῦτα, ὦ ξένε, λέγεις; εἰπὲ ἔτι σαφέστερον·
5 ἡμεῖς μὲν γὰρ, ὅπερ εἶπες, ἀπειρίᾳ τῶν τοιούτων, οὐδὲ ἐντυγ-
640 χάνοντες ἂν ἴσως εὐθύς γε γνοῖμεν τό τε ὀρθὸν καὶ μὴ
γιγνόμενον ἐν αὐτοῖς.

ΑΘ. Εἰκὸς λέγεις· ἀλλ' ἐμοῦ φράζοντος πειρῶ μανθάνειν.
τὸ μὲν γὰρ ἐν πάσαις τε συνόδοις, καὶ κοινωνίαις πράξεων
5 ὡντινωνοῦν, ὡς ὀρθὸν πανταχοῦ ἑκάστοις ἄρχοντα εἶναι,
μανθάνεις;

ΚΛ. Πῶς γὰρ οὔ;

ΑΘ. Καὶ μὴν ἐλέγομεν νυνδὴ μαχομένων ὡς ἀνδρεῖον δεῖ
τὸν ἄρχοντ' εἶναι.

10 ΚΛ. Πῶς δ' οὔ;

ΑΘ. Ὁ μὴν ἀνδρεῖος τῶν δειλῶν ὑπὸ φόβων ἧττον
τεθορύβηται.

c 5 οἰόμεθα A² Eus. : οἰώμεθα A O   δή A O² (s. v.) Eus. · ἄν O
et s. v. A²   c 6 ἐπαινεῖσθαι Eus.   d 5 μῶν A (sed ras. ante
μ) O: in marg. γρ. ὑμῶν A O   d 7 ἐπιχωρον A: acc. et ι s. v. A²
e 2 ὡς ἔπος εἰπεῖν O (sed ἔπος punct. not.)   a 11 τῶν δειλῶν A:
τὸν δειλὸν L O

ΚΛ. Καὶ τοῦτο οὕτως.   b

ΑΘ. Εἰ δ' ἦν τις μηχανὴ μηδὲν τὸ παράπαν δεδιότα μηδὲ θορυβούμενον ἐπιστῆσαι στρατοπέδῳ στρατηγόν, ἆρ' οὐ τοῦτ' ἂν παντὶ τρόπῳ ἐπράττομεν;

ΚΛ. Σφόδρα μὲν οὖν.   5

ΑΘ. Νῦν δέ γε οὐ στρατοπέδου περὶ λέγομεν ἄρξοντος ἐν ἀνδρῶν ὁμιλίαις ἐχθρῶν ἐχθροῖς μετὰ πολέμου, φίλων δ' ἐν εἰρήνῃ πρὸς φίλους κοινωνησόντων φιλοφροσύνης.

ΚΛ. Ὀρθῶς.

ΑΘ. Ἔστιν δέ γε ἡ τοιαύτη συνουσία, εἴπερ ἔσται μετὰ   c μέθης, οὐκ ἀθόρυβος. ἢ γάρ;

ΚΛ. Πῶς γάρ; ἀλλ' οἶμαι πᾶν τοὐναντίον.

ΑΘ. Οὐκοῦν πρῶτον μὲν καὶ τούτοις ἄρχοντος δεῖ;

ΚΛ. Τί μήν; ὡς οὐδενί γε πράγματι.   5

ΑΘ. Πότερον οὖν ἀθόρυβον, εἰ δυνατὸν εἴη, τὸν τοιοῦτον ἄρχοντα ἐκπορίζεσθαι δεῖ;

ΚΛ. Πῶς γὰρ οὔ;

ΑΘ. Καὶ μὴν περί γε συνουσίας, ὡς ἔοικεν, αὐτὸν φρόνιμον εἶναι δεῖ· γίγνεται γὰρ φύλαξ τῆς τε ὑπαρχούσης   10 φιλίας αὐτοῖς, καὶ ἔτι πλείονος ἐπιμελητὴς ὅπως ἔσται διὰ   d τὴν τότε συνουσίαν.

ΚΛ. Ἀληθέστατα.

ΑΘ. Οὐκοῦν νήφοντά τε καὶ σοφὸν ἄρχοντα μεθυόντων δεῖ καθιστάναι, καὶ μὴ τοὐναντίον; μεθυόντων γὰρ μεθύων   5 καὶ νέος ἄρχων μὴ σοφός, εἰ μὴ κακὸν ἀπεργάσαιτό τι μέγα, πολλῇ χρῷτ' ἂν ἀγαθῇ τύχῃ.

ΚΛ. Παμπόλλῃ μὲν οὖν.

ΑΘ. Οὐκοῦν εἰ μὲν γιγνομένων ὡς δυνατὸν ὀρθότατα τούτων ἐν ταῖς πόλεσι τῶν συνουσιῶν μέμφοιτό τις, ἐπι-   10 καλῶν αὐτῷ τῷ πράγματι, τάχ' ἂν ὀρθῶς ἴσως μέμφοιτο· εἰ   e δὲ ἁμαρτανόμενον ὡς οἷόν τε μάλιστα ἐπιτήδευμά τις ὁρῶν λοιδορεῖ, πρῶτον μὲν δῆλον ὡς ἀγνοεῖ τοῦτ' αὐτὸ γιγνόμενον

οὐκ ὀρθῶς, εἶθ᾽ ὅτι πᾶν τούτῳ τῷ τρόπῳ φανεῖται πονηρόν,
5 δεσπότου τε καὶ ἄρχοντος νήφοντος χωρὶς πραττόμενον. ἢ οὐ
συννοεῖς τοῦθ᾽, ὅτι μεθύων κυβερνήτης καὶ πᾶς παντὸς ἄρχων
641 ἀνατρέπει πάντα εἴτε πλοῖα εἴτε ἅρματα εἴτε στρατόπεδον,
εἶθ᾽ ὅτι ποτ᾽ εἴη τὸ κυβερνώμενον ὑπ᾽ αὐτοῦ;

ΚΛ. Παντάπασιν τοῦτό γε ἀληθὲς εἴρηκας, ὦ ξένε· τοὐπὶ
τῷδε δ᾽ ἡμῖν λέγε, τί ποτε, ἂν γίγνηται τοῦτο ὀρθὸν τὸ
5 περὶ τὰς πόσεις νόμιμον, ἀγαθὸν ἂν δράσειεν ἡμᾶς; οἷον, ὃ
νυνδὴ ἐλέγομεν, εἰ στράτευμα ὀρθῆς ἡγεμονίας τυγχάνοι, νίκη
πολέμου τοῖς ἑπομένοις ἂν γίγνοιτο, οὐ σμικρὸν ἀγαθόν, καὶ
b τἆλλ᾽ οὕτω· συμποσίου δὲ ὀρθῶς παιδαγωγηθέντος τί μέγα
ἰδιώταις ἢ τῇ πόλει γίγνοιτ᾽ ἄν;

ΑΘ. Τί δέ; παιδὸς ἑνὸς ἢ καὶ χοροῦ παιδαγωγηθέντος
κατὰ τρόπον ἑνός, τί μέγα τῇ πόλει φαῖμεν ἂν γίγνεσθαι; ἢ
5 τοῦτο οὕτως ἐρωτηθέντες εἴποιμεν ἂν ὡς ἑνὸς μὲν βραχύ τι
τῇ πόλει γίγνοιτ᾽ ἂν ὄφελος, εἰ δ᾽ ὅλως ἐρωτᾷς παιδείαν τῶν
παιδευθέντων τί μέγα τὴν πόλιν ὀνίνησιν, οὐ χαλεπὸν εἰπεῖν
ὅτι παιδευθέντες μὲν εὖ γίγνοιντ᾽ ἂν ἄνδρες ἀγαθοί, γενό-
c μενοι δὲ τοιοῦτοι τά τε ἄλλα πράττοιεν καλῶς, ἔτι δὲ κἂν
νικῷεν τοὺς πολεμίους μαχόμενοι. παιδεία μὲν οὖν φέρει
καὶ νίκην, νίκη δ᾽ ἐνίοτε ἀπαιδευσίαν· πολλοὶ γὰρ ὑβριστό-
τεροι διὰ πολέμων νίκας γενόμενοι μυρίων ἄλλων κακῶν δι᾽
5 ὕβριν ἐνεπλήσθησαν, καὶ παιδεία μὲν οὐδεπώποτε γέγονεν
Καδμεία, νῖκαι δὲ ἀνθρώποις πολλαὶ δὴ τοιαῦται γεγόνασίν
τε καὶ ἔσονται.

ΚΛ. Δοκεῖς ἡμῖν, ὦ φίλε, τὴν ἐν τοῖς οἴνοις κοινὴν
d διατριβὴν ὡς εἰς παιδείας μεγάλην μοῖραν τείνουσαν λέγειν,
ἂν ὀρθῶς γίγνηται.

ΑΘ. Τί μήν;

ΚΛ. Ἔχοις ἂν οὖν τὸ μετὰ τοῦτ᾽ εἰπεῖν ὡς ἔστιν τὸ νῦν
5 εἰρημένον ἀληθές;

ΑΘ. Τὸ μὲν ἀληθές, ὦ ξένε, διισχυρίζεσθαι ταῦτα οὕτως
ἔχειν, πολλῶν ἀμφισβητούντων, θεοῦ· εἰ δ' ὅπῃ ἐμοὶ φαίνεται
δεῖ λέγειν, οὐδεὶς φθόνος, ἐπείπερ ὡρμήκαμέν γε τοὺς λόγους
περὶ νόμων καὶ πολιτείας ποιεῖσθαι τὰ νῦν.

ΚΛ. Τοῦτ' αὐτὸ δὴ πειρώμεθα, τὸ σοὶ δοκοῦν περὶ τῶν   10
νῦν ἀμφισβητουμένων καταμαθεῖν.   e

ΑΘ. Ἀλλὰ χρὴ ποιεῖν οὕτως, ὑμᾶς τε ἐπὶ τὸ μαθεῖν καὶ
ἐμὲ ἐπὶ τὸ δηλῶσαι πειρώμενον ἀμῶς γέ πως, συντεῖναι,
τὸν λόγον. πρῶτον δέ μου ἀκούσατε τὸ τοιόνδε. τὴν πόλιν
ἅπαντες ἡμῶν Ἕλληνες ὑπολαμβάνουσιν ὡς φιλόλογός τέ ἐστι   5
καὶ πολύλογος, Λακεδαίμονα δὲ καὶ Κρήτην, τὴν μὲν βραχύ-
λογον, τὴν δὲ πολύνοιαν μᾶλλον ἢ πολυλογίαν ἀσκοῦσαν·
σκοπῶ δὴ μὴ δόξαν ὑμῖν παράσχωμαι περὶ σμικροῦ πολλὰ   642
λέγειν, μέθης πέρι, σμικροῦ πράγματος, παμμήκη λόγον ἀνα-
καθαιρόμενος. τὸ δὲ ἡ κατὰ φύσιν αὐτοῦ διόρθωσις οὐκ ἂν
δύναιτο ἄνευ μουσικῆς ὀρθότητός ποτε σαφὲς οὐδὲ ἱκανὸν
ἐν τοῖς λόγοις ἀπολαβεῖν, μουσικὴ δὲ ἄνευ παιδείας τῆς   5
πάσης οὐκ ἂν αὖ ποτε δύναιτο· ταῦτα δὲ παμπόλλων ἐστὶν
λόγων. ὁρᾶτε οὖν τί ποιῶμεν εἰ ταῦτα μὲν ἐάσαιμεν ἐν τῷ
παρόντι, μετεκβαῖμεν δ' εἰς ἕτερόν τινα νόμων πέρι λόγον.   b

ΜΕ. Ὦ ξένε Ἀθηναῖε, οὐκ οἶσθ' ἴσως ὅτι τυγχάνει
ἡμῶν ἡ ἑστία τῆς πόλεως οὖσα ὑμῶν πρόξενος. ἴσως μὲν
οὖν καὶ πᾶσιν τοῖς παισίν, ἐπειδὰν ἀκούσωσιν ὅτι τινός
εἰσιν πόλεως πρόξενοι, ταύτῃ τις εὔνοια ἐκ νέων εὐθὺς   5
ἐνδύεται ἕκαστον ἡμῶν τῶν προξένων τῇ πόλει, ὡς δευτέρᾳ
οὔσῃ πατρίδι μετὰ τὴν αὐτοῦ πόλιν· καὶ δὴ καὶ ἐμοὶ νῦν
ταὐτὸν τοῦτο ἐγγέγονεν. ἀκούων γὰρ τῶν παίδων εὐθύς,
εἴ τι μέμφοιτο ἢ καὶ ἐπαινοῖεν Λακεδαιμόνιοι Ἀθηναίους,   c
ὡς "Ἡ πόλις ὑμῶν, ὦ Μέγιλλε," ἔφασαν, "ἡμᾶς οὐ καλῶς
ἢ καλῶς ἔρρεξε"—ταῦτα δὴ ἀκούων, καὶ μαχόμενος πρὸς
αὐτὰ ὑπὲρ ὑμῶν ἀεὶ πρὸς τοὺς τὴν πόλιν εἰς ψόγον ἄγοντας,

---

a 1 περὶ σμικροῦ L ut vid., O·: περὶ σμικρὰ Α Ο   b 8 ἐκ τῶν
παιδων in marg. cod. Voss.

5 πᾶσαν εὔνοιαν ἔσχον, καί μοι νῦν ἥ τε φωνὴ προσφιλὴς
ὑμῶν, τό τε ὑπὸ πολλῶν λεγόμενον, ὡς ὅσοι Ἀθηναίων
εἰσὶν ἀγαθοὶ διαφερόντως εἰσὶν τοιοῦτοι, δοκεῖ ἀληθέστατα
λέγεσθαι· μόνοι γὰρ ἄνευ ἀνάγκης αὐτοφυῶς, θείᾳ μοίρᾳ
d ἀληθῶς καὶ οὔτι πλαστῶς εἰσιν ἀγαθοί. θαρρῶν δὴ ἐμοῦ γε
ἕνεκα λέγοις ἂν τοσαῦτα ὁπόσα σοι φίλον.

ΚΛ. Καὶ μήν, ὦ ξένε, καὶ τὸν παρ' ἐμοῦ λόγον ἀκούσας
τε καὶ ἀποδεξάμενος, θαρρῶν ὁπόσα βούλει λέγε. τῇδε γὰρ
5 ἴσως ἀκήκοας ὡς Ἐπιμενίδης γέγονεν ἀνὴρ θεῖος, ὃς ἦν ἡμῖν
οἰκεῖος, ἐλθὼν δὲ πρὸ τῶν Περσικῶν δέκα ἔτεσιν πρότερον
παρ' ὑμᾶς κατὰ τὴν τοῦ θεοῦ μαντείαν, θυσίας τε ἐθύσατό
e τινας ἃς ὁ θεὸς ἀνεῖλεν, καὶ δὴ καὶ φοβουμένων τὸν Περσικὸν
Ἀθηναίων στόλον, εἶπεν ὅτι δέκα μὲν ἐτῶν οὐχ ἥξουσιν, ὅταν
δὲ ἔλθωσιν, ἀπαλλαγήσονται πράξαντες οὐδὲν ὧν ἤλπιζον,
παθόντες τε ἢ δράσαντες πλείω κακά. τότ' οὖν ἐξενώθησαν
5 ὑμῖν οἱ πρόγονοι ἡμῶν, καὶ εὔνοιαν ἐκ τόσου ἔγωγε ὑμῖν καὶ
643 οἱ ἡμέτεροι ἔχουσιν γονῆς.

ΑΘ. Τὰ μὲν τοίνυν ὑμέτερα ἀκούειν, ὡς ἔοικεν, ἕτοιμ' ἂν
εἴη· τὰ δ' ἐμὰ βούλεσθαι μὲν ἕτοιμα, δύνασθαι δὲ οὐ πάνυ
ῥάδια, ὅμως δὲ πειρατέον. πρῶτον δὴ οὖν πρὸς τὸν λόγον
5 ὁρισώμεθα παιδείαν τί ποτ' ἐστὶν καὶ τίνα δύναμιν ἔχει·
διὰ γὰρ ταύτης φαμὲν ἰτέον εἶναι τὸν προκεχειρισμένον ἐν τῷ
νῦν λόγον ὑφ' ἡμῶν, μέχριπερ ἂν πρὸς τὸν θεὸν ἀφίκηται.

ΚΛ. Πάνυ μὲν οὖν δρῶμεν ταῦτα, εἴπερ σοί γε ἡδύ.

b ΑΘ. Λέγοντος τοίνυν ἐμοῦ τί ποτε χρὴ φάναι παιδείαν
εἶναι, σκέψασθε ἂν ἀρέσκῃ τὸ λεχθέν.

ΚΛ. Λέγοις ἄν.

ΑΘ. Λέγω δή, καί φημι τὸν ὁτιοῦν ἀγαθὸν ἄνδρα μέλ-
5 λοντα ἔσεσθαι τοῦτο αὐτὸ ἐκ παίδων εὐθὺς μελετᾶν δεῖν,
παίζοντά τε καὶ σπουδάζοντα ἐν τοῖς τοῦ πράγματος ἑκάστοις
προσήκουσιν. οἷον τὸν μέλλοντα ἀγαθὸν ἔσεσθαι γεωργὸν

d 6 δέκα] ρκα Meursius   b 4 δή] οὖν Eus.   b 5 δεῖν
om. Eus.

ἤ τινα οἰκοδόμον, τὸν μὲν οἰκοδομοῦντά τι τῶν παιδείων
οἰκοδομημάτων παίζειν χρή, τὸν δ' αὖ γεωργοῦντα, καὶ ὄργανα c
ἑκατέρῳ σμικρά, τῶν ἀληθινῶν μιμήματα, παρασκευάζειν τὸν
τρέφοντα αὐτῶν ἑκάτερον, καὶ δὴ καὶ τῶν μαθημάτων ὅσα
ἀναγκαῖα προμεμαθηκέναι προμανθάνειν, οἷον τέκτονα μετρεῖν
ἢ σταθμᾶσθαι καὶ πολεμικὸν ἱππεύειν παίζοντα ἤ τι τῶν 5
τοιούτων ἄλλο ποιοῦντα, καὶ πειρᾶσθαι διὰ τῶν παιδιῶν
ἐκεῖσε τρέπειν τὰς ἡδονὰς καὶ ἐπιθυμίας τῶν παίδων, οἷ
ἀφικομένους αὐτοὺς δεῖ τέλος ἔχειν. ˊκεφάλαιον δὴ παιδείας
λέγομεν τὴν ὀρθὴν τροφήν, ἣ τοῦ παίζοντος τὴν ψυχὴν εἰς d
ἔρωτα μάλιστα ἄξει τούτου ὃ δεήσει γενόμενον ἄνδρ' αὐτὸν
τέλειον εἶναι τῆς τοῦ πράγματος ἀρετῆς· ὁρᾶτε οὖν εἰ μέχρι
τούτου γε, ὅπερ εἶπον, ὑμῖν ἀρέσκει τὸ λεχθέν.

ΚΛ. Πῶς γὰρ οὔ;   5

ΑΘ. Μὴ τοίνυν μηδ' ὃ λέγομεν εἶναι παιδείαν ἀόριστον
γένηται. νῦν γὰρ ὀνειδίζοντες ἐπαινοῦντές θ' ἑκάστων τὰς
τροφάς, λέγομεν ὡς τὸν μὲν πεπαιδευμένον ἡμῶν ὄντα τινά,
τὸν δὲ ἀπαίδευτον ἐνίοτε εἴς τε καπηλείας καὶ ναυκληρίας e
καὶ ἄλλων τοιούτων μάλα πεπαιδευμένων σφόδρα ἀνθρώπων·
οὐ γὰρ ταῦτα ἡγουμένων, ὡς ἔοικ', εἶναι παιδείαν ὁ νῦν λόγος
ἂν εἴη, τὴν δὲ πρὸς ἀρετὴν ἐκ παίδων παιδείαν, ποιοῦσαν
ἐπιθυμητήν τε καὶ ἐραστὴν τοῦ πολίτην γενέσθαι τέλεον, 5
ἄρχειν τε καὶ ἄρχεσθαι ἐπιστάμενον μετὰ δίκης. ταύτην
τὴν τροφὴν ἀφορισάμενος ὁ λόγος οὗτος, ὡς ἐμοὶ φαίνεται, 644
νῦν βούλοιτ' ἂν μόνην παιδείαν προσαγορεύειν, τὴν δὲ εἰς
χρήματα τείνουσαν ἤ τινα πρὸς ἰσχύν, ἢ καὶ πρὸς ἄλλην
τινὰ σοφίαν ἄνευ νοῦ καὶ δίκης, βάναυσόν τ' εἶναι καὶ
ἀνελεύθερον καὶ οὐκ ἀξίαν τὸ παράπαν παιδείαν καλεῖσθαι. 5

c 6 ποιοῦντα libri cum Aristide Eus. · ποιεῖν Boeckh : secl. Hermann
παιδιῶν scr. recc. cum Aristide Eus. : παιδειῶν A L O   d 4 ὑμῖν L.
(ut vid.)   ἡμῖν Α O   e 1 τὰς καπηλείας Eus.   e 2 ἄλλων τινῶν
τοιούτων Eus.   μάλα libri cum Eus. : ἄλλα Stallbaum : ἐπιτηδεύματα
Winckelmann   πεπαιδευμένων . . . ἀνθρώπων A L O cum Eus. :
πεπαιδευμένον . . . ἄνθρωπον al.   a 1 ὡς ἐμοὶ A Eus. et in marg.
L O : ἐξ ὧν L O

ἡμεῖς δὴ μηδὲν ὀνόματι διαφερώμεθ' αὐτοῖς, ἀλλ' ὁ νυνδὴ
λόγος ἡμῖν ὁμολογηθεὶς μενέτω, ὡς οἵ γε ὀρθῶς πεπαιδευ-
μένοι σχεδὸν ἀγαθοὶ γίγνονται, καὶ δεῖ δὴ τὴν παιδείαν
b μηδαμοῦ ἀτιμάζειν, ὡς πρῶτον τῶν καλλίστων τοῖς ἀρίστοις
ἀνδράσιν παραγιγνόμενον· καὶ εἴ ποτε ἐξέρχεται, δυνατὸν δ'
ἐστὶν ἐπανορθοῦσθαι, τοῦτ' ἀεὶ δραστέον διὰ βίου παντὶ κατὰ
δύναμιν.

5 ΚΛ. Ὀρθῶς, καὶ συγχωροῦμεν ἃ λέγεις.

ΑΘ. Καὶ μὴν πάλαι γε συνεχωρήσαμεν ὡς ἀγαθῶν μὲν
ὄντων τῶν δυναμένων ἄρχειν αὐτῶν, κακῶν δὲ τῶν μή.

ΚΛ. Λέγεις ὀρθότατα.

ΑΘ. Σαφέστερον ἔτι τοίνυν ἀναλάβωμεν τοῦτ' αὐτὸ ὅτι
c ποτὲ λέγομεν. καί μοι δι' εἰκότος ἀποδέξασθε ἐάν πως
δυνατὸς ὑμῖν γένωμαι δηλῶσαι τὸ τοιοῦτον.

ΚΛ. Λέγε μόνον.

ΑΘ. Οὐκοῦν ἕνα μὲν ἡμῶν ἕκαστον αὐτὸν τιθῶμεν;

5 ΚΛ. Ναί.

ΑΘ. Δύο δὲ κεκτημένον ἐν αὐτῷ συμβούλω ἐναντίω τε
καὶ ἄφρονε, ὣ προσαγορεύομεν ἡδονὴν καὶ λύπην;

ΚΛ. Ἔστι ταῦτα.

ΑΘ. Πρὸς δὲ τούτοιν ἀμφοῖν αὖ δόξας μελλόντων, οἶν
10 κοινὸν μὲν ὄνομα ἐλπίς, ἴδιον δέ, φόβος μὲν ἡ πρὸ λύπης
d ἐλπίς, θάρρος δὲ ἡ πρὸ τοῦ ἐναντίου· ἐπὶ δὲ πᾶσι τούτοις
λογισμὸς ὅτι ποτ' αὐτῶν ἄμεινον ἢ χεῖρον, ὃς γενόμενος
δόγμα πόλεως κοινὸν νόμος ἐπωνόμασται.

ΚΛ. Μόγις μέν πως ἐφέπομαι, λέγε μὴν τὸ μετὰ ταῦτα
5 ὡς ἑπομένου.

ΜΕ. Καὶ ἐν ἐμοὶ μὴν ταὐτὸν τοῦτο πάθος ἔνι.

ΑΘ. Περὶ δὴ τούτων διανοηθῶμεν οὑτωσί. θαῦμα μὲν
ἕκαστον ἡμῶν ἡγησώμεθα τῶν ζῴων θεῖον, εἴτε ὡς παίγνιον
ἐκείνων εἴτε ὡς σπουδῇ τινι συνεστηκός· οὐ γὰρ δὴ τοῦτό

a6 δὴ AO: δὲ L (ut vid. Eus.   b3 παντὶ A O² (ι s. v.) Eus. :
παντὸς LO   c1 μοι] μου Schanz   c4 αὐτὸν A Eus. : αὐτῶν
vulg.   c9 οἶν AO Eus.: οἶον L

γε γιγνώσκομεν, τόδε δὲ ἴσμεν, ὅτι ταῦτα τὰ πάθη ἐν ἡμῖν e
οἷον νεῦρα ἢ σμήρινθοί τινες ἐνοῦσαι σπῶσίν τε ἡμᾶς καὶ
ἀλλήλαις ἀνθέλκουσιν ἐναντίαι οὖσαι ἐπ᾽ ἐναντίας πράξεις,
οὗ δὴ διωρισμένη ἀρετὴ καὶ κακία κεῖται. μιᾷ γάρ φησιν ὁ
λόγος δεῖν τῶν ἕλξεων συνεπόμενον ἀεὶ καὶ μηδαμῇ ἀπολειπό- 5
μενον ἐκείνης, ἀνθέλκειν τοῖς ἄλλοις νεύροις ἕκαστον, ταύτην
δ᾽ εἶναι τὴν τοῦ λογισμοῦ ἀγωγὴν χρυσῆν καὶ ἱεράν, τῆς 645
πόλεως κοινὸν νόμον ἐπικαλουμένην, ἄλλας δὲ σκληρὰς καὶ
σιδηρᾶς, τὴν δὲ μαλακὴν ἅτε χρυσῆν οὖσαν, τὰς δὲ ἄλλας
παντοδαποῖς εἴδεσιν ὁμοίας. δεῖν δὴ τῇ καλλίστῃ ἀγωγῇ
τῇ τοῦ νόμου ἀεὶ συλλαμβάνειν· ἅτε γὰρ τοῦ λογισμοῦ καλοῦ 5
μὲν ὄντος, πράου δὲ καὶ οὐ βιαίου, δεῖσθαι ὑπηρετῶν αὐτοῦ τὴν
ἀγωγήν, ὅπως ἂν ἐν ἡμῖν τὸ χρυσοῦν γένος νικᾷ τὰ ἄλλα
γένη. καὶ οὕτω δὴ περὶ θαυμάτων ὡς ὄντων ἡμῶν ὁ μῦθος b
ἀρετῆς σεσωμένος ἂν εἴη, καὶ τὸ κρείττω ἑαυτοῦ καὶ ἥττω
εἶναι τρόπον τινὰ φανερὸν ἂν γίγνοιτο μᾶλλον ὃ νοεῖ, καὶ
ὅτι πόλιν καὶ ἰδιώτην, τὸν μὲν λόγον ἀληθῆ λαβόντα ἐν
ἑαυτῷ περὶ τῶν ἕλξεων τούτων, τούτῳ ἑπόμενον δεῖ ζῆν, 5
πόλιν δὲ ἢ παρὰ θεῶν τινος ἢ παρὰ τούτου τοῦ γνόντος
ταῦτα λόγον παραλαβοῦσαν, νόμον θεμένην, αὐτῇ τε ὁμιλεῖν
καὶ ταῖς ἄλλαις πόλεσιν. οὕτω καὶ κακία δὴ καὶ ἀρετὴ
σαφέστερον ἡμῖν διηρθρωμένον ἂν εἴη· ἐναργεστέρου δ᾽ c
αὐτοῦ γενομένου καὶ παιδεία καὶ τἆλλα ἐπιτηδεύματα ἴσως
ἔσται μᾶλλον καταφανῆ, καὶ δὴ καὶ τὸ περὶ τῆς ἐν τοῖς οἴνοις
διατριβῆς, ὃ δοξασθείη μὲν ἂν εἶναι φαύλου πέρι μῆκος πολὺ
λόγων περιττὸν εἰρημένον, φανείη δὲ τάχ᾽ ἂν ἴσως τοῦ μήκους 5
γ᾽ αὐτῶν οὐκ ἀπάξιον.

ΚΛ. Εὖ λέγεις, καὶ περαίνωμεν ὅτιπερ ἂν τῆς γε νῦν
διατριβῆς ἄξιον γίγνηται.

e 3 ἀνθέλκουσιν Eus. . ἀνθέλκουσαι Λ (λ in ras. LO   e 5 ἕλξεων
Λ sed λ in ras.   e 6 ἀνθέλκειν sed λ in ras.) Λ   a 3 οὖσαν
ΛΟ cum Eus. · οὖσαν καὶ μονοειδῆ cod. Riccardianus   a 5 τῇ
om. Eus.   a 6 βιαίου ÷ ÷ ÷ ÷ ÷ ÷ ÷ ÷ Λ : βιαίου Ο Eus. :
βεβαίου L et γρ. Ο   a 7 ἐν Eus. : om. libri   b 2 σεσωσμένος
libri Eus.   b 5 τούτων om. Eus.   b 6 τούτου τοῦ] αὐτοῦ τούτου Eus.

d   ΑΘ. Λέγε δή· προσφέροντες τῷ θαύματι τούτῳ τὴν μέθην,
ποῖόν τί ποτε αὐτὸ ἀπεργαζόμεθα;
      ΚΛ. Πρὸς τί δὲ σκοπούμενος αὐτὸ ἐπανερωτᾷς;
      ΑΘ. Οὐδέν πω πρὸς ὅτι, τοῦτο δὲ ὅλως κοινωνῆσαν τούτῳ
5   ποῖόν τι συμπίπτει γίγνεσθαι. ἔτι δὲ σαφέστερον ὃ βούλομαι
πειράσομαι φράζειν. ἐρωτῶ γὰρ τὸ τοιόνδε· ἆρα σφοδρο-
τέρας τὰς ἡδονὰς καὶ λύπας καὶ θυμοὺς καὶ ἔρωτας ἡ τῶν
οἴνων πόσις ἐπιτείνει;
      ΚΛ. Πολύ γε.

e   ΑΘ. Τί δ' αὖ τὰς αἰσθήσεις καὶ μνήμας καὶ δόξας καὶ φρο-
νήσεις; πότερον ὡσαύτως σφοδροτέρας; ἢ πάμπαν ἀπολείπει
ταῦτα αὐτόν, ἂν κατακορής τις τῇ μέθῃ γίγνηται;
      ΚΛ. Ναί, πάμπαν ἀπολείπει.
5   ΑΘ. Οὐκοῦν εἰς ταὐτὸν ἀφικνεῖται τὴν τῆς ψυχῆς ἕξιν τῇ
τότε ὅτε νέος ἦν παῖς;
      ΚΛ. Τί μήν;
      ΑΘ. Ἥκιστα δὴ τότ' ἂν αὐτὸς αὑτοῦ γίγνοιτο ἐγκρατής.

646   ΚΛ. Ἥκιστα.
      ΑΘ. Ἆρ' οὖν πονηρότατος, φαμέν, ὁ τοιοῦτος;
      ΚΛ. Πολύ γε.
      ΑΘ. Οὐ μόνον ἄρ', ὡς ἔοικεν, ὁ γέρων δὶς παῖς γίγνοιτ'
5   ἄν, ἀλλὰ καὶ ὁ μεθυσθείς.
      ΚΛ. Ἄριστα εἶπες, ὦ ξένε.
      ΑΘ. Τούτου δὴ τοῦ ἐπιτηδεύματος ἔσθ' ὅστις λόγος ἐπι-
χειρήσει πείθειν ἡμᾶς ὡς χρὴ γεύεσθαι καὶ μὴ φεύγειν παντὶ
σθένει κατὰ τὸ δυνατόν;
10   ΚΛ. Ἔοικ' εἶναι· σὺ γοῦν φὴς καὶ ἕτοιμος ἦσθα νυνδὴ
λέγειν.

b   ΑΘ. Ἀληθῆ μέντοι μνημονεύεις· καὶ νῦν γ' εἴμ'
ἕτοιμος, ἐπειδήπερ σφώ γε ἐθελήσειν προθύμως ἔφατον
ἀκούειν.

e 4 ναί L (ut vid.) O : om. A (τὸ ναὶ ἐν ἄλλοις οὐ κεῖται in marg O)
e 7 τί μήν ... e 8 ἐγκρατής om. A (add. in marg. A²)

ΚΛ. Πῶς δ' οὐκ ἀκουσόμεθα; κἂν εἰ μηδενὸς ἄλλου
χάριν, ἀλλὰ τοῦ θαυμαστοῦ τε καὶ ἀτόπου, εἰ δεῖ ἑκόντα 5
ποτὲ ἄνθρωπον εἰς ἅπασαν φαυλότητα ἑαυτὸν ἐμβάλλειν.

ΑΘ. Ψυχῆς λέγεις· ἢ γάρ;

ΚΛ. Ναί.

ΑΘ. Τί δέ; σώματος, ὦ ἑταῖρε, εἰς πονηρίαν, λεπτότητά
τε καὶ αἶσχος καὶ ἀδυναμίαν, θαυμάζοιμεν ἂν εἴ ποτέ τις 10
ἑκὼν ἐπὶ τὸ τοιοῦτον ἀφικνεῖται;   c

ΚΛ. Πῶς γὰρ οὔ;

ΑΘ. Τί οὖν; τοὺς εἰς τὰ ἰατρεῖα αὐτοὺς βαδίζοντας ἐπὶ
φαρμακοποσίᾳ ἀγνοεῖν οἰόμεθα ὅτι μετ' ὀλίγον ὕστερον καὶ
ἐπὶ πολλὰς ἡμέρας ἕξουσιν τοιοῦτον τὸ σῶμα, οἷον εἰ διὰ 5
τέλους ἔχειν μέλλοιεν, ζῆν οὐκ ἂν δέξαιντο; ἢ τοὺς ἐπὶ τὰ
γυμνάσια καὶ πόνους ἰόντας οὐκ ἴσμεν ὡς ἀσθενεῖς εἰς τὸ
παραχρῆμα γίγνονται;

ΚΛ. Πάντα ταῦτα ἴσμεν.

ΑΘ. Καὶ ὅτι τῆς μετὰ ταῦτα ὠφελίας ἕνεκα ἑκόντες 10
πορεύονται;

ΚΛ. Κάλλιστα.   d

ΑΘ. Οὐκοῦν χρὴ καὶ τῶν ἄλλων ἐπιτηδευμάτων πέρι
διανοεῖσθαι τὸν αὐτὸν τρόπον;

ΚΛ. Πάνυ γε.

ΑΘ. Καὶ τῆς περὶ τὸν οἶνον ἄρα διατριβῆς ὡσαύτως 5
διανοητέον, εἴπερ ἔνι τοῦτο ἐν τούτοις ὀρθῶς διανοηθῆναι.

ΚΛ. Πῶς δ' οὔ;

ΑΘ. Ἂν ἄρα τινὰ ἡμῖν ὠφελίαν ἔχουσα φαίνηται μηδὲν
τῆς περὶ τὸ σῶμα ἐλάττω, τῇ γε ἀρχῇ τὴν σωμασκίαν νικᾷ
τῷ τὴν μὲν μετ' ἀλγηδόνων εἶναι, τὴν δὲ μή.   10

ΚΛ. Ὀρθῶς λέγεις, θαυμάζοιμι δ' ἂν εἴ τι δυναίμεθα   e
τοιοῦτον ἐν αὐτῷ καταμαθεῖν.

ΑΘ. Τοῦτ' αὐτὸ δὴ νῦν, ὡς ἔοιχ', ἡμῖν ἤδη πειρατέον

b 4 ἀκουσόμεθα fecit Λ² : ἀκουσώμεθα Λ   b 5 δεῖ Λ (sed εἰ
in ras.)   c 4 φαρμακοποσίᾳ L (ut vid.) O et fecit Λ² (ι s. v.) :
φαρμακοποσίαν Λ

φράζειν. καί μοι λέγε· δύο φόβων εἴδη σχεδὸν ἐναντία
5 δυνάμεθα κατανοῆσαι;

ΚΛ. Ποῖα δή;

ΑΘ. Τὰ τοιάδε· φοβούμεθα μέν που τὰ κακά, προσ-
δοκῶντες γενήσεσθαι.

ΚΛ. Ναί.

10 ΑΘ. Φοβούμεθα δέ γε πολλάκις δόξαν, ἡγούμενοι δοξά-
ζεσθαι κακοί, πράττοντες ἢ λέγοντές τι τῶν μὴ καλῶν· ὃν
647 δὴ καὶ καλοῦμεν τὸν φόβον ἡμεῖς γε, οἶμαι δὲ καὶ πάντες,
αἰσχύνην.

ΚΛ. Τί δ' οὔ;

ΑΘ. Τούτους δὴ δύο ἔλεγον φόβους· ὧν ὁ ἕτερος ἐναν-
5 τίος μὲν ταῖς ἀλγηδόσιν καὶ τοῖς ἄλλοις φόβοις, ἐναντίος
δ' ἐστὶ ταῖς πλείσταις καὶ μεγίσταις ἡδοναῖς.

ΚΛ. Ὀρθότατα λέγεις.

ΑΘ. Ἆρ' οὖν οὐ καὶ νομοθέτης, καὶ πᾶς οὗ καὶ σμικρὸν
ὄφελος, τοῦτον τὸν φόβον ἐν τιμῇ μεγίστῃ σέβει, καὶ καλῶν
10 αἰδῶ, τὸ τούτῳ θάρρος ἐναντίον ἀναίδειάν τε προσαγορεύει
b καὶ μέγιστον κακὸν ἰδίᾳ τε καὶ δημοσίᾳ πᾶσι νενόμικεν;

ΚΛ. Ὀρθῶς λέγεις.

ΑΘ. Οὐκοῦν τά τ' ἄλλα πολλὰ καὶ μεγάλα ὁ φόβος ἡμᾶς
οὗτος σῴζει, καὶ τὴν ἐν τῷ πολέμῳ νίκην καὶ σωτηρίαν ἐν
5 πρὸς ἓν οὐδὲν οὕτως σφόδρα ἡμῖν ἀπεργάζεται; δύο γὰρ οὖν
ἐστὸν τὰ τὴν νίκην ἀπεργαζόμενα, θάρρος μὲν πολεμίων,
φίλων δὲ φόβος αἰσχύνης πέρι κακῆς.

ΚΛ. Ἔστι ταῦτα.

ΑΘ. Ἄφοβον ἡμῶν ἄρα δεῖ γίγνεσθαι καὶ φοβερὸν
c ἕκαστον· ὧν δ' ἑκάτερον ἕνεκα, διῃρήμεθα.

ΚΛ. Πάνυ μὲν οὖν.

ΑΘ. Καὶ μὴν ἄφοβόν γε ἕκαστον βουληθέντες ποιεῖν
φόβων πολλῶν τινων, εἰς φόβον ἄγοντες αὐτὸν μετὰ νόμου
5 τοιοῦτον ἀπεργαζόμεθα.

a 8 οὐ καὶ Ast : οὐκ ἂν libri   a 10 τούτῳ A et γρ. O : τούτων O

ΚΛ. Φαινόμεθα.

ΑΘ. Τί δ' ὅταν ἐπιχειρῶμέν τινα φοβερὸν ποιεῖν μετὰ
δίκης; ἆρ' οὐκ ἀναισχυντίᾳ συμβάλλοντας αὐτὸν καὶ προσ-
γυμνάζοντας νικᾶν δεῖ ποιεῖν διαμαχόμενον αὐτοῦ ταῖς
ἡδοναῖς; ἢ τῇ μὲν δειλίᾳ τῇ ἐν αὐτῷ προσμαχόμενον καὶ 10
νικῶντα αὐτὴν δεῖ τέλεον οὕτω γίγνεσθαι πρὸς ἀνδρείαν, d
ἄπειρος δὲ δήπου καὶ ἀγύμναστος ὢν τῶν τοιούτων ἀγώνων
ὁστισοῦν οὐδ' ἂν ἥμισυς ἑαυτοῦ γένοιτο πρὸς ἀρετήν, σώφρων
δὲ ἄρα τελέως ἔσται μὴ πολλαῖς ἡδοναῖς καὶ ἐπιθυμίαις προ-
τρεπούσαις ἀναισχυντεῖν καὶ ἀδικεῖν διαμεμαχημένος καὶ 5
νενικηκὼς μετὰ λόγου καὶ ἔργου καὶ τέχνης ἔν τε παιδιαῖς
καὶ ἐν σπουδαῖς, ἀλλ' ἀπαθὴς ὢν πάντων τῶν τοιούτων;

ΚΛ. Οὔκουν τόν γ' εἰκότα λόγον ἂν ἔχοι.

ΑΘ. Τί οὖν; φόβου φάρμακον ἔσθ' ὅστις θεὸς ἔδωκεν e
ἀνθρώποις, ὥστε ὁπόσῳ πλέον ἂν ἐθέλῃ τις πίνειν αὐτοῦ,
τοσούτῳ μᾶλλον αὐτὸν νομίζειν καθ' ἑκάστην πόσιν δυστυχῆ
γίγνεσθαι, καὶ φοβεῖσθαι τὰ παρόντα καὶ τὰ μέλλοντα αὐτῷ
πάντα, καὶ τελευτῶντα εἰς πᾶν δέος ἰέναι τὸν ἀνδρειότατον 648
ἀνθρώπων, ἐκκοιμηθέντα δὲ καὶ τοῦ πώματος ἀπαλλαγέντα
πάλιν ἑκάστοτε τὸν αὐτὸν γίγνεσθαι.

ΚΛ. Καὶ τί τοιοῦτον φαῖμεν ἄν, ὦ ξένε, ἐν ἀνθρώποις
γεγονέναι πῶμα; 5

ΑΘ. Οὐδέν· εἰ δ' οὖν ἐγένετό ποθεν, ἔσθ' ὅτι πρὸς
ἀνδρείαν ἦν ἂν νομοθέτῃ χρήσιμον; οἷον τὸ τοιόνδε περὶ
αὐτοῦ καὶ μάλα εἴχομεν ἂν αὐτῷ διαλέγεσθαι· Φέρε, ὦ
νομοθέτα, εἴτε Κρησὶν εἴθ' οἱστισινοῦν νομοθετεῖς, πρῶτον
μὲν τῶν πολιτῶν ἆρ' ἂν δέξαιο βάσανον δυνατὸς εἶναι b
λαμβάνειν ἀνδρείας τε πέρι καὶ δειλίας;

ΚΛ. Φαίη που πᾶς ἂν δῆλον ὅτι.

ΑΘ. Τί δέ; μετ' ἀσφαλείας καὶ ἄνευ κινδύνων μεγάλων
ἢ μετὰ τῶν ἐναντίων; 5

<hr />

c 10 γρ. δειλίᾳ in marg. ΛΟ (ἀπ' ὀρθώσεως· οὐκ εὖ Ο): διαίτῃ Λ
sed ιαίτῃ in ras.) Ο   e 2 ἐθέλῃ ΛΟ et in marg. γρ. a³: ἔλῃ Λ
a 9 νομοθετεῖς Α (sed εῖ in ras)   πρῶτον Α (sed ν s. v.)

ΚΛ. Καὶ τοῦτο μετὰ τῆς ἀσφαλείας συνομολογήσει πᾶς.

ΑΘ. Χρῶ δ' ἂν εἰς τοὺς φόβους τούτους ἄγων καὶ ἐλέγχων ἐν τοῖς παθήμασιν, ὥστε ἀναγκάζειν ἄφοβον γί-
c γνεσθαι, παρακελευόμενός καὶ νουθετῶν καὶ τιμῶν, τὸν δὲ ἀτιμάζων, ὅστις σοι μὴ πείθοιτο εἶναι τοιοῦτος οἷον σὺ τάττοις ἐν πᾶσιν; καὶ γυμνασάμενον μὲν εὖ καὶ ἀνδρείως ἀζήμιον ἀπαλλάττοις ἄν, κακῶς δέ, ζημίαν ἐπιτιθείς; ἢ τὸ
5 παράπαν οὐκ ἂν χρῷο, μηδὲν ἄλλο ἐγκαλῶν τῷ πώματι;

ΚΛ. Καὶ πῶς οὐκ ἂν χρῷο, ὦ ξένε;

ΑΘ. Γυμνασία γοῦν, ὦ φίλε, παρὰ τὰ νῦν θαυμαστῇ ῥᾳστώνης ἂν εἴη καθ' ἕνα καὶ κατ' ὀλίγους καὶ καθ' ὁπόσους
d τις ἀεὶ βούλοιτο· καὶ εἴτε τις ἄρα μόνος ἐν ἐρημίᾳ, τὸ τῆς αἰσχύνης ἐπίπροσθεν ποιούμενος, πρὶν εὖ σχεῖν ἡγούμενος ὁρᾶσθαι μὴ δεῖν, οὕτω πρὸς τοὺς φόβους γυμνάζοιτο, πῶμα μόνον ἀντὶ μυρίων πραγμάτων παρασκευαζόμενος, ὀρθῶς ἄν
5 τι πράττοι, εἴτε τις ἑαυτῷ πιστεύων φύσει καὶ μελέτῃ καλῶς παρεσκευάσθαι, μηδὲν ὀκνοῖ μετὰ συμποτῶν πλειόνων γυμνα- ζόμενος ἐπιδείκνυσθαι τὴν ἐν τῇ τοῦ πώματος ἀναγκαίᾳ
e διαφορᾷ δύναμιν ὑπερθέων καὶ κρατῶν, ὥστε ὑπ' ἀσχη- μοσύνης μηδὲ ἓν σφάλλεσθαι μέγα μηδ' ἀλλοιοῦσθαι δι' ἀρετήν, πρὸς δὲ τὴν ἐσχάτην πόσιν ἀπαλλάττοιτο πρὶν ἀφικνεῖσθαι, τὴν πάντων ἧτταν φοβούμενος ἀνθρώπων τοῦ
5 πώματος.

ΚΛ. Ναί σωφρονοῖ γὰρ ⟨ἂν⟩, ὦ ξένε, καὶ ὁ τοιοῦτος οὕτω πράττων.

649 ΑΘ. Πάλιν δὴ πρὸς τὸν νομοθέτην λέγωμεν τάδε· Εἶεν, ὦ νομοθέτα, τοῦ μὲν δὴ φόβου σχεδὸν οὔτε θεὸς ἔδωκεν ἀνθρώποις τοιοῦτον φάρμακον οὔτε αὐτοὶ μεμηχανήμεθα— τοὺς γὰρ γόητας οὐκ ἐν θοίνῃ λέγω—τῆς δὲ ἀφοβίας καὶ
5 τοῦ λίαν θαρρεῖν καὶ ἀκαίρως ἃ μὴ χρή, πότερον ἔστιν πῶμα, ἢ πῶς λέγομεν;

d 4 ὀρθῶς A L O² (ῶς s. v.) : ὀρθὸν O   e 1 διαφορᾷ libri : διαφθορᾷ ed. Basileensis   e 6 ἂν add. ci. Stallbaum   a 6 τοῦ πατριάρχου τὸ βιβλίον· λέγωμεν in marg. O

ΚΛ. Ἔστιν, φήσει που, τὸν οἶνον φράζων.

ΑΘ. Ἦ καὶ τοὐναντίον ἔχει τοῦτο τῷ νυνδὴ λεγομένῳ;
πιόντα τὸν ἄνθρωπον αὐτὸν αὑτοῦ ποιεῖ πρῶτον ἵλεων εὐθὺς
μᾶλλον ἢ πρότερον, καὶ ὁπόσῳ ἂν πλέον αὐτοῦ γεύηται, b
τοσούτῳ πλειόνων ἐλπίδων ἀγαθῶν πληροῦσθαι καὶ δυνάμεως
εἰς δόξαν; καὶ τελευτῶν δὴ πάσης ὁ τοιοῦτος παρρησίας
ὡς σοφὸς ὢν μεστοῦται καὶ ἐλευθερίας, πάσης δὲ ἀφοβίας,
ὥστε εἰπεῖν τε ἀόκνως ὁτιοῦν, ὡσαύτως δὲ καὶ πρᾶξαι; πᾶς 5
ἡμῖν, οἶμαι, ταῦτ' ἂν συγχωροῖ.

ΚΛ. Τί μήν;

ΑΘ. Ἀναμνησθῶμεν δὴ τόδε, ὅτι δύ' ἔφαμεν ἡμῶν ἐν
ταῖς ψυχαῖς δεῖν θεραπεύεσθαι, τὸ μὲν ὅπως ὅτι μάλιστα
θαρρήσομεν, τὸ δὲ τοὐναντίον ὅτι μάλιστα φοβησόμεθα. c

ΚΛ. Ἃ τῆς αἰδοῦς ἔλεγες, ὡς οἰόμεθα.

ΑΘ. Καλῶς μνημονεύετε. ἐπειδὴ δὲ τήν τε ἀνδρείαν
καὶ τὴν ἀφοβίαν ἐν τοῖς φόβοις δεῖ καταμελετᾶσθαι, σκε-
πτέον ἆρα τὸ ἐναντίον ἐν τοῖς ἐναντίοις θεραπεύεσθαι δέον 5
ἂν εἴη.

ΚΛ. Τό γ' οὖν εἰκός.

ΑΘ. Ἃ παθόντες ἄρα πεφύκαμεν διαφερόντως θαρραλέοι
τ' εἶναι καὶ θρασεῖς, ἐν τούτοις δέον ἄν, ὡς ἔοικ', εἴη τὸ
μελετᾶν ὡς ἥκιστα εἶναι ἀναισχύντους τε καὶ θρασύτητος 10
γέμοντας, φοβεροὺς δὲ εἰς τό τι τολμᾶν ἑκάστοτε λέγειν d
ἢ πάσχειν ἢ καὶ δρᾶν αἰσχρὸν ὁτιοῦν.

ΚΛ. Ἔοικεν.

ΑΘ. Οὐκοῦν ταῦτά ἐστι πάντα ἐν οἷς ἐσμὲν τοιοῦτοι,
θυμός, ἔρως, ὕβρις, ἀμαθία, φιλοκέρδεια, δειλία, καὶ ἔτι 5
τοιάδε, πλοῦτος, κάλλος, ἰσχύς, καὶ πάνθ' ὅσα δι' ἡδονῆς
αὖ μεθύσκοντα παράφρονας ποιεῖ; τούτων δὲ εὐτελῆ τε καὶ
ἀσινεστέραν πρῶτον μὲν πρὸς τὸ λαμβάνειν πεῖραν, εἶτα

a 9 τὸν ἄνθρωπον fecit Α² (ἂν s. v. · τονθρωπον Α   b 1 ἦ s. v Α:
om. pr. Α   c 1 θαρρήσομεν ΑΟ: θαρρήσωμεν fecit Α²   c 5 ἄρα
in marg. a³: ἄρα Α L O   d 1 τι Α L O': om. O   d 5 δειλία
secl. Ast

εἰς τὸ μελετᾶν, πλὴν τῆς ἐν οἴνῳ βασάνου καὶ παιδιᾶς, τίνα
e ἔχομεν ἡδονὴν εἰπεῖν ἔμμετρον μᾶλλον, ἂν καὶ ὁπωστιοῦν
μετ᾽ εὐλαβείας γίγνηται; σκοπῶμεν γὰρ δή· δυσκόλου ψυχῆς
καὶ ἀγρίας, ἐξ ἧς ἀδικίαι μυρίαι γίγνονται, πότερον ἰόντα
εἰς τὰ συμβόλαια πεῖραν λαμβάνειν, κινδυνεύοντα περὶ
650 αὐτῶν, σφαλερώτερον, ἢ συγγενόμενον μετὰ τῆς τοῦ Διο-
νύσου θεωρίας; ἢ πρὸς τἀφροδίσια ἡττημένης τινὸς ψυχῆς
βάσανον λαμβάνειν, ἐπιτρέποντα αὐτοῦ θυγατέρας τε καὶ
υἱεῖς καὶ γυναῖκας, οὕτως, ἐν τοῖς φιλτάτοις κινδυνεύσαντες,
5 ἦθος ψυχῆς θεάσασθαι; καὶ μυρία δὴ λέγων οὐκ ἄν τίς ποτε
ἀνύσειεν ὅσῳ διαφέρει τὸ μετὰ παιδιᾶς τὴν ἄλλως ἄνευ
μισθοῦ ζημιώδους θεωρεῖν. καὶ δὴ καὶ τοῦτο μὲν αὐτὸ περί
b γε τούτων οὔτ᾽ ἂν Κρῆτας οὔτ᾽ ἄλλους ἀνθρώπους οὐδένας
οἰόμεθα ἀμφισβητῆσαι, μὴ οὐ πεῖράν τε ἀλλήλων ἐπιεικῆ
ταύτην εἶναι, τό τε τῆς εὐτελείας καὶ ἀσφαλείας καὶ τάχους
διαφέρειν πρὸς τὰς ἄλλας βασάνους.

5 ΚΛ. Ἀληθὲς τοῦτό γε.

ΑΘ. Τοῦτο μὲν ἄρ᾽ ἂν τῶν χρησιμωτάτων ἓν εἴη, τὸ
γνῶναι τὰς φύσεις τε καὶ ἕξεις τῶν ψυχῶν, τῇ τέχνῃ ἐκείνῃ
ἧς ἐστιν ταῦτα θεραπεύειν· ἔστιν δέ που, φαμέν, ὡς οἶμαι,
πολιτικῆς. ἢ γάρ;

10 ΚΛ. Πάνυ μὲν οὖν.

B

652 ΑΘ. Τὸ δὴ μετὰ τοῦτο, ὡς ἔοικε, σκεπτέον ἐκεῖνο περὶ
αὐτῶν, πότερα τοῦτο μόνον ἀγαθὸν ἔχει, τὸ κατιδεῖν πῶς
ἔχομεν τὰς φύσεις, ἢ καί τι μέγεθος ὠφελίας ἄξιον πολλῆς
σπουδῆς ἔνεστ᾽ ἐν τῇ κατ᾽ ὀρθὸν χρείᾳ τῆς ἐν οἴνῳ συνου-
5 σίας. τί οὖν δὴ λέγομεν; ἔνεσθ᾽, ὡς ὁ λόγος ἔοικεν βού-
λεσθαι σημαίνειν· ὅπῃ δὲ καὶ ὅπως, ἀκούωμεν προσέχοντες
b τὸν νοῦν, μή πῃ παραποδισθῶμεν ὑπ᾽ αὐτοῦ.

ΚΛ. Λέγ' οὖν.

ΑΘ. Ἀναμνησθῆναι τοίνυν ἔγωγε πάλιν ἐπιθυμῶ τί ποτε
λέγομεν ἡμῖν εἶναι τὴν ὀρθὴν παιδείαν. τούτου γάρ, ὡς 653
γε ἐγὼ τοπάζω τὰ νῦν, ἔστιν ἐν τῷ ἐπιτηδεύματι τούτῳ
καλῶς κατορθουμένῳ σωτηρία.

ΚΛ. Μέγα λέγεις.

ΑΘ. Λέγω τοίνυν τῶν παίδων παιδικὴν εἶναι πρώτην 5
αἴσθησιν ἡδονὴν καὶ λύπην, καὶ ἐν οἷς ἀρετὴ ψυχῇ καὶ
κακία παραγίγνεται πρῶτον, ταῦτ' εἶναι, φρόνησιν δὲ καὶ
ἀληθεῖς δόξας βεβαίους εὐτυχὲς ὅτῳ καὶ πρὸς τὸ γῆρας
παρεγένετο· τέλεος δ' οὖν ἔστ' ἄνθρωπος ταῦτα καὶ τὰ ἐν
τούτοις πάντα κεκτημένος ἀγαθά. παιδείαν δὴ λέγω τὴν b
παραγιγνομένην πρῶτον παισὶν ἀρετήν· ἡδονὴ δὴ καὶ φιλία
καὶ λύπη καὶ μῖσος ἂν ὀρθῶς ἐν ψυχαῖς ἐγγίγνωνται μήπω
δυναμένων λόγῳ λαμβάνειν, λαβόντων δὲ τὸν λόγον, συμ-
φωνήσωσι τῷ λόγῳ ὀρθῶς εἰθίσθαι ὑπὸ τῶν προσηκόντων 5
ἐθῶν, αὕτη 'σθ' ἡ συμφωνία σύμπασα μὲν ἀρετή, τὸ δὲ
περὶ τὰς ἡδονὰς καὶ λύπας τεθραμμένον αὐτῆς ὀρθῶς ὥστε
μισεῖν μὲν ἃ χρὴ μισεῖν εὐθὺς ἐξ ἀρχῆς μέχρι τέλους, c
στέργειν δὲ ἃ χρὴ στέργειν, τοῦτ' αὐτὸ ἀποτεμὼν τῷ λόγῳ
καὶ παιδείαν προσαγορεύων, κατά γε τὴν ἐμὴν ὀρθῶς ἂν
προσαγορεύοις.

ΚΛ. Καὶ γάρ, ὦ ξένε, ἡμῖν καὶ τὰ πρότερον ὀρθῶς σοι 5
παιδείας πέρι καὶ τὰ νῦν εἰρῆσθαι δοκεῖ.

ΑΘ. Καλῶς τοίνυν. τούτων γὰρ δὴ τῶν ὀρθῶς τεθραμ-
μένων ἡδονῶν καὶ λυπῶν παιδειῶν οὐσῶν χαλᾶται τοῖς
ἀνθρώποις καὶ διαφθείρεται κατὰ πολλὰ ἐν τῷ βίῳ, θεοὶ
δὲ οἰκτίραντες τὸ τῶν ἀνθρώπων ἐπίπονον πεφυκὸς γένος, d
ἀναπαύλας τε αὐτοῖς τῶν πόνων ἐτάξαντο τὰς τῶν ἑορτῶν
ἀμοιβὰς τοῖς θεοῖς, καὶ Μούσας Ἀπόλλωνά τε μουσηγέτην

a 1 τούτου Λ: τοῦτο LO   b 2 πρώτην pr. O   b 4 λόγῳ]
λόγον Eus.   b 6 αὕτη 'σθ'] αὐτῆσθ' ΛO: αὕτη ἔσθ' Eus.: αὐτῆς θ' vulg.
c 9 κατὰ] τὰ Aldina   d 1 τωνθρωπων Λ: corr. Λ² ἂν s. v.)

καὶ Διόνυσον συνεορταστὰς ἔδοσαν, ἵν' ἐπανορθῶνται, τάς
5 τε τροφὰς γενομένας ἐν ταῖς ἑορταῖς μετὰ θεῶν. ὁρᾶν ἃ
χρὴ πότερον ἀληθὴς ἡμῖν κατὰ φύσιν ὁ λόγος ὑμνεῖται τὰ
νῦν, ἢ πῶς. φησὶν δὲ τὸ νέον ἅπαν ὡς ἔπος εἰπεῖν τοῖς
τε σώμασι καὶ ταῖς φωναῖς ἡσυχίαν ἄγειν οὐ δύνασθαι,
e κινεῖσθαι δὲ ἀεὶ ζητεῖν καὶ φθέγγεσθαι, τὰ μὲν ἀλλόμενα
καὶ σκιρτῶντα, οἷον ὀρχούμενα μεθ' ἡδονῆς καὶ προσπαί-
ζοντα, τὰ δὲ φθεγγόμενα πάσας φωνάς. τὰ μὲν οὖν ἄλλα
ζῷα οὐκ ἔχειν αἴσθησιν τῶν ἐν ταῖς κινήσεσιν τάξεων οὐδὲ
5 ἀταξιῶν, οἷς δὴ ῥυθμὸς ὄνομα καὶ ἁρμονία· ἡμῖν δὲ οὓς
654 εἴπομεν τοὺς θεοὺς συγχορευτὰς δεδόσθαι, τούτους εἶναι καὶ
τοὺς δεδωκότας τὴν ἔνρυθμόν τε καὶ ἐναρμόνιον αἴσθησιν
μεθ' ἡδονῆς, ᾗ δὴ κινεῖν τε ἡμᾶς καὶ χορηγεῖν ἡμῶν τούτους,
ᾠδαῖς τε καὶ ὀρχήσεσιν ἀλλήλοις συνείροντας, χορούς τε
5 ὠνομακέναι παρὰ τὸ τῆς χαρᾶς ἔμφυτον ὄνομα. πρῶτον
δὴ τοῦτο ἀποδεξώμεθα; θῶμεν παιδείαν εἶναι πρώτην διὰ
Μουσῶν τε καὶ Ἀπόλλωνος, ἢ πῶς;

ΚΛ. Οὕτως.

ΑΘ. Οὐκοῦν ὁ μὲν ἀπαίδευτος ἀχόρευτος ἡμῖν ἔσται, τὸν
b δὲ πεπαιδευμένον ἱκανῶς κεχορευκότα θετέον;

ΚΛ. Τί μήν;

ΑΘ. Χορεία γε μὴν ὄρχησίς τε καὶ ᾠδὴ τὸ σύνολόν
ἐστιν.

5 ΚΛ. Ἀναγκαῖον. ·

ΑΘ. Ὁ καλῶς ἄρα πεπαιδευμένος ᾄδειν τε καὶ ὀρχεῖσθαι
δυνατὸς ἂν εἴη καλῶς.

ΚΛ. Ἔοικεν.

ΑΘ. Ἴδωμεν δὴ τί ποτ' ἐστὶ τὸ νῦν αὖ λεγόμενον. ·

10 ΚΛ. Τὸ ποῖον δή;

---

d 4 post ἐπανορθῶνται distinxi   τάς τε τροφὰς γενομένας Α L O :
τὰς γενομένας τροφὰς vulg.   d 5 & Α L O : γρ. οὖν Laur. lxxxv, 9 :
δὴ Schanz   a 2 ἔνρυθμον] εὐρυθμον in marg. L   a 3 ᾗ δὴ
Aldina : ἤδη Α L O   a 4 ἀλλήλοις Λ : ἀλλήλους Ο   a 5 παρὰ
τὸ Schanz : παρὰ ÷÷ Λ : τὸ παρὰ Ο et fecit A² (τὸ s. v.)
a 6 ἀποδεξόμεθα corr. L et in marg. Ο

ΑΘ. "Καλῶς ᾄδει," φαμέν, "καὶ καλῶς ὀρχεῖται"· πό-
τερον "εἰ καὶ καλὰ ᾄδει καὶ καλὰ ὀρχεῖται" προσθῶμεν ἢ μή; c

ΚΛ. Προσθῶμεν.

ΑΘ. Τί δ' ἂν τὰ καλά τε ἡγούμενος εἶναι καλὰ καὶ τὰ
αἰσχρὰ αἰσχρὰ οὕτως αὐτοῖς χρῆται; βέλτιον ὁ τοιοῦτος
πεπαιδευμένος ἡμῖν ἔσται τὴν χορείαν τε καὶ μουσικὴν ἢ 5
ὃς ἂν τῷ μὲν σώματι καὶ τῇ φωνῇ τὸ διανοηθὲν εἶναι καλὸν
ἱκανῶς ὑπηρετεῖν δυνηθῇ ἑκάστοτε, χαίρῃ δὲ μὴ τοῖς καλοῖς
μηδὲ μισῇ τὰ μὴ καλά; ἢ 'κεῖνος ὃς ἂν τῇ μὲν φωνῇ καὶ
τῷ σώματι μὴ πάνυ δυνατὸς ᾖ κατορθοῦν, ἢ διανοεῖσθαι, τῇ d
δὲ ἡδονῇ καὶ λύπῃ κατορθοῖ, τὰ μὲν ἀσπαζόμενος, ὅσα καλά,
τὰ δὲ δυσχεραίνων, ὁπόσα μὴ καλά;

ΚΛ. Πολὺ τὸ διαφέρον, ὦ ξένε, λέγεις τῆς παιδείας.

ΑΘ. Οὐκοῦν εἰ μὲν τὸ καλὸν ᾠδῆς τε καὶ ὀρχήσεως πέρι 5
γιγνώσκομεν τρεῖς ὄντες, ἴσμεν καὶ τὸν πεπαιδευμένον τε καὶ
ἀπαίδευτον ὀρθῶς· εἰ δὲ ἀγνοοῦμέν γε τοῦτο, οὐδ' εἴ τις
παιδείας ἐστὶν φυλακὴ καὶ ὅπου διαγιγνώσκειν ἄν ποτε
δυναίμεθα. ἆρ' οὐχ οὕτως; e

ΚΛ. Οὕτω μὲν οὖν.

ΑΘ. Ταῦτ' ἄρα μετὰ τοῦθ' ἡμῖν αὖ καθάπερ κυσὶν ἰχνευ-
ούσαις διερευνητέον, σχῆμά τε καλὸν καὶ μέλος καὶ ᾠδὴν
καὶ ὄρχησιν· εἰ δὲ ταῦθ' ἡμᾶς διαφυγόντα οἰχήσεται, μάταιος 5
ὁ μετὰ ταῦθ' ἡμῖν περὶ παιδείας ὀρθῆς εἴθ' Ἑλληνικῆς εἴτε
βαρβαρικῆς λόγος ἂν εἴη.

ΚΛ. Ναί.

ΑΘ. Εἶεν· τί δὲ δὴ τὸ καλὸν χρὴ φάναι σχῆμα ἢ μέλος
εἶναί ποτε; φέρε, ἀνδρικῆς ψυχῆς ἐν πόνοις ἐχομένης καὶ 10
δειλῆς ἐν τοῖς αὐτοῖς τε καὶ ἴσοις ἆρ' ὅμοια τά τε σχήματα 655
καὶ τὰ φθέγματα συμβαίνει γίγνεσθαι;

ΚΛ. Καὶ πῶς, ὅτε γε μηδὲ τὰ χρώματα;

ΑΘ. Καλῶς γε, ὦ ἑταῖρε. ἀλλ' ἐν γὰρ μουσικῇ καὶ

c 1 εἰ Λ : om Ο   c 5 χορείαν Λ : χορηγίαν Ο   e 10 ἐχο-
μένης Stephanus : ἐρχομένης libri

4*

5 σχήματα μὲν καὶ μέλη ἔνεστιν, περὶ ῥυθμὸν καὶ ἁρμονίαν
οὔσης τῆς μουσικῆς, ὥστε εὔρυθμον μὲν καὶ εὐάρμοστον,
εὔχρων δὲ μέλος ἢ σχῆμα οὐκ ἔστιν ἀπεικάσαντα, ὥσπερ
οἱ χοροδιδάσκαλοι ἀπεικάζουσιν, ὀρθῶς φθέγγεσθαι· τὸ δὲ
τοῦ δειλοῦ τε καὶ ἀνδρείου σχῆμα ἢ μέλος ἔστιν τε, καὶ
b ὀρθῶς προσαγορεύειν ἔχει τὰ μὲν τῶν ἀνδρείων καλά, τὰ
τῶν δειλῶν δὲ αἰσχρά. καὶ ἵνα δὴ μὴ μακρολογία πολλή
τις γίγνηται περὶ ταῦθ' ἡμῖν ἅπαντα, ἁπλῶς ἔστω τὰ μὲν
ἀρετῆς ἐχόμενα ψυχῆς ἢ σώματος, εἴτε αὐτῆς εἴτε τινὸς
5 εἰκόνος, σύμπαντα σχήματά τε καὶ μέλη καλά, τὰ δὲ κακίας
αὖ, τοὐναντίον ἅπαν.

ΚΛ. Ὀρθῶς τε προκαλῇ καὶ ταῦθ' ἡμῖν οὕτως ἔχειν
ἀποκεκρίσθω τὰ νῦν.

ΑΘ. Ἔτι δὴ τόδε· πότερον ἅπαντες πάσαις χορείαις
c ὁμοίως χαίρομεν, ἢ πολλοῦ δεῖ;

ΚΛ. Τοῦ παντὸς μὲν οὖν.

ΑΘ. Τί ποτ' ἂν οὖν λέγομεν τὸ πεπλανηκὸς ἡμᾶς εἶναι;
πότερον οὐ ταυτά ἐστι καλὰ ἡμῖν πᾶσιν, ἢ τὰ μὲν αὐτά,
5 ἀλλ' οὐ δοκεῖ ταὐτὰ εἶναι; οὐ γάρ που ἐρεῖ γέ τις ὥς ποτε
τὰ τῆς κακίας ἢ ἀρετῆς καλλίονα χορεύματα, οὐδ' ὡς αὐτὸς
μὲν χαίρει τοῖς τῆς μοχθηρίας σχήμασιν, οἱ δ' ἄλλοι ἐναντίᾳ
ταύτης Μούσῃ τινί· καίτοι λέγουσίν γε οἱ πλεῖστοι μου-
d σικῆς ὀρθότητα εἶναι τὴν ἡδονὴν ταῖς ψυχαῖς πορίζουσαν
δύναμιν. ἀλλὰ τοῦτο μὲν οὔτε ἀνεκτὸν οὔτε ὅσιον τὸ
παράπαν φθέγγεσθαι, τόδε δὲ μᾶλλον εἰκὸς πλανᾶν ἡμᾶς.

ΚΛ. Τὸ ποῖον;

5 ΑΘ. Ἐπειδὴ μιμήματα τρόπων ἐστὶ τὰ περὶ τὰς χορείας,
ἐν πράξεσί τε παντοδαπαῖς γιγνόμενα καὶ τύχαις, καὶ ἤθεσι
καὶ μιμήσεσι διεξιόντων ἑκάστων, οἷς μὲν ἂν πρὸς τρόπου
τὰ ῥηθέντα ἢ μελῳδηθέντα ἢ καὶ ὁπωσοῦν χορευθέντα, ἢ

b 2 δὲ post δειλῶν Λ: post τὰ Ο   c 1 χαίρομεν fecit Λ² :
χαίρωμεν (ut vid.) A   c 3 λεγομεν fecit Λ² : λέγωμεν (ut vid. Λ
I. Ο   d 7 καὶ secl. Orelli (sed pertinet ἤθεσι quoque ad διεξιόντων)
μιμήσεσι I. Ο: μιμήμασι Λ Ο² (μα s. v.)

κατὰ φύσιν ἢ κατὰ ἔθος ἢ κατ᾽ ἀμφότερα, τούτους μὲν καὶ e
τούτοις χαίρειν τε καὶ ἐπαινεῖν αὐτὰ καὶ προσαγορεύειν
καλὰ ἀναγκαῖον, οἷς δ᾽ ἂν παρὰ φύσιν ἢ τρόπον ἤ τινα
συνήθειαν, οὔτε χαίρειν δυνατὸν οὔτε ἐπαινεῖν αἰσχρά τε
προσαγορεύειν· οἷς δ᾽ ἂν τὰ μὲν τῆς φύσεως ὀρθὰ συμ- 5
βαίνῃ, τὰ δὲ τῆς συνηθείας ἐναντία, ἢ τὰ μὲν τῆς συνη-
θείας ὀρθά, τὰ δὲ τῆς φύσεως ἐναντία, οὗτοι δὲ ταῖς ἡδοναῖς
τοὺς ἐπαίνους ἐναντίους προσαγορεύουσιν· ἡδέα γὰρ τούτων 656
ἕκαστα εἶναί φασι, πονηρὰ δέ, καὶ ἐναντίον ἄλλων οὓς
οἴονται φρονεῖν αἰσχύνονται μὲν κινεῖσθαι τῷ σώματι τὰ
τοιαῦτα, αἰσχύνονται δὲ ᾄδειν ὡς ἀποφαινόμενοι καλὰ μετὰ
σπουδῆς, χαίρουσιν δὲ παρ᾽ αὑτοῖς.   5

ΚΛ. Ὀρθότατα λέγεις.

ΑΘ. Μῶν οὖν τι βλάβην ἔσθ᾽ ἥντινα φέρει τῷ χαίροντι
πονηρίας ἢ σχήμασιν ἢ μέλεσιν, ἤ τιν᾽ ὠφελίαν αὖ τοῖς
πρὸς τἀναντία τὰς ἡδονὰς ἀποδεχομένοις;   .

ΚΛ. Εἰκός γε.   .   10

ΑΘ. Πότερον εἰκὸς ἢ καὶ ἀναγκαῖον ταὐτὸν εἶναι ὅπερ b
ὅταν τις πονηροῖς ἤθεσιν συνὼν κακῶν ἀνθρώπων μὴ μισῇ,
χαίρῃ δὲ ἀποδεχόμενος, ψέγῃ δὲ ὡς ἐν παιδιᾶς μοίρᾳ, ὀνει-
ρώττων αὐτοῦ τὴν μοχθηρίαν; τότε ὁμοιοῦσθαι δήπου ἀνάγκη
τὸν χαίροντα ὁποτέροις ἂν χαίρῃ, ἐὰν ἄρα καὶ ἐπαινεῖν 5
αἰσχύνηται· καίτοι τοῦ τοιούτου τί μεῖζον ἀγαθὸν ἢ κακὸν
φαῖμεν ἂν ἡμῖν ἐκ πάσης ἀνάγκης γίγνεσθαι;

ΚΛ. Δοκῶ μὲν οὐδέν.

ΑΘ. Ὅπου δὴ νόμοι καλῶς εἰσι κείμενοι ἢ καὶ εἰς τὸν c
ἔπειτα χρόνον ἔσονται τὴν περὶ τὰς Μούσας παιδείαν τε
καὶ παιδιάν, οἰόμεθα ἐξέσεσθαι τοῖς ποιητικοῖς, ὅτιπερ ἂν
αὐτὸν τὸν ποιητὴν ἐν τῇ ποιήσει τέρπῃ ῥυθμοῦ ἢ μέλους
ἢ ῥήματος ἐχόμενον, τοῦτο διδάσκοντα καὶ τοὺς τῶν εὐνόμων 5

a 6 λέγεις L (ut vid.) O· λέγοις Λ O¹ (Ὀρθότατ᾽ ἂν λέγοις Hermann)
a 7 μῶν οὖν τι Λ (sed μ in ras. et ὢν νῦν τι extra versum)   a 8 αὖ τοῖς
in marg. cod Voss.: αὐτοῖς Λ LO   b 3 παιδιᾶς fecit Λ²: παιδείας Λ
b 4 αὐτοῦ Λ: αὑτοῦ vulg.   c 2 ⟨περὶ⟩ τὴν περὶ Schanz

παῖδας καὶ νέους ἐν τοῖς χοροῖς, ὅτι ἂν τύχῃ ἀπεργάζεσθαι
πρὸς ἀρετὴν ἢ μοχθηρίαν;

ΚΛ. Οὗτοι δὴ τοῦτό γε λόγον ἔχει· πῶς γὰρ ἄν;

d ΑΘ. Νῦν δέ γε αὐτὸ ὡς ἔπος εἰπεῖν ἐν πάσαις ταῖς
πόλεσιν ἔξεστι δρᾶν, πλὴν κατ' Αἴγυπτον.

ΚΛ. Ἐν Αἰγύπτῳ δὲ δὴ πῶς τὸ τοιοῦτον φῂς νενομοθε-
τῆσθαι;

5 ΑΘ. Θαῦμα καὶ ἀκοῦσαι. πάλαι γὰρ δή ποτε, ὡς ἔοικεν,
ἐγνώσθη παρ' αὐτοῖς οὗτος ὁ λόγος ὃν τὰ νῦν λέγομεν ἡμεῖς,
ὅτι καλὰ μὲν σχήματα, καλὰ δὲ μέλη δεῖ μεταχειρίζεσθαι
ταῖς συνηθείαις τοὺς ἐν ταῖς πόλεσιν νέους· ταξάμενοι δὲ
ταῦτα, ἅττα ἐστὶ καὶ ὁποῖ' ἄττα ἀπέφηναν ἐν τοῖς ἱεροῖς,

e καὶ παρὰ ταῦτ' οὐκ ἐξῆν οὔτε ζωγράφοις, οὔτ' ἄλλοις ὅσοι
σχήματα καὶ ὁποῖ' ἄττα ἀπεργάζονται, καινοτομεῖν οὐδ'
ἐπινοεῖν ἄλλ' ἄττα ἢ τὰ πάτρια, οὐδὲ νῦν ἔξεστιν, οὔτε ἐν
τούτοις οὔτε ἐν μουσικῇ συμπάσῃ. σκοπῶν δὲ εὑρήσεις
5 αὐτόθι τὰ μυριοστὸν ἔτος γεγραμμένα ἢ τετυπωμένα—οὐχ
ὡς ἔπος εἰπεῖν μυριοστὸν ἀλλ' ὄντως—τῶν νῦν δεδημιουργη-
657 μένων οὔτε τι καλλίονα οὔτ' αἰσχίω, τὴν αὐτὴν δὲ τέχνην
ἀπειργασμένα.

ΚΛ. Θαυμαστὸν λέγεις.

ΑΘ. Νομοθετικὸν μὲν οὖν καὶ πολιτικὸν ὑπερβαλλόντως.
5 ἀλλ' ἕτερα φαῦλ' ἂν εὕροις αὐτόθι· τοῦτο δ' οὖν τὸ περὶ
μουσικὴν ἀληθές τε καὶ ἄξιον ἐννοίας, ὅτι δυνατὸν ἄρ' ἦν
περὶ τῶν τοιούτων νομοθετεῖσθαι βεβαίως θαρροῦντα μέλη
τὰ τὴν ὀρθότητα φύσει παρεχόμενα. τοῦτο δὲ θεοῦ ἢ θείου
τινὸς ἀνδρὸς ἂν εἴη, καθάπερ ἐκεῖ φασιν τὰ τὸν πολὺν τοῦτον
b σεσωμένα χρόνον μέλη τῆς Ἴσιδος ποιήματα γεγονέναι.
ὥσθ', ὅπερ ἔλεγον, εἰ δύναιτό τις ἑλεῖν αὐτῶν καὶ ὁπωσοῦν
τὴν ὀρθότητα, θαρροῦντα χρὴ εἰς νόμον ἄγειν καὶ τάξιν αὐτά·
ὡς ἡ τῆς ἡδονῆς καὶ λύπης ζήτησις τοῦ καινῇ ζητεῖν ἀεὶ

---

d 8 συνηθείαις Λ (sed ηθεί in ras. Λ²) συνουσίαις Schanz
a 9 ἀνδρὸς Eus.. om. libri   b 4 τοῦ Aldina : που libri

μουσικῇ χρῆσθαι σχεδὸν οὐ μεγάλην τινὰ δύναμιν ἔχει 5
πρὸς τὸ διαφθεῖραι τὴν καθιερωθεῖσαν χορείαν ἐπικαλοῦσα
ἀρχαιότητα. τὴν γοῦν ἐκεῖ οὐδαμῶς ἔοικε δυνατὴ γεγονέναι
διαφθεῖραι, πᾶν δὲ τοὐναντίον.

ΚΛ. Φαίνεται οὕτως ἂν ταῦτα ἔχειν ἐκ τῶν ὑπὸ σοῦ τὰ c
νῦν λεχθέντων.

ΑΘ. Ἆρ' οὖν θαρροῦντες λέγομεν τὴν τῇ μουσικῇ καὶ τῇ
παιδιᾷ μετὰ χορείας χρείαν ὀρθὴν εἶναι τοιῷδέ τινι τρόπῳ;
χαίρομεν ὅταν οἰώμεθα εὖ πράττειν, καὶ ὁπόταν χαίρωμεν, 5
οἰόμεθα εὖ πράττειν αὖ; μῶν οὐχ οὕτως;

ΚΛ. Οὕτω μὲν οὖν.

ΑΘ. Καὶ μὴν ἔν γε τῷ τοιούτῳ, χαίροντες, ἡσυχίαν οὐ
δυνάμεθα ἄγειν.

ΚΛ. Ἔστι ταῦτα.   10

ΑΘ. Ἆρ' οὖν οὐχ ἡμῶν οἱ μὲν νέοι αὐτοὶ χορεύειν ἕτοιμοι, d
τὸ δὲ τῶν πρεσβυτέρων ἡμῶν ἐκείνους αὖ θεωροῦντες διάγειν
ἡγούμεθα πρεπόντως, χαίροντες τῇ ἐκείνων παιδιᾷ τε καὶ
ἑορτάσει, ἐπειδὴ τὸ παρ' ἡμῖν ἡμᾶς ἐλαφρὸν ἐκλείπει νῦν, ὃ
ποθοῦντες καὶ ἀσπαζόμενοι τίθεμεν οὕτως ἀγῶνας τοῖς δυνα- 5
μένοις ἡμᾶς ὅτι μάλιστ' εἰς τὴν νεότητα μνήμῃ ἐπεγείρειν;

ΚΛ. Ἀληθέστατα.

ΑΘ. Μῶν οὖν οἰόμεθα καὶ κομιδῇ μάτην τὸν νῦν λεγό-
μενον λόγον περὶ τῶν ἑορταζόντων λέγειν τοὺς πολλούς, ὅτι e
τοῦτον δεῖ σοφώτατον ἡγεῖσθαι καὶ κρίνειν νικᾶν, ὃς ἂν
ἡμᾶς εὐφραίνεσθαι καὶ χαίρειν ὅτι μάλιστα ἀπεργάζηται;
δεῖ γὰρ δή, ἐπείπερ ἀφείμεθά γε παίζειν ἐν τοῖς τοιούτοις,
τὸν πλείστους καὶ μάλιστα χαίρειν ποιοῦντα, τοῦτον μάλιστα 5
τιμᾶσθαί τε, καὶ ὅπερ εἶπον νυνδή, τὰ νικητήρια φέρειν.
ἆρ' οὐκ ὀρθῶς λέγεταί τε τοῦτο καὶ πράττοιτ' ἂν, εἰ ταύτῃ 658
γίγνοιτο;

b 6 ἐπικαλοῦσα Aldina : ἐπικαλοῦσαν libri   c 3 λέγομεν fecit Λ²
(cum Vat. 1029) : λέγωμεν Λ (ut vid., L O   d 3 παιδιᾷ Ο et fecit
Λ² : παιδείᾳ Λ (ut vid.)   d 8 οἰόμεθα fecit Λ² (cum Vat 1029) :
οἰώμεθα Λ Ο   e 4 γε Ο : om. Λ

ΚΛ. Τάχ᾽ ἄν.

ΑΘ. Ἀλλ᾽, ὦ μακάριε, μὴ ταχὺ τὸ τοιοῦτον κρίνωμεν, ἀλλὰ διαιροῦντες αὐτὸ κατὰ μέρη σκοπώμεθα τοιῷδέ τινι τρόπῳ· τί ἄν, εἴ ποτέ τις οὕτως ἁπλῶς ἀγῶνα θείη ὁντινοῦν, μηδὲν ἀφορίσας μήτε γυμνικὸν μήτε μουσικὸν μήθ᾽ ἱππικόν, ἀλλὰ πάντας συναγαγὼν τοὺς ἐν τῇ πόλει προείποι, θεὶς νικητήρια, τὸν βουλόμενον ἥκειν ἀγωνιούμενον ἡδονῆς πέρι μόνον, ὃς δ᾽ ἂν τέρψῃ τοὺς θεατὰς μάλιστα, μηδὲν ἐπιταττόμενος ᾧτινι τρόπῳ, νικήσῃ δὲ αὐτὸ τοῦτο ὅτι μάλιστα ἀπεργασάμενος καὶ κριθῇ τῶν ἀγωνισαμένων ἥδιστος γεγονέναι—τί ποτ᾽ ἂν ἡγούμεθα ἐκ ταύτης τῆς προρρήσεως συμβαίνειν;

ΚΛ. Τοῦ πέρι λέγεις;

ΑΘ. Εἰκός που τὸν μέν τινα ἐπιδεικνύναι, καθάπερ Ὅμηρος, ῥαψῳδίαν, ἄλλον δὲ κιθαρῳδίαν, τὸν δέ τινα τραγῳδίαν, τὸν δ᾽ αὖ κωμῳδίαν, οὐ θαυμαστὸν δὲ εἴ τις καὶ θαύματα ἐπιδεικνὺς μάλιστ᾽ ἂν νικᾶν ἡγοῖτο· τούτων δὴ τοιούτων καὶ ἑτέρων ἀγωνιστῶν μυρίων ἐλθόντων ἔχομεν εἰπεῖν τίς ἂν νικῷ δικαίως;

ΚΛ. Ἄτοπον ἤρου· τίς γὰρ ἂν ἀποκρίνοιτό σοι τοῦτο ὡς γνοὺς ἄν ποτε πρὶν ἀκοῦσαί τε, καὶ τῶν ἀθλητῶν ἑκάστων αὐτήκοος αὐτὸς γενέσθαι;

ΑΘ. Τί οὖν δή; βούλεσθε ἐγὼ σφῷν τὴν ἄτοπον ἀπόκρισιν ταύτην ἀποκρίνωμαι;

ΚΛ. Τί μήν;

ΑΘ. Εἰ μὲν τοίνυν τὰ πάνυ σμικρὰ κρίνοι παιδία, κρινοῦσιν τὸν τὰ θαύματα ἐπιδεικνύντα· ἦ γάρ;

ΚΛ. Πῶς γὰρ οὔ;

ΑΘ. Ἐὰν δέ γ᾽ οἱ μείζους παῖδες, τὸν τὰς κωμῳδίας· τραγῳδίαν δὲ αἵ τε πεπαιδευμέναι τῶν γυναικῶν καὶ τὰ νέα μειράκια καὶ σχεδὸν ἴσως τὸ πλῆθος πάντων.

ΚΛ. Ἴσως δῆτα.

c 7 ἀπόκρισιν ταύτην Λ : ταύτην ἀπόκρισιν vulg.

ΑΘ. Ῥαψῳδὸν δέ, καλῶς Ἰλιάδα καὶ Ὀδύσσειαν ἤ τι
τῶν Ἡσιοδείων διατιθέντα, τάχ᾽ ἂν ἡμεῖς οἱ γέροντες ἥδιστα
ἀκούσαντες νικᾶν ἂν φαῖμεν πάμπολυ. τίς οὖν ὀρθῶς ἂν
νενικηκὼς εἴη; τοῦτο μετὰ τοῦτο· ἦ γάρ;

ΚΛ. Ναί.   10

ΑΘ. Δῆλον ὡς ἔμοιγε καὶ ὑμῖν ἀναγκαῖόν ἐστιν φάναι e
τοὺς ὑπὸ τῶν ἡμετέρων ἡλικιωτῶν κριθέντας ὀρθῶς ἂν
νικᾶν. τὸ γὰρ ἔθος ἡμῖν τῶν νῦν δὴ πάμπολυ δοκεῖ τῶν
ἐν ταῖς πόλεσιν ἁπάσαις καὶ πανταχοῦ βέλτιστον γίγνεσθαι.

ΚΛ. Τί μήν;   5

ΑΘ. Συγχωρῶ δὴ τό γε τοσοῦτον καὶ ἐγὼ τοῖς πολλοῖς,
δεῖν τὴν μουσικὴν ἡδονῇ κρίνεσθαι, μὴ μέντοι τῶν γε ἐπιτυ-
χόντων, ἀλλὰ σχεδὸν ἐκείνην εἶναι Μοῦσαν καλλίστην ἥτις
τοὺς βελτίστους καὶ ἱκανῶς πεπαιδευμένους τέρπει, μάλιστα
δὲ ἥτις ἕνα τὸν ἀρετῇ τε καὶ παιδείᾳ διαφέροντα· διὰ ταῦτα 659
δὲ ἀρετῆς φαμεν δεῖσθαι τοὺς τούτων κριτάς, ὅτι τῆς τε
ἄλλης μετόχους αὐτοὺς εἶναι δεῖ φρονήσεως καὶ δὴ καὶ τῆς
ἀνδρείας. οὔτε γὰρ παρὰ θεάτρου δεῖ τόν γε ἀληθῆ κριτὴν
κρίνειν μανθάνοντα, καὶ ἐκπληττόμενον ὑπὸ θορύβου τῶν 5
πολλῶν καὶ τῆς αὑτοῦ ἀπαιδευσίας, οὔτ᾽ αὖ γιγνώσκοντα δι᾽
ἀνανδρίαν καὶ δειλίαν ἐκ ταὐτοῦ στόματος οὗπερ τοὺς θεοὺς
ἐπεκαλέσατο μέλλων κρίνειν, ἐκ τούτου ψευδόμενον ἀποφαί- b
νεσθαι ῥᾳθύμως τὴν κρίσιν· οὐ γὰρ μαθητὴς ἀλλὰ διδάσκαλος,
ὥς γε τὸ δίκαιον, θεατῶν μᾶλλον ὁ κριτὴς καθίζει, καὶ ἐναν-
τιωσόμενος τοῖς τὴν ἡδονὴν μὴ προσηκόντως μηδὲ ὀρθῶς
ἀποδιδοῦσι θεαταῖς. ἐξῆν γὰρ δὴ τῷ παλαιῷ τε καὶ Ἑλλη- 5
νικῷ νόμῳ, ⟨οὐ⟩ καθάπερ ὁ Σικελικός τε καὶ Ἰταλικὸς νόμος
νῦν, τῷ πλήθει τῶν θεατῶν ἐπιτρέπων καὶ τὸν νικῶντα
διακρίνων χειροτονίαις, διέφθαρκε μὲν τοὺς ποιητὰς αὐτούς
—πρὸς γὰρ τὴν τῶν κριτῶν ἡδονὴν ποιοῦσιν οὖσαν φαύλην, c
ὥστε αὐτοὶ αὐτοὺς οἱ θεαταὶ παιδεύουσιν—διέφθαρκεν δ᾽
αὐτοῦ τοῦ θεάτρου τὰς ἡδονάς· δέον γὰρ αὐτοὺς ἀεὶ βελτίω

a 5 θορύβου] τοῦ θορύβου Eus.   b 6 οὐ add. Winckelmann

τῶν αὐτῶν ἠθῶν ἀκούοντας βελτίω τὴν ἡδονὴν ἴσχειν, νῦν
5 αὐτοῖς δρῶσιν πᾶν τοὐναντίον συμβαίνει. τί ποτ' οὖν ἡμῖν
τὰ νῦν αὖ διαπερανθέντα τῷ λόγῳ σημαίνειν βούλεται;
σκοπεῖσθ' εἰ τόδε.

ΚΛ. Τὸ ποῖον;

ΑΘ. Δοκεῖ μοι τρίτον ἢ τέταρτον ὁ λόγος εἰς ταὐτὸν
d περιφερόμενος ἥκειν, ὡς ἄρα παιδεία μέν ἐσθ' ἡ παίδων
ὁλκή τε καὶ ἀγωγὴ πρὸς τὸν ὑπὸ τοῦ νόμου λόγον ὀρθὸν εἰρη-
μένου, καὶ τοῖς ἐπιεικεστάτοις καὶ πρεσβυτάτοις δι' ἐμπειρίαν
συνδεδογμένον ὡς ὄντως ὀρθός ἐστιν· ἵν' οὖν ἡ ψυχὴ τοῦ
5 παιδὸς μὴ ἐναντία χαίρειν καὶ λυπεῖσθαι ἐθίζηται τῷ νόμῳ
καὶ τοῖς ὑπὸ τοῦ νόμου πεπεισμένοις, ἀλλὰ συνέπηται
χαίρουσά τε καὶ λυπουμένη τοῖς αὐτοῖς τούτοις οἷσπερ ὁ
e γέρων, τούτων ἕνεκα, ἃς ᾠδὰς καλοῦμεν, ὄντως μὲν ἐπῳδαὶ
ταῖς ψυχαῖς αὗται νῦν γεγονέναι, πρὸς τὴν τοιαύτην ἣν
λέγομεν συμφωνίαν ἐσπουδασμέναι, διὰ δὲ τὸ σπουδὴν μὴ
δύνασθαι φέρειν τὰς τῶν νέων ψυχάς, παιδιαί τε καὶ ᾠδαὶ
5 καλεῖσθαι καὶ πράττεσθαι, καθάπερ τοῖς κάμνουσίν τε καὶ
ἀσθενῶς ἴσχουσιν τὰ σώματα ἐν ἡδέσι τισὶν σιτίοις καὶ
660 πώμασι τὴν χρηστὴν πειρῶνται τροφὴν προσφέρειν οἷς μέλει
τούτων, τὴν δὲ τῶν πονηρῶν ἐν ἀηδέσιν, ἵνα τὴν μὲν ἀσπά-
ζωνται, τὴν δὲ μισεῖν ὀρθῶς ἐθίζωνται. ταὐτὸν δὴ καὶ τὸν
ποιητικὸν ὁ ὀρθὸς νομοθέτης ἐν τοῖς καλοῖς ῥήμασι καὶ
5 ἐπαινετοῖς πείσει τε, καὶ ἀναγκάσει μὴ πείθων, τὰ τῶν
σωφρόνων τε καὶ ἀνδρείων καὶ πάντως ἀγαθῶν ἀνδρῶν ἔν
τε ῥυθμοῖς σχήματα καὶ ἐν ἁρμονίαισιν μέλη ποιοῦντα ὀρθῶς
ποιεῖν.

b ΚΛ. Νῦν οὖν οὕτω δοκοῦσίν σοι, πρὸς Διός, ὦ ξένε, ἐν
ταῖς ἄλλαις πόλεσι ποιεῖν; ἐγὼ μὲν γὰρ καθ' ὅσον αἰσθά-
νομαι, πλὴν παρ' ἡμῖν ἢ παρὰ Λακεδαιμονίοις, ἃ σὺ νῦν

c 5 αὐτοῖς Val. 1029. αὖ τοῖς ΑΟ   d 6 πεπεισμένοις]
τεθειμένοις Eus.   d 7 τούτοις om. Eus.   e 6 τισὶν] τέ τισι
Eus.   a 3 δὴ δὲ Eus.   a 6 σωφρονούντων in marg O
a 7 ἁρμονίαισιν Λ: ἁρμονίαισι Ο¹ (σι s. v.): ἁρμονίαις Ο

λέγεις οὐκ οἶδα πραττόμενα, καινὰ δὲ ἄττα ἀεὶ γιγνόμενα
περί τε τὰς ὀρχήσεις καὶ περὶ τὴν ἄλλην μουσικὴν σύμπασαν, 5
οὐχ ὑπὸ νόμων μεταβαλλόμενα ἀλλ᾽ ὑπό τινων ἀτάκτων
ἡδονῶν, πολλοῦ δεουσῶν τῶν αὐτῶν εἶναι καὶ κατὰ ταὐτά, ὡς
σὺ κατ᾽ Αἴγυπτον ἀφερμηνεύεις, ἀλλ᾽ οὐδέποτε τῶν αὐτῶν.   c

ΑΘ. Ἄριστά γ᾽, ὦ Κλεινία. εἰ δ᾽ ἔδοξά σοι ἃ σὺ λέγεις
λέγειν ὡς νῦν γιγνόμενα, οὐκ ἂν θαυμάζοιμι εἰ μὴ σαφῶς
λέγων ἃ διανοοῦμαι τοῦτο ἐποίησα καὶ ἔπαθον· ἀλλ᾽ ἃ
βούλομαι γίγνεσθαι περὶ μουσικήν, τοιαῦτ᾽ ἄττα εἶπον ἴσως 5
ὥστε σοὶ δόξαι ταῦτα ἐμὲ λέγειν. λοιδορεῖν γὰρ πράγματα
ἀνίατα καὶ πόρρω προβεβηκότα ἁμαρτίας οὐδαμῶς ἡδύ,
ἀναγκαῖον δ᾽ ἐνίοτέ ἐστιν. ἐπειδὴ δὲ ταῦτα συνδοκεῖ καὶ   d
σοί, φέρε, φῂς παρ᾽ ὑμῖν καὶ τοῖσδε μᾶλλον ἢ παρὰ τοῖς
ἄλλοις Ἕλλησιν γίγνεσθαι τὰ τοιαῦτα;

ΚΛ. Τί μήν;

ΑΘ. Τί δ᾽ εἰ καὶ παρὰ τοῖς ἄλλοις γίγνοιθ᾽ οὕτω; πότερον 5
αὐτὰ καλλιόνως οὕτως εἶναι φαῖμεν ἂν ἢ καθάπερ νῦν γίγνεται
γιγνόμενα;

ΚΛ. Πολύ που τὸ διαφέρον, εἰ καθάπερ παρά τε τοῖσδε
καὶ παρ᾽ ἡμῖν, καὶ ἔτι καθάπερ εἶπες σὺ νυνδὴ δεῖν εἶναι,
γίγνοιτο.   10

ΑΘ. Φέρε δή, συνομολογησώμεθα τὰ νῦν. ἄλλο τι παρ᾽
ὑμῖν ἐν πάσῃ παιδείᾳ καὶ μουσικῇ τὰ λεγόμενά ἐστι τάδε;   e
τοὺς ποιητὰς ἀναγκάζετε λέγειν ὡς ὁ μὲν ἀγαθὸς ἀνὴρ
σώφρων ὢν καὶ δίκαιος εὐδαίμων ἐστὶ καὶ μακάριος, ἐάντε
μέγας καὶ ἰσχυρὸς ἐάντε μικρὸς καὶ ἀσθενὴς ᾖ, καὶ ἐὰν
πλουτῇ καὶ μή· ἐὰν δὲ ἄρα πλουτῇ μὲν Κινύρα τε καὶ Μίδα 5
μᾶλλον, ᾖ δὲ ἄδικος, ἄθλιός τ᾽ ἐστὶ καὶ ἀνιαρῶς ζῇ. καὶ
"Οὔτ᾽ ἂν μνησαίμην," φησὶν ὑμῖν ὁ ποιητής, εἴπερ ὀρθῶς
λέγει, "οὔτ᾽ ἐν λόγῳ ἄνδρα τιθείμην," ὃς μὴ πάντα τὰ
λεγόμενα καλὰ μετὰ δικαιοσύνης πράττοι καὶ κτῷτο, καὶ δὴ

d 8 διάφορον pr. O: corr. O² (ε s. v.)   e 4 μικρὸς A Iambl. :
σμικρὸς A² Eus.

661 "καὶ δὴ ἰων" τοιοῦτος ὢν "ὀρέγοιτο ἐγγύθεν ἱστάμενος,"
ἄδικος δὲ ὢν μήτε τολμῷ "ὁρῶν φόνον αἱματόεντα" μήτε
νικῷ θέων "Θρηίκιον Βορέην," μήτε ἄλλο αὐτῷ μηδὲν τῶν
λεγομένων ἀγαθῶν γίγνοιτό ποτε. τὰ γὰρ ὑπὸ τῶν πολλῶν
5 λεγόμεν' ἀγαθὰ οὐκ ὀρθῶς λέγεται. λέγεται γὰρ ὡς ἄριστον
μὲν ὑγιαίνειν, δεύτερον δὲ κάλλος, τρίτον δὲ πλοῦτος, μυρία
δὲ ἄλλα ἀγαθὰ λέγεται· καὶ γὰρ ὀξὺ ὁρᾶν καὶ ἀκούειν καὶ
b πάντα ὅσα ἔχεται τῶν αἰσθήσεων εὐαισθήτως ἔχειν, ἔτι δὲ
καὶ τὸ ποιεῖν τυραννοῦντα ὅτι ἂν ἐπιθυμῇ, καὶ τὸ δὴ τέλος
ἁπάσης μακαριότητος εἶναι τὸ πάντα ταῦτα κεκτημένον ἀθά-
νατον εἶναι γενόμενον ὅτι τάχιστα. ὑμεῖς δὲ καὶ ἐγώ
5 που τάδε λέγομεν, ὡς ταῦτά ἐστι σύμπαντα δικαίοις μὲν
καὶ ὁσίοις ἀνδράσιν ἄριστα κτήματα, ἀδίκοις δὲ κάκιστα
σύμπαντα, ἀρξάμενα ἀπὸ τῆς ὑγιείας· καὶ δὴ καὶ τὸ ὁρᾶν
c καὶ τὸ ἀκούειν καὶ αἰσθάνεσθαι καὶ τὸ παράπαν ζῆν μέγιστον
μὲν κακὸν τὸν σύμπαντα χρόνον ἀθάνατον ὄντα καὶ κεκτη-
μένον πάντα τὰ λεγόμενα ἀγαθὰ πλὴν δικαιοσύνης τε καὶ
ἀρετῆς ἁπάσης, ἔλαττον δέ, ἂν ὡς ὀλίγιστον ὁ τοιοῦτος
5 χρόνον ἐπιζώῃ. ταῦτα δὴ λέγειν, οἶμαι, τοὺς παρ' ὑμῖν
ποιητάς, ἅπερ ἐγώ, πείσετε καὶ ἀναγκάσετε, καὶ ἔτι τούτοις
ἑπομένους ῥυθμούς τε καὶ ἁρμονίας ἀποδιδόντας παιδεύειν
οὕτω τοὺς νέους ἡμῶν. ἢ γάρ; ὁρᾶτε. ἐγὼ μὲν γὰρ λέγω
d σαφῶς τὰ μὲν κακὰ λεγόμενα ἀγαθὰ τοῖς ἀδίκοις εἶναι,
τοῖς δὲ δικαίοις κακά, τὰ δ' ἀγαθὰ τοῖς μὲν ἀγαθοῖς ὄντως
ἀγαθά, τοῖς δὲ κακοῖς κακά· ὅπερ οὖν ἠρόμην, ἆρα συμφω-
νοῦμεν ἐγώ τε καὶ ὑμεῖς, ἢ πῶς;
5 ΚΛ. Τὰ μὲν ἔμοιγε φαινόμεθά πως, τὰ δ' οὐδαμῶς.

ΑΘ. Ἆρ' οὖν ὑγίειάν τε κεκτημένον καὶ πλοῦτον καὶ
τυραννίδα διὰ τέλους—καὶ ἔτι προστίθημι ὑμῖν ἰσχὺν δια-
e φέρουσαν καὶ ἀνδρείαν μετ' ἀθανασίας, καὶ μηδὲν ἄλλο αὐτῷ
τῶν λεγομένων κακῶν εἶναι γιγνόμενον—ἀδικίαν δὲ καὶ ὕβριν

---

c 5 ἐπιζώῃ scripsi: ἐπιζώῃ A (sed . in ras. Iambl.: ἐπιζώσῃ Eus.:
ἐπιζῇ Ast: ἐπιζῶν ἢ Schanz   c 6 πείσετε Eus.: ποιήσετε A L O
d 1 κακὰ O Eus. Iambl. et in marg. a¹: καλὰ A

ἔχοντα ἐν αὐτῷ μόνον, τὸν οὕτω ζῶντα ἴσως ὑμᾶς οὐ πείθω
μὴ οὐκ ἄρα εὐδαίμονα ἀλλ' ἄθλιον γίγνεσθαι σαφῶς;

ΚΛ. Ἀληθέστατα λέγεις.   5

ΑΘ. Εἶεν· τί οὖν τὸ μετὰ τοῦτ' εἰπεῖν ἡμᾶς χρεών;
ἀνδρεῖος γὰρ δὴ καὶ ἰσχυρὸς καὶ καλὸς καὶ πλούσιος, καὶ
ποιῶν ὅτιπερ ἐπιθυμοῖ τὸν βίον ἅπαντα, οὐχ ὑμῖν δοκεῖ, 662
εἴπερ ἄδικος εἴη καὶ ὑβριστής, ἐξ ἀνάγκης αἰσχρῶς ἂν ζῆν;
ἢ τοῦτο μὲν ἴσως ἂν συγχωρήσαιτε, τό γε αἰσχρῶς;

ΚΛ. Πάνυ μὲν οὖν.

ΑΘ. Τί δέ; τὸ καὶ κακῶς;   5

ΚΛ. Οὐκ ἂν ἔτι τοῦθ' ὁμοίως.

ΑΘ. Τί δέ; τὸ καὶ ἀηδῶς καὶ μὴ συμφερόντως αὐτῷ;

ΚΛ. Καὶ πῶς ἂν ταῦτά γ' ἔτι συγχωροῖμεν;

ΑΘ. Ὅπως; εἰ θεὸς ἡμῖν, ὡς ἔοικεν, ὦ φίλοι, δοίη τις b
συμφωνίαν, ὡς νῦν γε σχεδὸν ἀπᾴδομεν ἀπ' ἀλλήλων. ἐμοὶ
γὰρ δὴ φαίνεται ταῦτα οὕτως ἀναγκαῖα, ὡς οὐδέ, ὦ φίλε
Κλεινία, Κρήτη νῆσος σαφῶς· καὶ νομοθέτης ὢν ταύτῃ
πειρῴμην ἂν τούς τε ποιητὰς ἀναγκάζειν φθέγγεσθαι καὶ 5
πάντας τοὺς ἐν τῇ πόλει, ζημίαν τε ὀλίγου μεγίστην ἐπιτι-
θείην ἄν, εἴ τις ἐν τῇ χώρᾳ φθέγξαιτο ὡς εἰσίν τινες
ἄνθρωποί ποτε πονηροὶ μέν, ἡδέως δὲ ζῶντες, ἢ λυσιτελοῦντα c
μὲν ἄλλα ἐστὶ καὶ κερδαλέα, δικαιότερα δὲ ἄλλα, καὶ πόλλ'
ἄττ' ἂν παρὰ τὰ νῦν λεγόμενα ὑπό τε Κρητῶν καὶ Λακε-
δαιμονίων, ὡς ἔοικε, καὶ δήπου καὶ τῶν ἄλλων ἀνθρώπων,
διάφορα πείθοιμ' ἂν τοὺς πολίτας μοι φθέγγεσθαι. φέρε 5
γάρ, ὦ πρὸς Διός τε καὶ Ἀπόλλωνος, ὦ ἄριστοι τῶν ἀνδρῶν,
εἰ τοὺς νομοθετήσαντας ὑμῖν αὐτοὺς τούτους ἐροίμεθα θεούς·
"Ἆρ' ὁ δικαιότατός ἐστιν βίος ἥδιστος, ἢ δύ' ἐστόν τινε βίω, d
οἷν ὁ μὲν ἥδιστος ὢν τυγχάνει, δικαιότατος δ' ἕτερος;" εἰ δὴ
δύο φαῖεν, ἐροίμεθ' ἂν ἴσως αὐτοὺς πάλιν, εἴπερ ὀρθῶς
ἐπανερωτῷμεν· "Ποτέρους δὲ εὐδαιμονεστέρους χρὴ λέγειν,
τοὺς τὸν δικαιότατον ἢ τοὺς τὸν ἥδιστον διαβιοῦντας βίον;" 5
εἰ μὲν δὴ φαῖεν τοὺς τὸν ἥδιστον, ἄτοπος αὐτῶν ὁ λόγος

ἂν γίγνοιτο. βούλομαι δέ μοι μὴ ἐπὶ θεῶν λέγεσθαι τὸ
e τοιοῦτον, ἀλλ' ἐπὶ πατέρων καὶ νομοθετῶν μᾶλλον, καί μοι
τὰ ἔμπροσθεν ἠρωτημένα πατέρα τε καὶ νομοθέτην ἠρωτήσθω,
ὁ δ' εἰπέτω ὡς ὁ ζῶν τὸν ἥδιστον βίον ἐστὶν μακαριώτατος·
εἶτα μετὰ ταῦτα ἔγωγ' ἂν φαίην· "Ὦ πάτερ, οὐχ ὡς εὐδαι-
5 μονέστατά με ἐβούλου ζῆν; ἀλλ' ἀεὶ διακελευόμενος οὐδὲν
ἐπαύου ζῆν με ὡς δικαιότατα." ταύτῃ μὲν οὖν ὁ τιθέμενος
εἴτε νομοθέτης εἴτε καὶ πατὴρ ἄτοπος ἂν οἶμαι καὶ ἄπορος
φαίνοιτο τοῦ συμφωνούντως ἑαυτῷ λέγειν· εἰ δ' αὖ τὸν
δικαιότατον εὐδαιμονέστατον ἀποφαίνοιτο βίον εἶναι, ζητοῖ
10 που πᾶς ἂν ὁ ἀκούων, οἶμαι, τί ποτ' ἐν αὐτῷ τὸ τῆς ἡδονῆς
663 κρεῖττον ἀγαθόν τε καὶ καλὸν ὁ νόμος ἐνὸν ἐπαινεῖ. τί γὰρ
δὴ δικαίῳ χωριζόμενον ἡδονῆς ἀγαθὸν ἂν γίγνοιτο; φέρε,
κλέος τε καὶ ἔπαινος πρὸς ἀνθρώπων τε καὶ θεῶν ἆρ' ἐστὶν
ἀγαθὸν μὲν καὶ καλόν, ἀηδὲς δέ, δύσκλεια δὲ τἀναντία;
5 ἥκιστα, ὦ φίλε νομοθέτα, φήσομεν. ἀλλὰ τὸ μήτε τινὰ
ἀδικεῖν μήτε ὑπό τινος ἀδικεῖσθαι μῶν ἀηδὲς μέν, ἀγαθὸν δὲ
ἢ καλόν, τὰ δ' ἕτερα ἡδέα μέν, αἰσχρὰ δὲ καὶ κακά;

ΚΛ. Καὶ πῶς;

ΑΘ. Οὐκοῦν ὁ μὲν μὴ χωρίζων λόγος ἡδύ τε καὶ δίκαιον
b καὶ ἀγαθόν τε καὶ καλὸν πιθανός γ', εἰ μηδὲν ἕτερον, πρὸς
τό τινα ἐθέλειν ζῆν τὸν ὅσιον καὶ δίκαιον βίον, ὥστε νομο-
θέτῃ γε αἴσχιστος λόγων καὶ ἐναντιώτατος ὃς ἂν μὴ φῇ
ταῦτα οὕτως ἔχειν· οὐδεὶς γὰρ ἂν ἑκὼν ἐθέλοι πείθεσθαι
5 πράττειν τοῦτο ὅτῳ μὴ τὸ χαίρειν τοῦ λυπεῖσθαι πλέον
ἕπεται. σκοτοδινιᾶν δὲ τὸ πόρρωθεν ὁρώμενον πᾶσίν τε ὡς
ἔπος εἰπεῖν καὶ δὴ καὶ τοῖς παισὶ παρέχει, νομοθέτης
εἰ μὴ δόξαν εἰς τοὐναντίον τούτου καταστήσει, τὸ σκότος
c ἀφελών, καὶ πείσει ἁμῶς γέ πως ἔθεσι καὶ ἐπαίνοις καὶ
λόγοις ὡς ἐσκιαγραφημένα τὰ δίκαιά ἐστι καὶ ἄδικα, τὰ μὲν
ἄδικα τῷ τοῦ δικαίου ἐναντίως φαινόμενα, ἐκ μὲν ἀδίκου καὶ

e 7 εἴτε καὶ O : εἴτε A et γρ. O   b 8 εἰ μὴ L (ut vid.) : δ' εἰ
μὴ A O : δὲ τὴν al. : δ' ἡμῖν Aldina

κακοῦ ἑαυτοῦ θεωρούμενα ἡδέα, τὰ δὲ δίκαια ἀηδέστατα, ἐκ δὲ
δικαίου πάντα τἀναντία παντὶ πρὸς ἀμφότερα.   5

ΚΛ. Φαίνεται.

ΑΘ. Τὴν δ᾽ ἀλήθειαν τῆς κρίσεως ποτέραν κυριωτέραν εἶναι
φῶμεν; πότερα τὴν τῆς χείρονος ψυχῆς ἢ τὴν τῆς βελτίονος;

ΚΛ. ᾿Αναγκαῖόν που τὴν τῆς ἀμείνονος.   d

ΑΘ. ᾿Αναγκαῖον ἄρα τὸν ἄδικον βίον οὐ μόνον αἰσχίω
καὶ μοχθηρότερον, ἀλλὰ καὶ ἀηδέστερον τῇ ἀληθείᾳ τοῦ
δικαίου τε εἶναι καὶ ὁσίου βίου.

ΚΛ. Κινδυνεύει κατά γε τὸν νῦν λόγον, ὦ φίλοι.   5

ΑΘ. Νομοθέτης δὲ οὗ τι καὶ σμικρὸν ὄφελος, εἰ καὶ μὴ
τοῦτο ἦν οὕτως ἔχον, ὡς καὶ νῦν αὐτὸ ᾕρηχ᾽ ὁ λόγος ἔχειν,
εἴπερ τι καὶ ἄλλο ἐτόλμησεν ἂν ἐπ᾽ ἀγαθῷ ψεύδεσθαι πρὸς
τοὺς νέους, ἔστιν ὅτι τούτου ψεῦδος λυσιτελέστερον ἂν
ἐψεύσατό ποτε καὶ δυνάμενον μᾶλλον ποιεῖν μὴ βίᾳ ἀλλ᾽   e
ἑκόντας πάντας πάντα τὰ δίκαια;

ΚΛ. Καλὸν μὲν ἡ ἀλήθεια, ὦ ξένε, καὶ μόνιμον· ἔοικε
μὴν οὐ ῥᾴδιον εἶναι πείθειν.

ΑΘ. Εἶεν· τὸ μὲν τοῦ Σιδωνίου μυθολόγημα ῥᾴδιον   5
ἐγένετο πείθειν, οὕτως ἀπίθανον ὄν, καὶ ἄλλα μυρία;

ΚΛ. Ποῖα;

ΑΘ. Τὸ σπαρέντων ποτὲ ὀδόντων ὁπλίτας ἐξ αὐτῶν
φῦναι. καίτοι μέγα γ᾽ ἐστὶ νομοθέτῃ παράδειγμα τοῦ
πείσειν ὅτι ἂν ἐπιχειρῇ τις πείθειν τὰς τῶν νέων ψυχάς,   664
ὥστε οὐδὲν ἄλλο αὐτὸν δεῖ σκοποῦντα ἀνευρίσκειν ἢ τί
πείσας μέγιστον ἀγαθὸν ἐργάσαιτο ἂν πόλιν, τούτου δὲ
πέρι πᾶσαν μηχανὴν εὑρίσκειν ὄντινά ποτε τρόπον ἡ τοι-
αύτη συνοικία πᾶσα περὶ τούτων ἓν καὶ ταὐτὸν ὅτι μάλιστα   5
φθέγγοιτ᾽ ἀεὶ διὰ βίου παντὸς ἔν τε ᾠδαῖς καὶ μύθοις καὶ
λόγοις. εἰ δ᾽ οὖν ἄλλῃ πῃ δοκεῖ ἢ ταύτῃ, πρὸς ταῦτα οὐδεὶς
φθόνος ἀμφισβητῆσαι τῷ λόγῳ.

c 5 παντὶ] γρ πάντη in marg a²   e 1 ποιεῖν] πείθειν ποιεῖ ci.
Stephanus   e 2 πάντας Eus.. om. libri   a 1 ὄντινά ὄντι᾿ ἄ
Schanz

b ΚΛ. Ἀλλ' οὔ μοι φαίνεται πρός γε ταῦτα δύνασθαι ἡμῶν
ἀμφισβητῆσαί ποτ' ἂν οὐδέτερος.

ΑΘ. Τὸ μετὰ τοῦτο τοίνυν ἐμὸν ἂν εἴη λέγειν. φημὶ
γὰρ ἅπαντας δεῖν ἐπᾴδειν τρεῖς ὄντας τοὺς χοροὺς ἔτι νέαις
5 οὔσαις ταῖς ψυχαῖς καὶ ἁπαλαῖς τῶν παίδων, τά τε ἄλλα
καλὰ λέγοντας πάντα ὅσα διεληλύθαμέν τε καὶ ἔτι διέλ-
θοιμεν ἄν, τὸ δὲ κεφάλαιον αὐτῶν τοῦτο ἔστω· τὸν αὐτὸν
ἥδιστόν τε καὶ ἄριστον ὑπὸ θεῶν βίον λέγεσθαι φάσκοντες,
c ἀληθέστατα ἐροῦμεν ἅμα, καὶ μᾶλλον πείσομεν οὓς δεῖ
πείθειν ἢ ἐὰν ἄλλως πως φθεγγώμεθα λέγοντες.

ΚΛ. Συγχωρητέον ἃ λέγεις.

ΑΘ. Πρῶτον μὲν τοίνυν ὁ Μουσῶν χορὸς ὁ παιδικὸς
5 ὀρθότατ' ἂν εἰσίοι πρῶτος τὰ τοιαῦτα εἰς τὸ μέσον ᾀσόμενος
ἁπάσῃ σπουδῇ καὶ ὅλῃ τῇ πόλει, δεύτερος δὲ ὁ μέχρι τριά-
κοντα ἐτῶν, τόν τε Παιᾶνα ἐπικαλούμενος μάρτυρα τῶν
λεγομένων ἀληθείας πέρι καὶ τοῖς νέοις ἵλεων μετὰ πειθοῦς
d γίγνεσθαι ἐπευχόμενος. δεῖ δὲ δὴ καὶ ἔτι τρίτους τοὺς ὑπὲρ
τριάκοντα ἔτη μέχρι τῶν ἑξήκοντα γεγονότας ᾄδειν· τοὺς
δὲ μετὰ ταῦτα—οὐ γὰρ ἔτι δυνατοὶ φέρειν ᾠδάς—μυθολόγους
περὶ τῶν αὐτῶν ἠθῶν διὰ θείας φήμης καταλελεῖφθαι.

5 ΚΛ. Λέγεις δέ, ὦ ξένε, τίνας τούτους τοὺς χοροὺς τοὺς
τρίτους; οὐ γὰρ πάνυ συνίεμεν σαφῶς ὅτι ποτὲ βούλει
φράζειν αὐτῶν πέρι.

ΑΘ. Καὶ μὴν εἰσίν γε οὗτοι σχεδὸν ὧν χάριν οἱ πλεῖστοι
τῶν ἔμπροσθεν ἐρρήθησαν λόγων.

e ΚΛ. Οὔπω μεμαθήκαμεν, ἀλλ' ἔτι σαφέστερον πειρῶ
φράζειν.

ΑΘ. Εἴπομεν, εἰ μεμνήμεθα, κατ' ἀρχὰς τῶν λόγων, ὡς
ἡ φύσις ἁπάντων τῶν νέων διάπυρος οὖσα ἡσυχίαν οὐχ οἷα
5 τε ἄγειν οὔτε κατὰ τὸ σῶμα οὔτε κατὰ τὴν φωνὴν εἴη,
φθέγγοιτο δ' ἀεὶ ἀτάκτως καὶ πηδῷ, τάξεως δ' αἴσθησιν
τούτων ἀμφοτέρων, τῶν ἄλλων μὲν ζῴων οὐδὲν ἐφάπτοιτο,
ἡ δὲ ἀνθρώπου φύσις ἔχοι μόνη τοῦτο· τῇ δὴ τῆς κινήσεως

τάξει ῥυθμὸς ὄνομα εἴη, τῇ δὲ αὖ τῆς φωνῆς, τοῦ τε ὀξέος 665
ἅμα καὶ βαρέος συγκεραννυμένων, ἁρμονία ὄνομα προσαγο-
ρεύοιτο, χορεία δὲ τὸ συναμφότερον κληθείη. θεοὺς δὲ ἔφαμεν
ἐλεοῦντας ἡμᾶς συγχορευτάς τε καὶ χορηγοὺς ἡμῖν δεδωκέναι
τόν τε Ἀπόλλωνα καὶ Μούσας, καὶ δὴ καὶ τρίτον ἔφαμεν, 5
εἰ μεμνήμεθα, Διόνυσον.

ΚΛ. Πῶς δ' οὐ μεμνήμεθα;

ΑΘ. Ὁ μὲν τοίνυν τοῦ Ἀπόλλωνος καὶ τῶν Μουσῶν
χορὸς εἴρηνται, τὸν δὲ τρίτον καὶ τὸν λοιπὸν χορὸν ἀνάγκη   b
τοῦ Διονύσου λέγεσθαι.

ΚΛ. Πῶς δή; λέγε· μάλα γὰρ ἄτοπος γίγνοιτ' ἂν ὥς
γε ἐξαίφνης ἀκούσαντι Διονύσου πρεσβυτῶν χορός, εἰ ἄρα
οἱ ὑπὲρ τριάκοντα καὶ πεντήκοντα δὲ γεγονότες ἔτη μέχρι 5
ἑξήκοντα αὐτῷ χορεύσουσιν.

ΑΘ. Ἀληθέστατα μέντοι λέγεις. λόγου δὴ δεῖ πρὸς
ταῦτα οἶμαι, ὅπῃ τοῦτο εὔλογον οὕτω γιγνόμενον ἂν γίγνοιτο.

ΚΛ. Τί μήν;

ΑΘ. Ἆρ' οὖν ἡμῖν τά γε ἔμπροσθεν ὁμολογεῖται;   10

ΚΛ. Τοῦ πέρι;   c

ΑΘ. Τὸ δεῖν πάντ' ἄνδρα καὶ παῖδα, ἐλεύθερον καὶ
δοῦλον, θῆλύν τε καὶ ἄρρενα, καὶ ὅλῃ τῇ πόλει ὅλην τὴν
πόλιν αὐτὴν αὑτῇ ἐπᾴδουσαν μὴ παύεσθαί ποτε ταῦτα ἃ
διεληλύθαμεν, ἁμῶς γέ πως ἀεὶ μεταβαλλόμενα καὶ πάντως 5
παρεχόμενα ποικιλίαν, ὥστε ἀπληστίαν εἶναί τινα τῶν
ὕμνων τοῖς ᾄδουσιν καὶ ἡδονήν.

ΚΛ. Πῶς δ' οὐχ ὁμολογοῖτ' ἂν δεῖν ταῦτα οὕτω πράτ-
τεσθαι;

ΑΘ. Ποῦ δὴ τοῦθ' ἡμῖν τὸ ἄριστον τῆς πόλεως, ἡλικίαις   d
τε καὶ ἅμα φρονήσεσιν πιθανώτατον ὂν τῶν ἐν τῇ πόλει,
ᾆδον τὰ κάλλιστα μέγιστ' ἂν ἐξεργάζοιτο ἀγαθά; ἢ τοῦτο

a 2 ἁρμονία L O : ἁρμονίας Λ et fecit O² (σ s. v.)   b 4 γε Λ et
fecit O¹ γ s. v. : τε O et fecit Λ² (τ s. v.   b 7 δὴ δεῖ] δὲ δεῖ Λ
et corr. O (ε et εἰ s. v.) : δεῖ δὴ O

PLATO, VOL. V.   5

ἀνοήτως οὕτως ἀφήσομεν, ὃ κυριώτατον ἂν εἴη τῶν καλλί-
5 στων τε καὶ ὠφελιμωτάτων ᾠδῶν;

ΚΛ. Ἀλλὰ ἀδύνατον τὸ μεθιέναι, ὥς γε τὰ νῦν λεγόμενα.

ΑΘ. Πῶς οὖν πρέπον ἂν εἴη τοῦτο; ὁρᾶτε εἰ τῇδε.

ΚΛ. Πῇ δή;

ΑΘ. Πᾶς που γιγνόμενος πρεσβύτερος ὄκνου πρὸς τὰς
e ᾠδὰς μεστός, καὶ χαίρει τε ἧττον πράττων τοῦτο καὶ ἀνάγκης
γιγνομένης αἰσχύνοιτ᾽ ἂν μᾶλλον, ὅσῳ πρεσβύτερος καὶ
σωφρονέστερος γίγνεται, τόσῳ μᾶλλον. ἆρ᾽ οὐχ οὕτως;

ΚΛ. Οὕτω μὲν οὖν.

5 ΑΘ. Οὐκοῦν ἐν θεάτρῳ γε καὶ παντοίοις ἀνθρώποις ᾄδειν
ἑστὼς ὀρθὸς ἔτι μᾶλλον αἰσχύνοιτ᾽ ἄν· καὶ ταῦτά γ᾽ εἰ
καθάπερ οἱ περὶ νίκης χοροὶ ἀγωνιζόμενοι πεφωνασκηκότες
ἰσχνοί τε καὶ ἄσιτοι ἀναγκάζοιντο ᾄδειν οἱ τοιοῦτοι, παντά-
πασίν που ἀηδῶς τε καὶ αἰσχυντηλῶς ᾄδοντες ἀπροθύμως
10 ἂν τοῦτ᾽ ἐργάζοιντο;

666 ΚΛ. Ἀναγκαιότατα μέντοι λέγεις.

ΑΘ. Πῶς οὖν αὐτοὺς παραμυθησόμεθα προθύμους εἶναι
πρὸς τὰς ᾠδάς; ἆρ᾽ οὐ νομοθετήσομεν πρῶτον μὲν τοὺς
παῖδας μέχρι ἐτῶν ὀκτωκαίδεκα τὸ παράπαν οἴνου μὴ γεύ-
5 εσθαι, διδάσκοντες ὡς οὐ χρὴ πῦρ ἐπὶ πῦρ ὀχετεύειν εἴς τε
τὸ σῶμα καὶ τὴν ψυχήν, πρὶν ἐπὶ τοὺς πόνους ἐγχειρεῖν
πορεύεσθαι, τὴν ἐμμανῆ εὐλαβουμένους ἕξιν τῶν νέων·
μετὰ δὲ τοῦτο οἴνου· μὲν δὴ γεύεσθαι τοῦ μετρίου μέχρι
b τριάκοντα ἐτῶν, μέθης δὲ καὶ πολυοινίας τὸ παράπαν τὸν
νέον ἀπέχεσθαι· τετταράκοντα δὲ ἐπιβαίνοντα ἐτῶν, ἐν τοῖς
συσσιτίοις εὐωχηθέντα, καλεῖν τούς τε ἄλλους θεοὺς καὶ δὴ
καὶ Διόνυσον παρακαλεῖν εἰς τὴν τῶν πρεσβυτέρων τελετὴν
5 ἅμα καὶ παιδιάν, ἣν τοῖς ἀνθρώποις ἐπίκουρον τῆς τοῦ γήρως
αὐστηρότητος ἐδωρήσατο τὸν οἶνον φάρμακον, ὥστε ἀνηβᾶν
ἡμᾶς, καὶ δυσθυμίας λήθῃ γίγνεσθαι μαλακώτερον ἐκ

---

a 7 εὐλαβουμένους A L O Stob. . εὐλαβούμενοι Aldina   b 1 τὸν
νέον A² : τῶν νεων (ut vid) A   b 4 πρεσβυτέρων Gal. Stob. :
πρεσβυτάτων Λ : πρεσβυτῶν O Ath.   b 7 λήθῃ scripsi . λήθην libri

σκληροτέρου τὸ τῆς ψυχῆς ἦθος, καθάπερ εἰς πῦρ σίδηρον c
ἐντεθέντα γιγνόμενον, καὶ οὕτως εὐπλαστότερον εἶναι;
πρῶτον μὲν δὴ διατεθεὶς οὕτως ἕκαστος ἆρ᾽ οὐκ ἂν ἐθέλοι
προθυμότερόν γε, ἧττον αἰσχυνόμενος, οὐκ ἐν πολλοῖς ἀλλὰ
ἐν μετρίοις, καὶ οὐκ ἐν ἀλλοτρίοις ἀλλ᾽ ἐν οἰκείοις, ᾄδειν 5
τε καὶ ὃ πολλάκις εἰρήκαμεν ἐπᾴδειν;
ΚΛ. Καὶ πολύ γε.
ΑΘ. Εἰς μέν γε τὸ προάγειν τοίνυν αὐτοὺς μετέχειν
ἡμῖν ᾠδῆς οὗτος ὁ τρόπος οὐκ ἂν παντάπασιν ἀσχήμων
γίγνοιτο.   d
ΚΛ. Οὐδαμῶς.
ΑΘ. Ποίαν δὲ ᾔσουσιν οἱ ἄνδρες φωνήν; ἢ μοῦσαν [ἢ]
δῆλον ὅτι πρέπουσαν αὐτοῖς δεῖ γέ τινα;
ΚΛ. Πῶς γὰρ οὔ;   5
ΑΘ. Τίς ἂν οὖν πρέποι θείοις ἀνδράσιν; ἆρ᾽ ἂν ἡ τῶν
χορῶν;
ΚΛ. Ἡμεῖς γοῦν, ὦ ξένε, καὶ οἵδε οὐκ ἄλλην ἄν τινα
δυναίμεθα ᾠδὴν ἢ ἣν ἐν τοῖς χοροῖς ἐμάθομεν συνήθεις
ᾄδειν γενόμενοι.   10
ΑΘ. Εἰκότως γε· ὄντως γὰρ οὐκ ἐπήβολοι γεγόνατε τῆς
καλλίστης ᾠδῆς. στρατοπέδου γὰρ πολιτείαν ἔχετε ἀλλ᾽ e
οὐκ ἐν ἄστεσι κατῳκηκότων, ἀλλ᾽ οἷον ἁθρόους πώλους ἐν
ἀγέλῃ νεμομένους φορβάδας τοὺς νέους κέκτησθε· λαβὼν
δ᾽ ὑμῶν οὐδεὶς τὸν αὑτοῦ, παρὰ τῶν συννόμων σπάσας
σφόδρα ἀγριαίνοντα καὶ ἀγανακτοῦντα, ἱπποκόμον τε ἐπέ- 5
στησεν ἰδίᾳ καὶ παιδεύει ψήχων τε καὶ ἡμερῶν, καὶ πάντα
προσήκοντα ἀποδιδοὺς τῇ παιδοτροφίᾳ ὅθεν οὐ μόνον ἀγαθὸς
ἂν στρατιώτης εἴη, πόλιν δὲ καὶ ἄστη δυνάμενος διοικεῖν, 667
ὃν δὴ κατ᾽ ἀρχὰς εἴπομεν τῶν Τυρταίου πολεμικῶν εἶναι
πολεμικώτερον, τέταρτον ἀρετῆς ἀλλ᾽ οὐ πρῶτον τὴν ἀνδρείαν

c 4 γε Boeckh : τε libri   d 3 ᾔσουσιν Porson : ᾄσουσιν libri sed
ᾳ in ras. A,   post φωνήν distinxi et ἢ alterum seclusi   d 4 δεῖ]
δὴ Stephanus : ἀεί Schanz   d 9 ἣν Aldina : τὴν libri   d 10 γενό-
μενοι A . γενομένοις O et fecit A² (σ s. v.
5*

κτῆμα τιμῶντα ἀεὶ καὶ πανταχοῦ, ἰδιώταις τε καὶ συμπάσῃ
5 πόλει.

ΚΛ. Οὐκ οἶδα ἡμῶν, ὦ ξένε, ὅπῃ πάλιν αὖ τοὺς νομοθέτας
φαυλίζεις.

ΑΘ. Οὐκ, ὠγαθέ, προσέχων τούτῳ τὸν νοῦν ὁρῶ τοῦτο,
εἴπερ· ἀλλ' ὁ λόγος ὅπῃ φέρει, ταύτῃ πορευώμεθα, εἰ βού-
10 λεσθε. εἰ γὰρ ἔχομεν μοῦσαν τῆς τῶν χορῶν καλλίω καὶ
b τῆς ἐν τοῖς κοινοῖς θεάτροις, πειρώμεθα ἀποδοῦναι τούτοις
οὓς φαμεν ἐκείνην μὲν αἰσχύνεσθαι, ζητεῖν δέ, ἥτις καλλίστη,
ταύτης κοινωνεῖν.

ΚΛ. Πάνυ γε.

5 ΑΘ. Οὐκοῦν πρῶτον μὲν δεῖ τόδε γε ὑπάρχειν ἅπασιν
ὅσοις συμπαρέπεταί τις χάρις, ἢ τοῦτο αὐτὸ μόνον αὐτοῦ τὸ
σπουδαιότατον εἶναι, ἤ τινα ὀρθότητα, ἢ τὸ τρίτον ὠφελίαν;
οἷον δὴ λέγω ἐδωδῇ μὲν καὶ πόσει καὶ συμπάσῃ τροφῇ
παρέπεσθαι μὲν τὴν χάριν, ἣν ἡδονὴν ἂν προσείποιμεν· ἣν
c δὲ ὀρθότητά τε καὶ ὠφελίαν, ὅπερ ὑγιεινὸν τῶν προσφερο-
μένων λέγομεν ἑκάστοτε, τοῦτ' αὐτὸ εἶναι ἐν αὐτοῖς καὶ τὸ
ὀρθότατον.

ΚΛ. Πάνυ μὲν οὖν.

5 ΑΘ. Καὶ μὴν καὶ τῇ μαθήσει παρακολουθεῖν μὲν τό γε
τῆς χάριτος, τὴν ἡδονήν, τὴν δὲ ὀρθότητα καὶ τὴν ὠφελίαν
καὶ τὸ εὖ καὶ τὸ καλῶς τὴν ἀλήθειαν εἶναι τὴν ἀποτελοῦσαν.

ΚΛ. Ἔστιν οὕτως.

ΑΘ. Τί δὲ τῇ τῶν ὁμοίων ἐργασίᾳ ὅσαι τέχναι εἰκα-
d στικαί; ἆρ' οὐκ, ἂν τοῦτο ἐξεργάζωνται, τὸ μὲν ἡδονὴν ἐν
αὐτοῖς γίγνεσθαι παρεπόμενον, ἐὰν γίγνηται, χάριν αὐτὸ
δικαιότατον ἂν εἴη προσαγορεύειν;

ΚΛ. Ναί.

5 ΑΘ. Τὴν δέ γε ὀρθότητά που τῶν τοιούτων ἡ ἰσότης
ἂν, ὡς ἐπὶ τὸ πᾶν εἰπεῖν, ἐξεργάζοιτο τοῦ τε τοσούτου καὶ
τοῦ τοιούτου πρότερον, ἀλλ' οὐχ ἡδονή.

d 1 ἐξεργάζωνται A : ἐξεργάζονται A² O² (o s. v.)

ΚΛ. Καλῶς.

ΑΘ. Οὐκοῦν ἡδονῇ κρίνοιτ' ἂν μόνον ἐκεῖνο ὀρθῶς, ὃ
μήτε τινὰ ὠφελίαν μήτε ἀλήθειαν μήτε ὁμοιότητα ἀπεργαζό- 10
μενον παρέχεται, μηδ' αὖ γε βλάβην, ἀλλ' αὐτοῦ τούτου e
μόνου ἕνεκα γίγνοιτο τοῦ συμπαρεπομένου τοῖς ἄλλοις, τῆς
χάριτος, ἣν δὴ κάλλιστά τις ὀνομάσαι ἂν ἡδονήν, ὅταν μηδὲν
αὐτῇ τούτων ἐπακολουθῇ;

ΚΛ. Ἀβλαβῆ λέγεις ἡδονὴν μόνον.   5

ΑΘ. Ναί, καὶ παιδιάν γε εἶναι τὴν αὐτὴν ταύτην λέγω
τότε, ὅταν μήτε τι βλάπτῃ μήτε ὠφελῇ σπουδῆς ἢ λόγου
ἄξιον.

ΚΛ. Ἀληθέστατα λέγεις.

ΑΘ. Ἆρ' οὖν οὐ πᾶσαν μίμησιν φαῖμεν ἂν ἐκ τῶν νῦν 10
λεγομένων ἥκιστα ἡδονῇ προσήκειν κρίνεσθαι καὶ δόξῃ μὴ
ἀληθεῖ—καὶ δὴ καὶ πᾶσαν ἰσότητα· οὐ γὰρ εἴ τῳ δοκεῖ ἢ 668
μή τις χαίρει τῳ, τό γε ἴσον ἴσον οὐδὲ τὸ σύμμετρον ἂν εἴη
σύμμετρον ὅλως—ἀλλὰ τῷ ἀληθεῖ πάντων μάλιστα, ἥκιστα
δὲ ὁτῳοῦν ἄλλῳ;

ΚΛ. Παντάπασι μὲν οὖν.   5

ΑΘ. Οὐκοῦν μουσικήν γε πᾶσάν φαμεν εἰκαστικήν τε
εἶναι καὶ μιμητικήν;

ΚΛ. Τί μήν;

ΑΘ. Ἥκιστ' ἄρα ὅταν τις μουσικὴν ἡδονῇ φῇ κρίνεσθαι,
τοῦτον ἀποδεκτέον τὸν λόγον, καὶ ζητητέον ἥκιστα ταύτην 10
ὡς σπουδαίαν, εἴ τις ἄρα που καὶ γίγνοιτο, ἀλλ' ἐκείνην τὴν b
ἔχουσαν τὴν ὁμοιότητα τῷ τοῦ καλοῦ μιμήματι.

ΚΛ. Ἀληθέστατα.

ΑΘ. Καὶ τούτοις δὴ τοῖς τὴν καλλίστην ᾠδήν τε ζητοῦσι
καὶ μοῦσαν ζητητέον, ὡς ἔοικεν, οὐχ ἥτις ἡδεῖα ἀλλ' ἥτις 5
ὀρθή· μιμήσεως γὰρ ἦν, ὥς φαμεν, ὀρθότης, εἰ τὸ μιμηθὲν
ὅσον τε καὶ οἷον ἦν ἀποτελοῖτο.

e 6 παιδιάν Λ²: παιδειαν ut vid., Λ   a 1 ἢ μή τις ἢ εἴ τις in
marg. cod. Voss.   b 6 φαμέν Λ et in marg. Ο: ἔφαμεν Ο

ΚΛ. Πῶς γὰρ οὔ;

ΑΘ. Καὶ μὴν τοῦτό γε πᾶς ἂν ὁμολογοῖ περὶ τῆς μου-
10 σικῆς, ὅτι πάντα τὰ περὶ αὐτήν ἐστιν ποιήματα μίμησίς τε
c καὶ ἀπεικασία· καὶ τοῦτό γε μῶν οὐκ ἂν σύμπαντες ὁμολο-
γοῖεν ποιηταί τε καὶ ἀκροαταὶ καὶ ὑποκριταί;

ΚΛ. Καὶ μάλα.

ΑΘ. Δεῖ δὴ καθ' ἕκαστόν γε, ὡς ἔοικε, γιγνώσκειν τῶν
5 ποιημάτων ὅτι ποτ' ἐστὶν τὸν μέλλοντα ἐν αὐτῷ μὴ ἁμαρτή-
σεσθαι· μὴ γὰρ γιγνώσκων τὴν οὐσίαν, τί ποτε βούλεται
καὶ ὅτου ποτ' ἐστὶν εἰκὼν ὄντως, σχολῇ τήν γε ὀρθότητα
τῆς βουλήσεως ἢ καὶ ἁμαρτίαν αὐτοῦ διαγνώσεται.

ΚΛ. Σχολῇ· πῶς δ' οὔ;

d   ΑΘ. Ὁ δὲ τὸ ὀρθῶς μὴ γιγνώσκων ἆρ' ἄν ποτε τό γε
εὖ καὶ τὸ κακῶς δυνατὸς εἴη διαγνῶναι; λέγω δὲ οὐ πάνυ
σαφῶς, ἀλλ' ὧδε σαφέστερον ἴσως ἂν λεχθείη.

ΚΛ. Πῶς;

5   ΑΘ. Εἰσὶν δήπου κατὰ τὴν ὄψιν ἡμῖν ἀπεικασίαι μυρίαι.

ΚΛ. Ναί.

ΑΘ. Τί οὖν εἴ τις καὶ ἐν τούτοις ἀγνοοῖ τῶν μεμιμη-
μένων ὅτι ποτ' ἐστὶν ἕκαστον τῶν σωμάτων; ἆρ' ἄν ποτε
τό γε ὀρθῶς αὐτῶν εἰργασμένον γνοίη; λέγω δὲ τὸ τοιόνδε,
10 οἷον τοὺς ἀριθμοὺς τοῦ σώματος καὶ ἑκάστων τῶν μερῶν
e τὰς θέσεις εἰ ἔχει, ὅσοι τέ εἰσιν καὶ ὁποῖα παρ' ὁποῖα αὐτῶν
κείμενα τὴν προσήκουσαν τάξιν ἀπείληφεν—καὶ ἔτι δὴ χρώ-
ματά τε καὶ σχήματα—ἢ πάντα ταῦτα τεταραγμένως εἴρ-
γασται· μῶν δοκεῖ ταῦτ' ἄν ποτε διαγνῶναί τις τὸ παράπαν
5 ἀγνοῶν ὅτι ποτ' ἐστὶ τὸ μεμιμημένον ζῷον;

ΚΛ. Καὶ πῶς;

ΑΘ. Τί δ' εἰ γιγνώσκοιμεν ὅτι τὸ γεγραμμένον ἢ τὸ
πεπλασμένον ἐστὶν ἄνθρωπος, καὶ τὰ μέρη πάντα τὰ ἑαυτοῦ
669 καὶ χρώματα ἅμα καὶ σχήματα ἀπείληφεν ὑπὸ τῆς τέχνης;

d 9 τὸ τοιόνδε οἷον τοὺς à extra versum A (pro ἀριθμοὺς ci. ῥυθμοὺς
Heindorf, ἁρμοὺς Badham)   e 1 εἰ A O . ᾗ L (ut vid.) et in marg. a³
e 7 ἢ τὸ πεπλασμένον in marg. A²: om. A

ἆρά γε ἀναγκαῖον ἤδη τῷ ταῦτα γνόντι καὶ ἐκεῖνο ἑτοίμως
γιγνώσκειν, εἴτε καλὸν εἴτε ὅπῃ ποτὲ ἐλλιπὲς ἂν εἴη κάλ-
λους;

ΚΛ. Πάντες μεντἂν ὡς ἔπος εἰπεῖν, ὦ ξένε, τὰ καλὰ 5
τῶν ζῴων ἐγιγνώσκομεν.

ΑΘ. Ὀρθότατα λέγεις. ἆρ' οὖν οὐ περὶ ἑκάστην εἰκόνα,
καὶ ἐν γραφικῇ καὶ ἐν μουσικῇ καὶ πάντῃ, τὸν μέλλοντα
ἔμφρονα κριτὴν ἔσεσθαι δεῖ ταῦτα τρία ἔχειν, ὅ τέ ἐστι
πρῶτον γιγνώσκειν, ἔπειτα ὡς ὀρθῶς, ἔπειθ' ὡς εὖ, τὸ b
τρίτον, εἴργασται τῶν εἰκόνων ἡτισοῦν ῥήμασί τε καὶ μέλεσι
καὶ τοῖς ῥυθμοῖς;

ΚΛ. Ἔοικε γοῦν.

ΑΘ. Μὴ τοίνυν ἀπείπωμεν λέγοντες τὸ περὶ τὴν μου- 5
σικὴν ᾗ χαλεπόν· ἐπειδὴ γὰρ ὑμνεῖται περὶ αὐτὴν δια-
φερόντως ἢ τὰς ἄλλας εἰκόνας, εὐλαβείας δὴ δεῖται πλείστης
πασῶν εἰκόνων. ἁμαρτών τε γάρ τις μέγιστ' ἂν βλάπτοιτο,
ἤθη κακὰ φιλοφρονούμενος, χαλεπώτατόν τε αἰσθέσθαι διὰ c
τὸ τοὺς ποιητὰς φαυλοτέρους εἶναι ποιητὰς αὐτῶν τῶν
Μουσῶν. οὐ γὰρ ἂν ἐκεῖναί γε ἐξαμάρτοιέν ποτε τοσοῦτον
ὥστε ῥήματα ἀνδρῶν ποιήσασαι τὸ χρῶμα γυναικῶν καὶ
μέλος ἀποδοῦναι, καὶ μέλος ἐλευθέρων αὖ καὶ σχήματα 5
συνθεῖσαι ῥυθμοὺς δούλων καὶ ἀνελευθέρων προσαρμόττειν,
οὐδ' αὖ ῥυθμοὺς καὶ σχῆμα ἐλευθέριον ὑποθεῖσαι μέλος ἢ
λόγον ἐναντίον ἀποδοῦναι τοῖς ῥυθμοῖς, ἔτι δὲ θηρίων φωνὰς
καὶ ἀνθρώπων καὶ ὀργάνων καὶ πάντας ψόφους εἰς ταὐτὸν d
οὐκ ἄν ποτε συνθεῖεν, ὡς ἕν τι μιμούμεναι· ποιηταὶ δὲ
ἀνθρώπινοι σφόδρα τὰ τοιαῦτα ἐμπλέκοντες καὶ συγκυκῶντες
ἀλόγως, γέλωτ' ἂν παρασκευάζοιεν τῶν ἀνθρώπων ὅσους
φησὶν Ὀρφεὺς λαχεῖν ὥραν τῆς τέρψιος. ταῦτά γε γὰρ 5
ὁρῶσι πάντα κυκώμενα, καὶ ἔτι διασπῶσιν οἱ ποιηταὶ ῥυθμὸν
μὲν καὶ σχήματα μέλους χωρίς, λόγους ψιλοὺς εἰς μέτρα

a 3 ἐλλιπὲς cx ἐλλειπες Λ²   a 9 ὅ τε] ὅ τι Boeckh   b 6 περὶ]
τὸ περὶ Aldina   c 4 χρῶμα] σχῆμα Aldina   καὶ μέλος ἀποδοῦναι
in marg. Λ²: om. Λ   d 6 ἔτι Λ: εἴ τι Badham

e τιθέντες, μέλος δ' αὖ καὶ ῥυθμὸν ἄνευ ῥημάτων, ψιλῇ κιθα-
ρίσει τε καὶ αὐλήσει προσχρώμενοι, ἐν οἷς δὴ παγχάλεπον
ἄνευ λόγου γιγνόμενον ῥυθμόν τε καὶ ἁρμονίαν γιγνώσκειν
ὅτι τε βούλεται καὶ ὅτῳ ἔοικε τῶν ἀξιολόγων μιμημάτων·
5 ἀλλὰ ὑπολαβεῖν ἀναγκαῖον ὅτι τὸ τοιοῦτόν γε πολλῆς ἀγροι-
κίας μεστὸν πᾶν, ὁπόσον τάχους τε καὶ ἀπταισίας καὶ φωνῆς
θηριώδους σφόδρα φίλον ὥστ' αὐλήσει γε χρῆσθαι καὶ
670 κιθαρίσει πλὴν ὅσον ὑπὸ ὄρχησίν τε καὶ ᾠδήν, ψιλῷ δ'
ἑκατέρῳ πᾶσά τις ἀμουσία καὶ θαυματουργία γίγνοιτ' ἂν τῆς
χρήσεως. ταῦτα μὲν ἔχει ταύτῃ λόγον· ἡμεῖς δέ γε οὐχ
ὅτι μὴ δεῖ ταῖς Μούσαις ἡμῶν προσχρῆσθαι τοὺς ἤδη τρια-
5 κοντούτας καὶ τῶν πεντήκοντα πέραν γεγονότας σκοπούμεθα,
ἀλλ' ὅτι ποτὲ δεῖ. τόδε μὲν οὖν ἐκ τούτων ὁ λόγος ἡμῖν
δοκεῖ μοι σημαίνειν ἤδη, τῆς γε χορικῆς Μούσης ὅτι πεπαι-
b δεῦσθαι δεῖ βέλτιον τοὺς πεντηκοντούτας ὅσοισπερ ἂν ᾄδειν
προσήκῃ. τῶν γὰρ ῥυθμῶν καὶ τῶν ἁρμονιῶν ἀναγκαῖον
αὐτοῖς ἐστιν εὐαισθήτως ἔχειν καὶ γιγνώσκειν· ἢ πῶς τις
τὴν ὀρθότητα γνώσεται τῶν μελῶν, ᾧ προσῆκεν ἢ μὴ προσ-
5 ῆκεν τοῦ δωριστί, καὶ τοῦ ῥυθμοῦ ὃν ὁ ποιητὴς αὐτῷ
προσῆψεν, ὀρθῶς ἢ μή;

ΚΛ. Δῆλον ὡς οὐδαμῶς.

ΑΘ. Γελοῖος γὰρ ὅ γε πολὺς ὄχλος ἡγούμενος ἱκανῶς
γιγνώσκειν τό τε εὐάρμοστον καὶ εὔρυθμον καὶ μή, ὅσοι
10 προσᾴδειν αὐτῶν καὶ βαίνειν ἐν ῥυθμῷ γεγόνασι διηναγκα-
c σμένοι, ὅτι δὲ δρῶσιν ταῦτα ἀγνοοῦντες αὐτῶν ἕκαστα, οὐ
συλλογίζονται. τὸ δέ που προσήκοντα μὲν ἔχον πᾶν μέλος
ὀρθῶς ἔχει, μὴ προσήκοντα δὲ ἡμαρτημένως.

ΚΛ. Ἀναγκαιότατα.

5 ΑΘ. Τί οὖν ὁ μηδ' ὅτι ποτ' ἔχει γιγνώσκων; ἆρα, ὅπερ
εἴπομεν, ὡς ὀρθῶς γε αὐτὸ ἔχει, γνώσεταί ποτε ἐν ὁτῳοῦν;

ΚΛ. Καὶ τίς μηχανή;

e 4 μιμημάτων] μιμητῶν Ast   a 5 πέραν Λ et in marg. L O:
πέρι L. O   b 10 αὐτῶν] αὐλῷ Badham   c 5 ὅπερ ci. Bekker:
ὅτιπερ libri

ΑΘ. Τοῦτ' οὖν, ὡς ἔοικεν, ἀνευρίσκομεν αὖ τὰ νῦν, ὅτι
τοῖς ᾠδοῖς ἡμῖν, οὓς νῦν παρακαλοῦμεν καὶ ἑκόντας τινὰ
τρόπον ἀναγκάζομεν ᾄδειν, μέχρι γε τοσούτου πεπαιδεῦσθαι d
σχεδὸν ἀναγκαῖον, μέχρι τοῦ δυνατὸν εἶναι συνακολουθεῖν
ἕκαστον ταῖς τε βάσεσιν τῶν ῥυθμῶν καὶ ταῖς χορδαῖς ταῖς
τῶν μελῶν, ἵνα καθορῶντες τάς τε ἁρμονίας καὶ τοὺς ῥυθμούς,
ἐκλέγεσθαί τε τὰ προσήκοντα οἷοί τ' ὦσιν ἃ τοῖς τηλικούτοις τε 5
καὶ τοιούτοις ᾄδειν πρέπον, καὶ οὕτως ᾄδωσιν, καὶ ᾄδοντες αὐτοί
τε ἡδονὰς τὸ παραχρῆμα ἀσινεῖς ἥδωνται καὶ τοῖς νεωτέ-
ροις ἡγεμόνες ἠθῶν χρηστῶν ἀσπασμοῦ προσήκοντος γίγνων- e
ται· μέχρι δὲ τοσούτου παιδευθέντες ἀκριβεστέραν ἂν παι-
δείαν τῆς ἐπὶ τὸ πλῆθος φερούσης εἶεν μετακεχειρισμένοι καὶ
τῆς περὶ τοὺς ποιητὰς αὐτούς. τὸ γὰρ τρίτον οὐδεμία ἀνάγκη
ποιητῇ γιγνώσκειν, εἴτε καλὸν εἴτε μὴ καλὸν τὸ μίμημα, 5
τὸ δὲ ἁρμονίας καὶ ῥυθμοῦ σχεδὸν ἀνάγκη, τοῖς δὲ πάντα
τὰ τρία τῆς ἐκλογῆς ἕνεκα τοῦ καλλίστου καὶ δευτέρου, ἢ
μηδέποτε ἱκανὸν ἐπῳδὸν γίγνεσθαι νέοις πρὸς ἀρετήν. καὶ 671
ὅπερ ὁ λόγος ἐν ἀρχαῖς ἐβουλήθη, τὴν τῷ τοῦ Διονύσου
χορῷ βοήθειαν ἐπιδεῖξαι καλῶς λεγομένην, εἰς δύναμιν
εἴρηκεν· σκοπώμεθα δὴ εἰ τοῦθ' οὕτω γέγονεν. θορυβώδης
μέν που ὁ σύλλογος ὁ τοιοῦτος ἐξ ἀνάγκης προϊούσης τῆς 5
πόσεως ἐπὶ μᾶλλον ἀεὶ συμβαίνει γιγνόμενος, ὅπερ ὑπεθέ-
μεθα κατ' ἀρχὰς ἀναγκαῖον εἶναι γίγνεσθαι περὶ τῶν νῦν
λεγομένων. b

ΚΛ. Ἀνάγκη.

ΑΘ. Πᾶς δέ γε αὐτὸς αὑτοῦ κουφότερος αἴρεται καὶ
γέγηθέν τε καὶ παρρησίας ἐμπίμπλαται καὶ ἀνηκουστίας ἐν
τῷ τοιούτῳ τῶν πέλας, ἄρχων δ' ἱκανὸς ἀξιοῖ ἑαυτοῦ τε καὶ 5
τῶν ἄλλων γεγονέναι.

ΚΛ. Τί μήν;

ΑΘ. Οὐκοῦν ἔφαμεν, ὅταν γίγνηται ταῦτα, καθάπερ τινὰ

c 8 αὖ τὰ Boeckh : αὐτὰ libri   e 3 ἐπὶ s. v. Α : περὶ Badham
a 6 πόσεως *** | ἐπὶ Α : πόσεως ἔτι Eus.   ἀεὶ Eus. : ÷ εἰ Α : εἰ vulg.
b 1 λεγομένων Eus. : γιγνομένων libri

σίδηροι τὰς ψυχὰς τῶν πινόντων διαπύρους γιγνομένας
10 μαλθακωτέρας γίγνεσθαι καὶ νεωτέρας, ὥστε εὐαγώγους
c συμβαίνειν τῷ δυναμένῳ τε καὶ ἐπισταμένῳ παιδεύειν τε
καὶ πλάττειν, καθάπερ ὅτ' ἦσαν νέαι; τοῦτον δ' εἶναι τὸν
πλάστην· τὸν αὐτὸν ὥσπερ τότε, τὸν ἀγαθὸν νομοθέτην, οὗ
νόμους εἶναι δεῖ συμποτικούς, δυναμένους τὸν εὔελπιν καὶ
5 θαρραλέον ἐκεῖνον γιγνόμενον καὶ ἀναισχυντότερον τοῦ
δέοντος, καὶ οὐκ ἐθέλοντα τάξιν καὶ τὸ κατὰ μέρος σιγῆς
καὶ λόγου καὶ πόσεως καὶ μούσης ὑπομένειν, ἐθέλειν ποιεῖν
πάντα τούτοις τἀναντία, καὶ εἰσιόντι τῷ μὴ καλῷ θάρρει
d τὸν κάλλιστον διαμαχόμενον φόβον εἰσπέμπειν οἵους τ'
εἶναι μετὰ δίκης, ὃν αἰδῶ τε καὶ αἰσχύνην θεῖον φόβον
ὠνομάκαμεν;

ΚΛ. Ἔστιν ταῦτα.

5 ΑΘ. Τούτων δέ γε τῶν νόμων εἶναι νομοφύλακας καὶ
συνδημιουργοὺς αὐτοῖς τοὺς ἀθορύβους καὶ νήφοντας τῶν
μὴ νηφόντων στρατηγούς, ὧν δὴ χωρὶς μέθῃ διαμάχεσθαι
δεινότερον ἢ πολεμίοις εἶναι μὴ μετὰ ἀρχόντων ἀθορύβων,
καὶ τὸν αὖ μὴ δυνάμενον ἐθέλειν πείθεσθαι τούτοις καὶ τοῖς
e ἡγεμόσιν τοῖς τοῦ Διονύσου, τοῖς ὑπὲρ ἑξήκοντα ἔτη γε-
γονόσιν, ἴσην καὶ μείζω τὴν αἰσχύνην φέρειν ἢ τὸν τοῖς
τοῦ Ἄρεως ἀπειθοῦντα ἄρχουσιν.

ΚΛ. Ὀρθῶς.

5 ΑΘ. Οὐκοῦν εἴ γε εἴη τοιαύτη μὲν μέθη, τοιαύτη δὲ
παιδιά, μῶν οὐκ ὠφεληθέντες ἂν οἱ τοιοῦτοι συμπόται καὶ
μᾶλλον φίλοι ἢ πρότερον ἀπαλλάττοιντο ἀλλήλων, ἀλλ' οὐχ
672 ὥσπερ τὰ νῦν ἐχθροί, κατὰ νόμους δὲ πᾶσαν τὴν συνουσίαν
συγγενόμενοι καὶ ἀκολουθήσαντες, ὁπότε ἀφηγοῖντο οἱ
νήφοντες τοῖς μὴ νήφουσιν;

ΚΛ. Ὀρθῶς, εἴ γε δὴ εἴη τοιαύτη οἵαν νῦν λέγεις.

5 ΑΘ. Μὴ τοίνυν ἐκεῖνό γ' ἔτι τῆς τοῦ Διονύσου δωρεᾶς

b 10 μαλακωτέρας Eus.   c 6 οὐ θέλοντα Eus.   d 1 τὸν Eus. :
τὸν μὴ libri   d 9 πείθεσθαι ex πεισθαι A² (θε s. v.)   a 2 ἀφη-
γοῖντο A : ἀφίκοιντο I. O   a 4 εἴη Λ : ἐπὶ O et s. v. Λ²

ψέγωμεν ἁπλῶς, ὡς ἔστιν κακὴ καὶ εἰς πόλιν οὐκ ἀξία
παραδέχεσθαι. καὶ γὰρ ἔτι πλείω τις ἂν ἐπεξέλθοι λέγων·
ἐπεὶ καὶ τὸ μέγιστον ἀγαθὸν ὃ δωρεῖται λέγειν μὲν ὄκνος
εἰς τοὺς πολλοὺς διὰ τὸ κακῶς τοὺς ἀνθρώπους αὐτὸ ὑπο-
λαβεῖν καὶ γνῶναι λεχθέν.   b

ΚΛ. Τὸ ποῖον δή;

ΑΘ. Λόγος τις ἅμα καὶ φήμη ὑπορρεῖ πως ὡς ὁ θεὸς
οὗτος ὑπὸ τῆς μητρυᾶς Ἥρας διεφορήθη τῆς ψυχῆς τὴν
γνώμην, διὸ τάς τε βακχείας καὶ πᾶσαν τὴν μανικὴν ἐμ- 5
βάλλει χορείαν τιμωρούμενος· ὅθεν καὶ τὸν οἶνον ἐπὶ τοῦτ᾿
αὐτὸ δεδώρηται. ἐγὼ δὲ τὰ μὲν τοιαῦτα τοῖς ἀσφαλὲς ἡγου-
μένοις εἶναι λέγειν περὶ θεῶν ἀφίημι λέγειν, τὸ δὲ τοσόνδε
οἶδα, ὅτι πᾶν ζῷον, ὅσοι αὐτῷ προσήκει νοῦν ἔχειν τελεω- c
θέντι, τοῦτον καὶ τοσοῦτον οὐδὲν ἔχον ποτὲ φύεται· ἐν
τούτῳ δὴ τῷ χρόνῳ ἐν ᾧ μήπω κέκτηται τὴν οἰκείαν φρό-
νησιν, πᾶν μαίνεταί τε καὶ βοᾷ ἀτάκτως, καὶ ὅταν ἀκταινώσῃ
ἑαυτὸ τάχιστα, ἀτάκτως αὖ πηδᾷ. ἀναμνησθῶμεν δὲ ὅτι 5
μουσικῆς τε καὶ γυμναστικῆς ἔφαμεν ἀρχὰς ταύτας εἶναι.

ΚΛ. Μεμνήμεθα· τί δ᾿ οὔ;

ΑΘ. Οὐκοῦν καὶ ὅτι τὴν ῥυθμοῦ τε καὶ ἁρμονίας αἴ-
σθησιν τοῖς ἀνθρώποις ἡμῖν ἐνδεδωκέναι τὴν ἀρχὴν ταύτην d
ἔφαμεν, Ἀπόλλωνα δὲ καὶ Μούσας καὶ Διόνυσον θεῶν
αἰτίους γεγονέναι;

ΚΛ. Πῶς γὰρ οὔ;

ΑΘ. Καὶ δὴ καὶ τὸν οἶνόν γε, ὡς ἔοικεν, ὁ τῶν ἄλλων 5
λόγος, ἵνα μανῶμεν, φησὶν ἐπὶ τιμωρίᾳ τῇ τῶν ἀνθρώπων
δεδόσθαι· ὁ δὲ νῦν λεγόμενος ὑφ᾿ ἡμῶν φάρμακον ἐπὶ τοὐ-
ναντίον φησὶν αἰδοῦς μὲν ψυχῆς κτήσεως ἕνεκα δεδόσθαι,
σώματος δὲ ὑγιείας τε καὶ ἰσχύος.

ΚΛ. Κάλλιστα, ὦ ξένε, τὸν λόγον ἀπεμνημόνευκας. 10

ΑΘ. Καὶ τὰ μὲν δὴ τῆς χορείας ἡμίσεα διαπεπε- e

ράνθω· τὰ δ' ἡμίσεα, ὅπως ἂν ἔτι δοκῇ, περανοῦμεν ἢ καὶ
ἐάσομεν.

ΚΛ. Ποῖα δὴ λέγεις, καὶ πῶς ἑκάτερα διαιρῶν;

5 ΑΘ. Ὅλη μέν που χορεία ὅλη παίδευσις ἦν ἡμῖν, τούτου
δ' αὖ τὸ μὲν ῥυθμοί τε καὶ ἁρμονίαι, τὸ κατὰ τὴν φωνήν.

ΚΛ. Ναί.

ΑΘ. Τὸ δέ γε κατὰ τὴν τοῦ σώματος κίνησιν ῥυθμὸν
μὲν κοινὸν τῇ τῆς φωνῆς εἶχε κινήσει, σχῆμα δὲ ἴδιον.
673 ἐκεῖ δὲ μέλος ἡ τῆς φωνῆς κίνησις.

ΚΛ. Ἀληθέστατα.

ΑΘ. Τὰ μὲν τοίνυν τῆς φωνῆς μέχρι τῆς ψυχῆς πρὸς
ἀρετὴν παιδείας οὐκ οἶδ' ὅντινα τρόπον ὠνομάσαμεν μου-
5 σικήν.

ΚΛ. Ὀρθῶς μὲν οὖν.

ΑΘ. Τὰ δέ γε τοῦ σώματος, ἃ παιζόντων ὄρχησιν εἴ-
πομεν, ἐὰν μέχρι τῆς τοῦ σώματος ἀρετῆς ἡ τοιαύτη κίνη-
σις γίγνηται, τὴν ἔντεχνον ἀγωγὴν ἐπὶ τὸ τοιοῦτον αὐτοῦ
10 γυμναστικὴν προσείπωμεν.

ΚΛ. Ὀρθότατα.

b ΑΘ. Τὸ δὲ τῆς μουσικῆς, ὃ νυνδὴ σχεδὸν ἥμισυ διε-
ληλυθέναι τῆς χορείας εἴπομεν καὶ διαπεπεράνθαι, καὶ νῦν
οὕτως εἰρήσθω· τὸ δ' ἥμισυ λέγωμεν, ἢ πῶς καὶ πῇ ποιη-
τέον;

5 ΚΛ. Ὦ ἄριστε, Κρησὶν καὶ Λακεδαιμονίοις διαλεγόμενος,
μουσικῆς πέρι διελθόντων ἡμῶν, ἐλλειπόντων δὲ γυμνα-
στικῆς, τί ποτε οἴει σοι πότερον ἡμῶν ἀποκρινεῖσθαι πρὸς
ταύτην τὴν ἐρώτησιν;

ΑΘ. Ἀποκεκρίσθαι ἔγωγ' ἄν σε φαίην σχεδὸν ταῦτ'
c ἐρόμενον σαφῶς, καὶ μανθάνω ὡς ἐρώτησις οὖσα αὕτη
τὰ νῦν ἀπόκρισίς τέ ἐστιν, ὡς εἶπον, καὶ ἔτι πρόσταξις
διαπεράνασθαι τὰ περὶ γυμναστικῆς.

ΚΛ. Ἄριστ' ὑπέλαβές τε καὶ οὕτω δὴ ποίει.

a 4 ἀρετὴν παιδείας ci. C. Ritter : ἀρετῆς παιδείαν libri

ΛΘ. Ποιητέον· οὐδὲ γὰρ πάνυ χαλεπόν ἐστιν εἰπεῖν ὑμῖν 5
γε ἀμφοτέροις γνώριμα.   πολὺ γὰρ ἐν ταύτῃ τῇ τέχνῃ πλέον
ἐμπειρίας ἢ ἐν ἐκείνῃ μετέχετε.

ΚΛ. Σχεδὸν ἀληθῆ λέγεις.

ΛΘ. Οὐκοῦν αὖ ταύτης ἀρχὴ μὲν τῆς παιδιᾶς τὸ κατὰ
φύσιν πηδᾶν εἰθίσθαι πᾶν ζῷον, τὸ δὲ ἀνθρώπινον, ὡς d
ἔφαμεν, αἴσθησιν λαβὸν τοῦ ῥυθμοῦ ἐγέννησέν τε ὄρχησιν
καὶ ἔτεκεν, τοῦ δὲ μέλους ὑπομιμνῄσκοντος καὶ ἐγείροντος
τὸν ῥυθμόν, κοινωθέντ' ἀλλήλοις χορείαν καὶ παιδιὰν ἐτε-
κέτην.   5

ΚΛ. Ἀληθέστατα.

ΛΘ. Καὶ τὸ μέν, φαμέν, ἤδη διεληλύθαμεν αὐτοῦ, τὸ δὲ
πειρασόμεθα ἐφεξῆς διελθεῖν.

ΚΛ. Πάνυ μὲν οὖν.

ΛΘ. Ἐπὶ τοίνυν τῇ τῆς μέθης χρείᾳ τὸν κολοφῶνα 10
πρῶτον ἐπιθῶμεν, εἰ καὶ σφῷν συνδοκεῖ.   e

ΚΛ. Ποῖον δὴ καὶ τίνα λέγεις;

ΑΘ. Εἰ μέν τις πόλις ὡς οὔσης σπουδῆς τῷ ἐπιτηδεύ-
ματι τῷ νῦν εἰρημένῳ χρήσεται μετὰ νόμων καὶ τάξεως,
ὡς τοῦ σωφρονεῖν ἕνεκα μελέτῃ χρωμένη, καὶ τῶν ἄλλων 5
ἡδονῶν μὴ ἀφέξεται ὡσαύτως καὶ κατὰ τὸν αὐτὸν λόγον,
τοῦ κρατεῖν αὐτῶν ἕνεκα μηχανωμένη, τοῦτον μὲν τὸν
τρόπον ἅπασι τούτοις χρηστέον· εἰ δ' ὡς παιδιᾷ τε, καὶ
ἐξέσται τῷ βουλομένῳ καὶ ὅταν βούληται καὶ μεθ' ὧν ἂν
βούληται πίνειν μετ' ἐπιτηδευμάτων ὡντινωνοῦν ἄλλων, οὐκ 674
ἂν τιθείμην ταύτην τὴν ψῆφον, ὡς δεῖ ποτε μέθῃ χρῆσθαι
ταύτην τὴν πόλιν ἢ τοῦτον τὸν ἄνδρα, ἀλλ' ἔτι μᾶλλον τῆς
Κρητῶν καὶ Λακεδαιμονίων χρείας προσθείμην ἂν τῷ τῶν
Καρχηδονίων νόμῳ, μηδέποτε μηδένα ἐπὶ στρατοπέδου γεύ- 5
εσθαι τούτου τοῦ πώματος, ἀλλ' ὑδροποσίαις συγγίγνεσθαι
τοῦτον τὸν χρόνον ἅπαντα, καὶ κατὰ πόλιν μήτε δούλην

d 4 παιδιὰν A (sed ει s v. A²)   e 5 μελέτῃ Eus.: μελέτης libri
a 4 τῶν om. Eus.   a 6 ὑδροποσίαις A² L Eus: ὑδροπωσίαις A (ut
vid. O: ὑδροπωσίᾳ Stob.   a 7 δοῦλον μήτε δούλην L O Eus. Stob

μήτε δοῦλοι· γενέσθαι μηδέποτε, μηδὲ ἄρχοντας τοῦτον τὸν
b ἐνιαυτὸν ὃν ἂν ἄρχωσιν, μηδ' αὖ κυβερνήτας μηδὲ δικαστὰς
ἐνεργοὺς ὄντας οἴνου γεύεσθαι τὸ παράπαν, μηδ' ὅστις βου-
λευσόμενος εἰς βουλὴν ἀξίαν τινὰ λόγου συνέρχεται, μηδέ
γε μεθ' ἡμέραν μηδένα τὸ παράπαν εἰ μὴ σωμασκίας ἢ
5 νόσων ἕνεκα, μηδ' αὖ νύκτωρ ὅταν ἐπινοῇ τις παῖδας
ποιεῖσθαι ἀνὴρ ἢ καὶ γυνή. καὶ ἄλλα δὲ πάμπολλα ἄν τις
λέγοι ἐν οἷς τοῖς νοῦν τε καὶ νόμον ἔχουσιν ὀρθὸν οὐ ποτέος
c οἶνος· ὥστε κατὰ τὸν λόγον τοῦτον οὐδ' ἀμπελώνων ἂν πολλῶν
δέοι οὐδ' ᾗτινι πόλει, τακτὰ δὲ τά τ' ἄλλ' ἂν εἴη γεωργή-
ματα καὶ πᾶσα ἡ δίαιτα, καὶ δὴ τά γε περὶ οἶνον σχεδὸν
ἁπάντων ἐμμετρότατα καὶ ὀλίγιστα γίγνοιτ' ἄν. οὗτος, ὦ
5 ξένοι, ἡμῖν, εἰ συνδοκεῖ, κολοφὼν ἐπὶ τῷ περὶ οἴνου λόγῳ
ῥηθέντι εἰρήσθω.

ΚΛ. Καλῶς, καὶ συνδοκεῖ.

Γ

676 ΑΘ. Ταῦτα μὲν οὖν δὴ ταύτῃ· πολιτείας δὲ ἀρχὴν τίνα
ποτὲ φῶμεν γεγονέναι; μῶν οὐκ ἐνθένδε τις ἂν αὐτὴν ῥᾷστά
τε καὶ κάλλιστα κατίδοι;

ΚΛ. Πόθεν;

5 ΑΘ. Ὅθενπερ καὶ τὴν τῶν πόλεων ἐπίδοσιν εἰς ἀρετὴν
μεταβαίνουσαν ἅμα καὶ κακίαν ἑκάστοτε θεατέον.

ΚΛ. Λέγεις δὲ πόθεν;

ΑΘ. Οἶμαι μὲν ἀπὸ χρόνου μήκους τε καὶ ἀπειρίας καὶ
b τῶν μεταβολῶν ἐν τῷ τοιούτῳ.

ΚΛ. Πῶς λέγεις;

ΑΘ. Φέρε, ἀφ' οὗ πόλεις τ' εἰσὶν καὶ ἄνθρωποι πολι-

674 b 2 μηδ' Gal. Eus. Stob. : οὐδὲ Λ   b 7 ἐν οἷς] ὡς Eus.
c 1 ἀμπελώνων Eus. : ἀμπέλων libri cum Stob.   c 2 τά τ' ἄλλ'] τὰ
τἄλλ' Α . τἄλλα Eus. : τὰ ἄλλα Stob.   c 4 ἐμμετρότατα L O Stob. :
ἐμμετριώτατα Α Ο²   676 a 5 εἰς Α   ἐπ' L (ut vid.) O   a 6 μετα-
βαίνουσαν] μεταβαίνουσῶν ci. Boeckh

τενόμενοι, δοκεῖς ἄν ποτε καταγοῆσαι χρόνου πλῆθος ὅσον
γέγονεν;   5

ΚΛ. Οὔκουν ῥᾴδιόν γε οὐδαμῶς.

ΑΘ. Τὸ δέ γε ὡς ἄπλετόν τι καὶ ἀμήχανον ἂν εἴη;

ΚΛ. Πάνυ μὲν οὖν τοῦτό γε.

ΑΘ. Μῶν οὖν οὐ μυρίαι μὲν ἐπὶ μυρίαις ἡμῖν γεγόνασι
πόλεις ἐν τούτῳ τῷ χρόνῳ, κατὰ τὸν αὐτὸν δὲ τοῦ πλήθους   10
λόγον οὐκ ἐλάττους ἐφθαρμέναι; πεπολιτευμέναι δ' αὖ πάσας   c
πολιτείας πολλάκις ἑκασταχοῦ; καὶ τοτὲ μὲν ἐξ ἐλαττόνων
μείζους, τοτὲ δ' ἐκ μειζόνων ἐλάττους, καὶ χείρους ἐκ
βελτιόνων γεγόνασι καὶ βελτίους ἐκ χειρόνων;

ΚΛ. Ἀναγκαῖον.   5

ΑΘ. Ταύτης δὴ πέρι λάβωμεν, εἰ δυναίμεθα, τῆς με-
ταβολῆς τὴν αἰτίαν· τάχα γὰρ ἂν ἴσως δείξειεν ἡμῖν τὴν
πρώτην τῶν πολιτειῶν γένεσιν καὶ μετάβασιν.

ΚΛ. Εὖ λέγεις, καὶ προθυμεῖσθαι δεῖ, σὲ μὲν ὃ διανοῇ
περὶ αὐτῶν ἀποφαινόμενον, ἡμᾶς δὲ συνεπομένους.   10

ΑΘ. Ἆρ' οὖν ὑμῖν οἱ παλαιοὶ λόγοι ἀλήθειαν ἔχειν τινὰ 677
δοκοῦσιν;

ΚΛ. Ποῖοι δή;

ΑΘ. Τὸ πολλὰς ἀνθρώπων φθορὰς γεγονέναι κατακλυ-
σμοῖς τε καὶ νόσοις καὶ ἄλλοις πολλοῖς, ἐν οἷς βραχύ τι   5
τῶν ἀνθρώπων λείπεσθαι γένος.

ΚΛ. Πάνυ μὲν οὖν πιθανὸν τὸ τοιοῦτον πᾶν παντί.

ΑΘ. Φέρε δή, νοήσωμεν μίαν τῶν πολλῶν ταύτην τὴν
τῷ κατακλυσμῷ ποτε γενομένην.

ΚΛ. Τὸ ποῖόν τι περὶ αὐτῆς διανοηθέντες;   10

ΑΘ. Ὡς οἱ τότε περιφυγόντες τὴν φθορὰν σχεδὸν ὄρειοί   b
τινες ἂν εἶεν νομῆς, ἐν κορυφαῖς που σμικρὰ ζώπυρα τοῦ
τῶν ἀνθρώπων διασεσωμένα γένους.

ΚΛ. Δῆλον.

b 6 ῥᾴδιόν γε O : ῥᾴδιον Λ : ῥᾷον γε L (ut vid.) fecit Λ² (ονγε s. v.)
b 7 ἄπλετον LO ἄπειρον Λ   c 2 ἐξ ÷ ἐλαττόνων Λ   a 6 τῶν]
τὸ τῶν ci. Boeckh   a 9 ποτε om. Eus.

5 ΑΘ. Καὶ δὴ τοὺς τοιούτους γε ἀνάγκη που τῶν ἄλλων
ἀπείρους εἶναι τεχνῶν καὶ τῶν ἐν τοῖς ἄστεσι πρὸς ἀλλή-
λους μηχανῶν εἴς τε πλεονεξίας καὶ φιλονικίας καὶ ὁπόσ'
ἄλλα κακουργήματα πρὸς ἀλλήλους ἐπινοοῦσιν.

ΚΛ. Εἰκὸς γοῦν.

c ΑΘ. Θῶμεν δὴ τὰς ἐν τοῖς πεδίοις πόλεις καὶ πρὸς
θαλάττῃ κατοικούσας ἄρδην ἐν τῷ τότε χρόνῳ διαφθείρεσθαι;

ΚΛ. Θῶμεν.

ΑΘ. Οὐκοῦν ὄργανά τε πάντα ἀπόλλυσθαι, καὶ εἴ τι
5 τέχνης ἦν ἐχόμενον σπουδαίως ηὑρημένον ἢ πολιτικῆς ἢ
καὶ σοφίας τινὸς ἑτέρας, πάντα ἔρρειν ταῦτα ἐν τῷ τότε
χρόνῳ φήσομεν; πῶς γὰρ ἄν, ὦ ἄριστε, εἴ γε ἔμενεν τάδε
οὕτω τὸν πάντα χρόνον ὡς νῦν διακεκόσμηται, καινὸν
ἀνηυρίσκετό ποτε καὶ ὁτιοῦν;

d ΚΛ. Τοῦτο ὅτι μὲν μυριάκις μύρια ἔτη διελάνθανεν ἄρα
τοὺς τότε, χίλια δὲ ἀφ' οὗ γέγονεν ἢ δὶς τοσαῦτα ἔτη, τὰ
μὲν Δαιδάλῳ καταφανῆ γέγονεν, τὰ δὲ Ὀρφεῖ, τὰ δὲ
Παλαμήδει, τὰ δὲ περὶ μουσικὴν Μαρσύᾳ καὶ Ὀλύμπῳ,
5 περὶ λύραν δὲ Ἀμφίονι, τὰ δὲ ἄλλα ἄλλοις πάμπολλα, ὡς
ἔπος εἰπεῖν χθὲς καὶ πρῴην γεγονότα.

ΑΘ. Ἄριστ', ὦ Κλεινία, τὸν φίλον ὅτι παρέλιπες, τὸν
ἀτεχνῶς χθὲς γενόμενον.

ΚΛ. Μῶν φράζεις Ἐπιμενίδην;

e ΑΘ. Ναί, τοῦτον· πολὺ γὰρ ὑμῖν ὑπερεπήδησε τῷ μη-
χανήματι τοὺς σύμπαντας, ὦ φίλε, ὃ λόγῳ μὲν Ἡσίοδος
ἐμαντεύετο πάλαι, τῷ δὲ ἔργῳ ἐκεῖνος ἀπετέλεσεν, ὡς ὑμεῖς
φατε.

5 ΚΛ. Φαμὲν γὰρ οὖν.

---

b 7 εἴς] ἔκ Cobet   c 1 θῶμεν] φῶμεν Schanz (et mox c 3)
c 2 ἄρδην L O Eus. et γρ. a³: ἄρα ἦν A   c 7 πῶς γὰρ κτλ. hospiti
cont. Immisch : Cliniae trib. vulg.   d 1 τοῦτο cum c 9 ὁτιοῦν
coniungit A (sed το punct. not.) : τοῦ (του) L O : in marg. ὁτιοῦν χωρὶς
τοῦ τοῦ (του) L O² a³   d 2 γέγονεν secl. Hermann   d 3 γέγονεν
secl. Ast   d 7 ἄριστ' in marg cod. Voss. : ἄρ' ἴστ' A O : ἄρ' οἶσθ'
vulg.

ΑΘ. Οὐκοῦν οὕτω δὴ λέγωμεν ἔχειν τότε, ὅτ᾿ ἐγένετο
ἡ φθορά, τὰ περὶ τοὺς ἀνθρώπους πράγματα, μυρίαν μέν
τινα φοβερὰν ἐρημίαν, γῆς δ᾿ ἀφθόνου πλῆθος πάμπολυ,
ζῴων δὲ τῶν ἄλλων ἐρρόντων, βουκόλι᾿ ἄττα, καὶ εἴ τί που
αἰγῶν περιλειφθὲν ἐτύγχανεν γένος, σπάνια καὶ ταῦτα   10
νέμουσιν εἶναι ζῆν τότε κατ᾿ ἀρχάς;   678

Κ.Λ. Τί μήν;

ΑΘ. Πόλεως δὲ καὶ πολιτείας πέρι καὶ νομοθεσίας, ὧν
νῦν ὁ λόγος ἡμῖν παρέστηκεν, ἆρ᾿ ὡς ἔπος εἰπεῖν οἰόμεθα
καὶ μνήμην εἶναι τὸ παράπαν;   5

Κ.Λ. Οὐδαμῶς.

ΑΘ. Οὐκοῦν ἐξ ἐκείνων τῶν διακειμένων οὕτω τὰ νῦν
γέγονεν ἡμῖν σύμπαντα, πόλεις τε καὶ πολιτεῖαι καὶ τέχναι
καὶ νόμοι, καὶ πολλὴ μὲν πονηρία, πολλὴ δὲ καὶ ἀρετή;

Κ.Λ. Πῶς λέγεις;   10

ΑΘ. Ἆρ᾿ οἰόμεθα, ὦ θαυμάσιε, τοὺς τότε, ἀπείρους ὄντας   b
πολλῶν μὲν καλῶν τῶν κατὰ τὰ ἄστη, πολλῶν δὲ καὶ τῶν
ἐναντίων, τελέους πρὸς ἀρετὴν ἢ πρὸς κακίαν γεγονέναι;

Κ.Λ. Καλῶς εἶπες, καὶ μανθάνομεν ὃ λέγεις.

ΑΘ. Οὐκοῦν προϊόντος μὲν τοῦ χρόνου, πληθύοντος δ᾿   5
ἡμῶν τοῦ γένους, εἰς πάντα τὰ νῦν καθεστηκότα προελήλυθεν
πάντα;

Κ.Λ. Ὀρθότατα.

ΑΘ. Οὐκ ἐξαίφνης γε, ὡς εἰκός, κατὰ σμικρὸν δὲ ἐν
παμπόλλῳ τινὶ χρόνῳ.   10

Κ.Λ. Καὶ μάλα πρέπει τοῦθ᾿ οὕτως.   c

ΑΘ. Ἐκ γὰρ τῶν ὑψηλῶν εἰς τὰ πεδία καταβαίνειν,
οἶμαι, πᾶσιν φόβος ἔναυλος ἐγεγόνει.

Κ.Λ. Πῶς δ᾿ οὔ;

ΑΘ. Ἆρ᾿ οὐχ ἄσμενοι μὲν ἑαυτοὺς ἑώρων δι᾿ ὀλιγότητα   5

e6 λέγωμεν] λέγομεν in marg. cod. Voss.   e8 δ᾿ Λ et s. v. O·
δὲ Eus.   τ᾿ L O   a7 ἐξ ÷ ἐκείνων Λ   b3 ἢ Λ L et in marg.
γρ. O : ἢ καὶ O   b7 πάντα Λ et γρ. O : ἅπαντα O

ἐν τοῖς περὶ ἐκεῖνον τὸν χρόνον, πορεία δέ, ὥστ' ἐπ' ἀλλή-
λους τότε πορεύεσθαι κατὰ γῆν ἢ κατὰ θάλατταν, σὺν ταῖς
τέχναις ὡς ἔπος εἰπεῖν πάντα σχεδὸν ἀπωλώλει; συμμίσγειν
οὖν ἀλλήλοις οὐκ ἦν οἶμαι σφόδρα δυνατοί· σίδηρος γὰρ
d καὶ χαλκὸς καὶ πάντα τὰ μεταλλεῖα συγκεχυμένα ἠφάνιστο;
ὥστε ἀπορία πᾶσα ἦν τοῦ ἀνακαθαίρεσθαι τὰ τοιαῦτα, δρυο-
τομίας τε εἶχον σπάνιν. εἰ γάρ πού τι καὶ περιγεγονὸς ἦν
ὄργανον ἐν ὄρεσι, ταῦτα μὲν ταχὺ κατατριβέντα ἠφάνιστο,
5 ἄλλα δὲ οὐκ ἔμελλεν γενήσεσθαι, πρὶν πάλιν ἡ τῶν μεταλ-
λέων ἀφίκοιτο εἰς ἀνθρώπους τέχνη.

ΚΛ. Πῶς γὰρ ἄν;

ΑΘ. Γενεαῖς δὴ πόσαις ὕστερον οἰόμεθα τοῦθ' οὕτως
γεγονέναι;

e ΚΛ. Δῆλον ὅτι παμπόλλαις τισίν.

ΑΘ. Οὐκοῦν καὶ τέχναι, ὅσαιπερ σιδήρου δέονται καὶ
χαλκοῦ καὶ τῶν τοιούτων ἁπάντων, τὸν αὐτὸν χρόνον καὶ
ἔτι πλείονα ἠφανισμέναι ἂν εἶεν ἐν τῷ τότε;

5 ΚΛ. Τί μήν;

ΑΘ. Καὶ τοίνυν στάσις ἅμα καὶ πόλεμος ἀπωλώλει κατὰ
τὸν τότε χρόνον πολλαχῇ.

ΚΛ. Πῶς;

ΑΘ. Πρῶτον μὲν ἠγάπων καὶ ἐφιλοφρονοῦντο ἀλλήλους
10 δι' ἐρημίαν, ἔπειτα οὐ περιμάχητος ἦν αὐτοῖς ἡ τροφή.
679 νομῆς γὰρ οὐκ ἦν σπάνις, εἰ μή τισιν κατ' ἀρχὰς ἴσως, ἧ
δὴ τὸ πλεῖστον διέζων ἐν τῷ τότε χρόνῳ· γάλακτος γὰρ
καὶ κρεῶν οὐδαμῶς ἐνδεεῖς ἦσαν, ἔτι δὲ θηρεύοντες οὐ
φαύλην οὐδ' ὀλίγην τροφὴν παρείχοντο. καὶ μὴν ἀμπε-
5 χόνης γε καὶ στρωμνῆς καὶ οἰκήσεων καὶ σκευῶν ἐμπύρων
τε καὶ ἀπύρων ηὐπόρουν· αἱ πλαστικαὶ γὰρ καὶ ὅσαι πλε-
κτικαὶ τῶν τεχνῶν οὐδὲ ἓν προσδέονται σιδήρου, ταῦτα δὲ

c 6 πορεῖα Stephanus : *· πόρεια A : τὰ πορεῖα Schanz   c 8 ἀπο-
λώλει pr. A (et mox e 6)   d 3 πού τι O : που A : τί που vulg.
d 7 ἄν LO et s. v. A² : δή A et s. v. O²   d 8 πο-σαις A (fort. fuit
πῶς αἷς)   e 2 δέονται O et in marg. γρ. A² : λέγονται A et γρ. O

πάντα τούτω τὼ τέχνα θεὸς ἔδωκε πορίζειν τοῖς ἀνθρώποις,   b
ἵν' ὁπότε εἰς τὴν τοιαύτην ἀπορίαν ἔλθοιεν, ἔχοι βλάστην
καὶ ἐπίδοσιν τὸ τῶν ἀνθρώπων γένος.   πένητες μὲν δὴ διὰ
τὸ τοιοῦτον σφόδρα οὐκ ἦσαν, οὐδ' ὑπὸ πενίας ἀναγκαζό-
μενοι διάφοροι ἑαυτοῖς ἐγίγνοντο· πλούσιοι δ' οὐκ ἄν ποτε   5
ἐγένοντο ἄχρυσοί τε καὶ ἀνάργυροι ὄντες, ὃ τότε ἐν ἐκείνοις
παρῆν.(ᾗ δ' ἄν ποτε συνοικία μήτε πλοῦτος συνοικῇ μήτε
πενία, σχεδὸν ἐν ταύτῃ γενναιότατα ἤθη γίγνοιτ' ἄν· οὔτε
γὰρ ὕβρις οὔτ' ἀδικία, ζῆλοί τε αὖ καὶ φθόνοι οὐκ ἐγγί-   c
γνονται.   ἀγαθοὶ μὲν δὴ διὰ ταῦτά τε ἦσαν καὶ διὰ τὴν
λεγομένην εὐήθειαν· ἃ γὰρ ἤκουον καλὰ καὶ αἰσχρά, εὐήθεις
ὄντες ἡγοῦντο ἀληθέστατα λέγεσθαι καὶ ἐπείθοντο.   ψεῦδος
γὰρ ὑπονοεῖν οὐδεὶς ἠπίστατο διὰ σοφίαν, ὥσπερ τὰ νῦν,   5
ἀλλὰ περὶ θεῶν τε καὶ ἀνθρώπων τὰ λεγόμενα ἀληθῆ νομί-
ζοντες ἔζων κατὰ ταῦτα·)διόπερ ἦσαν τοιοῦτοι παντάπασιν
οἵους αὐτοὺς ἡμεῖς ἄρτι διεληλύθαμεν.

ΚΛ. Ἐμοὶ γοῦν δὴ καὶ τῷδε οὕτως ταῦτα συνδοκεῖ.   d

ΑΘ. Οὐκοῦν εἴπωμεν ὅτι γενεαὶ διαβιοῦσαι πολλαὶ τούτον
τὸν τρόπον τῶν πρὸ κατακλυσμοῦ γεγονότων καὶ τῶν νῦν
ἀτεχνότεροι μὲν καὶ ἀμαθέστεροι πρός τε τὰς ἄλλας μέλ-
λουσιν εἶναι τέχνας καὶ πρὸς τὰς πολεμικάς, ὅσαι τε πεζαὶ   5
καὶ ὅσαι κατὰ θάλατταν γίγνονται τὰ νῦν, καὶ ὅσαι δὴ κατὰ
πόλιν μόνον αὐτοῦ, δίκαι καὶ στάσεις λεγόμεναι, λόγοις
ἔργοις τε μεμηχανημέναι πάσας μηχανὰς εἰς τὸ κακουργεῖν   e
τε ἀλλήλους καὶ ἀδικεῖν, εὐηθέστεροι δὲ καὶ ἀνδρειότεροι
καὶ ἅμα σωφρονέστεροι καὶ σύμπαντα δικαιότεροι; τὸ δὲ
τούτων αἴτιον ἤδη διεληλύθαμεν.

ΚΛ. Ὀρθῶς λέγεις.   5

ΑΘ. Λελέχθω δὴ ταῦτα ἡμῖν καὶ τὰ τούτοις συνεπόμενα
ἔτι πάντα εἰρήσθω τοῦδ' ἕνεκα, ἵνα νοήσωμεν τοῖς τότε
νόμων τίς ποτ' ἦν χρεία καὶ τίς ἦν νομοθέτης αὐτοῖς.   680

b 8 γενναιότατα Λ Ι. Stob. et γρ. Ι.Ο · δικαιότατα Ι.Ο   d 4 ἀτεχνώ-
τεροι pr. Λ

ΚΛ. Καὶ καλῶς γε εἴρηκας.

ΑΘ. Ἆρ' οὖν ἐκεῖνοι μὲν οὔτ' ἐδέοντο νομοθετῶν οὔτε πω ἐφίλει κατὰ τούτους τοὺς χρόνους γίγνεσθαι τὸ τοιοῦτον;
5 οὐδὲ γὰρ γράμματα ἔστι πω τοῖς ἐν τούτῳ τῷ μέρει τῆς περιόδου γεγονόσιν, ἀλλ' ἔθεσι καὶ τοῖς λεγομένοις πατρίοις νόμοις ἑπόμενοι ζῶσιν.

ΚΛ. Εἰκὸς γοῦν.

ΑΘ. Πολιτείας δέ γε ἤδη καὶ τρόπος ἐστίν τις οὗτος.

10 ΚΛ. Τίς;

b   ΑΘ. Δοκοῦσί μοι πάντες τὴν ἐν τούτῳ τῷ χρόνῳ πολιτείαν δυναστείαν καλεῖν, ἣ καὶ νῦν ἔτι πολλαχοῦ καὶ ἐν Ἕλλησι καὶ κατὰ βαρβάρους ἐστίν· λέγει δ' αὐτήν που καὶ Ὅμηρος γεγονέναι περὶ τὴν τῶν Κυκλώπων οἴκησιν, εἰπὼν—

5   τοῖσιν δ' οὔτ' ἀγοραὶ βουληφόροι οὔτε θέμιστες,
     ἀλλ' οἵ γ' ὑψηλῶν ὀρέων ναίουσι κάρηνα
     ἐν σπέσσι γλαφυροῖσι, θεμιστεύει δὲ ἕκαστος
c   παίδων ἠδ' ἀλόχων, οὐδ' ἀλλήλων ἀλέγουσιν.

ΚΛ. Ἔοικέν γε ὁ ποιητὴς ὑμῖν οὗτος γεγονέναι χαρίεις. καὶ γὰρ δὴ καὶ ἄλλα αὐτοῦ διεληλύθαμεν μάλ' ἀστεῖα, οὐ μὴν πολλά γε· οὐ γὰρ σφόδρα χρώμεθα οἱ Κρῆτες τοῖς
5 ξενικοῖς ποιήμασιν.

ΜΕ. Ἡμεῖς δ' αὖ χρώμεθα μέν, καὶ ἔοικέν γε κρατεῖν τῶν τοιούτων ποιητῶν, οὐ μέντοι Λακωνικόν γε ἀλλά τινα
d μᾶλλον Ἰωνικὸν βίον διεξέρχεται ἑκάστοτε. νῦν μὴν εὖ τῷ σῷ λόγῳ ἔοικε μαρτυρεῖν, τὸ ἀρχαῖον αὐτῶν ἐπὶ τὴν ἀγριότητα διὰ μυθολογίας ἐπανενεγκών.

ΑΘ. Ναί· συμμαρτυρεῖ γάρ, καὶ λάβωμέν γε αὐτὸν μη-
5 νυτὴν ὅτι τοιαῦται πολιτεῖαι γίγνονταί ποτε.

ΚΛ. Καλῶς.

ΑΘ. Μῶν οὖν οὐκ ἐκ τούτων τῶν κατὰ μίαν οἴκησιν καὶ

a 6 λεγομένοις] γρ. λειπομένοις O   πατρίοις Α L et corr. O: πατρικοῖς O   b 4 γεγοναι ut vid. pr. Α (corr. Α²ᵐ   c 7 μέντοι Α : μήντοι O et fecit Α² ή s. v.)

κατὰ γένος διεσπαρμένων ὑπὸ ἀπορίας τῆς ἐν ταῖς φθοραῖς,
ἐν αἷς τὸ πρεσβύτατον ἄρχει διὰ τὸ τὴν ἀρχὴν αὐτοῖς ἐκ e
πατρὸς καὶ μητρὸς γεγονέναι, οἷς ἑπόμενοι καθάπερ ὄρνιθες
ἀγέλην μίαν ποιήσουσι, πατρονομούμενοι καὶ βασιλείαν
πασῶν δικαιοτάτην βασιλευόμενοι;

ΚΛ. Πάνυ μὲν οὖν.   5

ΑΘ. Μετὰ δὲ ταῦτά γε εἰς τὸ κοινὸν μείζους ποιοῦντες
πόλεις πλείους συνέρχονται, καὶ ἐπὶ γεωργίας τὰς ἐν ταῖς
ὑπωρείαις τρέπονται πρώτας, περιβόλους τε αἱμασιώδεις τινὰς 681
τειχῶν ἐρύματα τῶν θηρίων ἕνεκα ποιοῦνται, μίαν οἰκίαν αὖ
κοινὴν καὶ μεγάλην ἀποτελοῦντες.

ΚΛ. Τὸ γοῦν εἰκὸς ταῦθ᾽ οὕτως γίγνεσθαι.

ΑΘ. Τί δέ; τόδε ἆρα οὐκ εἰκός;   5

ΚΛ. Τὸ ποῖον;

ΑΘ. Τῶν οἰκήσεων τούτων μειζόνων αὐξανομένων ἐκ
τῶν ἐλαττόνων καὶ πρώτων, ἑκάστην τῶν σμικρῶν παρεῖναι
κατὰ γένος ἔχουσαν τόν τε πρεσβύτατον ἄρχοντα καὶ αὐτῆς
ἔθη ἄττα ἴδια διὰ τὸ χωρὶς ἀλλήλων οἰκεῖν, ἕτερα ἀφ᾽ b
ἑτέρων ὄντων τῶν γεννητόρων τε καὶ θρεψάντων, ἃ εἰθί-
σθησαν περὶ θεούς τε καὶ ἑαυτούς, κοσμιωτέρων μὲν κοσμιώ-
τερα καὶ ἀνδρικῶν ἀνδρικώτερα, καὶ κατὰ τρόπον οὕτως
ἑκάστους τὰς αὑτῶν ἂν αἱρέσεις εἰς τοὺς παῖδας ἀποτυπου- 5
μένους καὶ παίδων παῖδας, ὃ λέγομεν, ἥκειν ἔχοντας ἰδίους
νόμους εἰς τὴν μείζονα συνοικίαν.

ΚΛ. Πῶς γὰρ οὔ;

ΑΘ. Καὶ μὴν τούς γε αὑτῶν νόμους ἀρέσκειν ἑκάστοις c
ἀναγκαῖόν που, τοὺς δὲ τῶν ἄλλων ὑστέρους.

ΚΛ. Οὕτως.

ΑΘ. Ἀρχῇ δὴ νομοθεσίας οἷον ἐμβάντες ἐλάθομεν, ὡς
ἔοικεν.   5

ΚΛ. Πάνυ μὲν οὖν.

c 1 αἷς] οἷς Ast   e 3 ποιήσῃ pr. Λ . corr. Λ² (σου s. v.)
e 4 πᾶσαν fecit Λ²   b 5 ἂν αἱρέσεις Schneider : ἀναιρέσεις libri

ΑΘ. Τὸ γοῦν μετὰ ταῦτα ἀναγκαῖον αἱρεῖσθαι τοὺς συνελθόντας τούτους κοινούς τινας ἑαυτῶν, οἳ δὴ τὰ πάντων ἰδόντες νόμιμα, τά σφισιν ἀρέσκοντα αὐτῶν μάλιστα εἰς
10 τὸ κοινὸν τοῖς ἡγεμόσι καὶ ἀγαγοῦσι τοὺς δήμους οἷον
d βασιλεῦσι φανερὰ δείξαντες ἑλέσθαι τε δόντες, αὐτοὶ μὲν νομοθέται κληθήσονται, τοὺς δὲ ἄρχοντας καταστήσαντες, ἀριστοκρατίαν τινὰ ἐκ τῶν δυναστειῶν ποιήσαντες ἢ καί τινα βασιλείαν, ἐν ταύτῃ τῇ μεταβολῇ τῆς πολιτείας οἰκή-
5 σουσιν.

ΚΛ. Ἐφεξῆς γοῦν ἂν οὕτω τε καὶ ταύτῃ γίγνοιτο.

ΑΘ. Τρίτον τοίνυν εἴπωμεν ἔτι πολιτείας σχῆμα γιγνό-μενον, ἐν ᾧ δὴ πάντα εἴδη καὶ παθήματα πολιτειῶν καὶ ἅμα πόλεων συμπίπτει γίγνεσθαι.

10 ΚΛ. Τὸ ποῖον δὴ τοῦτο;

e ΑΘ. Ὁ μετὰ τὸ δεύτερον καὶ Ὅμηρος ἐπεσημήνατο, λέγων τὸ τρίτον οὕτω γεγονέναι. " κτίσσε δὲ Δαρδανίην " γάρ πού φησιν, " ἐπεὶ οὔπω Ἴλιος ἱρὴ

  ἐν πεδίῳ πεπόλιστο, πόλις μερόπων ἀνθρώπων,
5 ἀλλ' ἔθ' ὑπωρείας ᾤκουν πολυπιδάκου Ἴδης."

682 λέγει γὰρ δὴ ταῦτα τὰ ἔπη καὶ ἐκεῖνα, ἃ περὶ τῶν Κυκλώ-πων εἴρηκεν, κατὰ θεόν πως εἰρημένα καὶ κατὰ φύσιν· θεῖον γὰρ οὖν δὴ καὶ τὸ ποιητικὸν ἐνθεαστικὸν ὂν γένος ὑμνῳδοῦν, πολλῶν τῶν κατ' ἀλήθειαν γιγνομένων σύν τισιν
5 Χάρισιν καὶ Μούσαις ἐφάπτεται ἑκάστοτε.

ΚΛ. Καὶ μάλα.

ΑΘ. Εἰς δὴ τὸ πρόσθεν προέλθωμεν ἔτι τοῦ νῦν ἐπελ-θόντος ἡμῖν μύθου· τάχα γὰρ ἂν σημήνειέ τι τῆς ἡμετέρας περὶ βουλήσεως. οὐκοῦν χρή;

b ΚΛ. Πάνυ μὲν οὖν.

ΑΘ. Κατῳκίσθη δή, φαμέν, ἐκ τῶν ὑψηλῶν εἰς μέγα

d 6 τε Α Ο : γε L   e 5 πολυπίδακος Homeri libri   a 3 ἐνθεαστικὸν
secl. Boeckh   γένος ÷ ÷ Α   a 7 τοῦ νῦν L (ut vid.) Ο : τοίνυν
Α et γρ. Ο

τε καὶ καλὸν πεδίον Ἴλιον, ἐπὶ λόφον τινὰ οὐχ ὑψηλὸν
καὶ ἔχοντα ποταμοὺς πολλοὺς ἄνωθεν ἐκ τῆς Ἴδης ὡρμη-
μένους.   5

ΚΛ. Φασὶ γοῦν.

ΑΘ. Ἆρ' οὖν οὐκ ἐν πολλοῖς τισι χρόνοις τοῖς μετὰ τὸν
κατακλυσμὸν τοῦτο οἰόμεθα γεγονέναι;

ΚΛ. Πῶς δ' οὐκ ἐν πολλοῖς;

ΑΘ. Δεινὴ γοῦν ἔοικεν αὐτοῖς λήθη τότε παρεῖναι τῆς 10
νῦν λεγομένης φθορᾶς, ὅθ' οὕτως ὑπὸ ποταμοὺς πολλοὺς c
καὶ ἐκ τῶν ὑψηλῶν ῥέοντας πόλιν ὑπέθεσαν, πιστεύσαντες
οὐ σφόδρα ὑψηλοῖς τισιν λόφοις.

ΚΛ. Δῆλον οὖν ὡς παντάπασί τι⟨να⟩ μακρὸν ἀπεῖχον
χρόνον τοῦ τοιούτου πάθους.   5

ΑΘ. Καὶ ἄλλαι γε οἶμαι πόλεις τότε κατῴκουν ἤδη
πολλαί, πληθυόντων τῶν ἀνθρώπων.

ΚΛ. Τί μήν;

ΑΘ. Αἵ γέ που καὶ ἐπεστρατεύσαντο αὐτῇ, καὶ κατὰ θά-
λατταν δὲ ἴσως, ἀφόβως ἤδη πάντων χρωμένων τῇ θαλάττῃ. 10

ΚΛ. Φαίνεται.   d

ΑΘ. Δέκα δ' ἔτη που μείναντες Ἀχαιοὶ τὴν Τροίαν
ἀνάστατον ἐποίησαν.

ΚΛ. Καὶ μάλα.

ΑΘ. Οὐκοῦν ἐν τούτῳ τῷ χρόνῳ, ὄντι δεκέτει, ὃν τὸ 5
Ἴλιον ἐπολιορκεῖτο, τὰ τῶν πολιορκούντων ἑκάστων οἴκοι
κακὰ πολλὰ συνέβαινεν γιγνόμενα περὶ τὰς στάσεις τῶν
νέων, οἳ καὶ ἀφικομένους τοὺς στρατιώτας εἰς τὰς αὐτῶν
πόλεις τε καὶ οἰκίας οὐ καλῶς οὐδ' ἐν δίκῃ ὑπεδέξαντο,
ἀλλ' ὥστε θανάτους τε καὶ σφαγὰς καὶ φυγὰς γενέσθαι e
παμπόλλας· οἳ πάλιν ἐκπεσόντες κατῆλθον μεταβαλόντες
ὄνομα, Δωριῆς ἀντ' Ἀχαιῶν κληθέντες διὰ τὸ τὸν συλλέ-
ξαντα εἶναι τὰς τότε φυγὰς Δωριᾶ. καὶ δὴ ταῦτά γε ἤδη

---

c 4 τινα Stephanus : τι libri   e 4 τὰς τότε φυγὰς A et γρ. O :
τοὺς τότε φυγάδας O

5 πάνθ᾽ ὑμεῖς, ὦ Λακεδαιμόνιοι, τἀντεῦθεν μυθολογεῖτέ τε καὶ
διαπεραίνετε.

ΜΕ. Τί μήν;

ΑΘ. Ὅθεν δὴ κατ᾽ ἀρχὰς ἐξετραπόμεθα περὶ νόμων δια-
λεγόμενοι, περιπεσόντες μουσικῇ τε καὶ ταῖς μέθαις, νῦν
10 ἐπὶ τὰ αὐτὰ πάλιν ἀφίγμεθα ὥσπερ κατὰ θεόν, καὶ ὁ λόγος
ἡμῖν οἷον λαβὴν ἀποδίδωσιν· ἥκει γὰρ ἐπὶ τὴν εἰς Λακεδαί-
683 μονα κατοίκισιν αὐτήν, ἣν ὑμεῖς ὀρθῶς ἔφατε κατοικεῖσθαι
καὶ Κρήτην ὡς ἀδελφοῖς νόμοις. νῦν οὖν δὴ τοιόνδε
πλεονεκτοῦμεν τῇ πλάνῃ τοῦ λόγου, διὰ πολιτειῶν τινων
καὶ κατοικισμῶν διεξελθόντες· ἐθεασάμεθα πρώτην τε καὶ
5 δευτέραν καὶ τρίτην πόλιν, ἀλλήλων, ὡς οἰόμεθα, ταῖς
κατοικίσεσιν ἐχομένας ἐν χρόνου τινὸς μήκεσιν ἀπλέτοις,
νῦν δὲ δὴ τετάρτη τις ἡμῖν αὕτη πόλις, εἰ δὲ βούλεσθε,
ἔθνος ἥκει κατοικιζόμενόν τέ ποτε καὶ νῦν κατῳκισμένον.
b ἐξ ὧν ἁπάντων εἴ τι συνεῖναι δυνάμεθα τί τε καλῶς ἢ μὴ
κατῳκίσθη, καὶ ποῖοι νόμοι σῴζουσιν αὐτῶν τὰ σῳζόμενα
καὶ ποῖοι φθείρουσι τὰ φθειρόμενα, καὶ ἀντὶ ποίων ποῖα
μετατεθέντα εὐδαίμονα πόλιν ἀπεργάζοιτ᾽ ἄν, ὦ Μέγιλλέ
5 τε καὶ Κλεινία, ταῦτα δὴ πάλιν οἷον ἐξ ἀρχῆς ἡμῖν λεκτέον,
εἰ μή τι τοῖς εἰρημένοις ἐγκαλοῦμεν λόγοις.

ΜΕ. Εἰ γοῦν, ὦ ξένε, τις ἡμῖν ὑπόσχοιτο θεὸς ὡς, ἐὰν
c ἐπιχειρήσωμεν τὸ δεύτερον τῇ τῆς νομοθεσίας σκέψει, τῶν
νῦν εἰρημένων λόγων οὐ χείρους οὐδ᾽ ἐλάττους ἀκουσόμεθα,
μακρὰν ἂν ἔλθοιμι ἔγωγε, καί μοι βραχεῖ᾽ ἂν δόξειεν ἡ νῦν
παροῦσα ἡμέρα γίγνεσθαι. καίτοι σχεδόν γ᾽ ἐστὶν ἡ ἐκ
5 θερινῶν εἰς τὰ χειμερινὰ τοῦ θεοῦ τρεπομένου.

ΑΘ. Χρὴ δὴ ταῦτα, ὡς ἔοικεν, σκοπεῖν.

ΜΕ. Πάνυ μὲν οὖν.

ΑΘ. Γενώμεθα δὴ ταῖς διανοίαις ἐν τῷ τότε χρόνῳ,
ὅτε Λακεδαίμων μὲν καὶ Ἄργος καὶ Μεσσήνη καὶ τὰ μετὰ

e 5 τε LO : om. Λ   a 1 κατοίκησιν Α   κατοικεῖσθαι] κατῳκίσθαι
Ast   a 8 νῦν L (ut vid.) O : πρὸ νῦν Α et γρ. Ο   b 1 εἴ τι AO :
εἴ τι καὶ L

τούτων ὑποχείρια τοῖς προγόνοις ὑμῶν, ὦ Μέγιλλε, ἱκανῶς d
ἐγεγόνει· τὸ δὲ δὴ μετὰ τοῦτο ἔδοξεν αὐτοῖς, ὥς γε λέγεται
τὸ τοῦ μύθου, τριχῇ τὸ στράτευμα διανείμαντας, τρεῖς πόλεις
κατοικίζειν, Ἄργος, Μεσσήνην, Λακεδαίμονα.

ΜΕ. Πάνυ μὲν οὖν.   5

ΑΘ. Καὶ βασιλεὺς μὲν Ἄργους Τήμενος ἐγίγνετο,
Μεσσήνης δὲ Κρεσφόντης, Λακεδαίμονος δὲ Προκλῆς καὶ
Εὐρυσθένης.

ΜΕ. Πῶς γὰρ οὔ;

ΑΘ. Καὶ πάντες δὴ τούτοις ὤμοσαν οἱ τότε βοηθήσειν,   10
ἐάν τις τὴν βασιλείαν αὐτῶν διαφθείρῃ.   e

ΜΕ. Τί μήν;

ΑΘ. Βασιλεία δὲ καταλύεται, ὦ πρὸς Διός, ἢ καί τις
ἀρχὴ πώποτε κατελύθη, μῶν ὑπό τινων ἄλλων ἢ σφῶν αὐ-
τῶν; ἢ νυνδὴ μέν, ὀλίγον ἔμπροσθεν τούτοις περιτυχόντες   5
τοῖς λόγοις, οὕτω ταῦτ' ἐτίθεμεν, νῦν δ' ἐπιλελήσμεθα;

ΜΕ. Καὶ πῶς;

ΑΘ. Οὐκοῦν νῦν δὴ μᾶλλον βεβαιωσόμεθα τὸ τοιοῦτον·
περιτυχόντες γὰρ ἔργοις γενομένοις, ὡς ἔοικεν, ἐπὶ τὸν
αὐτὸν λόγον ἐληλύθαμεν, ὥστε οὐ περὶ κενόν τι ζητήσομεν   10
τὸν αὐτὸν λόγον, ἀλλὰ περὶ γεγονός τε καὶ ἔχον ἀλήθειαν.   684
γέγονεν δὴ τάδε· βασιλεῖαι τρεῖς βασιλευομέναις πόλεσιν
τρετταῖς ὤμοσαν ἀλλήλαις ἑκάτεραι, κατὰ νόμους οὓς ἔθεντο
τοῦ τε ἄρχειν καὶ ἄρχεσθαι κοινούς, οἱ μὲν μὴ βιαιοτέραν
τὴν ἀρχὴν ποιήσεσθαι προϊόντος τοῦ χρόνου καὶ γένους,   5
οἱ δέ, ταῦτα ἐμπεδούντων τῶν ἀρχόντων, μήτε αὐτοὶ τὰς
βασιλείας ποτὲ καταλύσειν μήτ' ἐπιτρέψειν ἐπιχειροῦσιν
ἑτέροις, βοηθήσειν δὲ βασιλῆς τε βασιλεῦσιν ἀδικουμένοις   b
καὶ δήμοις, καὶ δῆμοι δήμοις καὶ βασιλεῦσιν ἀδικουμένοις.
ἆρ' οὐχ οὕτως;

ΜΕ. Οὕτω μὲν οὖν.

e 5 ὀλίγον ἔμπροσθεν secl. Badham   a 1 τὸν αὐτὸν λόγον secl.
Badham   b 2 δῆμοι A : δῆμον fecit A²

5 ΑΘ. Οὐκοῦν τό γε μέγιστον ταῖς καταστάσεσιν τῶν πολιτειῶν ὑπῆρχεν ταῖς ἐν ταῖς τρισὶ πόλεσι νομοθετουμέναις, εἴτε οἱ βασιλῆς ἐνομοθέτουν εἴτ' ἄλλοι τινές;

ΜΕ. Ποῖον;

ΑΘ. Τὸ βοηθούς γε εἶναι τὰς δύο ἐπὶ τὴν μίαν ἀεὶ
10 πόλιν, τὴν τοῖς τεθεῖσιν νόμοις ἀπειθοῦσαν.

ΜΕ. Δῆλον.

c ΑΘ. Καὶ μὴν τοῦτό γε οἱ πολλοὶ προστάττουσιν τοῖς νομοθέταις, ὅπως τοιούτους θήσουσιν τοὺς νόμους οὓς ἑκόντες οἱ δῆμοι καὶ τὰ πλήθη δέξωνται, καθάπερ ἂν εἴ τις γυμνασταῖς ἢ ἰατροῖς προστάττοι μεθ' ἡδονῆς θεραπεύειν τε
5 καὶ ἰᾶσθαι τὰ θεραπευόμενα σώματα.

ΜΕ. Παντάπασι μὲν οὖν.

ΑΘ. Τὸ δέ γ' ἐστὶν ἀγαπητὸν πολλάκις εἰ καί τις μετὰ λύπης μὴ μεγάλης δύναιτο εὐεκτικά τε καὶ ὑγιῆ σώματα ἀπεργάζεσθαι.

10 ΜΕ. Τί μήν;

d ΑΘ. Καὶ τόδε γε ἔτι τοῖς τότε ὑπῆρχεν οὐ σμικρὸν εἰς ῥᾳστώνην τῆς θέσεως τῶν νόμων.

ΜΕ. Τὸ ποῖον;

ΑΘ. Οὐκ ἦν τοῖς νομοθέταις ἡ μεγίστη τῶν μέμψεων,
5 ἰσότητα αὐτοῖς τινα κατασκευάζουσιν τῆς οὐσίας, ἥπερ ἐν ἄλλαις νομοθετουμέναις πόλεσι πολλαῖς γίγνεται, ἐάν τις ζητῇ γῆς τε κτῆσιν κινεῖν καὶ χρεῶν διάλυσιν, ὁρῶν ὡς οὐκ ἂν δύναιτο ἄνευ τούτων γενέσθαι ποτὲ τὸ ἴσον ἱκανῶς· ὡς ἐπιχειροῦντι δὴ νομοθέτῃ κινεῖν τῶν τοιούτων τι πᾶς ἀπαντᾷ
e λέγων μὴ κινεῖν τὰ ἀκίνητα, καὶ ἐπαρᾶται γῆς τε ἀναδασμοὺς εἰσηγούμενον καὶ χρεῶν ἀποκοπάς, ὥστ' εἰς ἀπορίαν καθίστασθαι πάντ' ἄνδρα. τοῖς δὲ δὴ Δωριεῦσι καὶ τοῦθ' οὕτως ὑπῆρχεν καλῶς καὶ ἀνεμεσήτως, γῆν τε ἀναμφισ
5 βητήτως διανέμεσθαι, καὶ χρέα μεγάλα καὶ παλαιὰ οὐκ ἦν.

---

c 1 Καὶ μὴν … c 10 Τί μήν; secl. ci. Zeller   d 6 ἄλλαις scr. recc.: ἀλλήλαις A L O   d 9 τῶν … e 1 κινεῖν in marg. A²: om. Λ¹

ΜΕ. Ἀληθῆ.

ΑΘ. Πῇ δή ποτε οὖν, ὦ ἄριστοι, κακῶς οὕτως αὐτοῖς
ἐχώρησεν ἡ κατοίκισίς τε καὶ νομοθεσία;

ΜΕ. Πῶς δὴ καὶ τί μεμφόμενος αὐτῶν λέγεις;   685

ΑΘ. Ὅτι τριῶν γενομένων τῶν οἰκήσεων τὰ δύο αὐτῶν
μέρη ταχὺ τήν τε πολιτείαν καὶ τοὺς νόμους διέφθειρεν, τὸ
δὲ ἓν μόνον ἔμεινεν, τὸ τῆς ὑμετέρας πόλεως.

ΜΕ. Οὐ πάνυ ῥάδιον ἐρωτᾷς.   5

ΑΘ. Ἀλλὰ μὴν δεῖ γε ἡμᾶς τοῦτο ἐν τῷ νῦν σκοποῦντας
καὶ ἐξετάζοντας, περὶ νόμων παίζοντας παιδιὰν πρεσβυτικὴν
σώφρονα, διελθεῖν τὴν ὁδὸν ἀλύπως, ὡς ἔφαμεν ἡνίκα
ἠρχόμεθα πορεύεσθαι.   b

ΜΕ. Τί μήν; καὶ ποιητέον γε ὡς λέγεις.

ΑΘ. Τίν' οὖν ἂν σκέψιν καλλίω ποιησαίμεθα περὶ νόμων
ἢ τούτων οἳ ταύτας διακεκοσμήκασιν; ἢ πόλεων περὶ τίνων
εὐδοκιμωτέρων τε καὶ μειζόνων κατοικίσεων σκοποίμεθ' ἄν;   5

ΜΕ. Οὐ ῥάδιον ἀντὶ τούτων ἑτέρας λέγειν.

ΑΘ. Οὐκοῦν ὅτι μὲν διενοοῦντό γε οἱ τότε τὴν κατα-
σκευὴν ταύτην οὐ Πελοποννήσῳ μόνον ἔσεσθαι βοηθὸν
ἱκανήν, σχεδὸν δῆλον, ἀλλὰ καὶ τοῖς Ἕλλησιν πᾶσιν, εἴ   c
τις τῶν βαρβάρων αὐτοὺς ἀδικοῖ, καθάπερ οἱ περὶ τὸ Ἴλιον
οἰκοῦντες τότε, πιστεύοντες τῇ τῶν Ἀσσυρίων δυνάμει τῇ
περὶ Νῖνον γενομένῃ, θρασυνόμενοι τὸν πόλεμον ἤγειραν
τὸν ἐπὶ Τροίαν. ἦν γὰρ ἔτι τὸ τῆς ἀρχῆς ἐκείνης σχῆμα   5
τὸ σῳζόμενον οὐ σμικρόν· καθάπερ νῦν τὸν μέγαν βασιλέα
φοβούμεθα ἡμεῖς, καὶ τότε ἐκείνην τὴν συσταθεῖσαν σύν-
ταξιν ἐδέδισαν οἱ τότε. μέγα γὰρ ἔγκλημα πρὸς αὐτοὺς
ἡ τῆς Τροίας ἅλωσις τὸ δεύτερον ἐγεγόνει· τῆς ἀρχῆς γὰρ   d
τῆς ἐκείνων ἦν μόριον. πρὸς δὴ ταῦτ' ἦν πάντα ἡ τοῦ
στρατοπέδου τοῦ τότε διανεμηθεῖσα εἰς τρεῖς πόλεις κατα-

e 8 κατοίκισις scr. recc.: κατοίκησις A L O   b 5 κατοικίσεων
Stephanus: κατοικήσεων libri   c 6 βασιλέα ÷ A   c 7 σύνταξιν
A²: om. A (ut vid.)   d 2 ταῦτ' ἦν Schneider: ταύτην A L O:
ταῦτα vulg.

σκευὴ μία ὑπὸ βασιλέων ἀδελφῶν, παίδων Ἡρακλέους,
5 καλῶς, ὡς ἐδόκει, ἀνηγυρημένη καὶ κατακεκοσμημένη καὶ
διαφερόντως τῆς ἐπὶ τὴν Τροίαν ἀφικομένης. πρῶτον μὲν
γὰρ τοὺς Ἡρακλείδας τῶν Πελοπιδῶν ἀμείνους ἡγοῦντο
ἀρχόντων ἄρχοντας ἔχειν, ἔπειτ' αὖ τὸ στρατόπεδον τοῦτο
e τοῦ ἐπὶ Τροίαν ἀφικομένου διαφέρειν πρὸς ἀρετήν· νενικη-
κέναι γὰρ τούτους, ἡττᾶσθαι δ' ὑπὸ τούτων ἐκείνους, Ἀχαιοὺς
ὄντας ὑπὸ Δωριῶν. ἆρ' οὐχ οὕτως οἰόμεθα καί τινι διανοίᾳ
ταύτῃ κατασκευάζεσθαι τοὺς τότε;

5 ΜΕ. Πάνυ μὲν οὖν.

ΑΘ. Οὐκοῦν καὶ τὸ βεβαίως οἴεσθαι ταῦθ' ἕξειν· εἰκὸς
686 αὐτοὺς καὶ χρόνον τιν' ἂν πολὺν μένειν, ἅτε κεκοινωνηκότας
μὲν πολλῶν πόνων καὶ κινδύνων ἀλλήλοις, ὑπὸ γένους δὲ
ἑνὸς τῶν βασιλέων ἀδελφῶν ὄντων διακεκοσμῆσθαι, πρὸς
τούτοις δ' ἔτι καὶ πολλοῖς μάντεσι κεχρημένους εἶναι τοῖς
5 τε ἄλλοις καὶ τῷ Δελφικῷ Ἀπόλλωνι;

ΜΕ. Πῶς δ' οὐκ εἰκός;

ΑΘ. Ταῦτα δὴ τὰ μεγάλα οὕτως προσδοκώμενα διέπτατο,
ὡς ἔοικε, τότε ταχύ, πλὴν ὅπερ εἴπομεν νυνδὴ σμικροῦ
b μέρους τοῦ περὶ τὸν ὑμέτερον τόπον, καὶ τοῦτο δὴ πρὸς τὰ
δύο μέρη πολεμοῦν οὐ πώποτε πέπαυται μέχρι τὰ νῦν· ἐπεὶ
γενομένη γε ἡ τότε διάνοια καὶ συμφωνήσασα εἰς ἕν, ἀνυ-
πόστατον ἄν τινα δύναμιν ἔσχε κατὰ πόλεμον.

5 ΜΕ. Πῶς γὰρ οὔ;

ΑΘ. Πῶς οὖν καὶ πῇ διώλετο; ἆρ' οὐκ ἄξιον ἐπισκοπεῖν
τηλικοῦτον καὶ τοιοῦτον σύστημα ἥτις ποτὲ τύχη διέφθειρε;

ΜΕ. Σχολῇ γὰρ οὖν δή τις ἂν ἄλλο σκοπῶν, ἢ νόμους
c ἢ πολιτείας ἄλλας θεάσαιτο σῳζούσας καλὰ καὶ μεγάλα
πράγματα ἢ καὶ τοὐναντίον διαφθειρούσας τὸ παράπαν, εἰ
ἀμελήσειε τούτων.

d 5 ὡς om. Stephanus   d 7 πεδοπίδων A   e 2 ἡττῆσθαι
Boeckh   e 3 τινι Λ L et γρ. O : τῇ A² (s. v.) O   a 3 δια-
κεκοσμῆσθαι A et γρ. O : διακεκοσμημένους L O   a 4 χρημένους
A : κεχρημένους fecit A²   b 2 τὰ libri (ἐν ὅλοις ἀντιγράφοις in marg.
O) : τοῦ Aldina

ΑΘ. Τοῦτο μὲν ἄρα, ὡς ἔοικεν, εὐτυχῶς πως ἐμβεβή-
καμέν γε εἴς τινα σκέψιν ἱκανήν.   5

ΜΕ. Πάνυ μὲν οὖν.

ΑΘ. Ἆρ' οὖν, ὦ θαυμάσιε, λελήθαμεν ἄνθρωποι πάντες,
καὶ τὰ νῦν δὴ ἡμεῖς, οἰόμενοι μὲν ἑκάστοτέ τι καλὸν ὁρᾶν
πρᾶγμα γενόμενον καὶ θαυμαστὰ ἂν ἐργασάμενον, εἴ τις ἄρα
ἠπιστήθη καλῶς αὐτῷ χρῆσθαι κατά τινα τρόπον, τὸ δὲ νῦν d
γε ἡμεῖς τάχ' ἂν ἴσως περὶ τοῦτο αὐτὸ οὔτ' ὀρθῶς διανοοί-
μεθα οὔτε κατὰ φύσιν, καὶ δὴ καὶ περὶ τὰ ἄλλα πάντες
πάντα, περὶ ὧν ἂν οὕτω διανοηθῶσιν;

ΜΕ. Λέγεις δὲ δὴ τί, καὶ περὶ τίνος σοι φῶμεν μάλιστ' 5
εἰρῆσθαι τοῦτον τὸν λόγον;

ΑΘ. Ὠγαθέ, καὶ αὐτὸς ἐμαυτοῦ νυνδὴ κατεγέλασα.
ἀποβλέψας γὰρ πρὸς τοῦτον τὸν στόλον οὗ πέρι διαλεγύ-
μεθα, ἔδοξέ μοι πάγκαλός τε εἶναι καὶ θαυμαστὸν κτῆμα
παραπεσεῖν τοῖς Ἕλλησιν, ὅπερ εἶπον, εἴ τις ἄρα αὐτῷ τότε 10
καλῶς ἐχρήσατο.   e

ΜΕ. Οὐκοῦν εὖ καὶ ἐχόντως νοῦν σύ τε πάντα εἶπες καὶ
ἐπῃνέσαμεν ἡμεῖς;

ΑΘ. Ἴσως· ἐννοῶ γε μὴν ὡς πᾶς, ὃς ἂν ἴδῃ τι μέγα
καὶ δύναμιν ἔχον πολλὴν καὶ ῥώμην, εὐθὺς ἔπαθε τοῦτο, ὡς 5
εἴπερ ἐπίσταιτο ὁ κεκτημένος αὐτῷ χρῆσθαι τοιούτῳ τε ὄντι
καὶ τηλικούτῳ, θαυμάστ' ἂν καὶ πολλὰ κατεργασάμενος
εὐδαιμονοῖ.

ΜΕ. Οὐκοῦν ὀρθὸν καὶ τοῦτο; ἢ πῶς λέγεις;   687

ΑΘ. Σκόπει δὴ ποῖ βλέπων ὁ τὸν ἔπαινον τοῦτον περὶ
ἑκάστου τιθέμενος ὀρθῶς λέγει· πρῶτον δὲ περὶ αὐτοῦ τοῦ
νῦν λεγομένου, πῶς, εἰ κατὰ τρόπον ἠπιστήθησαν τάξαι τὸ
στρατόπεδον οἱ τότε διακοσμοῦντες, τοῦ καιροῦ πως ἂν 5
ἔτυχον; ἆρ' οὐκ εἰ συνέστησάν τε ἀσφαλῶς αὐτὸ διέσῳζόν
τε εἰς τὸν ἀεὶ χρόνον, ὥστε αὐτούς τε ἐλευθέρους εἶναι καὶ

d 1 περὶ ÷ Λ   e 6 ον Λ : ὄντι fecit Λ²   a 4 πῶς] πως Hermann
(et mox a 5 πῶς)   a 7 τε alterum O : γε Λ et γ s. v. O

ἄλλων ἄρχοντας ὧν βουληθεῖεν, καὶ ὅλως ἐν ἀνθρώποις πᾶσι
b καὶ Ἕλλησι καὶ βαρβάροις πράττειν ὅτι ἐπιθυμοῖεν αὐτοί
τε καὶ οἱ ἔκγονοι; μῶν οὐ τούτων χάριν ἐπαινοῖεν ἄν;

ΜΕ. Πάνυ μὲν οὖν.

ΑΘ. Ἆρ' οὖν καὶ ὃς ἂν ἰδὼν πλοῦτον μέγαν ἢ τιμὰς
5 διαφερούσας γένους, ἢ καὶ ὁτιοῦν τῶν τοιούτων, εἴπῃ ταὐτὰ
ταῦτα, πρὸς τοῦτο βλέπων εἶπεν, ὡς διὰ τοῦτο αὐτῷ γενησό-
μενα ὧν ἂν ἐπιθυμῇ πάντα ἢ τὰ πλεῖστα καὶ ὅσα ἀξιώτατα
λόγου;

ΜΕ. Ἔοικε γοῦν.

c ΑΘ. Φέρε δή, πάντων ἀνθρώπων ἐστὶ κοινὸν ἐπιθύμημα
ἕν τι τὸ νῦν ὑπὸ τοῦ λόγου δηλούμενον, ὡς αὐτός φησιν ὁ
λόγος;

ΜΕ. Τὸ ποῖον;

5 ΑΘ. Τὸ κατὰ τὴν τῆς αὑτοῦ ψυχῆς ἐπίταξιν τὰ γιγνό-
μενα γίγνεσθαι, μάλιστα μὲν ἅπαντα, εἰ δὲ μή, τά γε
ἀνθρώπινα.

ΜΕ. Τί μήν;

ΑΘ. Οὐκοῦν ἐπείπερ βουλόμεθα πάντες τὸ τοιοῦτον
10 ἀεί, παῖδές τε ὄντες καὶ ἄνδρες πρεσβῦται, τοῦτ' αὐτὸ καὶ
εὐχοίμεθ' ἂν ἀναγκαίως διὰ τέλους;

ΜΕ. Πῶς δ' οὔ;

d ΑΘ. Καὶ μὴν τοῖς γε φίλοις που συνευχοίμεθ' ἂν ταῦτα
ἅπερ ἐκεῖνοι ἑαυτοῖσιν.

ΜΕ. Τί μήν;

ΑΘ. Φίλος μὲν ὑὸς πατρί, παῖς ὢν ἀνδρί.

5 ΜΕ. Πῶς δ' οὔ;

ΑΘ. Καὶ μὴν ὧν γ' ὁ παῖς εὔχεται ἑαυτῷ γίγνεσθαι,
πολλὰ ὁ πατὴρ ἀπεύξαιτ' ἂν τοῖς θεοῖς μηδαμῶς κατὰ τὰς
τοῦ νέος εὐχὰς γίγνεσθαι.

ΜΕ. Ὅταν ἀνόητος ὢν καὶ ἔτι νέος εὔχηται, λέγεις;

b 2 ἐπαινοῖεν Ast : ἐπιθυμοῖεν libri   c 10 ἄνδρες A L γρ. O :
ἄνδρες καὶ O   c 11 εὐχοίμεθ' ἄν] εὐχοίμεθα Λ : εὐχόμεθα I. O
d 2 ἑαυτοῖσιν Λ γρ. O : αὐτοῖς L O   d 6 ὧν γ' Λ O : ὧν Λ² γρ. O

ΑΘ. Καὶ ὅταν γε ὁ πατὴρ ὢν γέρων ἢ καὶ σφόδρα νεα- 10
νίας, μηδὲν τῶν καλῶν καὶ τῶν δικαίων γιγνώσκων, εὔχηται e
μάλα προθύμως ἐν παθήμασιν ἀδελφοῖς ὢν τοῖς γενομένοις
Θησεῖ πρὸς τὸν δυστυχῶς τελευτήσαντα Ἱππόλυτον, ὁ δὲ
παῖς γιγνώσκῃ, τότε, δοκεῖς, παῖς πατρὶ συνεύξεται;
ΜΕ. Μανθάνω ὃ λέγεις. λέγειν γάρ μοι δοκεῖς ὡς οὐ 5
τοῦτο εὐκτέον οὐδὲ ἐπεικτέον, ἕπεσθαι πάντα τῇ ἑαυτοῦ βου-
λήσει, τὴν βούλησιν δὲ πολὺ μᾶλλον τῇ ἑαυτοῦ φρονήσει·
τοῦτο δὲ καὶ πόλιν καὶ ἕνα ἡμῶν ἕκαστον καὶ εὔχεσθαι δεῖν
καὶ σπεύδειν, ὅπως νοῦν ἕξει.

ΑΘ. Ναί, καὶ δὴ καὶ πολιτικόν γε ἄνδρα νομοθέτην ὡς 688
ἀεὶ δεῖ πρὸς τοῦτο βλέποντα τιθέναι τὰς τάξεις τῶν νόμων,
αὐτός τε ἐμνήσθην καὶ ὑμᾶς ἐπαναμιμνήσκω, κατ' ἀρχὰς εἰ
μεμνήμεθα τὰ λεχθέντα, ὅτι τὸ μὲν σφῷν ἦν παρακέλευμα
ὡς χρεὼν εἴη τὸν ἀγαθὸν νομοθέτην πάντα πολέμου χάριν 5
τὰ νόμιμα τιθέναι, τὸ δὲ ἐμὸν ἔλεγον ὅτι τοῦτο μὲν πρὸς
μίαν ἀρετὴν οὐσῶν τεττάρων κελεύοι τίθεσθαι τοὺς νόμους,
δέοι δὲ δὴ πρὸς πᾶσαν μὲν βλέπειν, μάλιστα δὲ καὶ πρὸς b
πρώτην τὴν τῆς συμπάσης ἡγεμόνα ἀρετῆς, φρόνησις δ' εἴη
τοῦτο καὶ νοῦς καὶ δόξα μετ' ἔρωτός τε καὶ ἐπιθυμίας τούτοις
ἑπομένης. ἥκει δὴ πάλιν ὁ λόγος εἰς ταὐτόν, καὶ ὁ λέγων
ἐγὼ νῦν λέγω πάλιν ἅπερ τότε, εἰ μὲν βούλεσθε, ὡς παίζων, 5
εἰ δ', ὡς σπουδάζων, ὅτι δή φημι εὐχῇ χρῆσθαι σφαλερὸν
εἶναι νοῦν μὴ κεκτημένον, ἀλλὰ τἀναντία ταῖς βουλήσεσίν
οἱ γίγνεσθαι. σπουδάζοντα δ' εἴ με τιθέναι βούλεσθε, c
τίθετε· πάνυ γὰρ οὖν προσδοκῶ νῦν ὑμᾶς εὑρήσειν, τῷ λόγῳ
ἑπομένους ὃν ὀλίγῳ ἔμπροσθε προὐθέμεθα, τῆς τῶν βασι-
λέων τε φθορᾶς καὶ ὅλου τοῦ διανοήματος οὐ δειλίαν οὖσαν

d 10 ἢ om. Λ sed s. v. add Λ²   e 6 εὐκτέον Λ (ut vid.) O:
εὐκταῖον Λ² et αι s. v. O   e 7 γρ. πολὺ in marg. Α L O: μηδὲν
Λ L O δὲ ÷÷÷ μηδὲν Λ)   a 4 παρακέλευμα Α L O: παρακέλευσμα
Λ² (σ s. v.)   b 1 καὶ om. Stob.   b 2 τὴν] καὶ Stob.   b 4 ὁ
λέγων ἐγώ] ἀλλαχοῦ καὶ ὃ ἔλεγον ἐγώ· οὐκ εὖ in marg. O   b 6 εἰ δ'
Boeckh: εἴθ' libri   b 7 ἀλλὰ] ἀλλ' ἢ Badham   c 3 βασιλέων]
βασιλειῶν Boeckh

5 τὴν αἰτίαν, οὐδ' ὅτι τὰ περὶ τὸν πόλεμον οὐκ ἠπίσταντο
ἄρχοντές τε καὶ οὓς προσῆκεν ἄρχεσθαι, τῇ λοιπῇ δὲ πάσῃ
κακίᾳ διεφθαρμένα, καὶ μάλιστα τῇ περὶ τὰ μέγιστα τῶν
d ἀνθρωπίνων πραγμάτων ἀμαθίᾳ. ταῦτ' οὖν ὡς οὕτω γέγονε
περὶ τὰ τότε, καὶ νῦν, εἴ που, γίγνεται, καὶ ἐς τὸν ἔπειτα
χρόνον οὐκ ἄλλως συμβήσεται, ἐὰν βούλησθε, πειράσομαι
ἰὼν κατὰ τὸν ἑξῆς λόγον ἀνευρίσκειν τε καὶ ὑμῖν δηλοῦν
5 κατὰ δύναμιν ὡς οὖσιν φίλοις.

ΚΛ. Λόγῳ μὲν τοίνυν σε, ὦ ξένε, ἐπαινεῖν ἐπαχθέστερον,
ἔργῳ δὲ σφόδρα ἐπαινεσόμεθα· προθύμως γὰρ τοῖς λεγο-
μένοις ἐπακολουθήσομεν, ἐν οἷς ὅ γε ἐλεύθερος ἐπαινῶν
καὶ μὴ μάλιστ' ἐστὶν καταφανής.

e ΜΕ. Ἄριστ', ὦ Κλεινία, καὶ ποιῶμεν ἃ λέγεις.

ΚΛ. Ἔσται ταῦτα, ἐὰν θεὸς ἐθέλῃ. λέγε μόνον.

ΑΘ. Φαμὲν δή νυν, καθ' ὁδὸν ἰόντες τὴν λοιπὴν τοῦ
λόγου, τὴν μεγίστην ἀμαθίαν τότε ἐκείνην τὴν δύναμιν
5 ἀπολέσαι καὶ νῦν ταὐτὸν τοῦτο πεφυκέναι ποιεῖν, ὥστε τόν
γε νομοθέτην, εἰ τοῦθ' οὕτως ἔχει, πειρατέον ταῖς πόλεσιν
φρόνησιν μὲν ὅσην δυνατὸν ἐμποιεῖν, τὴν δ' ἄνοιαν ὅτι
μάλιστα ἐξαιρεῖν.

ΚΛ. Δῆλον.

689 ΑΘ. Τίς οὖν ἡ μεγίστη δικαίως ἂν λέγοιτο ἀμαθία;
σκοπεῖτε εἰ συνδόξει καὶ σφῷν λεγόμενον· ἐγὼ μὲν δὴ τὴν
τοιάνδε τίθεμαι.

ΚΛ. Ποίαν;

5 ΑΘ. Τὴν ὅταν τῷ τι δόξαν καλὸν ἢ ἀγαθὸν εἶναι μὴ φιλῇ
τοῦτο ἀλλὰ μισῇ, τὸ δὲ πονηρὸν καὶ ἄδικον δοκοῦν εἶναι
φιλῇ τε καὶ ἀσπάζηται. ταύτην τὴν διαφωνίαν λύπης τε
καὶ ἡδονῆς πρὸς τὴν κατὰ λόγον δόξαν ἀμαθίαν φημὶ εἶναι

c 6 προσῆκεν scr. recc. : προσῆκειν Λ Ο   d 2 ⟨γίγνεται⟩. γίγνεται
ci. Bekker   d 8 ἐλευθέρως Ast   e 3 δή] δὲ δή Stob.   e 6 γε
Stob. : τε Λ Ο   εἰ τοῦθ' Stob. : εἴθ' Λ et pr. Ο   e 7 ἄνοιαν
libri cum Stob. : ἄγνοιαν Boeckh (ignorantiam Ficinus) (et mox b 3)
a 5 δόξαν scr. recc. (et fort. pr. Λ) : δόξῃ Λ L Ο Stob.   a 7 τὴν
om. Stob.

τὴν ἐσχάτην, μεγίστην δέ, ὅτι τοῦ πλήθους ἐστὶ τῆς ψυχῆς·
τὸ γὰρ λυπούμενον καὶ ἡδόμενον αὐτῆς ὕπερ δῆμός τε καὶ   b
πλῆθος πόλεώς ἐστιν. ὅταν οὖν ἐπιστήμαις ἢ δόξαις ἢ λόγῳ
ἐναντιῶται, τοῖς φύσει ἀρχικοῖς, ἡ ψυχή, τοῦτο ἄνοιαν προσ-
αγορεύω, πόλεώς τε, ὅταν ἄρχουσιν καὶ νόμοις μὴ πείθηται
τὸ πλῆθος, ταὐτόν, καὶ δὴ καὶ ἑνὸς ἀνδρός, ὁπόταν καλοὶ ἐν   5
ψυχῇ λόγοι ἐνόντες μηδὲν ποιῶσιν πλέον ἀλλὰ δὴ τούτοις
πᾶν τοὐναντίον, ταύτας πάσας ἀμαθίας τὰς πλημμελεστάτας
ἔγωγ' ἂν θείην πόλεώς τε καὶ ἑνὸς ἑκάστου τῶν πολιτῶν, ἀλλ'   c
οὐ τὰς τῶν δημιουργῶν, εἰ ἄρα μου καταμανθάνετε, ὦ ξένοι,
ὃ λέγω.

ΚΛ. Μανθάνομέν τε, ὦ φίλε, καὶ συγχωροῦμεν ἃ
λέγεις.   5

ΑΘ. Τοῦτο μὲν τοίνυν οὕτω κείσθω δεδογμένον καὶ λεγό-
μενον, ὡς τοῖς ταῦτ' ἀμαθαίνουσι τῶν πολιτῶν οὐδὲν ἐπι-
τρεπτέον ἀρχῆς ἐχόμενον καὶ ὡς ἀμαθέσιν ὀνειδιστέον, ἂν
καὶ πάνυ λογιστικοί τε ὦσι καὶ πάντα τὰ κομψὰ καὶ ὅσα
πρὸς τάχος τῆς ψυχῆς πεφυκότα διαπεπονημένοι ἅπαντα,   d
τοὺς δὲ τοὐναντίον ἔχοντας τούτων ὡς σοφούς τε προσρητέον,
ἂν καὶ τὸ λεγόμενον μήτε γράμματα μήτε νεῖν ἐπίστωνται,
καὶ τὰς ἀρχὰς δοτέον ὡς ἔμφροσιν. πῶς γὰρ ἄν, ὦ φίλοι, ἄνευ
συμφωνίας γένοιτ' ἂν φρονήσεως καὶ τὸ σμικρότατον εἶδος;   5
οὐκ ἔστιν, ἀλλ' ἡ καλλίστη καὶ μεγίστη τῶν συμφωνιῶν
μεγίστη δικαιότατ' ἂν λέγοιτο σοφία, ἧς ὁ μὲν κατὰ λόγον
ζῶν μέτοχος, ὁ δὲ ἀπολειπόμενος οἰκοφθόρος καὶ περὶ πόλιν
οὐδαμῇ σωτὴρ ἀλλὰ πᾶν τοὐναντίον ἀμαθαίνων εἰς ταῦτα
ἑκάστοτε φανεῖται. ταῦτα μὲν οὖν, καθάπερ εἴπομεν ἄρτι,   e
λελεγμένα τεθήτω ταύτῃ.

ΚΛ. Κείσθω γὰρ οὖν.

a 9 τὴν ÷ Α   b 5 καὶ δὴ Α Eus. Stob. : δὴ Ο sed γρ. καὶ
c 2 μου Α Eus. : που Stob. : ἐμοῦ Ο (sed γρ. μου)   c 4 ἃ ἃ Eus.
c 7 ταῦτ' ἀμαθαίνουσι in marg. a¹ : ταῦτα ἀμαθαίνουσι Eus. : εἰς ταῦτα
ἀμαθαίνουσι Stob. ταῦτα μανθάνουσι ΑLΟ   d 2 τούτων libri
cum Stob. : τούτοις Eus. ⟨τούτους Theod.⟩

ΑΘ. Ἄρχοντας δὲ δὴ καὶ ἀρχομένους ἀναγκαῖον ἐν ταῖς
5 πόλεσιν εἶναί που.

ΚΛ. Τί μήν;

690 ΑΘ. Εἶεν· ἀξιώματα δὲ δὴ τοῦ τε ἄρχειν καὶ ἄρχεσθαι
ποῖά ἐστι καὶ πόσα, ἔν τε πόλεσιν μεγάλαις καὶ σμικραῖς ἔν τε
οἰκίαις ὡσαύτως; ἆρ' οὐχὶ ἐν μὲν τό τε πατρὸς καὶ μητρός; καὶ
ὅλως γονέας ἐκγόνων ἄρχειν ἀξίωμα ὀρθὸν πανταχοῦ ἂν εἴη;

5 ΚΛ. Καὶ μάλα.

ΑΘ. Τούτῳ δέ γε ἑπόμενον γενναίους ἀγεννῶν ἄρχειν·
καὶ τρίτον ἔτι τούτοις συνέπεται τὸ πρεσβυτέρους μὲν ἄρχειν
δεῖν, νεωτέρους δὲ ἄρχεσθαι.

ΚΛ. Τί μήν;

b ΑΘ. Τέταρτον δ' αὖ δούλους μὲν ἄρχεσθαι, δεσπότας δὲ
ἄρχειν.

ΚΛ. Πῶς γὰρ οὔ;

ΑΘ. Πέμπτον γε οἶμαι τὸ κρείττονα μὲν ἄρχειν, τὸν
5 ἥττω δὲ ἄρχεσθαι.

ΚΛ. Μάλα γε ἀναγκαῖον ἀρχὴν εἴρηκας.

ΑΘ. Καὶ πλείστην γε ἐν σύμπασιν τοῖς ζῴοις οὖσαν καὶ
κατὰ φύσιν, ὡς ὁ Θηβαῖος ἔφη ποτὲ Πίνδαρος. τὸ δὲ
μέγιστον, ὡς ἔοικεν, ἀξίωμα ἕκτον ἂν γίγνοιτο, ἕπεσθαι μὲν
10 τὸν ἀνεπιστήμονα κελεύον, τὸν δὲ φρονοῦντα ἡγεῖσθαί τε καὶ
c ἄρχειν. καίτοι τοῦτό γε, ὦ Πίνδαρε σοφώτατε, σχεδὸν οὐκ ἂν
παρὰ φύσιν ἔγωγε φαίην γίγνεσθαι, κατὰ φύσιν δέ, τὴν τοῦ
νόμου ἑκόντων ἀρχὴν ἀλλ' οὐ βίαιον πεφυκυῖαν.

ΚΛ. Ὀρθότατα λέγεις.

5 ΑΘ. Θεοφιλῆ δέ γε καὶ εὐτυχῆ τινα λέγοντες ἑβδόμην
ἀρχήν, εἰς κλῆρόν τινα προάγομεν, καὶ λαχόντα μὲν ἄρχειν,
δυσκληροῦντα δὲ ἀπιόντα ἄρχεσθαι τὸ δικαιότατον εἶναί
φαμεν.

e 4 δὲ O Stob. et δ s. v. A² · τε A   a 2 ἔν τε οἰκίαις] καὶ οἰκίαις
Stob.   b 4 καὶ πέμπτον γε Stob.   τὸ A O: τὸν Stob.   τὸν om.
pr. O Stob. et punct. not. A² (ἥττονα Stob.)   b 6 ἀναγκαῖον A (sed
a supra o A²): ἀναγκαίαν L (ut vid.) O Stob.

ΚΛ. Ἀληθέστατα λέγεις.

ΑΘ. "Ὁρᾷς δή," φαῖμεν ἄν, "ὦ νομοθέτα," πρός τινα d
παίζοντες τῶν ἐπὶ νόμων θέσιν ἰόντων ῥᾳδίως, "ὅσα ἐστὶ
πρὸς ἄρχοντας ἀξιώματα, καὶ ὅτι πεφυκότα πρὸς ἄλληλα
ἐναντίως; νῦν γὰρ δὴ στάσεων πηγήν τινα ἀνηυρήκαμεν ἡμεῖς,
ἣν δεῖ σε θεραπεύειν.   πρῶτον δὲ μεθ' ἡμῶν ἀνάσκεψαι πῶς 5
τε καὶ τί παρὰ ταῦτα ἁμαρτόντες οἱ περί τε Ἄργος καὶ Μεσ-
σήνην βασιλῆς αὑτοὺς ἅμα καὶ τὴν τῶν Ἑλλήνων δύναμιν,
οὖσαν θαυμαστὴν ἐν τῷ τότε χρόνῳ, διέφθειραν.   ἆρ' οὐκ e
ἀγνοήσαντες τὸν Ἡσίοδον ὀρθότατα λέγοντα ὡς τὸ ἥμισυ
τοῦ παντὸς πολλάκις ἐστὶ πλέον; ὁπόταν ᾖ τὸ μὲν ὅλον
λαμβάνειν ζημιῶδες, τὸ δ' ἥμισυ μέτριον, τότε τὸ μέτριον
τοῦ ἀμέτρου πλέον ἡγήσατο, ἄμεινον ὂν χείρονος."   5

ΚΛ. Ὀρθότατά γε.

ΑΘ. Πότερον οὖν οἰόμεθα περὶ βασιλέας τοῦτ' ἐγγιγνό-
μενον ἑκάστοτε διαφθείρειν πρότερον, ἢ ἐν τοῖσιν δήμοις;

ΚΛ. Τὸ μὲν εἰκὸς καὶ τὸ πολύ, βασιλέων τοῦτ' εἶναι 691
νόσημα ὑπερηφάνως ζώντων διὰ τρυφάς.

ΑΘ. Οὐκοῦν δῆλον ὡς πρῶτον τοῦτο οἱ τότε βασιλῆς
ἔσχον, τὸ πλεονεκτεῖν τῶν τεθέντων νόμων, καὶ ὃ λόγῳ τε
καὶ ὅρκῳ ἐπῄνεσαν, οὐ συνεφώνησαν αὑτοῖς, ἀλλὰ ἡ δια- 5
φωνία, ὡς ἡμεῖς φαμεν, οὖσα ἀμαθία μεγίστη, δοκοῦσα δὲ
σοφία, πάντ' ἐκεῖνα διὰ πλημμέλειαν καὶ ἀμουσίαν τὴν
πικρὰν διέφθειρεν;

ΚΛ. Ἔοικε γοῦν.

ΑΘ. Εἶεν· τί δὴ τὸν νομοθέτην ἔδει τότε τιθέντα εὐ- b
λαβηθῆναι τούτου περὶ τοῦ πάθους τῆς γενέσεως; ἆρ' ὦ
πρὸς θεῶν νῦν μὲν οὐδὲν σοφὸν γνῶναι τοῦτο οὐδ' εἰπεῖν
χαλεπόν, εἰ δὲ προϊδεῖν ἦν τότε, σοφώτερος ἂν ἦν ἡμῶν ὁ
προϊδών;   5

---

d 3 ὅτι Α et in marg. LO: ὅσα LO   πρὸς] περὶ Madvig
d 6 ἁμαρτόντες ΑΙ et corr. O: ἁμαρτάνοντες Ο   e 3 ὁπόταν ..
e 5 χείρονος seci. Hermann

ΜΕ. Τὸ ποῖον δὴ λέγεις;

ΑΘ. Εἰς τὸ γεγονὸς παρ' ὑμῖν, ὦ Μέγιλλε, ἔστιν νῦν
γε κατιδόντα γνῶναι, καὶ γνόντα εἰπεῖν ῥᾴδιον, ὃ τότε ἔδει
γίγνεσθαι.

10   ΜΕ. Σαφέστερον ἔτι λέγε.

ΑΘ. Τὸ τοίνυν σαφέστατον ἂν εἴη τὸ τοιόνδε.

ΜΕ. Τὸ ποῖον;

c   ΑΘ. Ἐάν τις μείζονα διδῷ τοῖς ἐλάττοσι [δύναμιν]
παρεὶς τὸ μέτριον, πλοίοις τε ἱστία καὶ σώμασιν τροφὴν
καὶ ψυχαῖς ἀρχάς, ἀνατρέπεταί που πάντα, καὶ ἐξυβρίζοντα
τὰ μὲν εἰς νόσους θεῖ, τὰ δ' εἰς ἔκγονον ὕβρεως ἀδικίαν.
5 τί οὖν δή ποτε λέγομεν; ἆρά γε τὸ τοιόνδε, ὡς Οὐκ ἔστ',
ὦ φίλοι ἄνδρες, θνητῆς ψυχῆς φύσις ἥτις ποτὲ δυνήσεται
τὴν μεγίστην ἐν ἀνθρώποις ἀρχὴν φέρειν νέα καὶ ἀνυπεύ-
d θυνος, ὥστε μὴ τῆς μεγίστης νόσου ἀνοίας πληρωθεῖσα
αὑτῆς τὴν διάνοιαν, μῖσος ἔχειν πρὸς τῶν ἐγγύτατα φίλων,
ὃ γενόμενον ταχὺ διέφθειρεν αὐτὴν καὶ πᾶσαν τὴν δύναμιν
ἠφάνισεν αὐτῆς; τοῦτ' οὖν εὐλαβηθῆναι γνόντας τὸ μέτριον
5 μεγάλων νομοθετῶν. ὡς οὖν δὴ τότε γενόμενον, νῦν ἔστιν
μετριώτατα τοπάσαι· τὸ δ' ἔοικεν εἶναι—

ΜΕ. Τὸ ποῖον;

ΑΘ. Θεὸς εἶναι κηδόμενος ὑμῶν τις, ὃς τὰ μέλλοντα
προορῶν, δίδυμον ὑμῖν φυτεύσας τὴν τῶν βασιλέων γένεσιν
e ἐκ μονογενοῦς, εἰς τὸ μέτριον μᾶλλον συνέστειλε. καὶ μετὰ
τοῦτο ἔτι φύσις τις ἀνθρωπίνη μεμειγμένη θείᾳ τινὶ δυνάμει,
κατιδοῦσα ὑμῶν τὴν ἀρχὴν φλεγμαίνουσαν ἔτι, μείγνυσιν τὴν
692 κατὰ γῆρας σώφρονα δύναμιν τῇ κατὰ γένος αὐθάδει ῥώμῃ,
τὴν τῶν ὀκτὼ καὶ εἴκοσι γερόντων ἰσόψηφον εἰς τὰ μέγιστα
τῇ τῶν βασιλέων ποιήσασα δυνάμει. ὁ δὲ τρίτος σωτὴρ

c 1 δύναμιν om. Stob.   c 2 παρεὶς A² O Stob. : παριεὶς A
c 4 θεῖ libri cum Stob. : θεῖ ÷ ÷ ÷ ÷ A : γρ. πίπτει in marg. A L O
c 5 λέγομεν] γρ. λέγω O   d 1 ἀγνοίας Ast   d 5 ante νῦν distinxi
d 6 τοπάσαι· τὸ δ' scripsi : τοπάσαι, τόδ' vulg.   d 8 εἶναι] οἶμαι
Aldina   a 1 γῆρας A et γρ. O : ἀγορὰς O

ὑμῖν ἔτι σπαργῶσαν καὶ θυμουμένην τὴν ἀρχὴν ὁρῶν, οἶον
ψάλιον ἐνέβαλεν αὐτῇ τὴν τῶν ἐφόρων δύναμιν, ἐγγὺς τῆς 5
κληρωτῆς ἀγαγὼν δυνάμεως· καὶ κατὰ δὴ τοῦτον τὸν λόγον
ἡ βασιλεία παρ' ὑμῖν, ἐξ ὧν ἔδει ¦ σύμμεικτος γενομένη καὶ
μέτρον ἔχουσα, σωθεῖσα αὐτὴ σωτηρίας τοῖς ἄλλοις γέγονεν
αἰτία. ἐπεὶ ἐπί γε Τημένῳ καὶ Κρεσφόντῃ καὶ τοῖς τότε b
νομοθέταις, οἵτινες ἄρα ἦσαν νομοθετοῦντες, οὐδ' ἡ Ἀρι-
στοδήμου μερὶς ἐσώθη ποτ' ἄν—οὐ γὰρ ἱκανῶς ἦσαν νομο-
θεσίας ἔμπειροι· σχεδὸν γὰρ οὐκ ἄν ποτ' ᾠήθησαν ὅρκοις
μετριάσαι ψυχὴν νέαν, λαβοῦσαν ἀρχὴν ἐξ ἧς δυνατὸν ἦν 5
τυραννίδα γενέσθαι—νῦν δ' ὁ θεὸς ἔδειξεν οἵαν ἔδει καὶ
δεῖ δὴ τὴν μενοῦσαν μάλιστα ἀρχὴν γίγνεσθαι. τὸ δὲ παρ'
ἡμῶν γιγνώσκεσθαι ταῦτα, ὅπερ εἶπον ἔμπροσθεν, νῦν μὲν c
γενόμενον οὐδὲν σοφόν—ἐκ γὰρ παραδείγματος ὁρᾶν γεγο-
νότος οὐδὲν χαλεπόν—εἰ δ' ἦν τις προορῶν τότε ταῦτα καὶ
δυνάμενος μετριάσαι τὰς ἀρχὰς καὶ μίαν ἐκ τριῶν ποιῆσαι,
τά τε νοηθέντα ἂν καλὰ τότε πάντα ἀπέσωσε καὶ οὐκ ἄν 5
ποτε ὁ Περσικὸς ἐπὶ τὴν Ἑλλάδα οὐδ' ἄλλος οὐδεὶς στόλος
ἂν ὥρμησε, καταφρονήσας ὡς ὄντων ἡμῶν βραχέος ἀξίων.
ΚΛ. Ἀληθῆ λέγεις.
ΑΘ. Αἰσχρῶς γοῦν ἠμύναντο αὐτούς, ὦ Κλεινία. τὸ δ' d
αἰσχρὸν λέγω οὐχ ὡς οὐ νικῶντές γε οἱ τότε καὶ κατὰ γῆν
καὶ κατὰ θάλατταν καλὰς νενικήκασι μάχας· ἀλλὰ ὅ φημι
αἰσχρὸν τότ' εἶναι, τόδε λέγω, τὸ πρῶτον μὲν ἐκείνων τῶν
πόλεων τριῶν οὐσῶν μίαν ὑπὲρ τῆς Ἑλλάδος ἀμῦναι, τὼ 5
δὲ δύο κακῶς οὕτως εἶναι διεφθαρμένα, ὥστε ἡ μὲν καὶ
Λακεδαίμονα διεκώλυεν ἐπαμύνειν αὐτῇ, πολεμοῦσα αὐτῇ
κατὰ κράτος, ἡ δ' αὖ πρωτεύουσα ἐν τοῖς τότε χρόνοις τοῖς
περὶ τὴν διανομήν, ἡ περὶ τὸ Ἄργος, παρακαλουμένη ἀμύ- e
νειν τὸν βάρβαρον οὐθ' ὑπήκουσεν οὔτ' ἤμυνεν. πολλὰ δὲ
λέγων ἄν τις τὰ τότε γενόμενα περὶ ἐκεῖνον τὸν πόλεμον,

---

b 7 μενοῦσαν scr. Ven. 184 · μὲν οὖσαν Λ Ι Ο: in marg. ἴσως μόνου
σαν a^d   c 6 στόλος ἂν Λ Ο: ἂν στόλος corr. Ο vulg.

τῆς Ἑλλάδος οὐδαμῶς εὐσχήμονα ἂν κατηγοροῖ· οὐδ' αὖ
5 ἀμύνασθαι τήν γε Ἑλλάδα λέγων ὀρθῶς ἂν λέγοι, ἀλλ' εἰ
μὴ τό τε Ἀθηναίων καὶ τὸ Λακεδαιμονίων κοινῇ διανόημα
693 ἤμυνεν τὴν ἐπιοῦσαν δουλείαν, σχεδὸν ἂν ἤδη πάντ' ἦν με-
μειγμένα τὰ τῶν Ἑλλήνων γένη ἐν ἀλλήλοις, καὶ βάρβαρα
ἐν Ἕλλησι καὶ Ἑλληνικὰ ἐν βαρβάροις, καθάπερ ὧν Πέρσαι
τυραννοῦσι τὰ νῦν διαπεφορημένα καὶ συμπεφορημένα κακῶς
5 ἐσπαρμένα κατοικεῖται. ταῦτ', ὦ Κλεινία καὶ Μέγιλλε,
ἔχομεν ἐπιτιμᾶν τοῖς τε πάλαι πολιτικοῖς λεγομένοις καὶ
νομοθέταις καὶ τοῖς νῦν, ἵνα τὰς αἰτίας αὐτῶν ἀναζητοῦντες,
b ἀνευρίσκωμεν τί παρὰ ταῦτα ἔδει πράττειν ἄλλο· οἷον δὴ
καὶ τὸ παρὸν εἴπομεν, ὡς ἄρα οὐ δεῖ μεγάλας ἀρχὰς οὐδ'
αὖ ἀμείκτους νομοθετεῖν, διανοηθέντας τὸ τοιόνδε, ὅτι πόλιν
ἐλευθέραν τε εἶναι δεῖ καὶ ἔμφρονα καὶ ἑαυτῇ φίλην, καὶ
5 τὸν νομοθετοῦντα πρὸς ταῦτα βλέποντα δεῖ νομοθετεῖν. μὴ
θαυμάσωμεν δὲ εἰ πολλάκις ἤδη προθέμενοι ἄττα, εἰρήκαμεν
ὅτι πρὸς ταῦτα δεῖ νομοθετεῖν βλέποντα τὸν νομοθέτην,
c τὰ δὲ προτεθέντα οὐ ταὐτὰ ἡμῖν φαίνεται ἑκάστοτε· ἀλλὰ
ἀναλογίζεσθαι χρή, ὅταν πρὸς τὸ σωφρονεῖν φῶμεν δεῖν
βλέπειν, ἢ πρὸς φρόνησιν ἢ φιλίαν, ὡς ἔσθ' οὗτος ὁ σκοπὸς
οὐχ ἕτερος ἀλλ' ὁ αὐτός, καὶ ἄλλα δὴ πολλὰ ἡμᾶς τοιαῦτα
5 ἂν γίγνηται ῥήματα μὴ διαταραττέτω.

ΚΛ. Πειρασόμεθα ποιεῖν οὕτως ἐπανιόντες τοὺς λόγους·
καὶ νῦν δὴ τὸ περὶ τῆς φιλίας τε καὶ φρονήσεως καὶ ἐλευ-
θερίας, πρὸς ὅτι βουλόμενος ἔμελλες λέγειν δεῖν στοχάζεσθαι
d τὸν νομοθέτην, λέγε.

ΑΘ. Ἄκουσον δή νυν. εἰσὶν πολιτειῶν οἷον μητέρες δύο
τινές, ἐξ ὧν τὰς ἄλλας γεγονέναι λέγων ἄν τις ὀρθῶς λέγοι,
καὶ τὴν μὲν προσαγορεύειν μοναρχίαν ὀρθόν, τὴν δ' αὖ δη-
5 μοκρατίαν, καὶ τῆς μὲν τὸ Περσῶν γένος ἄκρον ἔχειν, τῆς
δὲ ἡμᾶς· αἱ δ' ἄλλαι σχεδὸν ἅπασαι, καθάπερ εἶπον, ἐκ

a 5 ἐσπαρμένα secl. Cobet   c 2 πρὸς τὸ σωφρονεῖν secl. Schanz
c 3 ἢ πρὸς Α² ἢ s. v. ; : πρὸς Α Ο   c 6 πειρασόμεθα Λ Ο : πειρασώ-
μεθα Λ²   d 5 περσῶν | ÷ γένος Λ

τούτων εἰσὶ διαπεποικιλμέναι.   δεῖ δὴ οὖν καὶ ἀναγκαῖον
μεταλαβεῖν ἀμφοῖν τούτοιν, εἴπερ ἐλευθερία τ᾽ ἔσται καὶ
φιλία μετὰ φρονήσεως· ὃ δὴ βούλεται ἡμῖν ὁ λόγος προσ-   e
τάττειν, λέγων ὡς οὐκ ἄν ποτε τούτων πόλις ἄμοιρος γενο-
μένη πολιτευθῆναι δύναιτ᾽ ἂν καλῶς.

ΚΛ. Πῶς γὰρ ἄν;

ΑΘ. Ἡ μὲν τοίνυν τὸ μοναρχικόν, ἡ δὲ τὸ ἐλεύθερον   5
ἀγαπήσασα μειζόνως ἢ ἔδει μόνον, οὐδετέρα τὰ μέτρια
κέκτηται τούτων, αἱ δὲ ὑμέτεραι, ἥ τε Λακωνικὴ καὶ Κρη-
τική, μᾶλλον· Ἀθηναῖοι δὲ καὶ Πέρσαι τὸ μὲν πάλαι οὕτω
πως, τὸ νῦν δὲ ἧττον.   τὰ δ᾽ αἴτια διέλθωμεν· ἦ γάρ;   694

ΚΛ. Πάντως, εἴ γέ που μέλλομεν ὃ προυθέμεθα περαίνειν.

ΑΘ. Ἀκούωμεν δή.   Πέρσαι γάρ, ὅτε μὲν τὸ μέτριον
μᾶλλον δουλείας τε καὶ ἐλευθερίας ἦγον ἐπὶ Κύρου, πρῶτον
μὲν ἐλεύθεροι ἐγένοντο, ἔπειτα δὲ ἄλλων πολλῶν δεσπόται.   5
ἐλευθερίας γὰρ ἄρχοντες μεταδιδόντες ἀρχομένοις καὶ ἐπὶ
τὸ ἴσον ἄγοντες, μᾶλλον φίλοι τε ἦσαν στρατιῶται στρατη-
γοῖς καὶ προθύμους αὑτοὺς ἐν τοῖς κινδύνοις παρείχοντο· καὶ   b
εἴ τις αὖ φρόνιμος ἦν ἐν αὐτοῖς καὶ βουλεύειν δυνατός, οὐ
φθονεροῦ τοῦ βασιλέως ὄντος, διδόντος δὲ παρρησίαν καὶ
τιμῶντος τοὺς εἴς τι δυναμένους συμβουλεύειν, κοινὴν τὴν τοῦ
φρονεῖν εἰς τὸ μέσον παρείχετο δύναμιν, καὶ πάντα δὴ τότε   5
ἐπέδωκεν αὐτοῖς δι᾽ ἐλευθερίαν τε καὶ φιλίαν καὶ νοῦ κοινωνίαν.

ΚΛ. Ἔοικέν γέ πως τὰ λεγόμενα οὕτω γεγονέναι.

ΑΘ. Πῇ δὴ οὖν ποτε ἀπώλετο ἐπὶ Καμβύσου καὶ πάλιν   c
ἐπὶ Δαρείου σχεδὸν ἐσώθη; βούλεσθε οἷον μαντείᾳ διανοη-
θέντες χρώμεθα;

ΚΛ. Φέρει γοῦν ἡμῖν σκέψιν τοῦτο ἐφ᾽ ὅπερ ὡρμήκαμεν.

ΑΘ. Μαντεύομαι δὴ νῦν περί γε Κύρου, τὰ μὲν ἄλλ᾽   5
αὐτὸν στρατηγόν τε ἀγαθὸν εἶναι καὶ φιλόπολιν, παιδείας

a 3 μέτριον] μέσον Hertlein   b 4 εἴς τι L O² σ s. v.) · εἴ τι O :
τι Λ sed εἰ s. v. Λ²   b 6 ἐπέδωκεν Stephanus : ἀπέδωκεν libri
c 1 ἀπώλετο ÷ Λ   c 4 τοῦτο] τοῦ Badham   c 6 φιλόπολιν]
φιλόπονον Athenaeus

δὲ ὀρθῆς οὐχ ἧφθαι τὸ παράπαν, οἰκονομίᾳ τε οὐδὲν τὸν νοῦν προσεσχηκέναι.

ΚΛ. Πῶς δὴ τὸ τοιοῦτον φῶμεν;

d ΑΘ. Ἔοικεν ἐκ νέου στρατεύεσθαι διὰ βίου, ταῖς γυναιξὶν παραδοὺς τοὺς παῖδας τρέφειν. αἱ δὲ ὡς εὐδαίμονας αὐτοὺς ἐκ τῶν παίδων εὐθὺς καὶ μακαρίους ἤδη γεγονότας καὶ ἐπιδεεῖς ὄντας τούτων οὐδενὸς ἔτρεφον· κωλύουσαι δὲ 5 ὡς οὖσιν ἱκανῶς εὐδαίμοσι· μήτε αὐτοῖς ἐναντιοῦσθαι μηδένα εἰς μηδέν, ἐπαινεῖν τε ἀναγκάζουσαι πάντας τὸ λεγόμενον ἢ πραττόμενον ὑπ' αὐτῶν, ἔθρεψαν τοιούτους τινάς.

ΚΛ. Καλήν, ὡς ἔοικας, τροφὴν εἴρηκας.

e ΑΘ. Γυναικείαν μὲν οὖν βασιλίδων γυναικῶν νεωστὶ γεγονυιῶν πλουσίων, καὶ ἐν ἀνδρῶν ἐρημίᾳ, διὰ τὸ μὴ σχολάζειν ὑπὸ πολέμων καὶ πολλῶν κινδύνων, τοὺς παῖδας τρεφουσῶν.

5 ΚΛ. Ἔχει γὰρ λόγον.

ΑΘ. Ὁ δὲ πατήρ γε αὐτοῖς αὖ ποίμνια μὲν καὶ πρόβατα καὶ ἀγέλας ἀνδρῶν τε καὶ ἄλλων πολλῶν πολλὰς ἐκτᾶτο, 695 αὐτοὺς δὲ οἷς ταῦτα παραδώσειν ἔμελλεν ἠγνόει τὴν πατρῴαν οὐ παιδευομένους τέχνην, οὖσαν Περσικήν—ποιμένων ὄντων Περσῶν, τραχείας χώρας ἐκγόνων—σκληρὰν καὶ ἱκανὴν ποιμένας ἀπεργάζεσθαι μάλα ἰσχυροὺς καὶ δυναμένους θυραυλεῖν 5 καὶ ἀγρυπνεῖν καὶ εἰ στρατεύεσθαι δέοι στρατεύεσθαι· διεφθαρμένην δὲ παιδείαν ὑπὸ τῆς λεγομένης εὐδαιμονίας τὴν Μηδικὴν περιεῖδεν ὑπὸ γυναικῶν τε καὶ εὐνούχων παιδευb θέντας αὐτοῦ τοὺς ὑεῖς, ὅθεν ἐγένοντο οἵους ἦν αὐτοὺς εἰκὸς γενέσθαι, τροφῇ ἀνεπιπλήκτῳ τραφέντας. παραλαβόντες δ' οὖν οἱ παῖδες τελευτήσαντος Κύρου τρυφῆς μεστοὶ καὶ ἀνεπιπληξίας, πρῶτον μὲν τὸν ἕτερον ἅτερος ἀπέκτεινε τῷ 5 ἴσῳ ἀγανακτῶν, μετὰ δὲ τοῦτο αὐτὸς μαινόμενος ὑπὸ μέθης τε καὶ ἀπαιδευσίας τὴν ἀρχὴν ἀπώλεσεν ὑπὸ Μήδων τε καὶ

a 2 Περσικήν secl. Stallbaum : Περσικήν ... a 3 ἐκγόνων secl. Ast
b 1 αὐτοὺς εἰκὸς Λ : εἰκὸς αὐτοὺς Ο

τοῦ λεγομένου τότε εὐνούχου, καταφρονήσαντος τῆς Καμ-
βύσου μωρίας.

ΚΛ. Λέγεται δὴ ταῦτά γε, καὶ ἔοικεν σχεδὸν οὕτω πως c
γεγονέναι.

ΑΘ. Καὶ μὴν καὶ πάλιν εἰς Πέρσας ἐλθεῖν τὴν ἀρχὴν
διὰ Δαρείου καὶ τῶν ἑπτὰ λέγεταί που.

ΚΛ. Τί μήν;   5

ΑΘ. Θεωρῶμεν δὴ συνεπόμενοι τῷ λόγῳ. Δαρεῖος γὰρ
βασιλέως οὐκ ἦν ὑός, παιδείᾳ τε οὐ διατρυφώσῃ τεθραμ-
μένος, ἐλθὼν δ' εἰς τὴν ἀρχὴν καὶ λαβὼν αὐτὴν ἕβδομος,
διείλετο ἑπτὰ μέρη τεμόμενος, ὧν καὶ νῦν ἔτι σμικρὰ ὀνεί-
ρατα λέλειπται, καὶ νόμους ἠξίου θέμενος οἰκεῖν ἰσότητα 10
κοινήν τινα εἰσφέρων, καὶ τὸν τοῦ Κύρου δασμόν, ὃν   d
ὑπέσχετο Πέρσαις, εἰς τὸν νόμον ἐνέδει, φιλίαν πορίζων
καὶ κοινωνίαν πᾶσιν Πέρσαις, χρήμασι καὶ δωρεαῖς τὸν
Περσῶν δῆμον προσαγόμενος· τοιγαροῦν αὐτῷ τὰ στρατεύ-
ματα μετ' εὐνοίας προσεκτήσατο χώρας οὐκ ἐλάττους ὧν 5
κατέλιπε Κῦρος. μετὰ δὲ Δαρεῖον ὁ τῇ βασιλικῇ καὶ
τρυφώσῃ πάλιν παιδευθεὶς παιδείᾳ Ξέρξης—"Ὦ Δαρεῖε,"
εἰπεῖν ἐστιν δικαιότατον ἴσως, "ὃς τὸ Κύρου κακὸν οὐκ
ἔμαθες, ἐθρέψω δὲ Ξέρξην ἐν τοῖς αὐτοῖς ἤθεσιν ἐν οἷσπερ e
Κῦρος Καμβύσην"—ὁ δέ, ἅτε τῶν αὐτῶν παιδειῶν γενόμενος
ἔκγονος, παραπλήσια ἀπετέλεσεν τοῖς Καμβύσου παθήμασιν·
καὶ σχεδὸν ἔκ γε τοσούτου βασιλεὺς ἐν Πέρσαις οὐδείς πω
μέγας ἐγγέγονεν ἀληθῶς, πλήν γε ὀνόματι. τὸ δ' αἴτιον 5
οὐ τύχης, ὡς ὁ ἐμὸς λόγος, ἀλλ' ὁ κακὸς βίος ὃν οἱ τῶν
διαφερόντως πλουσίων καὶ τυράννων παῖδες τὰ πολλὰ ζῶσιν· 696
οὐ γὰρ μή ποτε γένηται παῖς καὶ ἀνὴρ καὶ γέρων ἐκ ταύτης
τῆς τροφῆς διαφέρων πρὸς ἀρετήν. ἃ δή, φαμέν, τῷ νομο-
θέτῃ σκεπτέον, καὶ ἡμῖν δὲ ἐν τῷ νῦν παρόντι. δίκαιον

---

c 4 ἑπτὰ] ἓξ Valckenaer   d 1 κοινήν τινα Λ   τινα κοινὴν O
d 3 τὸν l. ut vid   O: τῶν Λ   d 7 ὦ . e 2 Καμβύσην secl. Her-
mann · ante ὦ lacunam statuit Badham   e 6 τύχης τύχη Stephanus
ὁ ἐμὸς Λ: οὑμὸς Λ² οὑ s. v.)

5 μήν, ὦ Λακεδαιμόνιοι, τοῦτό γε τῇ πόλει ὑμῶν ἀποδιδόναι,
ὅτι πενίᾳ καὶ πλούτῳ καὶ ἰδιωτείᾳ καὶ βασιλείᾳ διαφέρουσαν
οὐδ᾽ ἡντινοῦν τιμὴν καὶ τροφὴν νέμετε, ἃς μὴ τὸ κατ᾽ ἀρχὰς
b ὑμῖν θεῖον παρὰ θεοῦ διεμαντεύσατό τινος. οὐ γὰρ δὴ δεῖ
κατὰ πόλιν γε εἶναι τὰς τιμὰς ὑπερεχούσας, ὅτι τίς ἐστιν
πλούτῳ διαφέρων, ἐπεὶ οὐδ᾽ ὅτι ταχὺς ἢ καλὸς ἢ ἰσχυρὸς
ἄνευ τινὸς ἀρετῆς, οὐδ᾽ ἀρετῆς ἧς ἂν σωφροσύνη ἀπῇ.

5 ΜΕ. Πῶς τοῦτο, ὦ ξένε, λέγεις;

ΑΘ. Ἀνδρεία που μόριον ἀρετῆς ἕν;

ΜΕ. Πῶς γὰρ οὔ;

ΑΘ. Δίκασον τοίνυν αὐτὸς τὸν λόγον ἀκούσας εἴ σοι
δέξαι᾽ ἂν σύνοικον ἢ γείτονα εἶναί τινα σφόδρα μὲν ἀνδρεῖον,
10 μὴ σώφρονα δὲ ἀλλ᾽ ἀκόλαστον.

c ΜΕ. Εὐφήμει.

ΑΘ. Τί δέ; τεχνικὸν μὲν καὶ περὶ ταῦτα σοφόν, ἄδι-
κον δέ;

ΜΕ. Οὐδαμῶς.

5 ΑΘ. Ἀλλὰ μὴν τό γε δίκαιον οὐ φύεται χωρὶς τοῦ
σωφρονεῖν.

ΜΕ. Πῶς γὰρ ἄν;

ΑΘ. Οὐδὲ μὴν ὅν γε σοφὸν ἡμεῖς νυνδὴ προυθέμεθα, τὸν
τὰς ἡδονὰς καὶ λύπας κεκτημένον συμφώνους τοῖς ὀρθοῖς
10 λόγοις καὶ ἑπομένας.

ΜΕ. Οὐ γὰρ οὖν.

ΑΘ. Ἔτι δὴ καὶ τόδε ἐπισκεψώμεθα τῶν ἐν ταῖς πό-
d λεσιν τιμήσεων ἕνεκα, ποῖαί τε ὀρθαὶ καὶ μὴ γίγνονται
ἑκάστοτε.

ΜΕ. Τὸ ποῖον;

ΑΘ. Σωφροσύνη ἄνευ πάσης τῆς ἄλλης ἀρετῆς ἐν
5 ψυχῇ τινι μεμονωμένη τίμιον ἢ ἄτιμον γίγνοιτ᾽ ἂν κατὰ
δίκην;

ΜΕ. Οὐκ ἔχω ὅπως εἴπω.

b 9 δέξαι Λ: δέξαιο Λ² (ο s. v.)   d 1 μὴ om. pr, ΑΟ s. v. Λ²)

ΑΘ. Καὶ μὴν εἴρηκάς γε μετρίως· εἰπὼν γὰρ δὴ ὧν ἠρό-
μην ὁποτεροιοῦν, παρὰ μέλος ἔμοιγ' ἂν δοκεῖς φθέγξασθαι.

ΜΕ. Καλῶς τοίνυν γεγονὸς ἂν εἴη.   10

ΑΘ. Εἶεν· τὸ μὲν δὴ πρόσθημα ὧν τιμαί τε καὶ ἀτιμίαι
οὐ λόγου, ἀλλά τινος μᾶλλον ἀλόγου σιγῆς, ἄξιον ἂν εἴη.   e

ΜΕ. Σωφροσύνην μοι φαίνῃ λέγειν.

ΑΘ. Ναί. τὸ δέ γε τῶν ἄλλων πλεῖστα ἡμᾶς ὠφελοῦν
μετὰ τῆς προσθήκης μάλιστ' ἂν τιμώμενον ὀρθότατα τιμῷτο,
καὶ τὸ δεύτερον δευτέρως· καὶ οὕτω δὴ κατὰ τὸν ἑξῆς λόγον   5
τὰς ἐφεξῆς τιμὰς λαγχάνον ἕκαστον ὀρθῶς ἂν λαγχάνοι.

ΜΕ. Ἔχει ταύτῃ.   697

ΑΘ. Τί οὖν; οὐ νομοθέτου καὶ ταῦτα αὖ φήσομεν εἶναι
διανέμειν;

ΜΕ. Καὶ μάλα.

ΑΘ. Βούλει δὴ τὰ μὲν ἅπαντα καὶ ἐφ' ἕκαστον ἔργον   5
καὶ κατὰ σμικρὰ ἐκείνῳ δῶμεν νεῖμαι, τὸ δὲ τριχῇ διελεῖν,
ἐπειδὴ νόμων ἐσμὲν καὶ αὐτοί πως ἐπιθυμηταί, πειραθῶμεν,
διατεμεῖν χωρὶς τά τε μέγιστα καὶ δεύτερα καὶ τρίτα;

ΜΕ. Πάνυ μὲν οὖν.

ΑΘ. Λέγομεν τοίνυν ὅτι πόλιν, ὡς ἔοικεν, τὴν μέλλουσαν   10
σῴζεσθαί τε καὶ εὐδαιμονήσειν εἰς δύναμιν ἀνθρωπίνην δεῖ   b
καὶ ἀναγκαῖον τιμάς τε καὶ ἀτιμίας διανέμειν ὀρθῶς. ἔστιν
δὲ ὀρθῶς ἄρα τιμιώτατα μὲν καὶ πρῶτα τὰ περὶ τὴν ψυχὴν
ἀγαθὰ κεῖσθαι, σωφροσύνης ὑπαρχούσης αὐτῇ, δεύτερα δὲ
τὰ περὶ τὸ σῶμα καλὰ καὶ ἀγαθά, καὶ τρίτα τὰ περὶ τὴν   5
οὐσίαν καὶ χρήματα λεγόμενα· τούτων δὲ ἂν ἐκτός τις
βαίνῃ νομοθέτης ἢ πόλις, εἰς τιμὰς ἢ χρήματα προάγουσα
ἤ τι τῶν ὑστέρων εἰς τὸ πρόσθεν τιμαῖς τάττουσα, οὔθ'   c
ὅσιον οὔτε πολιτικὸν ἂν δρῴη πρᾶγμα. εἰρήσθω ταῦτα ἢ
πῶς ἡμῖν;

ΜΕ. Πάνυ μὲν οὖν εἰρήσθω σαφῶς.

d 10 τοίνυν | ÷ ÷ γεγονὸς Λ   d 11 ἂν Λ et in marg. O : om. O
a 10 λέγομεν L ut vid., O Stob. : λέγωμεν Λ

5 ΑΘ. Ταῦτα μὲν τοίνυν ἡμᾶς ἐπὶ πλέον ἐποίησεν εἰπεῖν
ἡ Περσῶν πέρι διάσκεψις τῆς πολιτείας· ἀνευρίσκομεν δὲ
ἐπὶ ἔτι χείρους αὐτοὺς γεγονότας, τὴν δὲ αἰτίαν φαμέν, ὅτι
τὸ ἐλεύθερον λίαν ἀφελόμενοι τοῦ δήμου, τὸ δεσποτικὸν δ'
ἐπαγαγόντες μᾶλλον τοῦ προσήκοντος, τὸ φίλον ἀπώλεσαν
d καὶ τὸ κοινὸν ἐν τῇ πόλει. τούτου δὲ φθαρέντος, οὔθ' ἡ τῶν
ἀρχόντων βουλὴ ὑπὲρ ἀρχομένων καὶ τοῦ δήμου βουλεύεται,
ἀλλ' ἕνεκα τῆς αὑτῶν ἀρχῆς, ἄν τι καὶ σμικρὸν πλέον ἑκά-
στοτε ἡγῶνται ἔσεσθαί σφισιν, ἀναστάτους μὲν πόλεις,
5 ἀνάστατα δὲ ἔθνη φίλια πυρὶ καταφθείραντες, ἐχθρῶς τε
καὶ ἀνηλεήτως μισοῦντες μισοῦνται· ὅταν τε εἰς χρείαν τοῦ
μάχεσθαι περὶ ἑαυτῶν τοὺς δήμους ἀφικῶνται, οὐδὲν κοινὸν
ἐν αὑτοῖς αὖ μετὰ προθυμίας τοῦ ἐθέλειν κινδυνεύειν καὶ
e μάχεσθαι ἀνευρίσκουσιν, ἀλλὰ κεκτημένοι μυριάδας ἀπεράν-
τους λογισμῷ, ἀχρήστους εἰς πόλεμον πάσας κέκτηνται, καὶ
καθάπερ ἐνδεεῖς ἀνθρώπων μισθούμενοι, ὑπὸ μισθωτῶν καὶ
ὀθνείων ἀνθρώπων ἡγοῦνταί ποτε σωθήσεσθαι. πρὸς δὲ
698 τούτοις ἀμαθαίνειν ἀναγκάζονται, λέγοντες ἔργοις ὅτι λῆρος
πρὸς χρυσόν τε καὶ ἄργυρόν ἐστιν ἑκάστοτε τὰ λεγόμενα
τίμια καὶ καλὰ κατὰ πόλιν.

ΜΕ. Πάνυ μὲν οὖν.

5 ΑΘ. Τὰ μὲν δὴ περί γε Περσῶν, ὡς οὐκ ὀρθῶς τὰ νῦν
διοικεῖται διὰ τὴν σφόδρα δουλείαν τε καὶ δεσποτείαν, τέλος
ἐχέτω.

ΜΕ. Πάνυ μὲν οὖν.

ΑΘ. Τὰ δὲ περὶ τὴν τῆς Ἀττικῆς αὖ πολιτείας τὸ μετὰ
10 τοῦτο ὡσαύτως ἡμᾶς διεξελθεῖν χρεών, ὡς ἡ παντελὴς καὶ
b ἀπὸ πασῶν ἀρχῶν ἐλευθερία τῆς μέτρον ἐχούσης ἀρχῆς ὑφ'
ἑτέρων οὐ σμικρῷ χείρων· ἡμῖν γὰρ κατ' ἐκεῖνον τὸν χρόνον,
ὅτε ἡ Περσῶν ἐπίθεσις τοῖς Ἕλλησιν, ἴσως δὲ σχεδὸν ἅπασιν

c 7 ἐπὶ ἔτι] ἐπὶ ἐπὶ ἔτι pr. Λ · ἐπὶ ἔτη ci Schneider   d 6 ἀνηλεή-
τως Λ L : ἀνελεήτως Ο : ὀνηλέως corr Ο η (t ως s. v.)   μισοῦνται
om. ut vid. pr. Λ νται ὅτ' ἂν extra versum)   a 9 πολιτείας]
πολιτείαν scr. recc.

τοῖς τὴν Εὐρώπην οἰκοῦσιν, ἐγίγνετο, πολιτεία τε ἦν παλαιὰ
καὶ ἐκ τιμημάτων ἀρχαί τινες τεττάρων, καὶ δεσπότις ἐνῆν 5
τις αἰδώς, δι' ἣν δουλεύοντες τοῖς τότε νόμοις ζῆν ἠθέλομεν.
καὶ πρὸς τούτοις δὴ τὸ μέγεθος τοῦ στόλου κατά τε γῆν καὶ
κατὰ θάλατταν γενόμενον, φόβον ἄπορον ἐμβαλόν, δουλείαν
ἔτι μείζονα ἐποίησεν ἡμᾶς τοῖς τε ἄρχουσιν καὶ τοῖς νόμοις c
δουλεῦσαι, καὶ διὰ πάντα ταῦθ' ἡμῖν συνέπεσε πρὸς ἡμᾶς
αὐτοὺς σφόδρα φιλία. σχεδὸν γὰρ δέκα ἔτεσιν πρὸ τῆς ἐν
Σαλαμῖνι ναυμαχίας ἀφίκετο Δᾶτις Περσικὸν στόλον ἄγων,
πέμψαντος Δαρείου διαρρήδην ἐπί τε Ἀθηναίους καὶ Ἐρε- 5
τριᾶς, ἐξανδραποδισάμενον ἀγαγεῖν, θάνατον αὐτῷ προειπὼν
μὴ πράξαντι ταῦτα. καὶ ὁ Δᾶτις τοὺς μὲν Ἐρετριᾶς ἔν τινι d
βραχεῖ χρόνῳ παντάπασιν κατὰ κράτος τε εἷλεν μυριάσι
συχναῖς, καί τινα λόγον εἰς τὴν ἡμετέραν πόλιν ἀφῆκεν
φοβερόν, ὡς οὐδεὶς Ἐρετριῶν αὐτὸν ἀποπεφευγὼς εἴη·
συνάψαντες γὰρ ἄρα τὰς χεῖρας σαγηνεύσαιεν πᾶσαν τὴν
Ἐρετρικὴν οἱ στρατιῶται τοῦ Δάτιδος. ὁ δὴ λόγος, εἴτ' 5
ἀληθὴς εἴτε καὶ ὅπῃ ἀφίκετο, τούς τε ἄλλους Ἕλληνας καὶ
δὴ καὶ Ἀθηναίους ἐξέπληττεν, καὶ πρεσβευομένοις αὐτοῖς
πανταχόσε βοηθεῖν οὐδεὶς ἤθελεν πλήν γε Λακεδαιμονίων· e
οὗτοι δὲ ὑπό τε τοῦ πρὸς Μεσσήνην ὄντος τότε πολέμου καὶ
εἰ δή τι διεκώλυεν ἄλλο αὐτούς—οὐ γὰρ ἴσμεν λεγόμενον—
ὕστεροι δ' οὖν ἀφίκοντο τῆς ἐν Μαραθῶνι μάχης γενομένης
μιᾷ ἡμέρᾳ. μετὰ δὲ τοῦτο παρασκευαί τε μεγάλαι λεγό- 5
μεναι καὶ ἀπειλαὶ ἐφοίτων μυρίαι παρὰ βασιλέως. προϊόντος
δὲ τοῦ χρόνου, Δαρεῖος μὲν τεθνάναι ἐλέχθη, νέος δὲ καὶ
σφοδρὸς ὁ υἱὸς αὐτοῦ παρειληφέναι τὴν ἀρχὴν καὶ οὐδαμῶς
ἀφίστασθαι τῆς ὁρμῆς. οἱ δὲ Ἀθηναῖοι πᾶν τοῦτο ᾤοντο ἐπὶ 699
σφᾶς αὐτοὺς παρασκευάζεσθαι διὰ τὸ Μαραθῶνι γενόμενον,
καὶ ἀκούοντες Ἄθων τε διορυττόμενον καὶ Ἑλλήσποντον
ζευγνύμενον καὶ τὸ τῶν νεῶν πλῆθος, ἡγήσαντο οὔτε κατὰ

c 1 τε A L Aristides et γρ. O : τότε O   c 3 σφοδρὰ Aldina
e 4 ὕστεροι A et corr O : ὕστερον O   ἐν secl. Schanz

5 γῆν σφίσιν εἶναι σωτηρίαν οὔτε κατὰ θάλατταν· οὔτε γὰρ
βοηθήσειν αὐτοῖς οὐδένα—μεμνημένοι ὡς οὐδ' ὅτε τὸ πρό-
τερον ἦλθον καὶ τὰ περὶ Ἐρέτριαν διεπράξαντο, σφίσι γε
οὐδεὶς τότε ἐβοήθησεν οὐδ' ἐκινδύνευσεν συμμαχόμενος· ταὐ-
b τὸν δὴ προσεδόκων καὶ τότε γενήσεσθαι τό γε κατὰ γῆν—καὶ
κατὰ θάλατταν δ' αὖ πᾶσαν ἀπορίαν ἑώρων σωτηρίας, νεῶν
χιλίων καὶ ἔτι πλεόνων ἐπιφερομένων. μίαν δὴ σωτηρίαν
συνενόουν, λεπτὴν μὲν καὶ ἄπορον, μόνην δ' οὖν, βλέψαντες
5 πρὸς τὸ πρότερον γενόμενον, ὡς ἐξ ἀπόρων καὶ τότε ἐφαίνετο
γενέσθαι τὸ νικῆσαι μαχομένους· ἐπὶ δὲ τῆς ἐλπίδος ὀχού-
μενοι ταύτης ηὕρισκον καταφυγὴν αὑτοῖς εἰς αὑτοὺς μόνους
c εἶναι καὶ τοὺς θεούς. ταῦτ' οὖν αὐτοῖς πάντα φιλίαν ἀλλήλων
ἐνεποίει, ὁ φόβος ὁ τότε παρὼν ὅ τε ἐκ τῶν νόμων τῶν
ἔμπροσθεν γεγονώς, ὃν δουλεύοντες τοῖς πρόσθεν νόμοις
ἐκέκτηντο, ἣν αἰδῶ πολλάκις ἐν τοῖς ἄνω λόγοις εἴπομεν,
5 ᾗ καὶ δουλεύειν ἔφαμεν δεῖν τοὺς μέλλοντας ἀγαθοὺς ἔσεσθαι,
ἧς ὁ δειλὸς ἐλεύθερος καὶ ἄφοβος· ὃν εἰ τότε μὴ δέος ἔλαβεν,
οὐκ ἄν ποτε συνελθὼν ἠμύνατο, οὐδ' ἤμυνεν ἱεροῖς τε καὶ
τάφοις καὶ πατρίδι καὶ τοῖς ἄλλοις οἰκείοις τε ἅμα καὶ φίλοις,
d ὥσπερ τότ' ἐβοήθησεν, ἀλλὰ κατὰ σμικρὰ ἂν ἐν τῷ τότε
ἡμῶν ἕκαστος σκεδασθεὶς ἄλλος ἄλλοσε διεσπάρη.

ΜΕ. Καὶ μάλα, ὦ ξένε, ὀρθῶς τε εἴρηκας καὶ σαυτῷ τε
καὶ τῇ πατρίδι πρεπόντως.

5 ΑΘ. Ἔστι ταῦτα, ὦ Μέγιλλε· πρὸς γὰρ σὲ τὰ ἐν τῷ
τότε χρόνῳ γενόμενα, κοινωνὸν τῇ τῶν πατέρων γεγονότα
φύσει, δίκαιον λέγειν. ἐπισκόπει μὴν καὶ σὺ καὶ Κλεινίας
εἴ τι πρὸς τὴν νομοθεσίαν προσήκοντα λέγομεν· οὐ γὰρ μύθων
e ἕνεκα διεξέρχομαι, οὗ λέγω δ' ἕνεκα. ὁρᾶτε γάρ· ἐπειδή
τινα τρόπον ταὐτὸν ἡμῖν συμβεβήκει πάθος ὅπερ Πέρσαις,
ἐκείνοις μὲν ἐπὶ πᾶσαν δουλείαν ἄγουσιν τὸν δῆμον, ἡμῖν δ'

a 6 πρότερον Λ : πρῶτον Ο   b 2 δ' αὖ L (ut vid.) Ο : δὴ Λ (sed av
s. v. Α²)   c 5 ᾗ καὶ] καὶ ᾗ Aristides   c 6 ἧς (non ᾗ) A cum cett.
ὃν . . . δέος] ὃ . . . δῆμος δέος ci. C. Ritter   e 2 ξυνεβεβήκει Schanz
e 3 ἄγουσι A : ἀγαγοῦσι I. Ο

αὖ τοὐναντίον ἐπὶ πᾶσαν ἐλευθερίαν προτρέπουσι τὰ πλήθη,
πῶς δὴ καὶ τί λέγωμεν τοὐντεῦθεν, οἱ προγεγονότες ἡμῖν   5
ἔμπροσθεν λόγοι τρόπον τινὰ καλῶς εἰσιν εἰρημένοι.

ΜΕ. Λέγεις εὖ· πειρῶ δ' ἔτι σαφέστερον ἡμῖν σημῆναι   700
τὸ νῦν λεγόμενον.

ΑΘ. Ἔσται ταῦτα. οὐκ ἦν, ὦ φίλοι, ἡμῖν ἐπὶ τῶν
παλαιῶν νόμων ὁ δῆμός τινων κύριος, ἀλλὰ τρόπον τινὰ
ἑκὼν ἐδούλευε τοῖς νόμοις.   5

ΜΕ. Ποίοις δὴ λέγεις;

ΑΘ. Τοῖς περὶ τὴν μουσικὴν πρῶτον τὴν τότε, ἵνα ἐξ
ἀρχῆς διέλθωμεν τὴν τοῦ ἐλευθέρου λίαν ἐπίδοσιν βίου.
διῃρημένη γὰρ δὴ τότε ἦν ἡμῖν ἡ μουσικὴ κατὰ εἴδη τε
ἑαυτῆς ἄττα καὶ σχήματα, καί τι ἦν εἶδος ᾠδῆς εὐχαὶ πρὸς   b
θεούς, ὄνομα δὲ ὕμνοι ἐπεκαλοῦντο· καὶ τούτῳ δὴ τὸ ἐναντίον
ἦν ᾠδῆς ἕτερον εἶδος—θρήνους δέ τις ἂν αὐτοὺς μάλιστα
ἐκάλεσεν—καὶ παίωνες ἕτερον, καὶ ἄλλο, Διονύσου γένεσις
οἶμαι, διθύραμβος λεγόμενος. νόμους τε αὐτὸ τοῦτο τοὔνομα   5
ἐκάλουν, ᾠδήν ὥς τινα ἑτέραν· ἐπέλεγον δὲ κιθαρῳδικούς.
τούτων δὴ διατεταγμένων καὶ ἄλλων τινῶν, οὐκ ἐξῆν ἄλλο
εἰς ἄλλο καταχρῆσθαι μέλους εἶδος· τὸ δὲ κῦρος τούτων   c
γνῶναί τε καὶ ἅμα γνόντα δικάσαι, ζημιοῦν τε αὖ τὸν μὴ
πειθόμενον, οὐ σύριγξ ἦν οὐδέ τινες ἄμουσοι βοαὶ πλήθους,
καθάπερ τὰ νῦν, οὐδ' αὖ κρότοι ἐπαίνους ἀποδιδόντες, ἀλλὰ
τοῖς μὲν γεγονόσι περὶ παίδευσιν δεδογμένον ἀκούειν ἦν   5
αὐτοῖς μετὰ σιγῆς διὰ τέλους, παισὶ δὲ καὶ παιδαγωγοῖς καὶ
τῷ πλείστῳ ὄχλῳ ῥάβδου κοσμούσης ἡ νουθέτησις ἐγίγνετο.
ταῦτ' οὖν οὕτω τεταγμένως ἤθελεν ἄρχεσθαι τῶν πολιτῶν τὸ   d
πλῆθος, καὶ μὴ τολμᾶν κρίνειν διὰ θορύβου· μετὰ δὲ ταῦτα,
προϊόντος τοῦ χρόνου, ἄρχοντες μὲν τῆς ἀμούσου παρανομίας
ποιηταὶ ἐγίγνοντο φύσει μὲν ποιητικοί, ἀγνώμονες δὲ περὶ
τὸ δίκαιον τῆς Μούσης καὶ τὸ νόμιμον, βακχεύοντες καὶ   5

a 1 σημῆναι Λ (sed σ s. v. et να in ras. Λ²)   b 2 τούτῳ Λ :
τοῦτο L O   b 7 ἄλλο Λ I. O 'ὕλα τὰ ἀντίγραφα διὰ τοῦ ο in marg.
O, : ἄλλῳ corr. O ί ω s v.

μᾶλλον τοῦ δέοντος κατεχόμενοι ὑφ' ἡδονῆς, κεραννύντες δὲ
θρήνους τε ὕμνοις καὶ παίωνας διθυράμβοις, καὶ αὐλῳδίας

e δὴ ταῖς κιθαρῳδίαις μιμούμενοι, καὶ πάντα εἰς πάντα συνά-
γοντες, μουσικῆς ἄκοντες ὑπ' ἀνοίας καταψευδόμενοι ὡς
ὀρθότητα μὲν οὐκ ἔχοι οὐδ' ἡντινοῦν μουσική, ἡδονῇ δὲ τῇ
τοῦ χαίροντος, εἴτε βελτίων εἴτε χείρων ἄν εἴη τις, κρίνοιτο
ὀρθότατα. τοιαῦτα δὴ ποιοῦντες ποιήματα, λόγους τε ἐπιλέ-

5 γοντες τοιούτους, τοῖς πολλοῖς ἐνέθεσαν παρανομίαν εἰς τὴν
μουσικὴν καὶ τόλμαν ὡς ἱκανοῖς οὖσιν κρίνειν· ὅθεν δὴ τὰ

701 θέατρα ἐξ ἀφώνων φωνήεντ' ἐγένοντο, ὡς ἐπαίοντα ἐν
μούσαις τό τε καλὸν καὶ μή, καὶ ἀντὶ ἀριστοκρατίας ἐν αὐτῇ
θεατροκρατία τις πονηρὰ γέγονεν. εἰ γὰρ δὴ καὶ δημοκρατία
ἐν αὐτῇ τις μόνον ἐγένετο ἐλευθέρων ἀνδρῶν, οὐδὲν ἂν πάνυ

5 γε δεινὸν ἦν τὸ γεγονός· νῦν δὲ ἦρξε μὲν ἡμῖν ἐκ μουσικῆς
ἡ πάντων εἰς πάντα σοφίας δόξα καὶ παρανομία, συνεφέ-
σπετο δὲ ἐλευθερία. ἄφοβοι γὰρ ἐγίγνοντο ὡς εἰδότες, ἡ
δὲ ἄδεια ἀναισχυντίαν ἐνέτεκεν· τὸ γὰρ τὴν τοῦ βελτίονος

b δόξαν μὴ φοβεῖσθαι διὰ θράσος, τοῦτ' αὐτό ἐστιν σχεδὸν
ἡ πονηρὰ ἀναισχυντία, διὰ δή τινος ἐλευθερίας λίαν ἀποτε-
τε·ολμημένης.

ΜΕ. Ἀληθέστατα λέγεις.

5 ΑΘ. Ἐφεξῆς δὴ ταύτῃ τῇ ἐλευθερίᾳ ἡ τοῦ μὴ ἐθέλειν τοῖς
ἄρχουσι δουλεύειν γίγνοιτ' ἄν, καὶ ἑπομένη ταύτῃ φεύγειν
πατρὸς καὶ μητρὸς καὶ πρεσβυτέρων δουλείαν καὶ νουθέτησιν,
καὶ ἐγγὺς τοῦ τέλους οὖσιν νόμων ζητεῖν μὴ ὑπηκόοις εἶναι,

c πρὸς αὐτῷ δὲ ἤδη τῷ τέλει ὅρκων καὶ πίστεων καὶ τὸ παράπαν
θεῶν μὴ φροντίζειν, τὴν λεγομένην παλαιὰν Τιτανικὴν φύσιν
ἐπιδεικνῦσι καὶ μιμουμένοις, ἐπὶ τὰ αὐτὰ πάλιν ἐκεῖνα ἀφικο-
μένους, χαλεπὸν αἰῶνα διάγοντας μὴ λῆξαί ποτε κακῶν. τίνος

5 δὴ καὶ ταῦθ' ἡμῖν αὖ χάριν ἐλέχθη; δεῖν φαίνεται ἔμοιγε
οἷόνπερ ἵππον τὸν λόγον ἑκάστοτε ἀναλαμβάνειν, καὶ μὴ

a 3 δὴ Ο et s.v. Α²: ἂν Α   a 4 αὐτῇ L (ut vid.): ἑαυτῇ Λ Ο
a 5 ἡμῖν] ὑμῖν Λ Ο   a 8 ἀναισχυντίαν] τὴν ἀναισχυντίαν in marg. a³
b 7 νουθέτησιν L : νομοθέτησιν Λ Ο   c 3 ἀφικομένοις Schanz

καθάπερ ἀχάλινον κεκτημένον τὸ στόμα, βίᾳ ὑπὸ τοῦ λόγον φερόμενον, κατὰ τὴν παροιμίαν ἀπό τινος ὄνου πεσεῖν, ἀλλ' **d** ἐπανερωτᾶν τὸ νυνδὴ λεχθέν, τὸ τίνος δὴ χάριν ἕνεκα ταῦτα ἐλέχθη;

ΜΕ. Καλῶς.

ΑΘ. Ταῦτα τοίνυν εἴρηται ἐκείνων ἕνεκα.   5

ΜΕ. Τίνων;

ΑΘ. Ἐλέξαμεν ὡς τὸν νομοθέτην δεῖ τριῶν στοχαζόμενον νομοθετεῖν, ὅπως ἡ νομοθετουμένη πόλις ἐλευθέρα τε ἔσται καὶ φίλη ἑαυτῇ καὶ νοῦν ἕξει. ταῦτ' ἦν· ἦ γάρ;

ΜΕ. Πάνυ μὲν οὖν.   10

ΑΘ. Τούτων ἕνεκα δὴ πολιτείας τήν τε δεσποτικωτάτην **e** προελόμενοι καὶ τὴν ἐλευθερικωτάτην, ἐπισκοποῦμεν νυνὶ ποτέρα τούτων ὀρθῶς πολιτεύεται· λαβόντες δὲ αὐτῶν ἑκατέρας μετριότητά τινα, τῶν μὲν τοῦ δεσπόζειν, τῶν δὲ τοῦ ἐλευθεριάσαι, κατείδομεν ὅτι τότε διαφερόντως ἐν αὐταῖς 5 ἐγένετο εὐπραγία, ἐπὶ δὲ τὸ ἄκρον ἀγαγόντων ἑκατέρων, τῶν μὲν δουλείας, τῶν δὲ τοὐναντίον, οὐ συνήνεγκεν οὔτε τοῖς οὔτε τοῖς.

ΜΕ. Ἀληθέστατα λέγεις.   702

ΑΘ. Καὶ μὴν αὐτῶν γ' ἕνεκα καὶ τὸ Δωρικὸν ἐθεασάμεθα κατοικιζόμενον στρατόπεδον καὶ τὰς τοῦ Δαρδάνου ὑπωρείας τε καὶ τὴν ἐπὶ θαλάττῃ κατοίκισιν, καὶ τοὺς πρώτους δὴ τοὺς περιλιπεῖς γενομένους τῆς φθορᾶς, ἔτι δὲ τοὺς ἔμπροσθεν 5 τούτων γενομένους ἡμῖν λόγους περί τε μουσικῆς καὶ μέθης καὶ τὰ τούτων ἔτι πρότερα. ταῦτα γὰρ πάντα εἴρηται τοῦ κατιδεῖν ἕνεκα πῶς ποτ' ἂν πόλις ἄριστα οἰκοίη, καὶ ἰδίᾳ πῶς ἄν τις βέλτιστα τὸν αὑτοῦ βίον διαγάγοι· εἰ δὲ δή τι **b** πεποιήκαμεν προὔργου, τίς ποτ' ἂν ἔλεγχος γίγνοιτο ἡμῖν πρὸς ἡμᾶς αὐτοὺς λεχθείς, ὦ Μέγιλλέ τε καὶ Κλεινία;

d 1 ὄνου O²: νοῦ Λ L O   d 2 χάριν secl. Hermann : ἕνεκα om.
Vat. 177   e 6 ἀγαγόντων L (ut vid.) O et in marg. γρ. Λ²: ἀγαθὸν
τῶν Λ et γρ. O   a 4 θαλάττῃ L (ut vid.) O et ηι s. v. Λ : θάλατταν Λ
a 5 περιλειπεῖς fecit Λ²

PLATO, VOL. V.   8

ΚΛ. Ἐγώ τινα, ὦ ξένε, μοι δοκῶ κατανοεῖν. ἔοικεν κατὰ
5 τύχην τινὰ ἡμῖν τὰ τῶν λόγων τούτων πάντων ὧν διεξήλθομεν
γεγονέναι· σχεδὸν γὰρ εἰς χρείαν αὐτῶν ἔγωγ᾽ ἐλήλυθα τὰ
νῦν, καὶ κατά τινα αὖ καιρὸν σύ τε παραγέγονας ἅμα καὶ
c Μέγιλλος ὅδε. οὐ γὰρ ἀποκρύψομαι σφὼ τὸ νῦν ἐμοὶ
συμβαῖνον, ἀλλὰ καὶ πρὸς οἰωνόν τινα ποιοῦμαι. ἡ γὰρ
πλείστη τῆς Κρήτης ἐπιχειρεῖ τινα ἀποικίαν ποιήσασθαι,
καὶ προστάττει τοῖς Κνωσίοις ἐπιμεληθῆναι τοῦ πράγματος,
5 ἡ δὲ τῶν Κνωσίων πόλις ἐμοί τε καὶ ἄλλοις ἐννέα· ἅμα δὲ
καὶ νόμους τῶν τε αὐτόθι, εἴ τινες ἡμᾶς ἀρέσκουσιν, τίθεσθαι
κελεύει, καὶ εἴ τινες ἑτέρωθεν, μηδὲν ὑπολογιζομένους τὸ
ξενικὸν αὐτῶν, ἂν βελτίους φαίνωνται. νῦν οὖν ἐμοί τε καὶ
d ὑμῖν ταύτην δῶμεν χάριν· ἐκ τῶν εἰρημένων ἐκλέξαντες, τῷ
λόγῳ συστησώμεθα πόλιν, οἷον ἐξ ἀρχῆς κατοικίζοντες,
καὶ ἅμα μὲν ἡμῖν οὗ ζητοῦμεν ἐπίσκεψις γενήσεται, ἅμα
δὲ ἐγὼ τάχ᾽ ἂν χρησαίμην εἰς τὴν μέλλουσαν πόλιν ταύτῃ
5 τῇ συστάσει.

ΑΘ. Οὐ πόλεμόν γε ἐπαγγέλλεις, ὦ Κλεινία· ἀλλ᾽ εἰ μή
τι Μεγίλλῳ πρόσαντες, τὰ παρ᾽ ἐμοῦ γε ἡγοῦ σοι πάντα κατὰ
νοῦν ὑπάρχειν εἰς δύναμιν.

ΚΛ. Εὖ λέγεις.

10 ΜΕ. Καὶ μὴν καὶ τὰ παρ᾽ ἐμοῦ.

e ΚΛ. Κάλλιστ᾽ εἰρήκατον. ἀτὰρ πειρώμεθα λόγῳ πρῶτον
κατοικίζειν τὴν πόλιν.

Δ

704 ΑΘ. Φέρε δή, τίνα δεῖ διανοηθῆναί ποτε τὴν πόλιν
ἔσεσθαι; λέγω δὲ οὔτι τοὔνομα αὐτῆς ἐρωτῶν ὅτι ποτ᾽ ἔστι
τὰ νῦν, οὐδὲ εἰς τὸν ἔπειτα χρόνον ὅτι δεήσει καλεῖν αὐτήν—
τοῦτο μὲν γὰρ τάχ᾽ ἂν ἴσως καὶ ὁ κατοικισμὸς αὐτῆς ἤ τις
5 τόπος, ἢ ποταμοῦ τινος ἢ κρήνης ἢ θεῶν ἐπωνυμία τῶν ἐν τῷ
b τόπῳ, προσθείη τὴν αὐτῶν φήμην καινῇ γενομένῃ τῇ πόλει—

τόδε δὲ περὶ αὐτῆς ἐστιν ὃ βουλόμενος μᾶλλον ἐπερωτῶ,
πότερον ἐπιθαλαττίδιος ἔσται τις ἢ χερσαία.

ΚΛ. Σχεδόν, ὦ ξένε, ἀπέχει θαλάττης γε ἡ πόλις, ἧς πέρι
τὰ νυνδὴ λεχθέντα ἡμῖν, εἴς τινας ὀγδοήκοντα σταδίους.   5

ΑΘ. Τί δέ; λιμένες ἆρ' εἰσὶν κατὰ ταῦτα αὐτῆς, ἢ τὸ
παράπαν ἀλίμενος;

ΚΛ. Εὐλίμενος μὲν οὖν ταύτῃ γε ὡς δυνατόν ἐστιν
μάλιστα, ὦ ξένε.

ΑΘ. Παπαί, οἷον λέγεις. τί δὲ περὶ αὐτὴν ἡ χώρα; c
πότερα πάμφορος ἢ καί τινων ἐπιδεής;

ΚΛ. Σχεδὸν οὐδενὸς ἐπιδεής.

ΑΘ. Γείτων δὲ αὐτῆς πόλις ἆρ' ἔσται τις πλησίον;

ΚΛ. Οὐ πάνυ, διὸ καὶ κατοικίζεται· παλαιὰ γάρ τις ἐξοί- 5
κησις ἐν τῷ τόπῳ γεγομένη τὴν χώραν ταύτην ἔρημον
ἀπείργασται χρόνον ἀμήχανον ὅσον.

ΑΘ. Τί δὲ πεδίων τε καὶ ὁρῶν καὶ ὕλης; πῶς μέρος
ἑκάστων ἡμῖν εἴληχεν;

ΚΛ. Προσέοικε τῇ τῆς ἄλλης Κρήτης φύσει ὅλῃ.   10

ΑΘ. Τραχυτέραν αὐτὴν ἢ πεδιεινοτέραν ἂν λέγοις.   d

ΚΛ. Πάνυ μὲν οὖν.

ΑΘ. Οὐ τοίνυν ἀνίατός γε ἂν εἴη πρὸς ἀρετῆς κτῆσιν.
εἰ μὲν γὰρ ἐπιθαλαττία τε ἔμελλεν εἶναι καὶ εὐλίμενος καὶ
μὴ πάμφορος ἀλλ' ἐπιδεὴς πολλῶν, μεγάλου τινὸς ἔδει 5
σωτῆρός τε αὐτῇ καὶ νομοθετῶν θείων τινῶν, εἰ μὴ πολλά
τε ἔμελλεν ἤθη καὶ ποικίλα καὶ φαῦλα ἕξειν τοιαύτῃ φύσει
γενομένη· νῦν δὲ παραμύθιον ἔχει τὸ τῶν ὀγδοήκοντα στα-
δίων. ἐγγύτερον μέντοι τοῦ δέοντος κεῖται τῆς θαλάττης,
σχεδὸν ὅσον εὐλιμενωτέραν αὐτὴν φῂς εἶναι, ὅμως δὲ ἀγα- 705
πητὸν καὶ τοῦτο. πρόσοικος γὰρ θάλαττα χώρᾳ τὸ μὲν
παρ' ἑκάστην ἡμέραν ἡδύ, μάλα γε μὴν ὄντως ἁλμυρὸν καὶ

8*

πικρὸν γειτόνημα· ἐμπορίας γὰρ καὶ χρηματισμοῦ διὰ καπη-
5 λείας ἐμπιμπλᾶσα αὐτήν, ἤδη παλίμβολα καὶ ἄπιστα ταῖς
ψυχαῖς ἐντίκτουσα, αὐτήν τε πρὸς αὐτὴν τὴν πόλιν ἄπιστον
καὶ ἄφιλον ποιεῖ καὶ πρὸς τοὺς ἄλλους ἀνθρώπους ὡσαύτως.
παραμύθιον δὲ δὴ πρὸς ταῦτα καὶ τὸ πάμφορος εἶναι κέκτηται,
b τραχεῖα δὲ οὖσα δῆλοι ὡς οὐκ ἂν πολύφορός τε εἴη καὶ
πάμφορος ἅμα· τοῦτο γὰρ ἔχουσα, πολλὴν ἐξαγωγὴν ἂν
παρεχομένη, νομίσματος ἀργυροῦ καὶ χρυσοῦ πάλιν ἀντεμ-
πίμπλαιτ' ἄν, οὗ μεῖζον κακὸν ὡς ἔπος εἰπεῖν πόλει ἀνθ'
5 ἑνὸς ἓν οὐδὲν ἂν γίγνοιτο εἰς γενναίων καὶ δικαίων ἠθῶν
κτῆσιν, ὡς ἔφαμεν, εἰ μεμνήμεθα, ἐν τοῖς πρόσθεν λόγοις.

ΚΛ. Ἀλλὰ μεμνήμεθα, καὶ συγχωροῦμεν τότε λέγειν
ἡμᾶς ὀρθῶς καὶ τὰ νῦν.

c ΑΘ. Τί δὲ δή; ναυπηγησίμης ὕλης ὁ τόπος ἡμῖν τῆς
χώρας πῶς ἔχει;

ΚΛ. Οὐκ ἔστιν οὔτε τις ἐλάτη λόγου ἀξία οὔτ' αὖ πεύκη,
κυπάριττός τε οὐ πολλή· πίτυν τ' αὖ καὶ πλάτανον ὀλίγην
5 ἂν εὕροι τις, οἷς δὴ πρὸς τὰ τῶν ἐντὸς τῶν πλοίων μέρη
ἀναγκαῖον τοῖς ναυπηγοῖς χρῆσθαι ἑκάστοτε.

ΑΘ. Καὶ ταῦτα οὐκ ἂν κακῶς ἔχοι τῇ χώρᾳ τῆς φύσεως.

ΚΛ. Τί δή;

ΑΘ. Μιμήσεις πονηρὰς μιμεῖσθαι τοὺς πολεμίους μὴ
d ῥᾳδίως δύνασθαί τινα πόλιν ἀγαθόν.

ΚΛ. Εἰς δὴ τί τῶν εἰρημένων βλέψας εἶπες ὃ λέγεις;

ΑΘ. Ὦ δαιμόνιε, φύλαττέ με εἰς τὸ κατ' ἀρχὰς εἰρη-
μένον ἀποβλέπων, τὸ περὶ τῶν Κρητικῶν νόμων ὡς πρὸς
5 ἕν τι βλέποιεν, καὶ δὴ καὶ τοῦτ' ἐλεγέτην αὐτὸ εἶναι σφὼ
τὸ πρὸς τὸν πόλεμον, ἐγὼ δὲ ὑπολαβὼν εἶπον ὡς ὅτι μὲν
εἰς ἀρετήν ποι βλέποι τὰ τοιαῦτα νόμιμα κείμενα, καλῶς
ἔχοι, τὸ δὲ ὅτι πρὸς μέρος ἀλλ' οὐ πρὸς πᾶσαν σχεδόν, οὐ

a 6 τε om. Eus.   b 1 πολύφορός τε (τις Stob.) εἴη καὶ πάμφορος
L O Eus. Stob. : πολύφορος A (sed πάμφορος fecit et reliqua extra
versum add. A²)   b 3 ἀργυροῦ Eus. : ἀργύρου libri   c 5 τὰ
τῶν ἐντὸς] τἀντὸς Badham   d 5 ἐλεγέτην A L O : ἐλέγετον vulg.

πάνυ συνεχώρουν· νῦν οὖν ὑμεῖς μοι τῆς παρούσης νομο- e
θεσίας ἀντιφυλάξατε ἑπόμενοι, ἐὰν ἄρα τι μὴ πρὸς ἀρετὴν
τείνον ἢ πρὸς ἀρετῆς μόριον νομοθετῶ. τοῦτον γὰρ δὴ
τίθεσθαι τὸν νόμον ὀρθῶς ὑποτίθεμαι μόνον, ὃς ἂν δίκην
τοξότου ἑκάστοτε στοχάζηται τούτου ὅτῳ ἂν συνεχῶς τούτων   706
ἀεὶ καλόν τι συνέπηται μόνῳ, τὰ δὲ ἄλλα σύμπαντα παρα-
λείπῃ, ἐάντε τις πλοῦτος ἐάντε ἄρα τι τῶν ἄλλων τῶν
τοιούτων ὂν τυγχάνῃ ἄνευ τῶν προειρημένων. τὴν δὲ δὴ
μίμησιν ἔλεγον τὴν τῶν πολεμίων τὴν κακὴν τοιάνδε γί- 5
γνεσθαι, ὅταν οἰκῇ μέν τις πρὸς θαλάττῃ, λυπῆται δ' ὑπὸ
πολεμίων, οἷον—φράσω γὰρ οὔτι μνησικακεῖν βουλόμενος
ὑμῖν—Μίνως γὰρ δή ποτε τοὺς οἰκοῦντας τὴν Ἀττικὴν
παρεστήσατο εἰς χαλεπήν τινα φορὰν δασμοῦ, δύναμιν b
πολλὴν κατὰ θάλατταν κεκτημένος, οἱ δ' οὔτε πω πλοῖα
ἐκέκτηντο, καθάπερ νῦν, πολεμικά, οὔτ' αὖ τὴν χώραν πλήρη
ναυπηγησίμων ξύλων ὥστ' εὐμαρῶς ναυτικὴν παρασχέσθαι
δύναμιν· οὔκουν οἷοί τ' ἐγένοντο διὰ μιμήσεως ναυτικῆς 5
αὐτοὶ ναῦται γενόμενοι εὐθὺς τότε τοὺς πολεμίους ἀμύ-
νασθαι. ἔτι γὰρ ἂν πλεονάκις ἑπτὰ ἀπολέσαι παῖδας αὐτοῖς
συνήνεγκεν, πρὶν ἀντὶ πεζῶν ὁπλιτῶν μονίμων ναυτικοὺς c
γενομένους ἐθισθῆναι, πυκνὰ ἀποπηδῶντας, δρομικῶς εἰς τὰς
ναῦς ταχὺ πάλιν ἀποχωρεῖν, καὶ δοκεῖν μηδὲν αἰσχρὸν ποιεῖν
μὴ τολμῶντας ἀποθνῄσκειν μένοντας ἐπιφερομένων πολε-
μίων, ἀλλ' εἰκυίας αὐτοῖς γίγνεσθαι προφάσεις καὶ σφόδρα 5
ἑτοίμας ὅπλα τε ἀπολλῦναι καὶ φεύγουσι δή τινας οὐκ
αἰσχράς, ὥς φασιν, φυγάς. ταῦτα γὰρ ἐκ ναυτικῆς ὁπλι-
τείας ῥήματα φιλεῖ συμβαίνειν, οὐκ ἄξια ἐπαίνων πολλάκις
μυρίων, ἀλλὰ τοὐναντίον· ἔθη γὰρ πονηρὰ οὐδέποτε ἐθίζειν d
δεῖ, καὶ ταῦτα τὸ τῶν πολιτῶν βέλτιστον μέρος. ἦν δέ που
τοῦτό γε καὶ παρ' Ὁμήρου λαβεῖν, ὅτι τὸ ἐπιτήδευμα ἦν
τὸ τοιοῦτον οὐ καλόν. Ὀδυσσεὺς γὰρ αὐτῷ λοιδορεῖ τὸν

a 1 τούτων Λ (ut vid. I.O. τοῦ τῶν Λ' et γρ. O· τῶν γρ. a
a 2 καλόν I.O: καλῶν Λ   μόνῳ Λ et γρ. O sed ων s. v., : μόνων
Λ² (ν s. v.) O (sed ι s. v.) . μόνον γρ. a³ . μόνου ci. Ritter

5 Ἀγαμέμνονα, τῶν Ἀχαιῶν τότε ὑπὸ τῶν Τρώων κατεχο-
μένων τῇ μάχῃ, κελεύοντα τὰς ναῦς εἰς τὴν θάλατταν
καθέλκειν, ὁ δὲ χαλεπαίνει τε αὐτῷ καὶ λέγει—

c   ὃς κέλεαι πολέμοιο συνεσταότος καὶ αὐτῆς
νῆας ἐυσέλμους ἅλαδ᾽ ἕλκειν, ὄφρ᾽ ἔτι μᾶλλον
Τρωσὶ μὲν εὐκτὰ γένηται ἐελδομένοισί περ ἔμπης,
ἡμῖν δ᾽ αἰπὺς ὄλεθρος ἐπιρρέπῃ· οὐ γὰρ Ἀχαιοί
5   σχήσουσιν πολέμου νηῶν ἅλαδ᾽ ἑλκομενάων,
ἀλλ᾽ ἀποπαπτανέουσιν, ἐρωήσουσι δὲ χάρμης·
707 ἔνθα κε σὴ βουλὴ δηλήσεται, οἷ᾽ ἀγορεύεις.

ταῦτ᾽ οὖν ἐγίγνωσκε καὶ ἐκεῖνος, ὅτι κακὸν ἐν θαλάττῃ
τριήρεις ὁπλίταις παρεστῶσαι μαχομένοις· καὶ λέοντες ἂν
ἐλάφους ἐθισθεῖεν φεύγειν τοιούτοις ἔθεσι χρώμενοι., πρὸς
5 δὲ τούτοις αἱ διὰ τὰ ναυτικὰ πόλεων δυνάμεις ἅμα σωτηρίᾳ
τιμὰς οὐ τῷ καλλίστῳ τῶν πολεμικῶν ἀποδιδόασιν· διὰ
κυβερνητικῆς γὰρ καὶ πεντηκονταρχίας καὶ ἐρετικῆς, καὶ
b παντοδαπῶν καὶ οὐ πάνυ σπουδαίων ἀνθρώπων γιγνομένης,
τὰς τιμὰς ἑκάστοις οὐκ ἂν δύναιτο ὀρθῶς ἀποδιδόναι τις.
καίτοι πῶς ἂν ἔτι πολιτεία γίγνοιτο ὀρθὴ τούτου στερομένη;
ΚΛ. Σχεδὸν ἀδύνατον. ἀλλὰ μήν, ὦ ξένε, τήν γε περὶ
5 Σαλαμῖνα ναυμαχίαν τῶν Ἑλλήνων πρὸς τοὺς βαρβάρους
γενομένην ἡμεῖς γε οἱ Κρῆτες τὴν Ἑλλάδα φαμὲν σῶσαι.
ΑΘ. Καὶ γὰρ οἱ πολλοὶ τῶν Ἑλλήνων τε καὶ βαρβάρων
c λέγουσι ταῦτα. ἡμεῖς δέ, ὦ φίλε, ἐγώ τε καὶ ὅδε, Μέ-
γιλλος, φαμὲν τὴν πεζὴν μάχην τὴν ἐν Μαραθῶνι γενομένην
καὶ ἐν Πλαταιαῖς, τὴν μὲν ἄρξαι τῆς σωτηρίας τοῖς Ἕλλησι,
τὴν δὲ τέλος ἐπιθεῖναι, καὶ τὰς μὲν βελτίους τοὺς Ἕλληνας
5 ποιῆσαι, τὰς δὲ οὐ βελτίους, ἵν᾽ οὕτως λέγωμεν περὶ τῶν
τότε συσσωσασῶν ἡμᾶς μαχῶν· πρὸς γὰρ τῇ περὶ Σαλαμῖνα
τὴν περὶ τὸ Ἀρτεμίσιόν σοι προσθήσω κατὰ θάλατταν μάχην.

c 2 εὐσέλμους Α L Ο   ἅλαδ᾽ pr. Α (ut vid.) ct mox   a 5
σωτηρίας Badham   a 7 ἐρετικῆς Aldina : ἐρετρικῆς libri   καὶ ante
παντοδαπῶν Α L Ο : om. vulg.   c 2 ἐν secl. Schanz

ἀλλὰ γὰρ ἀποβλέποντες νῦν πρὸς πολιτείας ἀρετήν, καὶ d
χώρας φύσιν σκοπούμεθα καὶ νόμων τάξιν, οὐ τὸ σῴζεσθαί
τε καὶ εἶναι μόνον ἀνθρώποις τιμιώτατον ἡγούμενοι, καθάπερ
οἱ πολλοί, τὸ δ' ὡς βελτίστους γίγνεσθαί τε καὶ εἶναι
τοσοῦτον χρόνον ὅσον ἂν ὦσιν· εἴρηται δ' ἡμῖν οἶμαι καὶ 5
τοῦτο ἐν τοῖς πρόσθεν.

ΚΛ. Τί μήν;

ΑΘ. Τοῦτο τοίνυν σκοπώμεθα μόνον, εἰ κατὰ τὴν αὐτὴν
ὁδὸν ἐρχόμεθα βελτίστην οὖσαν πόλεσι κατοικίσεων πέρι
καὶ νομοθεσιῶν.   10

ΚΛ. Καὶ πολύ γε.

ΑΘ. Λέγε δὴ τοίνυν τὸ τούτοις ἑξῆς· τίς ὁ κατοικιζό- e
μενος ὑμῖν λεὼς ἔσται; πότερον ἐξ ἁπάσης Κρήτης ὁ ἐθέ-
λων, ὡς ὄχλου τινὸς ἐν ταῖς πόλεσιν ἑκάσταις γεγενημένου
πλείονος ἢ κατὰ τὴν ἐκ τῆς γῆς τροφήν; οὐ γάρ που τὸν
βουλόμενόν γε Ἑλλήνων συνάγετε. καίτοι τινὰς ὑμῖν ἔκ 5
τε Ἄργους ὁρῶ καὶ Αἰγίνης καὶ ἄλλοθεν τῶν Ἑλλήνων εἰς
τὴν χώραν κατῳκισμένους. τὸ δὲ δὴ παρὸν ἡμῖν λέγε πόθεν 708
ἔσεσθαι φῂς στρατόπεδον τῶν πολιτῶν τὰ νῦν;

ΚΛ. Ἔκ τε Κρήτης συμπάσης ἔοικεν γενήσεσθαι, καὶ
τῶν ἄλλων δὲ Ἑλλήνων μάλιστά μοι φαίνονται τοὺς ἀπὸ
Πελοποννήσου προσδέξασθαι συνοίκους. καὶ γὰρ ὃ νῦν 5
δὴ λέγεις, ἀληθὲς φράζεις, ὡς ἐξ Ἄργους εἰσίν, καὶ τό γε
μάλιστ' εὐδοκιμοῦν τὰ νῦν ἐνθάδε γένος, τὸ Γορτυνικόν· ἐκ
Γόρτυνος γὰρ τυγχάνει ἀπῳκηκὸς ταύτης τῆς Πελοποννη-
σιακῆς.

ΑΘ. Οὐ τοίνυν εὔκολος ὁμοίως γίγνοιτ' ἂν ὁ κατοικισμὸς b
ταῖς πόλεσιν, ὅταν μὴ τὸν τῶν ἑσμῶν γίγνηται τρόπον, ἐν
γένος ἀπὸ μιᾶς ἰὸν χώρας οἰκίζηται, φίλον παρὰ φίλων,
στενοχωρίᾳ τινὶ πολιορκηθὲν γῆς ἤ τισιν ἄλλοις τοιούτοις
παθήμασιν ἀναγκασθέν. ἔστιν δ' ὅτε καὶ στάσεσιν βιαζό- 5

d 9 κατοικίσεων Λ · κατοικήσεων LO   a 3 γενήσεσθαι Λ :
γίγνεσθαι LO   a 5 προσδέξεσθαι Aldina

μενον ἀναγκάζοιτ᾽ ἂν ἑτέρωσε ἀποξενοῦσθαι πόλεώς τι
μόριον· ἤδη δέ ποτε καὶ συνάπασα πόλις τινῶν ἔφυγεν,
ἄρδην κρείττονι κρατηθεῖσα πολέμῳ. ταῦτ᾽ οὖν πάντ᾽ ἐστὶ
c τῇ μὲν ῥᾴω κατοικίζεσθαί τε καὶ νομοθετεῖσθαι, τῇ δὲ χαλεπώ-
τερα. τὸ μὲν γὰρ ἕν τι εἶναι γένος ὁμόφωνον καὶ ὁμόνομον
ἔχει τινὰ φιλίαν, κοινωνὸν ἱερῶν ὂν καὶ τῶν τοιούτων
πάντων, νόμους δ᾽ ἑτέρους καὶ πολιτείας ἄλλας τῶν οἴκοθεν
5 οὐκ εὐπετῶς ἀνέχεται, τὸ δ᾽ ἐνίοτε πονηρίᾳ νόμων ἐστα-
σιακὸς καὶ διὰ συνήθειαν ζητοῦν ἔτι χρῆσθαι τοῖς αὐτοῖς
ἤθεσιν δι᾽ ἃ καὶ πρότερον ἐφθάρη, χαλεπὸν τῷ κατοικί-
d ζοντι καὶ νομοθετοῦντι καὶ δυσπειθὲς γίγνεται· τὸ δ᾽ αὖ
παντοδαπὸν ἐς ταὐτὸν συνερρυηκὸς γένος ὑπακοῦσαι μέν
τινων νόμων καινῶν τάχα ἂν ἐθελήσειε μᾶλλον, τὸ δὲ συμ-
πνεῦσαι, καὶ καθάπερ ἵππων ζεῦγος καθ᾽ ἕνα εἰς ταὐτόν, τὸ
5 λεγόμενον, συμφυσῆσαι, χρόνου πολλοῦ καὶ παγχάλεπον.
ἀλλ᾽ ὄντως ἐστὶν νομοθεσία καὶ πόλεων οἰκισμοὶ πάντων
τελεώτατον πρὸς ἀρετὴν ἀνδρῶν.

ΚΛ. Εἰκός· ὅπῃ δ᾽ αὖ βλέπων τοῦτ᾽ εἴρηκας, φράζ᾽ ἔτι
σαφέστερον.

e ΑΘ. Ὠγαθέ, ἔοικα περὶ νομοθετῶν ἐπανιὼν καὶ σκοπῶν
ἅμα ἐρεῖν τι καὶ φαῦλον· ἀλλ᾽ ἐὰν πρὸς καιρόν τινα λέγωμεν,
πρᾶγμ᾽ οὐδὲν γίγνοιτ᾽ ἂν ἔτι. καίτοι τί ποτε δυσχεραίνω;
σχεδὸν γάρ τοι πάντα οὕτως ἔοικ᾽ ἔχειν τὰ ἀνθρώπινα.

5 ΚΛ. Τοῦ δὴ πέρι λέγεις;

709 ΑΘ. Ἔμελλον λέγειν ὡς οὐδείς ποτε ἀνθρώπων οὐδὲν
νομοθετεῖ, τύχαι δὲ καὶ συμφοραὶ παντοῖαι πίπτουσαι παν-
τοίως νομοθετοῦσι τὰ πάντα ἡμῖν. ἢ γὰρ πόλεμός τις
βιασάμενος ἀνέτρεψε πολιτείας καὶ μετέβαλε νόμους, ἢ
5 πενίας χαλεπῆς ἀπορίᾳ· πολλὰ δὲ καὶ νόσοι ἀναγκάζουσι

c 1 τε καὶ νομοθεῖσθαι L O et in marg. A² (ἐν ἄλλῳ εὖρον): om. A
d 4 καθ᾽ ἕνα] καθ᾽ ἕν ci. Stallbaum : κοθέντα ci. Hermann   d 6 ὄντως
Λ et in marg. L O: ὅμως L O et in marg. γρ a¹: γρ οὔ,ως a
d 7 τελεωτάτων Badham   e 1 ἐπανιὼν Λ et corr. O : ἐπαινῶν O
a 3 τὰ πάντα] ἅπαντα Stob.   a 1 μετεβα λε Λ

καινοτομεῖν, λοιμῶν τε ἐμπιπτόντων, καὶ χρόνον ἐπὶ πολὺν
ἐνιαυτῶν πολλῶν πολλάκις ἀκαιρίαι. ταῦτα δὴ πάντα
προϊδών τις ἄξειεν ἂν εἰπεῖν ὅπερ ἐγὼ νυνδή, τὸ θνητὸν
μὲν μηδένα νομοθετεῖν μηδέν, τύχας δ' εἶναι σχεδὸν ἅπαντα   b
τὰ ἀνθρώπινα πράγματα· τὸ δ' ἔστιν περί τε ναυτιλίαν καὶ
κυβερνητικὴν καὶ ἰατρικὴν καὶ στρατηγικὴν πάντα ταῦτ'
εἰπόντα δοκεῖν εὖ λέγειν, ἀλλὰ γὰρ ὁμοίως αὖ καὶ τόδε
ἔστιν λέγοντα εὖ λέγειν ἐν τοῖς αὐτοῖς τούτοις.   5

ΚΛ. Τὸ ποῖον; ΄

ΑΘ. Ὡς θεὸς μὲν πάντα, καὶ μετὰ θεοῦ τύχη καὶ καιρός,
τἀνθρώπινα διακυβερνῶσι σύμπαντα. ἡμερώτερον μὴν τρίτον
συγχωρῆσαι τούτοις δεῖν ἕπεσθαι τέχνην· καιρῷ γὰρ χει-   c
μῶνος συλλαβέσθαι κυβερνητικὴν ἢ μή, μέγα πλεονέκτημα
ἔγωγ' ἂν θείην. ἢ πῶς;

ΚΛ. Οὕτως.

ΑΘ. Οὐκοῦν καὶ τοῖς ἄλλοις ὡσαύτως κατὰ τὸν αὐτὸν   5
ἂν ἔχοι λόγον, καὶ δὴ καὶ νομοθεσίᾳ ταὐτὸν τοῦτο δοτέον·
τῶν ἄλλων συμπιπτόντων, ὅσα δεῖ χώρᾳ συντυχεῖν, εἰ μέλλοι
ποτὲ εὐδαιμόνως οἰκήσειν, τὸν νομοθέτην ἀληθείας ἐχόμενον
τῇ τοιαύτῃ παραπεσεῖν ἑκάστοτε πόλει δεῖν.

ΚΛ. Ἀληθέστατα λέγεις.   10

ΑΘ. Οὐκοῦν ὅ γε πρὸς ἕκαστόν τι τῶν εἰρημένων ἔχων   d
τὴν τέχνην κἂν εὔξασθαί που δύναιτο ὀρθῶς, τί παρὸν αὐτῷ
διὰ τύχης, τῆς τέχνης ἂν μόνον ἐπιδέοι;

ΚΛ. Πάνυ μὲν οὖν.

ΑΘ. Οἵ τε ἄλλοι γε δὴ πάντες οἱ νυνδὴ ῥηθέντες, κελευό-   5
μενοι τὴν αὑτῶν εὐχὴν εἰπεῖν, εἴποιεν ἄν. ἢ γάρ;

---

a 6 τε secl. Ast   a 7 ἀκαιρίαι Λ (ut vid.) corr. O Stob. Ecl.΄:
ἀκαιρία O Stob. Flor. : ἀκαιρίας Stallbaum   a 8 ἄξειεν] ἄρξειεν
Stob. : ἀξιώσειεν ci. Stallbaum   τὸ om. Stob.   θνητὸν Λ O Stob. :
θνητῶν L.   b 2 τε om. Stob.   b 4 ὁμοίως O : ὅμως Λ Stob.
b 5 εὖ λέγοντα λέγειν Stob.   c 2 ἢ μή libri cum Stob. (Ecl. . om.
Stob. Flor.)   c 5 καὶ libri cum Stob. : κἂν Schanz   καὶ ἐν Ast
c 7 μέλλοι Λ O : μέλλει Stob. (Flor.)   d 2 παρὸν Λ (ut vid. O :
παρ' in marg. L et γρ. O et (ex ras. Λ²

ΚΛ. Τί μήν;

ΑΘ. Ταὐτὸν δὴ καὶ νομοθέτης οἶμαι δράσειεν.

ΚΛ. Ἔγωγ᾽ οἶμαι.

10 ΑΘ. " Φέρε δή, νομοθέτα," πρὸς αὐτὸν φῶμεν, " τί σοι
e καὶ πῶς πόλιν ἔχουσαν δῶμεν, ὃ λαβὼν ἕξεις ὥστ᾽ ἐκ τῶν
λοιπῶν αὐτὸς τὴν πόλιν ἱκανῶς διοικῆσαι; "

ΚΛ. Τί μετὰ τοῦτ᾽ εἰπεῖν ὀρθῶς ἐστιν ἄρα;

ΑΘ. Τοῦ νομοθέτου φράζομεν τοῦτο, ἢ γάρ;

5 ΚΛ. Ναί.

ΑΘ. Τόδε· " Τυραννουμένην μοι δότε τὴν πόλιν," φήσει·
" τύραννος δ᾽ ἔστω νέος καὶ μνήμων καὶ εὐμαθὴς καὶ ἀνδρεῖος
καὶ μεγαλοπρεπὴς φύσει· ὃ δὲ καὶ ἐν τοῖς πρόσθεν ἐλέγομεν
δεῖν ἕπεσθαι σύμπασιν τοῖς τῆς ἀρετῆς μέρεσι, καὶ νῦν τῇ
710 τυραννουμένῃ ψυχῇ τοῦτο συνεπέσθω, ἐὰν μέλλῃ τῶν ἄλλων
ὑπαρχόντων ὄφελος εἶναί τι."

ΚΛ. Σωφροσύνην μοι δοκεῖ φράζειν, ὦ Μέγιλλε, δεῖν
εἶναι τὴν συνεπομένην ὁ ξένος. ἢ γάρ;

5 ΑΘ. Τὴν δημώδη γε, ὦ Κλεινία, καὶ οὐχ ἥν τις σεμνύνων
ἂν λέγοι, φρόνησιν προσαναγκάζων εἶναι τὸ σωφρονεῖν,
ἀλλ᾽ ὅπερ εὐθὺς παισὶν καὶ θηρίοις, τοῖς μὲν ἀκρατῶς ἔχειν
πρὸς τὰς ἡδονάς, σύμφυτον ἐπανθεῖ, τοῖς δὲ ἐγκρατῶς· ὃ
b καὶ μονούμενον ἔφαμεν τῶν πολλῶν ἀγαθῶν λεγομένων οὐκ
ἄξιον εἶναι λόγου. ἔχετε γὰρ ὃ λέγω που.

ΚΛ. Πάνυ μὲν οὖν.

ΑΘ. Ταύτην τοίνυν ἡμῖν ὁ τύραννος τὴν φύσιν
5 ἐχέτω πρὸς ἐκείναις ταῖς φύσεσιν, εἰ μέλλει πόλις ὡς
δυνατόν ἐστι τάχιστα καὶ ἄριστα σχήσειν πολιτείαν
ἣν λαβοῦσα εὐδαιμονέστατα διάξει. θάττων γὰρ ταύτης
καὶ ἀμείνων πολιτείας διάθεσις οὔτ᾽ ἔστιν οὔτ᾽ ἄν ποτε
γένοιτο.

d 8 δὴ] ἂν Schanz   e 3 ἄρα L : ἆρα Α Ο alteri tribuentes (in
personis distinguendis C. Ritterum secutus sim)   e 4 φρά-
ζομεν Λ²Ο: φράζωμεν Α L (ut vid.)   b 6 ἄριστα] ῥᾷστα
Badham

ΚΛ. Πῶς δὴ καὶ τίνι λόγῳ τοῦτο, ὦ ξένε, λέγων ἄν τις c
ὀρθῶς λέγειν αὐτὸν πείθοι;

ΑΘ. Ῥᾴδιόν που τοῦτό γε νοεῖν ἐστ᾽, ὦ Κλεινία, κατὰ
φύσιν ὡς ἔστι τοῦθ᾽ οὕτω.

ΚΛ. Πῶς λέγεις; εἰ τύραννος γένοιτο, φής, νέος, σώ- 5
φρων, εὐμαθής, μνήμων, ἀνδρεῖος, μεγαλοπρεπής;

ΑΘ. Εὐτυχής, πρόσθες, μὴ κατ᾽ ἄλλο, ἀλλὰ τὸ γενέσθαι
τε ἐπ᾽ αὐτοῦ νομοθέτην ἄξιον ἐπαίνου, καί τινα τύχην εἰς
ταὐτὸν ἀγαγεῖν αὐτῷ· γενομένου γὰρ τούτου, πάντα σχεδὸν d
ἀπείργασται τῷ θεῷ, ἅπερ ὅταν βουληθῇ διαφερόντως εὖ
πρᾶξαί τινα πόλιν. δεύτερον δέ, ἐάν ποτέ τινες δύο ἄρχοντες
γίγνωνται τοιοῦτοι, τρίτον δ᾽ αὖ καὶ κατὰ λόγον ὡσαύτως
χαλεπώτερον ὅσῳ πλείους, ὅσῳ δ᾽ ἐναντίον, ἐναντίως. 5

ΚΛ. Ἐκ τυραννίδος ἀρίστην φὴς γενέσθαι πόλιν ἄν, ὡς
φαίνῃ, μετὰ νομοθέτου γε ἄκρου καὶ τυράννου κοσμίου, καὶ
ῥᾷστά τε καὶ τάχιστ᾽ ἂν μεταβαλεῖν εἰς τοῦτο ἐκ τοῦ τοιούτου,
δεύτερον δὲ ἐξ ὀλιγαρχίας—ἢ πῶς λέγεις;—καὶ τὸ τρίτον e
ἐκ δημοκρατίας.

ΑΘ. Οὐδαμῶς, ἀλλ᾽ ἐκ τυραννίδος μὲν πρῶτον, δεύτερον
δὲ ἐκ βασιλικῆς πολιτείας, τρίτον δὲ ἔκ τινος δημοκρατίας.
τὸ δὲ τέταρτον, ὀλιγαρχία, τὴν τοῦ τοιούτου γένεσιν χαλε- 5
πώτατα δύναιτ᾽ ἂν προσδέξασθαι· πλεῖστοι γὰρ ἐν αὐτῇ
δυνάσται γίγνονται. λέγομεν δὴ ταῦτα γίγνεσθαι τότε,
ὅταν ἀληθὴς μὲν νομοθέτης γένηται φύσει, κοινὴ δὲ αὐτῷ
τις συμβῇ ῥώμη πρὸς τοὺς ἐν τῇ πόλει μέγιστον δυναμένους·
οὗ δ᾽ ἂν τοῦτο ἀριθμῷ μὲν βραχύτατον, ἰσχυρότατον δέ, 711
καθάπερ ἐν τυραννίδι, γένηται, ταύτῃ καὶ τότε τάχος καὶ
ῥᾳστώνη τῆς μεταβολῆς γίγνεσθαι φιλεῖ.

ΚΛ. Πῶς; οὐ γὰρ μανθάνομεν.

ΑΘ. Καὶ μὴν εἴρηταί γ᾽ ἡμῖν οὐχ ἅπαξ ἀλλ᾽ οἶμαι πολ- 5
λάκις· ὑμεῖς δὲ τάχα οὐδὲ τεθέασθε τυραννουμένην πόλιν.

---

c2 πείθοι Λ : ἂν πείθοι Ο   d 1 αὐτῷ libri : αὐτώ Aldina
e 1 καὶ . . . e2 δημοκρατίας secl. Hermann   e8 κοινὴ Λ
e9 ξυμβῇ ῥώμη Λ : ῥώμη ξυμβῇ Ο

ΚΛ. Οὐδέ γε ἐπιθυμητὴς ἔγωγ' εἰμὶ τοῦ θεάματος.

b   ΑΘ. Καὶ μὴν τοῦτό γ' ἂν ἴδοις ἐν αὐτῇ τὸ νυνδὴ λεγό-
μενον.

ΚΛ. Τὸ ποῖον;

ΑΘ. Οὐδὲν δεῖ πόνων οὐδέ τινος παμπόλλου χρόνου τῷ
5 τυράννῳ μεταβαλεῖν βουληθέντι πόλεως ἤθη, πορεύεσθαι δὲ
αὐτὸν δεῖ πρῶτον ταύτῃ, ὅπηπερ ἂν ἐθελήσῃ, ἐάντε πρὸς
ἀρετῆς ἐπιτηδεύματα, προτρέπεσθαι τοὺς πολίτας, ἐάντε ἐπὶ
τοὐναντίον, αὐτὸν πρῶτον πάντα ὑπογράφοντα τῷ πράττειν,
c τὰ μὲν ἐπαινοῦντα καὶ τιμῶντα, τὰ δ' αὖ πρὸς ψόγον ἄγοντα,
καὶ τὸν μὴ πειθόμενον ἀτιμάζοντα καθ' ἑκάστας τῶν πράξεων.

ΚΛ. Καὶ πῶς οἰόμεθα ταχὺ συνακολουθήσειν τοὺς ἄλλους
πολίτας τῷ τὴν τοιαύτην πειθὼ καὶ ἅμα βίαν εἰληφότι;

5   ΑΘ. Μηδεὶς ἡμᾶς πειθέτω, ὦ φίλοι, ἄλλῃ θᾶττον καὶ
ῥᾷον μεταβάλλειν ἄν ποτε πόλιν τοὺς νόμους ἢ τῇ τῶν
δυναστευόντων ἡγεμονίᾳ, μηδὲ νῦν γε ἄλλῃ γίγνεσθαι μηδ'
αὖθίς ποτε γενήσεσθαι. καὶ γὰρ οὖν ἡμῖν οὐ τοῦτ' ἐστὶν
d ἀδύνατον οὐδὲ χαλεπῶς ἂν γενόμενον· ἀλλὰ τόδ' ἐστὶ τὸ
χαλεπὸν γενέσθαι, καὶ ὀλίγον δὴ τὸ γεγονὸς ἐν τῷ πολλῷ
χρόνῳ, ὅταν δὲ συμβῇ, μυρία καὶ πάντ' ἐν πόλει ἀγαθὰ
ἀπεργάζεται, ἐν ᾗ ποτ' ἂν ἐγγένηται.

5   ΚΛ. Τὸ ποῖον δὴ λέγεις;

ΑΘ. Ὅταν ἔρως θεῖος τῶν σωφρόνων τε καὶ δικαίων ἐπι-
τηδευμάτων ἐγγένηται μεγάλαις τισὶν δυναστείαις, ἢ κατὰ
μοναρχίαν δυναστευούσαις ἢ κατὰ πλούτων ὑπεροχὰς δια-
e φερούσαις ἢ γενῶν, ἢ τὴν Νέστορος ἐάν ποτέ τις ἐπανενέγκῃ
φύσιν, ὃν τῇ τοῦ λέγειν ῥώμῃ φασὶ πάντων διενεγκόντα
ἀνθρώπων πλέον ἔτι τῷ σωφρονεῖν διαφέρειν. τοῦτ' οὖν
ἐπὶ μὲν Τροίας, ὥς φασι, γέγονεν, ἐφ' ἡμῶν δὲ οὐδαμῶς,
5 εἰ δ' οὖν γέγονεν ἢ καὶ γενήσεται τοιοῦτος ἢ νῦν ἡμῶν ἔστιν
τις, μακαρίως μὲν αὐτὸς ζῇ, μακάριοι δὲ οἱ συνήκοοι τῶν

b 4 δεῖ Α et εἶ s. v. O : δὴ L O (et mox b 6   c 3 οἰόμεθα Λ⁀ et
corr. O. οἰόμεθα Α O : οὐκ οἰόμεθα Badham   e 5 ἡμῶν] ἐφ' ἡμῶν
ci. Stallbaum

ἐκ τοῦ σωφρονοῦντος στόματος ἰόντων λόγων. ὡσαύτως δὲ
καὶ συμπάσης δυνάμεως ὁ αὐτὸς πέρι λόγος, ὡς ὅταν εἰς
ταὐτὸν τῷ φρονεῖν τε καὶ σωφρονεῖν ἡ μεγίστη δύναμις ἐν   712
ἀνθρώπῳ συμπέσῃ, τότε πολιτείας τῆς ἀρίστης καὶ νόμων
τῶν τοιούτων φύεται γένεσις, ἄλλως δὲ οὐ μή ποτε γένηται.
ταῦτα μὲν οὖν καθαπερεὶ μῦθός τις λεχθεὶς κεχρησμῳδήσθω,
καὶ ἐπιδεδείχθω τῇ μὲν χαλεπὸν ὂν τὸ πόλιν εὔνομον γί-   5
γνεσθαι, τῇ δ', εἴπερ γένοιτο ὃ λέγομεν, πάντων τάχιστόν
τε καὶ ῥᾷστον μακρῷ.

ΚΛ. Πῶς;

ΑΘ. Πειρώμεθα προσαρμόττοντες τῇ πόλει σοι, καθάπερ   b
παῖδες πρεσβῦται, πλάττειν τῷ λόγῳ τοὺς νόμους.

ΚΛ. Ἴωμεν δὴ καὶ μὴ μέλλωμεν ἔτι.

ΑΘ. Θεὸν δὴ πρὸς τὴν τῆς πόλεως κατασκευὴν ἐπικαλώ-
μεθα· ὁ δὲ ἀκούσειέν τε, καὶ ἀκούσας ἵλεως εὐμενής τε ἡμῖν   5
ἔλθοι συνδιακοσμήσων τήν τε πόλιν καὶ τοὺς νόμους.

ΚΛ. Ἔλθοι γὰρ οὖν.

ΑΘ. Ἀλλὰ τίνα δή ποτε πολιτείαν ἔχομεν ἐν νῷ τῇ
πόλει προστάττειν;   c

ΚΛ. Οἷον δὴ τί λέγεις βουληθείς; φράζ' ἔτι σαφέ-
στερον. οἷον δημοκρατίαν τινὰ ἢ ὀλιγαρχίαν ἢ ἀριστοκρατίαν
ἢ βασιλικήν; οὐ γὰρ δὴ τυραννίδα γέ που λέγοις ἄν, ὥς γ'
ἡμεῖς ἂν οἰηθεῖμεν.   5

ΑΘ. Φέρε δὴ τοίνυν, πότερος ὑμῶν ἀποκρίνασθαι πρό-
τερος ἂν ἐθέλοι, τὴν οἴκοι πολιτείαν εἰπὼν τίς τούτων ἐστίν;

ΜΕ. Μῶν οὖν τὸν πρεσβύτερον ἐμὲ δικαιότερον εἰπεῖν
πρότερον;

ΚΛ. Ἴσως.   d

ΜΕ. Καὶ μὴν συννοῶν γε, ὦ ξένε, τὴν ἐν Λακεδαίμονι
πολιτείαν οὐκ ἔχω σοι φράζειν οὕτως ἥντινα προσαγορεύειν
αὐτὴν δεῖ. καὶ γὰρ τυραννίδι δοκεῖ μοι προσεοικέναι—τὸ

a 8 Πῶς] Καλῶς ci. Susemihl   b 2 παῖδες Λ: παῖδα LO
b 5 ἀκούσας Λ: ὑπακούσας LO fort ἐπακούσας)   c 5 οἰήθημεν Ο
(sed ει supra η: οἰηθείημεν Λ

5 γὰρ τῶν ἐφόρων θαυμαστὸν ὡς τυραννικὸν ἐν αὐτῇ γέγονε
— —καί τις ἐνίοτέ μοι φαίνεται πασῶν τῶν πόλεων δημοκρα-
τουμένη μάλιστ' ἐοικέναι. τὸ δ' αὖ μὴ φάναι ἀριστοκρατίαν
e αὐτὴν εἶναι παντάπασιν ἄτοπον· καὶ μὲν δὴ βασιλεία γε
διὰ βίου τ' ἐστὶν ἐν αὐτῇ καὶ ἀρχαιοτάτη πασῶν καὶ πρὸς
πάντων ἀνθρώπων καὶ ἡμῶν αὐτῶν λεγομένη. ἐγὼ δὲ οὕτω
νῦν ἐξαίφνης ἂν ἐρωτηθείς, ὄντως, ὅπερ εἶπον, οὐκ ἔχω
5 διορισάμενος εἰπεῖν τίς τούτων ἐστὶν τῶν πολιτειῶν.

ΚΛ. Ταὐτόν σοι πάθος, ὦ Μέγιλλε, καταφαίνομαι πε-
πονθέναι· πάνυ γὰρ ἀπορῶ τὴν ἐν Κνωσῷ πολιτείαν τούτων
τινὰ διισχυριζόμενος εἰπεῖν.

ΑΘ. Ὄντως γάρ, ὦ ἄριστοι, πολιτειῶν μετέχετε· ἃς δὲ
10 ὠνομάκαμεν νῦν, οὐκ εἰσὶν πολιτεῖαι, πόλεων δὲ οἰκήσεις
713 δεσποζομένων τε καὶ δουλευουσῶν μέρεσιν ἑαυτῶν τισι, τὸ τοῦ
δεσπότου δὲ ἑκάστη προσαγορεύεται κράτος. χρῆν δ' εἴπερ
του τοιούτου τὴν πόλιν ἔδει ἐπονομάζεσθαι, τὸ τοῦ ἀληθῶς
τῶν τὸν νοῦν ἐχόντων δεσπόζοντος θεοῦ ὄνομα λέγεσθαι.

5 ΚΛ. Τίς δ' ὁ θεός;

ΑΘ. Ἆρ' οὖν μύθῳ σμικρά γ' ἔτι προσχρηστέον, εἰ μέλ-
λομεν ἐμμελῶς πως δηλῶσαι τὸ νῦν ἐρωτώμενον;

ΚΛ. Οὐκοῦν χρὴ ταύτῃ δρᾶν;

ΑΘ. Πάνυ μὲν οὖν. τῶν γὰρ δὴ πόλεων ὧν ἔμπροσθε
b τὰς συνοικήσεις διήλθομεν, ἔτι προτέρα τούτων πάμπολυ
λέγεταί τις ἀρχή τε καὶ οἴκησις γεγονέναι ἐπὶ Κρόνου μάλ'
εὐδαίμων, ἧς μίμημα ἔχουσά ἐστιν ἥτις τῶν νῦν ἄριστα
οἰκεῖται.

5 ΚΛ. Σφόδρ' ἄν, ὡς ἔοικ', εἴη περὶ αὐτῆς δέον ἀκούειν.

ΑΘ. Ἐμοὶ γοῦν φαίνεται· διὸ καὶ παρήγαγον αὐτὴν εἰς
τὸ μέσον τοῖς λόγοις.

---

d 5 θαυμαστῶς ὡς Schanz   d 6 καί τις] καίτοι Stephanus
δημοκρατουμένη libri   e 4 ἂν ἐρωτηθείς] ἀνερωτηθείς Madvig
e 6 καταφαίνομαι] κἀγὼ φαίνομαι Hermann   a 3 του scripsi : τὸ
Λ : τοῦ L (ut vid.)· τὸ τοῦ Ο   ἀληθῶς ΛΟ et in marg L : ἀληθοῦς
L et corr. Ο   a 4 τὸν secl. Ast   b 3 ἄριστα οἰκεῖται Λ et in
marg. LΟ : ἀριστοκρατεῖται LΟ

ΚΛ. Ὀρθότατά γε δρῶν· καὶ τόν γε ἑξῆς περαίνων ἂν
μῦθον, εἴπερ προσήκων ἐστίν. μάλ᾽ ὀρθῶς ἂν ποιοίης.   c

ΑΘ. Δραστέον ὡς λέγετε. φήμην τοίνυν παραδε-
δέγμεθα τῆς τῶν τότε μακαρίας ζωῆς ὡς ἄφθονά τε καὶ
αὐτόματα πάντ᾽ εἶχεν. ἡ δὲ τούτων αἰτία λέγεται τοιάδε
τις. γιγνώσκων ὁ Κρόνος ἄρα, καθάπερ ἡμεῖς διεληλύθαμεν, 5
ὡς ἀνθρωπεία φύσις οὐδεμία ἱκανὴ τὰ ἀνθρώπινα διοικοῦσα
αὐτοκράτωρ πάντα, μὴ οὐχ ὕβρεώς τε καὶ ἀδικίας μεστοῦ-
σθαι. ταῦτ᾽ οὖν διανοούμενος ἐφίστη τότε βασιλέας τε καὶ
ἄρχοντας ταῖς πόλεσιν ἡμῶν, οὐκ ἀνθρώπους ἀλλὰ γένους   d
θειοτέρου τε καὶ ἀμείνονος, δαίμονας, οἷον νῦν ἡμεῖς δρῶμεν
τοῖς ποιμνίοις καὶ ὅσων ἥμεροί εἰσιν ἀγέλαι· οὐ βοῦς βοῶν
οὐδὲ αἶγας αἰγῶν ἄρχοντας ποιοῦμεν αὐτοῖσί τινας, ἀλλ᾽
ἡμεῖς αὐτῶν δεσπόζομεν, ἄμεινον ἐκείνων γένος. ταὐτὸν δὴ 5
καὶ ὁ θεὸς ἄρα καὶ φιλάνθρωπος ὤν, τὸ γένος ἄμεινον ἡμῶν
ἐφίστη τὸ τῶν δαιμόνων, ὃ διὰ πολλῆς μὲν αὐτοῖς ῥᾳστώνης,
πολλῆς δ᾽ ἡμῖν, ἐπιμελούμενον ἡμῶν, εἰρήνην τε καὶ αἰδῶ   e
καὶ εὐνομίαν καὶ ἀφθονίαν δίκης παρεχόμενον, ἀστασίαστα
καὶ εὐδαίμονα τὰ τῶν ἀνθρώπων ἀπηργάζετο γένη. λέγει
δὴ καὶ νῦν οὗτος ὁ λόγος, ἀληθείᾳ χρώμενος, ὡς ὅσων ἂν
πόλεων μὴ θεὸς ἀλλά τις ἄρχῃ θνητός, οὐκ ἔστιν κακῶν 5
αὐτοῖς οὐδὲ πόνων ἀνάφυξις· ἀλλὰ μιμεῖσθαι δεῖν ἡμᾶς
οἴεται πάσῃ μηχανῇ τὸν ἐπὶ τοῦ Κρόνου λεγόμενον βίον,
καὶ ὅσον ἐν ἡμῖν ἀθανασίας ἔνεστι, τούτῳ πειθομένους δη-
μοσίᾳ καὶ ἰδίᾳ τάς τ᾽ οἰκήσεις καὶ τὰς πόλεις διοικεῖν, τὴν   714
τοῦ νοῦ διανομὴν ἐπονομάζοντας νόμον. εἰ δ᾽ ἄνθρωπος εἷς
ἢ ὀλιγαρχία τις, ἢ καὶ δημοκρατία ψυχὴν ἔχουσα ἡδονῶν

c 1 προσῆκον pr. O   ποιοίης A et in marg. O : ποιήσῃς I.O
e 6 οὐδαμῇ οὐδεμία Iulianus   c 8 ἐφίστη τότε Iulianus : ἐφίστητο
libri   τε I.O. γε A et in marg. O · om. Iulianus   d 2 τε om.
pr.O Iulianus   d 6 ἄρα καὶ om. Iulianus   [τὸ] γένος Stallbaum :
τότε γένος Hermann   e 2 εὐνομίαν A et in marg. I.O : ἐλευθερίαν
I.O et in marg. γρ. Λ᾽ (οἰδῶ καὶ δὴ ὀφθονίαν Iulianus   e 4 ὅσων
ἂν . . . e 5 ἄρχῃ ὅσων . . . ἄρχει Iulianus   e 6 ἀνάψυξις Iulianus
a 2 ὀνομάζοντας Iulianus   a 3 καὶ om. Iulianus

καὶ ἐπιθυμιῶν ὀρεγομένην καὶ πληροῦσθαι τούτων δεομένην,
5 στέγουσαν δὲ οὐδὲν ἀλλ' ἀνηνύτῳ καὶ ἀπλήστῳ κακῷ νοσή-
ματι συνεχομένην, ἄρξει δὴ πόλεως ἤ τινος ἰδιώτου κατα-
πατήσας ὁ τοιοῦτος τοὺς νόμους, ὃ νυνδὴ ἐλέγομεν, οὐκ ἔστι
σωτηρίας μηχανή. σκοπεῖν δὴ δεῖ τοῦτον τὸν λόγον ἡμᾶς,
b ὦ Κλεινία, πότερον αὐτῷ πεισόμεθα ἢ πῶς δράσομεν.

ΚΛ. Ἀνάγκη δήπου πείθεσθαι.

ΑΘ. Ἐννοεῖς οὖν ὅτι νόμων εἴδη τινές φασιν εἶναι το-
σαῦτα ὅσαπερ πολιτειῶν, πολιτειῶν δὲ ἄρτι διεληλύθαμεν
5 ὅσα λέγουσιν οἱ πολλοί; μὴ δὴ φαύλου πέρι νομίσῃς εἶναι
τὴν νῦν ἀμφισβήτησιν, περὶ δὲ τοῦ μεγίστου· τὸ γὰρ δίκαιον
καὶ ἄδικον οἷ χρὴ βλέπειν, πάλιν ἡμῖν ἀμφισβητούμενον
ἐλήλυθεν. οὔτε γὰρ πρὸς τὸν πόλεμον οὔτε πρὸς ἀρετὴν
c ὅλην βλέπειν δεῖν φασι τοὺς νόμους, ἀλλ' ἥτις ἂν καθε-
στηκυῖα ᾖ πολιτεία, ταύτῃ ἰδεῖν τὸ συμφέρον, ὅπως ἄρξει
τε ἀεὶ καὶ μὴ καταλυθήσεται, καὶ τὸν φύσει ὅρον τοῦ δικαίου
λέγεσθαι κάλλισθ' οὕτω.

5 ΚΛ. Πῶς;

ΑΘ. Ὅτι τὸ τοῦ κρείττονος συμφέρον ἐστίν.

ΚΛ. Λέγ' ἔτι σαφέστερον.

ΑΘ. Ὧδε. τίθεται δήπου, φασίν, τοὺς νόμους ἐν τῇ
πόλει ἑκάστοτε τὸ κρατοῦν. ἦ γάρ;

10 ΚΛ. Ἀληθῆ λέγεις.

d ΑΘ. Ἆρ' οὖν οἴει, φασίν, ποτὲ δῆμον νικήσαντα, ἤ τινα
πολιτείαν ἄλλην, ἢ καὶ τύραννον, θήσεσθαι ἑκόντα πρὸς ἄλλο
τι πρῶτον νόμους ἢ τὸ συμφέρον ἑαυτῷ τῆς ἀρχῆς τοῦ μένειν;

ΚΛ. Πῶς γὰρ ἄν;

5 ΑΘ. Οὐκοῦν καὶ ὃς ἂν ταῦτα τὰ τεθέντα παραβαίνῃ,
κολάσει ὁ θέμενος ὡς ἀδικοῦντα, δίκαια εἶναι ταῦτ' ἐπονο-
μάζων;

ΚΛ. Ἔοικε γοῦν.

a 5 νοσήματι secl Hermann   b 7 καὶ A : καὶ τὸ LO   c 2 ταύτη
ἰδεῖν Schneider : ταύτηι δεῖν libri   d 2 τύραννον A et in marg. γρ.
O : τυραννίδα LO

ΑΘ. Ταῦτ' ἄρ' ἀεὶ καὶ οὕτω καὶ ταύτῃ τὸ δίκαιον ἂν ἔχοι.

ΚΛ. Φησὶ γοῦν οὗτος ὁ λόγος.   10

ΑΘ. Ἔστι γὰρ τοῦτο ἐν ἐκείνων τῶν ἀξιωμάτων
ἀρχῆς πέρι.   e

ΚΛ. Ποίων δή;

ΑΘ. Τῶν ἃ τότε ἐπεσκοποῦμεν, τίνας τίνων ἄρχειν δεῖ.
καὶ ἐφάνη δὴ γονέας μὲν ἐκγόνων, νεωτέρων δὲ πρεσβυτέ-
ρους, γενναίους δὲ ἀγεννῶν, καὶ σύχν' ἄττα ἦν ἄλλ', εἰ   5
μεμνήμεθα, καὶ ἐμπόδια ἕτερα ἑτέροισιν· καὶ δὴ καὶ ἐν ἦν
αὐτῶν τοῦτο, καὶ ἔφαμέν που κατὰ φύσιν τὸν Πίνδαρον 715
ἄγειν δικαιοῦντα τὸ βιαιότατον, ὡς φάναι.

ΚΛ. Ναί, ταῦτ' ἦν ἃ τότε ἐλέχθη.

ΑΘ. Σκόπει δὴ ποτέροις τισὶν ἡ πόλις ἡμῖν ἐστιν παρα-
δοτέα. γέγονεν γὰρ δὴ μυριάκις ἤδη τὸ τοιοῦτον ἔν τισι   5
πόλεσιν.

ΚΛ. Τὸ ποῖον;

ΑΘ. Ἀρχῶν περιμαχήτων γενομένων, οἱ νικήσαντες τά
τε πράγματα κατὰ τὴν πόλιν οὕτως ἐσφετέρισαν σφόδρα,
ὥστε ἀρχῆς μηδ' ὁτιοῦν μεταδιδόναι τοῖς ἡττηθεῖσιν, μήτε 10
αὐτοῖς μήτε ἐκγόνοις, παραφυλάττοντες δὲ ἀλλήλους ζῶσιν,
ὅπως μή ποτέ τις εἰς ἀρχὴν ἀφικόμενος ἐπαναστῇ μεμνη- b
μένος τῶν ἔμπροσθεν γεγονότων κακῶν. ·ταύτας δήπου
φαμὲν ἡμεῖς νῦν οὔτ' εἶναι πολιτείας, οὔτ' ὀρθοὺς νόμους
ὅσοι μὴ συμπάσης τῆς πόλεως ἕνεκα τοῦ κοινοῦ ἐτέθησαν·
οἳ δ' ἕνεκά τινων, στασιώτας ἀλλ' οὐ πολίτας τούτους φα- 5
μέν, καὶ τὰ τούτων δίκαια ἅ φασιν εἶναι, μάτην εἰρῆσθαι.
λέγεται δὲ τοῦδ' ἕνεκα ταῦθ' ἡμῖν, ὡς ἡμεῖς τῇ σῇ πόλει
ἀρχὰς οὔθ' ὅτι πλούσιός ἐστίν τις δώσομεν, οὔθ' ὅτι τῶν
τοιούτων ἄλλο οὐδὲν κεκτημένος, ἰσχὺν ἢ μέγεθος ἤ τι   c
γένος· ὃς δ' ἂν τοῖς τεθεῖσι νόμοις εὐπειθέστατός τε ᾖ καὶ

d 11 ἀξιωμάτων Schulthess (cf. 690 a, 1), ἀδικημάτων libri : δικαιω-
μάτων Winckelmann   b 5 στασιώτας ... πολίτας] στασιωτείας ...
πολιτείας Aldina   c 2 τε om. Stob.

ρικῇ ταύτην τὴν νίκην ἐν τῇ πόλει, τούτῳ φαμὲν καὶ τὴν
τῶν θεῶν ὑπηρεσίαν δοτέον εἶναι τὴν μεγίστην τῷ πρώτῳ,
5 καὶ δευτέραν τῷ τὰ δεύτερα κρατοῦντι, καὶ κατὰ λόγον οὕτω
τοῖς ἐφεξῆς τὰ μετὰ ταῦθ᾽ ἕκαστα ἀποδοτέον εἶναι. τοὺς
δ᾽ ἄρχοντας λεγομένους νῦν ὑπηρέτας τοῖς νόμοις ἐκάλεσα
d οὔτι καινοτομίας ὀνομάτων ἕνεκα, ἀλλ᾽ ἡγοῦμαι παντὸς
μᾶλλον εἶναι παρὰ τοῦτο σωτηρίαν τε πόλει καὶ τοὐναντίον.
ἐν ᾗ μὲν γὰρ ἂν ἀρχόμενος ᾖ καὶ ἄκυρος νόμος, φθορὰν
ὁρῶ τῇ τοιαύτῃ ἑτοίμην οὖσαν· ἐν ᾗ δὲ ἂν δεσπότης τῶν
5 ἀρχόντων, οἱ δὲ ἄρχοντες δοῦλοι τοῦ νόμου, σωτηρίαν καὶ
πάντα ὅσα θεοὶ πόλεσιν ἔδοσαν ἀγαθὰ γιγνόμενα καθορῶ.

ΚΛ. Ναὶ μὰ Δία, ὦ ξένε· καθ᾽ ἡλικίαν γὰρ ὀξὺ βλέπεις.

ΑΘ. Νέος μὲν γὰρ ὢν πᾶς ἄνθρωπος τὰ τοιαῦτα ἀμ-
e βλύτατα αὐτὸς αὑτοῦ ὁρᾷ, γέρων δὲ ὀξύτατα.

ΚΛ. Ἀληθέστατα.

ΑΘ. Τί δὴ τὸ μετὰ ταῦτα; ἆρ᾽ οὐχ ἥκοντας μὲν καὶ
παρόντας θῶμεν τοὺς ἐποίκους, τὸν δ᾽ ἐξῆς αὐτοῖς διαπε-
5 ραντέον ἂν εἴη λόγον;

ΚΛ. Πῶς γὰρ οὔ;

ΑΘ. "Ἄνδρες" τοίνυν φῶμεν πρὸς αὐτούς, "ὁ μὲν δὴ
θεός, ὥσπερ καὶ ὁ παλαιὸς λόγος, ἀρχήν τε καὶ τελευτὴν καὶ
716 μέσα τῶν ὄντων ἁπάντων ἔχων, εὐθείᾳ περαίνει κατὰ φύσιν
περιπορευόμενος· τῷ δὲ ἀεὶ συνέπεται δίκη τῶν ἀπολειπο-
μένων τοῦ θείου νόμου τιμωρός, ἧς ὁ μὲν εὐδαιμονήσειν
μέλλων ἐχόμενος συνέπεται ταπεινὸς καὶ κεκοσμημένος, ὁ
5 δέ τις ἐξαρθεὶς ὑπὸ μεγαλαυχίας, ἢ χρήμασιν ἐπαιρόμενος
ἢ τιμαῖς, ἢ καὶ σώματος εὐμορφίᾳ ἅμα νεότητι καὶ ἀνοίᾳ
φλέγεται τὴν ψυχὴν μεθ᾽ ὕβρεως, ὡς οὔτε ἄρχοντος οὔτε
τινὸς ἡγεμόνος δεόμενος, ἀλλὰ καὶ ἄλλοις ἱκανὸς ὢν ἡγεῖ-

c 4 θεῶν] θεσμῶν Orelli : νόμων Schulthess   c 7 δ᾽ om. A : add.
A²   d 6 θεοὶ] οἱ θεοὶ Stob.   a 2 περιπορευόμενος libri cum
Plut. Clem. Eus. Stob. : πορευόμενος [Ar.] de mundo   a 4 καὶ
κεκοσμημένος om. A : add. in marg. A² cum cett. Plut. Clem. Eus.
Stob.   ὁ δέ τις libri cum Clem. Eus. Stob. : εἰ δέ τις Plut.
Theodoretus

σθαι, καταλείπεται ἔρημος θεοῦ, καταλειφθεὶς δὲ καὶ ἔτι b
ἄλλους τοιούτους προσλαβὼν σκιρτᾷ ταράττων πάντα ἅμα,
καὶ πολλοῖς τισιν ἔδοξεν εἶναί τις, μετὰ δὲ χρόνον οὐ πολὺν
ὑποσχὼν τιμωρίαν οὐ μεμπτὴν τῇ δίκῃ ἑαυτόν τε καὶ οἶκον
καὶ πόλιν ἄρδην ἀνάστατον ἐποίησεν. πρὸς ταῦτ' οὖν οὕτω 5
διατεταγμένα τί χρὴ δρᾶν ἢ διανοεῖσθαι καὶ τί μὴ τὸν
ἔμφρονα;"

ΚΛ. Δῆλον δὴ τοῦτό γε· ὡς τῶν συνακολουθησόντων
ἐσόμενον τῷ θεῷ δεῖ διανοηθῆναι πάντα ἄνδρα.

ΑΘ. "Τίς οὖν δὴ πρᾶξις φίλη καὶ ἀκόλουθος θεῷ; μία, c
καὶ ἕνα λόγον ἔχουσα ἀρχαῖον, ὅτι τῷ μὲν ὁμοίῳ τὸ ὅμοιον
ὄντι μετρίῳ φίλον ἂν εἴη, τὰ δ' ἄμετρα οὔτε ἀλλήλοις οὔτε
τοῖς ἐμμέτροις. ὁ δὴ θεὸς ἡμῖν πάντων χρημάτων μέτρον
ἂν εἴη μάλιστα, καὶ πολὺ μᾶλλον ἤ πού τις, ὥς φασιν, 5
ἄνθρωπος· τὸν οὖν τῷ τοιούτῳ προσφιλῆ γενησόμενον, εἰς
δύναμιν ὅτι μάλιστα καὶ αὐτὸν τοιοῦτον ἀναγκαῖον γίγνε-
σθαι, καὶ κατὰ τοῦτον δὴ τὸν λόγον ὁ μὲν σώφρων ἡμῶν d
θεῷ φίλος, ὅμοιος γάρ, ὁ δὲ μὴ σώφρων ἀνόμοιός τε καὶ
διάφορος καὶ ⟨ὁ⟩ ἄδικος, καὶ τὰ ἄλλ' οὕτως κατὰ τὸν αὐτὸν
λόγον ἔχει. νοήσωμεν δὴ τούτοις ἑπόμενον εἶναι τὸν
τοιόνδε λόγον, ἁπάντων κάλλιστον καὶ ἀληθέστατον οἶμαι 5
λόγων, ὡς τῷ μὲν ἀγαθῷ θύειν καὶ προσομιλεῖν ἀεὶ τοῖς
θεοῖς εὐχαῖς καὶ ἀναθήμασιν καὶ συμπάσῃ θεραπείᾳ θεῶν
κάλλιστον καὶ ἄριστον καὶ ἀνυσιμώτατον πρὸς τὸν εὐδαί-
μονα βίον καὶ δὴ καὶ διαφερόντως πρέπον, τῷ δὲ κακῷ e
τούτων τἀναντία πέφυκεν. ἀκάθαρτος γὰρ τὴν ψυχὴν ὅ γε
κακός, καθαρὸς δὲ ὁ ἐναντίος, παρὰ δὲ μιαροῦ δῶρα οὔτε
ἄνδρ' ἀγαθὸν οὔτε θεὸν ἔστιν ποτὲ τό γε ὀρθὸν δέχεσθαι· 717
μάτην οὖν περὶ θεοὺς ὁ πολύς ἐστι πόνος τοῖς ἀνοσίοις,
τοῖσιν δὲ ὁσίοις ἐγκαιρότατος ἅπασιν. σκοπὸς μὲν οὖν
ἡμῖν οὗτος οὗ δεῖ στοχάζεσθαι· βέλη δὲ αὐτοῦ καὶ οἷον ἡ

d 3 ὁ add. ci. Ritter   d 6 ἀεὶ Schanz: δεῖ libri: δὴ vulg.
a 3 τοῖσιν A: τοῖσι O² ⟨σι s. v.⟩: τοῖς O   εὐκαιρότατος Suidas
a 4 αὐτοῦ] αὖ Badham

9*

5 τοῖς βέλεσιν ἔφεσις τὰ ποῖ᾽ ἂν λεγόμενα ὀρθότατα φέροιτ᾽
ἄν; πρῶτον μέν, φαμέν, τιμὰς τὰς μετ᾽ Ὀλυμπίους τε καὶ
τοὺς τὴν πόλιν ἔχοντας θεοὺς τοῖς χθονίοις ἄν τις θεοῖς
ἄρτια καὶ δεύτερα καὶ ἀριστερὰ νέμων ὀρθότατα τοῦ τῆς
b εὐσεβείας σκοποῦ τυγχάνοι, τὰ δὲ τούτων ἄνωθεν [τὰ περιττὰ]
καὶ ἀντίφωνα, τοῖς ἔμπροσθεν ῥηθεῖσιν νυνδή. μετὰ θεοὺς
δὲ τούσδε καὶ τοῖς δαίμοσιν ὅ γε ἔμφρων ὀργιάζοιτ᾽ ἄν,
ἥρωσιν δὲ μετὰ τούτους. ἐπακολουθοῖ δ᾽ αὐτοῖς ἱδρύματα
5 ἴδια πατρῴων θεῶν κατὰ νόμον ὀργιαζόμενα, γονέων δὲ
μετὰ ταῦτα τιμαὶ ζώντων· ὡς θέμις ὀφείλοντα ἀποτίνειν
τὰ πρῶτά τε καὶ μέγιστα ὀφειλήματα, χρεῶν πάντων πρε-
σβύτατα, νομίζειν δέ, ἃ κέκτηται καὶ ἔχει, πάντα εἶναι τῶν
c γεννησάντων καὶ θρεψαμένων πρὸς τὸ παρέχειν αὐτὰ εἰς
ὑπηρεσίαν ἐκείνοις κατὰ δύναμιν πᾶσαν, ἀρχόμενον ἀπὸ τῆς
οὐσίας, δεύτερα τὰ τοῦ σώματος, τρίτα τὰ τῆς ψυχῆς, ἀπο-
τίνοντα δανείσματα ἐπιμελείας τε καὶ ὑπερπονούντων ὠδῖνας
5 παλαιὰς ἐπὶ νέοις δανεισθείσας, ἀποδιδόντα δὲ παλαιοῖς ἐν·
τῷ γήρᾳ σφόδρα κεχρημένοις. παρὰ δὲ πάντα τὸν βίον
ἔχειν τε καὶ ἐσχηκέναι χρὴ πρὸς αὐτοῦ γονέας εὐφημίαν
d διαφερόντως, διότι κούφων καὶ πτηνῶν λόγων βαρυτάτη
ζημία—πᾶσι γὰρ ἐπίσκοπος τοῖς περὶ τὰ τοιαῦτα ἐτάχθη
Δίκης Νέμεσις ἄγγελος—θυμουμένοις τε οὖν ὑπείκειν δεῖ
καὶ ἀποπιμπλᾶσι τὸν θυμόν, ἐάντ᾽ ἐν λόγοις ἐάντ᾽ ἐν ἔργοις
5 δρῶσιν τὸ τοιοῦτον, συγγιγνώσκοντα, ὡς εἰκότως μάλιστα
πατὴρ ὑεῖ δοξάζων ἀδικεῖσθαι θυμοῖτ᾽ ἂν διαφερόντως.
τελευτησάντων δὲ γονέων ταφὴ μὲν ἡ σωφρονεστάτη καλ-
λίστη, μήτε ὑπεραίροντα τῶν εἰθισμένων ὄγκων μήτ᾽ ἐλλεί-
e ποντα ὧν οἱ προπάτορες τοὺς ἑαυτῶν γεννητὰς ἐτίθεσαν,
τάς τε αὖ κατ᾽ ἐνιαυτὸν τῶν ἤδη τέλος ἐχόντων ὡσαύτως
ἐπιμελείας τὰς κόσμον φερούσας ἀποδιδόναι· τῷ δὲ μὴ

a 5 ἔφεσις] γρ. ἄφεσις in marg. a¹ λεγόμενα] φερόμενα Schanz
a 8 ἀριστερὰ O (ut vid.): ἀριστεῖα A L et corr. O b 1 τὰ δὲ] τοῖς
δὲ Aldina τὰ περιττὰ seclusi (cf. Plut. Is. Os. 361 A). d 8 τὸν
εἰθισμένον ὄγκον Stob. e 1 τοὺς] εἰς τοὺς Stephanus

παραλείπειν· μνήμην ἐνδελεχῆ παρεχόμενον, τούτῳ μάλιστ᾽ **718**
ἀεὶ πρεσβεύειν, δαπάνης τε τῆς διδομένης ὑπὸ τύχης τὸ
μέτριον τοῖς κεκμηκόσιν νέμοντα. ταῦτ᾽ ἂν ποιοῦντες καὶ
κατὰ ταῦτα ζῶντες ἑκάστοτε ἕκαστοι τὴν ἀξίαν ἂν παρὰ θεῶν
καὶ ὅσοι κρείττονες ἡμῶν κομιζοίμεθα, ἐν ἐλπίσιν ἀγαθαῖς 5
διάγοντες τὸ πλεῖστον τοῦ βίου." ἃ δὲ πρὸς ἐκγόνους καὶ
συγγενεῖς καὶ φίλους καὶ πολίτας, ὅσα τε ξενικὰ πρὸς θεῶν
θεραπεύματα καὶ ὁμιλίας συμπάντων τούτων ἀποτελοῦντα
τὸν αὑτοῦ βίον φαιδρυνάμενον κατὰ νόμον κοσμεῖν δεῖ, **b**
τῶν νόμων αὐτῶν ἡ διέξοδος, τὰ μὲν πείθουσα, τὰ δὲ μὴ
ὑπείκοντα πειθοῖ τῶν ἠθῶν βίᾳ καὶ δίκῃ κολάζουσα, τὴν
πόλιν ἡμῖν συμβουληθέντων θεῶν μακαρίαν τε καὶ εὐδαί-
μονα ἀποτελεῖ· ἃ δὲ χρὴ μὲν αὖ καὶ ἀναγκαῖον εἰπεῖν 5
νομοθέτην ὅστις ἅπερ ἐγὼ διανοεῖται, ἐν δὲ σχήματι νόμου
ἀναρμοστεῖ λεγόμενα, τούτων πέρι δοκεῖ μοι δεῖγμα προ-
ενεγκόντα αὑτῷ τε καὶ ἐκείνοις οἷς νομοθετήσει, τὰ λοιπὰ **c**
πάντα εἰς δύναμιν διεξελθόντα, τὸ μετὰ τοῦτο ἄρχεσθαι τῆς
θέσεως τῶν νόμων. ἔστιν δὲ δὴ τὰ τοιαῦτα ἐν τίνι μάλιστα
σχήματι κείμενα; οὐ πάνυ ῥᾴδιον ἐν ἑνὶ περιλαβόντα εἰπεῖν
αὐτὰ οἷόν τινι τύπῳ, ἀλλ᾽ οὑτωσί τινα τρόπον λάβωμεν, ἄν 5
τι δυνώμεθα περὶ αὐτῶν βεβαιώσασθαι.

ΚΛ. Λέγε τὸ ποῖον.

ΑΘ. Βουλοίμην ἂν αὐτοὺς ὡς εὐπειθεστάτους πρὸς ἀρετὴν
εἶναι, καὶ δῆλον ὅτι πειράσεται τοῦτο ὁ νομοθέτης ἐν ἁπάσῃ
ποιεῖν τῇ νομοθεσίᾳ.   10

ΚΛ. Πῶς γὰρ οὔ;   **d**

ΑΘ. Τὰ τοίνυν δὴ λεχθέντα ἔδοξέν τί μοι προὔργου
δρᾶν εἰς τὸ περὶ ὧν ἂν παραινῇ, μὴ παντάπασιν ὠμῆς ψυχῆς
λαβόμενα, ἡμερώτερόν τε ἂν ἀκούειν καὶ εὐμενέστερον· ὥστε
εἰ καὶ μὴ μέγα τι, σμικρὸν δέ, τὸν ἀκούοντα ὅπερ φησὶν 5
εὐμενέστερον γιγνόμενον εὐμαθέστερον ἀπεργάσεται, πᾶν

ἀγαπητόι. οὐ γὰρ πολλή τις εὐπέτεια οὐδὲ ἀφθονία τῶν
προθυμουμένων ὡς ἀρίστων ὅτι μάλιστα καὶ ὡς τάχιστα
e γίγνεσθαι, τὸν δὲ Ἡσίοδον οἱ πολλοὶ σοφὸν ἀποφαίνουσι
λέγοντα ὡς ἡ μὲν ἐπὶ τὴν κακότητα ὁδὸς λεία καὶ
ἀνιδιτὶ παρέχει πορεύεσθαι, μάλα βραχεῖα οὖσα, τῆς δὲ
ἀρετῆς, φησίν,

5 ἱδρῶτα θεοὶ προπάροιθεν ἔθηκαν
ἀθάνατοι, μακρὸς δὲ καὶ ὄρθιος οἶμος ἐς αὐτήν,
719 καὶ τρηχὺς τὸ πρῶτον· ἐπὴν δ' εἰς ἄκρον ἵκηαι,
ῥηιδίη δὴ 'πειτα φέρειν, χαλεπή περ ἐοῦσα.

ΚΛ. Καὶ καλῶς γ' ἔοικεν λέγοντι.

ΑΘ. Πάνυ μὲν οὖν. ὁ δὲ προάγων λόγος ὅ γέ μοι
5 ἀπείργασται, βούλομαι ὑμῖν εἰς τὸ μέσον αὐτὸ θεῖναι.

ΚΛ. Τίθει δή.

ΑΘ. Λέγωμεν δὴ τῷ νομοθέτῃ διαλεγόμενοι τόδε· "Εἰπὲ
b ἡμῖν, ὦ νομοθέτα· εἴπερ ὅτι χρὴ πράττειν ἡμᾶς καὶ λέγειν,
εἰδείης, ἆρα οὐ δῆλον ὅτι καὶ ἂν εἴποις;"

ΚΛ. Ἀναγκαῖον.

ΑΘ. "Σμικρῷ μὲν δὴ πρόσθεν ἆρα οὐκ ἠκούσαμέν σου
5 λέγοντος ὡς τὸν νομοθέτην οὐ δεῖ τοῖς ποιηταῖς ἐπιτρέπειν
ποιεῖν ὃ ἂν αὐτοῖς ᾖ φίλον; οὐ γὰρ ἂν εἰδεῖεν τί ποτ'
ἐναντίον τοῖς νόμοις ἂν λέγοντες βλάπτοιεν τὴν πόλιν."

ΚΛ. Ἀληθῆ μέντοι λέγεις.

ΑΘ. Ὑπὲρ δὴ τῶν ποιητῶν εἰ τάδε λέγοιμεν πρὸς αὐτόν,
10 ·ἆρ' ἂν τὰ λεχθέντα εἴη μέτρια;

ΚΛ. Ποῖα;

c ΑΘ. Τάδε· "Παλαιὸς μῦθος, ὦ νομοθέτα, ὑπό τε αὐτῶν
ἡμῶν ἀεὶ λεγόμενός ἐστιν καὶ τοῖς ἄλλοις πᾶσιν συνδε-
δογμένος, ὅτι ποιητής, ὁπόταν ἐν τῷ τρίποδι τῆς Μούσης

e 3 ἀνιδιτὶ Λ: corr. a et in marg. adscr. τὸ ἀνιδιτὶ διὰ τοῦ ῑ
Constantinus   a 2 ῥ(ηιδίη δ)ήπειτα inclusa in ras. Λ   φέρειν
ΑLΟ: πέλει scr. recc. cum Hesiodo   b 4 μὲν LΟ et s v. Λ²:
om. Λ   b 6 ποιεῖν Α et in marg. l. Ο · λέγειν l. Ο   γὰρ ἂν]
γὰρ Ast

καθίζηται, τότε οὐκ ἔμφρων ἐστίν, οἷον δὲ κρήνη τις τὸ
ἐπιὸν ῥεῖν ἑτοίμως ἐᾷ, καὶ τῆς τέχνης οὔσης μιμήσεως 5
ἀναγκάζεται, ἐναντίως ἀλλήλοις ὀρθρώπους ποιῶν διατιθε-
μένους, ἐναντία λέγειν αὐτῷ πολλάκις, οἶδεν δὲ οὔτ᾽ εἰ ταῦτα
οὔτ᾽ εἰ θάτερα ἀληθῆ τῶν λεγομένων. τῷ δὲ νομοθέτῃ τοῦτο d
οὐκ ἔστι ποιεῖν ἐν τῷ νόμῳ, δύο περὶ ἑνός, ἀλλὰ ἕνα περὶ
ἑνὸς ἀεὶ δεῖ λόγον ἀποφαίνεσθαι. σκέψαι δ᾽ ἐξ αὐτῶν
τῶν ὑπὸ σοῦ νυνδὴ λεχθέντων. οὔσης γὰρ ταφῆς τῆς μὲν
ὑπερβεβλημένης, τῆς δὲ ἐλλειπούσης, τῆς δὲ μετρίας, τὴν 5
μίαν ἑλόμενος σύ, τὴν μέσην, ταύτην προστάττεις καὶ ἐπή-
νεσας ἁπλῶς· ἐγὼ δέ, εἰ μὲν γυνή μοι διαφέρουσα εἴη πλούτῳ
καὶ θάπτειν αὐτὴν διακελεύοιτο ἐν τῷ ποιήματι, τὸν ὑπερβάλ-
λοντα ἂν τάφον ἐπαινοίην, φειδωλὸς δ᾽ αὖ τις καὶ πένης ἀνὴρ e
τὸν καταδεᾶ, μέτρον δὲ οὐσίας κεκτημένος καὶ μέτριος αὐτὸς
ὢν τὸν αὐτὸν ἂν ἐπαινέσαι. σοὶ δὲ οὐχ οὕτω ῥητέον ὡς νῦν
εἶπες μέτριον εἰπών, ἀλλὰ τί τὸ μέτριον καὶ ὁπόσον ῥητέον,
ἢ τὸν τοιοῦτον λόγον μήπω σοι διανοοῦ γίγνεσθαι νόμον ". 5

ΚΛ. Ἀληθέστατα λέγεις.

ΑΘ. Πότερον οὖν ἡμῖν ὁ τεταγμένος ἐπὶ τοῖς νόμοις μηδὲν
τοιοῦτον προαγορεύῃ ἐν ἀρχῇ τῶν νόμων, ἀλλ᾽ εὐθὺς ὃ δεῖ
ποιεῖν καὶ μὴ φράζῃ τε, καὶ ἐπαπειλήσας τὴν ζημίαν, ἐπ᾽
ἄλλον τρέπηται νόμον, παραμυθίας δὲ καὶ πειθοῦς τοῖς 720
νομοθετουμένοις μηδὲ ἓν προσδιδῷ; καθάπερ ἰατρὸς δέ τις,
ὁ μὲν οὕτως, ὁ δ᾽ ἐκείνως ἡμᾶς εἴωθεν ἑκάστοτε θεραπεύειν—
ἀναμιμνῃσκώμεθα δὲ τὸν τρόπον ἑκάτερον, ἵνα τοῦ νομοθέτου
δεώμεθα, καθάπερ ἰατροῦ δέοιτο ἂν παῖδες τὸν πρᾳότατον 5
αὐτὸν θεραπεύειν τρόπον ἑαυτούς. οἷον δὴ τί λέγομεν; εἰσὶν
πού τινες ἰατροί, φαμέν, καί τινες ὑπηρέται τῶν ἰατρῶν,
ἰατροὺς δὲ καλοῦμεν δήπου καὶ τούτους.

---

c 3 ἐπαινέσαι ci. Bekker : ἐπαινέσοι libri cum Stob.   e 4 μέτριον
I O et fecit A² (ι s. v   · μέτρον Λ   e 8 προαγορεύῃ Λ ut vid.; O²
η s v): προαγορεύει Ο : προαγορεύῃ Λ² \τὰ ἀντίγραφα ὅλα ὑποτακτικῶς
in marg. O,   e 9 φράζῃ A O : φράζει O' (ει s. v.) . φράζοι Λ²
a ι τρέπηται A O : τρέποιτο Λ²

b ΚΛ. Πάνυ μὲν οὖν.

ΑΘ. Ἐάντε γε ἐλεύθεροι ὦσιν ἐάντε δοῦλοι, κατ' ἐπίταξιν δὲ τῶν δεσποτῶν καὶ θεωρίαν καὶ κατ' ἐμπειρίαν τὴν τέχνην κτῶνται, κατὰ φύσιν δὲ μή, καθάπερ οἱ ἐλεύθεροι αὐτοί τε
5 μεμαθήκασιν οὕτω τούς τε αὑτῶν διδάσκουσι παῖδας. θείης ἂν ταῦτα δύο γένη τῶν καλουμένων ἰατρῶν;

ΚΛ. Πῶς γὰρ οὔ;

ΑΘ. Ἆρ' οὖν καὶ συννοεῖς ὅτι, δούλων καὶ ἐλευθέρων
c ὄντων τῶν καμνόντων ἐν ταῖς πόλεσι, τοὺς μὲν δούλους σχεδόν τι οἱ δοῦλοι τὰ πολλὰ ἰατρεύουσιν περιτρέχοντες καὶ ἐν τοῖς ἰατρείοις περιμένοντες, καὶ οὔτε τινὰ λόγον ἑκάστου πέρι νοσήματος ἑκάστου τῶν οἰκετῶν οὐδεὶς τῶν τοιούτων
5 ἰατρῶν δίδωσιν οὐδ' ἀποδέχεται, προστάξας δ' αὐτῷ τὰ δόξαντα ἐξ ἐμπειρίας, ὡς ἀκριβῶς εἰδώς, καθάπερ τύραννος αὐθαδῶς, οἴχεται ἀποπηδήσας πρὸς ἄλλον κάμνοντα οἰκέτην, καὶ ῥᾳστώνην οὕτω τῷ δεσπότῃ παρασκευάζει τῶν καμνόντων
d τῆς ἐπιμελείας· ὁ δὲ ἐλεύθερος ὡς ἐπὶ τὸ πλεῖστον τὰ τῶν ἐλευθέρων νοσήματα θεραπεύει τε καὶ ἐπισκοπεῖ, καὶ ταῦτα ἐξετάζων ἀπ' ἀρχῆς καὶ κατὰ φύσιν, τῷ κάμνοντι κοινούμενος αὐτῷ τε καὶ τοῖς φίλοις, ἅμα μὲν αὐτὸς μανθάνει τι
5 παρὰ τῶν νοσούντων, ἅμα δὲ καὶ καθ' ὅσον οἷός τέ ἐστιν, διδάσκει τὸν ἀσθενοῦντα αὐτόν, καὶ οὐ πρότερον ἐπέταξεν πρὶν ἄν πῃ συμπείσῃ, τότε δὲ μετὰ πειθοῦς ἡμερούμενον ἀεὶ
e παρασκευάζων τὸν κάμνοντα, εἰς τὴν ὑγίειαν ἄγων, ἀποτελεῖν πειρᾶται; πότερον οὕτως ἢ ἐκείνως ἰατρός τε ἰώμενος ἀμείνων καὶ γυμναστὴς γυμνάζων· διχῇ τὴν μίαν ἀποτελῶν δύναμιν, ἢ μοναχῇ καὶ κατὰ τὸ χεῖρον τοῖν δυοῖν καὶ ἀγριώτερον
5 ἀπεργαζόμενος;

ΚΛ. Πολύ που διαφέροι, ὦ ξένε, τὸ διπλῇ.

ΑΘ. Βούλει δὴ καὶ θεασώμεθα τὸ διπλοῦν τοῦτο καὶ ἁπλοῦν ἐν ταῖς νομοθεσίαις αὐταῖς γιγνόμενον;

ΚΛ. Πῶς γὰρ οὐ βούλομαι;

10 ΑΘ. Φέρε δὴ πρὸς θεῶν, τίν' ἄρα πρῶτον νόμον θεῖτ' ἂν

ὁ νομοθέτης; ἆρ' οὐ κατὰ φύσιν τὴν περὶ γενέσεως ἀρχὴν
πρώτην πόλεων πέρι κατακοσμήσει ταῖς τάξεσιν;   **721**

ΚΛ. Τί μήν;

ΑΘ. Ἀρχὴ δ' ἐστὶ τῶν γενέσεων πάσαις πόλεσιν ἆρ' οὐχ
ἡ τῶν γάμων σύμμειξις καὶ κοινωνία;

ΚΛ. Πῶς γὰρ οὔ;   5

ΑΘ. Γαμικοὶ δὴ νόμοι πρῶτοι κινδυνεύουσιν τιθέμενοι
καλῶς ἂν τίθεσθαι πρὸς ὀρθότητα πάσῃ πόλει.

ΚΛ. Παντάπασι μὲν οὖν.

ΑΘ. Λέγωμεν δὴ πρῶτον τὸν ἁπλοῦν, ἔχοι δ' ἄν πως
ἴσως ὧδε—   10

Γαμεῖν δέ, ἐπειδὰν ἐτῶν ᾖ τις τριάκοντα, μέχρι ἐτῶν πέντε   **b**
καὶ τριάκοντα, εἰ δὲ μή, ζημιοῦσθαι χρήμασίν τε καὶ ἀτιμίᾳ,
χρήμασι μὲν τόσοις καὶ τόσοις, τῇ καὶ τῇ δὲ ἀτιμίᾳ.

Ὁ μὲν ἁπλοῦς ἔστω τις τοιοῦτος περὶ γάμων, ὁ δὲ
διπλοῦς ὅδε—   5

Γαμεῖν δέ, ἐπειδὰν ἐτῶν ᾖ τις τριάκοντα, μέχρι τῶν πέντε
καὶ τριάκοντα, διανοηθέντα ὡς ἔστιν ᾗ τὸ ἀνθρώπινον γένος
φύσει τινὶ μετείληφεν ἀθανασίας, οὗ καὶ πέφυκεν ἐπιθυμίαν
ἴσχειν πᾶς πᾶσαν· τὸ γὰρ γενέσθαι κλεινὸν καὶ μὴ ἀνώνυμον   **c**
κεῖσθαι τετελευτηκότα τοῦ τοιούτου ἐστὶν ἐπιθυμία.   γένος
οὖν ἀνθρώπων ἐστίν τι συμφυὲς τοῦ παντὸς χρόνου, ὃ διὰ
τέλους αὐτῷ συνέπεται καὶ συνέψεται, τούτῳ τῷ τρόπῳ ἀθά-
νατον ὄν, τῷ παῖδας παίδων καταλειπόμενον, ταὐτὸν καὶ ἓν   5
ὂν ἀεί, γενέσει τῆς ἀθανασίας μετειληφέναι· τούτου δὴ
ἀποστερεῖν ἑκόντα ἑαυτὸν οὐδέποτε ὅσιον, ἐκ προνοίας δὲ
ἀποστερεῖ ὃς ἂν παίδων καὶ γυναικὸς ἀμελῇ.   πειθόμενος
μὲν οὖν τῷ νόμῳ ἀζήμιος ἀπαλλάττοιτο ἄν, μὴ πειθόμενος δὲ   **d**
αὖ, μηδὲ γαμῶν ἔτη τριάκοντα γεγονὼς καὶ πέντε, ζημιούσθω
μὲν κατ' ἐνιαυτὸν τόσῳ καὶ τόσῳ, ἵνα μὴ δοκῇ τὴν μοναυλίαν

b 2 δὲ in marg Λ²· δὴ Λ   b 3 τῇ καὶ τῇ δὲ I.O : τῇδε
καὶ τῇδε Λ Stob.   b 6 ᾖ s v. Λ²: om. Λ   c 5 κατα-
λειπόμενον] καταλιπόμενον vulg. ὅλα τὰ ἀντίγραφα διὰ τοῦ διφθόγγου in
marg. ()

οἱ κέρδος καὶ ῥᾳστώνην φέρειν, καὶ μὴ μετεχέτω δὲ τιμῶν
5 ὧν ἂν οἱ νεώτεροι ἐν τῇ πόλει τοὺς πρεσβυτέρους αὐτῶν
τιμῶσιν ἑκάστοτε.

Τοῦτον δὴ παρ' ἐκεῖνον τὸν νόμον ἀκούσαντα ἔξεστιν
περὶ ἑνὸς ἑκάστου διανοηθῆναι, πότερον αὐτοὺς διπλοῦς οὕτω
e δεῖ γίγνεσθαι τῷ μήκει τὸ σμικρότατον, διὰ τὸ πείθειν τε
ἅμα καὶ ἀπειλεῖν, ἢ τῷ ἀπειλεῖν μόνον χρωμένους ἁπλοῦς
γίγνεσθαι τοῖς μήκεσιν.

ΜΕ. Πρὸς μὲν τοῦ Λακωνικοῦ τρόπου, ὦ ξένε, τὸ τὰ
5 βραχύτερα ἀεὶ προτιμᾶν· τούτων μὴν τῶν γραμμάτων εἴ
τις κριτὴν ἐμὲ κελεύοι γίγνεσθαι πότερα βουλοίμην ἂν ἐν τῇ
πόλει μοι γεγραμμένα τεθῆναι, τὰ μακρότερ' ἂν ἑλοίμην,
722 καὶ δὴ καὶ περὶ παντὸς νόμου κατὰ τοῦτο τὸ παράδειγμα, εἰ
γίγνοιτο ἑκάτερα, ταὐτὸν τοῦτ' ἂν αἱροίμην. οὐ μὴν ἀλλά
που καὶ Κλεινίᾳ τῷδ' ἀρέσκειν δεῖ τὰ νῦν νομοθετούμενα·
τούτου γὰρ ἡ πόλις ἡ νῦν τοῖς τοιούτοις νόμοις χρῆσθαι
5 διανοουμένη.

ΚΛ. Καλῶς γ', ὦ Μέγιλλε, εἶπες.

ΑΘ. Τὸ μὲν οὖν περὶ πολλῶν ἢ ὀλίγων γραμμάτων
ποιήσασθαι τὸν λόγον λίαν εὔηθες—τὰ γὰρ οἶμαι βέλτιστα,
b ἀλλ' οὐ τὰ βραχύτατα οὐδὲ τὰ μήκη τιμητέον—τὰ δ' ἐν τοῖς
νυνδὴ νόμοις ῥηθεῖσιν οὐ διπλῷ θάτερα τῶν ἑτέρων διάφορα
μόνον εἰς ἀρετὴν τῆς χρείας, ἀλλ' ὅπερ ἐρρήθη νυνδή, τὸ
τῶν διττῶν ἰατρῶν γένος ὀρθότατα παρετέθη. πρὸς τοῦτο
5 δὲ οὐδεὶς ἔοικε διανοηθῆναι πώποτε τῶν νομοθετῶν, ὡς ἐξὸν
δυοῖν χρῆσθαι πρὸς τὰς νομοθεσίας, πειθοῖ καὶ βίᾳ, καθ' ὅσον
οἷόν τε ἐπὶ τὸν ἄπειρον παιδείας ὄχλον, τῷ ἑτέρῳ χρῶνται
c μόνον· οὐ γὰρ πειθοῖ κεραννύντες τὴν† μάχην νομοθετοῦσιν,
ἀλλ' ἀκράτῳ μόνον τῇ βίᾳ. ἐγὼ δ', ὦ μακάριοι, καὶ τρίτον
ἔτι περὶ τοὺς νόμους ὁρῶ γίγνεσθαι δέον, οὐδαμῇ τὰ νῦν
γιγνόμενον.

d 4 καὶ μὴ L O et fecit A² (καὶ s. v : μὴ Λ   a 2 αἱροίμην scr.
rece : ἑροίμην A L O   b 4 τοῦτο L O : τούτῳ Λ et in marg. I. O
c 1 μάχην] ἀρχὴν ci. Stallbaum : ἀνάγκην Ast

ΚΛ. Τὸ ποῖον δὴ λέγεις;   5

ΑΘ. Ἐξ αὐτῶν ὧν νυν⟨δὴ⟩ διειλέγμεθα ἡμεῖς κατὰ θεόν
τινα γεγονός. σχεδὸν γὰρ ἐξ ὅσου περὶ τῶν νόμων ἤργμεθα
λέγειν, ἐξ ἑωθινοῦ μεσημβρία τε γέγονε καὶ ἐν ταύτῃ παγκάλῃ
ἀναπαύλῃ τινὶ γεγόναμεν, οὐδὲν ἀλλ᾽ ἢ περὶ νόμων διαλεγό-
μενοι, νόμους δὲ ἄρτι μοι δοκοῦμεν λέγειν ἄρχεσθαι, τὰ δ᾽   d
ἔμπροσθεν ἦν πάντα ἡμῖν προοίμια νόμων. τί δὲ ταῦτ᾽
εἴρηκα; τόδε εἰπεῖν βουληθείς, ὅτι λόγων πάντων καὶ ὅσων
φωνὴ κεκοινώνηκεν προοίμιά τέ ἐστιν καὶ σχεδὸν οἷόν
τινες ἀνακινήσεις, ἔχουσαί τινα ἔντεχνον ἐπιχείρησιν χρή-   5
σιμον πρὸς τὸ μέλλον περαίνεσθαι. καὶ δή που κιθαρῳδικῆς
ᾠδῆς λεγομένων νόμων καὶ πάσης μούσης προοίμια θαυμαστῶς
ἐσπουδασμένα πρόκειται· τῶν δὲ ὄντως νόμων ὄντων, οὓς δὴ   e
πολιτικοὺς εἶναί φαμεν, οὐδεὶς πώποτε οὔτ᾽ εἶπέ τι προοίμιον
οὔτε συνθέτης γενόμενος ἐξήνεγκεν εἰς τὸ φῶς, ὡς οὐκ ὄντος
φύσει. ἡμῖν δὲ ἡ νῦν διατριβὴ γεγονυῖα, ὡς ἐμοὶ δοκεῖ,
σημαίνει ὡς ὄντος, οἵ τέ γε δὴ διπλοῖ ἔδοξαν νυνδή μοι   5
λεχθέντες νόμοι οὐκ εἶναι ἁπλῶς οὕτω πως διπλοῖ, ἀλλὰ
δύο μέν τινε, νόμος τε καὶ προοίμιον τοῦ νόμου· ὁ δὴ τυραν-
νικὸν ἐπίταγμα ἀπεικασθὲν ἐρρήθη τοῖς ἐπιτάγμασιν τοῖς
τῶν ἰατρῶν οὓς εἴπομεν ἀνελευθέρους, τοῦτ᾽ εἶναι νόμος   723
ἄκρατος, τὸ δὲ πρὸ τούτου ῥηθέν, πειστικὸν λεχθὲν ὑπὸ
τοῦδε, ὄντως μὲν εἶναι πειστικόν, προοιμίου μὴν τοῦ περὶ
λόγους δύναμιν ἔχειν. ἵνα γὰρ εὐμενῶς, καὶ διὰ τὴν εὐμένειαν
εὐμαθέστερον, τὴν ἐπίταξιν, ὃ δή ἐστιν ὁ νόμος, δέξηται ᾧ τὸν   5
νόμον ὁ νομοθέτης λέγει, τούτου χάριν εἰρῆσθαί μοι κατεφάνη
πᾶς ὁ λόγος οὗτος, ὃν πείθων εἶπεν ὁ λέγων· διὸ δὴ κατά
γε τὸν ἐμὸν λόγον τοῦτ᾽ αὐτό, προοίμιον, ἀλλ᾽ οὐ λόγος ἂν   b
ὀρθῶς προσαγορεύοιτο εἶναι τοῦ νόμου. ταῦτ᾽ οὖν εἰπών,
τί τὸ μετὰ τοῦτο ἄν μοι βουληθείην εἰρῆσθαι; τόδε, ὡς
τὸν νομοθέτην πρὸ πάντων τε ἀεὶ τῶν νόμων χρεών ἐστιν

5 μὴ ἀμοίρους αὐτοὺς προοιμίων ποιεῖν καὶ καθ' ἕκαστον, ᾗ
διοίσουσιν ἑαυτῶν ὅσον νυνδὴ τὼ λεχθέντε διηνεγκάτην.

ΚΛ. Τό γ' ἐμὸν οὐκ ἂν ἄλλως νομοθετεῖν διακελεύοιτο
ἡμῖν τὸν τούτων ἐπιστήμονα.

c   ΑΘ. Καλῶς μὲν τοίνυν, ὦ Κλεινία, δοκεῖς μοι τό γε
τοσοῦτον λέγειν, ὅτι πᾶσίν γε νόμοις ἐστὶν προοίμια καὶ ὅτι
πάσης ἀρχόμενον νομοθεσίας χρὴ προτιθέναι παντὸς τοῦ
λόγου τὸ πεφυκὸς προοίμιον ἑκάστοις—οὐ γὰρ σμικρὸν τὸ
5 μετὰ τοῦτό ἐστιν ῥηθησόμενον, οὐδ' ὀλίγον διαφέρον ἢ σαφῶς
ἢ μὴ σαφῶς αὐτὰ μνημονεύεσθαι—τὸ μέντοι μεγάλων πέρι
λεγομένων νόμων καὶ σμικρῶν εἰ ὁμοίως προοιμιάζεσθαι
προστάττοιμεν, οὐκ ἂν ὀρθῶς λέγοιμεν. οὐδὲ γὰρ ᾄσματος
d   οὐδὲ λόγου παντὸς δεῖ τὸ τοιοῦτον δρᾶν—καίτοι πέφυκέν
γε εἶναι πᾶσιν, ἀλλ' οὐ χρηστέον ἅπασιν—αὐτῷ δὲ τῷ τε
ῥήτορι καὶ τῷ μελῳδῷ καὶ νομοθέτῃ τὸ τοιοῦτον ἑκάστοτε
ἐπιτρεπτέον.

5   ΚΛ. Ἀληθέστατα δοκεῖς μοι λέγειν. ἀλλὰ δὴ μηκέτ', ὦ
ξένε, διατριβὴν πλείω τῆς μελλήσεως ποιώμεθα, ἐπὶ δὲ τὸν
λόγον ἐπανέλθωμεν καὶ ἀπ' ἐκείνων ἀρχώμεθα, εἴ σοι φίλον,
ὧν οὐχ ὡς προοιμιαζόμενος εἶπες τότε. πάλιν οὖν, οἷον
e   φασιν οἱ παίζοντες, ἀμεινόνων ἐξ ἀρχῆς δευτέρων ἐπαναπο-
λήσωμεν, ὡς προοίμιον ἀλλ' οὐ τὸν τυχόντα λόγον περαί-
νοντες, καθάπερ ἄρτι· λάβωμεν δ' αὐτῶν ἀρχὴν ὁμολογοῦντες
προοιμιάζεσθαι. καὶ τὰ μὲν περὶ θεῶν τιμῆς προγόνων τε
5   θεραπείας, καὶ τὰ νυνδὴ λεχθέντα ἱκανά· τὰ δ' ἑξῆς πειρώ-
μεθα λέγειν, μέχριπερ ἄν σοι πᾶν τὸ προοίμιον ἱκανῶς
εἰρῆσθαι δοκῇ. μετὰ δὲ τοῦτο ἤδη τοὺς νόμους αὐτοὺς διέξει
λέγων.

724   ΑΘ. Οὐκοῦν περὶ θεῶν μὲν καὶ τῶν μετὰ θεοὺς καὶ
γονέων ζώντων τε πέρι καὶ τελευτησάντων τότε ἱκανῶς
προοιμιασάμεθα, ὡς νῦν λέγομεν· τὸ δὲ ἀπολειπόμενον ἔτι

d 3 καὶ τῷ νομοθέτῃ vulg.   d 7 ἀρχόμεθα fecit Λ² (ω s. v.)
e 7 ἤδη s. v. Λ²: om. Λ

τοῦ τοιούτου φαίη μοι σὺ διακελεύεσθαι τὰ νῦν οἷον πρὸς
τὸ φῶς ἐπανάγειν.   5

ΚΛ. Παντάπασι μὲν οὖν.

ΑΘ. Ἀλλὰ μὴν μετά γε τὰ τοιαῦτα, ὡς χρὴ τὰ περὶ
τὰς αὐτῶν ψυχὰς καὶ τὰ σώματα καὶ τὰς οὐσίας σπουδῆς
τε πέρι καὶ ἀνέσεως ἴσχειν, προσῆκόν τ’ ἐστὶ καὶ κοινό- b
τατον ἀναπεμπαζομένους τόν τε λέγοντα καὶ τοὺς ἀκούοντας
παιδείας γίγνεσθαι κατὰ δύναμιν ἐπηβόλους· ταῦτ’ οὖν ἡμῖν
αὐτὰ μετ’ ἐκεῖνα ὄντως ἐστὶ ῥητέα τε καὶ ἀκουστέα.

ΚΛ. Ὀρθότατα λέγεις.   5

E

ΑΘ. Ἀκούοι δὴ πᾶς ὅσπερ νυνδὴ τὰ περὶ θεῶν τε ἤκουε 726
καὶ τῶν φίλων προπατόρων· πάντων γὰρ τῶν αὐτοῦ κτημάτων
μετὰ θεοὺς ψυχὴ θειότατον, οἰκειότατον ὄν. τὰ δ’ αὐτοῦ διττὰ
πάντ’ ἐστὶ πᾶσιν. τὰ μὲν οὖν κρείττω καὶ ἀμείνω δεσπόζοντα,
τὰ δὲ ἥττω καὶ χείρω δοῦλα· τῶν οὖν αὐτοῦ τὰ δεσπόζοντα 5
ἀεὶ προτιμητέον τῶν δουλευόντων. οὕτω δὴ τὴν αὐτοῦ ψυχὴν
μετὰ θεοὺς ὄντας δεσπότας καὶ τοὺς τούτοις ἑπομένους τιμᾶν 727
δεῖν λέγων δευτέραν, ὀρθῶς παρακελεύομαι. τιμᾷ δ’ ὡς ἔπος
εἰπεῖν ἡμῶν οὐδεὶς ὀρθῶς, δοκεῖ δέ· θεῖον γὰρ ἀγαθόν που
τιμή, τῶν δὲ κακῶν οὐδὲν τίμιον, ὁ δ’ ἡγούμενος ἤ τισι
λόγοις ἢ δώροις αὐτὴν αὔξειν ἤ τισιν ὑπείξεσιν, μηδὲν 5
βελτίω δὲ ἐκ χείρονος αὐτὴν ἀπεργαζόμενος, τιμᾶν μὲν
δοκεῖ, δρᾷ δὲ τοῦτο οὐδαμῶς. αὐτίκα παῖς εὐθὺς γενό-
μενος ἄνθρωπος πᾶς ἡγεῖται πάντα ἱκανὸς εἶναι γιγνώσκειν,
καὶ τιμᾶν οἴεται ἐπαινῶν τὴν αὐτοῦ ψυχήν, καὶ προθυμούμενος b
ἐπιτρέπει πράττειν ὅτι ἂν ἐθέλῃ, τὸ δὲ νῦν λεγόμενόν ἐστιν
ὡς δρῶν ταῦτα βλάπτει καὶ οὐ τιμᾷ· δεῖ δέ, ὥς φαμεν,

---

726 a 1 ὅσπερ νῦν δὴ libri: ὥσπερ νῦν Stob.   a 2 τῶν αὑτοῦ] τῶν
ἐν τῷ βίῳ Stob.   a 4 πάντ’ ἐστὶ πᾶσιν] παρὰ πᾶσι Stob.   a 5 αὑτοῦ]
δύο Stob.   727 a 3 θείων γὰρ ἀγαθῶν ci. Stallbaum: θετέον γὰρ
ἀγαθόν Ritter   a 4 τιμή] ψυχή Schanz   a 7 γενόμενος εὐθὺς Stob.
b 1 προθυμούμενος] προθυμεν A (corr. A²)

μετά γε θεοὺς δευτέραν. οὐδέ γε ὅταν ἄνθρωπος τῶν αὑτοῦ
5 ἑκάστοτε ἁμαρτημάτων μὴ ἑαυτὸν αἴτιον ἡγῆται καὶ τῶν
πλείστων κακῶν καὶ μεγίστων, ἀλλὰ ἄλλους, ἑαυτὸν δὲ ἀεὶ
ἀναίτιον ἐξαιρῇ, τιμῶν τὴν αὑτοῦ ψυχήν, ὡς δὴ δοκεῖ, ὁ δὲ
c πολλοῦ δεῖ δρᾶν τοῦτο· βλάπτει γάρ. οὐδ' ὁπόταν ἡδοναῖς
παρὰ λόγον τὸν τοῦ νομοθέτου καὶ ἔπαινον χαρίζηται, τότε
οὐδαμῶς τιμᾷ, ἀτιμάζει δὲ κακῶν καὶ μεταμελείας ἐμπιμπλὰς
αὐτήν. οὐδέ γε ὁπόταν αὖ τἀναντία τοὺς ἐπαινυμένους
5 πόνους καὶ φόβους καὶ ἀλγηδόνας καὶ λύπας μὴ διαπονῇ
καρτερῶν ἀλλὰ ὑπείκῃ, τότε οὐ τιμᾷ ὑπείκων· ἄτιμον γὰρ
αὐτὴν ἀπεργάζεται δρῶν τὰ τοιαῦτα σύμπαντα. οὐδ' ὁπόταν
d ἡγῆται τὸ ζῆν πάντως ἀγαθὸν εἶναι, τιμᾷ, ἀτιμάζει δ' αὐτὴν
καὶ τότε· τὰ γὰρ ἐν Ἅιδου πράγματα πάντα κακὰ ἡγουμένης
τῆς ψυχῆς εἶναι, ὑπείκει καὶ οὐκ ἀντιτείνει διδάσκων τε καὶ
ἐλέγχων ὡς οὐκ οἶδεν οὐδ' εἰ τἀναντία πέφυκεν μέγιστα
5 εἶναι πάντων ἀγαθῶν ἡμῖν τὰ περὶ τοὺς θεοὺς τοὺς ἐκεῖ.
οὐδὲ μὴν πρὸ ἀρετῆς ὁπόταν αὖ προτιμᾷ τις κάλλος, τοῦτ'
ἔστιν οὐχ ἕτερον ἢ ἡ τῆς ψυχῆς ὄντως καὶ πάντως ἀτιμία.
ψυχῆς γὰρ σῶμα ἐντιμότερον οὗτος ὁ λόγος φησὶν εἶναι,
e ψευδόμενος· οὐδὲν γὰρ γηγενὲς Ὀλυμπίων ἐντιμότερον, ἀλλ'
ὁ περὶ ψυχῆς ἄλλως δοξάζων ἀγνοεῖ ὡς θαυμαστοῦ τούτου
κτήματος ἀμελεῖ. οὐδέ γε ὁπόταν χρήματά τις ἐρᾷ κτᾶσθαι
728 μὴ καλῶς, ἢ μὴ δυσχερῶς φέρῃ κτώμενος, δώροις ἄρα τιμᾷ
τότε τὴν αὑτοῦ ψυχήν—παντὸς μὲν οὖν λείπει—τὸ γὰρ
αὐτῆς τίμιον ἅμα καὶ καλὸν ἀποδίδοται σμικροῦ χρυσίου·
πᾶς γὰρ ὅ τ' ἐπὶ γῆς καὶ ὑπὸ γῆς χρυσὸς ἀρετῆς οὐκ
5 ἀντάξιος. ὡς δὲ εἰπεῖν συλλήβδην, ὃς ἅπερ ἂν νομοθέτης
αἰσχρὰ εἶναι καὶ κακὰ διαριθμούμενος τάττῃ καὶ τοὐναντίον
ἀγαθὰ καὶ καλά, τῶν μὲν ἀπέχεσθαι μὴ ἐθέλῃ πάσῃ μηχανῇ,

b 7 ἐξαιρῇ Stob.: ἐξαίρῃ libri   d 2 ἡγουμένης A L O: ἡγούμενος Stob.
a 2 παντὸς A² O Stob. : πάντως A (ut vid.) Cornarius   λείπει A O
Stob.: λυπεῖ O² v s.v.) Cornarius   a 3 χρυσίου O Stob : χρυσοῦ Λ
a 5 ὃς ἅπερ ἂν Λ O : ὅσαπερ ἂν O² : ὅσαπερ Stob.   a 7 ἐθέλῃ]
ἐθέλει Peipers

τὰ δὲ ἐπιτηδεύειν σύμπασαν κατὰ δύναμιν, οὐκ οἶδεν ἐν
τούτοις πᾶσιν πᾶς ἄνθρωπος ψυχὴν θειότατον ὂν ἀτιμότατα b
καὶ κακοσχημονέστατα διατιθείς. τὴν γὰρ λεγομένην δίκην
τῆς κακουργίας τὴν μεγίστην οὐδεὶς ὡς ἔπος εἰπεῖν λογίζεται,
ἔστιν δ' ἡ μεγίστη τὸ ὁμοιοῦσθαι τοῖς οὖσιν κακοῖς ἀνδράσιν, 5
ὁμοιούμενον δὲ τοὺς μὲν ἀγαθοὺς φεύγειν ἄνδρας καὶ λόγους
καὶ ἀποσχίζεσθαι, τοῖς δὲ προσκολλᾶσθαι διώκοντα κατὰ τὰς
συνουσίας· προσπεφυκότα δὲ τοῖς τοιούτοις ἀνάγκη ποιεῖν
καὶ πάσχειν ἃ πεφύκασιν ἀλλήλους οἱ τοιοῦτοι ποιεῖν καὶ c
λέγειν. τοῦτο οὖν δὴ τὸ πάθος δίκη μὲν οὐκ ἔστιν—καλὸν
γὰρ τό γε δίκαιον καὶ ἡ δίκη—τιμωρία δέ, ἀδικίας ἀκόλουθος
πάθη, ἧς ὅ τε τυχὼν καὶ μὴ τυγχάνων ἄθλιος, ὁ μὲν οὐκ
ἰατρευόμενος, ὁ δέ, ἵνα ἕτεροι πολλοὶ σῴζωνται, ἀπολλύμενος. 5
τιμὴ δ' ἐστὶν ἡμῖν, ὡς τὸ ὅλον εἰπεῖν, τοῖς μὲν ἀμείνοσιν
ἕπεσθαι, τὰ δὲ χείρονα, γενέσθαι δὲ βελτίω δυνατά, τοῦτ'
αὐτὸ ὡς ἄριστα ἀποτελεῖν.

Ψυχῆς οὖν ἀνθρώπῳ κτῆμα οὐκ ἔστιν εὐφυέστερον εἰς
τὸ φυγεῖν μὲν τὸ κακόν, ἰχνεῦσαι δὲ καὶ ἑλεῖν τὸ πάντων d
ἄριστον, καὶ ἑλόντα αὖ κοινῇ συνοικεῖν τὸν ἐπίλοιπον βίον·
διὸ δεύτερον ἐτάχθη τιμῇ, τὸ δὲ τρίτον—πᾶς ἂν τοῦτό γε
νοήσειεν—τὴν τοῦ σώματος εἶναι κατὰ φύσιν τιμήν· τὰς δ'
αὖ τιμὰς δεῖ σκοπεῖν, καὶ τούτων τίνες ἀληθεῖς καὶ ὅσαι 5
κίβδηλοι, τοῦτο δὲ νομοθέτου. μηνύειν δή μοι φαίνεται
τάσδε καὶ τοιάσδε τινὰς αὐτὰς εἶναι, τίμιον εἶναι σῶμα οὐ
τὸ καλὸν οὐδὲ ἰσχυρὸν οὐδὲ τάχος ἔχον οὐδὲ μέγα, οὐδέ
γε τὸ ὑγιεινόν—καίτοι πολλοῖς ἂν τοῦτό γε δοκοῖ—καὶ μὴν e
οὐδὲ τὰ τούτων γ' ἐναντία, τὰ δ' ἐν τῷ μέσῳ ἁπάσης ταύτης
τῆς ἕξεως ἐφαπτόμενα σωφρονέστατα ἅμα τε ἀσφαλέστατα
εἶναι μακρῷ· τὰ μὲν γὰρ χαύνους τὰς ψυχὰς καὶ θρασείας
ποιεῖ, τὰ δὲ ταπεινάς τε καὶ ἀνελευθέρους. ὡς δ' αὔτως 5

b 4 οὖσιν Λ Stob. : om. vulg.   c 1 posterius καὶ Λ² (s v.) :
om. Λ   c 2 δὴ οὖν Stob.   . c 4 πάθει fecit a³ (ει s. v.)
c 7 χείρω Stob.   d 2 ξυνοικεῖν κοινῇ Stob.   d 3 τιμῇ Aldina :
τιμή libri   d 6 μοι om. Stob.   e 3 τε] τε καὶ Stob.

ἡ τῶν χρημάτων καὶ κτημάτων κτῆσις, καὶ τιμήσεως κατὰ
τὸν αὐτὸν ῥυθμὸν ἔχει· τὰ μὲν ὑπέρογκα γὰρ ἑκάστων
729 τούτων ἔχθρας καὶ στάσεις ἀπεργάζεται ταῖς πόλεσιν καὶ
ἰδίᾳ, τὰ δ' ἐλλείποντα δουλείας ὡς τὸ πολύ. μὴ δή τις
φιλοχρημονείτω παίδων γ' ἕνεκα, ἵνα ὅτι πλουσιωτάτους
καταλίπῃ· οὔτε γὰρ ἐκείνοις οὔτε αὖ τῇ πόλει ἄμεινον. ἡ
5 γὰρ τῶν νέων ἀκολάκευτος οὐσία, τῶν δ' ἀναγκαίων μὴ
ἐνδεής, αὕτη πασῶν μουσικωτάτη τε καὶ ἀρίστη· συμφω-
νοῦσα γὰρ ἡμῖν καὶ συναρμόττουσα εἰς ἅπαντα ἄλυπον τὸν
b βίον ἀπεργάζεται. παισὶν δὲ αἰδῶ χρὴ πολλήν, οὐ χρυσὸν
καταλείπειν. οἰόμεθα δὲ ἐπιπλήττοντες τοῖς νέοις ἀναι-
σχυντοῦσιν τοῦτο καταλείψειν· τὸ δ' ἔστιν οὐκ ἐκ τοῦ νῦν
παρακελεύματος τοῖς νέοις γιγνόμενον, ὃ παρακελεύονται
5 λέγοντες ὡς δεῖ πάντα αἰσχύνεσθαι τὸν νέον. ὁ δὲ ἔμφρων
νομοθέτης τοῖς πρεσβυτέροις ἂν μᾶλλον παρακελεύοιτο
αἰσχύνεσθαι τοὺς νέους, καὶ πάντων μάλιστα εὐλαβεῖσθαι
μή ποτέ τις αὐτὸν ἴδῃ τῶν νέων ἢ καὶ ἐπακούσῃ δρῶντα ἢ
c λέγοντά τι τῶν αἰσχρῶν, ὡς ὅπου ἀναισχυντοῦσι γέροντες,
ἀνάγκη καὶ νέους ἐνταῦθα εἶναι ἀναιδεστάτους· παιδεία γὰρ
νέων διαφέρουσά ἐστιν ἅμα καὶ αὐτῶν οὐ τὸ νουθετεῖν, ἀλλ'
ἅπερ ἂν ἄλλον νουθετῶν εἴποι τις, φαίνεσθαι ταῦτα αὐτὸν
5 δρῶντα διὰ βίου. συγγένειαν δὲ καὶ ὁμογνίων θεῶν κοινω-
νίαν πᾶσαν ταὐτοῦ φύσιν αἵματος ἔχουσαν τιμῶν τις καὶ
σεβόμενος, εὔνους ἂν γενεθλίους θεοὺς εἰς παίδων αὐτοῦ
σποράν ἴσχοι κατὰ λόγον. καὶ μὴν τό γε φίλων καὶ ἑταίρων
d πρὸς τὰς ἐν βίῳ ὁμιλίας εὐμενεῖς ἄν τις κτῷτο, μείζους μὲν
καὶ σεμνοτέρας τὰς ἐκείνων ὑπηρεσίας εἰς αὑτὸν ἡγούμενος
ἢ 'κεῖνοι, ἐλάττους δ' αὖ τὰς αὑτοῦ διανοούμενος εἰς τοὺς
φίλους χάριτας αὐτῶν τῶν φίλων τε καὶ ἑταίρων. εἰς μὴν
5 πόλιν καὶ πολίτας μακρῷ ἄριστος ὅστις πρὸ τοῦ Ὀλυμ-

a 2 ὡς] ὡς ἐπὶ Stob.   a 3 φιλοχρηματείτω Stob.   b 4 παρα-
κελεύσματος fecit Λ² (σ s. v.)   c 5 δὲ] τε Stob.   c 6 πᾶσαν
A Stob. : ἅπασαν fecit Λ²   c 7 γενεθλίους Stob. : γενέσθαι οὓς libri
d 1 εὐμενεῖς A L O . εὐμενὲς Stob.   d 4 τε om. Stob.

πάντων καὶ ἀπάντων ἀγώγων πολεμικῶν τε καὶ εἰρηνικῶν
γικὰν νέξαιτ᾽ ἂν δόξῃ ὑπηρεσίας τῶν οἴκοι νόμων, ὡς
ὑπηρετηκὼς πάντων κάλλιστ᾽ ἀνθρώπων αὐτοῖς ἐν τῷ βίῳ. e
πρὸς δ᾽ αὖ τοὺς ξένους διανοητέον ὡς ἁγιώτατα συμβόλαια
ὄντα· σχεδὸν γὰρ πάντ᾽ ἐστὶ τὰ τῶν ξένων καὶ εἰς τοὺς
ξένους ἁμαρτήματα παρὰ τὰ τῶν πολιτῶν εἰς θεὸν ἀνηρτη-
μένα τιμωρὸν μᾶλλον. ἔρημος γὰρ ὢν ὁ ξένος ἑταίρων τε 5
καὶ συγγενῶν ἐλεεινότερος ἀνθρώποις καὶ θεοῖς· ὁ δυνά-
μενος οὖν τιμωρεῖν μᾶλλον βοηθεῖ προθυμότερον, δύναται
δὲ διαφερόντως ὁ ξένιος ἑκάστων δαίμων καὶ θεὸς τῷ ξενίῳ 730
συνεπόμενοι Διί. πολλῆς οὖν εὐλαβείας, ᾧ καὶ σμικρὸν
προμηθείας ἔνι, μηδὲν ἁμάρτημα περὶ ξένους ἁμαρτόντα ἐν
τῷ βίῳ πρὸς τὸ τέλος αὐτοῦ πορευθῆναι. ξενικῶν δ᾽ αὖ
καὶ ἐπιχωρίων ἁμαρτημάτων τὸ περὶ τοὺς ἱκέτας μέγιστον 5
γίγνεται ἁμάρτημα ἑκάστοις· μεθ᾽ οὗ γὰρ ἱκετεύσας μάρ-
τυρος ὁ ἱκέτης θεοῦ ἔτυχεν ὁμολογῶν, φύλαξ διαφέρων
οὗτος τοῦ παθόντος γίγνεται, ὥστ᾽ οὐκ ἄν ποτε ἀτιμώρητος
πάθοι ὁ τυχὼν ὧν ἔπαθε.

Τὰ μὲν οὖν περὶ γονέας τε καὶ ἑαυτὸν καὶ τὰ ἑαυτοῦ, b
περὶ πόλιν τε καὶ φίλους καὶ συγγένειαν, ξενικά τε καὶ
ἐπιχώρια, διεληλύθαμεν σχεδὸν ὁμιλήματα, τὸ δὲ ποῖός τις
ὢν αὐτὸς ἂν κάλλιστα διαγάγοι τὸν βίον, ἑπόμενον τούτῳ
διεξελθεῖν· ὅσα μὴ νόμος, ἀλλ᾽ ἔπαινος παιδεύων καὶ ψόγος 5
ἑκάστους εὐηνίους μᾶλλον καὶ εὐμενεῖς τοῖς τεθήσεσθαι
μέλλουσιν νόμοις ἀπεργάζεται, ταῦτ᾽ ἐστὶν μετὰ τοῦτο ἡμῖν
ῥητέον. ἀλήθεια δὴ πάντων μὲν ἀγαθῶν θεοῖς ἡγεῖται, c
πάντων δὲ ἀνθρώποις· ἧς ὁ γενήσεσθαι μέλλων μακάριός
τε καὶ εὐδαίμων ἐξ ἀρχῆς εὐθὺς μέτοχος εἴη, ἵνα ὡς πλεῖστον
χρόνον ἀληθὴς ὢν διαβιοῖ. πιστὸς γάρ· ὁ δὲ ἄπιστος ᾧ
φίλον ψεῦδος ἑκούσιον, ὅτῳ δὲ ἀκούσιον, ἄνους. ὧν οὐδέ- 5

e 4 τὰ Λ΄ O² : om. Λ O Stob.   a 7 ἔτυχεν] ÷ ÷ ἔτυχεν Λ :
ἀπέτυχεν Badham   b 4 διαγάγοι Λ L O΄ Stob. : διάγοι O   b 5 ὅσα
Ast : ὅσ᾽ ἂν libri : ὅσ᾽ οὖν Stob. : ὅσ᾽, ἂν Schmidt   b 6 καὶ εὐμενεῖς
om. Stob.   c 4 διαβιῴη Clemens

PLATO. VOL V.   10

τερον ζηλωτόν. ἄφιλος γὰρ δὴ πᾶς ὅ γε ἄπιστος καὶ ἀμαθής,
χρόνου δὲ προϊόντος γνωσθείς, εἰς τὸ χαλεπὸν γῆρας ἐρημίαν
αὑτῷ πᾶσαν κατεσκευάσατο ἐπὶ τέλει τοῦ βίου, ὥστε ζώντων

d καὶ μὴ ἑταίρων καὶ παίδων σχεδὸν ὁμοίως ὀρφανὸν αὑτῷ
γενέσθαι τὸν βίον. τίμιος μὲν δὴ καὶ ὁ μηδὲν ἀδικῶν, ὁ
δὲ μηδ' ἐπιτρέπων τοῖς ἀδικοῦσιν ἀδικεῖν πλέον ἢ διπλασίας
τιμῆς ἄξιος ἐκείνου· ὁ μὲν γὰρ ἑνός, ὁ δὲ πολλῶν ἀντάξιος

5 ἑτέρων, μηνύων τὴν τῶν ἄλλων τοῖς ἄρχουσιν ἀδικίαν. ὁ δὲ
καὶ συγκολάζων εἰς δύναμιν τοῖς ἄρχουσιν, ὁ μέγας ἀνὴρ
ἐν πόλει καὶ τέλειος, οὗτος ἀναγορευέσθω νικηφόρος ἀρετῇ.

e τὸν αὐτὸν δὴ τοῦτον ἔπαινον καὶ περὶ σωφροσύνης χρὴ λέ-
γειν καὶ περὶ φρονήσεως, καὶ ὅσα ἄλλα ἀγαθά τις κέκτηται
δυνατὰ μὴ μόνον αὐτὸν ἔχειν ἀλλὰ καὶ ἄλλοις μεταδιδόναι·
καὶ τὸν μὲν μεταδιδόντα ὡς ἀκρότατον χρὴ τιμᾶν, τὸν δ' αὖ

5 μὴ δυνάμενον, ἐθέλοντα δέ, ἐᾶν δεύτερον, τὸν δὲ φθονοῦντα
καὶ ἑκόντα μηδενὶ κοινωνὸν διὰ φιλίας γιγνόμενον ἀγαθῶν

731 τινων αὐτὸν μὲν ψέγειν, τὸ δὲ κτῆμα μηδὲν μᾶλλον διὰ τὸν
κεκτημένον ἀτιμάζειν, ἀλλὰ κτᾶσθαι κατὰ δύναμιν. φιλο-
νικείτω δὲ ἡμῖν πᾶς πρὸς ἀρετὴν ἀφθόνως. ὁ μὲν γὰρ
τοιοῦτος τὰς πόλεις αὔξει, ἁμιλλώμενος μὲν αὐτός, τοὺς

5 ἄλλους δὲ οὐ κολούων διαβολαῖς· ὁ δὲ φθονερός, τῇ τῶν
ἄλλων διαβολῇ δεῖν οἰόμενος ὑπερέχειν, αὐτός τε ἧττον
συντείνει πρὸς ἀρετὴν τὴν ἀληθῆ, τούς τε ἀνθαμιλλωμένους
εἰς ἀθυμίαν καθίστησι τῷ ἀδίκως ψέγεσθαι, καὶ διὰ ταῦτα

b ἀγύμναστον τὴν πόλιν ὅλην εἰς ἅμιλλαν ἀρετῆς ποιῶν,
σμικροτέραν αὐτὴν πρὸς εὐδοξίαν τὸ ἑαυτοῦ μέρος ἀπεργά-
ζεται. θυμοειδῆ μὲν δὴ χρὴ πάντα ἄνδρα εἶναι, πρᾷον δὲ
ὡς ὅτι μάλιστα. τὰ γὰρ τῶν ἄλλων χαλεπὰ καὶ δυσίατα

5 ἢ καὶ τὸ παράπαν ἀνίατα ἀδικήματα οὐκ ἔστιν ἄλλως ἐκ-
φυγεῖν ἢ μαχόμενον καὶ ἀμυνόμενον νικῶντα καὶ τῷ μηδὲν
ἀνιέναι κολάζοντα, τοῦτο δὲ ἄνευ θυμοῦ γενναίου ψυχὴ πᾶσα

c 6 γε] τε Hermann   d 7 ἀρετῇ] ἀρετῆς Iulianus   e 1 χρὴ
A et s. v. O²: δεῖ I. O   a 5 κολούων A et fecit O² (ο et ου s. v.):
κωλύων I. O   a 7 πρὸς] εἰς Stob.

ἀθύρατος ἡμῖν. τὰ δ' αὖ τῶν ὅσοι ἀδικοῦσιν μέν, ἰατὰ c
δέ, γιγνώσκειν χρὴ πρῶτον μὲν ὅτι πᾶς ὁ ἄδικος οὐχ ἑκὼν
ἄδικος· τῶν γὰρ μεγίστων κακῶν οὐδεὶς οὐδαμοῦ οὐδὲν
ἑκὼν κεκτῇτο ἄν ποτε, πολὺ δὲ ἥκιστα ἐν τοῖς τῶν ἑαυτοῦ
τιμιωτάτοις. ψυχὴ δ', ὡς εἴπομεν, ἀληθείᾳ γέ ἐστιν πᾶσιν 5
τιμιώτατον· ἐν οὖν τῷ τιμιωτάτῳ τὸ μέγιστον κακὸν οὐδεὶς
ἑκὼν μή ποτε λάβῃ καὶ ζῇ διὰ βίου κεκτημένος αὐτό. ἀλλὰ
ἐλεεινὸς μὲν πάντως ὅ γε ἄδικος καὶ ὁ τὰ κακὰ ἔχων, ἐλεεῖν
δὲ τὸν μὲν ἰάσιμα ἔχοντα ἐγχωρεῖ καὶ ἀνείργοντα τὸν θυμὸν d
πραΰνειν καὶ μὴ ἀκραχολοῦντα γυναικείως πικραινόμενον
διατελεῖν, τῷ δ' ἀκράτως καὶ ἀπαραμυθήτως πλημμελεῖ καὶ
κακῷ ἐφιέναι δεῖ τὴν ὀργήν· διὸ δὴ θυμοειδῆ πρέπειν καὶ
πρᾷον φαμεν ἑκάστοτε εἶναι δεῖν τὸν ἀγαθόν. 5

Πάντων δὲ μέγιστον κακῶν ἀνθρώποις τοῖς πολλοῖς ἔμ-
φυτον ἐν ταῖς ψυχαῖς ἐστιν, οὗ πᾶς αὑτῷ συγγνώμην ἔχων
ἀποφυγὴν οὐδεμίαν μηχανᾶται· τοῦτο δ' ἔστιν ὃ λέγουσιν e
ὡς φίλος αὑτῷ πᾶς ἄνθρωπος φύσει τέ ἐστιν καὶ ὀρθῶς
ἔχει τὸ δεῖν εἶναι τοιοῦτον. τὸ δὲ ἀληθείᾳ γε πάντων
ἁμαρτημάτων διὰ τὴν σφόδρα ἑαυτοῦ φιλίαν αἴτιον ἑκάστῳ
γίγνεται ἑκάστοτε. τυφλοῦται γὰρ περὶ τὸ φιλούμενον ὁ 5
φιλῶν, ὥστε τὰ δίκαια καὶ τὰ ἀγαθὰ καὶ τὰ καλὰ κακῶς
κρίνει, τὸ αὑτοῦ πρὸ τοῦ ἀληθοῦς ἀεὶ τιμᾶν δεῖν ἡγούμενος· 732
οὔτε γὰρ ἑαυτὸν οὔτε τὰ ἑαυτοῦ χρὴ τόν γε μέγαν ἄνδρα
ἐσόμενον στέργειν, ἀλλὰ τὰ δίκαια, ἐάντε παρ' αὑτῷ ἐάντε
παρ' ἄλλῳ μᾶλλον πραττόμενα τυγχάνῃ. ἐκ ταὐτοῦ δὲ
ἁμαρτήματος τούτου καὶ τὸ τὴν ἀμαθίαν τὴν παρ' αὑτῷ 5
δοκεῖν σοφίαν εἶναι γέγονε πᾶσιν· ὅθεν οὐκ εἰδότες ὡς ἔπος
εἰπεῖν οὐδέν, οἰόμεθα τὰ πάντα εἰδέναι, οὐκ ἐπιτρέποντες δὲ
ἄλλοις ἃ μὴ ἐπιστάμεθα πράττειν, ἀναγκαζόμεθα ἁμαρτάνειν b
αὐτοὶ πράττοντες. διὸ πάντα ἄνθρωπον χρὴ φεύγειν τὸ

c 1 αὖ τῶν] αὐτῶν Λ   c 3 οὐδαμοῦ] οὐδαμῶς Stob.   c 4 κεκτῇτο
fecit Λ² (ι s. v.): κέκτητο Λ   τῶν om. Stob.   c 6 τιμιώτα⟨τον·
ἐν οὖν τῷ τιμιωτά⟩τῳ] inclusa add. Λ²: om. Λ   c 8 τὰ om. Λ
Stob.

σφόδρα φιλεῖν αὐτόν, τὸν δ' ἑαυτοῦ βελτίω διώκειν ἀεί,
μηδεμίαν αἰσχύνην ἐπὶ τῷ τοιούτῳ πρόσθεν ποιούμενον.

5 Ἃ δὲ σμικρότερα μὲν τούτων καὶ λεγόμενα πολλάκις ἐστίν,
χρήσιμα δὲ τούτων οὐχ ἧττον, χρὴ λέγειν ἑαυτὸν ἀναμιμνή-
σκοντα· ὥσπερ γάρ τινος ἀπορρέοντος ἀεὶ δεῖ τοὐναντίον
ἐπιρρεῖν, ἀνάμνησις δ' ἐστὶν ἐπιρροὴ φρονήσεως ἀπολει-
c πούσης.   διὸ δὴ γελώτων τε εἴργεσθαι χρὴ τῶν ἐξαισίων
καὶ δακρύων, παραγγέλλειν δὲ παντὶ πάντ' ἄνδρα, καὶ ὅλην
περιχάρειαν πᾶσαν ἀποκρυπτόμενον καὶ περιωδυνίαν εὐσχη-
μονεῖν πειρᾶσθαι, κατά τε εὐπραγίας ἱσταμένου τοῦ δαίμονος
5 ἑκάστου, καὶ κατὰ τύχας οἷον πρὸς ὑψηλὰ καὶ ἀνάντη δαι-
μόνων ἀνθισταμένων τισὶν πράξεσιν, ἐλπίζειν δ' ἀεὶ τοῖς
γε ἀγαθοῖσι τὸν θεὸν ἃ δωρεῖται πόνων μὲν ἐπιπιπτόντων
d ἀντὶ μειζόνων ἐλάττους ποιήσειν τῶν τ' αὖ νῦν παρόντων
ἐπὶ τὸ βέλτιον μεταβολάς, περὶ δὲ τὰ ἀγαθὰ τὰ ἐναντία
τούτων ἀεὶ πάντ' αὐτοῖς παραγενήσεσθαι μετ' ἀγαθῆς τύχης.
ταύταις δὴ ταῖς ἐλπίσιν ἕκαστον χρὴ ζῆν καὶ ταῖς ὑπομνή-
5 σεσι πάντων τῶν τοιούτων, μηδὲν φειδόμενον, ἀλλ' ἀεὶ κατά
τε παιδιὰς καὶ σπουδὰς ἀναμιμνήσκοντα ἕτερόν τε καὶ ἑαυτὸν
σαφῶς.

Νῦν οὖν δὴ περὶ μὲν ἐπιτηδευμάτων, οἷα χρὴ ἐπιτηδεύειν,
e καὶ περὶ αὐτοῦ ἑκάστου, ποῖόν τινα χρεὼν εἶναι, λέλεκται
σχεδὸν ὅσα θεῖά ἐστι, τὰ δὲ ἀνθρώπινα νῦν ἡμῖν οὐκ
εἴρηται, δεῖ δέ· ἀνθρώποις γὰρ διαλεγόμεθα ἀλλ' οὐ θεοῖς.
ἔστιν δὴ φύσει ἀνθρώπειον μάλιστα ἡδοναὶ καὶ λῦπαι καὶ
5 ἐπιθυμίαι, ἐξ ὧν ἀνάγκη τὸ θνητὸν πᾶν ζῷον ἀτεχνῶς οἷον
ἐξηρτῆσθαί τε καὶ ἐκκρεμάμενον εἶναι σπουδαῖς ταῖς μεγί-
σταις· δεῖ δὴ τὸν κάλλιστον βίον ἐπαινεῖν, μὴ μόνον ὅτι τῷ
733 σχήματι κρατεῖ πρὸς εὐδοξίαν, ἀλλὰ καὶ ὡς, ἄν τις ἐθέλῃ
γεύεσθαι καὶ μὴ νέος ὢν φυγὰς ἀπ' αὐτοῦ γένηται, κρατεῖ
καὶ τούτῳ ὃ πάντες ζητοῦμεν, τῷ χαίρειν πλείω, ἐλάττω

δὲ λυπεῖσθαι παρὰ τὸν βίον ἅπαντα. ὡς δὲ ἔσται τοῦτο
σαφές, ἂν γεύηταί τις ὀρθῶς, ἑτοίμως καὶ σφόδρα φανή- 5
σεται. ἡ δὲ ὀρθότης τίς; τοῦτο ἤδη παρὰ τοῦ λόγου χρὴ
λαμβάνοντα σκοπεῖν· εἴτε οὕτως ἡμῖν κατὰ φύσιν πέφυκεν
εἴτε ἄλλως παρὰ φύσιν, βίον χρὴ παρὰ βίον ἡδίω καὶ
λυπηρότερον ὧδε σκοπεῖν. ἡδονὴν βουλόμεθα ἡμῖν εἶναι,
λύπην δὲ οὔθ' αἱρούμεθα οὔτε βουλόμεθα, τὸ δὲ μηδέτερον b
ἀντὶ μὲν ἡδονῆς οὐ βουλόμεθα, λύπης δὲ ἀλλάττεσθαι
βουλόμεθα· λύπην δ' ἐλάττω μετὰ μείζονος ἡδονῆς βουλό-
μεθα, ἡδονὴν δ' ἐλάττω μετὰ μείζονος λύπης οὐ βουλόμεθα,
ἵνα δὲ ἀντὶ ἴσων ἑκάτερα τούτων οὐχ ὡς βουλόμεθα ἔχοιμεν 5
ἂν διασαφεῖν. ταῦτα δὲ πάντα ἐστὶν πλήθει καὶ μεγέθει
καὶ σφοδρότησιν ἰσότησίν τε, καὶ ὅσα ἐναντία ἐστὶν πᾶσι
τοῖς τοιούτοις πρὸς βούλησιν, διαφέροντά τε καὶ μηδὲν
διαφέροντα πρὸς αἵρεσιν ἑκάστων. οὕτω δὴ τούτων ἐξ c
ἀνάγκης διακεκοσμημένων, ἐν ᾧ μὲν βίῳ ἔνεστι πολλὰ ἑκά-
τερα καὶ μεγάλα καὶ σφοδρά, ὑπερβάλλει δὲ τὰ τῶν ἡδονῶν,
βουλόμεθα, ἐν ᾧ δὲ τὰ ἐναντία, οὐ βουλόμεθα· καὶ αὖ ἐν
ᾧ ὀλίγα ἑκάτερα καὶ σμικρὰ καὶ ἠρεμαῖα, ὑπερβάλλει δὲ τὰ 5
λυπηρά, οὐ βουλόμεθα, ἐν ᾧ δὲ τἀναντία, βουλόμεθα. ἐν
ᾧ δ' αὖ βίῳ ἰσορροπεῖ, καθάπερ ἐν τοῖς πρόσθεν δεῖ δια-
νοεῖσθαι· τὸν ἰσόρροπον βίον ὡς τῶν μὲν ὑπερβαλλόντων
τῷ φίλῳ ἡμῖν βουλόμεθα, τῶν δ' αὖ τοῖς ἐχθροῖς οὐ βουλό- d
μεθα. πάντας δὴ δεῖ διανοεῖσθαι τοὺς βίους ἡμῶν ὡς ἐν
τούτοις ἐνδεδεμένοι πεφύκασιν, καὶ δεῖ διανοεῖσθαι ποίους
φύσει βουλόμεθα· εἰ δέ τι παρὰ ταῦτα ἄρα φαμὲν βού-
λεσθαι, διά τινα ἄγνοιαν καὶ ἀπειρίαν τῶν ὄντων βίων αὐτὰ 5
λέγομεν.

Τίνες δὴ καὶ πόσοι εἰσὶ βίοι, ὧν πέρι δεῖ προελόμενον
τὸ βουλητόν τε καὶ [ἑκούσιον ἀβούλητόν τε καὶ] ἀκούσιον

a 8 βίον] βίον δὲ scr. recc.   c 7 δεῖ διανοεῖσθαι secl. Stallbaum
c 8 ὑπερβαλλόντων] ὑπερβάλλοντα Ritter   d 3 δεῖ διανοεῖσθαι secl.
Stallbaum   d 7 ὧν πέρι] ὧνπερ A sed add acc. et ι s. v. A²
d 8 ἑκούσιον ἀβούλητόν τε καὶ seclusi

e ἰδόντα εἰς νόμον ἑαυτῷ ταξάμενον, τὸ φίλον ἅμα καὶ ἡδὺ
καὶ ἄριστόν τε καὶ κάλλιστον ἑλόμενον, ζῆν ὡς οἷόν τ' ἐστὶν
ἄνθρωπον μακαριώτατα; λέγωμεν δὴ σώφρονα βίον ἕνα εἶναι
καὶ φρόνιμον ἕνα καὶ ἕνα τὸν ἀνδρεῖον, καὶ τὸν ὑγιεινὸν
5 βίον ἕνα ταξώμεθα· καὶ τούτοις οὖσιν τέτταρσιν ἐναντίους
ἄλλους τέτταρας, ἄφρονα, δειλόν, ἀκόλαστον, νοσώδη. σώ-
φρονα μὲν οὖν βίον ὁ γιγνώσκων θήσει πρᾷον ἐπὶ πάντα,
734 καὶ ἠρεμαίας μὲν λύπας, ἠρεμαίας δὲ ἡδονάς, μαλακὰς δὲ
ἐπιθυμίας καὶ ἔρωτας οὐκ ἐμμανεῖς παρεχόμενον, ἀκόλαστον
δέ, ὀξὺν ἐπὶ πάντα, καὶ σφοδρὰς μὲν λύπας, σφοδρὰς δὲ
ἡδονάς, συντόνους δὲ καὶ οἰστρώδεις ἐπιθυμίας τε καὶ ἔρωτας
5 ὡς οἷόν τε ἐμμανεστάτους παρεχόμενον, ὑπερβαλλούσας δὲ
ἐν μὲν τῷ σώφρονι βίῳ τὰς ἡδονὰς τῶν ἀχθηδόνων, ἐν
δὲ τῷ ἀκολάστῳ τὰς λύπας τῶν ἡδονῶν μεγέθει καὶ πλήθει
καὶ πυκνότησιν. ὅθεν ὁ μὲν ἡδίων ἡμῖν τῶν βίων, ὁ δὲ
b λυπηρότερος ἐξ ἀνάγκης συμβαίνει κατὰ φύσιν γίγνεσθαι,
καὶ τόν γε βουλόμενον ἡδέως ζῆν οὐκέτι παρείκει ἑκόντα·
γε ἀκολάστως ζῆν, ἀλλ' ἤδη δῆλον ὡς, εἰ τὸ νῦν λεγόμενον
ὀρθόν, πᾶς ἐξ ἀνάγκης ἄκων ἐστὶν ἀκόλαστος· ἢ γὰρ δι'
5 ἀμαθίαν ἢ δι' ἀκράτειαν ἢ δι' ἀμφότερα, τοῦ σωφρονεῖν ἐν-
δεὴς ὢν ζῇ ὁ πᾶς ἀνθρώπινος ὄχλος. ͵ ταὐτὰ δὲ περὶ νοσώ-
δους τε καὶ ὑγιεινοῦ βίου διανοητέον, ὡς ἔχουσι μὲν ἡδονὰς
καὶ λύπας, ὑπερβάλλουσι δὲ ἡδοναὶ μὲν λύπας ἐν ὑγιείᾳ,
c λῦπαι δὲ ἡδονὰς ἐν νόσοις. ἡμῖν δὲ ἡ βούλησις τῆς αἱρέ-
σεως τῶν βίων οὐχ ἵνα τὸ λυπηρὸν ὑπερβάλλῃ· ὅπου δ'
ὑπερβάλλεται, τοῦτον τὸν βίον ἡδίω κεκρίκαμεν. ὁ δὴ
σώφρων τοῦ ἀκολάστου καὶ ὁ φρόνιμος τοῦ ἄφρονος, φαῖμεν
5 ἄν, καὶ ὁ τῆς ἀνδρείας τοῦ τῆς δειλίας ἐλάττονα καὶ σμικρό-
τερα καὶ μανότερα ἔχων ἀμφότερα, τῇ τῶν ἡδονῶν ἑκάτερος
ἑκάτερον ὑπερβάλλων, τῇ τῆς λύπης ἐκείνων ὑπερβαλλόντων
d αὐτούς, ὁ μὲν ἀνδρεῖος τὸν δειλόν, ὁ δὲ φρόνιμος τὸν ἄφρονα

---

a 3 σφοδρὰς δὲ L (ut vid.) O: σφοδράς τε Λ et fecit O² (τ s. v.)
c 6 μανότερα O: μανώτερα Λ O²

νικῶσιν, ὥστε ἡδίους εἶναι τοὺς βίους τῶν βίων, σώφρονα
καὶ ἀνδρεῖον καὶ φρόνιμον καὶ ὑγιεινὸν δειλοῦ καὶ ἄφρονος
καὶ ἀκολάστου καὶ νοσώδους, καὶ συλλήβδην τὸν ἀρετῆς
ἐχόμενον κατὰ σῶμα ἢ καὶ κατὰ ψυχὴν τοῦ τῆς μοχθηρίας 5
ἐχομένου βίου ἡδίω τε εἶναι καὶ τοῖς ἄλλοις ὑπερέχειν ἐκ
περιττοῦ κάλλει καὶ ὀρθότητι καὶ ἀρετῇ καὶ εὐδοξίᾳ, ὥστε
τὸν ἔχοντα αὐτὸν ζῆν εὐδαιμονέστερον ἀπεργάζεσθαι τοῦ   e
ἐναντίου τῷ παντὶ καὶ ὅλῳ.

Καὶ τὸ μὲν προοίμιον τῶν νόμων ἐνταυθοῖ λεχθὲν τῶν
λόγων τέλος ἐχέτω, μετὰ δὲ τὸ προοίμιον ἀναγκαῖόν που
νόμον ἕπεσθαι, μᾶλλον δὲ τό γε ἀληθὲς νόμους πολιτείας 5
ὑπογράφειν. καθάπερ οὖν δή τινα συνυφὴν ἢ καὶ πλέγμ'
ἄλλ' ὁτιοῦν, οὐκ ἐκ τῶν αὐτῶν οἷόν τ' ἐστὶν τήν τε ἐφυφὴν
καὶ τὸν στήμονα ἀπεργάζεσθαι, διαφέρειν δ' ἀναγκαῖον τὸ
τῶν στημόνων πρὸς ἀρετὴν γένος—ἰσχυρόν τε γὰρ καί τινα
βεβαιότητα ἐν τοῖς τρόποις εἰληφός, τὸ δὲ μαλακώτερον καὶ   735
ἐπιεικείᾳ τινὶ δικαίᾳ χρώμενον—ὅθεν δὴ τοὺς τὰς ἀρχὰς ἐν
ταῖς πόλεσιν ἄρξοντας δεῖ διακρίνεσθαί τινα τρόπον ταύτῃ
καὶ τοὺς σμικρᾷ παιδείᾳ βασανισθέντας ἑκάστοτε κατὰ λόγον.
ἐστὸν γὰρ δὴ δύο πολιτείας εἴδη, τὸ μὲν ἀρχῶν καταστάσεις 5
ἑκάστοις, τὸ δὲ νόμοι ταῖς ἀρχαῖς ἀποδοθέντες.

Τὸ δὲ πρὸ τούτων ἁπάντων δεῖ διανοεῖσθαι τὰ τοιάδε.
πᾶσαν ἀγέλην ποιμὴν καὶ βουκόλος τροφεύς τε ἵππων καὶ   b
ὅσα ἄλλα τοιαῦτα παραλαβών, οὐκ ἄλλως μή ποτε ἐπιχειρήσει
θεραπεύειν ἢ πρῶτον μὲν τὸν ἑκάστῃ προσήκοντα καθαρμὸν
καθαρεῖ τῇ συνοικήσει, διαλέξας δὲ τά τε ὑγιῆ καὶ τὰ μὴ καὶ
τὰ γενναῖα καὶ ἀγεννῆ, τὰ μὲν ἀποπέμψει πρὸς ἄλλας τινὰς 5
ἀγέλας, τὰ δὲ θεραπεύσει, διανοούμενος ὡς μάταιος ἂν ὁ
πόνος εἴη καὶ ἀνήνυτος περί τε σῶμα καὶ ψυχάς, ἃς φύσις

a 2 τὰς LO Stob. : μεγάλας Λ et γρ. O : τὰς μεγάλας vulg.
a 5 καταστάσεις Λ LO Stob. : κατάστασις Λ²O² add. acc. et ι s. v.)
b 2 παραλαβὼν τοιαῦτα Stob.   ἐπιχειρήσει LO : ἐπιχειρήσῃ Λ sed
η ιι ιαs. L²O² Stob.   b 4 καθαρεῖ Ast : καθάρῃ Λ LO Stob.
b 5 ἀπυπεμψει Λ LO Stob.   b 6 θεραπεύσει Λ L Stob. et fecit O²
ει s. v.) : θεραπεύσῃ O

c καὶ πονηρὰ τροφὴ διεφθαρκυῖα προσαπόλλυσιν τὸ τῶν ὑγιῶν
καὶ ἀκηράτων ἠθῶν τε καὶ σωμάτων γένος ἐν ἑκάστοις τῶν
κτημάτων, ἄν τις τὰ ὑπάρχοντα μὴ διακαθαίρηται. τὰ μὲν
δὴ τῶν ἄλλων ζῴων ἐλάττων τε σπουδῇ καὶ παραδείγματος
5 ἕνεκα μόνον ἄξια παραθέσθαι τῷ λόγῳ, τὰ δὲ τῶν ἀνθρώπων
σπουδῆς τῆς μεγίστης τῷ τε νομοθέτῃ διερευνᾶσθαι καὶ φρά-
ζειν τὸ προσῆκον ἑκάστοις καθαρμοῦ τε πέρι καὶ συμπασῶν
d τῶν ἄλλων πράξεων. αὐτίκα γὰρ τὸ περὶ καθαρμοὺς πόλεως
ὧδ' ἔχον ἂν εἴη· πολλῶν οὐσῶν τῶν διακαθάρσεων αἱ μὲν
ῥᾴους εἰσίν, αἱ δὲ χαλεπώτεραι, καὶ τὰς μὲν τύραννος μὲν ὢν
καὶ νομοθέτης ὁ αὐτός, ὅσαι χαλεπαί τ' εἰσὶν καὶ ἄρισται,
5 δύναιτ' ἂν καθῆραι, νομοθέτης δὲ ἄνευ τυραννίδος καθιστὰς
πολιτείαν καινὴν καὶ νόμους, εἰ καὶ τὸν πρᾳΰτατον τῶν
καθαρμῶν καθήρειεν, ἀγαπώντως ἂν καὶ τὸ τοιοῦτον δρά-
σειεν. ⟩ ἔστι δ' ὁ μὲν ἄριστος ἀλγεινός, καθάπερ ὅσα τῶν
e φαρμάκων τοιουτότροπα, ὁ τῇ δίκῃ μετὰ τιμωρίας εἰς τὸ
κολάζειν ἄγων, θάνατον ἢ φυγὴν τῇ τιμωρίᾳ τὸ τέλος
ἐπιτιθείς· τοὺς γὰρ μέγιστα ἐξημαρτηκότας, ἀνιάτους δὲ
ὄντας, μεγίστην δὲ οὖσαν βλάβην πόλεως, ἀπαλλάττειν
5 εἴωθεν. ὁ δὲ πρᾳότερός ἐστι τῶν καθαρμῶν ὁ τοιόσδε ἡμῖν·
ὅσοι διὰ τὴν τῆς τροφῆς ἀπορίαν τοῖς ἡγεμόσιν ἐπὶ τὰ
τῶν ἐχόντων μὴ ἔχοντες ἑτοίμους αὑτοὺς ἐνδείκνυνται παρε-
736 σκευακότες ἕπεσθαι, τούτοις ὡς νοσήματι πόλεως ἐμπεφυκότι,
δι' εὐφημίας ἀπαλλαγήν, ὄνομα ἀποικίαν τιθέμενος, εὐμενῶς
ὅτι μάλιστα ἐξεπέμψατο. παντὶ μὲν οὖν νομοθετοῦντι τοῦτο
ἁμῶς γέ πως κατ' ἀρχὰς δραστέον, ἡμῖν μὴν ἔτι τούτων
5 ἀκοπώτερα τὰ περὶ ταῦτ' ἐστι συμβεβηκότα νῦν· οὔτε γὰρ
ἀποικίαν οὔτ' ἐκλογήν τινα καθάρσεως δεῖ μηχανᾶσθαι πρὸς
τὸ παρόν, οἷον δέ τινων συρρεόντων ἐκ πολλῶν τὰ μὲν πηγῶν

---

c 6 τε] γε Stob.   d 7 ἀγαπώντως A Stob. et in marg. LO:
ἀγαπητῶς LO et γρ. Λ³   e 4 βλάβην οὖσαν Stob.   e 6 τῆς
s. v. Λ²: om. Λ   a 2 ἀπαλλαγήν secl. Wagner: ἀπαλλαγῇ
ci. Ast   a 5 ἀκοπώτερα Ritter· ἀτοπώτερα libri   a 7 ἐκ secl.
Madvig

τὰ δὲ χειμάρρων εἰς μίαν λίμνην, ἀναγκαῖον προσέχοντας τὸν　b
νοῦν φυλάττειν ὅπως ὅτι καθαρώτατον ἔσται τὸ συρρέον
ὕδωρ, τὰ μὲν ἐξαντλοῦντας, τὰ δ' ἀποχετεύοντας καὶ παρατρέ-
ποντας. πόνος δ', ὡς ἔοικεν, καὶ κίνδυνός ἐστιν ἐν πάσῃ
κατασκευῇ πολιτικῇ. τὰ δ' ἐπείπερ λόγῳ γ' ἐστὶν τὰ νῦν ἀλλ'　5
οὐκ ἔργῳ πραττόμενα, πεπεράνθω τε ἡμῖν ἡ συλλογὴ καὶ κατὰ
νοῦν ἡ καθαρότης αὐτῆς ἔστω συμβεβηκυῖα· τοὺς γὰρ κακοὺς
τῶν ἐπιχειρούντων εἰς τὴν νῦν πόλιν ὡς πολιτευσομένους　c
συνιέναι πειθοῖ πάσῃ καὶ ἱκανῷ χρόνῳ διαβασανίσαντες,
διακωλύσωμεν ἀφικνεῖσθαι, τοὺς δ' ἀγαθοὺς εἰς δύναμιν
εὐμενεῖς ἵλεῴ τε προσαγώμεθα.

Τόδε δὲ μὴ λανθανέτω γιγνόμενον ἡμᾶς εὐτύχημα, ὅτι　5
καθάπερ εἴπομεν τὴν τῶν Ἡρακλειδῶν ἀποικίαν εὐτυχεῖν,
ὡς γῆς καὶ χρεῶν ἀποκοπῆς καὶ νομῆς πέρι δεινὴν καὶ
ἐπικίνδυνον ἔριν ἐξέφυγεν, ἣν νομοθετεῖσθαι ἀναγκασθείῃ
πόλει τῶν ἀρχαίων οὔτε ἐᾶν οἷόν τε ἀκίνητον οὔτ' αὖ κινεῖν　d
δυνατόν ἐστί τινα τρόπον, εὐχὴ δὲ μόνον ὡς ἔπος εἰπεῖν λεί-
πεται, καὶ σμικρὰ μετάβασις εὐλαβὴς ἐν πολλῷ χρόνῳ σμικρὸν
μεταβιβάζουσιν, ἥδε· τῶν κινούντων ἀεὶ κεκτημένων μὲν
αὐτῶν γῆν ἄφθονον ὑπάρχειν, κεκτημένων δὲ καὶ ὀφειλέτας　5
αὐτοῖς πολλοὺς ἐθελόντων τε τούτων πῃ τοῖς ἀπορουμένοις
δι' ἐπιείκειαν κοινωνεῖν, τὰ μὲν ἀφιέντας, τὰ δὲ νεμομένους,　e
ἁμῇ γέ πῃ τῆς μετριότητος ἐχομένους καὶ πενίαν ἡγουμένους
εἶναι μὴ τὸ τὴν οὐσίαν ἐλάττω ποιεῖν ἀλλὰ τὸ τὴν ἀπληστίαν
πλείω. σωτηρίας τε γὰρ ἀρχὴ μεγίστη πόλεως αὕτη γίγνεται,
καὶ ἐπὶ ταύτης οἷον κρηπῖδος μονίμου ἐποικοδομεῖν δυνατὸν　5
ὅντινα ἂν ὕστερον ἐποικοδομῇ τις κόσμον πολιτικὸν προσή-
κοντα τῇ τοιαύτῃ καταστάσει· ταύτης δὲ σαθρᾶς οὔσης τῆς
μεταβάσεως, οὐκ εὔπορος ἡ μετὰ ταῦτα πολιτικὴ πρᾶξις　737

b 5 πολιτικῇ κατασκευῇ Stob.　　　τὰ δ' Stob : τάδ' Α ₍sed ο s.v.₎
Ι. Ο　ἀλλαχοῦ τὸ τάδ' ὠβέλισται in marg Ο) : ἀλλ' vulg.　　ἐπειδήπερ
Stob.　　d 4 ἥδε, τῶν Bekker : ἡ δὲ τῶν libri　　d 5 ὑπάρχειν
libri· ὑπάρχει Aldina　　e 7 τῆς | ÷÷ μεταβάσεως Λ : τῆς βάσεως
ci. Hermann

οὐδεμιᾷ γίγνοιτ' ἂν πόλει. ἦν ἡμεῖς μέν, ὥς φαμεν, ἐκφεύ-
γομεν· ὅμως δὲ εἰρῆσθαί γε ὀρθότερον, εἰ καὶ μὴ ἐξεφεύγομεν,
ὅπῃ ποτ' ἂν ἐποιούμεθα αὐτῆς τὴν φυγήν. εἰρήσθω δή νυν
5 ὅτι διὰ τοῦ μὴ φιλοχρηματεῖν μετὰ δίκης, ἄλλη δ' οὐκ ἔστιν
οὔτ' εὐρεῖα οὔτε στενὴ τῆς τοιαύτης μηχανῆς διαφυγή· καὶ
τοῦτο μὲν οἷον ἕρμα πόλεως ἡμῖν κείσθω τὰ νῦν. ἀνεγκλή-
b τους γὰρ δεῖ τὰς οὐσίας πρὸς ἀλλήλους κατασκευάζεσθαι
ἁμῶς γέ πως, ἢ μὴ προϊέναι πρότερον εἰς τοὔμπροσθεν
ἑκόντα εἶναι τῆς ἄλλης κατασκευῆς οἷς ᾖ παλαιὰ ἐγκλή-
ματα πρὸς ἀλλήλους, [καὶ] ὅσοις νοῦ καὶ σμικρὸν μετῇ·
5 οἷς δέ, ὡς ἡμῖν νῦν, θεὸς ἔδωκε καινήν τε πόλιν οἰκίζειν
καὶ μή τινας ἔχθρας εἶναί πω πρὸς ἀλλήλους, τούτους
ἔχθρας αὐτοῖς αἰτίους γενέσθαι διὰ τὴν διανομὴν τῆς γῆς
τε καὶ οἰκήσεων οὐκ ἀνθρώπινος ἂν εἴη μετὰ κάκης πάσης
ἀμαθία.

c   Τίς οὖν δὴ τρόπος ἂν εἴη τῆς ὀρθῆς διανομῆς; πρῶτον
μὲν τὸν αὐτῶν ὄγκον τοῦ ἀριθμοῦ δεῖ τάξασθαι, πόσον εἶναι
χρεών· μετὰ δὲ τοῦτο τὴν διανομὴν τῶν πολιτῶν, καθ' ὁπόσα
μέρη πλήθει καὶ ὁπηλίκα διαιρετέον αὐτούς, ἀνομολογητέον·
5 ἐπὶ δὲ ταῦτα τήν τε γῆν καὶ τὰς οἰκήσεις ὅτι μάλιστα ἴσας
ἐπινεμητέον. ὄγκος δὴ πλήθους ἱκανὸς οὐκ ἄλλως ὀρθῶς
γίγνοιτ' ἂν λεχθεὶς ἢ πρὸς τὴν γῆν καὶ πρὸς τὰς τῶν
d πλησιοχώρων πόλεις· γῆ μὲν ὁπόση πόσους σώφρονας
ὄντας ἱκανὴ τρέφειν, πλείονος δὲ οὐδὲν προσδεῖ, πλήθους
δέ, ὁπόσοι τοὺς προσχώρους ἀδικοῦντάς τε αὐτοὺς ἀμύνασθαι
δυνατοὶ καὶ γείτοσιν ἑαυτῶν ἀδικουμένοις βοηθῆσαι μὴ παντά-
5 πασιν ἀπόρως δύναιντ' ἄν. ταῦτα δέ, ἰδόντες τὴν χώραν καὶ
τοὺς γείτονας, ὁριούμεθα ἔργῳ καὶ λόγοις· νῦν δὲ σχήματος

a 2 οὐδεμιᾷ ci. Bekker : οὐδὲ μία libri   a 5 μετὰ δίκης] μετ'
ἀδικίας Heindorf   a 7 ἡμῖν] γρ. λιμὴν O   b 1 δεῖ O : δὴ A et
corr. O   b 3 ἑκόντας Ast   οἷς ᾖ] οἷς ἂν ᾖ Ast : οἷς ἢ libri   b 4 καὶ
addubitavit Stallbaum   b 5 καινήν L ut vid.) O et γρ. a² : κοινήν
Λ et γρ. O   c 2 αὐτῶν Boeckh : αὐτῶν Λ · αὐτὸν L O   c 4 αὐτούς
Hermann : αὐτοῖς libri   c 7 πρὸς τὰς Α L O : τὰς vulg.   d 1 γῇ
L O : γῇ Λ : γῆς Aldina

ἕνεκα καὶ ὑπογραφῆς, ἵνα περαίνηται, πρὸς τὴν νομοθεσίαν
ὁ λόγος ἴτω.

Πεντάκις μὲν χίλιοι ἔστωσαν· καὶ τετταράκοντα, ἀριθμοῦ   e
τινος ἕνεκα προσήκοντος, γεωμόροι τε καὶ ἀμυνοῦντες τῇ
νομῇ· γῆ δὲ καὶ οἰκήσεις ὡσαύτως τὰ αὐτὰ μέρη διανεμη-
θήτων, γενόμενα ἀνὴρ καὶ κλῆρος συντομή. δύο μὲν δὴ μέρη
τοῦ παντὸς ἀριθμοῦ τὸ πρῶτον νεμηθήτω, μετὰ δὲ ταῦτα τρία   5
τὸν αὐτόν· πέφυκε γὰρ καὶ τέτταρα καὶ πέντε καὶ μέχρι τῶν
δέκα ἐφεξῆς. δεῖ δὴ περὶ ἀριθμῶν τό γε τοσοῦτον πάντα
ἄνδρα νομοθετοῦντα γεγονηκέναι, τίς ἀριθμὸς καὶ ποῖος   738
πάσαις πόλεσιν χρησιμώτατος ἂν εἴη. λέγωμεν δὴ τὸν
πλείστας καὶ ἐφεξῆς μάλιστα διανομὰς ἐν αὑτῷ κεκτημένον.
ὁ μὲν δὴ πᾶς εἰς πάντα πάσας τομὰς εἴληχεν· ὁ δὲ τῶν
τετταράκοντα καὶ πεντακισχιλίων εἴς τε πόλεμον καὶ ὅσα   5
κατ' εἰρήνην πρὸς ἅπαντα τὰ συμβόλαια καὶ κοινωνήματα,
εἰσφορῶν τε πέρι καὶ διανομῶν, οὐ πλείους μιᾶς δεούσων
ἑξήκοντα δύναιτ' ἂν τέμνεσθαι τομῶν, συνεχεῖς δὲ ἀπὸ μιᾶς
μέχρι τῶν δέκα.   b

Ταῦτα μὲν οὖν δὴ καὶ κατὰ σχολὴν δεῖ βεβαίως λαβεῖν,
οἷς ἂν ὁ νόμος προστάττῃ λαμβάνειν· ἔχει γὰρ οὖν οὐκ ἄλλως
ἢ ταύτῃ, δεῖ δὲ αὐτὰ ῥηθῆναι τῶνδε ἕνεκα κατοικίζοντι
πόλιν. οὔτ' ἂν καινὴν ἐξ ἀρχῆς τις ποιῇ οὔτ' ἂν παλαιὰν   5
διεφθαρμένην ἐπισκευάζηται, περὶ θεῶν γε καὶ ἱερῶν, ἅττα
τε ἐν τῇ πόλει ἑκάστοις ἱδρῦσθαι δεῖ καὶ ὧντινων ἐπονομά-
ζεσθαι θεῶν ἢ δαιμόνων, οὐδεὶς ἐπιχειρήσει κινεῖν νοῦν ἔχων
ὅσα ἐκ Δελφῶν ἢ Δωδώνης ἢ παρ' Ἄμμωνος ἤ τινες ἔπεισαν   c
παλαιοὶ λόγοι ὁπῃδή τινας πείσαντες, φασμάτων γενομένων
ἢ ἐπιπνοίας λεχθείσης θεῶν, πείσαντες δὲ θυσίας τελεταῖς
συμμείκτους κατεστήσαντο εἴτε αὐτόθεν ἐπιχωρίους εἴτ' οὖν
Τυρρηνικὰς εἴτε Κυπρίας εἴτε ἄλλοθεν ὁθενοῦν, καθιέρωσαν   5
δὲ τοῖς τοιούτοις λόγοις φήμας τε καὶ ἀγάλματα καὶ βωμοὺς

e 3 διανεμηθήτω Bekker: διανεμηθέντων vulg.   e 6 τοῦ αὐτοῦ ci
Stephanus   a 1 τίς A et in marg. gr. O. καὶ τίς L O   a 2 λέγωμεν
A et in marg. O· λέγομεν L O   a 4 ὁ] οὖ Ast ex Cornario

καὶ ναούς, τεμένη τε τούτων ἑκάστοις ἐτεμένισαν· τούτων

d νομοθέτῃ τὸ σμικρότατον ἁπάντων οὐδὲν κινητέον, τοῖς δὲ
μέρεσιν ἑκάστοις θεὸν ἢ δαίμονα ἢ καί τινα ἥρωα ἀποδοτέον,
ἐν δὲ τῇ τῆς γῆς διανομῇ πρώτοις ἐξαίρετα τεμένη τε καὶ
πάντα τὰ προσήκοντα ἀποδοτέον, ὅπως ἂν σύλλογοι ἑκάστων
5 τῶν μερῶν κατὰ χρόνους γιγνόμενοι τοὺς προσταχθέντας
εἴς τε τὰς χρείας ἑκάστας εὐμάρειαν παρασκευάζωσι καὶ
φιλοφρονῶνταί τε ἀλλήλους μετὰ θυσιῶν καὶ οἰκειῶνται

e καὶ γνωρίζωσιν, οὗ μεῖζον οὐδὲν πόλει ἀγαθὸν ἢ γνωρίμους
αὑτοὺς αὑτοῖς εἶναι. ὅπου γὰρ μὴ φῶς ἀλλήλοις ἐστὶν
ἀλλήλων ἐν τοῖς τρόποις ἀλλὰ σκότος, οὔτ' ἂν τιμῆς τῆς
ἀξίας οὔτ' ἀρχῶν οὔτε δίκης ποτέ τις ἂν τῆς προσηκούσης
5 ὀρθῶς τυγχάνοι· δεῖ δὴ πάντα ἄνδρα ἓν πρὸς ἓν τοῦτο
σπεύδειν ἐν πάσαις πόλεσιν, ὅπως μήτε αὐτὸς κίβδηλός
ποτε φανεῖται ὁτῳοῦν, ἁπλοῦς δὲ καὶ ἀληθὴς ἀεί, μήτε
ἄλλος τοιοῦτος ὢν αὐτὸν διαπατήσει.

739 Ἡ δὴ τὸ μετὰ τοῦτο φορά, καθάπερ πεττῶν ἀφ' ἱεροῦ, τῆς
τῶν νόμων κατασκευῆς, ἀήθης οὖσα, τάχ' ἂν θαυμάσαι τὸν
ἀκούοντα τὸ πρῶτον ποιήσειεν· οὐ μὴν ἀλλ' ἀναλογιζομένῳ
καὶ πειρωμένῳ φανεῖται δευτέρως ἂν πόλις οἰκεῖσθαι πρὸς
5 τὸ βέλτιστον. τάχα δ' οὐκ ἄν τις προσδέξαιτο αὐτὴν διὰ τὸ
μὴ σύνηθες νομοθέτῃ μὴ τυραννοῦντι· τὸ δ' ἔστιν ὀρθότατον
εἰπεῖν μὲν τὴν ἀρίστην πολιτείαν καὶ δευτέραν καὶ τρίτην,

b δοῦναι δὲ εἰπόντα αἵρεσιν ἑκάστῳ τῷ τῆς συνοικήσεως κυρίῳ.
ποιῶμεν δὴ κατὰ τοῦτον τὸν λόγον καὶ τὰ νῦν ἡμεῖς, εἰπόντες
ἀρετῇ πρώτην πολιτείαν καὶ δευτέραν καὶ τρίτην· τὴν δὲ
αἵρεσιν Κλεινίᾳ τε ἀποδιδῶμεν τὰ νῦν καὶ εἴ τις ἄλλος ἀεί
5 ποτε ἐθελήσειεν ἐπὶ τὴν τῶν τοιούτων ἐκλογὴν ἐλθὼν κατὰ
τὸν ἑαυτοῦ τρόπον ἀπονείμασθαι τὸ φίλον αὑτῷ τῆς αὑτοῦ
πατρίδος.

Πρώτη μὲν τοίνυν πόλις τέ ἐστιν καὶ πολιτεία καὶ νόμοι

a 1 τὸ LO et s. v. Λ²: om. Λ   a 6 ὀρθότατον Λ LO: ὀρθότατα
O² (a. s. v.)   b 2 ποιῶμεν ΛO: ποιοῦμεν LO²   b 4 ἀεί ποτε
scripsi: ἂν εἴποτε Λ: ἂν δή ποτε LO

ἄριστοι, ὅπου τὸ πάλαι λεγόμενον ἂν γίγνηται κατὰ πᾶσαν c
τὴν πόλιν ὅτι μάλιστα· λέγεται δὲ ὡς ὄντως ἐστὶ κοινὰ τὰ
φίλων. τοῦτ᾽ οὖν εἴτε που νῦν ἔστιν εἴτ᾽ ἔσται ποτέ —
κοινὰς μὲν γυναῖκας, κοινοὺς δὲ εἶναι παῖδας, κοινὰ δὲ χρή-
ματα σύμπαντα — καὶ πάσῃ μηχανῇ τὸ λεγόμενον ἴδιον 5
πανταχόθεν ἐκ τοῦ βίου ἅπαν ἐξῄρηται, μεμηχάνηται δ᾽ εἰς
τὸ δυνατὸν καὶ τὰ φύσει ἴδια κοινὰ ἁμῇ γέ πῃ γεγονέναι,
οἷον ὄμματα καὶ ὦτα καὶ χεῖρας κοινὰ μὲν ὁρᾶν δοκεῖν καὶ
ἀκούειν καὶ πράττειν, ἐπαινεῖν τ᾽ αὖ καὶ ψέγειν καθ᾽ ἓν ὅτι d
μάλιστα σύμπαντας ἐπὶ τοῖς αὐτοῖς χαίροντας καὶ λυπου-
μένους, καὶ κατὰ δύναμιν οἵτινες νόμοι μίαν ὅτι μάλιστα
πόλιν ἀπεργάζονται, τούτων ὑπερβολῇ πρὸς ἀρετὴν οὐδείς
ποτε ὅρον ἄλλον θέμενος ὀρθότερον οὐδὲ βελτίω θήσεται. 5
ἡ μὲν δὴ τοιαύτη πόλις, εἴτε που θεοὶ ἢ παῖδες θεῶν αὐτὴν
οἰκοῦσι πλείους ἑνός, οὕτω διαζῶντες εὐφραινόμενοι κατοι-
κοῦσι· διὸ δὴ παράδειγμά γε πολιτείας οὐκ ἄλλῃ χρὴ e
σκοπεῖν, ἀλλ᾽ ἐχομένους ταύτης τὴν ὅτι μάλιστα τοιαύτην
ζητεῖν κατὰ δύναμιν. ἣν δὲ νῦν ἡμεῖς ἐπικεχειρήκαμεν, εἴη
τε ἂν γενομένη πως ἀθανασίας ἐγγύτατα καὶ ἡ μία δευτέρως·
τρίτην δὲ μετὰ ταῦτα, ἐὰν θεὸς ἐθέλῃ, διαπερανούμεθα. 5
νῦν δ᾽ οὖν ταύτην τίνα λέγομεν καὶ πῶς γενομένην ἂν
τοιαύτην;

Νειμάσθων μὲν δὴ πρῶτον γῆν τε καὶ οἰκίας, καὶ μὴ
κοινῇ γεωργούντων, ἐπειδὴ τὸ τοιοῦτον μεῖζον ἢ κατὰ τὴν 740
νῦν γένεσιν καὶ τροφὴν καὶ παίδευσιν εἴρηται· νεμέσθων δ᾽
οὖν τοιῷδε διανοίᾳ πως, ὡς ἄρα δεῖ τὸν λαχόντα τὴν λῆξιν
ταύτην νομίζειν μὲν κοινὴν αὐτὴν τῆς πόλεως συμπάσης,
πατρίδος δὲ οὔσης τῆς χώρας θεραπεύειν αὐτὴν δεῖ μειζόνως 5
ἢ μητέρα παῖδας, τῷ καὶ δέσποιναν θεὸν αὐτὴν οὖσαν θνητῶν
ὄντων γεγονέναι, ταὐτὰ δ᾽ ἔχειν διανοήματα καὶ περὶ τοὺς
ἐγχωρίους θεούς τε ἅμα καὶ δαίμονας. ὅπως δ᾽ ἂν ταῦτα εἰς b

c 1 γίγνηται Λ O: γίγνοιτο L.   e 6 λέγωμεν pr. Λ ut vid.)
a 5 δεῖ secl. Stallbaum: ἀεὶ scr. Schanz   a 7 ταὐτὰ ... b 1
δαίμονας secl. Usener

τὸν ἀεὶ χρόνον οὕτως ἔχοντα ὑπάρχῃ, τάδε προσδιανοητέον,
ὅσαι εἰσὶ τὰ νῦν ἡμῖν ἑστίαι διανεμηθεῖσαι τὸν ἀριθμόν,
ταύτας δεῖν ἀεὶ τοσαύτας εἶναι καὶ μήτε τι πλείους γίγνεσθαι
5 μήτε τί ποτε ἐλάττους. ὧδ᾽ οὖν ἂν τὸ τοιοῦτον βεβαίως
γίγνοιτο περὶ πᾶσαν πόλιν· ὁ λαχὼν τὸν κλῆρον κατα-
λειπέτω ἀεὶ ταύτης τῆς οἰκήσεως ἕνα μόνον κληρονόμον
τῶν ἑαυτοῦ παίδων, ὃν ἂν αὑτῷ μάλιστα ᾖ φίλον, διάδοχον
c καὶ θεραπευτὴν θεῶν καὶ γένους καὶ πόλεως τῶν τε ζώντων
καὶ ὅσους ἂν ἤδη τέλος εἰς τὸν τότε χρόνον ἔχῃ· τοὺς δὲ
ἄλλους παῖδας, οἷς ἂν πλείους ἑνὸς γίγνωνται, θηλείας τε
ἐκδόσθαι κατὰ νόμον τὸν ἐπιταχθησόμενον, ἄρρενάς τε, οἷς
5 ἂν τῆς γενέσεως ἐλλείπῃ τῶν πολιτῶν, τούτοις ὑεῖς διανέμειν,
κατὰ χάριν μὲν μάλιστα, ἐὰν δέ τισιν ἐλλείπωσιν χάριτες, ἢ
πλείους ἐπίγονοι γίγνωνται θήλεις ἤ τινες ἄρρενες ἑκάστων,
ἢ καὶ τοὐναντίον ὅταν ἐλάττους ὦσιν, παίδων ἀφορίας γενο-
d μένης, πάντων τούτων ἀρχὴν ἣν ἂν θώμεθα μεγίστην καὶ
τιμιωτάτην, αὕτη σκεψαμένη τί χρὴ χρῆσθαι τοῖς περιγενο-
μένοις ἢ τοῖς ἐλλείπουσι, ποριζέτω μηχανὴν ὅτι μάλιστα
ὅπως αἱ πεντακισχίλιαι καὶ τετταράκοντα οἰκήσεις ἀεὶ μόνον
5 ἔσονται. μηχαναὶ δ᾽ εἰσὶν πολλαί· καὶ γὰρ ἐπισχέσεις
γενέσεως οἷς ἂν εὔρους ᾖ γένεσις, καὶ τοὐναντίον ἐπι-
μέλειαι καὶ σπουδαὶ πλήθους γεννημάτων εἰσὶν τιμαῖς τε
καὶ ἀτιμίαις καὶ νουθετήσεσι πρεσβυτῶν περὶ νέους διὰ λόγων
e νουθετητικῶν ἀπαντῶσαι ⟨αἳ⟩ δύνανται ποιεῖν ὃ λέγομεν. καὶ
δὴ καὶ τό γε τέλος, ἂν πᾶσα ἀπορία περὶ τὴν ἀνίσωσιν τῶν
πεντακισχιλίων καὶ τετταράκοντα οἴκων γίγνηται, ἐπίχυσις
δὲ ὑπερβάλλουσα ἡμῖν πολιτῶν διὰ φιλοφροσύνην τὴν τῶν
5 συνοικούντων ἀλλήλοις συμβαίνῃ καὶ ἀπορῶμεν, τὸ παλαιόν
που ὑπάρχει μηχάνημα, ὃ πολλάκις εἴπομεν, ἐκπομπὴ

---

b 3 ἑστίαι A² (αι s. v.) · ἐστι Λ   b 6 πᾶσαν Λ L : πᾶσαν τὴν O
d 1 ἀρχὴν A (sed ex emend.) L O · ἀρχὴ Schanz   d 6 οἷς s. v. A² :
om. A   ᾖ A et γρ. O : εἴη O   e 1 νουθετητικῶν A et in
marg. O : νουθετικῶν L O   ἀπαντῶσαι ⟨αἳ⟩ δύνανται Winckelmann :
ἅπαντας αἱ δύνανται Schanz (ᾶς in ras. habet Λ) : ἀπαντῶσαι δύναται cl.
Schneider

ἀποικιῶν, φίλη γιγνομένη παρὰ φίλων, ὧν ἂν ἐπιτήδειοι
εἶναι δοκῇ. ἐάν τ᾽ αὖ καὶ τοὐναντίον ἐπέλθῃ ποτὲ κῦμα
κατακλυσμὸν φέρον νόσων, ἢ πολέμων φθορά, ἐλάττους δὲ   741
πολὺ τοῦ τεταγμένου ἀριθμοῦ δι᾽ ὀρφανίας γένωνται, ἑκόντας
μὲν οὐ δεῖ πολίτας παρεμβάλλειν νόθῃ παιδείᾳ πεπαι-
δευμένους, ἀνάγκῃ δὲ οὐδὲ θεὸς εἶναι λέγεται δυνατὸς
βιάζεσθαι.   5

   Ταῦτ᾽ οὖν δὴ τὸν νῦν λεγόμενον λόγον ἡμῖν φῶμεν
παραινεῖν λέγοντα· Ὦ πάντων ἀνδρῶν ἄριστοι, τὴν ὁμοιό-
τητα καὶ ἰσότητα καὶ τὸ ταὐτὸν καὶ ὁμολογούμενον τιμῶντες
κατὰ φύσιν μὴ ἀνίετε κατά τε ἀριθμὸν καὶ πᾶσαν δύναμιν·
τὴν τῶν καλῶν κἀγαθῶν πραγμάτων· καὶ δὴ καὶ νῦν τὸν   b
ἀριθμὸν μὲν πρῶτον διὰ βίου παντὸς φυλάξατε τὸν εἰρη-
μένον, εἶτα τὸ τῆς οὐσίας ὕψος τε καὶ μέγεθος, ὃ τὸ πρῶτον
ἐνείμασθε μέτριον ὄν, μὴ ἀτιμάσητε τῷ τε ὠνεῖσθαι καὶ τῷ
πωλεῖν πρὸς ἀλλήλους—οὔτε γὰρ ὁ νείμας κλῆρος ὢν θεὸς   5
ὑμῖν σύμμαχος οὔτε ὁ νομοθέτης—νῦν γὰρ δὴ πρῶτον τῷ
ἀπειθοῦντι νόμος προστάττει, προειπὼν ἐπὶ τούτοις κληροῦ-
σθαι τὸν ἐθέλοντα ἢ μὴ κληροῦσθαι, ὡς πρῶτον μὲν τῆς   c
γῆς ἱερᾶς οὔσης τῶν πάντων θεῶν, εἶτα ἱερέων τε καὶ
ἱερειῶν εὐχὰς ποιησομένων ἐπὶ τοῖς πρώτοις θύμασι καὶ
δευτέροις καὶ μέχρι τριῶν, τὸν πριάμενον ἢ ἀποδόμενον
ὧν ἔλαχεν οἰκοπέδων ἢ γηπέδων τὰ ἐπὶ τούτοις πρέποντα   5
πάσχειν πάθη· γράψαντες δὲ ἐν τοῖς ἱεροῖς θήσουσι κυπα-
ριττίνας μνήμας εἰς τὸν ἔπειτα χρόνον καταγεγραμμένας,
πρὸς τούτοις δ᾽ ἔτι φυλακτήρια τούτων, ὅπως ἂν γίγνηται,
καταστήσουσιν ἐν ταύτῃ τῶν ἀρχῶν ἥτις ἂν ὀξύτατον ὁρᾶν   d
δοκῇ, ἵνα αἱ παρὰ ταῦτα ἑκάστοτε παραγωγαὶ γιγνόμεναι μὴ
λανθάνωσιν αὐτούς, ἀλλὰ κολάζωσι τὸν ἀπειθοῦντα ἅμα νόμῳ
καὶ τῷ θεῷ. ὅσον γὰρ δὴ τὸ νῦν ἐπιταττόμενον ἀγαθὸν

e 8 τ᾽ ΑΟ² (s. v.) : δ᾽ Ο   a 3 παρεμβάλλειν LO : ὑπερβάλλειν Λ
et in marg. γρ. LO   b 5 κλῆρος Λ (sed σ in ras.) Ο : κλῆρον Λ²Ο²
(ν s.v.)   c 3 εὐχὰς L ut vid.) Ο : εὐχαῖς ΛΟ² (αὶς s.v.)   d 4 τὸ
s. v. Λ² : om. Λ

5 ὃν τυγχάνει πάσαις ταῖς πειθομέναις πόλεσι, τὴν ἑπομένην
κατασκευὴν προσλαβόν, κατὰ τὴν παλαιὰν παροιμίαν οὐδεὶς
εἴσεταί ποτε κακὸς ὤν, ἀλλ' ἔμπειρός τε καὶ ἐπιεικὴς ἔθεσι
e γενόμενος· χρηματισμὸς γὰρ οὔτ' ἔνεστιν σφόδρα ἐν τῇ
τοιαύτῃ κατασκευῇ, συνέπεταί τε αὐτῇ μηδὲ δεῖν μηδ' ἐξεῖναι
χρηματίζεσθαι τῶν ἀνελευθέρων χρηματισμῶν μηδενὶ μη-
δένα, καθ' ὅσον ἐπονείδιστος λεγομένη βαναυσία ἦθος ἀπο-
5 τρέπει ἐλεύθερον, μηδὲ τὸ παράπαν ἀξιοῦν ἐκ τῶν τοιούτων
συλλέγειν χρήματα.

Πρὸς τούτοις δ' ἔτι νόμος ἕπεται πᾶσι τούτοις, μηδ'
742 ἐξεῖναι χρυσὸν μηδὲ ἄργυρον κεκτῆσθαι μηδένα μηδενὶ
ἰδιώτῃ, νόμισμα δὲ ἕνεκα ἀλλαγῆς τῆς καθ' ἡμέραν, ἣν
δημιουργοῖς τε ἀλλάττεσθαι σχεδὸν ἀναγκαῖον, καὶ πᾶσιν
ὁπόσων χρεία τῶν τοιούτων μισθοὺς μισθωτοῖς, δούλοις καὶ
5 ἐποίκοις, ἀποτίνειν. ὧν ἕνεκά φαμεν τὸ νόμισμα κτητέον
αὐτοῖς μὲν ἔντιμον, τοῖς δὲ ἄλλοις ἀνθρώποις ἀδόκιμον·
κοινὸν δὲ Ἑλληνικὸν νόμισμα ἕνεκά τε στρατειῶν καὶ ἀπο-
δημιῶν εἰς τοὺς ἄλλους ἀνθρώπους, οἷον πρεσβειῶν ἢ καὶ
b τινος ἀναγκαίας ἄλλης τῇ πόλει κηρυκείας, ἐκπέμπειν τινὰ
ἂν δέῃ, τούτων χάριν ἀνάγκη ἑκάστοτε κεκτῆσθαι τῇ πόλει
νόμισμα Ἑλληνικόν. ἰδιώτῃ δὲ ἂν ἄρα ποτὲ ἀνάγκη τις
γίγνηται ἀποδημεῖν, παρέμενος μὲν τοὺς ἄρχοντας ἀποδη-
5 μείτω, νόμισμα δὲ ἂν ποθεν ἔχων ξενικὸν οἴκαδε ἀφίκηται
περιγενόμενον, τῇ πόλει αὐτὸ καταβαλλέτω πρὸς λόγον
ἀπολαμβάνων τὸ ἐπιχώριον· ἰδιούμενος δὲ ἂν τις φαίνηται,
δημόσιόν τε γιγνέσθω καὶ ὁ συνειδὼς καὶ μὴ φράζων ἀρᾷ
καὶ ὀνείδει μετὰ τοῦ ἀγαγόντος ἔνοχος ἔστω, καὶ ζημίᾳ
c πρὸς τούτοις μὴ ἐλάττονι τοῦ ξενικοῦ κομισθέντος νομί-
σματος. γαμοῦντα δὲ καὶ ἐκδιδόντα μήτ' οὖν διδόναι μήτε
δέχεσθαι προῖκα τὸ παράπαν μηδ' ἡντινοῦν, μηδὲ νόμισμα
παρακατατίθεσθαι ὅτῳ μή τις πιστεύει, μηδὲ δανείζειν ἐπὶ
5 τόκῳ, ὡς ἐξὸν μὴ ἀποδιδόναι τὸ παράπαν τῷ δανεισαμένῳ
μήτε τόκον μήτε κεφάλαιον· ταῦτα δ' ὅτι βέλτιστ' ἐστὶν

πόλει ἐπιτηδεύματα ἐπιτηδεύειν, ὧδε ἄν τις σκοπῶν ὀρθῶς
ἂν αὐτὰ διακρίνοι, ἐπαναφέρων εἰς τὴν ἀρχὴν ἀεὶ καὶ τὴν d
βούλησιν. ἔστιν δὴ τοῦ νοῦν ἔχοντος πολιτικοῦ βούλησις,
φαμέν, οὐχ ἥνπερ ἂν οἱ πολλοὶ φαῖεν, δεῖν βούλεσθαι τὸν
ἀγαθὸν νομοθέτην ὡς μεγίστην τε εἶναι τὴν πόλιν ᾗ νοῶν
εὖ νομοθετοῖ, καὶ ὅτι μάλιστα πλουσίαν, κεκτημένην δ' αὖ 5
χρύσεια καὶ ἀργύρεια, καὶ κατὰ γῆν καὶ κατὰ θάλατταν
ἄρχουσαν ὅτι πλείστων· προσθεῖεν δ' ἂν καὶ ὡς ἀρίστην
δεῖν βούλεσθαι τὴν πόλιν εἶναι καὶ ὡς εὐδαιμονεστάτην
τόν γε ὀρθῶς νομοθετοῦντα. τούτων δὲ τὰ μὲν δυνατά e
ἐστιν γίγνεσθαι, τὰ δ' οὐ δυνατά· τὰ μὲν οὖν δυνατὰ βούλ-
λοιτ' ἂν ὁ διακοσμῶν, τὰ δὲ μὴ δυνατὰ οὔτ' ἂν βούλοιτο
ματαίας βουλήσεις οὔτ' ἂν ἐπιχειροῖ. σχεδὸν μὲν γὰρ
εὐδαίμονας ἅμα καὶ ἀγαθοὺς ἀνάγκη γίγνεσθαι—τοῦτο μὲν 5
οὖν βούλοιτ' ἄν—πλουσίους δ' αὖ σφόδρα καὶ ἀγαθοὺς
ἀδύνατοι, οὕς γε δὴ πλουσίους οἱ πολλοὶ καταλέγουσιν·
λέγουσιν δὲ τοὺς κεκτημένους ἐν ὀλίγοις τῶν ἀνθρώπων
πλείστου νομίσματος ἄξια κτήματα, ἃ καὶ κακός τις κεκτῇτ'
ἄν. εἰ δ' ἔστιν τοῦτο οὕτως ἔχοι, οὐκ ἂν ἔγωγε αὐτοῖς 743
ποτε συγχωροίην τὸν πλούσιον εὐδαίμονα τῇ ἀληθείᾳ γί-
γνεσθαι μὴ καὶ ἀγαθὸν ὄντα· ἀγαθὸν δὲ ὄντα διαφόρως καὶ
πλούσιον εἶναι διαφερόντως ἀδύνατον. "Τί δή;" φαίη τις
ἂν ἴσως. "Ὅτι, φαῖμεν ἄν, ἥ τε ἐκ δικαίου καὶ ἀδίκου κτῆσις 5
πλέον ἢ διπλασία ἐστὶν τῆς ἐκ τοῦ δικαίου μόνον, τά τε
ἀναλώματα μήτε καλῶς μήτε αἰσχρῶς ἐθέλοντα ἀναλίσκεσθαι
τῶν καλῶν καὶ εἰς καλὰ ἐθελόντων δαπανᾶσθαι διπλασίῳ
ἐλάττονα· οὔκουν ποτε ἂν τῶν ἐκ διπλασίων μὲν κτημάτων, b
ἡμίσεων δὲ ἀναλωμάτων ὁ τὰ ἐναντία τούτων πράττων
γένοιτ' ἂν πλουσιώτερος. ἔστιν δὲ ὁ μὲν ἀγαθὸς τούτων,

---

d 3 βουλεύεσθαι O   d 6 χρύσεια καὶ ἀργύρεια Λ L O : χρυσία καὶ
ἀργυρία vulg.   a 3 διαφόρως Λ L O Origenes Stob. : διαφερόντως
scr. recc.   b 1 κτημάτων Λ et corr. L O (κτ s. v.) : χρημάτων
L O

ὁ δὲ οὐ κακὸς ὅταν ᾖ φειδωλός, τοτὲ δέ ποτε καὶ πάγκακος,
5 ἀγαθὸς δέ, ὅπερ εἴρηται τὰ νῦν, οὐδέποτε. ὁ μὲν γὰρ δι-
καίως καὶ ἀδίκως λαμβάνων καὶ μήτε δικαίως μήτε ἀδίκως
ἀναλίσκων πλούσιος, ὅταν καὶ φειδωλὸς ᾖ, ὁ δὲ πάγκακος,
ὡς τὰ πολλὰ ὢν ἄσωτος, μάλα πένης· ὁ δὲ ἀναλίσκων τε
c εἰς τὰ καλὰ καὶ κτώμενος ἐκ τῶν δικαίων μόνον οὔτ’ ἂν
διαφέρων πλούτῳ ῥᾳδίως ἄν ποτε γένοιτο οὐδ’ αὖ σφόδρα
πένης. ὥστε ὁ λόγος ἡμῖν ὀρθός, ὡς οὐκ εἰσὶν οἱ παμ-
πλούσιοι ἀγαθοί· εἰ δὲ μὴ ἀγαθοί, οὐδὲ εὐδαίμονες.

5 Ἡμῖν δὲ ἡ τῶν νόμων ὑπόθεσις ἐνταῦθα ἔβλεπεν, ὅπως
ὡς εὐδαιμονέστατοι ἔσονται καὶ ὅτι μάλιστα ἀλλήλοις φίλοι·
εἶεν δὲ οὐκ ἄν ποτε πολῖται φίλοι, ὅπου πολλαὶ μὲν δίκαι
d ἐν ἀλλήλοις εἶεν, πολλαὶ δὲ ἀδικίαι, ἀλλ’ ὅπου ὡς ὅτι
σμικρόταται καὶ ὀλίγισται. λέγομεν δὴ μήτε χρυσὸν δεῖν
μήτε ἄργυρον ἐν τῇ πόλει, μήτε αὖ χρηματισμὸν πολὺν διὰ
βαναυσίας καὶ τόκων μηδὲ βοσκημάτων αἰσχρῶν, ἀλλ’ ὅσα
5 γεωργία δίδωσι καὶ φέρει, καὶ τούτων ὁπόσα μὴ χρηματιζό-
μενον ἀναγκάσειεν ἀμελεῖν ὧν ἕνεκα πέφυκε τὰ χρήματα·
ταῦτα δ’ ἐστὶ ψυχὴ καὶ σῶμα, ἃ χωρὶς γυμναστικῆς καὶ
e τῆς ἄλλης παιδείας οὐκ ἄν ποτε γένοιτο ἄξια λόγου. διὸ
δὴ χρημάτων ἐπιμέλειαν οὐχ ἅπαξ εἰρήκαμεν ὡς χρὴ τελευ-
ταῖον τιμᾶν· ὄντων γὰρ τριῶν τῶν ἁπάντων περὶ ἃ πᾶς
ἄνθρωπος σπουδάζει, τελευταῖον καὶ τρίτον ἐστὶν ἡ τῶν
5 χρημάτων ὀρθῶς σπουδαζομένη σπουδή, σώματος δὲ πέρι
μέση, πρώτη δὲ ἡ τῆς ψυχῆς. καὶ δὴ καὶ νῦν ἣν διεξερχό-
μεθα πολιτείαν, εἰ μὲν τὰς τιμὰς οὕτω τάττεται, ὀρθῶς
νενομοθέτηται· εἰ δέ τις τῶν προσταττομένων αὐτόθι νόμων

b 4 οὐ κακὸς A (in marg. οὐ κακὸς ἀπ’ ὀρθώσεως O): οὐκ ἀγαθὸς L
(ut vid.) O   πάγκακος L (ut vid.) O · πάγκαλος A et fecit O² (λ s. v.)
ad hunc locum O et Laur. lix, 1 in marg. τέλος τῶν διορθωθέντων
ὑπὸ τοῦ φιλοσόφου Λέοντος (v. O. Immisch, de rec. Platonicae praesidiis
atque rationibus, p. 49), item in A manus saec. XII (A¹) adscripsit
τέ⟨λος⟩ τῶν διορθ⟨ω⟩θέντων ὑπὸ τοῦ μεγά⟨λου⟩ Λέο⟨ν⟩τος   d 2 χρυσὸν
A L: εἶναι χρυσὸν O (sed εἶναι punct. not.) Stob.   d 6 ἀναγκάσειεν
A O² Stob. : ἀναγκάσει O   e 8·νενομοθέτηται A O’ (νενο et η s. v.):
νομοθεῖται (sic) O . νομοθετεῖται Stob.

σωφροσύνης ἔμπροσθεν ὑγίειαν ἐν τῇ πόλει φανεῖται ποιῶν 744
τιμίαν, ἢ πλοῦτον ὑγιείας καὶ τοῦ σωφρονεῖν, οὐκ ὀρθῶς
ἀναφανεῖται τιθέμενος.   τοῦτ' οὖν δὴ πολλάκις ἐπισημαί-
νεσθαι χρὴ τὸν νομοθέτην—Τί τε βούλομαι; καὶ Εἴ μοι
συμβαίνει τοῦτο ἢ καὶ ἀποτυγχάνω τοῦ σκοποῦ;—καὶ οὕτω 5
τάχ' ἂν ἴσως ἐκ τῆς νομοθεσίας αὐτός τε ἐκβαίνοι καὶ τοὺς
ἄλλους ἀπαλλάττοι, κατ' ἄλλον δὲ τρόπον οὐδ' ἂν ἕνα ποτέ.

Ὁ δὴ λαχὼν κεκτήσθω, φαμέν, τὸν κλῆρον ἐπὶ τούτοις
οἷς εἰρήκαμεν.   ἦν μὲν δὴ καλὸν καὶ τἆλλα ἴσα πάντ' b
ἔχοντα ἕνα ἕκαστον ἐλθεῖν εἰς τὴν ἀποικίαν· ἐπειδὴ δὲ οὐ
δυνατόν, ἀλλ' ὁ μέν τις πλείω κεκτημένος ἀφίξεται χρή-
ματα, ὁ δ' ἐλάττονα, δεῖ δὴ πολλῶν ἕνεκα, τῶν τε κατὰ
πόλιν καιρῶν ἰσότητος ἕνεκα, τιμήματα ἄνισα γενέσθαι, ἵνα 5
ἀρχαί τε καὶ εἰσφοραὶ καὶ διανομαί, τὴν τῆς ἀξίας ἑκάστοις
τιμὴν μὴ κατ' ἀρετὴν μόνον τήν τε προγόνων καὶ τὴν αὐτοῦ,
μηδὲ κατὰ σωμάτων ἰσχῦς καὶ εὐμορφίας, ἀλλὰ καὶ κατὰ c
πλούτου χρῆσιν καὶ πενίαν, τὰς τιμάς τε καὶ ἀρχὰς ὡς
ἰσαίτατα τῷ ἀνίσῳ συμμέτρῳ δὲ ἀπολαμβάνοντες μὴ δια-
φέρωνται.   τούτων χάριν τέτταρα μεγέθει τῆς οὐσίας τιμή-
ματα ποιεῖσθαι χρεών, πρώτους καὶ δευτέρους καὶ τρίτους 5
καὶ τετάρτους, ἤ τισιν ἄλλοις προσαγορευομένους ὀνόμασιν,
ὅταν τε μένωσιν ἐν τῷ αὐτῷ τιμήματι καὶ ὅταν πλου-
σιώτεροι ἐκ πενήτων καὶ ἐκ πλουσίων πένητες γιγνόμενοι
μεταβαίνωσιν εἰς τὸ προσῆκον ἕκαστοι ἑαυτοῖσιν τίμημα.   d

Τόδε δ' ἐπὶ τούτοις αὖ νόμου σχῆμα ἔγωγε ἂν τιθείην ὡς
ἑπόμενον.   δεῖ γὰρ ἐν πόλει που, φαμέν, τῇ τοῦ μεγίστου
νοσήματος οὐ μεθεξούσῃ, ὃ διάστασιν ἢ στάσιν ὀρθότερον
ἂν εἴη κεκλῆσθαι, μήτε πενίαν τὴν χαλεπὴν ἐνεῖναι παρά 5
τισιν τῶν πολιτῶν μήτε αὖ πλοῦτον, ὡς ἀμφοτέρων τικτόν-

c 1 μηδὲ O: μήτε Λ et fecit O² (add. acc. supra η et τ supra δ)
c 2 χρῆσιν] κτῆσιν Ast   πενίαν Λ et fecit O² (ν s. v.): πενίας O
c 6 καὶ ante τετάρτους s. v. A²: om. Λ   c 7 πλουσιώτεροι L O:
πλουσιώτατοι Λ et fecit O² (ατ s. v.)   d 1 ἑαυτοῖσιν Λ: ἑαυτοῖς L O
d 4 νοσήματος L O Stob.: νομίσματος Λ et in marg. L O   d 6 ἀμφο-
τέρων L . ἀμφότερα Λ O Stob.

11*

των· ταῦτα ἀμφότερα· νῦν οὖν ὅρον δεῖ τούτων ἑκατέρου
τὸν νομοθέτην φράζειν. Ἔστω δὴ πενίας μὲν ὅρος ἡ τοῦ
e κλήρου τιμή, ὃν δεῖ μένειν καὶ ὃν ἄρχων οὐδεὶς οὐδενί ποτε
περιόψεται ἐλάττω γιγνόμενον, τῶν τε ἄλλων κατὰ ταὐτὰ
οὐδεὶς ὅστις φιλότιμος ἐπ' ἀρετῇ. μέτρον δὲ αὐτὸν θέμενος
ὁ νομοθέτης διπλάσιον ἐάσει τούτου κτᾶσθαι καὶ τριπλάσιον
5 καὶ μέχρι τετραπλασίου· πλείονα δ' ἄν τις κτᾶται τούτων,
εὑρὼν ἢ δοθέντων ποθὲν ἢ χρηματισάμενος, ἤ τινι τύχῃ
745 τοιαύτῃ κτησάμενος ἄλλῃ τὰ περιγιγνόμενα τοῦ μέτρου, τῇ
πόλει ἂν αὐτὰ καὶ τοῖς τὴν πόλιν ἔχουσιν θεοῖς ἀπονέμων
εὐδόκιμός τε καὶ ἀζήμιος ἂν εἴη· ἐὰν δέ τις ἀπειθῇ τούτῳ
τῷ νόμῳ, φανεῖ μὲν ὁ βουλόμενος ἐπὶ τοῖς ἡμίσεσιν, ὁ δὲ
5 ὀφλὼν ἄλλο τοσοῦτον μέρος ἀποτείσει τῆς αὑτοῦ κτήσεως,
τὰ δ' ἡμίσεα τῶν θεῶν. ἡ δὲ κτῆσις χωρὶς τοῦ κλήρου
πάντων πᾶσα ἐν τῷ φανερῷ γεγράφθω παρὰ φύλαξιν
ἄρχουσιν, οἷς ἂν ὁ νόμος προστάξῃ, ὅπως ἂν αἱ δίκαι
b περὶ πάντων, ὅσαι εἰς χρήματα, ῥᾴδιαί τε ὦσι καὶ σφόδρα
σαφεῖς.

Τὸ δὴ μετὰ τοῦτο πρῶτον μὲν τὴν πόλιν ἱδρῦσθαι δεῖ
τῆς χώρας ὅτι μάλιστα ἐν μέσῳ, καὶ τἆλλα ὅσα πρόσφορα
5 πόλει τῶν ὑπαρχόντων ἔχοντα τόπον ἐκλεξάμενον, ἃ νοῆσαί
τε καὶ εἰπεῖν οὐδὲν χαλεπόν· μετὰ δὲ ταῦτα μέρη δώδεκα
διελέσθαι, θέμενον Ἑστίας πρῶτον καὶ Διὸς καὶ Ἀθηνᾶς
ἱερόν, ἀκρόπολιν ὀνομάζοντα, κύκλον περιβάλλοντα, ἀφ'
c οὗ τὰ δώδεκα μέρη τέμνειν τήν τε πόλιν αὐτὴν καὶ πᾶσαν
τὴν χώραν. ἴσα δὲ δεῖ γίγνεσθαι τὰ δώδεκα μέρη τῷ τὰ
μὲν ἀγαθῆς γῆς εἶναι σμικρά, τὰ δὲ χείρονος μείζω. κλή-
ρους δὲ διελεῖν τετταράκοντα καὶ πεντακισχιλίους, τούτων
5 τε αὖ δίχα τεμεῖν ἕκαστον καὶ συγκληρῶσαι δύο τμήματα,
τοῦ τε ἐγγὺς καὶ τοῦ πόρρω μετέχοντα ἑκάτερον· τὸ πρὸς

d 7 δεῖ A : δὴ O   e 1 δεῖ O : δὴ A   a 2 θεοῖς ... c 3 κλήρους
δὲ om. A · add. in marg. inf. A³   b 1 ὦσαι] ὅσα ci. Stephanus
c 5 τεμεῖν L (ut vid.) O : τέμνειν A et γρ. O   c 6 ἑκάτερον] ἑκάτερου
Ast : ἑκάστοτε Schanz

τῇ πόλει μέρος τῷ πρὸς τοῖς ἐσχάτοις εἷς κλῆρος, καὶ τὸ
δεύτερον ἀπὸ πόλεως τῷ ἀπ' ἐσχάτων δευτέρῳ, καὶ τᾶλλα d
οὕτως πάντα. μηχανᾶσθαι δὲ καὶ ἐν τοῖς δίχα τμήμασι τὸ
νυνδὴ λεγόμενον φαυλότητός τε καὶ ἀρετῆς χώρας, ἐπαν-
ισουμένους τῷ πλήθει τε καὶ ὀλιγότητι τῆς διανομῆς.
νείμασθαι δὲ δὴ καὶ τοὺς ἄνδρας δώδεκα μέρη, τὴν τῆς 5
ἄλλης οὐσίας εἰς ἴσα ὅτι μάλιστα τὰ δώδεκα μέρη συνταξά-
μενον, ἀπογραφῆς πάντων γενομένης· καὶ δὴ καὶ μετὰ τοῦτο
δώδεκα θεοῖς δώδεκα κλήρους θέντας, ἐπονομάσαι καὶ καθιε-
ρῶσαι τὸ λαχὸν μέρος ἑκάστῳ τῷ θεῷ, καὶ φυλὴν αὐτὴν e
ἐπονομάσαι. τέμνειν δ' αὖ καὶ τὰ δώδεκα τῆς πόλεως τμή-
ματα τὸν αὐτὸν τρόπον ὅνπερ καὶ τὴν ἄλλην χώραν διέ-
νεμον· καὶ δύο νέμεσθαι ἕκαστον οἰκήσεις, τήν τε ἐγγὺς
τοῦ μέσου καὶ τὴν τῶν ἐσχάτων. καὶ τὴν μὲν κατοίκισιν 5
οὕτω τέλος ἔχειν.

Ἐννοεῖν δὲ ἡμᾶς τὸ τοιόνδε ἐστὶν χρεὼν ἐκ παντὸς τρό-
που, ὡς τὰ νῦν εἰρημένα πάντα οὐκ ἄν ποτε εἰς τοιούτους
καιροὺς συμπέσοι, ὥστε συμβῆναι κατὰ λόγον οὕτω σύμ-
παντα γενόμενα, ἄνδρας τε οἳ μὴ δυσχερανοῦσι τὴν τοιαύτην 746
συνοικίαν, ἀλλ' ὑπομενοῦσιν χρήματά τε ἔχοντες τακτὰ καὶ
μέτρια διὰ βίου παντὸς καὶ παίδων γενέσεις ἃς εἰρήκαμεν
ἑκάστοις, καὶ χρυσοῦ στερόμενοι καὶ ἑτέρων ὧν δῆλος ὁ
νομοθέτης προστάξων ἐστὶν ἐκ τούτων τῶν νῦν εἰρημένων, 5
ἔτι δὲ χώρας τε καὶ ἄστεος, ὡς εἴρηκεν, μεσότητάς τε καὶ
ἐν κύκλῳ οἰκήσεις πάντῃ, σχεδὸν οἷον ὀνείρατα λέγων, ἢ
πλάττων καθάπερ ἐκ κηροῦ τινα πόλιν καὶ πολίτας. ἔχει
δὴ τὰ τοιαῦτα οὐ κακῶς τινα τρόπον εἰρημένα, χρὴ δ' ἐπ- b
αναλαμβάνειν πρὸς αὐτὸν τὰ τοιάδε. πάλιν ἄρα ἡμῖν ὁ
νομοθετῶν φράζει τόδε· "Ἐν τούτοις τοῖς λόγοις, ὦ φίλοι,

d 4 πλήθει LO : πάθει Λ   d 5 δὴ Λ · δεῖ LO   d 7 καὶ
μετὰ Λ et gr. O   καὶ τὸ μετὰ LO   e 5 κατοίκισιν Boeckh :
κατοίκησιν libri   a 6 εἴρηκεν ΛLO : εἰρήκαμεν O² am s. v.)
a 8 ἔχει δὴ in marg. Λ¹ : σχέδη Λ (ἐ in marg. Λ²) : ἔχει δὴ voluit
a (acc. et spir. supra σ, ει supra ε, et acc. supra η)   b 1 δ' ἐπανα-
λαμβάνειν LO : δὲ πάντα λαμβάνειν Λ

μηδ' αὐτὸν δοκεῖτέ με λεληθέναι τὸ νῦν λεγόμενον ὡς
5 ἀληθῆ διεξέρχεταί τινα τρόπον. ἀλλὰ γὰρ ἐν ἑκάστοις τῶν
μελλόντων ἔσεσθαι δικαιότατον οἶμαι τόδε εἶναι, τὸν τὸ
παράδειγμα δεικνύντα, οἷον δεῖ τὸ ἐπιχειρούμενον γίγνεσθαι,
μηδὲν ἀπολείπειν τῶν καλλίστων τε καὶ ἀληθεστάτων, ᾧ δὲ
c ἀδύνατόν τι συμβαίνει τούτων γίγνεσθαι, τοῦτο μὲν αὐτὸ
ἐκκλίνειν καὶ μὴ πράττειν, ὅτι δὲ τούτου τῶν λοιπῶν
ἐγγύτατά ἐστιν καὶ συγγενέστατον ἔφυ τῶν προσηκόντων
πράττειν, τοῦτ' αὐτὸ διαμηχανᾶσθαι ὅπως ἂν γίγνηται, τὸν
5 νομοθέτην δ' ἐᾶσαι τέλος ἐπιθεῖναι τῇ βουλήσει, γενομένου
δὲ τούτου, τότ' ἤδη κοινῇ μετ' ἐκείνου σκοπεῖν ὅτι τε συμ-
φέρει τῶν εἰρημένων καὶ τί πρόσαντες εἴρηται τῆς νομοθε-
σίας· τὸ γὰρ ὁμολογούμενον αὐτὸ αὑτῷ δεῖ που πανταχῇ
d ἀπεργάζεσθαι καὶ τὸν τοῦ φαυλοτάτου δημιουργὸν ἄξιον
ἐσόμενον λόγου."

Νῦν δὴ τοῦτ' αὐτὸ προθυμητέον ἰδεῖν μετὰ τὴν δόξαν τῆς
τῶν δώδεκα μερῶν διανομῆς, τὸ τίνα τρόπον δῆλον δὴ τὰ
5 δώδεκα μέρη, τῶν ἐντὸς αὐτοῦ πλείστας ἔχοντα διανομάς,
καὶ τὰ τούτοις συνεπόμενα καὶ ἐκ τούτων γεννώμενα, μέχρι
τῶν τετταράκοντά τε καὶ πεντακισχιλίων—ὅθεν φρατρίας καὶ
δήμους καὶ κώμας, καὶ πρός γε τὰς πολεμικὰς τάξεις τε
e καὶ ἀγωγάς, καὶ ἔτι νομίσματα καὶ μέτρα ξηρά τε καὶ ὑγρὰ
καὶ σταθμά—πάντα ταῦτα ἔμμετρά τε καὶ ἀλλήλοις σύμ-
φωνα δεῖ τόν γε νόμον τάττειν. πρὸς δὲ τούτοις οὐδ'
ἐκεῖνα φοβητέα, δείσαντα τὴν δόξασαν ἂν γίγνεσθαι σμι-
5 κρολογίαν, ἄν τις προστάττῃ πάντα ὁπόσ' ἂν σκεύη κτῶνται,
μηδὲν ἄμετρον αὐτῶν ἐᾶν εἶναι, καὶ κοινῷ λόγῳ νομίσαντα
747 πρὸς πάντα εἶναι χρησίμους τὰς τῶν ἀριθμῶν διανομὰς καὶ
ποικίλσεις, ὅσα τε αὐτοὶ ἐν ἑαυτοῖς ποικίλλονται καὶ ὅσα

b 6 τόδε O · τόνδε A L et fecit O² (ν s. v.)   c 6 ἐκείνους O et
(ut vid.) pr. Λ   d 4 post τρόπον distinxit Ast, lacunam statuit
Wagner   δῆλον δὴ] διελεῖν δεῖ Hermann   e 1 ἀγωγάς] ἀγῶνας
fecit Λ²   e 3 νόμον ΛΟ : νομοθέτην O² (θέτην s. v.)   τάττειν
Α Ο: διατάττειν L

ἐν μήκεσι καὶ ἐν βάθεσι ποικίλματα, καὶ δὴ καὶ ἐν φθόγγοις
καὶ κινήσεσι ταῖς τε κατὰ τὴν εὐθυπορίαν τῆς ἄνω καὶ κάτω
φορᾶς καὶ τῆς κύκλῳ περιφορᾶς· πρὸς γὰρ ταῦτα πάντα 5
δεῖ βλέψαντα τόν γε νομοθέτην προστάττειν τοῖς πολίταις
πᾶσιν εἰς δύναμιν τούτων μὴ ἀπολείπεσθαι τῆς συντάξεως.
πρός τε γὰρ οἰκονομίαν καὶ πρὸς πολιτείαν καὶ πρὸς τὰς b
τέχνας πάσας ἓν οὐδὲν οὕτω δύναμιν ἔχει παίδειον μάθημα
μεγάλην, ὡς ἡ περὶ τοὺς ἀριθμοὺς διατριβή· τὸ δὲ μέγιστον,
ὅτι τὸν νυστάζοντα καὶ ἀμαθῆ φύσει ἐγείρει καὶ εὐμαθῆ καὶ
μνήμονα καὶ ἀγχίνουν ἀπεργάζεται, παρὰ τὴν αὑτοῦ φύσιν 5
ἐπιδιδόντα θείᾳ τέχνῃ.   ταῦτα δὴ πάντα, ἐὰν μὲν ἄλλοις
νόμοις τε καὶ ἐπιτηδεύμασιν ἀφαιρῆταί τις τὴν ἀνελευθερίαν
καὶ φιλοχρηματίαν ἐκ τῶν ψυχῶν τῶν μελλόντων αὐτὰ
ἱκανῶς τε καὶ ὀνησίμως κτήσεσθαι, καλὰ τὰ παιδεύματα καὶ c
προσήκοντα γίγνοιτ’ ἄν· εἰ δὲ μή, τὴν καλουμένην ἄν τις
πανουργίαν ἀντὶ σοφίας ἀπεργασάμενος λάθοι, καθάπερ
Αἰγυπτίους καὶ Φοίνικας καὶ πολλὰ ἕτερα ἀπειργασμένα
γένη νῦν ἔστιν ἰδεῖν ὑπὸ τῆς τῶν ἄλλων ἐπιτηδευμάτων καὶ 5
κτημάτων ἀνελευθερίας, εἴτε τις νομοθέτης αὐτοῖς φαῦλος
ἂν γενόμενος ἐξηργάσατο τὰ τοιαῦτα εἴτε χαλεπὴ τύχη
προσπεσοῦσα εἴτε καὶ φύσις ἄλλη τις τοιαύτη.   καὶ γάρ, d
ὦ Μέγιλλέ τε καὶ Κλεινία, μηδὲ τοῦθ’ ἡμᾶς λανθανέτω περὶ
τόπων ὡς οὐκ εἰσὶν ἄλλοι τινὲς διαφέροντες ἄλλων τόπων
πρὸς τὸ γεννᾶν ἀνθρώπους ἀμείνους καὶ χείρους, οἷς οὐκ
ἐναντία νομοθετητέον· οἱ μέν γέ που διὰ πνεύματα παντοῖα 5
καὶ δι’ εἰλήσεις ἀλλόκοτοί τέ εἰσιν καὶ ἐναίσιοι αὐτῶν, οἱ δὲ
δι’ ὕδατα, οἱ δὲ καὶ δι’ αὐτὴν τὴν ἐκ τῆς γῆς τροφήν, ἀνα-
διδοῦσαν οὐ μόνον τοῖς σώμασιν ἀμείνω καὶ χείρω, ταῖς δὲ e
ψυχαῖς οὐχ ἧττον δυναμένην πάντα τὰ τοιαῦτα ἐμποιεῖν,

a 3 μήκεσι] μήκεσι παρέχονται Stob.   b 2 ἔχει παίδειον] παρέχει
παιδείας Stob.   c 3 σοφίας Λ Ο : τῆς σοφίας I.   d 3 οὐκ libri
cum Gal. Stob. : secl Ast   d 6 δι’ εἰλήσεις Ruhnken : διειλήσεις
libri   ἐναίσιοι Α Ο Stob. Phrynichus : ἀναίσιοι Ο² (ἀ s. v.) : ἐξαίσιοι
Ast   d 7 δι’ αὐτὴν Stob. : διὰ ταύτην libri : διὰ Gal.

τούτων δ' αὖ πάντων μέγιστον διαφέροιεν ἂν τόποι χώρας
ἐν οἷς θεία τις ἐπίπνοια καὶ δαιμόνων λήξεις εἶεν, τοὺς ἀεὶ
5 κατοικιζομένους ἵλεῳ δεχόμενοι καὶ τοὐναντίον. οἷς ὅ γε
νοῦν ἔχων νομοθέτης, ἐπισκεψάμενος ὡς ἄνθρωπον οἷόν τ'
ἐστὶν σκοπεῖν τὰ τοιαῦτα, οὕτω πειρῷτ' ἂν τιθέναι τοὺς νό-
μους. ὃ δὴ καὶ σοὶ ποιητέον, ὦ Κλεινία· πρῶτον τρεπτέον
ἐπὶ τὰ τοιαῦτα μέλλοντί γε κατοικίζειν χώραν.

10 ΚΛ. Ἀλλ', ὦ ξένε Ἀθηναῖε, λέγεις τε παγκάλως ἐμοί
τε οὕτως ποιητέον.

ς

751 ΑΘ. Ἀλλὰ μὴν μετά γε πάντα τὰ νῦν εἰρημένα σχεδὸν
ἂν ἀρχῶν εἶέν σοι καταστάσεις τῇ πόλει.

ΚΛ. Ἔχει γὰρ οὖν οὕτω.

ΑΘ. Δύο εἴδη ταῦτα περὶ πολιτείας κόσμου γιγνόμενα
5 τυγχάνει, πρῶτον μὲν καταστάσεις ἀρχῶν τε καὶ ἀρξόντων,
ὅσας τε αὐτὰς εἶναι δεῖ καὶ τρόπον ὅντινα καθισταμένας·
ἔπειτα οὕτω δὴ τοὺς νόμους ταῖς ἀρχαῖς ἑκάσταις ἀποδοτέον,
b οὕστινάς τε αὖ καὶ ὅσους καὶ οἵους προσῆκον ἂν ἑκάσταις
εἴη. σμικρὸν δὲ ἐπισχόντες πρὸ τῆς αἱρέσεως, εἴπωμεν
προσήκοντά τινα λόγον περὶ αὐτῆς ῥηθῆναι.

ΚΛ. Τίνα δὴ τοῦτον;

5 ΑΘ. Τόνδε. παντί που δῆλον τὸ τοιοῦτον, ὅτι μεγάλου
τῆς νομοθεσίας ὄντος ἔργου, τοῦ πόλιν εὖ παρεσκευασμένην
ἀρχὰς ἀνεπιτηδείους ἐπιστῆσαι τοῖς εὖ κειμένοις νόμοις, οὐ
μόνον οὐδὲν πλέον εὖ τεθέντων, οὐδ' ὅτι γέλως ἂν πάμπολυς
c συμβαίνοι, σχεδὸν δὲ βλάβαι καὶ λῶβαι πολὺ μέγισται ταῖς
πόλεσι γίγνοιντ' ἂν ἐξ αὐτῶν.

ΚΛ. Πῶς γὰρ οὔ;

ΑΘ. Τοῦτο τοίνυν νοήσωμέν σοι περὶ τῆς νῦν, ὦ φίλε,
5 πολιτείας τε καὶ πόλεως συμβαῖνον. ὁρᾷς γὰρ ὅτι πρῶτον

μὲν δεῖ τοὺς ὀρθῶς ἰόντας ἐπὶ τὰς τῶν ἀρχῶν δυνάμεις βά-
σανον ἱκανὴν αὑτούς τε καὶ γένος ἑκάστων ἐκ παίδων μέχρι
τῆς αἱρέσεως εἶναι δεδωκότας, ἔπειτα αὖ τοὺς μέλλοντας
αἱρήσεσθαι τεθράφθαι [τε] ἐν ἤθεσι νόμων εὖ πεπαιδευμένους
πρὸς τὸ δυσχεραίνοντάς τε καὶ ἀποδεχομένους ὀρθῶς κρίνειν d
καὶ ἀποκρίνειν δυνατοὺς γίγνεσθαι τοὺς ἀξίους ἑκατέρων·
ταῦτα δὲ οἱ νεωστὶ συνεληλυθότες ὄντες τε ἀλλήλων ἀ-
γνῶτες, ἔτι δ' ἀπαίδευτοι, πῶς ἄν ποτε δύναιντο ἀμέμπτως
τὰς ἀρχὰς αἱρεῖσθαι;   5

ΚΛ. Σχεδὸν οὐκ ἄν ποτε.

ΑΘ. Ἀλλὰ γὰρ ἀγῶνα προφάσεις φασὶν οὐ πάνυ δέχε-
σθαι· καὶ δὴ καὶ σοὶ τοῦτο νῦν καὶ ἐμοὶ ποιητέον, ἐπείπερ
σὺ μὲν δὴ τὴν πόλιν ὑπέστης τῷ Κρητῶν ἔθνει προθύμως e
κατοικιεῖν δέκατος αὐτός, ὡς φῄς, τὰ νῦν, ἐγὼ δ' αὖ σοὶ
συλλήψεσθαι κατὰ τὴν παροῦσαν ἡμῖν τὰ νῦν μυθολογίαν. 752
οὔκουν δήπου λέγων γε ἂν μῦθον ἀκέφαλον ἑκὼν καταλί-
ποιμι· πλανώμενος γὰρ ἂν ἁπάντῃ τοιοῦτος ὢν ἄμορφος
φαίνοιτο.

ΚΛ. Ἄριστ' εἴρηκας, ὦ ξένε.   5

ΑΘ. Οὐ μόνον γε, ἀλλὰ καὶ δράσω κατὰ δύναμιν οὕτω.

ΚΛ. Πάνυ μὲν οὖν ποιῶμεν ᾗπερ καὶ λέγομεν.

ΑΘ. Ἔσται ταῦτ', ἂν θεὸς ἐθέλῃ καὶ γήρως ἐπικρατῶμεν
τό γε τοσοῦτον.

ΚΛ. Ἀλλ' εἰκὸς ἐθέλειν.   b

ΑΘ. Εἰκὸς γὰρ οὖν. ἑπόμενοι δὲ αὐτῷ λάβωμεν καὶ
τόδε.

ΚΛ. Τὸ ποῖον;

ΑΘ. Ὡς ἀνδρείως καὶ παρακεκινδυνευμένως ἐν τῷ νῦν 5
ἡ πόλις ἡμῖν ἔσται κατῳκισμένη.

c 8 αὖ τοὺς] αὑτοὺς Λ   c 9 τε secl. Stallbaum   d 1 τὸ
Aldina: τοὺς Λ L O   d 7 φασὶν schol. Γ ad Crat. 421 d: om. libri
a 2 καταλίποιμι· πλανώμενος γὰρ ἂν L O: καταλείποιμι (εἰ ex ι Λ²)
πλανώμενος· ἂν Λ et in marg. L O   a 3 ἁπάντῃ] ἅπαντι Heindorf:
secl. Hermann

ΚΛ. Περὶ τί βλέπων καὶ ποῖ μάλιστα αὐτὸ εἴρηκας τὰ
νῦν;

ΑΘ. Ὡς εὐκόλως καὶ ἀφόβως ἀπείροις ἀνδράσι νομο-
10 θετοῦμεν, ὅπως δέξοιταί ποτε τοὺς νῦν τεθέντας νόμους.
δῆλον δὲ τό γε τοσοῦτον, ὦ Κλεινία, παντὶ σχεδὸν καὶ τῷ
c μὴ πάνυ σοφῷ, τὸ μὴ ῥᾳδίως γε αὐτοὺς μηδένας προσ-
δέξεσθαι κατ᾽ ἀρχάς, εἰ δὲ μείναιμέν πως τοσοῦτον χρόνον
ἕως οἱ γευσάμενοι παῖδες τῶν νόμων καὶ συντραφέντες
ἱκανῶς συνήθεις τε αὐτοῖς γενόμενοι τῶν ἀρχαιρεσιῶν τῇ
5 πόλει πάσῃ κοινωνήσειαν· γενομένου γε μὴν οὗ λέγομεν,
εἴπερ τινὶ τρόπῳ καὶ μηχανῇ γίγνοιτο ὀρθῶς, πολλὴν ἔγωγε
ἀσφάλειαν οἶμαι καὶ μετὰ τὸν τότε παρόντα χρόνον ἂν
γενέσθαι τοῦ μεῖναι τὴν παιδαγωγηθεῖσαν οὕτω πόλιν.

d ΚΛ. Ἔχει γοῦν λόγον.

ΑΘ. Ἴδωμεν τοίνυν πρὸς τοῦτο εἴ πή τινα πόρον ἱκανὸν
πορίζοιμεν ἂν κατὰ τάδε. φημὶ γάρ, ὦ Κλεινία, Κνωσίους
χρῆναι τῶν ἄλλων διαφερόντως Κρητῶν μὴ μόνον ἀφοσιώ-
5 σασθαι περὶ τῆς χώρας ἣν νῦν κατοικίζετε, συντόνως δ᾽
ἐπιμεληθῆναι τὰς πρώτας ἀρχὰς εἰς δύναμιν ὅπως ἂν
ἱστῶσιν ὡς ἀσφαλέστατα καὶ ἄριστα. τὰς μὲν οὖν ἄλλας
e καὶ βραχύτερον ἔργον, νομοφύλακας δ᾽ ἡμῖν πρώτους αἱρεῖσ-
θαι ἀναγκαιότατον ἁπάσῃ σπουδῇ.

ΚΛ. Τίνα οὖν ἐπὶ τούτῳ πόρον καὶ λόγον ἀνευρίσκομεν;

ΑΘ. Τόνδε. φημί, ὦ παῖδες Κρητῶν, χρῆναι Κνωσίους,
5 διὰ τὸ πρεσβεύειν τῶν πολλῶν πόλεων, κοινῇ μετὰ τῶν
ἀφικομένων εἰς τὴν συνοίκησιν ταύτην ἐξ αὐτῶν τε καὶ
ἐκείνων αἱρεῖσθαι τριάκοντα μὲν καὶ ἑπτὰ τοὺς πάντας,
ἐννέα δὲ καὶ δέκα ἐκ τῶν ἐποικησάντων, τοὺς δὲ ἄλλους

b 7 περὶ] πρὸς Stephanus (Περὶ τί καὶ ποῖ βλέπων Badham)
c 1 προσδέξεσθαι Stephanus : προσδέξασθαι libri   c 7 χρόνον ὃν ἂν
A L O (sed ὃν punct. not. O)   d 5 ἣν ... κατοικίζετε I. (ut vid.) :
ἣν ... κατοικίζεται A O (sed ε supra αι O²): ἣ ... κατοικίζεται A²
d 7 ἱστῶσιν Hermann : στῶσιν libri   e 1 δ᾽ ἡμῖν Hermann : ανμιν
A : ἂν ἡμῖν fecit A² 'add. acc. et ἤ s. v.): ἂν ἡμῖν L O : δ᾽ ἂν ἡμῖν
vulg.

ἐξ αὐτῆς Κνωσοῦ· τούτους δ' οἱ Κνώσιοι τῇ πόλει σοι 753
δόντων, καὶ αὐτόν σε πολίτην εἶναι ταύτης τῆς ἀποικίας
καὶ ἕνα τῶν ὀκτωκαίδεκα, πείσαντες ἢ τῇ μετρίᾳ δυνάμει
βιασάμενοι.

ΚΛ. Τί δῆτα οὐ καὶ σύ τε καὶ ὁ Μέγιλλος, ὦ ξένε, 5
ἐκοινωνησάτην ἡμῖν τῆς πολιτείας;

ΑΘ. Μέγα μέν, ὦ Κλεινία, φρονοῦσιν αἱ Ἀθῆναι, μέγα
δὲ καὶ ἡ Σπάρτη, καὶ μακρὰν ἀποικοῦσιν ἑκάτεραι· σοὶ δὲ
κατὰ πάντα ἐμμελῶς ἔχει καὶ τοῖς ἄλλοις οἰκισταῖς κατὰ
ταὐτά, ὥσπερ τὰ περὶ σοῦ νῦν λεγόμενα. ὡς μὲν οὖν γένοιτ' b
ἂν ἐπιεικέστατα ἐκ τῶν ὑπαρχόντων ἡμῖν τὰ νῦν, εἰρήσθω,
προελθόντος δὲ χρόνου καὶ μεινάσης τῆς πολιτείας, αἵρεσις
αὐτῶν ἔστω τοιάδε τις· Πάντες μὲν κοινωνούντων τῆς τῶν
ἀρχόντων αἱρέσεως ὁπόσοιπερ ἂν ὅπλα ἱππικὰ ἢ πεζικὰ 5
τιθῶνται καὶ πολέμου κεκοινωνήκωσιν ἐν ταῖς σφετέραις
αὐτῶν τῆς ἡλικίας δυνάμεσιν· ποιεῖσθαι δὲ τὴν αἵρεσιν ἐν
ἱερῷ ὅπερ ἂν ἡ πόλις ἡγῆται τιμιώτατον, φέρειν δ' ἐπὶ τὸν c
τοῦ θεοῦ βωμὸν ἕκαστον εἰς πινάκιον γράψαντα τοὔνομα
πατρόθεν καὶ φυλῆς καὶ δήμου ὁπόθεν ἂν δημοτεύηται,
παρεγγράφειν δὲ καὶ τὸ αὑτοῦ κατὰ ταῦτα οὕτως ὄνομα.
τῷ βουλομένῳ δ' ἐξέστω τῶν πινακίων ὅτιπερ ἂν φαίνηται 5
μὴ κατὰ νοῦν αὐτῷ γεγραμμένον ἀνελόντα εἰς ἀγορὰν θεῖναι
μὴ ἔλαττον τριάκοντα ἡμερῶν. τὰ δὲ τῶν πινακίων κριθέντα
ἐν πρώτοις μέχρι τριακοσίων δεῖξαι τοὺς ἄρχοντας ἰδεῖν
πάσῃ τῇ πόλει, τὴν δὲ πόλιν ὡσαύτως ἐκ τούτων φέρειν d
πάλιν ὃν ἂν ἕκαστος βούληται, τοὺς δὲ τὸ δεύτερον ἐξ αὐτῶν
προκριθέντας ἑκατὸν δεῖξαι πάλιν ἅπασιν. τὸ δὲ τρίτον
φερέτω μὲν ἐκ τῶν ἑκατὸν ὁ βουληθεὶς ὃν ἂν βούληται,
διὰ τομίων πορευόμενος· ἑπτὰ δὲ καὶ τριάκοντα, οἷς ἂν 5
πλεῖσται γένωνται ψῆφοι, κρίναντες ἀποφηνάντων ἄρχοντας.

Τίνες οὖν, ὦ Κλεινία καὶ Μέγιλλε, πάντα ἡμῖν ταῦτ' ἐν
τῇ πόλει καταστήσουσι τῶν ἀρχῶν τε πέρι καὶ δοκιμασιῶν e

αὐτῶν; ἆρα ἐννοοῦμεν ὡς ταῖς πρῶτον οὕτω καταζευγνυ-
μέναις πόλεσιν ἀνάγκη μὲν εἶναί τινας, οἵτινες δὲ εἶεν ἂν
πρὸς πασῶν τῶν ἀρχῶν γεγονότες, οὐκ ἔστιν; δεῖ μὴν ἁμῶς
5 γέ πως, καὶ ταῦτα οὐ φαύλους ἀλλ' ὅτι μάλιστα ἄκρους.
ἀρχὴ γὰρ λέγεται μὲν ἥμισυ παντὸς ἐν ταῖς παροιμίαις
ἔργου, καὶ τό γε καλῶς ἄρξασθαι πάντες ἐγκωμιάζομεν
ἑκάστοτε· τὸ δ' ἔστιν τε, ὡς ἐμοὶ φαίνεται, πλέον ἢ τὸ
754 ἥμισυ, καὶ οὐδεὶς αὐτὸ καλῶς γενόμενον ἐγκεκωμίακεν
ἱκανῶς.

ΚΛ. Ὀρθότατα λέγεις.

ΑΘ. Μὴ τοίνυν γιγνώσκοντές γε παρῶμεν αὐτὸ ἄρρητον,
5 μηδὲν διασαφήσαντες ἡμῖν αὐτοῖς τίνα ἔσται τρόπον. ἐγὼ
μὲν οὖν οὐδαμῶς εὐπορῶ πλήν γε ἑνὸς εἰπεῖν πρὸς τὸ παρὸν
ἀναγκαίου καὶ συμφέροντος λόγου.

ΚΛ. Τίνος δή;

ΑΘ. Φημὶ ταύτῃ τῇ πόλει, ἣν οἰκίζειν μέλλομεν, οἷον
10 πατέρα καὶ μητέρα οὐκ εἶναι πλὴν τὴν κατοικίζουσαν αὐτὴν
b πόλιν, οὐκ ἀγνοῶν ὅτι πολλαὶ τῶν κατοικισθεισῶν διάφοροι
ταῖς κατοικισάσαις πολλάκις ἔνιαι γεγόνασίν τε καὶ ἔσονται.
νῦν μὴν ἐν τῷ παρόντι, καθάπερ παῖς, εἰ καί ποτε μέλλει
διάφορος εἶναι τοῖς γεννήσασιν, ἔν γε τῇ παρούσῃ παιδίας
5 ἀπορίᾳ στέργει τε καὶ στέργεται ὑπὸ τῶν γεννησάντων, καὶ
φεύγων ἀεὶ πρὸς τοὺς οἰκείους, ἀναγκαίους μόνους εὑρίσκει
συμμάχους· ἃ δὴ νῦν φημι Κνωσίοις διὰ τὴν ἐπιμέλειαν
c πρὸς τὴν νέαν πόλιν καὶ τῇ νέᾳ πρὸς Κνωσὸν ὑπάρχειν
ἑτοίμως γεγονότα. λέγω δή, καθάπερ εἶπον νυνδή,—δὶς γὰρ
τό γε καλὸν ῥηθὲν οὐδὲν βλάπτει—Κνωσίους δεῖν ἐπιμελη-
θῆναι πάντων τούτων κοινῇ, προσελομένους τῶν εἰς τὴν
5 ἀποικίαν ἀφικομένων, τοὺς πρεσβυτάτους τε καὶ ἀρίστους

e 4 πρὸς πασῶν] πρὸ πασῶν Cornarius : προσπασῶν ci. Schneider
a 4 γε γρ. O : om. A (in ras.) : τε O (sed punct. not.) b 1 κατοι-
κισθεισῶν L (ut vid.) et fecit O² (εισῶν s v.) et in marg. a : κατοικισέων
Λ : κατοικισθέντων fecit Λ² (add. θ et ντ s. v.) b 2 κατοικισάσαις
scr. recc. : κατοικήσασαις Λ² (κη s. v.) L O : κατοισασαις A b 4 παιδίας
scripsi : παιδείας libri c 2 δή L et γρ. O : γε A (in ras.) O

εἰς δύναμιν ἑλομένους, μὴ ἔλαττον ἑκατὸν ἀνδρῶν· καὶ αὐτῶν
Κνωσίων ἔστωσαν ἑκατὸν ἕτεροι.   τούτους δὲ ἐλθόντας φημὶ
δεῖν εἰς τὴν καινὴν πόλιν συνεπιμεληθῆναι ὅπως αἵ τε ἀρχαὶ
καταστῶσιν κατὰ νόμους, καταστᾶσαί τε δοκιμασθῶσιν· γε- d
νομένων δὲ τούτων, τὴν μὲν Κνωσὸν τοὺς Κνωσίους οἰκεῖν,
τὴν δὲ νέαν πόλιν αὐτὴν αὑτὴν πειρᾶσθαι σῴζειν τε καὶ
εὐτυχεῖν.   οἱ δὲ δὴ γενόμενοι τῶν ἑπτὰ καὶ τριάκοντα νῦν
τε καὶ εἰς τὸν ἔπειτα σύμπαντα χρόνον ἐπὶ τοῖσδε ἡμῖν ᾑρή- 5
σθωσαν· πρῶτον μὲν φύλακες ἔστωσαν τῶν νόμων, ἔπειτα
τῶν γραμμάτων ὧν ἂν ἕκαστος ἀπογράψῃ τοῖς ἄρχουσι τὸ
πλῆθος τῆς αὑτῶν οὐσίας, πλὴν ὁ μὲν μέγιστον τίμημα
ἔχων τεττάρων μνῶν, ὁ δὲ τὸ δεύτερον τριῶν, ὁ δὲ τρίτος e
δυοῖν μναῖν, μιᾶς δὲ ὁ τέταρτος.   ἐὰν δέ τις ἕτερον φαί-
νηταί τι παρὰ τὰ γεγραμμένα κεκτημένος, δημόσιοι μὲν
ἔστω τὸ τοιοῦτον ἅπαν, πρὸς τούτῳ δὲ δίκην ὑπεχέτω τῷ
βουλομένῳ μετιέναι μὴ καλὴν μηδ᾽ εὐώνυμον ἀλλ᾽ αἰσχράν, 5
ἐὰν ἁλίσκηται διὰ τὸ κέρδος τῶν νόμων καταφρονῶν.   αἰ-
σχροκερδείας οὖν αὐτὸν γραψάμενος ὁ βουληθεὶς ἐπεξίτω
τῇ δίκῃ ἐν αὐτοῖς τοῖς νομοφύλαξιν· ἐὰν δ᾽ ὁ φεύγων ὄφλῃ,
τῶν κοινῶν κτημάτων μὴ μετεχέτω, διανομὴ δὲ ὅταν τῇ 755
πόλει γίγνηταί τις, ἄμοιρος ἔστω πλήν γε τοῦ κλήρου,
γεγράφθω δὲ ὠφληκώς, ἕως ἂν ζῇ, ὅπου πᾶς ὁ βουλόμενος
αὐτὰ ἀναγνώσεται.   μὴ πλέον δὲ εἴκοσιν ἐτῶν νομοφύλαξ
ἀρχέτω, φερέσθω δ᾽ εἰς τὴν ἀρχὴν μὴ ἔλαττον ἢ πεντή- 5
κοντα γεγονὼς ἐτῶν· ἑξηκοντούτης δὲ ἐνεχθεὶς δέκα μόνον
ἀρχέτω ἔτη, καὶ κατὰ τοῦτον τὸν λόγον, ὅπως ἄν τις πλέον
ὑπερβὰς ἑβδομήκοντα ζῇ, μηκέτι ἐν τούτοις τοῖς ἄρχουσι b
τὴν τηλικαύτην ἀρχὴν ὡς ἄρξων διανοηθήτω.

Τὰ μὲν οὖν περὶ τῶν νομοφυλάκων ταῦτα εἰρήσθω προσ-
τάγματα τρία, προϊόντων δὲ εἰς τοὔμπροσθε τῶν νόμων
ἕκαστος προστάξει τούτοις τοῖς ἀνδράσιν ὧντινων αὐτοὺς 5
δεῖ πρὸς τοῖς νῦν εἰρημένοις προσεπιμελεῖσθαι· νῦν δ᾽ ἑξῆς

ἄλλων ἀρχῶν αἱρέσεως πέρι λέγοιμεν ἄν. δεῖ γὰρ δὴ τὰ
μετὰ ταῦτα στρατηγοὺς αἱρεῖσθαι, καὶ τούτοις εἰς τὸν πό-
c λεμον οἷόν τινας ὑπηρεσίας ἱππάρχους καὶ φυλάρχους καὶ
τῶν πεζῶν φυλῶν κοσμητὰς τῶν τάξεων, οἷς πρέπον ἂν εἴη
τοῦτ᾽ αὐτὸ τοὔνομα μάλιστα, οἷον καὶ οἱ πολλοὶ ταξιάρχους
αὐτοὺς ἐπονομάζουσι. τούτων δὴ στρατηγοὺς μὲν ἐξ αὐτῆς
5 τῆς πόλεως ταύτης οἱ νομοφύλακες προβαλλέσθων, αἱρεί-
σθων δ᾽ ἐκ τῶν προβληθέντων πάντες οἱ τοῦ πολέμου κοινω-
νοὶ γενόμενοί τε ἐν ταῖς ἡλικίαις καὶ γιγνόμενοι ἑκάστοτε.
ἐὰν δέ τις ἄρα δοκῇ τινι τῶν μὴ προβεβλημένων ἀμείνων
d εἶναι τῶν προβληθέντων τινός, ἐπονομάσας ἀνθ᾽ ὅτου ὅντινα
προβάλλεται, τοῦτ᾽ αὐτὸ ὀμνὺς ἀντιπροβαλλέσθω τὸν ἕτερον·
ὁπότερος δ᾽ ἂν δόξῃ διαχειροτονούμενος, εἰς τὴν αἵρεσιν
ἐγκρινέσθω. τρεῖς δέ, οἷς ἂν ἡ πλείστη χειροτονία γίγνη-
5 ται, τούτους εἶναι στρατηγούς τε καὶ ἐπιμελητὰς τῶν κατὰ
πόλεμον, δοκιμασθέντων καθάπερ οἱ νομοφύλακες· ταξιάρ-
χους δὲ αὐτοῖσι προβάλλεσθαι μὲν τοὺς αἱρεθέντας στρα-
e τηγοὺς δώδεκα, ἑκάστῃ φυλῇ ταξίαρχον, τὴν δ᾽ ἀντιπρο-
βολὴν εἶναι, καθάπερ τῶν στρατηγῶν ἐγίγνετο τὴν αὐτὴν
καὶ περὶ τῶν ταξιαρχῶν, καὶ τὴν ἐπιχειροτονίαν καὶ τὴν
κρίσιν. τὸν δὲ σύλλογον τοῦτον ἐν τῷ παρόντι, πρὶν πρυ-
5 τάνεις τε καὶ βουλὴν ᾑρῆσθαι, τοὺς νομοφύλακας συλλέ-
ξαντας εἰς χωρίον ὡς ἱερώτατόν τε καὶ ἱκανώτατον καθίσαι,
χωρὶς μὲν τοὺς ὁπλίτας, χωρὶς δὲ τοὺς ἱππέας, τρίτον δ᾽
ἐφεξῆς τούτοις πᾶν ὅσον ἐμπολέμιον· χειροτονούντων δὲ
στρατηγοὺς μὲν καὶ ἱππάρχους πάντες, ταξιάρχους δὲ οἱ
756 τὴν ἀσπίδα τιθέμενοι, φυλάρχους δὲ αὖ τούτοις πᾶν τὸ ἱπ-
πικὸν αἱρείσθω, ψιλῶν δὲ ἢ τοξοτῶν ἤ τινος ἄλλου τῶν
ἐμπολεμίων ἡγεμόνας οἱ στρατηγοὶ ἑαυτοῖς καθιστάντων.
ἱππάρχων δὴ κατάστασις ἂν ἡμῖν ἔτι λοιπὴ γίγνοιτο. τού-

c 1 ὑπηρεσίας A O: ὑπηρέτας A²O¹ (ετ s. v.): ὑπάρχους al.
e 1 ἑκάστῃ φυλῇ L (ut vid.) Eus.: ἑκάστῃ φυλακῇ A O   e 9 καὶ
ἱππάρχους secl. Stallbaum   a 1 φυλάρχους ... a 2 αἱρείσθω post
b 3 ἱππευόντων transp. Madvig

τοὺς οὖν προβαλλέσθων μὲν οἵπερ καὶ τοὺς στρατηγοὺς 5
προυβάλλοιτο, τὴν δὲ αἵρεσιν καὶ τὴν ἀντι(προ)βολὴν τούτων
τὴν αὐτὴν γίγνεσθαι καθάπερ ἡ τῶν στρατηγῶν ἐγίγνετο,
χειροτονείτω δὲ τὸ ἱππικὸν αὐτοὺς ἐναντίον ὁρώντων τῶν b
πεζῶν, δύο δὲ οἷς ἂν πλείστη χειροτονία γίγνηται, τούτους
ἡγεμόνας εἶναι πάντων τῶν ἱππευόντων. τὰς δὲ ἀμφισβη-
τήσεις τῶν χειροτονιῶν μέχρι δυοῖν εἶναι· τὸ δὲ τρίτον ἐὰν
ἀμφισβητῇ τις, διαψηφίζεσθαι τούτους οἷσπερ τῆς χειρο- 5
τονίας μέτρον ἑκάστοις ἕκαστον ἦν.

Βουλὴν δὲ εἶναι μὲν τριάκοντα δωδεκάδας—ἑξήκοντα δὲ
καὶ τριακόσιοι γίγνοιντο ἂν πρέποντες ταῖς διανομαῖς—μέρη
δὲ διανείμαντας τέτταρα κατὰ ἐνενήκοντα τὸν ἀριθμὸν τούτων, c
ἐξ ἑκάστου τῶν τιμημάτων φέρειν ἐνενήκοντα βουλευτάς.
πρῶτον μὲν ἐκ τῶν μεγίστων τιμημάτων ἅπαντας φέρειν ἐξ
ἀνάγκης, ἢ ζημιοῦσθαι τὸν μὴ πειθόμενον τῇ δοξάσῃ ζημίᾳ·
ἐπειδὰν δ' ἐνεχθῶσι, τούτους μὲν κατασημήνασθαι, τῇ δὲ 5
ὑστεραίᾳ φέρειν ἐκ τῶν δευτέρων τιμημάτων κατὰ ταὐτὰ
καθάπερ τῇ πρόσθεν, τρίτῃ δ' ἐκ τῶν τρίτων τιμημάτων
φέρειν μὲν τὸν βουλόμενον, ἐπάναγκες δὲ εἶναι τοῖς τῶν
τριῶν τιμημάτων, τὸ δὲ τέταρτόν τε καὶ σμικρότατον ἐλεύ- d
θερον ἀφεῖσθαι τῆς ζημίας, ὃς ἂν αὐτῶν μὴ βούληται φέρειν.
τετάρτῃ δὲ φέρειν μὲν ἐκ τοῦ τετάρτου καὶ σμικροτάτου
τιμήματος ἅπαντας, ἀζήμιον δ' εἶναι τὸν ἐκ τοῦ τετάρτου
καὶ τρίτου τιμήματος, ἐὰν ἐνεγκεῖν μὴ βούληται· τὸν δ' ἐκ 5
τοῦ δευτέρου καὶ πρώτου μὴ φέροντα ζημιοῦσθαι, τὸν μὲν
ἐκ τοῦ δευτέρου τριπλασίᾳ τῆς πρώτης ζημίας, τὸν δ' ἐκ e
τοῦ πρώτου τετραπλασίᾳ. πέμπτῃ δὲ ἡμέρᾳ τὰ κατα-
σημανθέντα ὀνόματα ἐξενεγκεῖν μὲν τοὺς ἄρχοντας ἰδεῖν
πᾶσι τοῖς πολίταις, φέρειν δ' ἐκ τούτων αὖ πάντα ἄνδρα ἢ
ζημιοῦσθαι τῇ πρώτῃ ζημίᾳ· ὀγδοήκοντα δὲ καὶ ἑκατὸν ἐκλέ- 5

a6 ἀντιπροβολὴν Ast : ἀντιβολὴν libri   b5 τούτους Aldina :
τούτοις libri   c6 δευτέρων ÷ ÷ ÷ ÷ τιμημάτων A (δευτέρων
βουλευμάτων cod. Voss.)   e5 ἐκλέξαντας I. (ut vid.) et fecit O²
(α s. v.) : ἐκλέξαντες A O

ξαντας ἀφ' ἑκάστων τῶν τιμημάτων, τοὺς ἡμίσεις τούτων ἀποκληρώσαντας δοκιμάσαι, τούτους δ' εἶναι τὸν ἐνιαυτὸν βουλευτάς.

Ἡ μὲν αἵρεσις οὕτω γιγνομένη μέσον ἂν ἔχοι μοναρχικῆς
10 καὶ δημοκρατικῆς πολιτείας, ἧς ἀεὶ δεῖ μεσεύειν τὴν πολιτείαν·
757 δοῦλοι γὰρ ἂν καὶ δεσπόται οὐκ ἄν ποτε γένοιντο φίλοι, οὐδὲ ἐν ἴσαις τιμαῖς διαγορευόμενοι φαῦλοι καὶ σπουδαῖοι—τοῖς γὰρ ἀνίσοις τὰ ἴσα ἄνισα γίγνοιτ' ἄν, εἰ μὴ τυγχάνοι τοῦ μέτρου—διὰ γὰρ ἀμφότερα ταῦτα στάσεων αἱ πολιτεῖαι
5 πληροῦνται. παλαιὸς γὰρ λόγος ἀληθὴς ὤν, ὡς ἰσότης φιλότητα ἀπεργάζεται, μάλα μὲν ὀρθῶς εἴρηται καὶ ἐμμελῶς· ἥτις δ' ἐστί ποτε ἰσότης ἡ τοῦτο αὐτὸ δυναμένη, διὰ τὸ μὴ
b σφόδρα σαφὴς εἶναι σφόδρα ἡμᾶς διαταράττει. δυοῖν γὰρ ἰσοτήτοιν οὔσαιν, ὁμωνύμοιν μέν, ἔργῳ δὲ εἰς πολλὰ σχεδὸν ἐναντίαιν, τὴν μὲν ἑτέραν εἰς τὰς τιμὰς πᾶσα πόλις ἱκανὴ παραγαγεῖν καὶ πᾶς νομοθέτης, τὴν μέτρῳ ἴσην καὶ σταθμῷ
5 καὶ ἀριθμῷ, κλήρῳ ἀπευθύνων εἰς τὰς διανομὰς αὐτήν· τὴν δὲ ἀληθεστάτην καὶ ἀρίστην ἰσότητα οὐκέτι ῥᾴδιον παντὶ ἰδεῖν. Διὸς γὰρ δὴ κρίσις ἐστί, καὶ τοῖς ἀνθρώποις ἀεὶ σμικρὰ μὲν ἐπαρκεῖ, πᾶν δὲ ὅσον ἂν ἐπαρκέσῃ πόλεσιν ἢ
c καὶ ἰδιώταις, πάντ' ἀγαθὰ ἀπεργάζεται· τῷ μὲν γὰρ μείζονι πλείω, τῷ δ' ἐλάττονι σμικρότερα νέμει, μέτρια διδοῦσα πρὸς τὴν αὐτῶν φύσιν ἑκατέρῳ, καὶ δὴ καὶ τιμὰς μείζοσι μὲν πρὸς ἀρετὴν ἀεὶ μείζους, τοῖς δὲ τοὐναντίον ἔχουσιν
5 ἀρετῆς τε καὶ παιδείας, τὸ πρέπον ἑκατέροις ἀπονέμει κατὰ λόγον. ἔστιν γὰρ δήπου καὶ τὸ πολιτικὸν ἡμῖν ἀεὶ τοῦτ' αὐτὸ τὸ δίκαιον· οὗ καὶ νῦν ἡμᾶς ὀρεγομένους δεῖ καὶ πρὸς ταύτην τὴν ἰσότητα, ὦ Κλεινία, ἀποβλέποντας, τὴν νῦν
d φυομένην κατοικίζειν πόλιν. ἄλλην τε ἄν ποτέ τις οἰκίζῃ, πρὸς ταὐτὸν τοῦτο σκοπούμενον χρεὼν νομοθετεῖν, ἀλλ' οὐ πρὸς ὀλίγους τυράννους ἢ πρὸς ἕνα ἢ καὶ κράτος δήμου τι,

---

θ 10 μεσσεύειν ΑΟ   a 2 διαγορευόμενοι libri : διαγενόμενοι Boethus (ap. Photium) : διαγόμενοι Stob.   b 2 εἰς om. Stob.

πρὸς δὲ τὸ δίκαιον ἀεί, τοῦτο δ' ἐστὶ τὸ ινιδὴ λεχθέν, τὸ
κατὰ φύσιν ἴσον ἀνίσοις ἑκάστοτε δοθέν· ἀναγκαῖόν γε μὴν 5
καὶ τούτοις παρωνυμίοισί ποτε προσχρήσασθαι πόλιν ἅπα-
σαν, εἰ μέλλει στάσεων ἑαυτῇ μὴ προσκοινωνήσειν κατά
τι μέρος—τὸ γὰρ ἐπιεικὲς καὶ σύγγνωμον τοῦ τελέου καὶ e
ἀκριβοῦς παρὰ δίκην τὴν ὀρθήν ἐστιν παρατεθραυμένον,
ὅταν γίγνηται—διὸ τῷ τοῦ κλήρου ἴσῳ ἀνάγκη προσχρή-
σασθαι δυσκολίας τῶν πολλῶν ἕνεκα, θεὸν καὶ ἀγαθὴν τύχην
καὶ τότε ἐν εὐχαῖς ἐπικαλουμένους ἀπορθοῦν αὐτοὺς τὸν 5
κλῆρον πρὸς τὸ δικαιότατον. οὕτω δὴ χρηστέον ἀναγκαίως
μὲν τοῖν ἰσοτήτοιν ἀμφοῖν, ὡς δ' ὅτι μάλιστα ἐπ' ὀλιγίστοις 758
τῇ ἑτέρᾳ, τῇ τῆς τύχης δεομένῃ.

Ταῦτα οὕτως διὰ ταῦτα, ὦ φίλοι, ἀναγκαῖον τὴν μέλλου-
σαν σώζεσθαι δρᾶν πόλιν· ἐπειδὴ δὲ ναῦς τε ἐν θαλάττῃ
πλέουσα φυλακῆς ἡμέρας δεῖται καὶ νυκτὸς ἀεί, πόλις τε 5
ὡσαύτως ἐν κλύδωνι τῶν ἄλλων πόλεων διαγομένη καὶ
παντοδαπαῖσιν ἐπιβουλαῖς οἰκεῖ κινδυνεύουσα ἁλίσκεσθαι,
δεῖ δὴ δι' ἡμέρας τε εἰς νύκτα καὶ ἐκ νυκτὸς συνάπτειν πρὸς
ἡμέραν ἄρχοντας ἄρχουσιν, φρουροῦντάς τε φρουροῦσιν δια- b
δεχομένους ἀεὶ καὶ παραδιδόντας μηδέποτε λήγειν. πλῆθος
δὲ οὐ δυνατὸν ὀξέως οὐδέποτε οὐδὲν τούτων πράττειν, ἀνα-
γκαῖον δὲ τοὺς μὲν πολλοὺς τῶν βουλευτῶν ἐπὶ τὸν πλεῖστον
τοῦ χρόνου ἐᾶν ἐπὶ τοῖς αὑτῶν ἰδίοισι μένοντας εὐθημονεῖ- 5
σθαι τὰ κατὰ τὰς αὑτῶν οἰκήσεις, τὸ δὲ δωδέκατον μέρος
αὐτῶν ἐπὶ δώδεκα μῆνας νείμαντας, ἐν ἐφ' ἑνὶ παρέχειν αὐτοὺς
φύλακας ἰόντι τέ τινι ποθεν ἄλλοθεν εἴτε καὶ ἐξ αὐτῆς τῆς c
πόλεως ἑτοίμως ἐπιτυχεῖν, ἄντε ἀγγέλλειν βούληταί τις
ἐάντ' αὖ πυνθάνεσθαί τι τῶν ὧν προσήκει πόλει πρὸς πόλεις
ἄλλας ἀποκρίνεσθαί τε, καὶ ἐρωτήσασαν ἑτέρας, ἀποδέξασθαι
τὰς ἀποκρίσεις, καὶ δὴ καὶ τῶν κατὰ πόλιν ἑκάστοτε νεω- 5
τερισμῶν ἕνεκα παντοδαπῶν εἰωθότων ἀεὶ γίγνεσθαι, ὅπως

e 2 παρατεθραυμένον Α et pr. Ο : παρατεθραυσμένον vulg.   b 4 τὸν
Α Ο : τὸ fecit Λ²

d ἂν μάλιστα μὲν μὴ γίγνωνται, γενομένων δέ, ὅτι τάχιστα
αἰσθομένης τῆς πόλεως ἰαθῇ τὸ γενόμενον· δι' ἃ συλλογῶν
τε ἀεὶ δεῖ τοῦτο εἶναι τὸ προκαθήμενον τῆς πόλεως κύριον
καὶ διαλύσεων, τῶν τε κατὰ νόμους τῶν τε ἐξαίφνης προσ-
5 πιπτουσῶν τῇ πόλει. ταῦτα μὲν οὖν πάντα τὸ δωδέκατον
ἂν μέρος τῆς βουλῆς εἴη τὸ διακοσμοῦν, τὰ ἕνδεκα ἀνα-
παυόμενον τοῦ ἐνιαυτοῦ μέρη· κοινῇ δὲ μετὰ τῶν ἄλλων
ἀρχῶν δεῖ τὰς φυλακὰς ταύτας φυλάττειν κατὰ πόλιν τοῦτο
τὸ μόριον τῆς βουλῆς ἀεί.

10   Καὶ τὰ μὲν κατὰ πόλιν οὕτως ἔχοντα μετρίως ἂν εἴη
e διατεταγμένα· τῆς δὲ ἄλλης χώρας πάσης τίς ἐπιμέλεια
καὶ τίς τάξις; ἆρα οὐχ ἡνίκα πᾶσα μὲν ἡ πόλις, σύμπασα
δὲ ἡ χώρα κατὰ δώδεκα μέρη διανενέμηται, τῆς πόλεως
αὐτῆς ὁδῶν καὶ οἰκήσεων καὶ οἰκοδομιῶν καὶ λιμένων καὶ
5 ἀγορᾶς καὶ κρηνῶν, καὶ δὴ καὶ τεμενῶν καὶ ἱερῶν καὶ πάν-
των τῶν τοιούτων, ἐπιμελητὰς δεῖ τινας ἀποδεδειγμένους
εἶναι;

ΚΛ. Πῶς γὰρ οὔ;

759   ΑΘ. Λέγωμεν δὴ τοῖς μὲν ἱεροῖς νεωκόρους τε καὶ
ἱερέας καὶ ἱερείας δεῖν γίγνεσθαι· ὁδῶν δὲ καὶ οἰκοδομιῶν
καὶ κόσμου τοῦ περὶ τὰ τοιαῦτα, ἀνθρώπων τε, ἵνα μὴ ἀδι-
κῶσιν, καὶ τῶν ἄλλων θηρίων, ἐν αὐτῷ τε τῷ τῆς πόλεως
5 περιβόλῳ καὶ προαστείῳ ὅπως ἂν τὰ προσήκοντα πόλεσιν
γίγνηται, ἑλέσθαι δεῖ τρία μὲν ἀρχόντων εἴδη, περὶ μὲν τὸ
νυνδὴ λεχθὲν ἀστυνόμους ἐπονομάζοντα, τὸ δὲ περὶ ἀγορᾶς
κόσμον ἀγορανόμους. ἱερῶν δὲ ἱερέας, οἷς μέν εἰσιν πάτριαι
b ἱερωσύναι καὶ αἷς, μὴ κινεῖν· εἰ δέ, οἷον τὸ πρῶτον κατοι-
κιζομένοις εἰκὸς γίγνεσθαι περὶ τὰ τοιαῦτα, ἢ μηδενὶ ἢ τισιν
ὀλίγοις, οἷς μὴ καθεστήκοι καταστατέον ἱερέας τε καὶ ἱερείας
νεωκόρους γίγνεσθαι τοῖς θεοῖς. τούτων δὴ πάντων τὰ μὲν
5 αἱρετὰ χρή, τὰ δὲ κληρωτὰ ἐν ταῖς καταστάσεσι γίγνεσθαι,

d 2 δι' ἃ Winckelmann: διὰ A L O: διὸ vulg.   συλλογῶν
scripsi: ξυλλόγων vulg.   b 1 αἷς L (ut vid.) O² Stob. . ἇς A O

μειγνύντας πρὸς φιλίαν ἀλλήλοις δῆμοι καὶ μὴ δῆμοι ἐν
ἑκάστῃ χώρᾳ καὶ πόλει, ὅπως ἂν μάλιστα ὁμονοῶν εἴη. τὰ
μὲν οὖν τῶν ἱερέων, τῷ θεῷ ἐπιτρέποντα αὐτῷ τὸ κεχαρι-
σμένον γίγνεσθαι, κληροῦν οὕτω τῇ θείᾳ τύχῃ ἀποδιδόντα, c
δοκιμάζειν δὲ τὸν ἀεὶ λαγχάνοντα πρῶτον μὲν ὁλόκληρον
καὶ γνήσιον, ἔπειτα ὡς ὅτι μάλιστα ἐκ καθαρευουσῶν οἰκή-
σεων, φόνου δὲ ἁγνὸν καὶ πάντων τῶν περὶ τὰ τοιαῦτα εἰς
τὰ θεῖα ἁμαρτανομένων αὐτὸν καὶ πατέρα καὶ μητέρα κατὰ 5
ταὐτὰ βεβιωκότας. ἐκ Δελφῶν δὲ χρὴ νόμους περὶ τὰ θεῖα
πάντα κομισαμένους καὶ καταστήσαντας ἐπ᾽ αὐτοῖς ἐξηγητάς,
τούτοις χρῆσθαι. κατ᾽ ἐνιαυτὸν δὲ εἶναι καὶ μὴ μακρότερον d
τὴν ἱερωσύνην ἑκάστην, ἔτη δὲ μὴ ἔλαττον ἑξήκοντα ἡμῖν
εἴη γεγονὼς ὁ μέλλων καθ᾽ ἱεροὺς νόμους περὶ τὰ θεῖα ἱκανῶς
ἁγιστεύσειν· ταὐτὰ δὲ καὶ περὶ τῶν ἱερειῶν ἔστω τὰ νόμιμα.
τοὺς δὲ ἐξηγητὰς τρὶς φερέτωσαν μὲν αἱ τέτταρες φυλαὶ 5
τέτταρας, ἕκαστον ἐξ αὑτῶν, τρεῖς δέ, οἷς ἂν πλείστη γέ-
νηται ψῆφος, δοκιμάσαντας, ἐννέα πέμπειν εἰς Δελφοὺς
ἀνελεῖν ἐξ ἑκάστης τριάδος ἕνα· τὴν δὲ δοκιμασίαν αὐτῶν
καὶ τοῦ χρόνου τὴν ἡλικίαν εἶναι καθάπερ τῶν ἱερέων. οὗτοι e
δὲ ἔστων ἐξηγηταὶ διὰ βίου· τὸν δέ γε λιπόντα προαιρεί-
σθωσαν αἱ τέτταρες φυλαὶ ὅθεν ἂν ἐκλίπῃ. ταμίας δὲ δὴ
τῶν τε ἱερῶν χρημάτων ἑκάστοις τοῖς ἱεροῖς καὶ τεμενῶν
καὶ καρπῶν τούτων καὶ μισθώσεων κυρίους αἱρεῖσθαι μὲν 5
ἐκ τῶν μεγίστων τιμημάτων τρεῖς εἰς τὰ μέγιστα ἱερά, δύο 760
δ᾽ εἰς τὰ σμικρότερα, πρὸς δὲ τὰ ἐμμελέστατα ἕνα· τὴν δὲ
αἵρεσιν τούτων καὶ τὴν δοκιμασίαν γίγνεσθαι καθάπερ ἡ
τῶν στρατηγῶν ἐγίγνετο. καὶ τὰ μὲν αὖ περὶ τὰ ἱερὰ ταῦτα
γιγνέσθω. 5

b 8 ἱερέων Stob. : ἱερῶν libri   c 5 αὐτὸν Λ L O Stob. : γρ. αὐτῶν
O (ἀπ᾽ ὀρθώσεως)   c 6 δὲ χρὴ νόμους L (ut vid. O (in ras.) et fecit
a (δὲ χρὴ νό in ras): γρ. δευτερην (sic᾽ in marg. Λ² (quod ipsum pr. Λ
habuisse videtur) : in marg. etiam χρὴ νό(μους) περὶ τὰ θεῖα Λ³
d 5 τρὶς in marg. Λ² et fecit O² (ι s. v᾽: τρεῖς Λ O Stob.   e 2 προσ-
αιρέσθωσαν Hermann   e 3 δὲ Λ O: τε O² (τ s. v.)

12*

Ἀφρούρητον δὲ δὴ μηδὲν εἰς δύναμιν ἔστω. πόλεως μὲν
οὖν αἱ φρουραὶ πέρι ταύτῃ γιγνέσθωσαν, στρατηγῶν ἐπι-
μελουμένων καὶ ταξιάρχων καὶ ἱππάρχων καὶ φυλάρχων καὶ
b πρυτάνεων, καὶ δὴ καὶ ἀστυνόμων καὶ ἀγορανόμων, ὁπόταν
αἱρεθέντες ἡμῖν καταστῶσίν τινες ἱκανῶς· τὴν δὲ ἄλλην
χώραν φυλάττειν πᾶσαν κατὰ τάδε. δώδεκα μὲν ἡμῖν ἡ
χώρα πᾶσα εἰς δύναμιν ἴσα μόρια νενέμηται, φυλὴ δὲ μία
5 τῷ μορίῳ ἑκάστῳ ἐπικληρωθεῖσα κατ' ἐνιαυτὸν παρεχέτω
πέντε οἷον ἀγρονόμους τε καὶ φρουράρχους, τούτοις δ' ἔστω
καταλέξασθαι τῆς αὑτῶν φυλῆς ἑκάστῳ δώδεκα τῶν πέντε
c ἐκ τῶν νέων, μὴ ἔλαττον ἢ πέντε καὶ εἴκοσιν ἔτη γεγονότας,
μὴ πλέον δὲ ἢ τριάκοντα. τούτοις δὲ διακληρωθήτω τὰ
μόρια τῆς χώρας κατὰ μῆνα ἕκαστα ἑκάστοις, ὅπως ἂν πάσης
τῆς χώρας ἔμπειροί τε καὶ ἐπιστήμονες γίγνωνται πάντες.
5 δύο δ' ἔτη τὴν ἀρχὴν καὶ τὴν φρουρὰν γίγνεσθαι φρουροῖς
τε καὶ ἄρχουσιν. ὅπως δ' ἂν τὸ πρῶτον λάχωσιν τὰ μέρη,
τοὺς τῆς χώρας τόπους, μεταλλάττοντας ἀεὶ τὸν ἑξῆς τόπον
d ἑκάστου μηνὸς ἡγεῖσθαι τοὺς φρουράρχους ἐπὶ δεξιὰ κύκλῳ·
τὸ δ' ἐπὶ δεξιὰ γιγνέσθω τὸ πρὸς ἕω. περιελθόντος δὲ τοῦ
ἐνιαυτοῦ, τῷ δευτέρῳ ἔτει, ἵνα ὡς πλεῖστοι τῶν φρουρῶν μὴ
μόνον ἔμπειροι τῆς χώρας γίγνωνται κατὰ μίαν ὥραν τοῦ
5 ἐνιαυτοῦ, πρὸς τῇ χώρᾳ δὲ ἅμα καὶ τῆς ὥρας ἑκάστης περὶ
ἕκαστον τὸν τόπον τὸ γιγνόμενον ὡς πλεῖστοι καταμάθωσιν,
οἱ τότε ἡγούμενοι πάλιν ἀφηγείσθωσαν εἰς τὸν εὐώνυμον
e ἀεὶ μεταβάλλοντες τόπον, ἕως ἂν τὸ δεύτερον διεξέλθωσιν
ἔτος· τῷ τρίτῳ δὲ ἄλλους ἀγρονόμους αἱρεῖσθαι καὶ φρου-
ράρχους τοὺς πέντε τῶν δώδεκα ἐπιμελητάς. ἐν δὲ δὴ ταῖς
διατριβαῖς τῷ τόπῳ ἑκάστῳ τὴν ἐπιμέλειαν εἶναι τοιάνδε
5 τινά· πρῶτον μὲν ὅπως εὐερκὴς ἡ χώρα πρὸς τοὺς πολεμίους
ὅτι μάλιστα ἔσται, ταφρεύοντάς τε ὅσα ἂν τούτου δέῃ καὶ

b 4 νενεμήσθω Eus.
libri cum Eusebii I
fecit Λ² et in marg. γρ. O : ἀλλαχοῦ· δωδέκατον πέντε ἐκ τῶν νέων in
marg. L.
b 6 φρουράρχους Eusebii O : φυλάρχους
b 7 δώδεκα τῶν A (ut vid.) L O : δωδεκάτῳ

ἀποσκάπτοντας καὶ ἐνοικοδομήμασιν εἰς δύναμιν εἴργοντας
τοὺς ἐπιχειροῦντας ὁτιοῦν τὴν χώραν καὶ τὰ κτήματα κα-
κουργεῖν, χρωμένους δ' ὑποζυγίοις καὶ τοῖς οἰκέταις τοῖς ἐν
τῷ τόπῳ ἑκάστῳ πρὸς ταῦτα, δι' ἐκείνων ποιοῦντας, ἐκείνοις 761
ἐπιστατοῦντας, τῶν οἰκείων ἔργων αὐτῶν ἀργίας ὅτι μάλιστα
ἐκλεγομένους. δύσβατα δὲ δὴ πάντα ποιεῖν μὲν τοῖς ἐχθροῖς,
τοῖς δὲ φίλοις ὅτι μάλιστα εὔβατα, ἀνθρώποις τε καὶ ὑπο-
ζυγίοις καὶ βοσκήμασιν, ὁδῶν τε ἐπιμελουμένους ὅπως ὡς 5
ἡμερώταται ἕκασται γίγνωνται, καὶ τῶν ἐκ Διὸς ὑδάτων,
ἵνα τὴν χώραν μὴ κακουργῇ, μᾶλλον δ' ὠφελῇ ῥέοντα ἐκ
τῶν ὑψηλῶν εἰς τὰς ἐν τοῖς ὄρεσι νάπας ὅσαι κοῖλαι, τὰς b
ἐκροὰς αὐτῶν εἴργοντας οἰκοδομήμασί τε καὶ ταφρεύμασιν,
ὅπως ἂν τὰ παρὰ τοῦ Διὸς ὕδατα καταδεχόμεναι καὶ πί-
νουσαι, τοῖς ὑποκάτωθεν ἀγροῖς τε καὶ τόποις πᾶσιν νάματα
καὶ κρήνας ποιοῦσαι, καὶ τοὺς αὐχμηροτάτους τόπους πολυ- 5
ύδρους τε καὶ εὐύδρους ἀπεργάζωνται· τά τε πηγαῖα ὕδατα,
ἐάντε τις ποταμὸς ἐάντε καὶ κρήνη ᾖ, κοσμοῦντες φυτεύμασί
τε καὶ οἰκοδομήμασιν εὐπρεπέστερα, καὶ συνάγοντες μεταλ- c
λείαις νάματα, πάντα ἄφθονα ποιῶσιν, ὑδρείαις τε καθ'
ἑκάστας τὰς ὥρας, εἴ τί που ἄλσος ἢ τέμενος περὶ ταῦτα
ἀφειμένον ᾖ, τὰ ῥεύματα ἀφιέντες εἰς αὐτὰ τὰ τῶν θεῶν
ἱερά, κοσμῶσι. πανταχῇ δὲ ἐν τοῖς τοιούτοις γυμνάσια χρὴ 5
κατασκευάζειν τοὺς νέους αὑτοῖς τε καὶ τοῖς γέρουσι γερον-
τικὰ λουτρὰ θερμὰ παρέχοντας, ὕλην παρατιθέντας αὔην
καὶ ξηρὰν ἄφθονον, ἐπ' ὀνήσει καμνόντων τε νόσοις καὶ d
πόνοις τετρυμένα γεωργικοῖς σώματα δεχομένους εὐμενῶς,
ἰατροῦ δέξιν μὴ πάνυ σοφοῦ βελτίονα συχνῷ.

Ταῦτα μὲν οὖν καὶ τὰ τοιαῦτα πάντα κόσμος τε καὶ ὠφελία
τοῖς τόποις γίγνοιτ' ἂν μετὰ παιδιᾶς οὐδαμῇ ἀχαρίτου· σπουδὴ 5
δὲ περὶ ταῦτα ἥδε ἔστω. τοὺς ἑξήκοντα ἑκάστους τὸν αὐτῶν

---

c 7 ἐνοικοδομήμασιν Schneider : ἐν οἰκοδομήμασιν libri   a 3 μὲν
τοῖς scripsi (τοῖς μὲν ci. Schanz) · ἐν τοῖς Λ Ο 'sed ἐν punct. not. in O)
c 3 ἄλσος L (ut vid.) O¹ et in marg. γρ. Λ¹ : δασος Λ et fort. O
c 4 ἀνειμένον Ast   d 3 δέξιν Winckelmann : δ' ἕξιν libri

τόπον φυλάττειν, μὴ μόνον πολεμίων ἕνεκα ἀλλὰ καὶ τῶν
φίλων φασκόντων εἶναι· γειτόνων δὲ καὶ τῶν ἄλλων πολιτῶν
e ἤν ἄλλος ἄλλον ἀδικῇ, δοῦλος ἢ ἐλεύθερος, δικάζοντας τῷ
ἀδικεῖσθαι φάσκοντι, τὰ μὲν σμικρὰ αὐτοὺς τοὺς πέντε ἄρ-
χοντας, τὰ δὲ μείζονα μετὰ τῶν δώδεκα τοὺς ἑπτακαίδεκα
δικάζειν μέχρι τριῶν μνῶν, ὅσα ἂν ἕτερος ἑτέρῳ ἐπικαλῇ.
5 δικαστὴν δὲ καὶ ἄρχοντα ἀνυπεύθυνον οὐδένα δικάζειν καὶ
ἄρχειν δεῖ πλὴν τῶν τὸ τέλος ἐπιτιθέντων οἷον βασιλέων·
καὶ δὴ καὶ τοὺς ἀγρονόμους τούτους, ἐὰν ὑβρίζωσί τι περὶ
τοὺς ὧν ἐπιμελοῦνται, προστάξεις τε προστάττοντες ἀνίσους,
762 καὶ ἐπιχειροῦντες λαμβάνειν τε καὶ φέρειν τῶν ἐν ταῖς
γεωργίαις μὴ πείσαντες, καὶ ἐὰν δέχωνταί τι κολακείας
ἕνεκα διδόντων, ἢ καὶ δίκας ἀδίκως διανέμωσι, ταῖς μὲν
θωπείαις ὑπείκοντες ὀνείδη φερέσθωσαν ἐν πάσῃ τῇ πόλει,
5 τῶν δὲ ἄλλων ἀδικημάτων ὅτι ἂν ἀδικῶσι τοὺς ἐν τῷ τόπῳ,
τῶν μέχρι μνᾶς ἐν τοῖς κωμήταις καὶ γείτοσιν ὑπεχέτωσαν
ἑκόντες δίκας, τῶν δὲ μειζόνων ἑκάστοτε ἀδικημάτων ἢ καὶ
b τῶν ἐλαττόνων, ἐὰν μὴ ᾽θέλωσιν ὑπέχειν, πιστεύοντες τῷ
μεθίστασθαι κατὰ μῆνας εἰς ἕτερον ἀεὶ τόπον φεύγοντες
ἀποφευξεῖσθαι. τούτων πέρι λαγχάνειν μὲν ἐν ταῖς κοιναῖς
δίκαις τὸν ἀδικούμενον, ἐὰν δ᾽ ἕλῃ, τὴν διπλασίαν πραττέσθω
5 τὸν ὑποφεύγοντα καὶ μὴ ἐθελήσαντα ὑποσχεῖν ἑκόντα τιμω-
ρίαν. διαιτάσθων δὲ οἵ τε ἄρχοντες οἵ τ᾽ ἀγρονόμοι τὰ
δύο ἔτη τοιόνδε τινὰ τρόπον· πρῶτον μὲν δὴ καθ᾽ ἑκάστους
c τοὺς τόπους εἶναι συσσίτια, ἐν οἷς κοινῇ τὴν δίαιταν ποιη-
τέον ἅπασιν· ὁ δὲ ἀποσυσσιτήσας κἂν ἡντιναοῦν ἡμέραν, ἢ
νύκτα ἀποκοιμηθείς, μὴ τῶν ἀρχόντων ταξάντων ἢ πάσης
τινὸς ἀνάγκης ἐπιπεσούσης, ἐὰν ἀποφήνωσιν αὐτὸν οἱ πέντε,
5 καὶ γράψαντες θῶσιν ἐν ἀγορᾷ καταλελυκότα τὴν φρουράν,
ὀνείδη τε ἐχέτω τὴν πολιτείαν ὡς προδιδοὺς τὸ ἑαυτοῦ
μέρος, κολαζέσθω τε πληγαῖς ὑπὸ τοῦ συντυγχάνοντος καὶ

a 3 γρ. ἢ καὶ δίκας ἢ ἀδίκως in marg. O   b 3 τούτῳ περιλαγχάνειν
A   · b 4 δίκαις L (ut vid.) A² (ι s. v.) O² : δίκας A O

ἐθέλοντος κολάζειν ἀτιμωρήτως.   τῶν δὲ ἀρχόντων αὐτῶν d
ἐάν τίς τι δρᾷ τοιοῦτον αὐτός, ἐπιμελεῖσθαι μὲν τοῦ τοιούτου
πάντας τοὺς ἑξήκοντα χρεών, ὁ δὲ αἰσθόμενός τε καὶ πυθό-
μενος μὴ ἐπεξιὼν ἐν τοῖς αὐτοῖς ἐνεχέσθω νόμοις καὶ
πλείονι τῶν νέων ζημιούσθω· περὶ τὰς τῶν νέων ἀρχὰς 5
ἠτιμάσθω πάσας.   τούτων δὲ οἱ νομοφύλακες ἐπίσκοποι
ἀκριβεῖς ἔστωσαν, ὅπως ἢ μὴ γίγνηται τὴν ἀρχὴν ἢ γιγνό-
μενα τῆς ἀξίας δίκης τυγχάνῃ.   δεῖ δὴ πάντ' ἄνδρα δια- e
νοεῖσθαι περὶ ἁπάντων ἀνθρώπων ὡς ὁ μὴ δουλεύσας οὐδ'
ἂν δεσπότης γένοιτο ἄξιος ἐπαίνου, καὶ καλλωπίζεσθαι χρὴ
τῷ καλῶς δουλεῦσαι μᾶλλον ἢ τῷ καλῶς ἄρξαι, πρῶτον
μὲν τοῖς νόμοις, ὡς ταύτην τοῖς θεοῖς οὖσαν δουλείαν, 5
ἔπειτ' ἀεὶ τοῖς πρεσβυτέροις τε καὶ ἐντίμως βεβιωκόσι
τοὺς νέους.   μετὰ δὲ ταῦτα τῆς καθ' ἡμέραν διαίτης δεῖ τῆς
ταπεινῆς καὶ ἀπόρου γεγευμένον εἶναι τὰ δύο ἔτη ταῦτα τὸν
τῶν ἀγρονόμων γεγονότα.   ἐπειδὰν γὰρ δὴ καταλεγῶσιν οἱ
δώδεκα, συνελθόντες μετὰ τῶν πέντε, βουλευέσθωσαν ὡς 10
οἱόνπερ οἰκέται οὐχ ἕξουσιν αὑτοῖς ἄλλους οἰκέτας τε καὶ 763
δούλους, οὐδ' ἐκ τῶν ἄλλων γεωργῶν τε καὶ κωμητῶν τοῖς
ἐκείνων ἐπὶ τὰ ἴδια χρήσονται ὑπηρετήματα διακόνοις, ἀλλὰ
μόνον ὅσα εἰς τὰ δημόσια· τὰ δ' ἄλλα αὐτοὶ δι' αὑτῶν
διανοηθήτωσαν ὡς βιωσόμενοι διακονοῦντές τε καὶ διακονού- 5
μενοι ἑαυτοῖς, πρὸς δὲ τούτοις πᾶσαν τὴν χώραν διεξερευ-
νώμενοι θέρους καὶ χειμῶνος σὺν τοῖς ὅπλοις φυλακῆς τε
καὶ γνωρίσεως ἕνεκα πάντων ἀεὶ τῶν τόπων.   κινδυνεύει b
γὰρ οὐδενὸς ἔλαττον μάθημα εἶναι δι' ἀκριβείας ἐπίστασθαι
πάντας τὴν αὑτῶν χώραν· οὗ δὴ χάριν κυνηγέσια καὶ τὴν
ἄλλην θήραν οὐχ ἧττον ἐπιτηδεύειν δεῖ τὸν ἡβῶντα ἢ τῆς
ἄλλης ἡδονῆς ἅμα καὶ ὠφελίας τῆς περὶ τὰ τοιαῦτα γιγνο- 5
μένης πᾶσιν.   τούτους οὖν, αὐτούς τε καὶ τὸ ἐπιτήδευμα,
εἴτε τις κρυπτοὺς εἴτε ἀγρονόμους εἴθ' ὅτι καλῶν χαίρει,

---

d 6 ἠτιμάσθω Schanz   νομοφύλακες ἐν τούτῳ ἀκριβεῖς ἔστωσαν
ἐπίσκοποι Stob.   e 1 δὴ] δὲ Stob.   e 2 πάντων Stob.   e 6 ἔπειτα
ἀεὶ Stob. : ἔπειτα εἰ Α L Ο

c τοῦτο προσαγορεύων, προθύμως πᾶς ἀνὴρ εἰς δύναμιν ἐπιτη-
δευέτω, ὅσοι μέλλουσι τὴν αὐτῶν πόλιν ἱκανῶς σῴζειν.

Τὸ δὲ μετὰ τοῦτο ἀρχόντων αἱρέσεως ἀγορανόμων πέρι καὶ
ἀστυνόμων πέρι ἦν ἡμῖν ἑπόμενον. ἕποιντο δ' ἂν ἀγρονό-
5 μοις γε ἀστυνόμοι τρεῖς ἑξήκοντα οὖσιν, τριχῇ δώδεκα μέρη
τῆς πόλεως διαλαβόντες, μιμούμενοι ἐκείνους τῶν τε ὁδῶν
ἐπιμελούμενοι τῶν κατὰ τὸ ἄστυ καὶ τῶν ἐκ τῆς χώρας
λεωφόρων εἰς τὴν πόλιν ἀεὶ τεταμένων καὶ τῶν οἰκοδομιῶν,

d ἵνα κατὰ νόμους γίγνωνται πᾶσαι, καὶ δὴ καὶ τῶν ὑδάτων,
ὁπόσ' ἂν αὐτοῖς πέμπωσι καὶ παραδιδῶσιν οἱ φρουροῦντες
τεθεραπευμένα, ὅπως εἰς τὰς κρήνας ἱκανὰ καὶ καθαρὰ πο-
ρευόμενα, κοσμῇ τε ἅμα καὶ ὠφελῇ τὴν πόλιν. δεῖ δὴ καὶ
5 τούτους δυνατούς τε εἶναι καὶ σχολάζοντας τῶν κοινῶν ἐπι-
μελεῖσθαι· διὸ προβαλλέσθω μὲν πᾶς ἀνὴρ ἐκ τῶν μεγί-
στων τιμημάτων ἀστυνόμον ὃν ἂν βούληται, διαχειροτονη-

e θέντων δὲ καὶ ἀφικομένων εἰς ἓξ οἷς ἂν πλεῖσται γίγνωνται,
τοὺς τρεῖς ἀποκληρωσάντων οἷς τούτων ἐπιμελές, δοκιμα-
σθέντες δὲ ἀρχόντων κατὰ τοὺς τεθέντας αὐτοῖς νόμους.

Ἀγορανόμους δ' ἑξῆς τούτοις αἱρεῖσθαι μὲν ἐκ τῶν δευτέρων
5 καὶ πρώτων τιμημάτων πέντε, τὰ δ' ἄλλα αὐτῶν γίγνεσθαι
τὴν αἵρεσιν καθάπερ ἡ τῶν ἀστυνόμων· δέκα ἐκ τῶν ἄλλων
χειροτονηθέντας τοὺς πέντε ἀποκληρῶσαι, καὶ δοκιμασθέντας
αὐτοὺς ἄρχοντας ἀποφῆναι. χειροτονείτω δὲ πᾶς πάντα·

764 ὁ δὲ μὴ 'θέλων, ἐὰν εἰσαγγελθῇ πρὸς τοὺς ἄρχοντας, ζη-
μιούσθω πεντήκοντα δραχμαῖς πρὸς τῷ κακὸς εἶναι δοκεῖν.
ἴτω δ' εἰς ἐκκλησίαν καὶ τὸν κοινὸν σύλλογον ὁ βουλόμενος,
ἐπάναγκες δ' ἔστω τῷ τῶν δευτέρων καὶ πρώτων τιμημάτων,
5 δέκα δραχμαῖς ζημιουμένῳ ἐὰν μὴ παρὼν ἐξετάζηται τοῖς
συλλόγοις· τρίτῳ δὲ τιμήματι καὶ τῷ τετάρτῳ μὴ ἐπάναγκες,
ἀλλὰ ἀζήμιος ἀφείσθω, ἐὰν μή τι παραγγείλωσιν οἱ ἄρχοντες

c 4 πέρι ἦν scripsi: τρειν in marg. Λ² (in textu Λ ut vid.). ἦν in
ras. et ἦν ἡμῖν in marg. a   c 5 γε Bekker: τε libri: secl. Ast
e 3 αὐτοῖς L O²: αὐτοὺς Λ O   e 6 δέκα ἐκ τῶν Aldina: δέκα | τῶν
Λ: δέκα ἢ τῶν Λ² L O.

πᾶσιν ἔκ τινος ἀνάγκης συνιέναι. τοὺς δὲ δὴ ἀγορανόμους b
τὸν περὶ τὴν ἀγορὰν κόσμον διαταχθέντα ὑπὸ νόμων φυλάτ-
τειν, καὶ ἱερῶν καὶ κρηνῶν ἐπιμελεῖσθαι τῶν κατ᾽ ἀγοράν,
ὅπως μηδὲν ἀδικῇ μηδείς, τὸν ἀδικοῦντα δὲ κολάζειν, πληγαῖς
μὲν καὶ δεσμοῖς δοῦλον καὶ ξένον, ἐὰν δ᾽ ἐπιχώριος ὤν τις 5
περὶ τὰ τοιαῦτα ἀκοσμῇ, μέχρι μὲν ἑκατὸν δραχμῶν νομί-
σματος αὐτοὺς εἶναι κυρίους διαδικάζοντας, μέχρι δὲ διπλα-
σίου τούτου κοινῇ μετὰ ἀστυνόμων ζημιοῦν δικάζοντας τῷ c
ἀδικοῦντι. τὰ αὐτὰ δὲ καὶ ἀστυνόμοις ἔστω ζημιώματά τε
καὶ κολάσεις ἐν τῇ ἑαυτῶν ἀρχῇ, μέχρι μὲν μνᾶς αὐτοὺς
ζημιοῦντας, τὴν διπλασίαν δὲ μετὰ ἀγορανόμων.

Μουσικῆς δὲ τὸ μετὰ τοῦτο καὶ γυμναστικῆς ἄρχοντας 5
καθίστασθαι πρέπον ἂν εἴη, διττοὺς ἑκατέρων, τοὺς μὲν
παιδείας αὐτῶν ἕνεκα, τοὺς δὲ ἀγωνιστικῆς. παιδείας μὲν
βούλεται λέγειν ὁ νόμος γυμνασίων καὶ διδασκαλείων ἐπι-
μελητὰς κόσμου καὶ παιδεύσεως ἅμα καὶ τῆς περὶ ταῦτα d
ἐπιμελείας τῶν φοιτήσεών τε πέρι καὶ οἰκήσεων ἀρρένων
καὶ θηλειῶν κορῶν, ἀγωνίας δέ, ἔν τε τοῖς γυμνικοῖς καὶ περὶ
τὴν μουσικὴν ἀθλοθέτας ἀθληταῖς, διττοὺς αὖ τούτους, περὶ
μουσικὴν μὲν ἑτέρους, περὶ ἀγωνίαν δ᾽ ἄλλους. ἀγωνιστικῆς 5
μὲν οὖν ἀνθρώπων τε καὶ ἵππων τοὺς αὐτούς, μουσικῆς δὲ
ἑτέρους μὲν τοὺς περὶ μονῳδίαν τε καὶ μιμητικήν, οἷον
ῥαψῳδῶν καὶ κιθαρῳδῶν καὶ αὐλητῶν καὶ πάντων τῶν τοιού- e
των ἀθλοθέτας ἑτέρους πρέπον ἂν εἴη γίγνεσθαι, τῶν δὲ
περὶ χορῳδίαν ἄλλους. πρῶτον δὴ περὶ τὴν τῶν χορῶν
παιδιὰν παίδων τε καὶ ἀνδρῶν καὶ θηλειῶν κορῶν ἐν ὀρχή-
σεσι καὶ τῇ τάξει τῇ ἁπάσῃ γιγνομένῃ μουσικῇ τοὺς ἄρ- 5
χοντας αἱρεῖσθαί που χρεών· ἱκανὸς δὲ εἷς ἄρχων αὐτοῖς,
μὴ ἔλαττον τεττεράκοντα γεγονὼς ἐτῶν. ἱκανὸς δὲ καὶ περὶ 765

c 7 παιδείας ... ἀγωνιστικῆς om Λ Ο add. in marg. Λ¹ Ο²   αὐ-
τῶν Λ³ Ο²: αὐτῆς L   c 8 διδασκαλείων ci. Stephanus : διδασκαλιῶν
libri   d 2 οἰκήσεων] ἀσκήσεων Hermann   d 3 ἀγωνίας Λ²Ο˙:
ἀγῶνας Λ Ο   e 2 ἑτέρους secl. Stallbaum   e 6 ἱκανὸς Λ²: ἱκανῶς
Λ L O

μονῳδίαν εἷς, μὴ ἔλαττον ἢ τριάκοντα γεγονὼς ἐτῶν, εἰσ-
αγωγεύς τε εἶναι καὶ τοῖς ἁμιλλωμένοις τὴν διάκρισιν
ἱκανῶς ἀποδιδούς. τὸν δὴ χορῶν ἄρχοντα καὶ διαθετῆρα
5 αἱρεῖσθαι χρὴ τοιόνδε τινὰ τρόπον. ὅσοι μὲν φιλοφρόνως
ἐσχήκασι περὶ τὰ τοιαῦτα, εἰς τὸν σύλλογον ἴτωσαν, ἐπιζή-
μιοι ἐὰν μὴ ἴωσιν—τούτου δὲ οἱ νομοφύλακες κριταί—τοῖς
δ᾽ ἄλλοις, ἐὰν μὴ βούλωνται, μηδὲν ἐπάναγκες ἔστω. καὶ
b τὴν προβολὴν δὴ τὸν αἱρούμενον ἐκ τῶν ἐμπείρων ποιητέον,
ἔν τε τῇ δοκιμασίᾳ κατηγόρημα ἐν τοῦτ᾽ ἔστω καὶ ἀπηγόρημα,
τῶν μὲν ὡς ἄπειρος ὁ λαχών, τῶν δ᾽ ὡς ἔμπειρος· ὃς δ᾽
ἂν εἷς ἐκ προχειροτονηθέντων δέκα λάχῃ, δοκιμασθείς, τὸν
5 ἐνιαυτὸν τῶν χορῶν ἀρχέτω κατὰ νόμον. κατὰ ταὐτὰ δὲ
τούτοις καὶ ταύτῃ ὁ λαχὼν τὸν ἐνιαυτὸν ἐκεῖνον τῶν ἀφικο-
μένων εἰς κρίσιν μονῳδιῶν τε καὶ συναυλιῶν ἀρχέτω, εἰς
c τοὺς κριτὰς ἀποδιδοὺς ὁ λαχὼν τὴν κρίσιν. μετὰ δὲ ταῦτα
χρεὼν ἀγωνίας· ἀθλοθέτας αἱρεῖσθαι τῆς περὶ τὰ γυμνάσια
ἵππων τε καὶ ἀνθρώπων ἐκ τῶν τρίτων τε καὶ ἔτι τῶν δευ-
τέρων τιμημάτων· εἰς δὲ τὴν αἵρεσιν ἔστω μὲν ἐπάναγκες
5 τοῖς τρισὶν [καὶ] πορεύεσθαι τιμήμασι, τὸ σμικρότατον δὲ
ἀζήμιον ἀφείσθω. τρεῖς δ᾽ ἔστωσαν οἱ λαχόντες, τῶν προ-
χειροτονηθέντων μὲν εἴκοσι, λαχόντων δὲ ἐκ τῶν εἴκοσι
τριῶν, οὓς ἂν καὶ ψῆφος ἡ τῶν δοκιμαζόντων δοκιμάσῃ· ἐὰν
d δέ τις ἀποδοκιμασθῇ καθ᾽ ἡντιναοῦν ἀρχῆς λῆξιν καὶ κρίσιν,
ἄλλους ἀνθαιρεῖσθαι κατὰ ταὐτὰ καὶ τὴν δοκιμασίαν ὡσαύ-
τως αὐτῶν πέρι ποιεῖσθαι.

Λοιπὸς δὲ ἄρχων περὶ τὰ προειρημένα ἡμῖν ὁ τῆς παι-
5 δείας ἐπιμελητὴς πάσης θηλειῶν τε καὶ ἀρρένων. εἷς μὲν
δὴ καὶ ὁ τούτων ἄρξων ἔστω κατὰ νόμους, ἐτῶν μὲν γεγονὼς
μὴ ἔλαττον ἢ πεντήκοντα, παίδων δὲ γνησίων πατήρ, μά-
λιστα μὲν νέων καὶ θυγατέρων, εἰ δὲ μή, θάτερα· διανοηθήτω
e δὲ αὐτός τε ὁ προκριθεὶς καὶ ὁ προκρίνων ὡς οὖσαν ταύτην

a 2 ἢ secl. Ast   a 4 διαθετῆρα in marg. iterat Α² (διευθετῆρα
Vat. 1029)   c 1 ὁ λαχὼν secl. Ast   c 5 τρισί(ν) καὶ A L O :
τρισὶ Α²

τὴν ἀρχὴν τῶν ἐν τῇ πόλει ἀκροτάτωι ἀρχῶν πολὺ μεγίστην.
παντὸς γὰρ δὴ φυτοῦ ἡ πρώτη βλάστη καλῶς ὁρμηθεῖσα,
πρὸς ἀρετὴν τῆς αὑτοῦ φύσεως κυριωτάτη τέλος ἐπιθεῖναι
τὸ πρόσφορον, τῶν τε ἄλλων φυτῶν καὶ τῶν ζῴων ἡμέρων 5
καὶ ἀγρίων καὶ ἀνθρώπων· ἄνθρωπος δέ, ὥς φαμεν, ἥμερον, 766
ὅμως μὴν παιδείας μὲν ὀρθῆς τυχὸν καὶ φύσεως εὐτυχοῦς,
θειότατον ἡμερώτατόν τε ζῷον γίγνεσθαι φιλεῖ, μὴ ἱκανῶς
δὲ ἢ μὴ καλῶς τραφὲν ἀγριώτατον, ὁπόσα φύει γῆ.) ὧν
ἕνεκα οὐ δεύτερον οὐδὲ πάρεργον δεῖ τὴν παίδων τροφὴν τὸν 5
νομοθέτην ἐᾶν γίγνεσθαι, πρῶτον δὲ ἄρξασθαι χρεὼν τὸν
μέλλοντα αὐτῶν ἐπιμελήσεσθαι καλῶς αἱρεθῆναι, τῶν ἐν τῇ
πόλει ὃς ἂν ἄριστος εἰς πάντα ᾖ, τοῦτον κατὰ δύναμιν ὅτι
μάλιστα αὐτοῖς καθιστάντα προστάττειν ἐπιμελητήν. αἱ b
πᾶσαι τοίνυν ἀρχαὶ πλὴν βουλῆς καὶ πρυτάνεων εἰς τὸ τοῦ
Ἀπόλλωνος ἱερὸν ἐλθοῦσαι φερόντων ψῆφον κρύβδην, τῶν
νομοφυλάκων ὅντιν' ἂν ἕκαστος ἡγῆται κάλλιστ' ἂν τῶν
περὶ παιδείαν ἄρξαι γενομένων· ᾧ δ' ἂν πλεῖσται ψῆφοι 5
συμβῶσιν, δοκιμασθεὶς ὑπὸ τῶν ἄλλων ἀρχόντων τῶν ἑλο-
μένων, πλὴν νομοφυλάκων, ἀρχέτω ἔτη πέντε, ἕκτῳ δὲ κατὰ
ταὐτὰ ἄλλον ἐπὶ ταύτην τὴν ἀρχὴν αἱρεῖσθαι. c

Ἐὰν δέ τις δημοσίαν ἀρχὴν ἄρχων ἀποθάνῃ πρὶν ἐξήκειν
αὐτῷ τὴν ἀρχὴν πλεῖον ἢ τριάκοντα ἐπιδεομένην ἡμερῶν,
τὸν αὐτὸν τρόπον ἐπὶ τὴν ἀρχὴν ἄλλον καθιστάναι οἷς ἦν
τοῦτο προσηκόντως μέλον. καὶ ἐὰν ὀρφανῶν ἐπίτροπος 5
τελευτήσῃ τις, οἱ προσήκοντες καὶ ἐπιδημοῦντες πρὸς πα-
τρὸς καὶ μητρὸς μέχρι ἀνεψιῶν παίδων ἄλλον καθιστάντων
ἐντὸς δέκα ἡμερῶν, ἢ ζημιούσθων ἕκαστος δραχμῇ τῆς ἡμέρας, d
μέχριπερ ἂν τοῖς παισὶν καταστήσωσι τὸν ἐπίτροπον.

Πᾶσα δὲ δήπου πόλις ἄπολις ἂν γίγνοιτο, ἐν ᾗ δικαστήρια
μὴ καθεστῶτα εἴη κατὰ τρόπον· ἄφωνος δ' αὖ δικαστὴς ἡμῖν

e 5 ἡμέρων τε καὶ Stob.   a 4 ⟨τῶν⟩ ὁπόσα ci. F. A. Wolf
b 1 προστάττειν Α L O : προστατην καὶ Aldina   c 5 μέλον Α (sed
post o ras.) O : μέλλον Α² (in marg.) O¹   d 1 δραχμὴν fecit Α²
(ν s. v.)

5 καὶ μὴ πλείω τῶν ἀντιδίκων ἐν ταῖς ἀνακρίσεσι φθεγγό-
μενος, καθάπερ ἐν ταῖς διαίταις, οὐκ ἄν ποτε ἱκανὸς γένοιτο
περὶ τὴν τῶν δικαίων κρίσιν· ὧν ἕνεκα οὔτε πολλοὺς ὄντας
ῥᾴδιον εὖ δικάζειν οὔτε ὀλίγους φαύλους. σαφὲς δὲ ἀεὶ τὸ

e ἀμφισβητούμενον χρεὼν γίγνεσθαι παρ' ἑκατέρων, ὁ δὲ
χρόνος ἅμα καὶ τὸ βραδὺ τό τε πολλάκις ἀνακρίνειν πρὸς
τὸ φανερὰν γίγνεσθαι τὴν ἀμφισβήτησιν σύμφορον. ὧν
ἕνεκα πρῶτον μὲν εἰς γείτονας ἰέναι χρὴ τοὺς ἐπικαλοῦντας
5 ἀλλήλοις καὶ τοὺς φίλους τε καὶ συνειδότας ὅτι μάλιστα

767 τὰς ἀμφισβητουμένας πράξεις, ἐὰν δ' ἄρα μὴ ἐν τούτοις
τις ἱκανὴν κρίσιν λαμβάνῃ, πρὸς ἄλλο δικαστήριον ἴτω· τὸ
δὲ τρίτον, ἂν τὰ δύο δικαστήρια μὴ δύνηται διαλλάξαι,
τέλος ἐπιθέτω τῇ δίκῃ.

5 Τρόπον δή τινα καὶ τῶν δικαστηρίων αἱ καταστάσεις
ἀρχόντων εἰσὶν αἱρέσεις· πάντα μὲν γὰρ ἄρχοντα ἀναγκαῖον
καὶ δικαστὴν εἶναί τινων, δικαστὴς δὲ οὐκ ἄρχων καί τινα
τρόπον ἄρχων οὐ πάνυ φαῦλος γίγνεται τὴν τόθ' ἡμέραν
ᾗπερ ἂν κρίνων τὴν δίκην ἀποτελῇ. θέντες δὴ καὶ τοὺς

b δικαστὰς ὡς ἄρχοντας, λέγωμεν τίνες ἂν εἶεν πρέποντες
καὶ τίνων ἄρα δικασταὶ καὶ πόσοι ἐφ' ἕκαστον. κυριώτατον
μὲν τοίνυν ἔστω δικαστήριον ὅπερ ἂν αὐτοὶ ἑαυτοῖς ἀπο-
φήνωσιν ἕκαστοι, κοινῇ τινας ἑλόμενοι· δύο δὴ τῶν λοιπῶν
5 ἔστω κριτήρια, τὸ μὲν ὅταν τίς τινα ἰδιώτην ἰδιώτης, ἐπαι-
τιώμενος ἀδικεῖν αὐτόν, ἄγων εἰς δίκην βούληται διακριθῆναι,
τὸ δ' ὁπόταν τὸ δημόσιον ὑπό τινος τῶν πολιτῶν ἡγῆταί

c τις ἀδικεῖσθαι καὶ βουληθῇ τῷ κοινῷ βοηθεῖν, λεκτέον ὁποῖοί
τ' εἰσὶν καὶ τίνες οἱ κριταί. πρῶτον δὴ δικαστήριον ἡμῖν
γιγνέσθω κοινὸν ἅπασι τοῖς τὸ τρίτον ἀμφισβητοῦσιν ἰδιώ-
ταις πρὸς ἀλλήλους, γενόμενον τῇδέ πη. πάσας δὴ τὰς
5 ἀρχάς, ὁπόσαι τε κατ' ἐνιαυτὸν καὶ ὁπόσαι πλείω χρόνον
ἄρχουσιν, ἐπειδὰν μέλλῃ νέος ἐνιαυτὸς μετὰ θερινὰς τροπὰς

d 6 γίγνοιτο fecit O² (ιγ s. v.)   d 8 δὲ ἀεὶ τὸ A L O : δὴ τό γε
in marg. O²   b 6 δίκην A O : τὴν δίκην L   c 1 δ' post
λεκτέον add. O²   c 2 ἡμῖν Λ et in marg. γρ. O : om. O

τῷ ἐπιόντι μηνὶ γίγνεσθαι, ταύτης τῆς ἡμέρας τῇ πρόσθεν
πάντας χρὴ τοὺς ἄρχοντας συνελθεῖν εἰς ἓν ἱερὸν καὶ τὸν
θεὸν ὀμόσαντας οἷον ἀπάρξασθαι πάσης ἀρχῆς ἕνα δικαστήν, d
ὃς ἂν ἐν ἀρχῇ ἑκάστῃ ἄριστός τε εἶναι δόξῃ καὶ ἄριστ᾽ ἂν
καὶ ὁσιώτατα τὰς δίκας τοῖς πολίταις αὐτῷ τὸν ἐπιόντα ἐνι-
αυτὸν φαίνηται διακρίνειν. τούτων δὲ αἱρεθέντων γίγνεσθαι
μὲν δοκιμασίαν ἐν τοῖς ἑλομένοις αὐτοῖς, ἐὰν δὲ ἀποδοκι- 5
μασθῇ τις, ἕτερον ἀνθαιρεῖσθαι κατὰ ταὐτά, τοὺς δὲ δοκι-
μασθέντας δικάζειν μὲν τοῖς τἆλλα δικαστήρια φυγοῦσι, τὴν
δὲ ψῆφον φανερὰν φέρειν· ἐπηκόους δ᾽ εἶναι καὶ θεατὰς
τούτων τῶν δικῶν ἐξ ἀνάγκης μὲν βουλευτὰς καὶ τοὺς ἄλλους e
ἄρχοντας τοὺς ἑλομένους αὐτούς, τῶν δὲ ἄλλων τὸν βουλό-
μενον. ἐὰν δέ τις ἐπαιτιᾶταί τινα ἑκόντα ἀδίκως κρῖναι
τὴν δίκην, εἰς τοὺς νομοφύλακας ἰὼν κατηγορείτω· ὁ δὲ
ὀφλὼν τὴν τοιαύτην δίκην ὑπεχέτω μὲν τοῦ βλάβους τῷ 5
βλαφθέντι τὸ ἥμισυ τίνειν, ἐὰν δὲ μείζονος ἄξιος εἶναι δόξῃ
ζημίας, προστιμᾶν τοὺς κρίναντας τὴν δίκην ὅτι χρὴ πρὸς
τούτῳ παθεῖν αὐτὸν ἢ ἀποτίνειν τῷ κοινῷ καὶ τῷ τὴν δίκην
δικασαμένῳ. περὶ δὲ τῶν δημοσίων ἐγκλημάτων ἀναγκαῖον
πρῶτον μὲν τῷ πλήθει μεταδιδόναι τῆς κρίσεως—οἱ γὰρ 768
ἀδικούμενοι πάντες εἰσίν, ὁπόταν τις τὴν πόλιν ἀδικῇ, καὶ
χαλεπῶς ἂν ἐν δίκῃ φέροιεν ἄμοιροι γιγνόμενοι τῶν τοιούτων
διακρίσεων—ἀλλ᾽ ἀρχήν τε εἶναι χρὴ τῆς τοιαύτης δίκης καὶ
τελευτὴν εἰς τὸν δῆμον ἀποδιδομένην, τὴν δὲ βάσανον ἐν 5
ταῖς μεγίσταις ἀρχαῖς τρισίν, ἃς ἂν ὅ τε φεύγων καὶ ὁ
διώκων συνομολογῆτον· ἐὰν δὲ μὴ δύνησθον κοινωνῆσαι τῆς
ὁμολογίας αὐτοί, τὴν βουλὴν ἐπικρίνειν αὐτῶν τὴν αἵρεσιν
ἑκατέρου. δεῖ δὲ δὴ καὶ τῶν ἰδίων δικῶν κοινωνεῖν κατὰ b
δύναμιν ἅπαντας· ὁ γὰρ ἀκοινώνητος ὢν ἐξουσίας τοῦ συν-
δικάζειν ἡγεῖται τὸ παράπαν τῆς πόλεως οὐ μέτοχος εἶναι.
διὰ ταῦτ᾽ οὖν δὴ καὶ κατὰ φυλὰς ἀναγκαῖον δικαστήριά τε

d 1 ὀμόσαντας scr. recc.: ὀνομόσαντας A L O e 8 τούτῳ
Aldina: τούτων A L O e 9 δημοσίων] γρ. κοινῶν in marg. A³ O²
a 8 αὐτοί A O : αὐτοῖς L et in marg. γρ. O

5 γίγνεσθαι καὶ κλήρῳ δικαστὰς ἐκ τοῦ παραχρῆμα ἀδιαφθό-
ρους ταῖς δεήσεσι δικάζειν, τὸ δὲ τέλος κρίνειν πάντων τῶν
τοιούτων ἐκεῖνο τὸ δικαστήριον, ὅ φαμεν εἴς γε ἀνθρωπίνην
δύναμιν ὡς οἷόν τε ἀδιαφθορώτατα παρεσκευάσθαι τοῖς μὴ
c δυναμένοις μήτε ἐν τοῖς γείτοσι μήτε ἐν τοῖς φυλετικοῖς
δικαστηρίοις ἀπαλλάττεσθαι.

Νῦν δὴ περὶ μὲν δικαστήρια ἡμῖν—ἃ δή φαμεν οὔθ' ὡς
ἀρχὰς οὔτε ὡς μὴ ῥᾴδιον εἰπόντα ἀναμφισβητήτως εἰρη-
5 κέναι—περὶ μὲν ταῦτα οἷον περιγραφή τις ἔξωθεν περιγε-
γραμμένη τὰ μὲν εἴρηκεν, τὰ δ' ἀπολείπει σχεδόν· πρὸς
γὰρ τέλει νομοθεσίας ἡ δικῶν ἀκριβὴς νόμων θέσις ἅμα καὶ
διαίρεσις ὀρθότατα γίγνοιτ' ἂν μακρῷ. ταύταις μὲν οὖν
d εἰρήσθω πρὸς τῷ τέλει περιμένειν ἡμᾶς, αἱ δὲ περὶ τὰς
ἄλλας ἀρχὰς καταστάσεις σχεδὸν τὴν πλείστην εἰλήφασιν
νομοθεσίαν· τὸ δὲ ὅλον καὶ ἀκριβὲς περὶ ἑνός τε καὶ πάντων
τῶν κατὰ πόλιν καὶ πολιτικὴν πᾶσαν διοικήσεων οὐκ ἔστιν
5 γενέσθαι σαφές, πρὶν ἂν ἡ διέξοδος ἀπ' ἀρχῆς τά τε δεύτερα
καὶ τὰ μέσα καὶ πάντα μέρη τὰ ἑαυτῆς ἀπολαβοῦσα πρὸς
τέλος ἀφίκηται. νῦν μὴν ἐν τῷ παρόντι μέχρι τῆς τῶν
e ἀρχόντων αἱρέσεως γενομένης τελευτὴ μὲν τῶν ἔμπροσθεν
αὕτη γίγνοιτ' ἂν ἱκανή, νόμων δὲ θέσεως ἀρχὴ καὶ ἀναβολῶν
ἅμα καὶ ὄκνων οὐδὲν ἔτι δεομένη.

ΚΛ. Πάντως μοι κατὰ νοῦν, ὦ ξένε, τὰ ἔμπροσθεν εἰρη-
5 κώς, τὴν ἀρχὴν νῦν τελευτῇ προσάψας περὶ τῶν τε εἰρημένων
καὶ τῶν μελλόντων ῥηθήσεσθαι, ταῦτα ἔτι μᾶλλον ἐκείνων
εἴρηκας φιλίως.

769 ΑΘ. Καλῶς τοίνυν ἂν ἡμῖν ἡ πρεσβυτῶν ἔμφρων παιδιὰ
μέχρι δεῦρ' εἴη τὰ νῦν διαπεπαισμένη.

ΚΛ. Καλὴν τὴν σπουδὴν ἔοικας δηλοῦν τῶν ἀνδρῶν.

ΑΘ. Εἰκός γε· τόδε δ' ἐννοήσωμεν εἰ σοὶ δοκεῖ καθάπερ
5 ἐμοί.

c 6 ἀπολείπει L (ut vid.) et in marg. O : ἀπολείποι A O   d 4 διοι-
κήσεων] διοίκησιν Ast   d 7 τέλος A et in marg. γρ. O : τὸ
τέλος O

ΚΛ. Τὸ ποῖον δὴ καὶ περὶ τίνων;

ΑΘ. Οἶσθ᾽ ὅτι καθάπερ ζωγράφων οὐδὲν πέρας· ἔχειν ἡ πραγματεία δοκεῖ περὶ ἕκαστον τῶν ζώων, ἀλλ᾽ ἢ τοῦ χραίνειν ἢ᾽ ἀποχραίνειν, ἢ ὁτιδήποτε καλοῦσι τὸ τοιοῦτον οἱ ζωγράφων παῖδες, οὐκ ἄν ποτε δοκεῖ παύσασθαι κοσμοῦσα, b ὥστε ἐπίδοσιν μηκέτ᾽ ἔχειν εἰς τὸ καλλίω τε καὶ φανερώτερα γίγνεσθαι τὰ γεγραμμένα.

ΚΛ. Σχεδὸν ἐννοῶ ἀκούων καὶ αὐτὸς ταῦτα ἃ λέγεις, ἐπεὶ ἐντριβής γε οὐδαμῶς γέγονα τῇ τοιαύτῃ τέχνῃ. 5

ΑΘ. Καὶ οὐδέν γε ἐβλάβης. χρησώμεθά γε μὴν τῷ νῦν παρατυχόντι περὶ αὐτῆς ἡμῖν λόγῳ τὸ τοιόνδε, ὡς εἴ ποτέ τις ἐπινοήσειε γράψαι τε ὡς κάλλιστον ζῷον καὶ τοῦτ᾽ αὖ c μηδέποτε ἐπὶ φαυλότερον ἀλλ᾽ ἐπὶ τὸ βέλτιον ἴσχειν τοῦ ἐπιόντος ἀεὶ χρόνου, συννοεῖς ὅτι θνητὸς ὤν, εἰ μή τινα καταλείψει διάδοχον τοῦ ἐπανορθοῦν τε, ἐάν τι σφάλληται τὸ ζῷον ὑπὸ χρόνων, καὶ τὸ παραλειφθὲν ὑπὸ τῆς ἀσθενείας 5 τῆς ἑαυτοῦ πρὸς τὴν τέχνην οἷός τε εἰς τὸ πρόσθεν ἔσται φαιδρύνων ποιεῖν ἐπιδιδόναι, σμικρόν τινα χρόνον αὐτῷ πόνος παραμενεῖ πάμπολυς;

ΚΛ. Ἀληθῆ.

ΑΘ. Τί οὖν; ἆρ᾽ οὐ τοιοῦτον δοκεῖ σοι τὸ τοῦ νομοθέτου d βούλημ᾽ εἶναι; πρῶτον μὲν γράψαι τοὺς νόμους πρὸς τὴν ἀκρίβειαν κατὰ δύναμιν ἱκανῶς· ἔπειτα προϊόντος τοῦ χρόνου καὶ τῶν δοξάντων ἔργῳ πειρώμενον, ἆρ᾽ οἴει τινὰ οὕτως ἄφρονα γεγονέναι νομοθέτην, ὥστ᾽ ἀγνοεῖν ὅτι πάμπολλα 5 ἀνάγκη παραλείπεσθαι τοιαῦτα, ἃ δεῖ τινα συνεπόμενον ἐπανορθοῦν, ἵνα μηδαμῇ χείρων, βελτίων δὲ ἡ πολιτεία καὶ ὁ κόσμος ἀεὶ γίγνηται περὶ τὴν ᾠκισμένην αὐτῷ e πόλιν;

ΚΛ. Εἰκός—πῶς γὰρ οὔ;—βούλεσθαι πάντα ὁντινοῦν τὸ τοιοῦτον.

c 1 τε ὡς Heusde : τέως libri c 2 τὸ ante φαυλότερον add. O²
c 3 ἀεὶ Λ O : δὴ in marg. γρ. O c 4 τοῦ] δς Hermann c 8 παραμενεῖ Stephanus : παραμένει libri

5   ΑΘ. Οὐκοῦν εἴ τίς τινα μηχανὴν ἔχοι πρὸς τοῦτο, ἔργῳ
καὶ λόγοις τίνα τρόπον διδάξειεν ἂν ἕτερον εἴτε μείζονα
εἴτε ἐλάττω περὶ τοῦτ' ἔχειν ἔννοιαν, ὅπως χρὴ φυλάττειν καὶ
ἐπανορθοῦν νόμους, οὐκ ἄν ποτε λέγων ἀπείποι τὸ τοιοῦτον
πρὶν ἐπὶ τέλος ἐλθεῖν;

770   ΚΛ. Πῶς γὰρ ἄν;

ΑΘ. Οὐκοῦν ἐν τῷ νῦν παρόντι ποιητέον ἐμοὶ καὶ σφῷν
τοῦτο;

ΚΛ. Τὸ ποῖον δὴ λέγεις;

5   ΑΘ. Ἐπειδὴ νομοθετεῖν μὲν μέλλομεν, ᾕρηνται δὲ ἡμῖν
νομοφύλακες, ἡμεῖς δ' ἐν δυσμαῖς τοῦ βίου, οἱ δ' ὡς πρὸς
ἡμᾶς νέοι, ἅμα μέν, ὥς φαμεν, δεῖ νομοθετεῖν ἡμᾶς, ἅμα
δὲ πειρᾶσθαι ποιεῖν καὶ τούτους αὐτοὺς νομοθέτας τε καὶ
νομοφύλακας εἰς τὸ δυνατόν.

b   ΚΛ. Τί μήν; εἴπερ οἷοί τέ γ' ἐσμὲν ἱκανῶς.

ΑΘ. Ἀλλ' οὖν πειρατέα γε καὶ προθυμητέα.

ΚΛ. Πῶς γὰρ οὔ;

ΑΘ. Λέγωμεν δὴ πρὸς αὐτούς· Ὦ φίλοι σωτῆρες νόμων,
5 ἡμεῖς περὶ ἑκάστων ὧν τίθεμεν τοὺς νόμους πάμπολλα παρα-
λείψομεν—ἀνάγκη γάρ—οὐ μὴν ἀλλ' ὅσα γε μὴ σμικρὰ καὶ
τὸ ὅλον εἰς δύναμιν οὐκ ἀνήσομεν ἀπερίηγητον καθάπερ τινὶ
περιγραφῇ· τοῦτο δὲ δεήσει συμπληροῦν ὑμᾶς τὸ περιηγηθέν.

c   ὅποι δὲ βλέποντες δράσετε τὸ τοιοῦτον, ἀκούειν χρή. Μέ-
γιλλος μὲν γὰρ καὶ ἐγὼ καὶ Κλεινίας εἰρήκαμέν τε αὐτὰ
ἀλλήλοις οὐκ ὀλιγάκις, ὁμολογοῦμέν τε λέγεσθαι καλῶς·
ὑμᾶς δὲ ἡμῖν βουλόμεθα συγγνώμονάς τε ἅμα καὶ μαθητὰς
5 γίγνεσθαι, βλέποντας πρὸς ταῦτα εἰς ἅπερ ἡμεῖς συνεχωρή-
σαμεν ἀλλήλοις τὸν νομοφύλακά τε καὶ νομοθέτην δεῖν
βλέπειν. ἦν δὲ ἡ συγχώρησις ἓν ἔχουσα κεφάλαιον, ὅπως
d   ποτὲ ἀνὴρ ἀγαθὸς γίγνοιτ' ἄν, τὴν ἀνθρώπῳ προσήκουσαν
ἀρετὴν τῆς ψυχῆς ἔχων ἔκ τινος ἐπιτηδεύματος ἤ τινος
ἤθους ἢ ποιᾶς κτήσεως ἢ ἐπιθυμίας ἢ δόξης ἢ μαθημάτων

e 5 τοῦτο Aldina: τοῦτον libri   d 3 ἤθους] γρ. ἔθους O

·ποτέ τινων, εἴτε ἄρρην τις τῶν συνοικούντων οὖσα ἡ φύσις
εἴτε θήλεια, νέων ἢ γερόντων, ὅπως εἰς .ταὐτὸν τοῦτο ὃ λέ- 5
γομεν τεταμένη σπουδὴ πᾶσα ἔσται διὰ παντὸς τοῦ βίου,
τῶν δ' ἄλλων ὁπόσα ἐμπόδια τούτοις μηδὲν προτιμῶν φανεῖ-
ται μηδ' ὁστισοῦν, τελευτῶν δὲ καὶ πόλεως, ἐὰν ἀνάστατον e
ἀνάγκη φαίνηται γίγνεσθαι πρὶν ἐθέλειν δούλειον ὑπομεί-
νασα ζυγὸν ἄρχεσθαι ὑπὸ χειρόνων, ἢ λείπειν φυγῇ τὴν
πόλιν· ὡς πάντα τὰ τοιαῦτα ἄρ' ἔσθ' ὑπομενετέον πάσχοντας
πρὶν ἀλλάξασθαι πολιτείαν ἢ χείρους ἀνθρώπους πέφυκε 5
ποιεῖν. ταῦτα ἡμεῖς τε ἔμπροσθεν συνωμολογησάμεθα, καὶ
νῦν ὑμεῖς ἡμῶν εἰς ταῦτα ἑκάτερα βλέποντες ἐπαινεῖτε καὶ
ψέγετε τοὺς νόμους ὅσοι μὴ ταῦτα δυνατοί, τοὺς δὲ δυνατοὺς 771
ἀσπάζεσθέ τε καὶ φιλοφρόνως δεχόμενοι ζῆτε ἐν αὐτοῖς· τὰ
δ' ἄλλα ἐπιτηδεύματα καὶ πρὸς ἄλλα τείνοντα τῶν ἀγαθῶν
λεγομένων χαίρειν χρὴ προσαγορεύειν.

Ἀρχὴ δὲ ἔστω τῶν μετὰ ταῦτα ἡμῖν νόμων ἥδέ τις, ἀφ' 5
ἱερῶν ἠργμένη. τὸν ἀριθμὸν γὰρ δὴ δεῖ πρῶτον ἀναλαβεῖν
ἡμᾶς τὸν τῶν πεντακισχιλίων καὶ τετταράκοντα, ὅσας εἶχέν
τε καὶ ἔχει τομὰς προσφόρους ὅ τε ὅλος ἅμα καὶ ὁ κατὰ b
φυλάς, ὃ δὴ τοῦ παντὸς ἔθεμεν δωδεκατημόριον, ἓν καὶ εἴκοσιν
εἰκοσάκις ὀρθότατα φύν. ἔχει δὲ διανομὰς δώδεκα μὲν ὁ πᾶς
ἀριθμὸς ἡμῖν, δώδεκα δὲ καὶ ὁ τῆς φυλῆς· ἑκάστην δὴ τὴν
μοῖραν διανοεῖσθαι χρεὼν ὡς οὖσαν ἱεράν, θεοῦ δῶρον, ἑπο- 5
μένην τοῖς μησὶν καὶ τῇ τοῦ παντὸς περιόδῳ. διὸ καὶ πᾶσαν
πόλιν ἄγει μὲν τὸ σύμφυτον ἱεροῦν αὐτάς, ἄλλοι δὲ ἄλλων
ἴσως ὀρθότερον ἐνείμαντό τε καὶ εὐτυχέστερον ἐθείωσαν τὴν
διανομήν· ἡμεῖς δὲ οὖν νῦν φαμεν ὀρθότατα προῃρῆσθαι τὸν c
τῶν πεντακισχιλίων καὶ τετταράκοντα ἀριθμόν, ὃς πάσας
τὰς διανομὰς ἔχει μέχρι τῶν δώδεκα ἀπὸ μιᾶς ἀρξάμενος
πλὴν ἑνδεκάδος—αὕτη δ' ἔχει σμικρότατον ἴαμα· ἐπὶ θάτερα

d 6 τεταμένη Stephanus: τεταγμένη libri   e 7 ὑμεῖς ἡμῶν
Λ²: ἡμεῖς ὑμῶν Λ   b 3 φῦν Λ: in marg. φῦναι a   b 5 ἱερὰν]
ἱερὸν Stephanus

5 γὰρ ὑγιὴς γίγνεται δυοῖν ἑστίαιν ἀπονεμηθείσαιν—ὡς δ'
ἐστὶν ταῦτα ἀληθῶς ὄντα, κατὰ σχολὴν οὐκ ἂν πολὺς ἐπι-
δείξειεν μῦθος. πιστεύσαντες δὴ τὰ νῦν τῇ παρούσῃ φήμῃ

d καὶ λόγῳ, νείμωμέν τε ταύτην, καὶ ἑκάστῃ μοίρᾳ θεὸν ἢ θεῶν
παῖδα ἐπιφημίσαντες, βωμούς τε καὶ τὰ τούτοις προσήκοντα
ἀποδόντες, θυσιῶν πέρι συνόδους ἐπ' αὐτοῖς ποιώμεθα δύο
τοῦ μηνός, δώδεκα μὲν τῇ τῆς φυλῆς διανομῇ, δώδεκα δὲ

5 αὐτῷ τῷ τῆς πόλεως διαμερισμῷ, θεῶν μὲν δὴ πρῶτον χάριτος
ἕνεκα καὶ τῶν περὶ θεούς, δεύτερον δὲ ἡμῶν αὐτῶν οἰκειό-
τητός τε πέρι καὶ γνωρίσεως ἀλλήλων, ὡς φαῖμεν ἄν, καὶ

e ὁμιλίας ἕνεκα πάσης. πρὸς γὰρ δὴ τὴν τῶν γάμων κοινω-
νίαν καὶ σύμμειξιν ἀναγκαίως ἔχει τὴν ἄγνοιαν ἐξαιρεῖν
παρ' ὧν τέ τις ἄγεται καὶ ἃ καὶ οἷς ἐκδίδωσι, περὶ παντὸς
ποιούμενον ὅτι μάλιστα τὸ μὴ σφάλλεσθαι μηδαμῶς ἐν τοῖς

5 τοιούτοις κατὰ τὸ δυνατόν. τῆς οὖν τοιαύτης σπουδῆς ἕνεκα
χρὴ καὶ τὰς παιδιὰς ποιεῖσθαι χορεύοντάς τε καὶ χορευούσας

772 κόρους καὶ κόρας, καὶ ἅμα δὴ θεωροῦντάς τε καὶ θεωρου-
μένους μετὰ λόγου τε καὶ ἡλικίας τινὸς ἐχούσης εἰκυίας
προφάσεις, γυμνοὺς καὶ γυμνὰς μέχριπερ αἰδοῦς σώφρονος
ἑκάστων. τούτων δ' ἐπιμελητὰς πάντων καὶ κοσμητὰς τοὺς

5 τῶν χορῶν ἄρχοντας γίγνεσθαι καὶ νομοθέτας μετὰ τῶν
νομοφυλάκων, ὅσον ἂν ἡμεῖς ἐκλείπωμεν τάττοντες· ἀνα-
γκαῖον δέ, ὅπερ εἴπομεν, περὶ τὰ τοιαῦτα πάντα ὅσα σμικρὰ

b καὶ πολλὰ νομοθέτην μὲν ἐκλείπειν, τοὺς δ' ἐμπείρους ἀεὶ
κατ' ἐνιαυτὸν γιγνομένους αὐτῶν, ἀπὸ τῆς χρείας μανθάνοντας,
τάττεσθαι καὶ ἐπανορθουμένους κινεῖν κατ' ἐνιαυτόν, ἕως ἂν
ὅρος ἱκανὸς δόξῃ τῶν τοιούτων νομίμων καὶ ἐπιτηδευμάτων

5 γεγονέναι. χρόνος μὲν οὖν μέτριος ἅμα καὶ ἱκανὸς γίγνοιτ'
ἂν τῆς ἐμπειρίας δεκαετηρὶς θυσιῶν τε καὶ χορειῶν, ἐπὶ
πάντα καὶ ἕκαστα ταχθείς, ζῶντος μὲν τοῦ τάξαντος νομο-

c θέτου κοινῇ, τέλος δὲ σχόντος, αὐτὰς ἑκάστας τὰς ἀρχὰς

a 1 κόρους τε καὶ Eus.   a 6 τάττοντας Aldina   b 5 γρ. χρόνος
in marg. A³ O² : χορὸς A L O   b 6 δεκαετηρὶς Schneider : δεκάτηρις
A O : δεκατέτηρος in marg. A² : δεκαέτηρος vulg.

εἰς τοὺς νομοφύλακας εἰσφερούσας τὸ παραλειπόμενον τῆς
αὐτῶν ἀρχῆς ἐπανορθοῦσθαι, μέχριπερ ἂν τέλος ἔχειν ἕκαστον
δόξῃ τοῦ καλῶς ἐξειργάσθαι, τότε δὲ ἀκίνητα θεμένους, ἤδη
χρῆσθαι μετὰ τῶν ἄλλων νόμων οὓς ἔταξε κατ' ἀρχὰς ὁ θεὶς 5
αὐτοῖς νομοθέτης· ὧν πέρι κινεῖν μὲν ἑκόντας μηδέποτε
μηδέν, εἰ δέ τις ἀνάγκη δόξειέ ποτε καταλαβεῖν, πάσας μὲν
τὰς ἀρχὰς χρὴ συμβούλους, πάντα δὲ τὸν δῆμον καὶ πάσας d
θεῶν μαντείας ἐπελθόντας, ἐὰν συμφωνῶσι πάντες, οὕτω
κινεῖν, ἄλλως δὲ μηδέποτε μηδαμῶς, ἀλλὰ τὸν κωλύοντα ἀεὶ
κατὰ νόμον κρατεῖν.

Ὁπότε τις οὖν καὶ ὁπηνίκα τῶν πέντε καὶ εἴκοσι γεγονότων 5
ἔτη, σκοπῶν καὶ σκοπούμενος ὑπ' ἄλλων, κατὰ νοῦν ἑαυτῷ
καὶ πρέποντα εἰς παίδων κοινωνίαν καὶ γένεσιν ἐξηυρηκέναι
πιστεύει, γαμείτω μὲν πᾶς ἐντὸς τῶν πέντε καὶ τριάκοντα e
ἐτῶν, τὸ δὲ πρέπον καὶ τὸ ἁρμόττον ὡς χρὴ ζητεῖν, πρῶτον
ἐπακουσάτω· δεῖ γάρ, ὥς φησιν Κλεινίας, ἔμπροσθεν τοῦ
νόμου προοίμιον οἰκεῖον ἑκάστῳ προτιθέναι.

Κ.Λ. Κάλλιστα, ὦ ξένε, διεμνημόνευσας, ἔλαβές τε τοῦ 5
λόγου καιρὸν καὶ μάλ' ἐμοὶ δοκοῦντ' εἶναι σύμμετρον.

ΑΘ. Εὖ λέγεις. Ὦ παῖ, τοίνυν φῶμεν ἀγαθῶν πατέρων
φύντι, τοὺς παρὰ τοῖς ἔμφροσιν εὐδόξους γάμους χρὴ γαμεῖν, 773
οἵ σοι παραινοῖεν ἂν μὴ φεύγειν τὸν τῶν πενήτων μηδὲ τὸν
τῶν πλουσίων διώκειν διαφερόντως γάμον, ἀλλ' ἐὰν τἆλλα
ἰσάζῃ, τὸν ὑποδεέστερον ἀεὶ τιμῶντα εἰς τὴν κοινωνίαν
συνιέναι. τῇ τε γὰρ πόλει σύμφορον ἂν εἴη ταύτῃ ταῖς τε 5
συνιούσαις ἑστίαις· τὸ γὰρ ὁμαλὸν καὶ σύμμετρον ἀκράτου
μυρίον διαφέρει πρὸς ἀρετήν. κοσμίων τε πατέρων χρὴ
προθυμεῖσθαι γίγνεσθαι κηδεστὴν τὸν αὐτῷ συνειδότα ἰταμώ- b
τερον ἅμα καὶ θᾶττον τοῦ δέοντος πρὸς πάσας τὰς πράξεις
φερόμενον· τὸν δ' ἐναντίως πεφυκότα ἐπὶ τἀναντία χρὴ
κηδεύματα πορεύεσθαι. καὶ κατὰ παντὸς εἷς ἔστω μῦθος
γάμου· τὸν γὰρ τῇ πόλει δεῖ συμφέροντα μνηστεύειν γάμον 5

ἕκαστον, οὐ τὸν ἥδιστον αὑτῷ. φέρεται δέ πως πᾶς ἀεὶ
κατὰ φύσιν· πρὸς τὸν ὁμοιότατον αὑτῷ, ὅθεν ἀνώμαλος ἡ
c πόλις ὅλη γίγνεται χρήμασίν τε καὶ τρόπων ἤθεσιν· ἐξ ὧν
ἃ μὴ βουλόμεθα συμβαίνειν ἡμῖν, καὶ μάλιστα συμβαίνει
ταῖς πλείσταις πόλεσι. ταῦτα δὴ διὰ λόγου μὲν νόμῳ
προστάττειν, μὴ ˙γαμεῖν πλούσιον πλουσίου, μηδὲ πολλὰ
5 δυνάμενον πράττειν ἄλλου τοιούτου, θάττους δὲ ἤθεσι πρὸς
βραδυτέρους καὶ βραδυτέρους πρὸς θάττους ἀναγκάζειν τῇ
τῶν γάμων κοινωνίᾳ πορεύεσθαι, πρὸς τῷ γελοῖα εἶναι θυμὸν
ἂν ἐγεῖραι πολλοῖς· οὐ γὰρ ῥᾴδιον ἐννοεῖν ὅτι πόλιν εἶναι
d δεῖ δίκην κρατῆρος κεκραμένην, οὗ μαινόμενος μὲν οἶνος
ἐγκεχυμένος ζεῖ, κολαζόμενος δὲ ὑπὸ νήφοντος ἑτέρου θεοῦ
καλὴν κοινωνίαν λαβὼν ἀγαθὸν πῶμα καὶ μέτριον ἀπεργά-
ζεται. τοῦτ' οὖν γιγνόμενον ἐν τῇ τῶν παίδων μείξει διορᾶν
5 ὡς ἔπος εἰπεῖν δυνατὸς οὐδείς· τούτων δὴ χάριν ἐᾶν μὲν
νόμῳ τὰ τοιαῦτα ἀναγκαῖον, ἐπᾴδοντα δὲ πείθειν πειρᾶσθαι
τὴν τῶν παίδων ὁμαλότητα αὐτῶν αὑτοῖς τῆς τῶν γάμων
e ἰσότητος ἀπλήστου χρημάτων οὔσης περὶ πλείονος ἕκα-
στον ποιεῖσθαι, καὶ δι' ὀνείδους ἀποτρέπειν τὸν περὶ τὰ
χρήματα ἐν τοῖς γάμοις ἐσπουδακότα, ἀλλὰ μὴ γραπτῷ νόμῳ
βιαζόμενον.
5 Περὶ γάμων δὴ ταῦτ' ἔστω παραμύθια λεγόμενα, καὶ δὴ
καὶ τὰ ἔμπροσθε τούτων ῥηθέντα, ὡς χρὴ τῆς ἀειγενοῦς
φύσεως ἀντέχεσθαι τῷ παῖδας παίδων καταλείποντα ἀεὶ τῷ
774 θεῷ ὑπηρέτας ἀνθ' αὑτοῦ παραδιδόναι. πάντα οὖν ταῦτα
καὶ ἔτι πλείω τις ἂν εἴποι περὶ γάμων, ὡς χρὴ γαμεῖν,
προοιμιαζόμενος ὀρθῶς· ἂν δ' ἄρα τις μὴ πείθηται ἑκών,
ἀλλότριον δὲ αὑτὸν καὶ ἀκοινώνητον ἐν τῇ πόλει ἔχῃ καὶ.
5 ἄγαμος ὢν γένηται πεντεκαιτριακοντούτης, ζημιούσθω κατ'
ἐνιαυτὸν ἕκαστον, ὁ μέγιστον μὲν τίμημα κεκτημένος ἑκατὸν

c 6 καὶ βραδυτέρους in marg. A¹: om. A   c 7 θυμὸν ἂν
ἐγεῖραι Ast: θυμὸν ** ἀνεγεῖραι A O   e 1 ἀπλήστου A² et O²
(η s. v.): ἀπλείστου A O   e 7 καταλείποντα Stephanus: καταλείποντι
libri cum Stob.

δραχμαῖς, ὁ δὲ τὸ δεύτερον ἑβδομήκοντα, τρίτον δὲ ἑξή-
κοντα, ὁ δὲ τὸ τέταρτον τριάκοντα. τοῦτο δ' ἔστω τῆς "Ηρας
ἱερόν. ὁ δὲ μὴ ἐκτίνων κατ' ἐνιαυτὸν δεκαπλάσιον ὀφειλέτω· b
πραττέσθω δὲ ὁ ταμίας τῆς θεοῦ, μὴ ἐκπράξας δὲ αὐτὸς
ὀφειλέτω καὶ ἐν ταῖς εὐθύναις τοῦ τοιούτου λόγον ὑπεχέτω
πᾶς. εἰς μὲν οὖν χρήματα ὁ μὴ 'θέλων γαμεῖν ταῦτα
ζημιούσθω, τιμῆς δὲ παρὰ τῶν νεωτέρων ἄτιμος πάσης 5
ἔστω, καὶ μηδεὶς ὑπακουέτω μηδὲν αὐτῷ ἑκὼν τῶν νέων· ἐὰν
δὲ κολάζειν τινὰ ἐπιχειρῇ, πᾶς τῷ ἀδικουμένῳ βοηθείτω καὶ
ἀμυνέτω, μὴ βοηθῶν δὲ ὁ παραγενόμενος δειλός τε ἅμα c
καὶ κακὸς ὑπὸ τοῦ νόμου πολίτης εἶναι λεγέσθω.

Περὶ δὲ προικὸς εἴρηται μὲν καὶ πρότερον, εἰρήσθω δὲ
πάλιν ὡς ἴσα ἀντὶ ἴσων ἐστὶν τὸ μήτε λαμβάνοντι μήτ'
ἐκδιδόντι διὰ χρημάτων ἀπορίαν γηράσκειν τοὺς πένητας· τὰ 5
γὰρ ἀναγκαῖα ὑπάρχοντά ἐστι πᾶσι τῶν ἐν ταύτῃ τῇ πόλει, ·
ὕβρις δὲ ἧττον γυναιξὶ καὶ δουλεία ταπεινὴ καὶ ἀνελεύθερος
διὰ χρήματα τοῖς γήμασι γίγνοιτο ἄν. καὶ ὁ μὲν πειθόμενος d
ἓν τῶν καλῶν δρῴη τοῦτ' ἄν· ὁ δὲ μὴ πειθόμενος ἢ διδοὺς ἢ
λαμβάνων πλέον ἢ πεντήκοντα ἄξια δραχμῶν ἐσθῆτος χάριν,
ὁ δὲ μιᾶς, ὁ δὲ τριῶν ἡμιμναίων, ὁ δὲ δυοῖν μναῖν, ὁ τὸ
μέγιστον τίμημα κεκτημένος, ὀφειλέτω μὲν τῷ δημοσίῳ 5
τοσοῦτον ἕτεροι, τὸ δὲ δοθὲν ἢ ληφθὲν ἱερὸν ἔστω τῆς
"Ηρας τε καὶ τοῦ Διός, πραττόντων δὲ οἱ ταμίαι τούτοιν
τοῖν θεοῖν, καθάπερ ἐρρήθη τῶν μὴ γαμούντων πέρι τοὺς c
ταμίας ἐκπράττειν ἑκάστοτε τοὺς τῆς "Ηρας ἢ παρ' αὐτῶν
ἑκάστους τὴν ζημίαν ἐκτίνειν.

Ἐγγύην δὲ εἶναι κυρίαν πατρὸς μὲν πρῶτον, δευτέραν
πάππου, τρίτην δὲ ἀδελφῶν ὁμοπατρίων, ἐὰν δὲ μηδὲ εἷς ᾖ 5
τούτων, τὴν πρὸς μητρὸς μετὰ τοῦτο εἶναι κυρίαν ὡσαύτως·

c 4 πάλιν A O : καὶ πάλιν L   τὸ A O : τῷ vulg.   c 5 γη-
ράσκειν A L O : διδάσκειν in marg. I. O   c 7 ὕβρις Λ² et lecit
O¹ (i s. v.): ὕβρεις A O   d 5 ὀφειλέτω μὲν τῷ δημοσίῳ I. O
(sed in marg. γρ. διῖ) et in marg. Λ³ : ὀφ[λήσει ὀφειλέτω] μὲν τῷ διῖ Λ
(inclusa in ias a). in marg. ὀφειλέτω (s. v. ὀφλήσει) Λ²

ἐὰν δ' ἄρα τύχῃ τις ἀήθης συμβαίνῃ, τοὺς ἐγγύτατα γένους ἀεὶ κυρίους εἶναι μετὰ τῶν ἐπιτρόπων.

775 Ὅσα δὲ προτέλεια γάμων ἤ τις ἄλλη περὶ τὰ τοιαῦτα ἱερουργία μελλόντων ἢ γιγνομένων ἢ γεγονότων προσήκουσά ἐστιν τελεῖσθαι, τοὺς ἐξηγητὰς ἐρωτῶντα χρὴ καὶ πειθόμενον ἐκείνοις ἕκαστον ἡγεῖσθαι πάντα ἑαυτῷ μετρίως γίγνεσθαι.

Περὶ δὲ τῶν ἑστιάσεων, φίλους μὲν χρὴ καὶ φίλας
5 μὴ πλείους πέντε ἑκατέρων συγκαλεῖν, συγγενῶν δὲ καὶ οἰκείων ὡσαύτως τοσούτους ἄλλους ἑκατέρων· ἀνάλωμα δὲ μὴ γίγνεσθαι πλέον ἢ κατὰ τὴν οὐσίαν μηδενί, τῷ μὲν εἰς χρήματα μεγίστῳ μνᾶν, τῷ δ' ἥμισυ τοῦ τοσούτου, τῷ δ'
b ἐφεξῆς οὕτω, καθάπερ ὑποβέβηκεν ἑκάστῳ τὸ τίμημα. καὶ τὸν μὲν πειθόμενον τῷ νόμῳ ἐπαινεῖν χρὴ πάντας, τὸν δὲ ἀπειθοῦντα κολαζόντων οἱ νομοφύλακες ὡς ἀπειρόκαλόν τε ὄντα
· καὶ ἀπαίδευτον τῶν περὶ τὰς νυμφικὰς Μούσας νόμων. πίνειν
5 δὲ εἰς μέθην οὔτε ἄλλοθί που πρέπει, πλὴν ἐν ταῖς τοῦ τὸν οἶνον δόντος θεοῦ ἑορταῖς, οὐδ' ἀσφαλές, οὔτ' οὖν δὴ περὶ
· γάμους ἐσπουδακότα, ἐν οἷς ἔμφρονα μάλιστα εἶναι πρέπει
c νύμφην καὶ νυμφίον μεταβολὴν οὐ σμικρὰν βίου μεταλλάττοντας, ἅμα δὲ καὶ τὸ γεννώμενον ὅπως ὅτι μάλιστα ἐξ ἐμφρόνων ἀεὶ γίγνηται· σχεδὸν γὰρ ἄδηλον ὁποία νὺξ ἢ φῶς αὐτὸ γεννήσει μετὰ θεοῦ. καὶ πρὸς τούτοις δεῖ μὴ τῶν
5 σωμάτων διακεχυμένων ὑπὸ μέθης γίγνεσθαι τὴν παιδουργίαν, ἀλλ' εὐπαγὲς ἀπλανὲς ἡσυχαῖόν τε ἐν μοίρᾳ συνίστασθαι τὸ φυόμενον. ὁ δὲ διῳνωμένος αὐτός τε φέρεται πάντῃ καὶ
d φέρει, λυττῶν κατά τε σῶμα καὶ ψυχήν· σπείρειν οὖν παράφορος ἅμα καὶ κακὸς ὁ μεθύων, ὥστ' ἀνώμαλα καὶ ἄπιστα καὶ οὐδὲν εὐθύπορον ἦθος οὐδὲ σῶμα ἐκ τῶν εἰκότων γεννῴη ποτ' ἄν. διὸ μᾶλλον μὲν ὅλον τὸν ἐνιαυτὸν καὶ βίον χρή,
5 μάλιστα δὲ ὁπόσον ἂν γεννᾷ χρόνον, εὐλαβεῖσθαι καὶ μὴ πράττειν μήτε ὅσα νοσώδη ἑκόντα εἶναι μήτε ὅσα ὕβρεως ἢ

e 7 τύχῃ fecit Λ²   συμβαίνῃ L (ut vid.) O: συμβαίνει Λ   b 6 οὐδ'
Athenaeus: οὔτ' libri

ἀδικίας ἐχόμενα—εἰς γὰρ τὰς τῶν γεννωμένων ψυχὰς καὶ
σώματα ἀναγκαῖον ἐξομοργνύμενον ἐκτυποῦσθαι καὶ τίκτειν
πάντῃ φαυλότερα—διαφερόντως δὲ ἐκείνην τὴν ἡμέραν καὶ e
νύκτα ἀπέχεσθαι τῶν περὶ τὰ τοιαῦτα· ἀρχὴ γὰρ καὶ θεὸς ἐν
ἀνθρώποις ἱδρυμένη σῴζει πάντα, τιμῆς ἐὰν τῆς προσηκούσης
αὐτῇ παρ' ἑκάστου τῶν χρωμένων λαγχάνῃ.

Νομίσαντα δ' εἶναι χρὴ τὸν γαμοῦντα ταῖν οἰκίαιν ταῖν ἐν 5
τῷ κλήρῳ τὴν ἑτέραν οἷον νεοττῶν ἐγγέννησιν καὶ τροφήν, 776
χωρισθέντα ἀπὸ πατρὸς καὶ μητρὸς τὸν γάμον ἐκεῖ ποιεῖσθαι
καὶ τὴν οἴκησιν καὶ τὴν τροφὴν αὑτοῦ καὶ τῶν τέκνων. ἐν
γὰρ ταῖς φιλίαις ἐὰν μὲν πόθος ἐνῇ τις, κολλᾷ καὶ συνδεῖ
πάντα ἤθη· κατακορὴς δὲ συνουσία καὶ οὐκ ἴσχουσα τὸν 5
διὰ χρόνου πόθον ἀπορρεῖν ἀλλήλων ποιεῖ ὑπερβολαῖς
πλησμονῆς. ὧν δὴ χάριν μητρὶ καὶ πατρὶ καὶ τοῖς τῆς
γυναικὸς οἰκείοις παρέντας χρὴ τὰς αὑτῶν οἰκήσεις, οἷον
εἰς ἀποικίαν ἀφικομένους, αὐτοὺς ἐπισκοποῦντάς τε ἅμα b
καὶ ἐπισκοπουμένους οἰκεῖν, γεννῶντάς τε καὶ ἐκτρέφοντας
παῖδας, καθάπερ λαμπάδα τὸν βίον παραδιδόντας ἄλλοις ἐξ
ἄλλων, θεραπεύοντας ἀεὶ θεοὺς κατὰ νόμους.

Κτήματα δὲ τὸ μετὰ τοῦτο ποῖα ἄν τις κεκτημένος ἐμμελε- 5
στάτην οὐσίαν κεκτῇτο; τὰ μὲν οὖν πολλὰ οὔτε νοῆσαι
χαλεπὸν οὔτε κτήσασθαι, τὰ δὲ δὴ τῶν οἰκετῶν χαλεπὰ
πάντῃ. τὸ δ' αἴτιον, οὐκ ὀρθῶς πως καί τινα τρόπον ὀρθῶς c
περὶ αὐτῶν λέγομεν· ἐναντία γὰρ ταῖς χρείαις, καὶ κατὰ τὰς
χρείας αὖ, ποιούμεθα περὶ δούλων καὶ τὰ λεγόμενα.

ΜΕ. Πῶς δ' αὖ τοῦτο λέγομεν; οὐ γάρ πω μανθάνομεν,
ὦ ξένε, ὅτι τὰ νῦν φράζεις. 5

ΑΘ. Καὶ μάλα γε, ὦ Μέγιλλε, εἰκότως· σχεδὸν γὰρ
πάντων τῶν Ἑλλήνων ἡ Λακεδαιμονίων εἱλωτεία πλείστην
ἀπορίαν παράσχοιτ' ἂν καὶ ἔριν τοῖς μὲν ὡς εὖ, τοῖς δ' ὡς
οὐκ εὖ γεγονυῖά ἐστιν—ἐλάττω δὲ ἥ τε Ἡρακλεωτῶν

---

b 6 κεκτῇτο Ast : κέκτητο libri   c 3 καὶ λεγόμενα Λ sed τὰ
s. v. Λ² et καὶ τὰ λεγόμενα in marg. a) : τὰ λεγόμενα in ras. O

d δουλεία τῆς τῶν Μαριανδυνῶν καταδουλώσεως ἔριν ἂν ἔχοι,
τὸ Θετταλῶν τ᾽ αὖ πενεστικὸν ἔθνος—εἰς ἃ καὶ πάντα τὰ
τοιαῦτα βλέψαντας ἡμᾶς τί χρὴ ποιεῖν περὶ κτήσεως οἰκετῶν;
ὃ δὴ παριὼν τῷ λόγῳ ἔτυχον εἰπών, καὶ σύ με εἰκότως τί
5 ποτε φράζοιμι ἠρώτησας, τόδε ἐστίν. ἴσμεν ὅτι που πάντες
εἴποιμεν ἂν ὡς χρὴ δούλους ὡς εὐμενεστάτους ἐκτῆσθαι καὶ
ἀρίστους· πολλοὶ γὰρ ἀδελφῶν ἤδη δοῦλοι καὶ ὑέων τισὶν
κρείττους πρὸς ἀρετὴν πᾶσαν γενόμενοι, σεσώκασιν δεσπότας
e καὶ κτήματα τάς τε οἰκήσεις αὐτῶν ὅλας. ταῦτα γὰρ ἴσμεν
που περὶ δούλων λεγόμενα.

ΜΕ. Τί μήν;

ΑΘ. Οὐκοῦν καὶ τοὐναντίον, ὡς ὑγιὲς οὐδὲν ψυχῆς δούλης,
5 οὐδὲ πιστεύειν οὐδέποτ᾽ οὐδὲν τῷ γένει δεῖ τὸν νοῦν κεκτη-
μένον; ὁ δὲ σοφώτατος ἡμῖν τῶν ποιητῶν καὶ ἀπεφήνατο,
ὑπὲρ τοῦ Διὸς ἀγορεύων, ὡς—

777 ἥμισυ γάρ τε νόου, φησίν, ἀπαμείρεται εὐρύοπα Ζεύς
ἀνδρῶν, οὓς ἂν δὴ κατὰ δούλιον ἦμαρ ἕλῃσι.

ταῦτα δὴ διαλαβόντες ἕκαστοι τοῖς διανοήμασιν οἱ μὲν
πιστεύουσί τε οὐδὲν γένει οἰκετῶν, κατὰ δὲ θηρίων φύσιν
5· κέντροις καὶ μάστιξιν οὐ τρὶς μόνον ἀλλὰ πολλάκις ἀπερ-
γάζονται δούλας τὰς ψυχὰς τῶν οἰκετῶν· οἱ δ᾽ αὖ τἀναντία
τούτων δρῶσι πάντα.

ΜΕ. Τί μήν;

b ΚΛ. Τί οὖν δὴ χρὴ ποιεῖν, τούτων, ὦ ξένε, διαφερομένων
οὕτω, περὶ τῆς ἡμετέρας αὖ χώρας ἡμᾶς, τῆς τε κτήσεως ἅμα
καὶ κολάσεως τῶν δούλων πέρι;

ΑΘ. Τί δ᾽, ὦ Κλεινία; δῆλον ὡς ἐπειδὴ δύσκολόν ἐστι
5 τὸ θρέμμα ἄνθρωπος, καὶ πρὸς τὴν ἀναγκαίαν διόρισιν, τὸ
δοῦλόν τε ἔργῳ διορίζεσθαι καὶ ἐλεύθερον καὶ δεσπότην,
οὐδαμῶς εὔχρηστον ἐθέλειν εἶναί τε καὶ γίγνεσθαι φαίνεται,

d 1 μαρυανδηνῶν L   d 8 γενομένοισ*εσώ*κασιν Α   a 1 ἀπαμεί-
ρεται L (ut vid.) Α²Ο² : ἀπαμείβεται Λ Ο   b 5 διόρισιν in marg.
iterat Λ²   b 7 ἐθέλειν libri cum Stob. : ἐθέλει Ast (φαίνεται Cliniae
tribuens)

χαλεπὸν δὴ τὸ κτῆμα· ἔργῳ γὰρ πολλάκις ἐπιδέδεικται περὶ c
τὰς Μεσσηνίων συχνὰς εἰωθυίας ἀποστάσεις γίγνεσθαι, καὶ
περί γε τὰς τῶν ἐκ μιᾶς φωνῆς πολλοὺς οἰκέτας κτωμένων
πόλεις, ὅσα κακὰ συμβαίνει, καὶ ἔτι τὰ τῶν λεγομένων περι-
δίνων τῶν περὶ τὴν Ἰταλίαν γιγνομένων παντοδαπὰ κλωπῶν 5
ἔργα τε καὶ παθήματα. πρὸς ἅ τις ἂν πάντα βλέψας δια-
πορήσειε τί χρὴ δρᾶν περὶ ἁπάντων τῶν τοιούτων. δύο δὴ
λείπεσθον μόνω μηχανά, μήτε πατριώτας ἀλλήλων εἶναι τοὺς
μέλλοντας ῥᾷον δουλεύσειν, ἀσυμφώνους τε εἰς δύναμιν ὅτι d
μάλιστα, τρέφειν δ' αὐτοὺς ὀρθῶς, μὴ μόνον ἐκείνων ἕνεκα,
πλέον δὲ αὐτῶν προτιμῶντας· ἡ δὲ τροφὴ τῶν τοιούτων
μήτε τινὰ ὕβριν ὑβρίζειν εἰς τοὺς οἰκέτας, ἧττον δέ, εἰ
δυνατόν, ἀδικεῖν ἢ τοὺς ἐξ ἴσου. διάδηλος γὰρ ὁ φύσει καὶ 5
μὴ πλαστῶς σέβων τὴν δίκην, μισῶν δὲ ὄντως τὸ ἄδικον, ἐν
τούτοις τῶν ἀνθρώπων ἐν οἷς αὐτῷ ῥᾴδιον ἀδικεῖν· ὁ περὶ
τὰ τῶν δούλων οὖν ἤθη καὶ πράξεις γιγνόμενός τις ἀμίαντος
τοῦ τε ἀνοσίου πέρι καὶ ἀδίκου, σπείρειν εἰς ἀρετῆς ἔκφυσιν e
ἱκανώτατος ἂν εἴη, ταὐτὸν δ' ἔστ' εἰπεῖν τοῦτο ὀρθῶς ἅμα
λέγοντα ἐπί τε δεσπότῃ καὶ τυράννῳ καὶ πᾶσαν δυναστείαν
δυναστεύοντι πρὸς ἀσθενέστερον ἑαυτοῦ. κολάζειν γε μὴν
ἐν δίκῃ δούλους δεῖ, καὶ μὴ νουθετοῦντας ὡς ἐλευθέρους 5
θρύπτεσθαι ποιεῖν· τὴν δὲ οἰκέτου πρόσρησιν χρὴ σχεδὸν
ἐπίταξιν πᾶσαν γίγνεσθαι, μὴ προσπαίζοντας μηδαμῇ μη- 778
δαμῶς οἰκέταις, μήτ' οὖν θηλείαις μήτε ἄρρεσιν, ἃ δὴ πρὸς
δούλους φιλοῦσι πολλοὶ σφόδρα ἀνοήτως θρύπτοντες χαλε-
πώτερον ἀπεργάζεσθαι τὸν βίον ἐκείνοις τε ἄρχεσθαι καὶ
ἑαυτοῖς ἄρχειν. 5

ΚΛ. Ὀρθῶς λέγεις.

ΑΘ. Οὐκοῦν ὅτε τις οἰκέταις κατεσκευασμένος εἰς δύναμιν

---

c 4 τὰ Λ L Athenaeus Stob. : om. O περιδίνων Λ° O² (i s. v.) :
περιδείνων aut περιδεινῶν Λ O Athen. Stob. Hesych. s. v.   c 5 παντο-
δαπὰ] παντοδαπῶν Athen. : παντοδαπῶν καὶ Stob.   κλωπῶν scripsi .
κλοπῶν libri cum Athen. Stob. sed o in ras. Λ)   c 6 ἂν πάντα
Stob. : ἅπαντα libri cum Athen.   e 5 δεῖ Athen. Stob. : δ' ἀεὶ
Λ O : ἀεὶ vulg.

εἴη πλήθει καὶ ἐπιτηδειότητι πρὸς ἑκάστας τὰς τῶν ἔργων
παραβοηθείας, τὸ δὴ μετὰ τοῦτο οἰκήσεις χρὴ διαγράφειν
10 τῷ λόγῳ;

ΚΛ. Πάνυ μὲν οὖν.

b   ΑΘ. Καὶ συμπάσης γε ὡς ἔπος εἰπεῖν ἔοικεν τῆς οἰκοδο-
μικῆς πέρι τήν γε δὴ νέαν καὶ ἀοίκητον ἐν τῷ πρόσθεν πόλιν
ἐπιμελητέον εἶναι, τίνα τρόπον ἕκαστα ἕξει τούτων περί τε
ἱερὰ καὶ τείχη. γάμων δ᾽ ἦν ἔμπροσθεν ταῦτα, ὦ Κλεινία,
5 νῦν δ᾽ ἐπείπερ λόγῳ γίγνεται, καὶ μάλ᾽ ἐγχωρεῖ ταύτῃ
γίγνεσθαι τὰ νῦν· ἔργῳ μὴν ὅταν γίγνηται, ταῦτ᾽ ἔμπροσθεν
τῶν γάμων, ἐὰν θεὸς ἐθέλῃ, ποιήσαντες, ἐκεῖνα ἤδη τότε ἐπὶ
c   πᾶσιν τοῖς τοιούτοις ἀποτελοῦμεν. νῦν δὲ μόνον ὅσον τινὰ
τύπον αὐτῶν δι᾽ ὀλίγων ἐπεξέλθωμεν.

ΚΛ. Πάνυ μὲν οὖν.

ΑΘ. Τὰ μὲν τοίνυν ἱερὰ πᾶσαν πέριξ τήν τε ἀγορὰν χρὴ
5 κατασκευάζειν, καὶ τὴν πόλιν ὅλην ἐν κύκλῳ πρὸς τοῖς ὑψηλοῖς
τῶν τόπων, εὐερκείας τε καὶ καθαρότητος χάριν· πρὸς δὲ
αὐτοῖς οἰκήσεις τε ἀρχόντων καὶ δικαστηρίων, ἐν οἷς τὰς
δίκας ὡς ἱερωτάτοις οὖσιν λήψονταί τε καὶ δώσουσι, τὰ μὲν
d   ὡς ὁσίων πέρι, τὰ δὲ καὶ τοιούτων θεῶν ἱδρύματα, καὶ ἐν
τούτοις δικαστήρια, ἐν οἷς αἵ τε τῶν φόνων πρέπουσαι δίκαι
γίγνοιντ᾽ ἂν καὶ ὅσα θανάτων ἄξια ἀδικήματα. περὶ δὲ
τειχῶν, ὦ Μέγιλλε, ἔγωγ᾽ ἂν τῇ Σπάρτῃ συμφεροίμην τὸ
5 καθεύδειν ἐᾶν ἐν τῇ γῇ κατακείμενα τὰ τείχη καὶ μὴ ἐπανι-
στάναι, τῶνδε εἵνεκα. καλῶς μὲν καὶ ὁ ποιητικὸς ὑπὲρ αὐτῶν
λόγος ὑμνεῖται, τὸ χαλκᾶ καὶ σιδηρᾶ δεῖν εἶναι τὰ τείχη
e   μᾶλλον ἢ γήινα· τὸ δ᾽ ἡμέτερον ἔτι πρὸς τούτοις γέλωτ᾽ ἂν
δικαίως πάμπολυν ὄφλοι, τὸ κατ᾽ ἐνιαυτὸν μὲν ἐκπέμπειν εἰς
τὴν χώραν τοὺς νέους, τὰ μὲν σκάψοντας, τὰ δὲ ταφρεύ-
σοντας, τὰ δὲ καὶ διά τινων οἰκοδομήσεων εἴρξοντας τοὺς
5 πολεμίους, ὡς δὴ τῶν ὅρων τῆς χώρας οὐκ ἐάσοντας ἐπι-

c 5 πρὸς τοῖς ὑψηλοῖς om. γρ. O   d 4 ἐγὼ ξυμφεροίμην ἂν τῇ
Σπάρτῃ Longinus   d 5 ἐπανίστασθαι Longinus   e 3 τὰ δὲ
ταφρεύσοντας in marg. Λ³O²: om. ΛO

βαίνειν, τεῖχος δὲ περιβαλοίμεθα, ὃ πρῶτον μὲν πρὸς ὑγίειαν
ταῖς πόλεσιν οὐδαμῶς συμφέρει, πρὸς δέ τινα μαλθακὴν ἕξιν
ταῖς ψυχαῖς τῶν ἐνοικούντων εἴωθε ποιεῖν, προκαλούμενον
εἰς αὐτὸ καταφεύγοντας μὴ ἀμύνεσθαι τοὺς πολεμίους, μηδὲ 779
τῷ φρουρεῖν ἀεί τινας ἐν αὐτῇ νύκτωρ καὶ μεθ' ἡμέραν,
τούτῳ τῆς σωτηρίας τυγχάνειν, τείχεσι δὲ καὶ πύλαις δια-
νοεῖσθαι φραχθέντας τε καὶ καθεύδοντας σωτηρίας ὄντως
ἕξειν μηχανάς, ὡς ἐπὶ τὸ μὴ πονεῖν γεγονότας, ἀγνοοῦντας 5
δ' αὖ τὴν ῥᾳστώνην ὡς ὄντως ἐστὶν ἐκ τῶν πόνων· ἐκ
ῥᾳστώνης δέ γε, οἶμαι, τῆς αἰσχρᾶς οἱ πόνοι καὶ ῥᾳθυμίας
πεφύκασι γίγνεσθαι πάλιν. ἀλλ' εἰ δὴ τεῖχός γέ τι χρεὼν
ἀνθρώποις εἶναι, τὰς οἰκοδομίας χρὴ τὰς τῶν ἰδίων οἰκήσεων b
οὕτως ἐξ ἀρχῆς βάλλεσθαι, ὅπως ἂν ᾖ πᾶσα ἡ πόλις ἓν
τεῖχος, ὁμαλότητί τε καὶ ὁμοιότησιν εἰς τὰς ὁδοὺς πασῶν
τῶν οἰκήσεων ἐχουσῶν εὐέρκειαν, ἰδεῖν τε οὐκ ἀηδὲς μιᾶς
οἰκίας σχῆμα ἐχούσης αὐτῆς, εἴς τε τὴν τῆς φυλακῆς 5
ῥᾳστώνην ὅλῳ καὶ παντὶ πρὸς σωτηρίαν γίγνοιτ' ἂν διά-
φορος. τούτων δέ, ὡς ἂν μένῃ τὰ κατ' ἀρχὰς οἰκοδομη-
θέντα, μέλειν μὲν μάλιστα τοῖς ἐνοικοῦσι πρέπον ἂν εἴη,
τοὺς δὲ ἀστυνόμους ἐπιμελεῖσθαι καὶ προσαναγκάζοντας τὸν c
ὀλιγωροῦντα ζημιοῦντας, καὶ πάντων δὴ τῶν κατὰ τὸ ἄστυ·
καθαρότητός τ' ἐπιμελεῖσθαι, καὶ ὅπως ἰδιώτης μηδεὶς μηδὲν
τῶν τῆς πόλεως μήτε οἰκοδομήματι μήτε οὖν ὀρύγμασιν
ἐπιλήψεται. καὶ δὴ καὶ ὑδάτων τῶν ἐκ Διὸς εὐροίας τούτους 5
ἐπιμελεῖσθαι χρεών, καὶ ὅσα ἐντὸς πόλεως ἢ ὁπόσα ἔξω
πρέπον ἂν οἰκεῖν εἴη· ταῦτα δὲ πάντα συνιδόντες ταῖς χρείαις
οἱ νομοφύλακες ἐπινομοθετούντων καὶ τῶν ἄλλων ὁπόσα ἂν d
ὁ νόμος ἐκλείπῃ δι' ἀπορίαν. ὅτε δὲ ταῦτά τε καὶ τὰ περὶ
ἀγορὰν οἰκοδομήματα καὶ τὰ περὶ τὰ γυμνάσια καὶ πάντα
ὅσα διδασκαλεῖα κατεσκευασμένα περιμένει τοὺς φοιτητὰς
καὶ θεατὰς θέατρα, πορευώμεθα ἐπὶ τὰ μετὰ τοὺς γάμους, τῆς 5
νομοθεσίας ἑξῆς ἐχόμενοι.

b 7 ὡς scripsi : ἕως libri   μένῃ Schneider : μὲν ᾖ libri

ΚΛ. Πάνυ μὲν οὖν.

ΑΘ. Γάμοι μὲν τοίνυν ἡμῖν ἔστωσαν γεγονότες, ὦ Κλεινία· δίαιτα δὲ πρὸ παιδογονίας οὐκ ἐλάττων ἐνιαυσίας

e γίγνοιτ᾽ ἂν τὸ μετὰ τοῦτο, ἣν δὴ τίνα τρόπον. χρὴ ζῆν νυμφίον καὶ νύμφην ἐν πόλει διαφερούσῃ τῶν πολλῶν ἐσομένῃ—τὸ δὴ τῶν νῦν εἰρημένων ἐχόμενον—εἰπεῖν οὐ πάντων εὐκολώτατον, ἀλλὰ ὄντων οὐκ ὀλίγων τῶν ἔμπροσθεν τοιούτων,

5 τοῦτο ἔτι ἐκείνων τῶν πολλῶν δυσχερέστερον ἀποδέχεσθαι τῷ πλήθει. τό γε μὴν δοκοῦν ὀρθὸν καὶ ἀληθὲς εἶναι πάντως ῥητέον, ὦ Κλεινία.

ΚΛ. Πάνυ μὲν οὖν.

780 ΑΘ. Ὅστις δὴ διανοεῖται πόλεσιν ἀποφαίνεσθαι νόμους, πῇ τὰ δημόσια καὶ κοινὰ αὐτοὺς χρὴ ζῆν πράττοντας, τῶν δὲ ἰδίων ὅσον ἀνάγκη μηδὲ οἴεται δεῖν, ἐξουσίαν δὲ ἑκάστοις εἶναι τὴν ἡμέραν ζῆν ὅπως ἂν ἐθέλῃ, καὶ μὴ πάντα διὰ

5 τάξεως δεῖν γίγνεσθαι, προέμενος δὲ τὰ ἴδια ἀνομοθέτητα, ἡγεῖται τά γε κοινὰ καὶ δημόσια ἐθελήσειν αὐτοὺς ζῆν διὰ νόμων, οὐκ ὀρθῶς διανοεῖται. τίνος δὴ χάριν ταῦτα εἴρηται; τοῦδε, ὅτι φήσομεν δεῖν ἡμῖν τοὺς νυμφίους μηδὲν δια-

b φερόντως μηδὲ ἧττον ἐν συσσιτίοις τὴν δίαιταν ποιεῖσθαι τοῦ πρὸ τῶν γάμων χρόνου γενομένου. καὶ τοῦτο μὲν δὴ θαυμαστὸν ὄν, ὅτε κατ᾽ ἀρχὰς πρῶτον ἐγένετο ἐν τοῖς παρ᾽ ὑμῖν τόποις, πολέμου τινὸς αὐτό, ὥς γ᾽ εἰκός, νομοθετή-

5 σαντος ἤ τινος ἑτέρου τὴν αὐτὴν δύναμιν ἔχοντος πράγματος ἐν ὀλιγανθρωπίαις ὑπὸ πολλῆς ἀπορίας ἐχομένοις, γευσαμένοις δὲ καὶ ἀναγκασθεῖσι χρήσασθαι τοῖς συσσιτίοις ἔδοξεν

c μέγα διαφέρειν εἰς σωτηρίαν τὸ νόμιμον, καὶ κατέστη δὴ τρόπῳ τινὶ τοιούτῳ τὸ ἐπιτήδευμα ὑμῖν τὸ τῶν συσσιτίων.

ΚΛ. Ἔοικε γοῦν.

ΑΘ. Ὃ δὴ ἔλεγον, ὅτι θαυμαστὸν ὂν τοῦτό ποτε καὶ

5 φοβερὸν ἐπιτάξαι τισίν, νῦν οὐχ ὁμοίως τῷ προστάττοντι

δυσχερὲς ἂν εἴη νομοθετεῖν αὐτό· τὸ δ' ἐξῆς τούτῳ, πεφυκός
τε ὀρθῶς ἂν γίγνεσθαι γιγνόμενον, νῦν τε οὐδαμῇ γιγνόμενον,
ὀλίγου τε ποιοῦν τὸν νομοθέτην, τὸ τῶν παιζόντων, εἰς πῦρ
ξαίνειν καὶ μυρία ἕτερα τοιαῦτα ἀνήνυτα ποιοῦντα δρᾶν, οὐ
ῥᾴδιον οὔτ' εἰπεῖν οὔτ' εἰπόντα ἀποτελεῖν.   d

ΚΛ. Τί δὴ τοῦτο, ὦ ξένε, ἐπιχειρῶν λέγειν ἔοικας σφόδρα
ἀποκνεῖν;

ΑΘ. Ἀκούοιτ' ἄν, ἵνα μὴ πολλὴ διατριβὴ γίγνηται περὶ
τοῦτ' αὐτὸ μάτην. πᾶν μὲν γάρ, ὅτιπερ ἂν τάξεως καὶ νόμου 5
μετέχον ἐν πόλει γίγνηται, πάντα ἀγαθὰ ἀπεργάζεται, τῶν
δὲ ἀτάκτων ἢ τῶν κακῶς ταχθέντων λύει τὰ πολλὰ τῶν εὖ
τεταγμένων ἄλλα ἕτερα. οὗ δὴ καὶ νῦν ἐφέστηκεν πέρι
τὸ λεγόμενον. ὑμῖν γάρ, ὦ Κλεινία καὶ Μέγιλλε, τὰ μὲν περὶ
τοὺς ἄνδρας συσσίτια καλῶς ἅμα καί, ὅπερ εἶπον, θαυμαστῶς e
καθέστηκεν ἐκ θείας τινὸς ἀνάγκης, τὸ δὲ περὶ τὰς γυναῖκας
οὐδαμῶς ὀρθῶς ἀνομοθέτητον μεθεῖται καὶ οὐκ εἰς τὸ φῶς 781
ἦκται τὸ τῆς συσσιτίας αὐτῶν ἐπιτήδευμα, ἀλλ' ὃ καὶ ἄλλως
γένος ἡμῶν τῶν ἀνθρώπων λαθραιότερον μᾶλλον καὶ ἐπικλο-
πώτερον ἔφυ, τὸ θῆλυ, διὰ τὸ ἀσθενές, οὐκ ὀρθῶς τοῦτο
εἴξαντος τοῦ νομοθέτου δύστακτον ὂν ἀφείθη. διὰ δὲ τούτου 5
μεθειμένου πολλὰ ὑμῖν παρέρρει, πολὺ ἄμεινον ἂν ἔχοντα, εἰ
νόμων ἔτυχεν, ἢ τὰ νῦν· οὐ γὰρ ἥμισυ μόνον ἐστίν, ὡς
δόξειεν ἄν, τὸ περὶ τὰς γυναῖκας ἀκοσμήτως περιορώμενον, b
ὅσῳ δὲ ἡ θήλεια ἡμῖν φύσις ἐστὶ πρὸς ἀρετὴν χείρων τῆς
τῶν ἀρρένων, τοσούτῳ διαφέρει πρὸς τὸ πλέον ἢ διπλάσιον
εἶναι. τοῦτ' οὖν ἐπαναλαβεῖν καὶ ἐπανορθώσασθαι καὶ πάντα
συντάξασθαι κοινῇ γυναιξί τε καὶ ἀνδράσιν ἐπιτηδεύματα 5
βέλτιον πρὸς πόλεως εὐδαιμονίαν· νῦν δὲ οὕτως ἦκται τὸ
τῶν ἀνθρώπων γένος οὐδαμῶς εἰς τοῦτο εὐτυχῶς, ὥστε οὐδὲ
μνησθῆναι περὶ αὐτοῦ ἐν ἄλλοις γ' ἐστὶν τόποις καὶ πόλεσιν
νοῦν ἔχοντος, ὅπου μηδὲ συσσίτια ὑπάρχει τὸ παράπαν c

c 7 νῦν τε] νῦν δὲ Hermann   c 9 πονοῦντα Ast   e 1 εἶπον in
marg. A³: ἠπόρει (sed ἠ et ει ref. A²) : ειπορι in marg. A²   a 2 ἀλλ'
ὃ Stephanus: ἄλλο libri

δεδογμένα κατὰ πόλιν εἶναι. πόθεν δή τίς γε ἔργῳ μὴ κατα-
γελάστως ἐπιχειρήσει γυναῖκας προσβιάζεσθαι τὴν σίτων
καὶ ποτῶν ἀνάλωσιν φανερὰν θεωρεῖσθαι; τούτου γὰρ οὐκ
5 ἔστιν ὅτι χαλεπώτερον ἂν ὑπομείνειεν τοῦτο τὸ γένος·
εἰθισμένον γὰρ δεδυκὸς καὶ σκοτεινὸν ζῆν, ἀγόμενον δ' εἰς
φῶς βίᾳ πᾶσαν ἀντίτασιν ἀντιτεῖνον, πολὺ κρατήσει τοῦ
d νομοθέτου. τοῦτ' οὖν ἄλλοθι μέν, ὅπερ εἶπον, οὐδ' ἂν τὸν
λόγον ὑπομείνειε τὸν ὀρθὸν ῥηθέντα ἄνευ πάσης βοῆς, ἐνθάδε
δὲ ἴσως ἄν. εἰ δὴ δοκεῖ λόγου γ' ἕνεκα μὴ ἀτυχῇ τὸν περὶ
πάσης τῆς πολιτείας γενέσθαι λόγον, ἐθέλω λέγειν ὡς
5 ἀγαθόν ἐστι καὶ πρέπον, εἰ καὶ σφῷν συνδοκεῖ ἀκούειν, εἰ
δὲ μή, ἐᾶν.

ΚΛ. Ἀλλ', ὦ ξένε, θαυμαστῶς τό γε ἀκοῦσαι νῷν πάντως
που συνδοκεῖ.

ΑΘ. Ἀκούωμεν δή. θαυμάσητε δὲ μηδὲν ἐὰν ὑμῖν ἄνωθέν
e ποθεν ἐπιχειρεῖν δόξω· σχολῆς γὰρ ἀπολαύομεν καὶ οὐδὲν
ἡμᾶς ἐστι τὸ κατεπεῖγον τὸ μὴ πάντῃ· πάντως σκοπεῖν τὰ
περὶ τοὺς νόμους.

ΚΛ. Ὀρθῶς εἴρηκας.

5 ΑΘ. Πάλιν τοίνυν ἐπὶ τὰ πρῶτα ἐπαναχωρήσωμεν
λεχθέντα. εὖ γὰρ δὴ τό γε τοσοῦτον χρὴ πάντ' ἄνδρα
συννοεῖν, ὡς ἡ τῶν ἀνθρώπων γένεσις ἢ τὸ παράπαν ἀρχὴν
782 οὐδεμίαν εἴληχεν οὐδ' ἕξει ποτέ γε τελευτήν, ἀλλ' ἦν τε ἀεὶ
καὶ ἔσται πάντως, ἢ μῆκός τι τῆς ἀρχῆς ἀφ' οὗ γέγονεν
ἀμήχανον ἂν χρόνον ὅσον γεγονὸς ἂν εἴη.

ΚΛ. Τί μήν;

5 ΑΘ. Τί οὖν; πόλεων συστάσεις καὶ φθοράς, καὶ ἐπι-
τηδεύματα παντοῖα τάξεώς τε καὶ ἀταξίας, καὶ βρώσεως καὶ
πωμάτων τε ἅμα καὶ βρωμάτων ἐπιθυμήματα παντοδαπά,
πάντως καὶ περὶ πᾶσαν τὴν γῆν ἆρ' οὐκ οἰόμεθα γεγονέναι,

c 6 δεδυκὸς A : δεδοικὸς O et fecit A²   c 7 πᾶσιν Vat. 1029
et fecit O² (ι s. v.)   d 1 ὅπερ Bekker : οἷπερ A L O : ᾗπερ scr. recc. :
οὗπερ Stallbaum   e 6 χρὴ L (ut vid.) O (in ras.) et in marg. γρ. A :
χρόνον A · χρεὼν Schanz   a 6 καὶ βρώσεως secl. Ast

καὶ στροφὰς ὡρῶν παντοίας, ἐν αἷς τὰ ζῷα μεταβάλλειν αὑτῶν
παμπληθεῖς μεταβολὰς εἰκός;   b

ΚΛ. Πῶς γὰρ οὔ;

ΑΘ. Τί οὖν; πιστεύομεν ἀμπέλους τε φανῆναί πού ποτε
πρότερον οὐκ οὔσας; ὡσαύτως δὲ καὶ ἐλάας καὶ τὰ Δήμητρός
τε καὶ Κόρης δῶρα; Τριπτόλεμόν τέ· τινα τῶν τοιούτων   5
γενέσθαι διάκονον; ἐν ᾧ δὲ μὴ ταῦτα ἦν τῷ χρόνῳ, μῶν
οὐκ οἰόμεθα τὰ ζῷα, καθάπερ νῦν, ἐπὶ τὴν ἀλλήλων ἐδωδὴν
τρέπεσθαι;

ΚΛ. Τί μήν;

ΑΘ. Τὸ δὲ μὴν θύειν ἀνθρώπους ἀλλήλους ἔτι καὶ νῦν c
παραμένον ὁρῶμεν πολλοῖς· καὶ τοὐναντίον ἀκούομεν ἐν
ἄλλοις, ὅτε οὐδὲ βοὸς ἐτόλμων μὲν γεύεσθαι, θύματά τε οὐκ
ἦν τοῖς θεοῖσι ζῷα, πέλανοι δὲ καὶ μέλιτι καρποὶ δεδευμένοι
καὶ τοιαῦτα ἄλλα ἁγνὰ θύματα, σαρκῶν δ' ἀπείχοντο ὡς οὐχ   5
ὅσιον ὂν ἐσθίειν οὐδὲ τοὺς τῶν θεῶν βωμοὺς αἵματι μιαίνειν,
ἀλλὰ Ὀρφικοί τινες λεγόμενοι βίοι ἐγίγνοντο ἡμῶν τοῖς
τότε, ἀψύχων μὲν ἐχόμενοι πάντων, ἐμψύχων δὲ τοὐναντίον
πάντων ἀπεχόμενοι.   d

ΚΛ. Καὶ σφόδρα λεγόμενά τ' εἴρηκας καὶ πιστεύεσθαι
πιθανά.

ΑΘ. Πρὸς οὖν δὴ τί ταῦτα, εἴποι τις ἄν, ὑμῖν πάντ'
ἐρρήθη τὰ νῦν;   5

ΚΛ. Ὀρθῶς ὑπέλαβες, ὦ ξένε.

ΑΘ. Καὶ τοίνυν, ἐὰν δύνωμαι, τὰ τούτοις ἐξῆς, ὦ Κλεινία,
πειράσομαι φράζειν.

ΚΛ. Λέγοις ἄν.

ΑΘ. Ὁρῶ πάντα τοῖς ἀνθρώποις ἐκ τριττῆς χρείας καὶ 10
ἐπιθυμίας ἠρτημένα, δι' ὧν ἀρετή τε αὐτοῖς ἀγομένοις ὀρθῶς
καὶ τοὐναντίον ἀποβαίνει κακῶς ἀχθεῖσιν. ταῦτα δ' ἐστὶν e
ἐδωδὴ μὲν καὶ πόσις εὐθὺς γενομένοις, ἣν πέρι ἅπασαν πᾶν

b 6 μὴ Λ L O: μηδὲ Aldina   μῶν rcf. A²: in marg. μον A²
c 3 ἐτόλμων μὲν Schanz (ἐτόλμων ci. Stallbaum): ἐτολμῶμεν libri
d 2 λεγόμενά τ' ci Bekker: λεγόμενα ἅ τ' libri

ζῷον ἔμφυτον ἔρωτα ἔχοι, μεστὸν οἴστρου τέ ἐστιν καὶ
ἀνηκουστίας τοῦ λέγοντος ἄλλο τι δεῖν πράττειν πλὴν τὰς
5 ἡδονὰς καὶ ἐπιθυμίας τὰς περὶ ἅπαντα ταῦτα ἀποπληροῦντα,
λύπης τῆς ἀπάσης ἀεὶ δεῖν σφᾶς ἀπαλλάττειν· τρίτη
783 δὲ ἡμῖν καὶ μεγίστη χρεία καὶ ἔρως ὀξύτατος ὕστατος
μὲν ὁρμᾶται, διαπυρωτάτους δὲ τοὺς ἀνθρώπους μανίαις
ἀπεργάζεται πάντως, ὁ περὶ τὴν τοῦ γένους σπορὰν ὕβρει
πλείστῃ καόμενος. ἃ δὴ δεῖ τρία νοσήματα, τρέποντα εἰς
5 τὸ βέλτιστον παρὰ τὸ λεγόμενον ἥδιστον, τρισὶ μὲν τοῖς
μεγίστοις πειρᾶσθαι κατέχειν, φόβῳ καὶ νόμῳ καὶ τῷ ἀληθεῖ
λόγῳ, προσχρωμένους μέντοι Μούσαις τε καὶ ἀγωνίοισι θεοῖς,
b σβεννύντων τὴν αὔξην τε καὶ ἐπιρροήν.

Παίδων δὲ δὴ γένεσιν μετὰ τοὺς γάμους θῶμεν, καὶ
μετὰ γένεσιν τροφὴν καὶ παιδείαν· καὶ τάχ᾽ ἂν οὕτω
προϊόντων τῶν λόγων ὅ τε νόμος ἡμῖν ἕκαστος περαίνοιτο
5 εἰς τοὔμπροσθεν ἐπὶ συσσίτια ἡνίκα ἀφικόμεθα—τὰς τοι-
αύτας κοινωνίας εἴτε ἄρα γυναικῶν εἴτε ἀνδρῶν δεῖ μόνων
γίγνεσθαι, προσμείξαντες αὐτοῖς ἐγγύθεν ἴσως μᾶλλον κατο-
ψόμεθα—τά τε ἐπίπροσθεν αὐτῶν, ἔτι νῦν ὄντα ἀνομο-
c θέτητα, τάξαντες αὐτὰ ἐπίπροσθεν ποιησόμεθα, καὶ ὅπερ
ἐρρήθη νυνδή, κατοψόμεθά τε αὐτὰ ἀκριβέστερον, μᾶλλόν
τε τοὺς προσήκοντας αὐτοῖς καὶ πρέποντας νόμους ἂν
θεῖμεν.

5 ΚΛ. Ὀρθότατα λέγεις.

ΑΘ. Φυλάξωμεν τοίνυν τῇ μνήμῃ τὰ νυνδὴ λεχθέντα·
ἴσως γὰρ χρείαν ποτ᾽ αὐτῶν πάντων ἕξομεν.

ΚΛ. Τὰ ποῖα δὴ διακελεύῃ;

ΑΘ. Ἃ τοῖς τρισὶ διωριζόμεθα ῥήμασι· βρῶσιν μὲν

e 6 δεῖν secl. Ast   a 4 τρέποντα A O : πρέποντα L   b 1 σβεν-
νύναι Aldina   b 2 παίδων ... d 4 καλῶς L et in marg. Λ³ (prae-
missis verbis ἔν τισι τῶν ἀντιγράφων φέρεται καὶ ταῦτα) O² (isdem
verbis praemissis) : in marg. habet L ἔν τισι τῶν ἀντιγράφων ταῦτα οὐ
φέρεται, ἀπὸ τοῦ παίδων δὴ γένεσιν μέχρι τοῦ διακελεύῃ· καλῶς.
δὲ Λ³ : om. L O²   b 5 ἡνίκα ἀφικόμεθα· τὰς Λ³ (qui sic distinxit) L O² :
ἵνα καὶ ἀφικάμενοι (sic) εἰς τὰς Aldina   b 6 μόνων Λ³ : μόνον O²

ἐλέγομέν που, καὶ δεύτερον πόσιν, καὶ ἀφροδισίων δέ τινα 10
διαπτόησιν τρίτον.   d

ΚΛ. Πάντως, ὦ ξένε, μεμνησόμεθά που ⟨ὧν⟩ τὰ νῦν
διακελεύῃ.

ΑΘ. Καλῶς. ἔλθωμεν δ' ἐπὶ τὰ νυμφικά, διδάξοντές τε
αὐτοὺς πῶς χρὴ καὶ τίνα τρόπον τοὺς παῖδας ποιεῖσθαι, καὶ 5
ἐὰν ἄρα μὴ πείθωμεν, ἀπειλήσοντές τισιν νόμοις.

ΚΛ. Πῶς;

ΑΘ. Νύμφην χρὴ διανοεῖσθαι καὶ νυμφίον ὡς ὅτι καλ-
λίστους καὶ ἀρίστους εἰς δύναμιν ἀποδειξομένους παῖδας τῇ
πόλει. πάντες δ' ἄνθρωποι κοινωνοὶ πάσης πράξεως, ἡνίκα e
μὲν ἂν προσέχωσιν αὐτοῖς τε καὶ τῇ πράξει τὸν νοῦν, πάντα
καλὰ καὶ ἀγαθὰ ἀπεργάζονται, μὴ προσέχοντες δὲ ἢ μὴ
ἔχοντες νοῦν, τἀναντία. προσεχέτω δὴ καὶ ὁ νυμφίος τῇ τε
νύμφῃ καὶ τῇ παιδοποιίᾳ τὸν νοῦν, κατὰ ταὐτὰ δὲ καὶ ἡ 5
νύμφη, τοῦτον τὸν χρόνον διαφερόντως ὃν ἂν μήπω παῖδες
αὐτοῖς ὦσιν γεγονότες. ἐπίσκοποι δ' ἔστωσαν τούτων ἃς 784
εἱλόμεθα γυναῖκες, πλείους εἴτ' ἐλάττους, τοῖς ἄρχουσιν
ὁπόσας ἂν δοκῇ προστάττειν τε καὶ ὁπόταν, πρὸς τὸ τῆς
Εἰλειθυίας ἱερὸν ἑκάστης ἡμέρας συλλεγόμεναι μέχρι τρίτου
μέρους ὥρας, οἳ δὴ συλλεχθεῖσαι διαγγελλόντων ἀλλήλαις 5
εἴ τίς τινα ὁρᾷ πρὸς ἄλλ' ἄττα βλέποντα ἄνδρα ἢ καὶ γυναῖκα
τῶν παιδοποιουμένων ἢ πρὸς τὰ τεταγμένα ὑπὸ τῶν ἐν τοῖς
γάμοις θυσιῶν τε καὶ ἱερῶν γενομένων. ἡ δὲ παιδοποιία b
καὶ φυλακὴ τῶν παιδοποιουμένων δεκέτις ἔστω, μὴ πλείω δὲ
χρόνον, ὅταν εὔροια ᾖ τῆς γενέσεως· ἂν δὲ ἄγονοί τινες
εἰς τοῦτον γίγνωνται τὸν χρόνον, μετὰ τῶν οἰκείων καὶ
ἀρχουσῶν γυναικῶν διαζεύγνυσθαι κοινῇ βουλευομένους εἰς 5
τὰ πρόσφορα ἑκατέροις. ἐὰν δ' ἀμφισβήτησίς τις γίγνηται
περὶ τῶν ἑκατέροις πρεπόντων καὶ προσφόρων, δέκα τῶν
νομοφυλάκων ἑλομένους, οἷς ἂν ἐπιτρέψωσιν οἱ δὲ τάξωσι, c

d 1 διαπτόησιν A³ L O²   d 2 ὧν add Stephanus   c 1 οἱ δὲ τάξωσι
scripsi : οἷδε τάξωσι A L O : οἷδε τάξουσι fecit A² : οἷδε καὶ τάξωσι vulg.

τούτοις ἐμμένειν. εἰσιοῦσαι δ' εἰς τὰς οἰκίας τῶν νέων αἱ
γυναῖκες, τὰ μὲν νουθετοῦσαι, τὰ δὲ καὶ ἀπειλοῦσαι, παυόντων
αὐτοὺς τῆς ἁμαρτίας καὶ ἀμαθίας· ἐὰν δ' ἀδυνατῶσι, πρὸς
5 τοὺς νομοφύλακας ἰοῦσαι φραζόντων, οἱ δ' εἰργόντων. ἂν δὲ
καὶ ἐκεῖνοί πως ἀδυνατήσωσι, πρὸς τὸ δημόσιον ἀποφη-
νάντων, ἀναγράψαντές τε καὶ ὀμόσαντες ἦ μὴν ἀδυνατεῖν
d τὸν καὶ τὸν βελτίω ποιεῖν. ὁ δὲ ἀναγραφεὶς ἄτιμος ἔστω,
μὴ ἑλὼν ἐν δικαστηρίῳ τοὺς ἐγγράψαντας, τῶνδε· μήτε γὰρ
εἰς γάμους ἴτω μήτε εἰς τὰς τῶν παίδων ἐπιτελειώσεις, ἂν δὲ
ἴῃ, πληγαῖς ὁ βουληθεὶς ἀθῷος αὐτὸν κολαζέτω. τὰ αὐτὰ
5 δὲ καὶ περὶ γυναικὸς ἔστω νόμιμα· τῶν ἐξόδων γὰρ τῶν
γυναικείων καὶ τιμῶν καὶ τῶν εἰς τοὺς γάμους καὶ γενέθλια
τῶν παίδων φοιτήσεων μὴ μετεχέτω, ἐὰν ἀκοσμοῦσα ὡσαύτως
e ἀναγραφῇ καὶ μὴ ἔλῃ τὴν δίκην. ὅταν δὲ δὴ παῖδας γεννή-
σωνται κατὰ νόμους, ἐὰν ἀλλοτρίᾳ τις περὶ τὰ τοιαῦτα
κοινωνῇ γυναικὶ ἢ γυνὴ ἀνδρί, ἐὰν μὲν παιδοποιουμένοις ἔτι,
τὰ αὐτὰ ἐπιζήμια αὐτοῖς ἔστω καθάπερ τοῖς ἔτι γεννωμένοις
5 εἴρηται· μετὰ δὲ ταῦτα ὁ μὲν σωφρονῶν καὶ σωφρονοῦσα εἰς
τὰ τοιαῦτα ἔστω πάντα εὐδόκιμος, ὁ δὲ τοὐναντίον ἐναντίως
τιμάσθω, μᾶλλον δὲ ἀτιμαζέσθω. καὶ μετριαζόντων μὲν
785 περὶ τὰ τοιαῦτα τῶν πλειόνων ἀνομοθέτητα σιγῇ κείσθω,
ἀκοσμούντων δὲ νομοθετηθέντα ταύτῃ πραττέσθω κατὰ τοὺς
τότε τεθέντας νόμους. βίου μὲν ἀρχὴ τοῦ παντὸς ἑκάστοις
ὁ πρῶτος ἐνιαυτός· ὃν γεγράφθαι χρεὼν ἐν ἱεροῖσι πατρῴοις
5 ζωῆς ἀρχή. κόρῳ καὶ κόρῃ παραγεγράφθω δ' ἐν τοίχῳ
λελευκωμένῳ ἐν πάσῃ φρατρίᾳ τὸν ἀριθμὸν τῶν ἀρχόντων
τῶν ἐπὶ τοῖς ἔτεσιν ἀριθμουμένων· τῆς δὲ φρατρίας ἀεὶ
b τοὺς ζῶντας μὲν γεγράφθαι πλησίον, τοὺς δ' ὑπεκχωροῦντας
τοῦ βίου ἐξαλείφειν. γάμου δὲ ὅρον εἶναι κόρῃ μὲν
ἀπὸ ἑκκαίδεκα ἐτῶν εἰς εἴκοσι, τὸν μακρότατον χρόνον

d 6 γενέθλια τῶν scripsi : γενέσια τῶν A (cf. Alc. I. 120 c, 7):
γενέσεων L O et fecit A² : γενεθλίων in marg. L O   e 3 ἔτι] γρ.
ἄρτι O   a 5 ἀρχή A L et in marg. O : ἀρχήν O (ex emend.)   post
ἀρχή distinxi : post κόρῃ dist. vulg.

ἀφωρισμένον, κόρῳ δὲ ἀπὸ τριάκοντα μέχρι τῶν πέντε καὶ
τριάκοντα· εἰς δὲ ἀρχὰς γυναικὶ μὲν τετταράκοντα, ἀνδρὶ δὲ 5
τριάκοντα ἔτη· πρὸς πόλεμον δὲ ἀνδρὶ μὲν εἴκοσι μέχρι τῶν
ἑξήκοντα ἐτῶν· γυναικὶ δέ, ἢν ἂν δοκῇ χρείαν δεῖν χρῆσθαι
πρὸς τὰ πολεμικά, ἐπειδὰν παῖδας γεννήσῃ, τὸ δυνατὸν καὶ
πρέπον ἑκάσταις προστάττειν μέχρι τῶν πεντήκοντα ἐτῶν.

Z

ΑΘ. Γενομένων δὲ παίδων ἀρρένων καὶ θηλειῶν, τροφὴν 788
μέν που καὶ παιδείαν τὸ μετὰ ταῦτα λέγειν· ὀρθότατ᾽ ἂν
γίγνοιθ᾽ ἡμῖν, ἢν εἶναι μὲν ἄρρητον πάντως ἀδύνατον, λεγο-
μένη δὲ διδαχῇ τινι καὶ νουθετήσει μᾶλλον ἢ νόμοις εἰκυῖ᾽
ἂν ἡμῖν φαίνοιτο. ἰδίᾳ γὰρ καὶ κατ᾽ οἰκίας πολλὰ καὶ 5
σμικρὰ καὶ οὐκ ἐμφανῆ πᾶσι γιγνόμενα, ῥᾳδίως ὑπὸ τῆς
ἑκάστων λύπης τε καὶ ἡδονῆς καὶ ἐπιθυμίας ἕτερα παρὰ b
τὰς τοῦ νομοθέτου συμβουλὰς παραγενόμενα, παντοδαπὰ καὶ
οὐχ ὅμοια ἀλλήλοις ἀπεργάζοιτ᾽ ἂν τὰ τῶν πολιτῶν ἤθη.
τοῦτο δὲ κακὸν ταῖς πόλεσιν· καὶ γὰρ διὰ σμικρότητα αὐτῶν
καὶ πυκνότητα ἐπιζήμια τιθέντα ποιεῖν νόμους ἀπρεπὲς ἅμα 5
καὶ ἄσχημον, διαφθείρει δὲ καὶ τοὺς γραφῇ τεθέντας νόμους,
ἐν τοῖς σμικροῖς καὶ πυκνοῖς ἐθισθέντων τῶν ἀνθρώπων παρα-
γομεῖν. ὥστε ἀπορία μὲν περὶ αὐτὰ νομοθετεῖν, σιγᾶν δὲ c
ἀδύνατον. ἃ δὲ λέγω, δηλῶσαι πειρατέον οἷον δείγματα
ἐξενεγκόντα εἰς φῶς· νῦν γὰρ λεγομένοις ἔοικε κατά τι
σκότος.

ΚΛ. Ἀληθέστατα λέγεις. 5

ΑΘ. Οὐκοῦν ὅτι μὲν σώματα καὶ ψυχὰς τήν γε ὀρθὴν
πάντως δεῖ τροφὴν φαίνεσθαι δυναμένην ὡς κάλλιστα καὶ
ἄριστα ἐξεργάζεσθαι, τοῦτο μὲν ὀρθῶς εἴρηταί που.

ΚΛ. Τί μήν;

d ΑΘ. Σώματα δὲ κάλλιστα, οἶμαι, τό γε ἁπλούστατον,
ὡς ὀρθότατα δεῖ νέων ὄντων εὐθὺς φύεσθαι τῶν παίδων.

ΚΛ. Πάνυ μὲν οὖν.

ΑΘ. Τί δέ; τόδε οὐκ ἐννοοῦμεν, ὡς ἡ πρώτη βλάστη
5 παντὸς ζῴου πολὺ μεγίστη καὶ πλείστη φύεται, ὥστε καὶ
ἔριν πολλοῖς παρέσχηκεν μὴ γίγνεσθαι τά γ' ἀνθρώπινα
μήκη διπλάσια ἀπὸ πέντε ἐτῶν ἐν τοῖς λοιποῖς εἴκοσιν ἔτεσιν
αὐξανόμενα;

ΚΛ. Ἀληθῆ.

10 ΑΘ. Τί οὖν; πολλὴ αὔξη ὅταν ἐπιρρέῃ πόνων χωρὶς
789 πολλῶν καὶ συμμέτρων, οὐκ ἴσμεν ὅτι μυρία κακὰ ἐν τοῖς
σώμασιν ἀποτελεῖ;

ΚΛ. Πάνυ γε.

ΑΘ. Οὐκοῦν τότε δεῖται πλείστων πόνων, ὅταν ἡ πλείστη
5 τροφὴ προσγίγνηται τοῖς σώμασι.

ΚΛ. Τί δῆτ', ὦ ξένε; ἢ τοῖς ἄρτι γεγονόσι καὶ νεωτάτοις
πόνους πλείστους προστάξομεν;

ΑΘ. Οὐδαμῶς γε, ἀλλ' ἔτι καὶ πρότερον τοῖς ἐντὸς τῶν
αὐτῶν μητέρων τρεφομένοις.

10 ΚΛ. Πῶς λέγεις, ὦ λῷστε; ἢ τοῖς κυουμένοισι φράζεις;

b ΑΘ. Ναί. θαυμαστὸν δ' οὐδέν ἐστιν ἀγνοεῖν ὑμᾶς τὴν
τῶν τηλικούτων γυμναστικήν, ἣν βουλοίμην ἂν ὑμῖν καίπερ
ἄτοπον οὖσαν δηλῶσαι.

ΚΛ. Πάνυ μὲν οὖν.

5 ΑΘ. Ἔστι τοίνυν παρ' ἡμῖν μᾶλλον τὸ τοιοῦτον κατα-
νοεῖν διὰ τὸ τὰς παιδιὰς αὐτόθι μειζόνως τινὰς παίζειν ἢ
δεῖ· τρέφουσι γὰρ δὴ παρ' ἡμῖν οὐ μόνον παῖδες ἀλλὰ καὶ
πρεσβύτεροί τινες ὀρνίθων θρέμματα, ἐπὶ τὰς μάχας τὰς
πρὸς ἄλληλα. ἀσκοῦντας τὰ τοιαῦτα τῶν θηρίων πολλοῦ
c δὴ δέουσιν ἡγεῖσθαι τοὺς πόνους αὐτοῖς εἶναι τοὺς πρὸς
ἄλληλα μετρίους, ἐν οἷς αὐτὰ ἀνακινοῦσι γυμνάζοντες· πρὸς

a 3 καὶ πάνυ γε Stob.   a 6 δῆτα ὦ fecit A² (a s. v. et add. acc.) :
δῆτω Α   b 9 ἀσκοῦντας Α L O : ἀσκοῦντες scr. recc.

γὰρ τούτοις λαβόντες ὑπὸ μάλης ἕκαστος, τοὺς μὲν ἐλάτ-
τονας εἰς τὰς χεῖρας, μείζους δ' ὑπὸ τὴν ἀγκάλην ἐντός,
πορεύονται περιπατοῦντες σταδίους· παμπόλλους ἕνεκα τῆς 5
εὐεξίας οὔτι τῆς τῶν αὐτῶν σωμάτων, ἀλλὰ τῆς τούτων τῶν
θρεμμάτων, καὶ τό γε τοιοῦτον δηλοῦσι τῷ δυναμένῳ κατα-
μαθεῖν, ὅτι τὰ σώματα πάντα ὑπὸ τῶν σεισμῶν τε καὶ κινή- d
σεων κινούμενα ἄκοπα ὀνίναται πάντων, ὅσα τε ὑπὸ ἑαυτῶν,
ἢ καὶ ἐν αἰώραις ἢ καὶ κατὰ θάλατταν, ἢ καὶ ἐφ' ἵππων
ὀχουμένων καὶ ὑπ' ἄλλων ὁπωσοῦν δὴ φερομένων τῶν σω-
μάτων, κινεῖται, καὶ διὰ ταῦτα τὰς τῶν σίτων τροφὰς καὶ 5
ποτῶν κατακρατοῦντα, ὑγίειαν καὶ κάλλος καὶ τὴν ἄλλην
ῥώμην ἡμῖν δυνατά ἐστι παραδιδόναι.   τί οὖν ἂν φαῖμεν
ἐχόντων οὕτω τούτων τὸ μετὰ τοῦτο ἡμᾶς δεῖν ποιεῖν; βού-
λεσθε ἅμα γέλωτι φράζωμεν, τιθέντες νόμους τὴν μὲν κύου- e
σαν περιπατεῖν, τὸ γενόμενον δὲ πλάττειν τε οἷον κήρινον,
ἕως ὑγρόν, καὶ μέχρι δυοῖν ἐτοῖν σπαργανᾶν; καὶ δὴ καὶ
τὰς τροφοὺς ἀναγκάζωμεν νόμῳ ζημιοῦντες τὰ παιδία ἢ πρὸς
ἀγροὺς ἢ πρὸς ἱερὰ ἢ πρὸς οἰκείους ἀεί πῃ φέρειν, μέχριπερ 5
ἂν ἱκανῶς ἵστασθαι δυνατὰ γίγνηται, καὶ τότε, διευλοβου-
μένας ἔτι νέων ὄντων μή πῃ βίᾳ ἐπερειδομένων στρέφηται
τὰ κῶλα, ἐπιπονεῖν φερούσας ἕως ἂν τριετὲς ἀποτελεσθῇ
τὸ γενόμενον; εἰς δύναμιν δὲ ἰσχυρὰς αὐτὰς εἶναι χρεὼν
καὶ μὴ μίαν; ἐπὶ δὲ τούτοις ἑκάστοις, ἂν μὴ γίγνηται, ζη- 790
μίαν τοῖς μὴ ποιοῦσι γράφωμεν; ἢ πολλοῦ γε δεῖ; τὸ γὰρ
ἄρτι ῥηθὲν γίγνοιτ' ἂν πολὺ καὶ ἄφθονον.

ΚΛ. Τὸ ποῖον;

ΑΘ. Τὸ γέλωτα ἂν πολὺν ὀφλεῖν ἡμᾶς πρὸς τῷ μὴ 5
ἐθέλειν ἂν πείθεσθαι γυναικεῖά τε καὶ δούλεια ἤθη τροφῶν.

ΚΛ. Ἀλλὰ τίνος δὴ χάριν ἔφαμεν αὐτὰ δεῖν ῥηθῆναι;

d 2 κινούμενα L (ut vid.) Stob. : καὶ (sic) κινούμενα Α in marg. vitii
nota) O   d 4 ὀχουμένων libri cum Stob : ὀχούμενα Ast   d 5 σίτων
Λ O : σιτίων fecit O² (ί s. v.)   e 1 φράζωμεν Α (sed ω in ras) O :
φράζομεν L et fecit O² (o s. v.)   e 3 σπαργανᾶν in marg. iterat a
e 7 ἐπερειδομένων Α : ἀπερειδομένων L O   a 2 γε L et fec. Α² O¹
(γ s. v.) : τε Λ O

ΑΘ. Τοῦδε· τὰ τῶν δεσποτῶν τε καὶ ἐλευθέρων ἐν ταῖς
b πόλεσιν ἤθη τάχ' ἂν ἀκούσαντα εἰς σύννοιαν ἀφίκοιτ' ἂν
τὴν ὀρθήν, ὅτι χωρὶς τῆς ἰδίας διοικήσεως ἐν ταῖς πόλεσιν
ὀρθῆς γιγνομένης μάτην ἂν τὰ κοινά τις οἴοιτο ἕξειν τινὰ
βεβαιότητα θέσεως νόμων, καὶ ταῦτα ἐννοῶν, αὐτὸς νόμοις
5 ἂν τοῖς νῦν ῥηθεῖσιν χρῷτο, καὶ χρώμενος, εὖ τήν τε οἰκίαν
καὶ πόλιν ἅμα τὴν αὑτοῦ διοικῶν, εὐδαιμονοῖ.

ΚΛ. Καὶ μάλ' εἰκότως εἴρηκας.

ΑΘ. Τοιγαροῦν μήπω λήξωμεν τῆς τοιαύτης νομοθεσίας,
c πρὶν ἂν καὶ τὰ περὶ τὰς ψυχὰς τῶν πάνυ νέων παίδων ἐπι-
τηδεύματα ἀποδῶμεν κατὰ τὸν αὐτὸν τρόπον ὅνπερ ἤργμεθα
τῶν περὶ τὰ σώματα μύθων λεχθέντων διαπεραίνειν.

ΚΛ. Πάνυ μὲν οὖν ὀρθῶς.

5 ΑΘ. Λάβωμεν τοίνυν τοῦτο οἷον στοιχεῖον ἐπ' ἀμφότερα,
σώματός τε καὶ ψυχῆς τῶν πάνυ νέων τὴν τιθήνησιν καὶ
κίνησιν γιγνομένην ὅτι μάλιστα διὰ πάσης τε νυκτὸς καὶ
ἡμέρας, ὡς ἔστι σύμφορος ἅπασι μέν, οὐχ ἥκιστα δὲ τοῖς
ὅτι νεωτάτοισι, καὶ οἰκεῖν, εἰ δυνατὸν ἦν, οἷον ἀεὶ πλέοντας·
d νῦν δ' ὡς ἐγγύτατα τούτου ποιεῖν δεῖ περὶ τὰ νεογενῆ παίδων
θρέμματα. τεκμαίρεσθαι δὲ χρὴ καὶ ἀπὸ τῶνδε, ὡς ἐξ ἐμ-
πειρίας αὐτὸ εἰλήφασι καὶ ἐγνώκασιν ὂν χρήσιμον αἵ τε
τροφοὶ τῶν σμικρῶν καὶ αἱ περὶ τὰ τῶν Κορυβάντων ἰάματα
5 τελοῦσαι· ἡνίκα γὰρ ἄν που βουληθῶσιν κατακοιμίζειν τὰ
δυσυπνοῦντα τῶν παιδίων αἱ μητέρες, οὐχ ἡσυχίαν αὐτοῖς
προσφέρουσιν ἀλλὰ τοὐναντίον κίνησιν, ἐν ταῖς ἀγκάλαις
e ἀεὶ σείουσαι, καὶ οὐ σιγὴν ἀλλά τινα μελῳδίαν, καὶ ἀτεχνῶς
οἷον καταυλοῦσι τῶν παιδίων, καθάπερ ἡ τῶν ἐκφρόνων
βακχειῶν ἰάσεις, ταύτῃ τῇ τῆς κινήσεως ἅμα χορείᾳ καὶ
μούσῃ χρώμεναι.

5 ΚΛ. Τίς οὖν αἰτία τούτων, ὦ ξένε, μάλιστ' ἔσθ' ἡμῖν;
ΑΘ. Οὐ πάνυ χαλεπὴ γιγνώσκειν.

b 3 ὀρθῆς A L O : ὀρθῶς vulg.   c 7 τε νυκτὸς L : τε νυκτός τε
(ut vid.) A : νυκτός τε O et fecit A²   e 2 ἥ] αἱ Aldina

ΚΛ. Πῶς δή;

ΑΘ. Δειμαίνειν ἐστίν που ταῦτ᾽ ἀμφότερα τὰ πάθη, καὶ
ἔστι δείματα δι᾽ ἕξιν φαύλην τῆς ψυχῆς τινα. ὅταν οὖν
ἔξωθέν τις προσφέρῃ τοῖς τοιούτοις πάθεσι σεισμόν, ἡ τῶν   **791**
ἔξωθεν κρατεῖ κίνησις προσφερομένη τὴν ἐντὸς φοβερὰν
οὖσαν καὶ μανικὴν κίνησιν, κρατήσασα δέ, γαλήνην ἡσυχίαν   .
τε ἐν τῇ ψυχῇ φαίνεσθαι ἀπεργασαμένη τῆς περὶ τὰ τῆς
καρδίας χαλεπῆς γενομένης ἑκάστων πηδήσεως, παντάπασιν   5
ἀγαπητόν τι, τοὺς μὲν ὕπνου λαγχάνειν ποιεῖ, τοὺς δ᾽ ἐγρη-
γορότας ὀρχουμένους τε καὶ αὐλουμένους μετὰ θεῶν, οἷς ἂν
καλλιεροῦντες ἕκαστοι θύωσι, κατηργάσατο ἀντὶ μανικῶν
ἡμῖν διαθέσεων ἕξεις ἔμφρονας ἔχειν· καὶ ταῦτα, ὡς διὰ   **b**
βραχέων γε οὕτως εἰπεῖν, πιθανὸν λόγον ἔχει τινά.

ΚΛ. Πάνυ μὲν οὖν.

ΑΘ. Εἰ δέ γε οὕτως τοιαύτην τινὰ δύναμιν ἔχει ταῦτα,
ἐννοεῖν χρὴ τόδε παρ᾽ αὐτοῖς, ὡς ἅπασα ψυχὴ δείμασιν   5
συνοῦσα ἐκ νέων μᾶλλον ἂν διὰ φόβων ἐθίζοιτο γίγνεσθαι·
τοῦτο δέ που πᾶς ἂν φαίη δειλίας ἄσκησιν ἀλλ᾽ οὐκ ἀνδρείας
γίγνεσθαι.

ΚΛ. Πῶς γὰρ οὔ;

ΑΘ. Τὸ δέ γε ἐναντίον ἀνδρείας ἂν φαῖμεν ἐκ νέων εὐθὺς   10
ἐπιτήδευμα εἶναι, τὸ νικᾶν τὰ προσπίπτονθ᾽ ἡμῖν δείματά τε   **c**
καὶ φόβους.

ΚΛ. Ὀρθῶς.

ΑΘ. Ἓν δὴ καὶ τοῦτο εἰς ψυχῆς μόριον ἀρετῆς, τὴν τῶν
παντελῶς παίδων γυμναστικὴν ἐν ταῖς κινήσεσιν, μέγα ἡμῖν   5
φῶμεν συμβάλλεσθαι.

ΚΛ. Πάνυ μὲν οὖν.

ΑΘ. Καὶ μὴν τό γε μὴ δύσκολον ἐν ψυχῇ καὶ τὸ δύσ-
κολον οὐ σμικρὸν μόριον εὐψυχίας καὶ κακοψυχίας ἑκάτερον
γιγνόμενον γίγνοιτ᾽ ἄν.   10

a 4 φαίνεσθαι Λ L O: φαίνεται scr. recc.   b 2 γε Stephanus:
τε Λ L O   b 5 αὐτοῖς C. Ritter: αὐτοῖς libri   ἅπασα] πᾶσα Stob.
b 8 γίγνεσθαι] εἶναι Stob.   c 4 δὴ Λ (sed ἡ in ras. Λ²)

ΚΛ. Πῶς δ' οὔ;

d ΑΘ. Τίνα οὖν ἂν τρόπον εὐθὺς ἐμφύοιθ' ἡμῖν ὁπότερον βουληθεῖμεν τῷ νεογενεῖ, φράζειν δὴ πειρατέον ὅπως τις καὶ καθ' ὅσον εὐπορεῖ τούτων.

ΚΛ. Πῶς γὰρ οὔ;

5 ΑΘ. Λέγω δὴ τό γε παρ' ἡμῖν δόγμα, ὡς ἡ μὲν τρυφὴ δύσκολα καὶ ἀκράχολα καὶ σφόδρα ἀπὸ σμικρῶν κινούμενα τὰ τῶν νέων ἤθη ἀπεργάζεται, τὸ δὲ τούτων ἐναντίον, ἥ τε σφοδρὰ καὶ ἀγρία δούλωσις, ταπεινοὺς καὶ ἀνελευθέρους καὶ μισανθρώπους ποιοῦσα, ἀνεπιτηδείους συνοίκους ἀποτελεῖ.

e ΚΛ. Πῶς οὖν δὴ χρὴ τὰ μήπω φωνῆς συνιέντα, μηδὲ παιδείας τῆς ἄλλης δυνατὰ γεύεσθαί πω, τρέφειν τὴν πόλιν ἅπασαν;

ΑΘ. Ὧδέ πως· φθέγγεσθαί που μετὰ βοῆς εὐθὺς πᾶν 5 εἴωθεν τὸ γενόμενον, καὶ οὐχ ἥκιστα τὸ τῶν ἀνθρώπων γένος· καὶ δὴ καὶ τῷ κλάειν πρὸς τῇ βοῇ μᾶλλον τῶν ἄλλων συνέχεται.

ΚΛ. Πάνυ μὲν οὖν.

ΑΘ. Οὐκοῦν αἱ τροφοὶ σκοποῦσαι τίνος ἐπιθυμεῖ, τούτοις 792 αὐτοῖς ἐν τῇ προσφορᾷ τεκμαίρονται· οὗ μὲν γὰρ ἂν προσφερομένου σιγᾷ, καλῶς οἴονται προσφέρειν, οὗ δ' ἂν κλάῃ καὶ βοᾷ, οὐ καλῶς. τοῖς δὴ παιδίοις τὸ δήλωμα ὧν ἐρᾷ καὶ μισεῖ κλαυμοναὶ καὶ βοαί, σημεῖα οὐδαμῶς εὐτυχῆ· ἔστιν 5 δὲ ὁ χρόνος οὗτος τριῶν οὐκ ἐλάττων ἐτῶν, μόριον οὐ σμικρὸν τοῦ βίου διαγαγεῖν χεῖρον ἢ μὴ χεῖρον.

ΚΛ. Ὀρθῶς λέγεις.

ΑΘ. Ὁ δὴ δύσκολος οὐδαμῶς τε ἵλεως ἆρ' οὐ δοκεῖ σφῷν b θρηνώδης τε εἶναι καὶ ὀδυρμῶν ὡς ἐπὶ τὸ πολὺ πλήρης μᾶλλον ἢ χρεών ἐστιν τὸν ἀγαθόν;

ΚΛ. Ἐμοὶ γοῦν δοκεῖ.

d 2 νεω γενει (ut vid.) Λ : νεογενεῖ fecit Λ²   δὴ Λ² (η s. v.)
O² : δεῖ Λ O   καὶ L O² : om. Λ O   d 7 τούτων] τούτου Stob.
e 5 γενόμενον Λ : γεννόμενον O et fecit Λ²   e 6 τῶι fecit Λ² :
τὸ Λ   a 4 κλαυμοναὶ in marg. iterat Λ² (κλανθμοναὶ Stob.)

ΑΘ. Τί οὖν; εἴ τις τὰ τρί' ἔτη πειρῷτο πᾶσαν μηχανὴν
προσφέρων ὅπως τὸ τρεφόμενον ἡμῖν ὡς ὀλιγίστῃ προσχρή- 5
σεται ἀλγηδόνι καὶ φόβοις καὶ λύπῃ πάσῃ κατὰ δύναμιν,
ἆρ' οὐκ οἰόμεθα εὔθυμον μᾶλλόν τε καὶ ἵλεων ἀπεργάζεσθαι
τηνικαῦτα τὴν ψυχὴν τοῦ τρεφομένου;

ΚΛ. Δῆλον δή, καὶ μάλιστά γ' ἄν, ὦ ξένε, εἴ τις πολλὰς
ἡδονὰς αὐτῷ παρασκευάζοι.   c

ΑΘ. Τοῦτ' οὐκέτ' ἂν ἐγὼ Κλεινίᾳ συνακολουθήσαιμ' ἄν,
ὦ θαυμάσιε. ἔστιν γὰρ οὖν ἡμῖν ἡ τοιαύτη πρᾶξις δια-
φθορὰ μεγίστη πασῶν· ἐν ἀρχῇ γὰρ γίγνεται ἑκάστοτε
τροφῆς. ὁρῶμεν δὲ εἴ τι λέγομεν.   5

ΚΛ. Λέγε τί φῄς.

ΑΘ. Οὐ σμικροῦ πέρι νῦν εἶναι νῷν τὸν λόγον. ὅρα δὲ
καὶ σύ, συνεπίκρινέ τε ἡμᾶς, ὦ Μέγιλλε. ὁ μὲν γὰρ ἐμὸς δὴ
λόγος οὔθ' ἡδονὰς φησι δεῖν διώκειν τὸν ὀρθὸν βίον οὔτ' αὖ
τὸ παράπαν φεύγειν τὰς λύπας, ἀλλ' αὐτὸ ἀσπάζεσθαι τὸ   d
μέσον, ὃ νυνδὴ προσεῖπον ὡς ἵλεων ὀνομάσας, ἣν δὴ διά-
θεσιν καὶ θεοῦ κατά τινα μαντείας φήμην εὐστόχως πάντες
προσαγορεύομεν. ταύτην τὴν ἕξιν διώκειν φημὶ δεῖν ἡμῶν
καὶ τὸν μέλλοντα ἔσεσθαι θεῖον, μήτ' οὖν αὐτὸν προπετῆ 5
πρὸς τὰς ἡδονὰς γιγνόμενον ὅλως, ὡς οὐδ' ἐκτὸς λυπῶν
ἐσόμενον, μήτε ἄλλον, γέροντα ἢ νέον, ἐᾶν πάσχειν ταὐτὸν
τοῦθ' ἡμῖν, ἄρρενα ἢ θῆλυν, ἁπάντων δὲ ἥκιστα εἰς δύναμιν
τὸν ἀρτίως νεογενῆ· κυριώτατον γὰρ οὖν ἐμφύεται πᾶσι τότε e
τὸ πᾶν ἦθος διὰ ἔθος. ἔτι δ' ἔγωγ', εἰ μὴ μέλλοιμι δόξειν
παίζειν, φαίην ἂν δεῖν καὶ τὰς φερούσας ἐν γαστρὶ πασῶν
τῶν γυναικῶν μάλιστα θεραπεύειν ἐκεῖνον τὸν ἐνιαυτόν,
ὅπως μήτε ἡδοναῖς τισι πολλαῖς ἅμα καὶ μάργοις προσχρή- 5
σεται ἡ κύουσα μήτε αὖ λύπαις, τὸ δὲ ἵλεων καὶ εὐμενὲς
πρᾷόν τε τιμῶσα διαζήσει τὸν τότε χρόνον.   .

b 4 τρί' ἔτη O (ut vid.) : τριετῆ Λ L et γρ. O   c 3 διαφθορὰ L
(ut vid.) et fecit O² (θ s. v.) : διαφορὰ Λ O   c 5 προσχρήσεται Λ (ut
vid., O Stob. : προσχρήσηται Λ² et (η s. v.) O²   e 6 ἵλεων] λεῖον
Stob.   εὐμενὲς L (ut vid.) Stob. et fecit O᾽ (ὲ s. v.) : εὐμενῶς Λ O
e 7 διαζήσει] διασώζει Stob.

793 ΚΛ. Οὐδὲν δεῖ σε, ὦ ξένε, Μέγιλλον ἀνερωτᾶν πότερος ἡμῶν ὀρθότερον εἴρηκεν· ἐγὼ γὰρ αὐτός σοι συγχωρῶ τὸν λύπης τε καὶ ἡδονῆς ἀκράτου βίον φεύγειν δεῖν πάντας, μέσον δέ τινα τέμνειν ἀεί. καλῶς τοίνυν εἴρηκάς τε καὶ
5 ἀκήκοας ἅμα.

ΑΘ. Μάλα μὲν οὖν ὀρθῶς, ὦ Κλεινία. τόδε τοίνυν ἐπὶ τούτοις τρεῖς ὄντες διανοηθῶμεν.

ΚΛ. Τὸ ποῖον;

ΑΘ. Ὅτι ταῦτ' ἔστιν πάντα, ὅσα νῦν διεξερχόμεθα, τὰ
10 καλούμενα ὑπὸ τῶν πολλῶν ἄγραφα νόμιμα· καὶ οὓς πατρίους
b νόμους ἐπονομάζουσιν, οὐκ ἄλλα ἐστὶν ἢ τὰ τοιαῦτα σύμ-
παντα. καὶ ἔτι γε ὁ νυνδὴ λόγος ἡμῖν ἐπιχυθείς, ὡς οὔτε
νόμους δεῖ προσαγορεύειν αὐτὰ οὔτε ἄρρητα ἐᾶν, εἴρηται
καλῶς· δεσμοὶ γὰρ οὗτοι πάσης εἰσὶν πολιτείας, μεταξὺ
5 πάντων ὄντες· τῶν ἐν γράμμασιν τεθέντων τε καὶ κειμένων
καὶ τῶν ἔτι θησομένων, ἀτεχνῶς οἷον πάτρια καὶ παντά-
πασιν ἀρχαῖα νόμιμα, ἃ καλῶς μὲν τεθέντα καὶ ἐθισθέντα
πάσῃ σωτηρίᾳ περικαλύψαντα ἔχει τοὺς τότε γραφέντας
c νόμους, ἂν δ' ἐκτὸς τοῦ καλοῦ βαίνῃ πλημμελῶς, οἷον
τεκτόνων ἐν οἰκοδομήμασιν ἐρείσματα ἐκ μέσου ὑπορρέοντα,
συμπίπτειν εἰς ταὐτὸν ποιεῖ τὰ σύμπαντα, κεῖσθαί τε ἄλλα
ὑφ' ἑτέρων, αὐτά τε καὶ τὰ καλῶς ὕστερον ἐποικοδομηθέντα,
5 τῶν ἀρχαίων ὑποπεσόντων. ἃ δὴ διανοουμένους ἡμᾶς, ὦ
Κλεινία, σοὶ δεῖ τὴν πόλιν καινὴν οὖσαν πάντῃ συνδεῖν,
μήτε μέγα μήτε σμικρὸν παραλιπόντας εἰς δύναμιν ὅσα
d νόμους ἢ ἔθη τις ἢ ἐπιτηδεύματα καλεῖ· πᾶσι γὰρ τοῖς
τοιούτοις πόλις συνδεῖται, ἄνευ δὲ ἀλλήλων ἑκάτερα τούτων
οὐκ ἔστιν μόνιμα, ὥστε οὐ χρὴ θαυμάζειν ἐὰν ἡμῖν πολλὰ
ἅμα καὶ σμικρὰ δοκούντων εἶναι νόμιμα ἢ καὶ ἐθίσματα
e ἐπιρρέοντα μακροτέρους ποιῇ τοὺς νόμους.

ΚΛ. Ἀλλ' ὀρθῶς σύ γε λέγεις, ἡμεῖς τε οὕτω διανοησόμεθα.

---

b 6 θησομένων ΑΟ · τεθησομένων Ο²   d 4 δοκούντων ΑΟ : δοκοῦντα fecit Ο² (a s. v.)   d 6 γε re vera Λ et ut vid. LO : τε Bekker

ΑΘ. Εἰς μὲν τοίνυν τὴν τοῦ τρί' ἔτη γεγονότος ἡλικίαν,
κόρου καὶ κόρης, ταῦτα εἴ τις ἀκριβῶς ἀποτελοῖ καὶ μὴ   e
παρέργως τοῖς εἰρημένοις χρῷτο, οὐ σμικρὰ εἰς ὠφελίαν
γίγνοιτ' ἂν τοῖς νεωστὶ τρεφομένοις· τριετεῖ δὲ δὴ καὶ
τετραετεῖ καὶ πενταετεῖ καὶ ἔτι ἑξετεῖ ἤθει ψυχῆς παιδιῶν
δέον ἂν εἴη, τρυφῆς δ' ἤδη παραλυτέον κολάζοντα, μὴ ἀτί-   5
μως, ἀλλ' ὅπερ ἐπὶ τῶν δούλων γ' ἐλέγομεν, τὸ μὴ μεθ'
ὕβρεως κολάζοντας ὀργὴν ἐμποιῆσαι δεῖν τοῖς κολασθεῖσιν
μηδ' ἀκολάστους ἐῶντας τρυφήν, ταὐτὸν δραστέον τοῦτό γε   794
καὶ ἐπ' ἐλευθέροισι. παιδιαὶ δ' εἰσὶν τοῖς τηλικούτοις αὐτο-
φυεῖς τινες, ἃς ἐπειδὰν συνέλθωσιν αὐτοὶ σχεδὸν ἀνευρί-
σκουσι. συνιέναι δὲ εἰς τὰ κατὰ κώμας ἱερὰ δεῖ πάντα ἤδη
τὰ τηλικαῦτα παιδία, ἀπὸ τριετοῦς μέχρι τῶν ἓξ ἐτῶν, κοινῇ   5
τὰ τῶν κωμητῶν εἰς ταὐτὸν ἕκαστα· τὰς δὲ τροφοὺς ἔτι
τῶν τηλικούτων κοσμιότητός τε καὶ ἀκολασίας ἐπιμελεῖσθαι,
τῶν δὲ τροφῶν αὐτῶν καὶ τῆς ἀγέλης συμπάσης, τῶν δώ-
δεκα γυναικῶν μίαν ἐφ' ἑκάστῃ τετάχθαι κοσμοῦσαν κατ'   b
ἐνιαυτὸν τῶν προειρημένων ἃς ἂν τάξωσιν οἱ νομοφύλακες.
ταύτας δὲ αἱρείσθωσαν μὲν αἱ τῶν γάμων κύριαι τῆς ἐπι-
μελείας, ἐξ ἑκάστης τῆς φυλῆς μίαν, ἥλικας αὐταῖς· ἡ δὲ
καταστᾶσα ἀρχέτω φοιτῶσα εἰς τὸ ἱερὸν ἑκάστης ἡμέρας   5
καὶ κολάζουσα ἀεὶ τὸν ἀδικοῦντα, δοῦλον μὲν καὶ δούλην καὶ
ξένον καὶ ξένην αὐτὴ διά τινων τῆς πόλεως οἰκετῶν, πολίτην
δὲ ἀμφισβητοῦντα μὲν τῇ κολάσει πρὸς τοὺς ἀστυνόμους   c
ἐπὶ δίκην ἄγουσα, ἀναμφισβήτητον δὲ ὄντα καὶ τὸν πολίτην
αὐτὴ κολαζέτω. μετὰ δὲ τὸν ἑξέτη καὶ τὴν ἑξέτιν διακρι-
νέσθω μὲν ἤδη. τὸ γένος ἑκατέρων—κόροι μὲν μετὰ κόρων,
παρθένοι δὲ ὡσαύτως μετ' ἀλλήλων τὴν διατριβὴν ποιεί-   5
σθωσαν—πρὸς δὲ τὰ μαθήματα τρέπεσθαι χρεὼν ἑκατέρους,

d 7 τρί' ἔτη Bekker: τριετῆ Λ L O   e 6 γ' ἐλέγομεν Stephanus:
τε λέγομεν Λ I. O   e 7 ἐμποιῆσαι Λ (ut vid.): ἐμποιήσειν Λ² O:
γρ. ἐμποιεῖν O   a 1 τρυφήν I. et fecit O² (ἡ s. v.): τρυφᾶν Λ O
a 5 τῶν Λ: om. O   b 2 ἃς Λ L O: ὡς L²   c 2 ἀναμφισβήτητον
Λ sed add. acc. et τη s. v. Λ²

τοὺς μὲν ἄρρενας ἐφ' ἵππων διδασκάλους καὶ τόξων καὶ
ἀκοντίων καὶ σφενδονήσεως, ἐὰν δέ πῃ συγχωρῶσιν, μέχρι
d γε μαθήσεως καὶ τὰ θήλεα, καὶ δὴ τά γε μάλιστα πρὸς τὴν
τῶν ὅπλων χρείαν. τὸ γὰρ δὴ νῦν καθεστὸς περὶ τὰ τοιαῦτα
ἀγνοεῖται παρὰ τοῖς πᾶσιν ὀλίγου.

ΚΛ. Τὸ ποῖον;

5 ΑΘ. Ὡς ἄρα τὰ δεξιὰ καὶ τὰ ἀριστερὰ διαφέροντά ἐσθ'
ἡμῶν φύσει πρὸς τὰς χρείας εἰς ἑκάστας τῶν πράξεων τὰ
περὶ τὰς χεῖρας, ἐπεὶ τά γε περὶ πόδας τε καὶ τὰ κάτω τῶν
μελῶν οὐδὲν διαφέροντα εἰς τοὺς πόνους φαίνεται· τὰ δὲ
e κατὰ χεῖρας ἀνοίᾳ τροφῶν καὶ μητέρων οἷον χωλοὶ γεγόνα-
μεν ἕκαστοι. τῆς φύσεως γὰρ ἑκατέρων τῶν μελῶν σχεδὸν
ἰσορροπούσης, αὐτοὶ διὰ τὰ ἔθη διάφορα αὐτὰ πεποιήκαμεν
οὐκ ὀρθῶς χρώμενοι. ἐν ὅσοις μὲν γὰρ τῶν ἔργων μὴ μέγα
5 διαφέρει, λύρᾳ μὲν ἐν ἀριστερᾷ χρώμενον, πλήκτρῳ δὲ ἐν
δεξιᾷ, πρᾶγμα οὐδέν, καὶ ὅσα τοιαῦτα· τούτοις δὲ παρα-
δείγμασι χρώμενον καὶ εἰς ἄλλα μὴ δέον οὕτω χρῆσθαι
795 σχεδὸν ἄνοια. ἔδειξεν δὲ ταῦτα ὁ τῶν Σκυθῶν νόμος, οὐκ
ἐν ἀριστερᾷ μὲν τόξον ἀπάγων, ἐν δεξιᾷ δὲ οἰστὸν προσαγό-
μενος μόνον, ἀλλ' ὁμοίως ἑκατέροις ἐπ' ἀμφότερα χρώμενος·
πάμπολλα δ' ἕτερα τοιαῦτα παραδείγματα ἐν ἡνιοχείαις τέ
5 ἐστι καὶ ἐν ἑτέροις, ἐν οἷσιν μαθεῖν δυνατὸν ὅτι παρὰ φύσιν
κατασκευάζουσιν οἱ ἀριστερὰ δεξιῶν ἀσθενέστερα κατασκευά-
ζοντες. ταῦτα δ', ὅπερ εἴπομεν, ἐν μὲν κερατίνοις πλήκτροις
b καὶ ἐν ὀργάνοις τοιούτοις οὐδὲν μέγα· σιδηροῖς δ' εἰς τὸν
πόλεμον ὅταν δέῃ χρῆσθαι, μέγα διαφέρει, καὶ τόξοις καὶ
ἀκοντίοις καὶ ἑκάστοις τούτων, πολὺ δὲ μέγιστον, ὅταν ὅπλοις
δέῃ πρὸς ὅπλα χρῆσθαι. διαφέρει δὲ πάμπολυ μαθὼν μὴ
5 μαθόντος καὶ ὁ γυμνασάμενος τοῦ μὴ γεγυμνασμένου. καθά-
περ γὰρ ὁ τελέως παγκράτιον ἠσκηκὼς ἢ πυγμὴν ἢ πάλην
οὐκ ἀπὸ μὲν τῶν ἀριστερῶν ἀδύνατός ἐστι μάχεσθαι,

d 7 χεῖρας in marg. L: χρείας ΛΛΟ   κάτω LO: κατὰ Λ
e 3 ἔθη ci. Stephanus : ἤθη libri   a 3 ἑκατέραις Gataker

χωλαίνει δὲ καὶ ἐφέλκεται πλημμελῶν, ὁπόταν αὐτόν τις
μεταβιβάζων ἐπὶ θάτερα ἀναγκάζῃ διαπονεῖν, ταὐτὸν δὴ c
τοῦτ᾽, οἶμαι, καὶ ἐν ὅπλοις καὶ ἐν τοῖς ἄλλοις πᾶσι χρὴ
προσδοκᾶν ὀρθόν, ὅτι τὸν διττὰ δεῖ κεκτημένον, οἷς ἀμύ-
νοιτό τ᾽ ἂν καὶ ἐπιτιθεῖτο ἄλλοις, μηδὲν ἀργὸν τούτων μηδὲ
ἀνεπιστῆμον ἐᾶν εἶναι κατὰ δύναμιν· Γηρυόνου δέ γε εἴ τις   5
φύσιν ἔχων ἢ καὶ τὴν Βριάρεω φύοιτο, ταῖς ἑκατὸν χερσὶν
ἑκατὸν δεῖ βέλη ῥίπτειν δυνατὸν εἶναι. τούτων δὴ πάντων
τὴν ἐπιμέλειαν ἀρχούσαις τε καὶ ἄρχουσι δεῖ γίγνεσθαι, ταῖς d
μὲν ἐν παιδιαῖς τε καὶ τροφαῖς ἐπισκόποις γιγνομέναις, τοῖς
δὲ περὶ μαθήματα, ὅπως ἀρτίποδές τε καὶ ἀρτίχειρες πάντες
τε καὶ πᾶσαι γιγνόμενοι, μηδὲν τοῖς ἔθεσιν ἀποβλάπτωσι
τὰς φύσεις εἰς τὸ δυνατόν.   5

Τὰ δὲ μαθήματά που διττά, ὥς γ᾽ εἰπεῖν, χρήσασθαι
συμβαίνοι ἄν, τὰ μὲν ὅσα περὶ τὸ σῶμα γυμναστικῆς, τὰ
δ᾽ εὐψυχίας χάριν μουσικῆς. τὰ δὲ γυμναστικῆς αὖ δύο,
τὸ μὲν ὄρχησις, τὸ δὲ πάλη. τῆς ὀρχήσεως δὲ ἄλλη μὲν e
Μούσης λέξιν μιμουμένων, τό τε μεγαλοπρεπὲς φυλάττοντας
ἅμα καὶ ἐλεύθερον, ἄλλη δέ, εὐεξίας ἐλαφρότητός τε ἕνεκα
καὶ κάλλους, τῶν τοῦ σώματος αὐτοῦ μελῶν καὶ μερῶν τὸ
προσῆκον καμπῆς τε καὶ ἐκτάσεως, καὶ ἀποδιδομένης ἑκά- 5
στοις αὐτοῖς αὐτῶν εὐρύθμου κινήσεως, διασπειρομένης ἅμα
καὶ συνακολουθούσης εἰς πᾶσαν τὴν ὄρχησιν ἱκανῶς. καὶ
δὴ τά γε κατὰ πάλην ἃ μὲν Ἀνταῖος ἢ Κερκύων ἐν τέχναις 796
ἑαυτῶν συνεστήσαντο φιλονικίας ἀχρήστου χάριν, ἢ πυγμῆς
Ἐπειὸς ἢ Ἄμυκος, οὐδὲν χρήσιμα ἐπὶ πολέμου κοινωνίαν
ὄντα, οὐκ ἄξια λόγῳ κοσμεῖν· τὰ δὲ ἀπ᾽ ὀρθῆς πάλης, ἀπ᾽
αὐχένων καὶ χειρῶν καὶ πλευρῶν ἐξειλήσεως, μετὰ φιλο- 5
νικίας τε καὶ καταστάσεως διαπονούμενα μετ᾽ εὐσχήμονος

c 3 δεῖ LO: δὴ A sed ἢ ex emend.   c 4 ἐπιτιθεῖτο ΛO:
ἐπιτιθοῖτο Λ²O² (οἷ s. v.)   e 2 φυλαττόντων in marg. cod. Voss.
e 5 καὶ om. Aldina   ἀποδιδομένης] ἀποδιδοῦσα Hermann (secl. καὶ)
a 6 κατατάσεως ci. Stallbaum   μετ᾽ secl. Stallbaum (sed legit
Clemens)

ῥώμης τε καὶ ὑγιείας ἕνεκα, ταῦτ᾽ εἰς πάντα ὄντα χρήσιμα
οὐ παρετέον, ἀλλὰ προστακτέον μαθηταῖς τε ἅμα καὶ τοῖς
b διδάξουσιν, ὅταν ἐνταῦθ᾽ ὦμεν τῶν νόμων, τοῖς μὲν πάντα
τὰ τοιαῦτα εὐμενῶς δωρεῖσθαι, τοῖς δὲ παραλαμβάνειν ἐν
χάρισιν. οὐδ᾽ ὅσα ἐν τοῖς χοροῖς ἐστιν αὖ μιμήματα προσή-
κοντα μιμεῖσθαι παρετέον, κατὰ μὲν τὸν τύπον τόνδε Κου-
5 ρήτων ἐνόπλια παίγνια, κατὰ δὲ Λακεδαίμονα Διοσκόρων.
ἡ δὲ αὖ που παρ᾽ ἡμῖν κόρη καὶ δέσποινα, εὐφρανθεῖσα τῇ
τῆς χορείας παιδιᾷ, κεναῖς χερσὶν οὐκ ᾤήθη δεῖν ἀθύρειν,
c πανοπλίᾳ δὲ παντελεῖ κοσμηθεῖσα, οὕτω τὴν ὄρχησιν δια-
περαίνειν· ἃ δὴ πάντως μιμεῖσθαι πρέπον ἂν εἴη κόρους τε
ἅμα καὶ κόρας, τὴν τῆς θεοῦ χάριν τιμῶντας, πολέμου τ᾽ ἐν
χρείᾳ καὶ ἑορτῶν ἕνεκα. τοῖς δέ που παισὶν εὐθύς τε καὶ
5 ὅσον ἂν χρόνον μήπω εἰς πόλεμον ἴωσιν, πᾶσι θεοῖς προσ-
όδους τε καὶ πομπὰς ποιουμένους μεθ᾽ ὅπλων τε καὶ ἵππων
ἀεὶ κοσμεῖσθαι δέον ἂν εἴη, θάττους τε καὶ βραδυτέρας ἐν
ὀρχήσεσι καὶ ἐν πορείᾳ τὰς ἱκετείας ποιουμένους πρὸς θεούς
d τε καὶ θεῶν παῖδας. καὶ ἀγῶνας δὴ καὶ προαγῶνας, εἴ
τινων, οὐκ ἄλλων ἢ τούτων ἕνεκα προαγωνιστέον· οὗτοι γὰρ
καὶ ἐν εἰρήνῃ καὶ κατὰ πόλεμον χρήσιμοι εἴς τε πολιτείαν καὶ
ἰδίους οἴκους, οἱ δὲ ἄλλοι πόνοι τε καὶ παιδιαὶ καὶ σπουδαὶ
5 κατὰ σώματα οὐκ ἐλευθέρων, ὦ Μέγιλλέ τε καὶ Κλεινία.

Ἣν εἶπον γυμναστικὴν ἐν τοῖς πρώτοις λόγοις ὅτι δέοι
διεξελθεῖν, σχεδὸν δὴ διελήλυθα τὰ νῦν, καὶ ἔσθ᾽ αὕτη
παντελής· εἰ δέ τινα ταύτης ὑμεῖς ἔχετε βελτίω, θέντες
e εἰς κοινὸν λέγετε.

ΚΛ. Οὐ ῥᾴδιον, ὦ ξένε, παρέντας ταῦτα ἄλλα ἔχειν
βελτίω τούτων περὶ γυμναστικῆς ἅμα καὶ ἀγωνίας εἰπεῖν.

ΑΘ. Τὸ τοίνυν τούτοις ἐξῆς περὶ τὰ τῶν Μουσῶν τε καὶ
5 Ἀπόλλωνος δῶρα, τότε μέν, ὡς ἅπαντα εἰρηκότες, ᾠόμεθα
καταλείπειν μόνα τὰ περὶ γυμναστικῆς· νῦν δ᾽ ἔστιν δῆλα

ἅ τ' ἐστὶν καὶ ὅτι πρῶτα πᾶσιν ῥητέα. λέγωμεν τοίνυν
ἐξῆς αὐτά.

ΚΛ. Πάνυ μὲν οὖν λεκτέον.

ΑΘ. Ἀκούσατε δέ μου, προακηκοότες μὲν καὶ ἐν τοῖς 797
πρόσθεν· ὅμως δὲ τό γε σφόδρα ἄτοπον καὶ ἄηθες διευ-
λαβεῖσθαι δεῖ λέγοντα καὶ ἀκούοντα, καὶ δὴ καὶ νῦν. ἐρῶ
μὲν γὰρ ἐγὼ λόγον οὐκ ἄφοβον εἰπεῖν, ὅμως δέ πῃ θαρρήσας
οὐκ ἀποστήσομαι.   5

ΚΛ. Τίνα δὴ τοῦτον, ὦ ξένε, λέγεις;

ΑΘ. Φημὶ κατὰ πάσας πόλεις τὸ τῶν παιδιῶν γένος
ἠγνοῆσθαι σύμπασιν ὅτι κυριώτατόν ἐστι περὶ θέσεως νό-
μων, ἢ μονίμους εἶναι τοὺς τεθέντας ἢ μή. ταχθὲν μὲν
γὰρ αὐτὸ καὶ μετασχὸν τοῦ τὰ αὐτὰ κατὰ τὰ αὐτὰ καὶ b
ὡσαύτως ἀεὶ τοὺς αὐτοὺς παίζειν τε καὶ εὐθυμεῖσθαι τοῖς
αὐτοῖς παιγνίοις, ἐᾷ καὶ τὰ σπουδῇ κείμενα νόμιμα μένειν
ἡσυχῇ, κινούμενα δὲ τὰ αὐτὰ καὶ καινοτομούμενα, μετα-
βολαῖς τε ἄλλαις ἀεὶ χρώμενα, καὶ μηδέποτε ταὐτὰ φίλα 5
προσαγορευόντων τῶν νέων, μήτ' ἐν σχήμασιν τοῖς τῶν αὐ-
τῶν σωμάτων μήτε ἐν τοῖς ἄλλοις σκεύεσιν ὁμολογουμένως
αὐτοῖς ἀεὶ κεῖσθαι τό τ' εὔσχημον καὶ ἄσχημον, ἀλλὰ τόν
τι νέον ἀεὶ καινοτομοῦντα καὶ εἰσφέροντα τῶν εἰωθότων c
ἕτερον κατά τε σχήματα καὶ χρώματα καὶ πάντα ὅσα τοιαῦτα,
τοῦτον τιμᾶσθαι διαφερόντως, τούτου πόλει λώβην οὐκ εἶναι
μείζω φαῖμεν ἂν ὀρθότατα λέγοντες· λανθάνειν γὰρ τῶν
νέων τὰ ἤθη μεθιστάντα καὶ ποιεῖν τὸ μὲν ἀρχαῖον παρ' 5
αὐτοῖς ἄτιμον, τὸ δὲ νέον ἔντιμον. τούτου δὲ πάλιν αὖ
λέγω τοῦ τε ῥήματος καὶ τοῦ δόγματος οὐκ εἶναι ζημίαν
μείζω πάσαις πόλεσιν· ἀκούσατε δὲ ὅσον φημὶ αὔτ' εἶναι
κακόν.

ΚΛ. Ἦ τὸ ψέγεσθαι τὴν ἀρχαιότητα λέγεις ἐν ταῖς d
πόλεσιν;

a 2 πρόσθεν Λ Ο · ἔμπροσθεν Ι.   b 1 τὰ post κατὰ Ο²: om. Λ Ο
b 5 ταῦτα Λ   c 8 αὔτ'] αὖ τ' Λ

ΑΘ. Πάνυ μὲν οὖν.

ΚΛ. Οὐ φαύλους τοίνυν ἡμᾶς ἂν ἀκροατὰς πρὸς αὐτὸν
5 τὸν λόγον ἔχοις ἂν τοῦτον, ἀλλ' ὡς δυνατὸν εὐμενεστάτους.

ΑΘ. Εἰκὸς γοῦν.

ΚΛ. Λέγε μόνον.

ΑΘ. Ἴτε δή, μειζόνως αὐτὸν ἀκούσωμέν τε ἡμῶν αὐτῶν
καὶ πρὸς ἀλλήλους οὕτως εἴπωμεν. μεταβολὴν γὰρ δὴ
10 πάντων πλὴν κακῶν πολὺ σφαλερώτατον εὑρήσομεν ἐν ὥραις
πάσαις, ἐν πνεύμασιν, ἐν διαίταις σωμάτων, ἐν τρόποις
e ψυχῶν, ἐν ὡς ἔπος εἰπεῖν οὐ τοῖς μέν, τοῖς δ' οὔ, πλήν,
ὅτιπερ εἶπον νυνδή, κακοῖς· ὥστε, εἴ τις ἀποβλέψειε πρὸς
σώματα, ὡς πᾶσι μὲν σιτίοις, πᾶσι δ' αὖ ποτοῖς καὶ πόνοις
συνήθη γιγνόμενα, καὶ τὸ πρῶτον ταραχθέντα ὑπ' αὐτῶν,
5 ἔπειτ' ἐξ αὐτῶν τούτων ὑπὸ χρόνου σάρκας φύσαντα οἰκείας
793 τούτοις, φίλα τε καὶ συνήθη καὶ γνώριμα γενόμενα ἁπάσῃ
ταύτῃ τῇ διαίτῃ πρὸς ἡδονὴν καὶ ὑγίειαν ἄριστα διάγει, καὶ
ἄν ποτ' ἄρα ἀναγκασθῇ μεταβάλλειν αὖθις ἡντινοῦν τῶν
εὐδοκίμων διαιτῶν, τό γε κατ' ἀρχὰς συνταραχθεὶς ὑπὸ
5 νόσων μόγις ποτὲ κατέστη, τὴν συνήθειαν τῇ τροφῇ πάλιν
ἀπολαβών, ταὐτὸν δὴ δεῖ νομίζειν τοῦτο γίγνεσθαι καὶ περὶ
τὰς τῶν ἀνθρώπων διανοίας τε ἅμα καὶ τὰς τῶν ψυχῶν
φύσεις. οἷς γὰρ ἂν ἐντραφῶσιν νόμοις καὶ κατά τινα θείαν
b εὐτυχίαν ἀκίνητοι γένωνται μακρῶν καὶ πολλῶν χρόνων, ὡς
μηδένα ἔχειν μνείαν μηδὲ ἀκοὴν τοῦ ποτε ἄλλως αὐτὰ σχεῖν
ἢ καθάπερ νῦν ἔχει, σέβεται καὶ φοβεῖται πᾶσα ἡ ψυχὴ
τό τι κινεῖν τῶν τότε καθεστώτων. μηχανὴν δὴ δεῖ τὸν
5 νομοθέτην ἐννοεῖν ἁμόθεν γέ ποθεν ὅντινα τρόπον τοῦτ'
ἔσται τῇ πόλει. τῇδ' οὖν ἔγωγε εὑρίσκω. τὰς παιδιὰς
πάντες διανοοῦνται κινουμένας τῶν νέων, ὅπερ ἔμπροσθεν
ἐλέγομεν, παιδιὰς ὄντως εἶναι καὶ οὐ τὴν μεγίστην ἐξ αὐτῶν
c σπουδὴν καὶ βλάβην συμβαίνειν, ὥστε οὐκ ἀποτρέπουσιν

d 11 πνεύμασι καὶ διαίταις Stob.
ci. Bekker   e 3 δ' αὖ] δὲ Stob.
marg. A²   a 1 πάσῃ Stob.

e 2 ὅτιπερ] ὕπερ Stob.: οἷσπερ
e 4 ταραχθέντα] ταχθέντα in
a 4 τό γε A : τότε L O Stob.

ἀλλὰ συνέπονται ὑπείκοντες, καὶ οὐ λογίζονται τόδε, ὅτι
τούτους ἀνάγκη τοὺς παῖδας τοὺς ἐν ταῖς παιδιαῖς νεωτερί-
ζοντας ἑτέρους ἄνδρας τῶν ἔμπροσθεν γενέσθαι παῖδων,
γενομένους δὲ ἄλλους, ἄλλον βίον ζητεῖν, ζητήσαντας δέ, 5
ἑτέρων ἐπιτηδευμάτων καὶ νόμων ἐπιθυμῆσαι, καὶ μετὰ τοῦτο
ὡς ἥξοντος τοῦ νυνδὴ λεγομένου μεγίστου κακοῦ πόλεσιν
οὐδεὶς αὐτῶν φοβεῖται. τὰ μὲν οὖν ἄλλα ἐλάττω μετα- d
βαλλόμενα κακὰ διεξεργάζοιτ' ἄν, ὅσα περὶ σχήματα πάσχει
τὸ τοιοῦτον· ὅσα δὲ περὶ τὰ τῶν ἠθῶν ἐπαίνου τε καὶ ψόγου
πέρι πυκνὰ μεταπίπτει, πάντων, οἶμαι, μέγιστά τε καὶ
πλείστης εὐλαβείας δεόμενα ἂν εἴη.   5

ΚΛ. Πῶς γὰρ οὔ;

ΑΘ. Τί οὖν; τοῖς ἔμπροσθεν λόγοις πιστεύομεν, οἷς
ἐλέγομεν ὡς τὰ περὶ τοὺς ῥυθμοὺς καὶ πᾶσαν μουσικήν
ἐστιν τρόπων μιμήματα βελτιόνων καὶ χειρόνων ἀνθρώπων;
ἢ πῶς;   e

ΚΛ. Οὐδαμῶς ἄλλως πως τό γε παρ' ἡμῖν δόγμα ἔχον
ἂν εἴη.

ΑΘ. Οὐκοῦν, φαμέν, ἅπασαν μηχανητέον μηχανὴν ὅπως
ἂν ἡμῖν οἱ παῖδες μήτε ἐπιθυμῶσιν ἄλλων μιμημάτων 5
ἅπτεσθαι κατὰ ὀρχήσεις ἢ κατὰ μελῳδίας, μήτε τις αὐτοὺς
πείσῃ προσάγων παντοίας ἡδονάς;

ΚΛ. Ὀρθότατα λέγεις.

ΑΘ. Ἔχει τις οὖν ἡμῶν ἐπὶ τὰ τοιαῦτα βελτίω τινα 799
τέχνην τῆς τῶν Αἰγυπτίων;

ΚΛ. Ποίας δὴ λέγεις;

ΑΘ. Τοῦ καθιερῶσαι πᾶσαν μὲν ὄρχησιν, πάντα δὲ
μέλη, τάξαντας πρῶτον μὲν τὰς ἑορτάς, συλλογισαμένους εἰς 5
τὸν ἐνιαυτὸν ἅστινας ἐν οἷς χρόνοις καὶ οἷστισιν ἑκάστοις
τῶν θεῶν καὶ παισὶ τούτων καὶ δαίμοσι γίγνεσθαι χρεών,
μετὰ δὲ τοῦτο, ἐπὶ τοῖς τῶν θεῶν θύμασιν ἑκάστοις ἣν ᾠδὴν
δεῖ ἐφυμνεῖσθαι, καὶ χορείαις ποίαισιν γεραίρειν τὴν τότε

c 3 παιδείαις pr. Λ   d 7 οἷς ΛΟ: ἐν οἷς Ο²

b θυσίαν, τάξαι μὲν πρῶτόν τινας, ἃ δ' ἂν ταχθῇ, Μοίραις
καὶ τοῖς ἄλλοις πᾶσι θεοῖς θύσαντας κοινῇ πάντας τοὺς
πολίτας, σπένδοντας καθιεροῦν ἑκάστας τὰς ᾠδὰς ἑκάστοις
τῶν θεῶν καὶ τῶν ἄλλων· ἂν δὲ παρ' αὐτά τίς τῳ θεῶν
5 ἄλλους ὕμνους ἢ χορείας προσάγῃ, τοὺς ἱερέας τε καὶ τὰς
ἱερείας μετὰ νομοφυλάκων ἐξείργοντας ὁσίως ἐξείργειν καὶ
κατὰ νόμον, τὸν δὲ ἐξειργόμενον, ἂν μὴ ἑκὼν ἐξείργηται,
δίκας ἀσεβείας διὰ βίου παντὸς τῷ ἐθελήσαντι παρέχειν.

ΚΛ. Ὀρθῶς.

c ΑΘ. Πρὸς τούτῳ δὴ νῦν γενόμενοι τῷ λόγῳ, πάθωμεν
τὸ πρέπον ἡμῖν αὐτοῖς.

ΚΛ. Τοῦ πέρι λέγεις;

ΑΘ. Πᾶς που νέος, μὴ ὅτι πρεσβύτης, ἰδὼν ἂν ἢ καὶ
5 ἀκούσας ὁτιοῦν τῶν ἐκτόπων καὶ μηδαμῇ πως συνήθων, οὐκ
ἄν ποτέ που τὸ ἀπορηθὲν περὶ αὐτῶν συγχωρήσειεν ἐπι-
δραμὼν οὕτως εὐθύς, στὰς δ' ἄν, καθάπερ ἐν τριόδῳ γενό-
μενος καὶ μὴ σφόδρα κατειδὼς ὁδόν, εἴτε μόνος εἴτε μετ'

d ἄλλων τύχοι πορευόμενος, ἀνέροιτ' ἂν αὑτὸν καὶ τοὺς ἄλλους
τὸ ἀπορούμενον, καὶ οὐκ ἂν πρότερον ὁρμήσειεν, πρίν πῃ
βεβαιώσαιτο τὴν σκέψιν τῆς πορείας ὅπῃ ποτὲ φέρει. καὶ
δὴ καὶ τὸ παρὸν ἡμῖν ὡσαύτως ποιητέον· ἀτόπου γὰρ τὰ
5 νῦν ἐμπεπτωκότος λόγου περὶ νόμων, ἀνάγκη που σκέψιν
πᾶσαν ποιήσασθαι, καὶ μὴ ῥᾳδίως οὕτως περὶ τοσούτων
τηλικούτους ὄντας φάναι διισχυριζομένους ἐν τῷ παραχρῆμά
τι σαφὲς ἂν εἰπεῖν ἔχειν.

ΚΛ. Ἀληθέστατα λέγεις.

e ΑΘ. Οὐκοῦν τούτῳ μὲν χρόνον δώσομεν, βεβαιώσομεν
δὲ τότε αὐτό, ὁπόταν σκεψώμεθα ἱκανῶς· ἵνα δὲ μὴ τὴν
ἑπομένην τάξιν τοῖς νόμοις τοῖς νῦν ἡμῖν παροῦσι διαπερά-
νασθαι κωλυθῶμεν μάτην, ἴωμεν πρὸς τὸ τέλος αὐτῶν.
5 τάχα γὰρ ἴσως, εἰ θεὸς ἐθέλοι, κἂν ἡ διέξοδος αὕτη ὅλη

σχοῦσα τέλος ἱκανῶς ἂν μηκύσειε καὶ τὸ νῦν διαπορού-
μενον.

ΚΛ. Ἄριστ᾽, ὦ ξένε, λέγεις, καὶ ποιῶμεν οὕτως ὡς εἴ-
ρηκας.

ΑΘ. Δεδόχθω μὲν δή, φαμέν, τὸ ἄτοπον τοῦτο, νόμους 10
τὰς ᾠδὰς ἡμῖν γεγονέναι, καὶ καθάπερ οἱ παλαιοὶ τότε περὶ
κιθαρῳδίαν οὕτω πως, ὡς ἔοικεν, ᾠνόμασαν—ὥστε τάχ᾽
ἂν οὐδ᾽ ἐκεῖνοι παντάπασί γ᾽ ἂν ἀφεστῶτες εἶεν τοῦ νῦν 800
λεγομένου, καθ᾽ ὕπνον δὲ οἷόν πού τις ἢ καὶ ὕπαρ ἐγρη-
γορὼς ὠνείρωξεν μαντευόμενος αὐτό—τὸ δ᾽ οὖν δόγμα περὶ
αὐτοῦ τοῦτ᾽ ἔστω· παρὰ τὰ δημόσια μέλη τε καὶ ἱερὰ καὶ
τὴν τῶν νέων σύμπασαν χορείαν μηδεὶς μᾶλλον ἢ παρ᾽ 5
ὁντινοῦν ἄλλον τῶν νόμων φθεγγέσθω μηδ᾽ ἐν ὀρχήσει
κινείσθω. καὶ ὁ μὲν τοιοῦτος ἀζήμιος ἀπαλλαττέσθω, τὸν
δὲ μὴ πειθόμενον, καθάπερ ἐρρήθη νυνδή, νομοφύλακές τε
καὶ ἱέρειαι καὶ ἱερῆς κολαζόντων. κείσθω δὲ νῦν ἡμῖν   b
ταῦτα τῷ λόγῳ;

ΚΛ. Κείσθω.

ΑΘ. Τίνα δὴ τρόπον αὐτὰ νομοθετῶν τις μὴ παντάπασιν
καταγέλαστος γίγνοιτ᾽ ἄν; ἴδωμεν δὴ τὸ τοιόνδ᾽ ἔτι περὶ 5
αὐτά. ἀσφαλέστατον καθάπερ ἐκμαγεῖ᾽ ἄττ᾽ αὐτοῖσιν πρῶτον
πλάσασθαι τῷ λόγῳ, λέγω δὲ ἐν μὲν τῶν ἐκμαγείων εἶναι
τοιόνδε τι· θυσίας γενομένης καὶ ἱερῶν κανθέντων κατὰ
νόμον, εἴ τῷ τις, φαμέν, ἰδίᾳ παραστὰς τοῖς βωμοῖς τε καὶ
ἱεροῖς, υὸς ἢ καὶ ἀδελφός, βλασφημοῖ πᾶσαν βλασφημίαν,   c
ἆρ᾽ οὐκ, ἂν φαῖμεν, ἀθυμίαν καὶ κακὴν ὄτταν καὶ μαντείαν
πατρὶ καὶ τοῖς ἄλλοις ἂν οἰκείοις φθέγγοιτο ἐντιθείς;

ΚΛ. Τί μήν;

ΑΘ. Ἐν τοίνυν τοῖς παρ᾽ ἡμῖν τύποις τοῦτ᾽ ἐστὶν ταῖς 5
πόλεσι γιγνόμενον ὡς ἔπος εἰπεῖν σχεδὸν ὀλίγου πάσαις·
δημοσίᾳ γάρ τινα θυσίαν ὅταν ἀρχή τις θύσῃ, μετὰ ταῦτα
χορὸς οὐχ εἷς ἀλλὰ πλῆθος χορῶν ἥκει, καὶ στάντες οὐ

a 3 οὖν in ras. Α² : ου (ut vid.) Λ   b 6 γρ. ἀσφαλέστατα Ο

15*

d πόρρω τῶν βωμῶν ἀλλὰ παρ' αὐτοὺς ἐνίοτε, πᾶσαν βλα-
σφημίαν τῶν ἱερῶν καταχέουσιν, ῥήμασί τε καὶ ῥυθμοῖς καὶ
γοωδεστάταις ἁρμονίαις συντείνοντες τὰς τῶν ἀκροωμένων
ψυχάς, καὶ ὃς ἂν δακρῦσαι μάλιστα τὴν θύσασαν παρα-
5 χρῆμα ποιήσῃ πόλιν, οὗτος τὰ νικητήρια φέρει. τοῦτον δὴ
τὸν νόμον ἆρ' οὐκ ἀποψηφιζόμεθα; καὶ εἴ ποτ' ἄρα δεῖ
τοιούτων οἴκτων γίγνεσθαι τοὺς πολίτας ἐπηκόους, ὁπόταν
ἡμέραι μὴ καθαραί τινες ἀλλὰ ἀποφράδες ὦσιν, τόθ' ἥκειν
e δέον ἂν εἴη μᾶλλον χορούς τινας ἔξωθεν μεμισθωμένους
ᾠδούς, οἷον οἱ περὶ τοὺς τελευτήσαντας μισθούμενοι Καρικῇ
τινι μούσῃ προπέμπουσι τοὺς τελευτήσαντας; τοιοῦτόν που
πρέπον ἂν εἴη καὶ περὶ τὰς τοιαύτας ᾠδὰς γιγνόμενον, καὶ
5 δὴ καὶ στολή γέ που ταῖς ἐπικηδείοις ᾠδαῖς οὐ στέφανοι
πρέποιεν ἂν οὐδ' ἐπίχρυσοι κόσμοι, πᾶν δὲ τοὐναντίον, ἵν'
ὅτι τάχιστα περὶ αὐτῶν λέγων ἀπαλλάττωμαι. τὸ δὲ το-
σοῦτον ἡμᾶς αὐτοὺς ἐπανερωτῶ πάλιν, τῶν ἐκμαγείων ταῖς
ᾠδαῖς εἰ πρῶτον ἓν τοῦθ' ἡμῖν ἀρέσκον κείσθω.
10 ΚΛ. Τὸ ποῖον;
ΑΘ. Εὐφημία, καὶ δὴ καὶ τὸ τῆς ᾠδῆς γένος εὔφημον
801 ἡμῖν πάντῃ πάντως ὑπαρχέτω; ἢ μηδὲν ἐπανερωτῶ, τιθῶ
δὲ τοῦτο οὕτως;
ΚΛ. Παντάπασι μὲν οὖν τίθει· νικᾷ γὰρ πάσαισι ταῖς
ψήφοις οὗτος ὁ νόμος.
5 ΑΘ. Τίς δὴ μετ' εὐφημίαν δεύτερος ἂν εἴη νόμος μου-
σικῆς; ἆρ' οὐκ εὐχὰς εἶναι τοῖς θεοῖς οἷς θύομεν ἑκάστοτε;
ΚΛ. Πῶς γὰρ οὔ;
ΑΘ. Τρίτος δ' οἶμαι νόμος, ὅτι γνόντας δεῖ τοὺς ποιητὰς
ὡς εὐχαὶ παρὰ θεῶν αἰτήσεις εἰσίν, δεῖ δὴ τὸν νοῦν αὐτοὺς
b σφόδρα προσέχειν μή ποτε λάθωσιν κακὸν ὡς ἀγαθὸν αἰτού-
μενοι· γελοῖον γὰρ δὴ τὸ πάθος οἶμαι τοῦτ' ἂν γίγνοιτο,
εὐχῆς τοιαύτης γενομένης.
ΚΛ. Τί μήν;
5 ΑΘ. Οὐκοῦν ἡμεῖς ἔμπροσθεν σμικρὸν τῷ λόγῳ ἐπεί-

σθημεν ὡς οὔτε ἀργυροῦν δεῖ πλοῦτον οὔτε χρυσοῦν ἐν
πόλει ἱδρυμένον ἐνοικεῖν;

ΚΛ. Πάνυ μὲν οὖν.

ΑΘ. Τίνος οὖν ποτε παράδειγμα εἰρῆσθαι φῶμεν τοῦτον
τὸν λόγον; ἆρ᾽ οὐ τοῦδε, ὅτι τὸ τῶν ποιητῶν γένος οὐ πᾶν 10
ἱκανόν ἐστι γιγνώσκειν σφόδρα τά τε ἀγαθὰ καὶ μή; ποιή- c
σας οὖν δήπου τὶς ποιητὴς ῥήμασιν ἢ καὶ κατὰ μέλος τοῦτο
ἡμαρτημένον, εὐχὰς οὐκ ὀρθάς, ἡμῖν τοὺς πολίτας περὶ τῶν
μεγίστων εὔχεσθαι τἀναντία ποιήσει· καίτοι τούτου, καθάπερ
ἐλέγομεν, οὐ πολλὰ ἁμαρτήματα ἀνευρήσομεν μείζω. θῶμεν 5
δὴ καὶ τοῦτον τῶν περὶ μοῦσαν νόμων καὶ τύπων ἕνα;

ΚΛ. Τίνα; σαφέστερον εἰπὲ ἡμῖν.

ΑΘ. Τὸν ποιητὴν παρὰ τὰ τῆς πόλεως νόμιμα καὶ δίκαια
ἢ καλὰ ἢ ἀγαθὰ μηδὲν ποιεῖν ἄλλο, τὰ δὲ ποιηθέντα μὴ d
ἐξεῖναι τῶν ἰδιωτῶν μηδενὶ πρότερον δεικνύναι, πρὶν ἂν
αὐτοῖς τοῖς περὶ ταῦτα ἀποδεδειγμένοις κριταῖς καὶ τοῖς
νομοφύλαξιν δειχθῇ καὶ ἀρέσῃ· σχεδὸν δὲ ἀποδεδειγμένοι
εἰσὶν ἡμῖν οὓς εἱλόμεθα νομοθέτας περὶ τὰ μουσικὰ καὶ τὸν 5
τῆς παιδείας ἐπιμελητήν. τί οὖν; ὃ πολλάκις ἐρωτῶ, κείσθω
νόμος ἡμῖν καὶ τύπος ἐκμαγεῖόν τε τρίτον τοῦτο; ἢ πῶς δοκεῖ;

ΚΛ. Κείσθω· τί μήν;

ΑΘ. Μετά γε μὴν ταῦτα ὕμνοι θεῶν καὶ ἐγκώμια κεκοι- e
νωνημένα εὐχαῖς ᾄδοιτ᾽ ἂν ὀρθότατα, καὶ μετὰ θεοὺς ὡσαύτως
περὶ δαίμονάς τε καὶ ἥρωας μετ᾽ ἐγκωμίων εὐχαὶ γίγνοιντ᾽
ἂν τούτοις πᾶσιν πρέπουσαι.

ΚΛ. Πῶς γὰρ οὔ;   5

ΑΘ. Μετά γε μὴν ταῦτ᾽ ἤδη νόμος ἄνευ φθόνων εὐθὺς
γίγνοιτ᾽ ἂν ὅδε· τῶν πολιτῶν ὁπόσοι τέλος ἔχοιεν τοῦ
βίου, κατὰ σώματα ἢ κατὰ ψυχὰς ἔργα ἐξειργασμένοι καλὰ
καὶ ἐπίπονα καὶ τοῖς νόμοις εὐπειθεῖς γεγονότες, ἐγκωμίων
αὐτοὺς τυγχάνειν πρέπον ἂν εἴη.   10

ΚΛ. Πῶς δ᾽ οὔ;

e 3 γίγνοιντ᾽ O²: γίγνοιτ᾽ A L O

802 ΑΘ. Τούς γε μὴν ἔτι ζῶντας ἐγκωμίοις τε καὶ ὕμνοις
τιμᾶν οὐκ ἀσφαλές, πρὶν ἂν ἅπαντά τις τὸν βίον διαδραμὼν
τέλος ἐπιστήσηται καλόν· ταῦτα δὲ πάντα ἡμῖν ἔστω κοινὰ
ἀνδράσιν τε καὶ γυναιξὶν ἀγαθοῖς καὶ ἀγαθαῖς διαφανῶς
5 γενομένοις. τὰς δὲ ᾠδάς τε καὶ ὀρχήσεις οὑτωσὶ χρὴ
καθίστασθαι. πολλὰ ἔστιν παλαιῶν παλαιὰ περὶ μουσικὴν
καὶ καλὰ ποιήματα, καὶ δὴ καὶ τοῖς σώμασιν ὀρχήσεις
ὡσαύτως, ὧν οὐδεὶς φθόνος ἐκλέξασθαι τῇ καθισταμένῃ
b πολιτείᾳ τὸ πρέπον καὶ ἁρμόττον· δοκιμαστὰς δὲ τούτων
ἑλομένους τὴν ἐκλογὴν ποιεῖσθαι μὴ νεωτέρους πεντήκοντα
ἐτῶν, καὶ ὅτι μὲν ἂν ἱκανὸν εἶναι δόξῃ τῶν παλαιῶν ποιη-
μάτων, ἐγκρίνειν, ὅτι δ' ἂν ἐνδεὲς ἢ τὸ παράπαν ἀνεπιτή-
5 δειον, τὸ μὲν ἀποβάλλεσθαι παντάπασιν, τὸ δ' ἐπανερόμενον
ἐπιρρυθμίζειν, ποιητικοὺς ἅμα καὶ μουσικοὺς ἄνδρας παρα-
λαβόντας, χρωμένους αὐτῶν ταῖς δυνάμεσιν τῆς ποιήσεως,
c ταῖς δὲ ἡδοναῖς καὶ ἐπιθυμίαις μὴ ἐπιτρέποντας ἀλλ' ἤ τισιν
ὀλίγοις, ἐξηγουμένους δὲ τὰ τοῦ νομοθέτου βουλήματα, ὅτι
μάλιστα ὄρχησίν τε καὶ ᾠδὴν καὶ πᾶσαν χορείαν συστή-
σασθαι κατὰ τὸν αὐτῶν νοῦν. πᾶσα δ' ἄτακτός γε τάξιν
5 λαβοῦσα περὶ μοῦσαν διατριβὴ καὶ μὴ παρατιθεμένης τῆς
γλυκείας μούσης ἀμείνων μυρίῳ· τὸ δ' ἡδὺ κοινὸν πάσαις.
ἐν ᾗ γὰρ ἂν ἐκ παίδων τις μέχρι τῆς ἑστηκυίας τε καὶ
ἔμφρονος ἡλικίας διαβιῷ, σώφρονι μὲν μούσῃ καὶ τεταγμένῃ,
d ἀκούων δὲ τῆς ἐναντίας, μισεῖ καὶ ἀνελεύθερον αὐτὴν προσ-
αγορεύει, τραφεὶς δ' ἐν τῇ κοινῇ καὶ γλυκείᾳ, ψυχρὰν καὶ
ἀηδῆ τὴν ταύτῃ ἐναντίαν εἶναί φησιν· ὥστε, ὅπερ ἐρρήθη
νυνδή, τό γε τῆς ἡδονῆς ἢ ἀηδίας περὶ ἑκατέρας οὐδὲν πε-
5 πλεονέκτηκεν, ἐκ περιττοῦ δὲ ἡ μὲν βελτίους, ἡ δὲ χείρους
τοὺς ἐν αὐτῇ τραφέντας ἑκάστοτε παρέχεται.

b 5 ἐπανερόμενον] ἐπανερομένους Stephanus: ἐπανορθούμενον Ast:
ἐπαναιρόμενον Hermann   c 1 τισιν ὀλίγοις] ἔν τισιν ὀλίγοις ci.
Stallbaum: τισιν ὀλίγαις Hermann   c 4 πᾶσα δ' ἄτακτος L et in
marg. A³ et in textu fecit a: πασαατακτος (ut vid.) A: πᾶσα δ'
ἀτάκτως L²O   d 1 δὲ secl. Hermann

ΚΛ. Καλῶς εἴρηκας.

ΑΘ. Ἔτι δὲ θηλείαις τε πρεπούσας ᾠδὰς ἄρρεσί τε
χωρίσαι που δέον ἂν εἴη τύπῳ τινὶ διορισάμενον, καὶ ἁρ-   e
μονίαισιν δὴ καὶ ῥυθμοῖς προσαρμόττειν ἀναγκαῖον· δεινὸν
γὰρ ὅλῃ γε ἁρμονίᾳ ἀπᾴδειν ἢ ῥυθμῷ ἀρρυθμεῖν, μηδὲν προσή-
κοντα τούτων ἑκάστοις ἀποδιδόντα τοῖς μέλεσιν. ἀναγκαῖον
δὴ καὶ τούτων τὰ σχήματά γε νομοθετεῖν. ἔστιν δὲ ἀμφο-   5
τέροις μὲν ἀμφότερα ἀνάγκῃ κατεχόμενα ἀποδιδόναι, τὰ δὲ
τῶν θηλειῶν αὐτῷ τῷ τῆς φύσεως ἑκατέρου διαφέροντι, τούτῳ
δεῖ καὶ διασαφεῖν. τὸ δὴ μεγαλοπρεπὲς οὖν καὶ τὸ πρὸς
τὴν ἀνδρείαν ῥέπον ἀρρενωπὸν φατέον εἶναι, τὸ δὲ πρὸς τὸ
κόσμιον καὶ σῶφρον μᾶλλον ἀποκλῖνον θηλυγενέστερον ὡς   10
ὂν παραδοτέον ἔν τε τῷ νόμῳ καὶ λόγῳ. τάξις μὲν δὴ
τις αὕτη· τούτων δὲ αὐτῶν διδασκαλία καὶ παράδοσις   803
λεγέσθω τὸ μετὰ τοῦτο, τίνα τρόπον χρὴ καὶ οἷστισιν καὶ
πότε πράττειν ἕκαστα αὐτῶν. οἶον δή τις ναυπηγὸς τὴν τῆς
ναυπηγίας ἀρχὴν καταβαλλόμενος τὰ τροπιδεῖα ὑπογράφεται
τῶν πλοίων σχήματα, ταὐτὸν δή μοι κἀγὼ φαίνομαι ἐμαυτῷ   5
δρᾶν, τὰ τῶν βίων πειρώμενος σχήματα διαστήσασθαι κατὰ
τρόπους τοὺς τῶν ψυχῶν, ὄντως αὐτῶν τὰ τροπιδεῖα κατα-
βάλλεσθαι, ποίᾳ μηχανῇ καὶ τίσιν ποτὲ τρόποις συνόντες   b
τὸν βίον ἄριστα διὰ τοῦ πλοῦ τούτου τῆς ζωῆς διακομι-
σθησόμεθα, τοῦτο σκοπεῖν ὀρθῶς. ἔστι δὴ τοίνυν τὰ τῶν
ἀνθρώπων πράγματα μεγάλης μὲν σπουδῆς οὐκ ἄξια, ἀνα-
γκαῖόν γε μὴν σπουδάζειν· τοῦτο δὲ οὐκ εὐτυχές. ἐπειδὴ   5
δὲ ἐνταῦθά ἐσμεν, εἴ πως διὰ προσήκοντός τινος αὐτὸ πράτ-
τοιμεν, ἴσως ἂν ἡμῖν σύμμετρον ἂν εἴη. λέγω δὲ δὴ τί ποτε;
ἴσως μεντἂν τίς μοι τοῦτ' αὐτὸ ὑπολαβὼν ὀρθῶς ὑπολάβοι.

ΚΛ. Πάνυ μὲν οὖν.   c

e 3 ἀπᾴδειν O² (à s. v.): ἐπᾴδειν ΑO   ἀρυθμειν Α (corr. Λ²)
e 4 τούτων ἑκάστοις Α: ἑκάστοις τούτων L: τούτων ἑκάστοις τούτων Ο
e 6 ἀνάγκῃ re vera Λ: ἀνάγκη vulg.   τὰ Α: τὸ γρ. Ο et fecit Λ²
o s. v. et in marg. Λ¹   e 7 θηλειῶν O² et in marg. Λ¹ in textu
a (θη s. v.): λειῶν ΛO   e 8 γρ. δεῖν Ο   a 5 τῶν Λ²: τῳ Λ

ΑΘ. Φημὶ χρῆναι τὸ μὲν σπουδαῖον σπουδάζειν, τὸ δὲ
μὴ σπουδαῖον μή, φύσει δὲ εἶναι θεὸν μὲν πάσης μακαρίου
σπουδῆς ἄξιον, ἄνθρωπον δέ, ὅπερ εἴπομεν ἔμπροσθεν, θεοῦ
5 τι παίγνιον εἶναι μεμηχανημένον, καὶ ὄντως τοῦτο αὐτοῦ τὸ
βέλτιστον γεγονέναι· τούτῳ δὴ δεῖν τῷ τρόπῳ συνεπόμενον
καὶ παίζοντα ὅτι καλλίστας παιδιὰς πάντ' ἄνδρα καὶ γυναῖκα
οὕτω διαβιῶναι, τοὐναντίον ἢ νῦν διανοηθέντας.

d   ΚΛ. Πῶς;

ΑΘ. Νῦν μέν που τὰς σπουδὰς οἴονται δεῖν ἕνεκα τῶν
παιδιῶν γίγνεσθαι· τὰ γὰρ περὶ τὸν πόλεμον ἡγοῦνται
σπουδαῖα ὄντα τῆς εἰρήνης ἕνεκα δεῖν εὖ τίθεσθαι. τὸ δ'
5 ἦν ἐν πολέμῳ μὲν ἄρα οὔτ' οὖν παιδιὰ πεφυκυῖα οὔτ' αὖ
παιδεία ποτὲ ἡμῖν ἀξιόλογος, οὔτε οὖσα οὔτ' ἐσομένη, ὃ δή
φαμεν ἡμῖν γε εἶναι σπουδαιότατον· δεῖ δὴ τὸν κατ' εἰρήνην
βίον ἕκαστον πλεῖστόν τε καὶ ἄριστον διεξελθεῖν. τίς οὖν
e ὀρθότης; παίζοντά ἐστιν διαβιωτέον τινὰς δὴ παιδιάς, θύοντα
καὶ ᾄδοντα καὶ ὀρχούμενον, ὥστε τοὺς μὲν θεοὺς ἵλεως αὑτῷ
παρασκευάζειν δυνατὸν εἶναι, τοὺς δ' ἐχθροὺς ἀμύνεσθαι καὶ
νικᾶν μαχόμενον· ὁποῖα δὲ ᾄδων ἄν τις καὶ ὀρχούμενος ἀμφό-
5 τερα ταῦτα πράττοι, τὸ μὲν τῶν τύπων εἴρηται καὶ καθάπερ
ὁδοὶ τέτμηνται καθ' ἃς ἰτέον, προσδοκῶντα καὶ τὸν ποιητὴν
εὖ λέγειν τὸ—

804   Τηλέμαχ', ἄλλα μὲν αὐτὸς ἐνὶ φρεσὶ σῇσι νοήσεις,
ἄλλα δὲ καὶ δαίμων ὑποθήσεται· οὐ γὰρ ὀίω
οὔ σε θεῶν ἀέκητι γενέσθαι τε τραφέμεν τε.

ταὐτὸν δὴ καὶ τοὺς ἡμετέρους τροφίμους δεῖ διανοουμένους τὰ
5 μὲν εἰρημένα ἀποχρώντως νομίζειν εἰρῆσθαι, τὰ δὲ καὶ τὸν
δαίμονά τε καὶ θεὸν αὐτοῖσιν ὑποθήσεσθαι θυσιῶν τε πέρι
b καὶ χορειῶν, οἷστισί τε καὶ ὁπότε ἕκαστα ἑκάστοις προσπαί-
ζοντές τε καὶ ἱλεούμενοι κατὰ τὸν τρόπον τῆς φύσεως δια-

βιώσονται, θαύματα ὄντες τὸ πολύ, σμικρὰ δὲ ἀληθείας ἄττα
μετέχοντες.

ΜΕ. Παντάπασι τὸ τῶν ἀνθρώπων γένος ἡμῖν, ὦ ξένε, 5
διαφαυλίζεις.

ΑΘ. Μὴ θαυμάσῃς, ὦ Μέγιλλε, ἀλλὰ σύγγνωθί μοι· πρὸς
γὰρ τὸν θεὸν ἀπιδὼν καὶ παθὼν εἶπον ὅπερ εἴρηκα νῦν. ἔστω
δ᾽ οὖν τὸ γένος ἡμῶν μὴ φαῦλον, εἴ σοι φίλον, σπουδῆς δέ
τινος ἄξιον.   c

Τὸ δ᾽ ἐξῆς τούτοις, οἰκοδομίαι μὲν εἴρηνται γυμνασίων
ἅμα καὶ διδασκαλείων κοινῶν τριχῇ κατὰ μέσην τὴν πόλιν,
ἔξωθεν δὲ ἵππων αὖ τριχῇ περὶ τὸ ἄστυ γυμνάσιά τε καὶ
εὐρυχωρία, τοξικῆς τε καὶ τῶν ἄλλων ἀκροβολισμῶν ἕνεκα 5
διακεκοσμημένα, μαθήσεώς τε ἅμα καὶ μελέτης τῶν νέων· εἰ
δ᾽ ἄρα μὴ τότε ἱκανῶς ἐρρήθησαν, νῦν εἰρήσθω τῷ λόγῳ μετὰ
νόμων. ἐν δὲ τούτοις πᾶσιν διδασκάλους ἑκάστων πεπει-
σμένους μισθοῖς οἰκοῦντας ξένους διδάσκειν τε πάντα ὅσα 𝖽
πρὸς τὸν πόλεμόν ἐστιν μαθήματα τοὺς φοιτῶντας ὅσα τε
πρὸς μουσικήν, οὐχ ὃν μὲν ἂν ὁ πατὴρ βούληται, φοιτῶντα,
ὃν δ᾽ ἂν μή, ἐῶντα τὰς παιδείας, ἀλλὰ τὸ λεγόμενον πάντ᾽
ἄνδρα καὶ παῖδα κατὰ τὸ δυνατόν, ὡς τῆς πόλεως μᾶλλον ἢ 5
τῶν γεννητόρων ὄντας, παιδευτέον ἐξ ἀνάγκης. τὰ αὐτὰ δὲ
δὴ καὶ περὶ θηλειῶν ὁ μὲν ἐμὸς νόμος ἂν εἴποι πάντα ὅσαπερ
καὶ περὶ τῶν ἀρρένων, ἴσα καὶ τὰς θηλείας ἀσκεῖν δεῖν· καὶ 𝖾
οὐδὲν φοβηθεὶς εἴποιμ᾽ ἂν τοῦτον τὸν λόγον οὔτε ἱππικῆς
οὔτε γυμναστικῆς, ὡς ἀνδράσι μὲν πρέπον ἂν εἴη, γυναιξὶ
δὲ οὐκ ἂν πρέπον. ἀκούων μὲν γὰρ δὴ μύθους παλαιοὺς
πέπεισμαι, τὰ δὲ νῦν ὡς ἔπος εἰπεῖν οἶδα ὅτι μυριάδες 5
ἀναρίθμητοι γυναικῶν εἰσι τῶν περὶ τὸν Πόντον, ἃς Σαυρο-
μάτιδας καλοῦσιν, αἷς οὐχ ἵππων μόνον ἀλλὰ καὶ τόξων καὶ 805
τῶν ἄλλων ὅπλων κοινωνία καὶ τοῖς ἀνδράσιν ἴση προστε-
ταγμένη ἴσως ἀσκεῖται. λογισμὸν δὲ πρὸς τούτοις περὶ τούτων

---

c 8 διδασκάλους] δεῖ διδασκάλους Eus.   d 1 οἰκοῦντας Λ Ο
Eus. : οὐκ ὄντας in marg. et in textu fecit Λ²

τοιόνδε τινὰ ἔχω· φημί, εἴπερ ταῦτα οὕτω συμβαίνειν ἐστὶν
5 δυνατά, πάντων ἀνοητότατα τὰ νῦν ἐν τοῖς παρ' ἡμῖν τόποις
γίγνεσθαι τὸ μὴ πάσῃ ῥώμῃ πάντας ὁμοθυμαδὸν ἐπιτηδεύειν
ἄνδρας γυναιξὶν ταὐτά. σχεδὸν γὰρ ὀλίγου πᾶσα ἡμίσεια
πόλις ἀντὶ διπλασίας οὕτως ἔστιν τε καὶ γίγνεται ἐκ τῶν
b αὐτῶν τελῶν καὶ πόνων· καίτοι θαυμαστὸν ἂν ἁμάρτημα
νομοθέτῃ τοῦτ' αὐτὸ γίγνοιτο.

ΚΛ. Ἔοικέν γε· ἔστι μέντοι πάμπολλα ἡμῖν, ὦ ξένε,
παρὰ τὰς εἰωθυίας πολιτείας τῶν νῦν λεγομένων. ἀλλὰ γὰρ
5 εἰπὼν τὸν μὲν λόγον ἐᾶσαι διεξελθεῖν, εὖ διελθόντος δέ, οὕτω
τὸ δοκοῦν αἱρεῖσθαι δεῖν, μάλα εἶπές τε ἐμμελῶς, πεποίηκάς
τέ με τὰ νῦν αὐτὸν ἐμαυτῷ ἐπιπλήττειν ὅτι ταῦτα εἴρηκα·
c λέγε οὖν τὸ μετὰ ταῦτα ὅτι σοι κεχαρισμένον ἐστίν.

ΑΘ. Τόδε ἔμοιγε, ὦ Κλεινία, ὃ καὶ πρόσθεν εἶπον, ὡς,
εἰ μὲν ταῦτα ἦν μὴ ἱκανῶς ἔργοις ἐληλεγμένα ὅτι δυνατά
ἐστι γίγνεσθαι, τάχα ἦν ἄν τι καὶ ἀντειπεῖν τῷ λόγῳ, νῦν
5 δὲ ἄλλο τί που ζητητέον ἐκείνῳ τῷ τοῦτον τὸν νόμον μηδαμῇ
δεχομένῳ, τὸ δ' ἡμέτερον διακέλευμα ἐν τούτοις οὐκ ἀποσβή-
σεται τὸ μὴ οὐ λέγειν ὡς δεῖ παιδείας τε καὶ τῶν ἄλλων ὅτι
d μάλιστα κοινωνεῖν τὸ θῆλυ γένος ἡμῖν τῷ τῶν ἀρρένων γένει.
καὶ γὰρ οὖν οὑτωσί πως δεῖ περὶ αὐτῶν διανοηθῆναι. φέρε,
μὴ μετεχουσῶν ἀνδράσι γυναικῶν κοινῇ τῆς. ζωῆς πάσης,
μῶν οὐκ ἀνάγκη γενέσθαι γέ τινα τάξιν ἑτέραν αὐταῖς;

5 ΚΛ. Ἀνάγκη μὲν οὖν.

ΑΘ. Τίνα οὖν ἔμπροσθεν τῶν νῦν ἀποδεδειγμένων θεῖμεν
ἂν τῆς κοινωνίας ταύτης ἣν νῦν αὐταῖς ἡμεῖς προστάττομεν;
πότερον ἣν Θρᾷκες ταῖς γυναιξὶν χρῶνται καὶ πολλὰ ἔτερα
e γένη, γεωργεῖν τε καὶ βουκολεῖν καὶ ποιμαίνειν καὶ διακονεῖν
μηδὲν διαφερόντως τῶν δούλων; ἢ καθάπερ ἡμεῖς ἅπαντές

a 5 ἀνοητότατα scr. recc. : ἀνόητα A L O   b 5 εἰπὼν] εἶπον
vulg. (ἀλλὰ γὰρ . . . b 6 δεῖν Atheniensi tribuens)   διεξελθεῖν
Λ O² : διελθεῖν L O   b 7 τέ με re vera A   c 6 διακέλευμα
Λ : διακέλευσμα fecit Λ² (σ s. v.)   d 4 αὐταῖς A L O : αὐτοῖς
γρ. O et s. v. L   d 7 τῆς] τις A : corr. Λ²

τε οἱ περὶ τὸν τόπον ἐκεῖνον; νῦν γὰρ δὴ τό γε παρ' ἡμῖν
ὧδέ ἐστιν περὶ τούτων γιγνόμενον· εἴς τινα μίαν οἴκησιν
συμφορήσαντες, τὸ λεγόμενον, πάντα χρήματα, παρέδομεν 5
ταῖς γυναιξὶν διαταμιεύειν τε καὶ κερκίδων ἄρχειν καὶ πάσης
ταλασίας. ἢ τὸ τούτων δὴ διὰ μέσου φῶμεν, ὦ Μέγιλλε,
τὸ Λακωνικόν; κόρας μὲν γυμνασίων μετόχους οὔσας ἅμα 806
καὶ μουσικῆς ζῆν δεῖν, γυναῖκας δὲ ἀργοὺς μὲν ταλασίας,
ἀσκητικὸν δέ τινα βίον καὶ οὐδαμῶς φαῦλον οὐδ' εὐτελῆ
διαπλέκειν, θεραπείας δὲ καὶ ταμιείας αὖ καὶ παιδοτροφίας
εἴς τι μέσον ἀφικνεῖσθαι, τῶν δ' εἰς τὸν πόλεμον μὴ κοινω- 5
νούσας, ὥστε οὐδ' εἴ τίς ποτε διαμάχεσθαι περὶ πόλεώς τε
καὶ παίδων ἀναγκαία τύχη γίγνοιτο, οὔτ' ἂν τόξων, ὥς τινες
Ἀμαζόνες, οὔτ' ἄλλης κοινωνῆσαί ποτε βολῆς μετὰ τέχνης b
δυνάμεναι, οὐδὲ ἀσπίδα καὶ δόρυ λαβοῦσαι μιμήσασθαι
τὴν θεόν, ὡς πορθουμένης αὐταῖς τῆς πατρίδος γενναίως
ἀντιστάσας, φόβον γε, εἰ μηδὲν μεῖζον, πολεμίοισι δύνασθαι
παρασχεῖν ἐν τάξει τινὶ κατοφθείσας; Σαυρομάτιδας δὲ οὐδ' 5
ἂν τὸ παράπαν τολμήσειαν μιμήσασθαι τοῦτον τὸν τρόπον
διαβιοῦσαι, παρὰ γυναῖκας δὲ αὐτὰς ἄνδρες ἂν αἱ ἐκείνων
γυναῖκες φανεῖεν. ταῦτ' οὖν ὑμῶν τοὺς νομοθέτας ὁ μὲν c
βουλόμενος ἐπαινεῖν ἐπαινείτω, τὸ δ' ἐμὸν οὐκ ἄλλως ἂν
λεχθείη· τέλεον γὰρ καὶ οὐ διήμισυν δεῖν τὸν νομοθέτην
εἶναι, τὸ θῆλυ μὲν ἀφιέντα τρυφᾶν καὶ ἀναλίσκειν διαίταις
ἀτάκτως χρώμενον, τοῦ δὲ ἄρρενος ἐπιμεληθέντα, τελέως 5
σχεδὸν εὐδαίμονος ἥμισυ βίου καταλείπειν ἀντὶ διπλασίου
τῇ πόλει.

ΜΕ. Τί δράσομεν, ὦ Κλεινία; τὸν ξένον ἐάσομεν τὴν
Σπάρτην ἡμῖν οὕτω καταδραμεῖν;

ΚΛ. Ναί· δεδομένης γὰρ αὐτῷ παρρησίας ἐατέον, ἕως ἂν d
διεξέλθωμεν πάντῃ ἱκανῶς τοὺς νόμους.

a 3 δέ τινα] δή τινα Ast   b 4 γε Ο′ γ s. v.): δὲ Λ Ο   μεῖζον]
μει Λ : corr. Λ² (add. acc. et ζον s. v.   c 3 οὐ διήμισυν Schneider :
οὐ δι' ἥμισυν L Ο : οὐδὶ ἥμισυν Λ : οὐδ' ι ἥμισυν Λ² : οὐχὶ ἥμισυν Stall-
baum   c 5 ἀτάκτως Λ L Ο : ἀτάκτοις L² Ο²

ΜΕ. Ὀρθῶς λέγεις.

ΑΘ. Οὐκοῦν τὰ μετὰ ταῦτα ἤδη σχεδὸν ἐμὸν πειρᾶσθαι
5 φράζειν;

ΚΛ. Πῶς γὰρ οὔ;

ΑΘ. Τίς δὴ τρόπος ἀνθρώποις γίγνοιτ' ἂν τοῦ βίου,
οἷσιν τὰ μὲν ἀναγκαῖα εἴη κατεσκευασμένα μέτρια, τὰ δὲ
τῶν τεχνῶν ἄλλοις παραδεδομένα, γεωργίαι δὲ ἐκδεδομέναι
e δούλοις ἀπαρχὴν τῶν ἐκ τῆς γῆς ἀποτελοῦσιν ἱκανὴν ἀνθρώ-
ποις ζῶσι κοσμίως, συσσίτια δὲ κατεσκευασμένα εἴη χωρὶς
μὲν τὰ τῶν ἀνδρῶν, ἐγγὺς δ' ἐχόμενα τὰ τῶν αὑτοῖς οἰκείων,
παίδων τε ἅμα θηλειῶν καὶ τῶν μητέρων αὐταῖς, ἄρχουσιν
5 δὲ καὶ ἀρχούσαις εἴη προστεταγμένα λύειν ταῦτα ἑκάστοις
τὰ συσσίτια πάντα, καθ' ἑκάστην ἡμέραν θεασαμένους καὶ
ἰδόντας τὴν διαγωγὴν τὴν τῶν συσσίτων, μετὰ δὲ ταῦτα
807 σπείσαντας τόν τε ἄρχοντα καὶ τοὺς ἄλλους οἷς ἂν τυγχάνῃ
θεοῖς ἡ τότε νύξ τε καὶ ἡμέρα καθιερωμένη, κατὰ ταῦτα
οὕτως οἴκαδε πορεύεσθαι; τοῖς δὴ ταύτῃ κεκοσμημένοις ἆρα
οὐδὲν λειπόμενόν ἐστιν ἀναγκαῖόν τε ἔργον καὶ παντάπασι
5 προσῆκον, ἀλλ' ἐν τρύπῳ βοσκήματος ἕκαστον πιαινόμενον
αὐτῶν δεῖ ζῆν; οὔκουν τό γε δίκαιόν φαμεν οὐδὲ καλόν, οὐδ'
οἷόν τε τὸν ζῶντα οὕτως ἀτυχῆσαι τοῦ προσήκοντος, προσήκει
b δὲ ἀργῷ καὶ ῥᾳθύμως καταπεπιασμένῳ ζῴῳ σχεδὸν ὑπ' ἄλλου
διαρπασθῆναι ζῴου τῶν σφόδρα τετρυχωμένων μετὰ ἀνδρείας
τε ἅμα καὶ τῶν πόνων. ταῦτα οὖν δὴ δι' ἀκριβείας μὲν
ἱκανῆς, ὡς καὶ νῦν, εἰ ζητοῖμεν ἄν, ἴσως οὐκ ἄν ποτε γέ-
5 νοιτο, μέχριπερ ἂν γυναῖκές τε καὶ παῖδες οἰκήσεις τε ἴδιαι
καὶ ἰδίως ἅπαντ' ᾖ τὰ τοιαῦτα ἑκάστοις ἡμῶν κατεσκευα-
σμένα· τὰ δὲ μετ' ἐκεῖν' αὖ δεύτερα τὰ νῦν λεγόμενα εἰ

e 5 δὲ Λ Ο : τε Ο² (τ s. v.)   e 7 ξυσσίτων Schulthess : ξυσ-
σιτίων libri   ταῦτα σπείσαντας Λ Ο : ταύτας πείσαντας L (πεισόντας
γρ. Ο)   a 3 πορεύεσθαι (ut vid.) pr. Α   a 7 προσηκος Λ :
corr. Λ² (add. acc. et ντο s. v.)   b 1 καταπεπιασμένῳ L : κατα-
πεπιεσμένῳ Λ Ο   b 2 τετρυχωμένων cod. Riccardianus : τετρυφω-
μένων Λ L Ο : τετρυμένων Λ²Ο² et in marg. Λ³   b 6 ἅπαντ' ᾖ
Stephanus : ἀπάντη Λ L Ο   b 7 τὰ δὲ] τατα δὲ Λ : ταῦτα δὲ fecit Λ²

γίγνοιτο ἡμῖν, γίγνοιτο ἀν καὶ μάλα μετρίως. ἔργον δὲ δὴ c
τοῖς οὕτω ζῶσίν φαμεν οὐ τὸ σμικρότατον οὐδὲ τὸ φαυλό-
τατον λείπεσθαι, μέγιστον δὲ πάντων εἶναι προστεταγμένον
ὑπὸ δικαίου νόμου· τοῦ γὰρ πᾶσαν τῶν ἄλλων πάντων
ἔργων βίου ἀσχολίαν παρασκευάζοντος, τοῦ Πυθιάδος τε καὶ 5
Ὀλυμπιάδος νίκης ὀρεγομένου, διπλασίας τε καὶ ἔτι πολλῷ
πλέονος ἀσχολίας ἐστὶν γέμων ὁ περὶ τὴν τοῦ σώματος
πάντως καὶ ψυχῆς εἰς ἀρετῆς ἐπιμέλειαν βίος εἰρημένος
ὀρθότατα. πάρεργον γὰρ οὐδὲν δεῖ τῶν ἄλλων ἔργων δια- d
κώλυμα γίγνεσθαι τῶν τῷ σώματι προσηκόντων εἰς ἀπόδοσιν
πόνων καὶ τροφῆς, οὐδ᾽ αὖ ψυχῇ μαθημάτων τε καὶ ἐθῶν,
πᾶσα δὲ νύξ τε καὶ ἡμέρα σχεδὸν οὐκ ἔστιν ἱκανὴ τοῦτ᾽
αὐτὸ πράττοντι τὸ τέλεόν τε καὶ ἱκανὸν αὐτῶν ἐκλαμβάνειν· 5
οὕτω δὴ τούτων πεφυκότων, τάξιν δεῖ γίγνεσθαι πᾶσιν τοῖς
ἐλευθέροις τῆς διατριβῆς περὶ τὸν χρόνον ἅπαντα, σχεδὸν
ἀρξάμενον ἐξ ἕω μέχρι τῆς ἑτέρας ἀεὶ συνεχῶς ἕω τε καὶ e
ἡλίου ἀνατολῆς. πολλὰ μὲν οὖν καὶ πυκνὰ καὶ σμικρὰ λέγων
ἄν τις νομοθέτης ἀσχήμων φαίνοιτο περὶ τῶν κατ᾽ οἰκίαν
διοικήσεων, τά τε ἄλλα καὶ ὅσα νύκτωρ ἀυπνίας πέρι πρέπει
τοῖς μέλλουσιν διὰ τέλους φυλάξειν πᾶσαν πόλιν ἀκριβῶς. 5
τὸ γὰρ ὅλην διατελεῖν ἡντινοῦν νύκτα εὕδοντα καὶ ὁντινοῦν
τῶν πολιτῶν, καὶ μὴ φανερὸν εἶναι πᾶσι τοῖς οἰκέταις ἐγειρό-
μενόν τε καὶ ἐξανιστάμενον ἀεὶ πρῶτον, τοῦτο αἰσχρὸν δεῖ 808
δεδόχθαι πᾶσι καὶ οὐκ ἐλευθέρου, εἴτ᾽ οὖν νόμον εἴτ᾽ ἐπιτή-
δευμα τὸ τοιοῦτον καλεῖν ἐστιν χρεών· καὶ δὴ καὶ δέσποιναν
ἐν οἰκίᾳ ὑπὸ θεραπαινίδων ἐγείρεσθαί τινων καὶ μὴ πρώτην
αὐτὴν ἐγείρειν τὰς ἄλλας, αἰσχρὸν λέγειν χρὴ πρὸς αὐτοὺς 5
δοῦλόν τε καὶ δούλην καὶ παῖδα, καὶ εἴ πως ἦν οἷόν τε, ὅλην
καὶ πᾶσαν τὴν οἰκίαν. ἐγειρομένους δὲ νύκτωρ δεῖ πάντας
πράττειν τῶν τε πολιτικῶν μέρη πολλὰ καὶ τῶν οἰκονομικῶν, b
ἄρχοντας μὲν κατὰ πόλιν, δεσποίνας δὲ καὶ δεσπότας ἐν

c 5 βίου secl. Stallbaum   c 8 εἰς secl. ci. Stallbaum aut ὧν
scribendum   ἀρετῆς] ἀρετὴν Ast   a 5 αὑτοὺς L : αὐτοὺς A O
a 7 πάντας] πάντως Stob.

ἰδίαις οἰκίαις. ὕπνος γὰρ δὴ πολὺς οὔτε τοῖς σώμασιν οὔτε
ταῖς ψυχαῖς ἡμῶν οὐδ' αὖ ταῖς πράξεσιν ταῖς περὶ ταῦτα
5 πάντα ἁρμόττων ἐστὶν κατὰ φύσιν. καθεύδων γὰρ οὐδεὶς
οὐδενὸς ἄξιος, οὐδὲν μᾶλλον τοῦ μὴ ζῶντος· ἀλλ' ὅστις τοῦ
ζῆν ἡμῶν καὶ τοῦ φρονεῖν μάλιστά ἐστι κηδεμών, ἐγρήγορε
c χρόνον ὡς πλεῖστον, τὸ πρὸς ὑγίειαν αὐτοῦ μόνον φυλάττων
χρήσιμον, ἔστιν δὲ οὐ πολύ, καλῶς εἰς ἔθος ἰόν. ἐγρηγορότες
δὲ ἄρχοντες ἐν πόλεσιν νύκτωρ φοβεροὶ μὲν κακοῖς, πολε-
μίοις τε ἅμα καὶ πολίταις, ἀγαστοὶ δὲ καὶ τίμιοι τοῖς δικαίοις
5 τε καὶ σώφροσιν, ὠφέλιμοι δὲ αὐτοῖς τε καὶ συμπάσῃ τῇ
πόλει.

Νὺξ μὲν δὴ διαγομένη τοιαύτη τις πρὸς πᾶσι τοῖς εἰρη-
μένοις ἀνδρείαν ἄν τινα προσπαρέχοιτο ταῖς ψυχαῖς ἑκάστων
d τῶν ἐν ταῖς πόλεσιν· ἡμέρας δὲ ὄρθρου τε ἐπανιόντων παῖδας
μὲν πρὸς διδασκάλους που τρέπεσθαι χρεών, ἄνευ ποιμένος
δὲ οὔτε πρόβατα οὔτ' ἄλλο οὐδὲν πω βιωτέον, οὐδὲ δὴ παῖδας
ἄνευ τινῶν παιδαγωγῶν οὐδὲ δούλους ἄνευ δεσποτῶν. ὁ δὲ
5 παῖς πάντων θηρίων ἐστὶ δυσμεταχειριστότατον· ὅσῳ γὰρ
μάλιστα ἔχει πηγὴν τοῦ φρονεῖν μήπω κατηρτυμένην, ἐπί-
βουλον καὶ δριμὺ καὶ ὑβριστότατον θηρίων γίγνεται. διὸ δὴ
e πολλοῖς αὐτὸ οἷον χαλινοῖς τισιν δεῖ δεσμεύειν, πρῶτον μέν,
τροφῶν καὶ μητέρων ὅταν ἀπαλλάττηται, παιδαγωγοῖς παιδίας
καὶ νηπιότητος χάριν, ἔτι δ' αὖ τοῖς διδάσκουσιν καὶ ὁτιοῦν καὶ
μαθήμασιν ὡς ἐλεύθερον· ὡς δ' αὖ δοῦλον, πᾶς ὁ προστυγ-
5 χάνων τῶν ἐλευθέρων ἀνδρῶν κολαζέτω τόν τε παῖδα αὐτὸν
καὶ τὸν παιδαγωγὸν καὶ διδάσκαλον, ἐὰν ἐξαμαρτάνῃ τίς τι
τούτων. ἂν δ' αὖ προστυγχάνων τις μὴ κολάζῃ τῇ δίκῃ,
ὀνείδει μὲν ἐνεχέσθω πρῶτον τῷ μεγίστῳ, ὁ δὲ τῶν νομοφυ-
809 λάκων ἐπὶ τὴν τῶν παίδων ἀρχὴν ᾑρημένος ἐπισκοπείτω

c 2 καλῶς A Stob. : καλὸς LO et fecit A²   ἰόν AO Stob. : ἰών L
d 5 θρίων A : corr. A² add acc. et η s. v.)   d 7 θηρίων] θηρίον
Stob. et fecit O² o s. v.)   δὴ om. Stob.   e 2 παιδίας] παιδείας
A (sed δεί ex emend.) pr O   e 6 καὶ διδάσκαλον ALO : καὶ τὸν
διδάσκαλον vulg.   τι O² : om. AO

τοῦτον τὸν ἐντυγχάνοντα οἷς λέγομεν καὶ μὴ κολάζοντα δέον
κολάζειν, ἢ κολάζοντα μὴ κατὰ τρόπον, βλέπων δὲ ἡμῖν ὀξὺ
καὶ διαφερόντως ἐπιμελούμενος τῆς τῶν παίδων τροφῆς
κατευθυνέτω τὰς φύσεις αὐτῶν, ἀεὶ τρέπων πρὸς τἀγαθὸν 5
κατὰ νόμους. τοῦτον δὲ αὐτὸν αὖ πῶς ἂν ἡμῖν ὁ νόμος
αὐτὸς παιδεύσειεν ἱκανῶς; νῦν μὲν γὰρ δὴ εἴρηκεν οὐδέν πω
σαφὲς οὐδὲ ἱκανόν, ἀλλὰ τὰ μέν, τὰ δ' οὔ· δεῖ δὲ εἰς δύναμιν b
μηδὲν παραλείπειν αὐτῷ, πάντα δὲ λόγον ἀφερμηνεύειν, ἵνα
οὗτος τοῖς ἄλλοις μηνυτής τε ἅμα καὶ τροφεὺς γίγνηται. τὰ
μὲν οὖν δὴ χορείας πέρι μελῶν τε καὶ ὀρχήσεως ἐρρήθη,
τίνα τύπον ἔχοντα ἐκλεκτέα τέ ἐστιν καὶ ἐπανορθωτέα καὶ 5
καθιερωτέα· τὰ δὲ ἐν γράμμασι μὲν ὄντα, ἄνευ δὲ μέτρων,
ποῖα καὶ τίνα μεταχειρίζεσθαι χρή σοι τρόπον, ὦ ἄριστε τῶν
παίδων ἐπιμελητά, τοὺς ὑπὸ σοῦ τρεφομένους, οὐκ εἰρήκαμεν. c
καίτοι τὰ μὲν περὶ τὸν πόλεμον ἃ δεῖ μανθάνειν τε αὐτοὺς
καὶ μελετᾶν ἔχεις τῷ λόγῳ, τὰ δὲ περὶ τὰ γράμματα πρῶτον,
καὶ δεύτερον λύρας πέρι καὶ λογισμῶν, ὧν ἔφαμεν δεῖν ὅσα
τε πρὸς πόλεμον καὶ οἰκονομίαν καὶ τὴν κατὰ πόλιν διοίκησιν 5
χρῆναι ἑκάστους λαβεῖν, καὶ πρὸς τὰ αὐτὰ ταῦτα ἔτι τὰ
χρήσιμα τῶν ἐν ταῖς περιόδοις τῶν θείων, ἄστρων τε πέρι
καὶ ἡλίου καὶ σελήνης, ὅσα διοικεῖν ἀναγκαῖόν ἐστιν περὶ
ταῦτα πάσῃ πόλει—τίνων δὴ πέρι λέγομεν; ἡμερῶν τάξεως d
εἰς μηνῶν περιόδους καὶ μηνῶν εἰς ἕκαστον τὸν ἐνιαυτόν,
ἵνα ὧραι καὶ θυσίαι καὶ ἑορταὶ τὰ προσήκοντ' ἀπολαμβά-
νουσαι ἑαυταῖς ἕκασται τῷ κατὰ φύσιν ἄγεσθαι, ζῶσαν τὴν
πόλιν καὶ ἐγρηγορυῖαν παρεχόμεναι, θεοῖς μὲν τὰς τιμὰς 5
ἀποδιδῶσιν, τοὺς δὲ ἀνθρώπους περὶ αὐτὰ μᾶλλον ἔμφρονας
ἀπεργάζωνται—ταῦτα οὔπω σοι πάντα ἱκανῶς, ὦ φίλε, παρὰ
τοῦ νομοθέτου διείρηται· πρόσεχε δὴ τὸν νοῦν τοῖς μετὰ ταῦτα e
μέλλουσιν ῥηθήσεσθαι. γραμμάτων εἴπομεν ὡς οὐχ ἱκανῶς

a 2 οἷς O² : ᾗ Λ Ο   a 6 τοῦτον O² : τούτων Λ Ο   b 7 χρή
σοι Schneider : χρήσοι Λ L O   c 6 ἔτι τὰ Λ L O : γρ. τίνα δὲ L O
d 1 δὴ L (ut vid. : δεῖ Λ O   d 2 τὸν ἐνιαυτόν] γρ. τῶν ἐνιαυτῶν.
ἀπ' ὀρθώσεως καὶ καλῶς O   d 7 οὔπω] οὕτω vulg.

ἔχεις πέρι τὸ πρῶτον, ἐπικαλοῦντες τί τῇ λέξει; τόδε, ὡς
οὔπω διείρηκέ σοι πότερον εἰς ἀκρίβειαν τοῦ μαθήματος
5 ἰτέον τὸν μέλλοντα πολίτην ἔσεσθαι μέτριον ἢ τὸ παράπαν
οὐδὲ προσοιστέον· ὡς δ' αὕτως καὶ περὶ λύραν. προσοιστέον
μέντοι νῦν φαμεν. εἰς μὲν γράμματα παιδὶ δεκετεῖ σχεδὸν
ἐνιαυτοὶ τρεῖς, λύρας δὲ ἅψασθαι τρία μὲν ἔτη καὶ δέκα
810 γεγονόσιν ἄρχεσθαι μέτριος ὁ χρόνος, ἐμμεῖναι δὲ ἕτερα
τρία. καὶ μήτε πλείω τούτων μήτ' ἐλάττω πατρὶ μηδ' αὐτῷ,
φιλομαθοῦντι μηδὲ μισοῦντι, περὶ ταῦτα ἐξέστω μείζω μηδὲ
ἐλάττω διατριβὴν ποιεῖσθαι παράνομον· ὁ δὲ μὴ πειθόμενος
5 ἄτιμος τῶν παιδείων ἔστω τιμῶν, ἃς ὀλίγον ὕστερον ῥητέον.
μανθάνειν δὲ ἐν τούτοις τοῖς χρόνοις δὴ τί ποτε δεῖ τοὺς
νέους καὶ διδάσκειν αὖ τοὺς διδασκάλους, τοῦτο αὐτὸ πρῶτον
b μάνθανε. γράμματα μὲν τοίνυν χρὴ τὸ μέχρι τοῦ γράψαι
τε καὶ ἀναγνῶναι δυνατὸν εἶναι διαπονεῖν· πρὸς τάχος δὲ ἢ
κάλλος ἀπηκριβῶσθαί τισιν, οἷς μὴ φύσις ἐπέσπευσεν ἐν
τοῖς τεταγμένοις ἔτεσιν, χαίρειν ἐᾶν. πρὸς δὲ δὴ μαθήματα
5 ἄλυρα ποιητῶν κείμενα ἐν γράμμασι, τοῖς μὲν μετὰ μέτρων,
τοῖς δ' ἄνευ ῥυθμῶν τμημάτων, ἃ δὴ συγγράμματα κατὰ λόγον
εἰρημένα μόνον, τητώμενα ῥυθμοῦ τε καὶ ἁρμονίας, σφαλερὰ
c γράμμαθ' ἡμῖν ἐστιν παρά τινων τῶν πολλῶν τοιούτων ἀνθρώ-
πων καταλελειμμένα· οἷς, ὦ πάντων βέλτιστοι νομοφύλακες,
τί χρήσεσθε; ἢ τί ποθ' ὑμῖν ὁ νομοθέτης χρῆσθαι προστάξας
ὀρθῶς ἂν τάξειε; καὶ μάλα ἀπορήσειν αὐτὸν προσδοκῶ.
5 ΚΛ. Τί ποτε τοῦτο, ὦ ξένε, φαίη πρὸς σαυτὸν ὄντως
ἠπορηκὼς λέγειν;
ΑΘ. Ὀρθῶς ὑπέλαβες, ὦ Κλεινία. πρὸς δὲ δὴ κοινωνοὺς
ὑμᾶς ὄντας περὶ νόμων ἀνάγκη τό τε φαινόμενον εὔπορον καὶ
τὸ μὴ φράζειν.
d ΚΛ. Τί οὖν; τί περὶ τούτων νῦν καὶ ποῖόν τι πεπονθὼς
λέγεις;

e 7 μέντοι νῦν Bekker : μὲν τοίνυν libri   a 2 μηδ' Bekker : μήτ'
libri   a 5 παιδίων A : corr. A²   a 7 αὐτὸ] αὐτὸς ci. Ritter
b 1 μάνθανε ΛLO : μανθάνειν L²O²

ΑΘ. Ἐρῶ δή· στόμασι γὰρ πολλάκις μυρίοις ἐναντία
λέγειν οὐδαμῶς εὔπορον.

ΚΛ. Τί δέ; σμικρὰ καὶ ὀλίγα δοκεῖ σοι τὰ ἔμπροσθεν 5
ἡμῖν εἰρημένα περὶ νόμων κεῖσθαι τοῖς πολλοῖς ὑπεναντία;

ΑΘ. Καὶ μάλα ἀληθὲς τοῦτό γε λέγεις· κελεύεις γὰρ δή
με, ὡς ἐμοὶ φαίνεται, τῆς αὐτῆς ὁδοῦ ἐχθοδοποῦ γεγονυίας
πολλοῖς—ἴσως δ' οὐκ ἐλάττοσιν ἑτέροις προσφιλοῦς· εἰ δὲ
ἐλάττοσιν, οὔκουν χείροσί γε—μεθ' ὧν διακελεύῃ με παρα- e
κινδυνεύοντά τε καὶ θαρροῦντα τὴν νῦν ἐκ τῶν παρόντων
λόγων τετμημένην ὁδὸν τῆς νομοθεσίας πορεύεσθαι μηδὲν
ἀνιέντα.

ΚΛ. Τί μήν; 5

ΑΘ. Οὐ τοίνυν ἀνίημι. λέγω μὴν ὅτι ποιηταί τε ἡμῖν
εἰσίν τινες ἐπῶν ἑξαμέτρων πάμπολλοι καὶ τριμέτρων καὶ
πάντων δὴ τῶν λεγομένων μέτρων, οἱ μὲν ἐπὶ σπουδήν, οἱ δ'
ἐπὶ γέλωτα ὡρμηκότες, ἐν οἷς φασι δεῖν οἱ πολλάκις μυρίοι
τοὺς ὀρθῶς παιδευομένους τῶν νέων τρέφειν καὶ διακορεῖς 10
ποιεῖν, πολυηκόους τ' ἐν ταῖς ἀναγνώσεσιν ποιοῦντας καὶ
πολυμαθεῖς, ὅλους ποιητὰς ἐκμανθάνοντας· οἱ δὲ ἐκ πάντων 811
κεφάλαια ἐκλέξαντες καί τινας ὅλας ῥήσεις εἰς ταὐτὸν συναγα-
γόντες, ἐκμανθάνειν φασὶ δεῖν εἰς μνήμην τιθεμένους, εἰ
μέλλει τις ἀγαθὸς ἡμῖν καὶ σοφὸς ἐκ πολυπειρίας καὶ
πολυμαθίας γενέσθαι. τούτοις δὴ σὺ κελεύεις ἐμὲ τὰ νῦν 5
παρρησιαζόμενον ἀποφαίνεσθαι τί τε καλῶς λέγουσι καὶ
τί μή;

ΚΛ. Πῶς γὰρ οὔ;

ΑΘ. Τί δή ποτ' ἂν οὖν περὶ ἁπάντων τούτων ἑνὶ λόγῳ
φράζων εἴποιμ' ἂν ἱκανόν; οἶμαι μὲν τὸ τοιόνδε σχεδόν, ὃ b
καὶ πᾶς ἄν μοι συγχωρήσειεν, πολλὰ μὲν ἕκαστον τούτων
εἰρηκέναι καλῶς, πολλὰ δὲ καὶ τοὐναντίον· εἰ δ' οὕτω

d 5 ὀλίγα L : ὀλίγου A O et in marg L · ὀλίγον Hermann   d 9 δ'
L. (ut vid. et γρ. O : om. A O   e 1 οὐκοῦν Λ   e 3 τετμη-
μένον Λ (sed o in ras.) L O   e 9 δεῖν οἱ O et fecit Λ². δεινοὶ Λ O²
11 2 ταὐτὸ Λ   a 5 πολυμαθείας fecit Λ²

τοῦτ' ἔχει, κίνδυνόν φημι εἶναι φέρουσαν τοῖς παισὶν τὴν
5 πολυμαθίαν.

ΚΛ. Πῶς οὖν καὶ τί παραινοίης ἂν τῷ νομοφύλακι;

ΑΘ. Τοῦ πέρι λέγεις;

ΚΛ. Τοῦ πρὸς τί παράδειγμά ποτε ἀποβλέψας ἂν τὸ μὲν
c ἐῴη πάντας μανθάνειν τοὺς νέους, τὸ δ' ἀποκωλύοι. λέγε καὶ
μηδὲν ἀπόκνει λέγων.

ΑΘ. Ὠγαθὲ Κλεινία, κινδυνεύω κατά γέ τινα τρόπον
ηὐτυχηκέναι.

5 ΚΛ. Τοῦ δὴ πέρι;

ΑΘ. Τοῦ μὴ παντάπασι παραδείγματος ἀπορεῖν. νῦν
γὰρ ἀποβλέψας πρὸς τοὺς λόγους οὓς ἐξ ἕω μέχρι δεῦρο δὴ
διεληλύθαμεν ἡμεῖς—ὡς μὲν ἐμοὶ φαινόμεθα, οὐκ ἄνευ τινὸς
ἐπιπνοίας θεῶν—ἔδοξαν δ' οὖν μοι παντάπασι ποιήσει τινὶ
10 προσομοίως εἰρῆσθαι. καί μοι ἴσως οὐδὲν θαυμαστὸν πάθος
d ἐπῆλθε, λόγους οἰκείους οἷον ἀθρόους ἐπιβλέψαντι μάλα
ἡσθῆναι· τῶν γὰρ δὴ πλείστων λόγων οὓς ἐν ποιήμασιν ἢ
χύδην οὕτως εἰρημένους μεμάθηκα καὶ ἀκήκοα, πάντων μοι
μετριώτατοί γε εἶναι κατεφάνησαν καὶ προσήκοντες τὰ
5 μάλιστα ἀκούειν νέοις. τῷ δὴ νομοφύλακί τε καὶ παιδευτῇ
παράδειγμα οὐκ ἂν ἔχοιμι, ὡς οἶμαι, τούτου βέλτιον φράζειν,
ἢ ταῦτά τε διδάσκειν παρακελεύεσθαι τοῖσι διδασκάλοις
e τοὺς παῖδας, τά τε τούτων ἐχόμενα καὶ ὅμοια, ἂν ἄρα που
περιτυγχάνῃ ποιητῶν τε ποιήματα διεξιὼν καὶ γεγραμμένα
καταλογάδην ἢ καὶ ψιλῶς οὕτως ἄνευ τοῦ γεγράφθαι λεγό-
μενα, ἀδελφά που τούτων τῶν λόγων, μὴ μεθιέναι τρόπῳ
5 μηδενί, γράφεσθαι δέ· καὶ πρῶτον μὲν τοὺς διδασκάλους
αὐτοὺς ἀναγκάζειν μανθάνειν καὶ ἐπαινεῖν. οὓς δ' ἂν μὴ
ἀρέσκῃ τῶν διδασκάλων, μὴ χρῆσθαι τούτοις συνεργοῖς, οὓς
δ' ἂν τῷ ἐπαίνῳ συμψήφους ἔχῃ, τούτοις χρώμενον, τοὺς

b 5 πολυμάθειαν fecit A² : γρ. φιλομαθ. O   c 1 ἐῴη A (ut vid.) L :
ἐῷ A²O   c 7 δεῦρο δὴ A (sed η refictum) LO : δεῦρ' ἀεὶ Lex.
Bachm.   d 5 τε L (ut vid.) A² (τ s. v.) O² : δὲ AO   e 1 που*
A (πω fuit ut vid.)   e 4 λόγων ALO : νόμων O² (ν et μ s. v.)

νέους αὐτοῖς παραδιδόναι διδάσκειν τε καὶ παιδεύειν. οὗτός 812
μοι μῦθος ἐνταῦθα καὶ οὕτω τελειτάτω, περὶ γραμματιστῶν
τε εἰρημένος ἅμα καὶ γραμμάτων.

ΚΛ. Κατὰ μὲν τὴν ὑπόθεσιν, ὦ ξένε, ἔμοιγε οὐ φαινό-
μεθα ἐκτὸς πορεύεσθαι τῶν ὑποτεθέντων λόγων· εἰ δὲ τὸ 5
ὅλον κατορθοῦμεν ἢ μή, χαλεπὸν ἴσως διισχυρίζεσθαι.

ΑΘ. Τότε γάρ, ὦ Κλεινία, τοῦτό γ' αὐτὸ ἔσται κατα-
φανέστερον, ὡς εἰκός, ὅταν, ὃ πολλάκις εἰρήκαμεν, ἐπὶ
τέλος ἀφικώμεθα πάσης τῆς διεξόδου περὶ νόμων.

ΚΛ. Ὀρθῶς. b

ΑΘ. Ἆρ' οὖν οὐ μετὰ τὸν γραμματιστὴν ὁ κιθαριστὴς
ἡμῖν προσρητέος;

ΚΛ. Τί μήν;

ΑΘ. Τοῖς κιθαρισταῖς μὲν τοίνυν ἡμᾶς δοκῶ τῶν ἔμ- 5
προσθεν λόγων ἀναμνησθέντας τὸ προσῆκον νεῖμαι τῆς τε
διδασκαλίας ἅμα καὶ πάσης τῆς περὶ τὰ τοιαῦτα παιδεύσεως.

ΚΛ. Ποίων δὴ πέρι λέγεις;

ΑΘ. Ἔφαμεν, οἶμαι, τοὺς τοῦ Διονύσου τοὺς ἑξηκον-
τούτας ᾠδοὺς διαφερόντως εὐαισθήτους δεῖ γεγονέναι περί 10
τε τοὺς ῥυθμοὺς καὶ τὰς τῶν ἁρμονιῶν συστάσεις, ἵνα τὴν c
τῶν μελῶν μίμησιν τὴν εὖ καὶ τὴν κακῶς μεμιμημένην, ἐν
τοῖς παθήμασιν ὅταν ψυχὴ γίγνηται, τά τε τῆς ἀγαθῆς
ὁμοιώματα καὶ τὰ τῆς ἐναντίας ἐκλέξασθαι δυνατὸς ὤν τις,
τὰ μὲν ἀποβάλλῃ, τὰ δὲ προφέρων εἰς μέσον ὑμνῇ καὶ 5
ἐπᾴδῃ ταῖς τῶν νέων ψυχαῖς, προκαλούμενος ἑκάστους εἰς
ἀρετῆς ἕπεσθαι κτῆσιν συνακολουθοῦντας διὰ τῶν μιμήσεων.

ΚΛ. Ἀληθέστατα λέγεις.

ΑΘ. Τούτων τοίνυν δεῖ χάριν τοῖς φθόγγοις τῆς λύρας d
προσχρῆσθαι, σαφηνείας ἕνεκα τῶν χορδῶν, τόν τε κιθα-
ριστὴν καὶ τὸν παιδευόμενον, ἀποδιδόντας πρόσχορδα τὰ

---

b 9 ἑξηκοντούτας Λ² : ἑξηκοντούτεις Λ (ut vid.) O   c 1 συστάσεις
Λ O : συντάσεις L et fecit O² ν s. v.)   c 2 μίμησιν Λ ex emend.
in marg. iterat Λ², L et γρ. O : κίνησιν pr. Λ ut vid.) O

φθέγματα τοῖς φθέγμασι· τὴν δ' ἑτεροφωνίαν καὶ ποικιλίαν
5 τῆς λύρας, ἄλλα μὲν μέλη τῶν χορδῶν ἱεισῶν, ἄλλα δὲ τοῦ
τὴν μελῳδίαν συνθέντος ποιητοῦ, καὶ δὴ καὶ πυκνότητα
μανότητι καὶ τάχος βραδυτῆτι καὶ ὀξύτητα βαρύτητι σύμ-
e φωνον καὶ ἀντίφωνον παρεχομένους, καὶ τῶν ῥυθμῶν ὡσαύτως
παντοδαπὰ ποικίλματα προσαρμόττοντας τοῖσι φθόγγοις
τῆς λύρας, πάντα οὖν τὰ τοιαῦτα μὴ προσφέρειν τοῖς μέλ-
λουσιν ἐν τρισὶν ἔτεσιν τὸ τῆς μουσικῆς χρήσιμον ἐκλή-
5 ψεσθαι διὰ τάχους. τὰ γὰρ ἐναντία ἄλληλα ταράττοντα
δυσμάθειαν παρέχει, δεῖ δὲ ὅτι μάλιστα εὐμαθεῖς εἶναι τοὺς
νέους· τὰ γὰρ ἀναγκαῖα οὐ σμικρὰ οὐδ' ὀλίγα αὐτοῖς ἐστι
προστεταγμένα μαθήματα, δείξει δὲ αὐτὰ προϊὼν ὁ λόγος
ἅμα τῷ χρόνῳ. ἀλλὰ ταῦτα μὲν οὕτω περὶ τῆς μουσικῆς
10 ἡμῖν ὁ παιδευτὴς ἐπιμελείσθω· τὰ δὲ μελῶν αὐτῶν αὖ καὶ
ῥημάτων, οἷα τοὺς χοροδιδασκάλους καὶ ἃ δεῖ διδάσκειν, καὶ
813 ταῦτα ἡμῖν ἐν τοῖς πρόσθεν διείρηται πάντα, ἃ δὴ καθιερω-
θέντα ἔφαμεν δεῖν, ταῖς ἑορταῖς ἕκαστα ἁρμόττοντα, ἡδονὴν
εὐτυχῆ ταῖς πόλεσιν παραδιδόντα ὠφελεῖν.

ΚΛ. Ἀληθῆ καὶ ταῦτα διείρηκας.

5 ΑΘ. Ἀληθέστατα τοίνυν. καὶ ταῦθ' ἡμῖν παραλαβὼν
ὁ περὶ τὴν μοῦσαν ἄρχων αἱρεθεὶς ἐπιμελείσθω μετὰ τύχης
εὐμενοῦς, ἡμεῖς δὲ ὀρχήσεώς τε πέρι καὶ ὅλης τῆς περὶ τὸ
σῶμα γυμναστικῆς πρὸς τοῖς ἔμπροσθεν εἰρημένοις ἀπο-
b δῶμεν· καθάπερ μουσικῆς τὸ διδασκαλικὸν ὑπόλοιπον ὂν
ἀπέδομεν, ὡσαύτως ποιῶμεν καὶ γυμναστικῆς. τοὺς γὰρ
παῖδάς τε καὶ τὰς παῖδας ὀρχεῖσθαι δὴ δεῖ καὶ γυμνάζεσθαι
μανθάνειν· ἦ γάρ;

5 ΚΛ. Ναί.

ΑΘ. Τοῖς μὲν τοίνυν παισὶν ὀρχησταί, ταῖς δὲ ὀρχη-
στρίδες ἂν εἶεν πρὸς τὸ διαπονεῖν οὐκ ἀνεπιτηδειότεροι.

ΚΛ. Ἔστω δὴ ταύτῃ.

d 6 δὴ καὶ πυκνότητα Λ² (καὶ s. v.): δηπουκνοτητα (ut vid.) A
e 1 καὶ ἀντίφωνον in marg. A³O²: om. A O   e 6 δυσμάθειαν A²
Stob. : δυσμαθίαν Λ

ΑΘ. Πάλιν δὴ τὸν τὰ πλεῖστα ἔχοντα πράγματα καλῶ-
μεν, τὸν τῶν παίδων ἐπιμελητήν, ὃς τῶν τε περὶ μουσικὴν c
τῶν τε περὶ γυμναστικὴν ἐπιμελούμενος οὐ πολλὴν ἕξει
σχολήν.

ΚΛ. Πῶς οὖν δυνατὸς ἔσται πρεσβύτερος ὢν τοσούτων
ἐπιμελεῖσθαι;   5

ΑΘ. Ῥᾳδίως, ὦ φίλε. ὁ νόμος γὰρ αὐτῷ δέδωκεν καὶ
δώσει προσλαμβάνειν εἰς ταύτην τὴν ἐπιμέλειαν τῶν πο-
λιτῶν ἀνδρῶν καὶ γυναικῶν οὓς ἂν ἐθέλῃ, γνώσεται δὲ οὓς
δεῖ, καὶ βουλήσεται μὴ πλημμελεῖν εἰς ταῦτα, αἰδούμενος
ἐμφρόνως καὶ γιγνώσκων τῆς ἀρχῆς τὸ μέγεθος, λογισμῷ d
τε σιγῶν ὡς εὖ μὲν τραφέντων καὶ τρεφομένων τῶν νέων
πάντα ἡμῖν κατ᾽ ὀρθὸν πλεῖ, μὴ δέ—οὔτ᾽ εἰπεῖν ἄξιον οὔθ᾽
ἡμεῖς λέγομεν ἐπὶ καινῇ πόλει τοὺς σφόδρα φιλομαντευτὰς
σεβόμενοι. πολλὰ μὲν οὖν ἡμῖν καὶ περὶ τούτων εἴρηται, 5
τῶν περὶ τὰς ὀρχήσεις καὶ περὶ πᾶσαν τὴν τῶν γυμνασίων
κίνησιν· γυμνάσια γὰρ τίθεμεν καὶ τὰ περὶ τὸν πόλεμον
ἅπαντα τοῖς σώμασι διαπονήματα τοξικῆς τε καὶ πάσης
ῥίψεως καὶ πελταστικῆς καὶ πάσης ὁπλομαχίας καὶ διεξόδων e
τακτικῶν καὶ ἁπάσης πορείας στρατοπέδων καὶ στρατοπε-
δεύσεως καὶ ὅσα εἰς ἱππικὴν μαθήματα συντείνει. πάντων
γὰρ τούτων διδασκάλους τε εἶναι δεῖ κοινούς, ἀργυμένους
μισθὸν παρὰ τῆς πόλεως, καὶ τούτων μαθητὰς τοὺς ἐν τῇ 5
πόλει παῖδάς τε καὶ ἄνδρας, καὶ κόρας καὶ γυναῖκας πάντων
τούτων ἐπιστήμονας, κόρας μὲν οὔσας ἔτι πᾶσαν τὴν ἐν
ὅπλοις ὄρχησιν καὶ μάχην μεμελετηκυίας, γυναῖκας δέ, διεξ-
όδων καὶ τάξεων καὶ θέσεως καὶ ἀναιρέσεως ὅπλων ἡρμένας, 814
εἰ μηδενὸς ἕνεκα, ἀλλ᾽ εἴ ποτε δεήσειε πανδημεὶ πάσῃ τῇ
δυνάμει καταλείποντας τὴν πόλιν ἔξω στρατεύεσθαι, τοὺς
φυλάξοντας παῖδάς τε καὶ τὴν ἄλλην πόλιν ἱκανοὺς εἶναι
τό γε τοσοῦτον, ἢ καὶ τοὐναντίον, ὧν οὐδὲν ἀπώμοτον, 5

c 4 τοσούτων] τοσοῦτον Λ   d 3 μὴ δέ] μηδὲ Λ : μηδὲν fecit Λ²
d 7 τίθεμεν] τιθᾶμεν L² cum Eus.   d 8 πάντα Eus   a 3 τοὺς φυλά-
ξοντας L (ut vid.) : τοὺς φυλάξαντας Λ O : τοῦ φυλάξοντας ci. Schneider

ἔξωθεν πολεμίους εἰσπεσόντας ῥώμῃ τινὶ μεγάλῃ καὶ βίᾳ,
βαρβάρους εἴτε Ἕλληνας, ἀνάγκην παρασχεῖν περὶ αὐτῆς
τῆς πόλεως τὴν διαμάχην γίγνεσθαι, πολλή που κακία

b πολιτείας οὕτως αἰσχρῶς τὰς γυναῖκας εἶναι τεθραμμένας,
ὡς μηδ' ὥσπερ ὄρνιθας περὶ τέκνων μαχομένας πρὸς ὁτιοῦν
τῶν ἰσχυροτάτων θηρίων ἐθέλειν ἀποθνῄσκειν τε καὶ πάντας
κινδύνους κινδυνεύειν, ἀλλ' εὐθὺς πρὸς ἱερὰ φερομένας,

5 πάντας βωμούς τε καὶ ναοὺς ἐμπιμπλάναι, καὶ δόξαν τοῦ τῶν
ἀνθρώπων γένους καταχεῖν ὡς πάντων δειλότατον φύσει
θηρίων ἐστίν.

ΚΛ. Οὐ μὰ τὸν Δία, ὦ ξένε, οὐδαμῶς εὔσχημον γίγνοιτ'
c ἄν, τοῦ κακοῦ χωρίς, τοῦτο ἐν πόλει ὅπου γίγνοιτο.

ΑΘ. Οὐκοῦν τιθῶμεν τὸν νόμον τοῦτον, μέχρι γε το-
σούτου μὴ ἀμελεῖσθαι τὰ περὶ τὸν πόλεμον γυναιξὶν δεῖν,
ἐπιμελεῖσθαι δὲ πάντας τοὺς πολίτας καὶ τὰς πολίτιδας;

5 ΚΛ. Ἐγὼ γοῦν συγχωρῶ.

ΑΘ. Πάλης τοίνυν τὰ μὲν εἴπομεν, ὃ δ' ἐστὶ μέγιστον,
ὡς ἐγὼ φαίην ἄν, οὐκ εἰρήκαμεν, οὐδ' ἔστι ῥᾴδιον ἄνευ τοῦ
τῷ σώματι δεικνύντα ἅμα καὶ τῷ λόγῳ φράζειν. τοῦτ' οὖν
d τότε κρινοῦμεν, ὅταν ἔργῳ λόγος ἀκολουθήσας μηνύσῃ τι
σαφὲς τῶν τε ἄλλων ὧν εἴρηκεν πέρι, καὶ ὅτι τῇ πολεμικῇ
μάχῃ πασῶν κινήσεων ὄντως ἐστὶ συγγενὴς πολὺ μάλισθ'
ἡμῖν ἡ τοιαύτη πάλη, καὶ δὴ καὶ ὅτι δεῖ ταύτην ἐκείνης

5 χάριν ἐπιτηδεύειν, ἀλλ' οὐκ ἐκείνην ταύτης ἕνεκα μανθάνειν.

ΚΛ. Καλῶς τοῦτό γε λέγεις.

ΑΘ. Νῦν δὴ τῆς μὲν περὶ παλαίστραν δυνάμεως τὸ μέχρι
δεῦρ' ἡμῖν εἰρήσθω· περὶ δὲ τῆς ἄλλης κινήσεως παντὸς
c τοῦ σώματος, ἧς τὸ πλεῖστον μέρος ὄρχησίν τινά τις προσ-
αγορεύων ὀρθῶς ἂν φθέγγοιτο, δύο μὲν αὐτῆς εἴδη χρὴ
νομίζειν εἶναι, τὴν μὲν τῶν καλλιόνων σωμάτων ἐπὶ τὸ
σεμνὸν μιμουμένην, τὴν δὲ τῶν αἰσχιόνων ἐπὶ τὸ φαῦλον,

καὶ πάλιν τοῦ φαύλου τε δύο καὶ τοῦ σπουδαίου δύο ἕτερα. 5
τοῦ δὴ σπουδαίου τὴν μὲν κατὰ πόλεμον καὶ ἐν βιαίοις ἐμ-
πλακέντων πόνοις σωμάτων μὲν καλῶν, ψυχῆς δ' ἀνδρικῆς,
τὴν δ' ἐν εὐπραγίαις τε οὔσης ψυχῆς σώφρονος ἐν ἡδοναῖς
τε ἐμμέτροις· εἰρηνικὴν ἄν τις λέγων κατὰ φύσιν τὴν τοιαύ-
την ὄρχησιν λέγοι. τὴν πολεμικὴν δὴ τούτων, ἄλλην οὖσαν 815
τῆς εἰρηνικῆς, πυρρίχην ἄν τις ὀρθῶς προσαγορεύοι, τάς τε
εὐλαβείας πασῶν πληγῶν καὶ βολῶν ἐκνεύσεσι καὶ ὑπείξει
πάσῃ καὶ ἐκπηδήσεσιν ἐν ὕψει καὶ σὺν ταπεινώσει μιμου-
μένην, καὶ τὰς ταύταις ἐναντίας, τὰς ἐπὶ τὰ δραστικὰ φερο- 5
μένας αὖ σχήματα, ἔν τε ταῖς τῶν τόξων βολαῖς καὶ ἀκοντίων
καὶ πασῶν πληγῶν μιμήματα ἐπιχειρούσας μιμεῖσθαι· τό
τε ὀρθὸν ἐν τούτοις καὶ τὸ εὔτονον, τῶν ἀγαθῶν σωμάτων
καὶ ψυχῶν ὁπόταν γίγνηται μίμημα, εὐθυφερὲς ὡς τὸ πολὺ b
τῶν τοῦ σώματος μελῶν γιγνόμενον, ὀρθὸν μὲν τὸ τοιοῦτον,
τὸ δὲ τούτοις τοὐναντίον οὐκ ὀρθὸν ἀποδεχόμενον. τὴν δὲ
εἰρηνικὴν ὄρχησιν τῇδ' αὖ θεωρητέον ἑκάστων, εἴτε ὀρθῶς
εἴτε μὴ κατὰ φύσιν τις τῆς καλῆς ὀρχήσεως ἀντιλαμβανό- 5
μενος ἐν χορείαις πρεπόντως εὐνόμων ἀνδρῶν διατελεῖ.
τὴν τοίνυν ἀμφισβητουμένην ὄρχησιν δεῖ πρῶτον χωρὶς τῆς
ἀναμφισβητήτου διατεμεῖν. τίς οὖν αὕτη, καὶ πῇ δεῖ χωρὶς c
τέμνειν ἑκατέραν; ὅση μὲν βακχεία τ' ἐστὶν καὶ τῶν ταύταις
ἑπομένων, ἃς Νύμφας τε καὶ Πᾶνας καὶ Σειληνοὺς καὶ Σα-
τύρους ἐπονομάζοντες, ὥς φασιν, μιμοῦνται κατῳνωμένους,
περὶ καθαρμούς τε καὶ τελετάς τινας ἀποτελούντων, σύμπαν 5
τοῦτο τῆς ὀρχήσεως τὸ γένος οὔθ' ὡς εἰρηνικὸν οὔθ' ὡς
πολεμικὸν οὔθ' ὅτι ποτὲ βούλεται ῥᾴδιον ἀφορίσασθαι· διο-
ρίσασθαι μήν μοι ταύτῃ δοκεῖ σχεδὸν ὀρθότατον αὐτὸ εἶναι,
χωρὶς μὲν πολεμικοῦ, χωρὶς δὲ εἰρηνικοῦ θέντας, εἰπεῖν ὡς d
οὐκ ἔστι πολιτικὸν τοῦτο τῆς ὀρχήσεως τὸ γένος, ἐνταῦθα
δὲ κείμενον ἐάσαντας κεῖσθαι, νῦν ἐπὶ τὸ πολεμικὸν ἅμα καὶ

εἰρηνικὸν ὡς ἀναμφισβητήτως ἡμέτερον ὃν ἐπανιέναι. τὸ
5 δὲ τῆς ἀπολέμου μούσης, ἐν ὀρχήσεσιν δὲ τούς τε θεοὺς
καὶ τοὺς τῶν θεῶν παῖδας τιμώντων, ἐν μὲν σύμπαν γίγνοιτ᾽
ἂν γένος ἐν δόξῃ τοῦ πράττειν εὖ γιγνόμενον, τοῦτο δὲ διχῇ
e διαιροῖμεν ἄν, τὸ μὲν ἐκ πόνων τινῶν αὐτοῦ καὶ κινδύνων
διαπεφευγότων εἰς ἀγαθά, μείζους ἡδονὰς ἔχον, τὸ δὲ τῶν
ἔμπροσθεν ἀγαθῶν σωτηρίας οὔσης καὶ ἐπαύξης, πρᾳοτέρας
τὰς ἡδονὰς κεκτημένον ἐκείνων. ἐν δὲ δὴ τοῖς τοιούτοις
5 που πᾶς ἄνθρωπος τὰς κινήσεις τοῦ σώματος μείζοσιν μὲν
τῶν ἡδονῶν οὐσῶν μείζους, ἐλαττόνων δὲ ἐλάττους κινεῖται,
καὶ κοσμιώτερος μὲν ὢν πρός τε ἀνδρείαν μᾶλλον γεγυ-
816 μνασμένος ἐλάττους αὖ, δειλὸς δὲ καὶ ἀγύμναστος γεγονὼς
πρὸς τὸ σωφρονεῖν μείζους καὶ σφοδροτέρας παρέχεται
μεταβολὰς τῆς κινήσεως· ὅλως δὲ φθεγγόμενος, εἴτ᾽ ἐν
ᾠδαῖς εἴτ᾽ ἐν λόγοις, ἡσυχίαν οὐ πάνυ δυνατὸς τῷ σώματι
5 παρέχεσθαι πᾶς. διὸ μίμησις τῶν λεγομένων σχήμασι γενο-
μένη τὴν ὀρχηστικὴν ἐξηργάσατο τέχνην σύμπασαν. ὁ μὲν
οὖν ἐμμελῶς ἡμῶν, ὁ δὲ πλημμελῶς ἐν τούτοις πᾶσι κινεῖται.
b πολλὰ μὲν δὴ τοίνυν ἄλλα ἡμῖν τῶν παλαιῶν ὀνομάτων
ὡς εὖ καὶ κατὰ φύσιν κείμενα δεῖ διανοούμενον ἐπαινεῖν,
τούτων δὲ ἓν καὶ τὸ περὶ τὰς ὀρχήσεις τὰς τῶν εὖ πρατ-
τόντων, ὄντων δὲ μετρίων αὐτῶν πρὸς τὰς ἡδονάς, ὡς ὀρθῶς
5 ἅμα καὶ μουσικῶς ὠνόμασεν ὅστις ποτ᾽ ἦν, καὶ κατὰ λόγον
αὐταῖς θέμενος ὄνομα συμπάσαις ἐμμελείας ἐπωνόμασε, καὶ
δύο δὴ τῶν ὀρχήσεων τῶν καλῶν εἴδη κατεστήσατο, τὸ μὲν
πολεμικὸν πυρρίχην, τὸ δὲ εἰρηνικὸν ἐμμέλειαν, ἑκατέρῳ τὸ
c πρέπον τε καὶ ἁρμόττον ἐπιθεὶς ὄνομα. ἃ δὴ δεῖ τὸν μὲν
νομοθέτην ἐξηγεῖσθαι τύποις, τὸν δὲ νομοφύλακα ζητεῖν τε,
καὶ ἀνερευνησάμενον, μετὰ τῆς ἄλλης μουσικῆς τὴν ὄρχησιν
συνθέντα καὶ νείμαντα ἐπὶ πάσας ἑορτὰς τῶν θυσιῶν ἑκάστῃ
5 τὸ πρόσφορον, οὕτω καθιερώσαντα αὐτὰ πάντα ἐν τάξει,

d5 δὲ τῆς Λ L O : δὴ τῆς scr. recc.   d6 τιμώντων re vera Λ O :
τιμῶν L   e3 ἐπ᾽ αὔξης Λ   e4 κεκτημένον Λ O : κεκτημένων L
b4 δὲ Λ : τε L O   πρὸς τὰς L (ut vid.) : πρὸς τὰς περὶ Λ O

τοῦ λοιποῦ μὴ κινεῖν μηδὲν μήτε ὀρχήσεως ἐχόμενον μήτε
ᾠδῆς, ἐν ταῖς δ' αὐταῖς ἡδοναῖς ὡσαύτως τὴν αὐτὴν πόλιν
καὶ πολίτας διάγοντας, ὁμοίους εἰς δύναμιν ὄντας, ζῆν εὖ d
τε καὶ εὐδαιμόνως.

Τὰ μὲν οὖν τῶν καλῶν σωμάτων καὶ γενναίων ψυχῶν
εἰς τὰς χορείας, οἵας εἴρηται δεῖν αὐτὰς εἶναι, διαπεπέρανται,
τὰ δὲ τῶν αἰσχρῶν σωμάτων καὶ διανοημάτων καὶ τῶν ἐπὶ 5
τὰ τοῦ γέλωτος κωμῳδήματα τετραμμένων, κατὰ λέξιν τε
καὶ ᾠδὴν καὶ κατὰ ὄρχησιν καὶ κατὰ τὰ τούτων πάντων
μιμήματα κεκωμῳδημένα, ἀνάγκη μὲν θεάσασθαι καὶ γνωρί-
ζειν· ἄνευ γὰρ γελοίων τὰ σπουδαῖα καὶ πάντων τῶν
ἐναντίων τὰ ἐναντία μαθεῖν μὲν οὐ δυνατόν, εἰ μέλλει τις c
φρόνιμος ἔσεσθαι, ποιεῖν δὲ οὐκ αὖ δυνατὸν ἀμφότερα, εἴ
τις αὖ μέλλει καὶ σμικρὸν ἀρετῆς μεθέξειν, ἀλλὰ αὐτῶν
ἕνεκα τούτων καὶ μανθάνειν αὐτὰ δεῖ, τοῦ μὴ ποτε δι'
ἄγνοιαν δρᾶν ἢ λέγειν ὅσα γελοῖα, μηδὲν δέον, δούλοις δὲ τὰ 5
τοιαῦτα καὶ ξένοις ἐμμίσθοις προστάττειν μιμεῖσθαι, σπουδὴν
δὲ περὶ αὐτὰ εἶναι μηδέποτε μηδ' ἡντινοῦν, μηδέ τινα μανθά-
νοντα αὐτὰ γίγνεσθαι φανερὸν τῶν ἐλευθέρων, μήτε γυναῖκα
μήτε ἄνδρα, καινὸν δὲ ἀεί τι περὶ αὐτὰ φαίνεσθαι τῶν μιμη-
μάτων. ὅσα μὲν οὖν περὶ γέλωτά ἐστιν παίγνια, ἃ δὴ 10
κωμῳδίαν πάντες λέγομεν, οὕτως τῷ νόμῳ καὶ λόγῳ κείσθω· 817
τῶν δὲ σπουδαίων, ὥς φασι, τῶν περὶ τραγῳδίαν ἡμῖν
ποιητῶν, ἐάν ποτέ τινες αὐτῶν ἡμᾶς ἐλθόντες ἐπανερωτή-
σωσιν οὑτωσί πως· "Ὦ ξένοι, πότερον φοιτῶμεν ὑμῖν εἰς
τὴν πόλιν τε καὶ χώραν ἢ μή, καὶ τὴν ποίησιν φέρωμέν τε 5
καὶ ἄγωμεν, ἢ πῶς ὑμῖν δέδοκται περὶ τὰ τοιαῦτα δρᾶν;"—
τί οὖν ἂν πρὸς ταῦτα ὀρθῶς ἀποκριναίμεθα τοῖς θείοις ἀνδρά-
σιν; ἐμοὶ μὲν γὰρ δοκεῖ τάδε· "Ὦ ἄριστοι," φάναι, "τῶν b
ξένων, ἡμεῖς ἐσμὲν τραγῳδίας αὐτοὶ ποιηταὶ κατὰ δύναμιν
ὅτι καλλίστης ἅμα καὶ ἀρίστης· πᾶσα οὖν ἡμῖν ἡ πολιτεία

d 4 οἷας L. (ut vid.) O² : οἷα Λ Ο   d 7 τὰ τούτων] τὰ τούτου
τῶν Α   e 2 αὖ scripsi : ἂν libri : ἀλλαχοῦ· οὐκ ἀδύνατον ἀμφότερα
in marg. L O   a 6 δέδοκται Λ² : δέδεικται (ut vid.) Λ

συνέστηκε μίμησις τοῦ καλλίστου καὶ ἀρίστου βίου, ὃ δή
5 φαμεν ἡμεῖς γε ὄντως εἶναι τραγῳδίαν τὴν ἀληθεστάτην.
ποιηταὶ μὲν οὖν ὑμεῖς, ποιηταὶ δὲ καὶ ἡμεῖς ἐσμὲν τῶν
αὐτῶν, ὑμῖν ἀντίτεχνοί τε καὶ ἀνταγωνισταὶ τοῦ καλλίστου
δράματος, ὃ δὴ νόμος ἀληθὴς μόνος ἀποτελεῖν πέφυκεν, ὡς
c ἡ παρ' ἡμῶν ἐστιν ἐλπίς· μὴ δὴ δόξητε ἡμᾶς ῥᾳδίως γε
οὕτως ὑμᾶς ποτε παρ' ἡμῖν ἐάσειν σκηνάς τε πήξαντας κατ'
ἀγορὰν καὶ καλλιφώνους ὑποκριτὰς εἰσαγαγομένους, μεῖζον
φθεγγομένους ἡμῶν, ἐπιτρέψειν ὑμῖν δημηγορεῖν πρὸς παῖδάς
5 τε καὶ γυναῖκας καὶ τὸν πάντα ὄχλον, τῶν αὐτῶν λέγοντας
ἐπιτηδευμάτων πέρι μὴ τὰ αὐτὰ ἅπερ ἡμεῖς, ἀλλ' ὡς τὸ
πολὺ καὶ ἐναντία τὰ πλεῖστα. σχεδὸν γάρ τοι κἂν μαινοί-
d μεθα τελέως ἡμεῖς τε καὶ ἅπασα ἡ πόλις, ἡτισοῦν ὑμῖν
ἐπιτρέποι δρᾶν τὰ νῦν λεγόμενα, πρὶν κρῖναι τὰς ἀρχὰς εἴτε
ῥητὰ καὶ ἐπιτήδεια πεποιήκατε λέγειν εἰς τὸ μέσον εἴτε μή.
νῦν οὖν, ὦ παῖδες μαλακῶν Μουσῶν ἔκγονοι, ἐπιδείξαντες
5 τοῖς ἄρχουσι πρῶτον τὰς ὑμετέρας παρὰ τὰς ἡμετέρας ᾠδάς,
ἂν μὲν τὰ αὐτά γε ἢ καὶ βελτίω τὰ παρ' ὑμῶν φαίνηται
λεγόμενα, δώσομεν ὑμῖν χορόν, εἰ δὲ μή, ὦ φίλοι, οὐκ ἂν
ποτε δυναίμεθα."
e Ταῦτ' οὖν ἔστω περὶ πᾶσαν χορείαν καὶ μάθησιν τούτων
πέρι συντεταγμένα νόμοις ἔθη, χωρὶς μὲν τὰ τῶν δούλων,
χωρὶς δὲ τὰ τῶν δεσποτῶν, εἰ συνδοκεῖ.

ΚΛ. Πῶς δ' οὐ συνδοκεῖ νῦν γε οὕτως;

5 ΑΘ. Ἔτι δὴ τοίνυν τοῖς ἐλευθέροις ἔστιν τρία μαθήματα,
λογισμοὶ μὲν καὶ τὰ περὶ ἀριθμοὺς ἓν μάθημα, μετρητικὴ
δὲ μήκους καὶ ἐπιπέδου καὶ βάθους ὡς ἓν αὖ δεύτερον,
τρίτον δὲ τῆς τῶν ἄστρων περιόδου πρὸς ἄλληλα ὡς πέ-
818 φυκεν πορεύεσθαι. ταῦτα δὲ σύμπαντα οὐχ ὡς ἀκριβείας
ἐχόμενα δεῖ διαπονεῖν τοὺς πολλοὺς ἀλλά τινας ὀλίγους—
οὓς δέ, προϊόντες ἐπὶ τῷ τέλει φράσομεν· οὕτω γὰρ πρέπον
ἂν εἴη—τῷ πλήθει δέ, ὅσα αὐτῶν ἀναγκαῖα καί πως ὀρθό-

τατα λέγεται μὴ ἐπίστασθαι μὲν τοῖς πολλοῖς αἰσχρόν, δι’ 5
ἀκριβείας δὲ ζητεῖν πάντα οὔτε ῥᾴδιον οὔτε τὸ παράπαν
δυνατόν. τὸ δὲ ἀναγκαῖον αὐτῶν οὐχ οἷόν τε ἀποβάλλειν,
ἀλλ’ ἔοικεν ὁ τὸν θεὸν πρῶτον παροιμιασάμενος εἰς ταῦτα b
ἀποβλέψας εἰπεῖν ὡς οὐδὲ θεὸς ἀνάγκῃ μή ποτε φανῇ μαχό-
μενος, ὅσαι θεῖαί γε, οἶμαι, τῶν γε ἀναγκῶν εἰσίν· ἐπεὶ
τῶν γε ἀνθρωπίνων, εἰς ἃς οἱ πολλοὶ βλέποντες λέγουσι
τὸ τοιοῦτον, οὗτος πάντων τῶν λόγων εὐηθέστατός ἐστιν 5
μακρῷ.

ΚΛ. Τίνες οὖν, ὦ ξένε, αἱ μὴ τοιαῦται ἀνάγκαι τῶν
μαθημάτων, θεῖαι δέ;

ΑΘ. Δοκῶ μέν, ἃς μή τις πράξας μηδὲ αὖ μαθὼν τὸ
παράπαν οὐκ ἄν ποτε γένοιτο ἀνθρώποις θεὸς οὐδὲ δαίμων c
οὐδὲ ἥρως οἷος δυνατὸς ἀνθρώπων ἐπιμέλειαν σὺν σπουδῇ
ποιεῖσθαι· πολλοῦ δ’ ἂν δεήσειεν ἄνθρωπός γε θεῖος
γενέσθαι μήτε ἓν μήτε δύο μήτε τρία μήθ’ ὅλως ἄρτια καὶ
περιττὰ δυνάμενος γιγνώσκειν, μηδὲ ἀριθμεῖν τὸ παράπαν 5
εἰδώς, μηδὲ νύκτα καὶ ἡμέραν διαριθμεῖσθαι δυνατὸς ὤν,
σελήνης δὲ καὶ ἡλίου καὶ τῶν ἄλλων ἄστρων περιφορᾶς
ἀπείρως ἔχων. ταῦτ’ οὖν δὴ πάντα ὡς μὲν οὐκ ἀναγκαῖά d
ἐστι μαθήματα τῷ μέλλοντι σχεδὸν ὁτιοῦν τῶν καλλίστων
μαθημάτων εἴσεσθαι, πολλὴ καὶ μωρία τοῦ διανοήματος·
ποῖα δὲ ἕκαστα τούτων καὶ πόσα καὶ πότε μαθητέον,
καὶ τί μετὰ τίνος καὶ τί χωρὶς τῶν ἄλλων, καὶ πᾶσαν 5
τὴν τούτων κρᾶσιν, ταῦτά ἐστιν ἃ δεῖ λαβόντα ὀρθῶς
πρῶτα, ἐπὶ τἆλλα ἰόντα τούτων ἡγουμένων τῶν μαθη-
μάτων μανθάνειν. οὕτω γὰρ ἀνάγκῃ φύσει κατείληφεν, ᾗ
φαμεν οὐδένα θεῶν οὔτε μάχεσθαι τὰ νῦν οὔτε μαχεῖσθαί e
ποτε.

ΚΛ. Ἔοικέν γε, ὦ ξένε, νῦν οὕτω πως ῥηθέντα ὀρθῶς
εἰρῆσθαι καὶ κατὰ φύσιν ἃ λέγεις.

b 3 τῶν γε Heindorf : τῶν τε libri sed γ supra τ cod. Voss : τῶν
Stob.   d 3 μωρία Λ² : μορια Α

5 ΑΘ. Ἔχει μὲν γὰρ οὕτως, ὦ Κλεινία, χαλεπὸν δὲ αὐτὰ
προταξάμενον τούτῳ τῷ τρόπῳ νομοθετεῖν· ἀλλ' εἰς ἄλλον,
εἰ δοκεῖ, χρόνον ἀκριβέστερον ἂν νομοθετησαίμεθα.

Κ.Λ. Δοκεῖς ἡμῖν, ὦ ξένε, φοβεῖσθαι τὸ τῆς ἡμε-
τέρας περὶ τῶν τοιούτων ἀπειρίας ἔθος. οὔκουν ὀρθῶς
10 φοβῇ· πειρῶ δὴ λέγειν μηδὲν ἀποκρυπτόμενος ἕνεκα
τούτων.

819 ΑΘ. Φοβοῦμαι μὲν καὶ ταῦτα ἃ σὺ νῦν λέγεις, μᾶλλον
δ' ἔτι δέδοικα τοὺς ἡμμένους μὲν αὐτῶν τούτων τῶν μαθη-
μάτων, κακῶς δ' ἡμμένους. οὐδαμοῦ γὰρ δεινὸν οὐδὲ
σφοδρὸν ἀπειρία τῶν πάντων οὐδὲ μέγιστον κακόν, ἀλλ'
5 ἡ πολυπειρία καὶ πολυμαθία μετὰ κακῆς ἀγωγῆς γίγνεται
πολὺ τούτων μείζων ζημία.

Κ.Λ. Ἀληθῆ λέγεις.

ΑΘ. Τοσάδε τοίνυν ἑκάστων χρὴ φάναι μανθάνειν δεῖν
b τοὺς ἐλευθέρους, ὅσα καὶ πάμπολυς ἐν Αἰγύπτῳ παίδων
ὄχλος ἅμα γράμμασι μανθάνει. πρῶτον μὲν γὰρ περὶ λογι-
σμοὺς ἀτεχνῶς παισὶν ἐξηυρημένα μαθήματα μετὰ παιδιᾶς τε
καὶ ἡδονῆς μανθάνειν, μήλων τέ τινων διανομαὶ καὶ στεφάνων
5 πλείοσιν ἅμα καὶ ἐλάττοσιν ἁρμοττόντων ἀριθμῶν τῶν αὐτῶν,
καὶ πυκτῶν καὶ παλαιστῶν ἐφεδρείας τε καὶ συλλήξεως ἐν
μέρει καὶ ἐφεξῆς καὶ ὡς πεφύκασι γίγνεσθαι. καὶ δὴ καὶ
παίζοντες, φιάλας ἅμα χρυσοῦ καὶ χαλκοῦ καὶ ἀργύρου
c καὶ τοιούτων τινῶν ἄλλων κεραννύντες, οἱ δὲ καὶ ὅλας πως
διαδιδόντες, ὅπερ εἶπον, εἰς παιδιὰν ἐναρμόττοντες τὰς τῶν
ἀναγκαίων ἀριθμῶν χρήσεις, ὠφελοῦσι τοὺς μανθάνοντας
εἴς τε τὰς τῶν στρατοπέδων τάξεις καὶ ἀγωγὰς καὶ στρα-
5 τείας καὶ εἰς οἰκονομίας αὖ, καὶ πάντως χρησιμωτέρους
αὐτοὺς αὑτοῖς καὶ ἐγρηγορότας μᾶλλον τοὺς ἀνθρώπους
ἀπεργάζονται· μετὰ δὲ ταῦτα ἐν ταῖς μετρήσεσιν, ὅσα ἔχει
d μήκη καὶ πλάτη καὶ βάθη, περὶ ἅπαντα ταῦτα ἐνοῦσάν τινα

---

e 10 ἀποκρυπτόμενος A (sed ρυ in ras.) : ἀποκαμπτόμενος (ut vid.) Λ
(καμ in marg. A²)   a 5 πολυμάθεια fecit A²   b 3 παιδιᾶς A² :
παιδείας A   c 4 στρατείας] γρ. στρατοπεδείας L O

φύσει γελοίαν τε καὶ αἰσχρὰν ἄγνοιαν ἐν τοῖς ἀνθρώποις
πᾶσιν, ταύτης ἀπαλλάττουσιν.

ΚΛ. Ποίαν δὴ καὶ τίνα λέγεις ταύτην;

ΑΘ. Ὦ φίλε Κλεινία, παντάπασί γε μὴν καὶ αὐτὸς 5
ἀκούσας ὀψέ ποτε τὸ περὶ ταῦτα ἡμῶν πάθος ἐθαύμασα,
καὶ ἔδοξέ μοι τοῦτο οὐκ ἀνθρώπινον ἀλλὰ ὑηνῶν τινων εἶναι
μᾶλλον θρεμμάτων, ἠσχύνθην τε οὐχ ὑπὲρ ἐμαυτοῦ μόνον,
ἀλλὰ καὶ ὑπὲρ ἁπάντων τῶν Ἑλλήνων.   e

ΚΛ. Τοῦ πέρι; λέγ᾽ ὅτι καὶ φής, ὦ ξένε.

ΑΘ. Λέγω δή· μᾶλλον δὲ ἐρωτῶν σοι δείξω. καί μοι
σμικρὸν ἀπόκριναι· γιγνώσκεις που μῆκος;

ΚΛ. Τί μήν;   5

ΑΘ. Τί δέ; πλάτος;

ΚΛ. Πάντως.

ΑΘ. Ἦ καὶ ταῦτα ὅτι δύ᾽ ἐστόν, καὶ τρίτον τούτων βάθος;

ΚΛ. Πῶς γὰρ οὔ;

ΑΘ. Ἆρ᾽ οὖν οὐ δοκεῖ σοι ταῦτα εἶναι πάντα μετρητὰ 10
πρὸς ἄλληλα;

ΚΛ. Ναί.

ΑΘ. Μῆκός τε οἶμαι πρὸς μῆκος, καὶ πλάτος πρὸς
πλάτος, καὶ βάθος ὡσαύτως δυνατὸν εἶναι μετρεῖν φύσει.   820

ΚΛ. Σφόδρα γε.

ΑΘ. Εἰ δ᾽ ἔστι μήτε σφόδρα μήτε ἠρέμα δυνατὰ ἔνια, ἀλλὰ
τὰ μέν, τὰ δὲ μή, σὺ δὲ πάντα ἡγῇ, πῶς οἴει πρὸς ταῦτα
διακεῖσθαι;   5

ΚΛ. Δῆλον ὅτι φαύλως.

ΑΘ. Τί δ᾽ αὖ μῆκός τε καὶ πλάτος πρὸς βάθος, ἢ πλάτος
τε καὶ μῆκος πρὸς ἄλληλα; [ὥστε πῶς] ἆρ᾽ οὐ διανοούμεθα
περὶ ταῦτα οὕτως Ἕλληνες πάντες, ὡς δυνατά ἐστι μετρεῖσθαι
πρὸς ἄλληλα ἁμῶς γέ πως;   10

ΚΛ. Παντάπασι μὲν οὖν.   b

---

d 2 ἄγνοιαν Ast : ἄνοιαν libri   d 7 ὑηνῶν O Photius : ὑεινῶν Λ :
ὑινῶν I.   a 3 ἠρέμα I. (ut vid. O²· ρημα Λ O · ρητὰ in marg. Λ²·
ῥήματα in textu lecit a τα s. v.)   a 8 ὥστε πῶς Λ O : punct. not. Λ²

ΑΘ. Εἰ δ' ἔστιν αὖ μηδαμῶς μηδαμῇ δυνατά, πάντες δ',
ὅπερ εἶπον, Ἕλληνες διανοούμεθα ὡς δυνατά, μῶν οὐκ ἄξιον
ὑπὲρ πάντων αἰσχυνθέντα εἰπεῖν πρὸς αὐτούς· Ὦ βέλτιστοι
5 τῶν Ἑλλήνων, ἓν ἐκείνων τοῦτ' ἐστὶν ὧν ἔφαμεν αἰσχρὸν
μὲν γεγονέναι τὸ μὴ ἐπίστασθαι, τὸ δ' ἐπίστασθαι τἀναγκαῖα
οὐδὲν πάνυ καλόν;

ΚΛ. Πῶς δ' οὔ;

ΑΘ. Καὶ πρὸς τούτοις γε ἄλλα ἔστιν τούτων συγγενῆ,
c ἐν οἷς αὖ πολλὰ ἁμαρτήματα ἐκείνων ἀδελφὰ ἡμῖν ἐγγίγνεται
τῶν ἁμαρτημάτων.

ΚΛ. Ποῖα δή;

ΑΘ. Τὰ τῶν μετρητῶν τε καὶ ἀμέτρων πρὸς ἄλληλα ᾗτινι
5 φύσει γέγονεν. ταῦτα γὰρ δὴ σκοποῦντα διαγιγνώσκειν
ἀναγκαῖον ἢ παντάπασιν εἶναι φαύλον, προβάλλοντά τε
ἀλλήλοις ἀεί, διατριβὴν τῆς πεττείας πολὺ χαριεστέραν
πρεσβυτῶν διατρίβοντα, φιλονικεῖν ἐν ταῖς τούτων ἀξίαισι
σχολαῖς.

d ΚΛ. Ἴσως· ἔοικεν γοῦν ἥ τε πεττεία καὶ ταῦτα ἀλλήλων
τὰ μαθήματα οὐ πάμπολυ κεχωρίσθαι.

ΑΘ. Ταῦτα τοίνυν ἐγὼ μέν, ὦ Κλεινία, φημὶ τοὺς νέους
δεῖν μανθάνειν· καὶ γὰρ οὔτε βλαβερὰ οὔτε χαλεπά ἐστιν,
5 μετὰ δὲ παιδιᾶς ἅμα μανθανόμενα ὠφελήσει μέν, βλάψει δὲ
ἡμῖν τὴν πόλιν οὐδέν. εἰ δέ τις ἄλλως λέγει, ἀκουστέον.

ΚΛ. Πῶς δ' οὔ;

ΑΘ. Ἀλλὰ μὴν ἂν οὕτω ταῦτα ἔχοντα φαίνηται, δῆλον
ὡς ἐγκρινοῦμεν αὐτά, μὴ ταύτῃ δὲ φαινόμενα ἔχειν ἀποκρι-
10 θήσεται.

e ΚΛ. Δῆλον· τί μήν;

ΑΘ. Οὐκοῦν νῦν, ὦ ξένε, κείσθω ταῦτα ὡς ὄντα τῶν
δεόντων μαθημάτων, ἵνα μὴ διάκενα ἡμῖν ᾖ τὰ τῶν νόμων;
κείσθω μέντοι καθάπερ ἐνέχυρα λύσιμα ἐκ τῆς ἄλλης πολι-

d 5 ἅμα μανθανόμενα fecit Λ² (μα s. v.) : αμανθανομενα Λ   d 8 φαί-
νηται] φανῆται Λ O : φανεῖται I. O²

τείας, ἐὰν ἢ τοὺς θέντας ἡμᾶς ἢ καὶ τοὺς θεμένους ὑμᾶς 5
μηδαμῶς φιλοφρονῆται.

ΚΛ. Δικαίαν λέγεις τὴν θέσιν.

ΑΘ. Ἄστρων δὴ τὸ μετὰ ταῦτα ὅρα τὴν μάθησιν τοῖς
νέοις, ἂν ἡμᾶς ἀρέσκῃ λεχθεῖσα ἢ καὶ τοὐναντίον.

ΚΛ. Λέγε μόνον. 10

ΑΘ. Καὶ μὴν θαῦμά γε περὶ αὐτά ἐστιν μέγα καὶ οὐδαμῶς
οὐδαμῇ ἀνεκτόν.

ΚΛ. Τὸ ποῖον δή; 821

ΑΘ. Τὸν μέγιστον θεὸν καὶ ὅλον τὸν κόσμον φαμὲν οὔτε
ζητεῖν δεῖν οὔτε πολυπραγμονεῖν τὰς αἰτίας ἐρευνῶντας—οὐ
γὰρ οὐδ᾽ ὅσιον εἶναι—τὸ δὲ ἔοικεν πᾶν τούτου τοὐναντίον
γιγνόμενον ὀρθῶς ἂν γίγνεσθαι. 5

ΚΛ. Πῶς εἶπες;

ΑΘ. Παράδοξον μὲν τὸ λεγόμενον, καὶ οὐκ ἂν πρεσβύταις
τις οἰηθείη πρέπειν· τὸ δὲ ἐπειδάν τίς τι καλόν τε οἰηθῇ
καὶ ἀληθὲς μάθημα εἶναι καὶ πόλει συμφέρον καὶ τῷ θεῷ
παντάπασι φίλον, οὐδενὶ δὴ τρόπῳ δυνατόν ἐστιν ἔτι μὴ b
φράζειν.

ΚΛ. Εἰκότα λέγεις· ἀλλ᾽ ἄστρων πέρι μάθημα τί τοιοῦτον
ἀνευρήσομεν;

ΑΘ. Ὦ ἀγαθοί, καταψευδόμεθα νῦν ὡς ἔπος εἰπεῖν 5
Ἕλληνες πάντες μεγάλων θεῶν, Ἡλίου τε ἅμα καὶ Σελήνης.

ΚΛ. Τὸ ποῖον δὴ ψεῦδος;

ΑΘ. Φαμὲν αὐτὰ οὐδέποτε τὴν αὐτὴν ὁδὸν ἰέναι, καὶ ἄλλ᾽
ἄττα ἄστρα μετὰ τούτων, ἐπονομάζοντες πλανητὰ αὐτά.

ΚΛ. Νὴ τὸν Δία, ὦ ξένε, ἀληθὲς τοῦτο λέγεις· ἐν γὰρ c
δὴ τῷ βίῳ πολλάκις ἑώρακα καὶ αὐτὸς τόν τε Ἑωσφόρον καὶ
τὸν Ἕσπερον καὶ ἄλλους τινὰς οὐδέποτε ἰόντας εἰς τὸν αὐτὸν
δρόμον ἀλλὰ πάντῃ πλανωμένους, τὸν δὲ ἥλιόν που καὶ
σελήνην δρῶντας ταῦθ᾽ ἃ ἀεὶ πάντες συνεπιστάμεθα. 5

e 11 αὐτά Λ : ταῦτα L O   a 8 τὸ δὲ Schneider : τόδε libri   b 7 δὴ
Λ O : δὴ λέγεις O²   c 5 ταῦθ᾽ ἃ fecit Λ² : ταυτα Λ

ΑΘ. Ταῦτ᾽ ἔστι τοίνυν, ὦ Μέγιλλέ τε καὶ Κλεινία, νῦν
ἃ δή φημι δεῖν περὶ θεῶν τῶν κατ᾽ οὐρανὸν τούς γε ἡμετέρους
d πολίτας τε καὶ τοὺς νέους τὸ μέχρι τοσούτου μαθεῖν περὶ
ἁπάντων τούτων, μέχρι τοῦ μὴ βλασφημεῖν περὶ αὐτά,
εὐφημεῖν δὲ ἀεὶ θύοντάς τε καὶ ἐν εὐχαῖς εὐχομένους
εὐσεβῶς.

5 ΚΛ. Τοῦτο μὲν ὀρθόν, εἴ γε πρῶτον μὲν δυνατόν ἐστιν
ὃ λέγεις μαθεῖν· εἶτα, εἰ μὴ λέγομέν τι περὶ αὐτῶν ὀρθῶς
νῦν, μαθόντες δὲ λέξομεν, συγχωρῶ κἀγὼ τό γε τοσοῦτον
καὶ τοιοῦτον ὂν μαθητέον εἶναι. ταῦτ᾽ οὖν ὡς ἔχοντά ἐσθ᾽
οὕτω, πειρῶ σὺ μὲν ἐξηγεῖσθαι πάντως, ἡμεῖς δὲ συνέπεσθαί
10 σοι μανθάνοντες.

ΑΘ. Ἀλλ᾽ ἔστι μὲν οὐ ῥᾴδιον ὃ λέγω μαθεῖν, οὐδ᾽ αὖ
παντάπασι χαλεπόν, οὐδέ γέ τινος χρόνου παμπόλλου.
τεκμήριον δέ· ἐγὼ τούτων οὔτε νέος οὔτε πάλαι ἀκηκοὼς
σφῷν ἂν νῦν οὐκ ἐν πολλῷ χρόνῳ δηλῶσαι δυναίμην. καίτοι
5 χαλεπά γε ὄντα οὐκ ἄν ποτε οἷός τ᾽ ἦν δηλοῦν τηλικούτοις
οὖσι τηλικοῦτος.

ΚΛ. Ἀληθῆ λέγεις. ἀλλὰ τί καὶ φῂς τοῦτο τὸ μάθημα
822 ὃ θαυμαστὸν μὲν λέγεις, προσῆκον δ᾽ αὖ μαθεῖν τοῖς νέοις,
οὐ γιγνώσκειν δὲ ἡμᾶς; πειρῶ περὶ αὐτοῦ τό γε τοσοῦτον
φράζειν ὡς σαφέστατα.

ΑΘ. Πειρατέον. οὐ γάρ ἐστι τοῦτο, ὦ ἄριστοι, τὸ δόγμα
5 ὀρθὸν περὶ σελήνης τε καὶ ἡλίου καὶ τῶν ἄλλων ἄστρων, ὡς
ἄρα πλανᾶταί ποτε, πᾶν δὲ τοὐναντίον ἔχει τούτου—τὴν αὐτὴν
γὰρ αὐτῶν ὁδὸν ἕκαστον καὶ οὐ πολλὰς ἀλλὰ μίαν ἀεὶ κύκλῳ
διεξέρχεται, φαίνεται δὲ πολλὰς φερόμενον—τὸ δὲ τάχιστον
αὐτῶν ὂν βραδύτατον οὐκ ὀρθῶς αὖ δοξάζεται, τὸ δ᾽ ἐναντίον
b ἐναντίως. ταῦτ᾽ οὖν εἰ πέφυκεν μὲν οὕτως, ἡμεῖς δὲ μὴ
ταύτῃ δόξομεν, εἰ μὲν ἐν Ὀλυμπίᾳ θεόντων ἵππων οὕτως ἢ
δολιχοδρόμων ἀνδρῶν διενοούμεθα πέρι, καὶ προσηγορεύομεν

e3 ἀκηκοὼς Α · ἀκήκοα Λ² (a s. v.): ἀκήκοας Ο   e4 σφῷν ἂν
Α Ο¹: σφῶν & Ο et fecit Α²   a2 γε fecit Λ¹ (γ s. v.): τε Λ Ο
b2 δόξομεν] δοξάζομεν cod. Riccardianus

τὸν τάχιστον μὲν ὡς βραδύτατον, τὸν δὲ βραδύτατον ὡς
τάχιστον, ἐγκώμιά τε ποιοῦντες ᾔδομεν τὸν ἡττώμενον νενικη- 5
κότα, οὔτε ὀρθῶς ἂν οὔτ' οἶμαι προσφιλῶς τοῖς δρομεῦσιν
ἡμᾶς ἂν τὰ ἐγκώμια προσάπτειν ἀνθρώποις οὖσιν· νῦν δὲ δὴ
περὶ θεοὺς τὰ αὐτὰ ταῦτα ἐξαμαρτανόντων ἡμῶν, ἆρ' οὐκ c
οἰόμεθα ⟨ὃ⟩ γελοῖόν τε καὶ οὐκ ὀρθὸν ἐκεῖ γιγνόμενον ἦν ἂν
τότε, νῦν ἐνταυθοῖ καὶ ἐν τούτοισι γίγνεσθαι γελοῖον μὲν
οὐδαμῶς, οὐ μὴν οὐδὲ θεοφιλές γε, ψευδῆ φήμην ἡμῶν κατὰ
θεῶν ὑμνούντων. 5

ΚΛ. Ἀληθέστατα, εἴπερ γε οὕτω ταῦτ' ἐστίν.

ΑΘ. Οὐκοῦν ἂν μὲν δείξωμεν οὕτω ταῦτ' ἔχοντα, μαθητέα
μέχρι γε τούτου τὰ τοιαῦτα πάντα, μὴ δειχθέντων δὲ ἐατέον;
καὶ ταῦτα ἡμῖν οὕτω συγκείσθω;

ΚΛ. Πάνυ μὲν οὖν. d

ΑΘ. Ἤδη τοίνυν χρὴ φάναι τέλος ἔχειν τά γε παιδείας
μαθημάτων πέρι νόμιμα· περὶ δὲ θήρας ὡσαύτως διανοηθῆναι
χρὴ καὶ περὶ ἁπάντων ὁπόσα τοιαῦτα. κινδυνεύει γὰρ δὴ
νομοθέτῃ τὸ προσταττόμενον ἐπὶ μεῖζον εἶναι τοῦ νόμους 5
θέντα ἀπηλλάχθαι, ἕτερον δέ τι πρὸς τοῖς νόμοις εἶναι
μεταξύ τι νουθετήσεώς τε πεφυκὸς ἅμα καὶ νόμων, ὃ δὴ
πολλάκις ἡμῶν ἐμπέπτωκεν τοῖς λόγοις, οἷον περὶ τὴν τῶν e
σφόδρα νέων παίδων τροφήν· οὐ γὰρ ἄρρητά φαμεν εἶναι,
λέγοντές τε αὐτά, ὡς νόμους οἴεσθαι τιθεμένους εἶναι πολλῆς
ἀνοίας γέμειν. γεγραμμένων δὴ ταύτῃ τῶν νόμων τε καὶ
ὅλης τῆς πολιτείας, οὐ τέλεος ὁ τοῦ διαφέροντος πολίτου πρὸς 5
ἀρετὴν γίγνεται ἔπαινος, ὅταν αὐτόν τις φῇ τὸν ὑπηρετήσαντα
τοῖς νόμοις ἄριστα καὶ πειθόμενον μάλιστα, τοῦτον εἶναι τὸν
ἀγαθόν· τελεώτερον δὲ ὧδε εἰρημένον, ὡς ἄρα ὃς ἂν τοῖς τοῦ

b 4 μὲν ὡς . . . b 5 τάχιστον om. A : in marg. add. A³   c 2 ὃ
add. cod. Ricc. (οἰόμεθ' ὁ Schneider)   d 2 γε Stephanus : τε libri
d 5 νομοθέτῃ L (ut vid.) : νομοθετεῖν A (sed ειν in ras.) : νομοθέτην O
ἐπὶ] ἐπεὶ A : ἔτι England   τοῦ Aldina : τοὺς libri   d 6 ἀπηλλάχθαι
A O et in marg. L · ἀπαλλάττεσθαι L   e 2 ἄρρητά Hermann : ῥητά
libri   e 4 γέμειν in marg. L O : γε μὴν A L O   e 5 ὅλης ***** | A

νομοθέτου νομοθετοῦντός τε καὶ ἐπαινοῦντος καὶ ψέγοντος
823 πειθόμενος γράμμασιν διεξέλθῃ τὸν βίον ἄκρατον. οὗτος ὅ
τε λόγος ὀρθότατος εἰς ἔπαινον πολίτου, τόν τε νομοθέτην
ὄντως δεῖ μὴ μόνον γράφειν τοὺς νόμους, πρὸς δὲ τοῖς νόμοις,
ὅσα καλὰ αὐτῷ δοκεῖ καὶ μὴ καλὰ εἶναι, νόμοις ἐμπεπλεγμένα
5 γράφειν, τὸν δὲ ἄκρον πολίτην μηδὲν ἧττον ταῦτα ἐμπεδοῦν
ἢ τὰ ταῖς ζημίαις ὑπὸ νόμων κατειλημμένα. τὸ δὲ δὴ
παρὸν ἡμῖν τὰ νῦν ⟨εἰ⟩ οἷον μάρτυρα ἐπαγόμεθα, δηλοῖμεν ἂν
b ὃ βουλόμεθα μᾶλλον. θήρα γὰρ πάμπολύ τι πρᾶγμά ἐστι,
περιειλημμένον ὀνόματι νῦν σχεδὸν ἑνί. πολλὴ μὲν γὰρ ἡ
τῶν ἐνύδρων, πολλὴ δὲ ἡ τῶν πτηνῶν, πάμπολυ δὲ καὶ τὸ
περὶ τὰ πεζὰ θηρεύματα, οὐ μόνον θηρίων, ἀλλὰ καὶ τὴν τῶν
5 ἀνθρώπων ἀξίαν ἐννοεῖν θήραν, τήν τε κατὰ πόλεμον, πολλὴ
δὲ καὶ ἡ κατὰ φιλίαν θηρεύουσα, ἡ μὲν ἔπαινον, ἡ δὲ ψόγον
ἔχει· καὶ κλωπεῖαι καὶ λῃστῶν καὶ στρατοπέδων στρατο-
c πέδοις θῆραι. θήρας δὲ πέρι τιθέντι τῷ νομοθέτῃ τοὺς
νόμους οὔτε μὴ δηλοῦν ταῦθ' οἷόν τε, οὔτε ἐπὶ πᾶσιν τάξεις
καὶ ζημίας ἐπιτιθέντα ἀπειλητικὰ νόμιμα τιθέναι. τί δὴ
δραστέον περὶ τὰ τοιαῦτα; τὸν μέν, τὸν νομοθέτην, ἐπαινέσαι
5 καὶ ψέξαι χρεὼν τὰ περὶ θήρας πρὸς τοὺς τῶν νέων πόνους
τε καὶ ἐπιτηδεύματα, τὸν δ' αὖ νέον ἀκούσαντα πείθεσθαι,
καὶ μήθ' ἡδονὴν μήτε πόνον ἐξείργειν αὐτόν, τῶν δὲ περὶ
ἕκαστα ἀπειληθέντων μετὰ ζημίας καὶ νομοθετηθέντων, τὰ
d μετ' ἐπαίνου ῥηθέντα μᾶλλον τιμᾶν καὶ προσταχθέντα
ἀποτελεῖν.

Τούτων δὴ προρρηθέντων, ἑξῆς ἂν γίγνοιτο ἔμμετρος
ἔπαινος θήρας καὶ ψόγος, ἥτις μὲν βελτίους ἀποτελεῖ τὰς
5 ψυχὰς τῶν νέων ἐπαινοῦντος, ψέγοντος δὲ ἢ τἀναντία.
λέγωμεν τοίνυν τὸ μετὰ τοῦτο ἑξῆς προσαγορεύοντες δι'
εὐχῆς τοὺς νέους· Ὦ φίλοι, εἴθ' ὑμᾶς μήτε τις ἐπιθυμία μήτ'
ἔρως τῆς περὶ θάλατταν θήρας ποτὲ λάβοι μηδὲ ἀγκιστρείας

e9 νομοθέτου re vera A L : om. vulg.   a3 δεῖ L (ut vid.) O²: δὴ
A O   a7 εἰ addidi   δηλοῖμεν A : δηλοῖ μὲν vulg.   b5 ἀξίαν
Λ O : ἄξιον O⁴   b7 κλωπεῖαι fecit Aᶜ

μηδ' ὅλως τῆς τῶν ἐνύδρων ζώων, μήτε ἐγρηγορόσιν μήτε e
εὕδουσιν κύρτοις ἀργὸν θήραν διαπονουμένοις. μηδ' αὖ ἄγρας
ἀνθρώπων κατὰ θάλατταν λῃστείας τε ἵμερος ἐπελθὼν ὑμῖν
θηρευτὰς ὠμοὺς καὶ ἀνόμους ἀποτελοῖ· κλωπείας δ' ἐν χώρᾳ
καὶ πόλει μηδὲ εἰς τὸν ἔσχατον ἐπέλθοι νοῦν ἅψασθαι. μηδ' 5
αὖ πτηνῶν θήρας αἱμύλος ἔρως οὐ σφόδρα ἐλευθέριος ἐπέλθοι
τινὶ νέων. πεζῶν δὴ μόνον θήρευσίς τε καὶ ἄγρα λοιπὴ τοῖς 824
παρ' ἡμῖν ἀθληταῖς, ὧν ἡ μὲν τῶν εὑδόντων αὖ κατὰ μέρη,
νυκτερεία κληθεῖσα, ἀργῶν ἀνδρῶν, οὐκ ἀξία ἐπαίνου, οὐδ'
ἧττον διαπαύματα πόνων ἔχουσα, ἄρκυσίν τε καὶ πάγαις ἀλλ'
οὐ φιλοπόνου ψυχῆς νίκῃ χειρουμένων τὴν ἄγριον τῶν 5
θηρίων ῥώμην· μόνη δὴ πᾶσιν λοιπὴ καὶ ἀρίστη ἡ τῶν
τετραπόδων ἵπποις καὶ κυσὶν καὶ τοῖς ἑαυτῶν θήρα σώμασιν,
ὧν ἁπάντων κρατοῦσιν δρόμοις καὶ πληγαῖς καὶ βολαῖς
αὐτόχειρες θηρεύοντες, ὅσοις ἀνδρείας τῆς θείας ἐπιμελές.

Τούτων δὴ πάντων ἔπαινος μὲν πέρι καὶ ψόγος ὁ διειρη- 10
μένος ἂν εἴη λόγος, νόμος δὲ ὅδε· Τούτους μηδεὶς τοὺς ἱεροὺς
ὄντως θηρευτὰς κωλυέτω ὅπου καὶ ὅπῃπερ ἂν ἐθέλωσιν κυνη-
γετεῖν, νυκτερευτὴν δὲ ἄρκυσιν καὶ πλεκταῖς πιστὸν μηδεὶς
μηδέποτε ἐάσῃ μηδαμοῦ θηρεῦσαι· τὸν ὀρνιθευτὴν δὲ ἐν ἀργοῖς
μὲν καὶ ὄρεσιν μὴ κωλυέτω, ἐν ἐργασίμοις δὲ καὶ ἱεροῖς 15
ἀγρίοις ἐξειργέτω ὁ προστυγχάνων, ἐννγροθηρευτὴν δέ, πλὴν
ἐν λιμέσιν καὶ ἱεροῖς ποταμοῖς τε καὶ ἕλεσι καὶ λίμναις,
ἐν τοῖς ἄλλοις δὲ ἐξέστω θηρεύειν, μὴ χρώμενον ὀπῶν
ἀναθολώσει μόνον.

Νῦν οὖν ἤδη πάντα χρὴ φάναι τέλος ἔχειν τά γε παιδείας 20
πέρι νόμιμα. .

ΚΛ. Καλῶς ἂν λέγοις.

e 4 κλοπείας fecit Λ²   e 5 τὸν] τὸ Winckelmann   a 1 τινὶ Λ :
τινὰ I. O   a 4 ἧττον scripsi : ἢ τὰν libri   διαπαύσματα fecit Λ²
(σ s. v.)   a 11 γρ. ἱερους· ἀπ' ὀρθώσεως· καλῶς in marg. L O : ἱερεῖς
Α Ι.Ο   a 13 ἄρκυσι Grou : κυσὶν libri   a 16 ἀγρίοις Λ L O : γρ.
καὶ ἱερατικοῖς Ο : ἀγίοις vulg.

11

828 ΑΘ. Τούτων μὴν ἐχόμενά ἐστιν τάξασθαι μὲν καὶ νομο-
θετήσασθαι ἑορτὰς μετὰ τῶν ἐκ Δελφῶν μαντειῶν, αἵτινες
θυσίαι καὶ θεοῖς οἷστισιν ἄμεινον καὶ λῷον θυούσῃ τῇ πόλει
γίγνοιτ' ἄν· πότε δὲ καὶ πόσαι τὸν ἀριθμόν, σχεδὸν ἴσως
5 ἡμέτερον ἂν νομοθετεῖν ἔνιά γ' αὐτῶν εἴη.

 ΚΛ. Τάχ' ἂν τὸν ἀριθμόν.

 ΑΘ. Τὸν ἀριθμὸν δὴ λέγωμεν πρῶτον· ἔστωσαν γὰρ τῶν
b μὲν πέντε καὶ ἑξήκοντα καὶ τριακοσίων μηδὲν ἀπολείπουσαι,
ὅπως ἂν μία γέ τις ἀρχὴ θύῃ θεῶν ἢ δαιμόνων τινὶ ἀεὶ ὑπὲρ
πόλεώς τε καὶ αὐτῶν καὶ κτημάτων. ταῦτα δὲ συνελθόντες
ἐξηγηταὶ καὶ ἱερεῖς ἱέρειαί τε καὶ μάντεις μετὰ νομοφυλάκων
5 ταξάντων ἃ παραλείπειν ἀνάγκη τῷ νομοθέτῃ· καὶ δὴ καὶ
αὐτοῦ τούτου χρὴ γίγνεσθαι ἐπιγνώμονας τοῦ παραλειπομένου
τούτους τοὺς αὐτούς. ὁ μὲν γὰρ δὴ νόμος ἐρεῖ δώδεκα μὲν
c ἑορτὰς εἶναι τοῖς δώδεκα θεοῖς, ὧν ἂν ἡ φυλὴ ἑκάστη
ἐπώνυμος ᾖ, θύοντας τούτων ἑκάστοις ἔμμηνα ἱερά, χορούς
τε καὶ ἀγῶνας μουσικούς, τοὺς δὲ γυμνικούς, κατὰ τὸ πρέπον
προσνέμοντας τοῖς θεοῖς τε αὐτοῖς ἅμα καὶ ταῖς ὥραις ἑκά-
5 σταις, γυναικείας τε ἑορτάς, ὅσαις χωρὶς ἀνδρῶν προσήκει
καὶ ὅσαις μή, διανέμοντας. ἔτι δὲ καὶ τὸ τῶν χθονίων καὶ
ὅσους αὖ θεοὺς οὐρανίους ἐπονομαστέον καὶ τὸ τῶν τούτοις
ἑπομένων οὐ συμμεικτέον ἀλλὰ χωριστέον, ἐν τῷ τοῦ Πλού-
d τωνος μηνὶ τῷ δωδεκάτῳ κατὰ τὸν νόμον ἀποδιδόντας, καὶ
οὐ δυσχεραντέον πολεμικοῖς ἀνθρώποις τὸν τοιοῦτον θεόν,
ἀλλὰ τιμητέον ὡς ὄντα ἀεὶ τῷ τῶν ἀνθρώπων γένει ἄριστον·
κοινωνία γὰρ ψυχῇ καὶ σώματι διαλύσεως οὐκ ἔστιν ᾗ
5 κρεῖττον, ὡς ἐγὼ φαίην ἂν σπουδῇ λέγων. πρὸς τούτοις δὲ
διάνοιαν χρὴ σχεῖν τοὺς διαιρήσοντας ἱκανῶς ταῦτα τοιάνδε,
ὡς ἔσθ' ἡμῖν ἡ πόλις οἵαν οὐκ ἄν τις ἑτέραν εὕροι τῶν νῦν

c 4 ὥραις A L O : μοίραις γρ. L O d 6 διάνοιαν L O² et in marg.
A³: ἄνοιαν A et (ut vid.) O χρὴ σχεῖν A O : γρ. δεῖ ἔχειν O et
ἔχειν in marg. L.

περὶ χρόνου σχολῆς καὶ τῶν ἀναγκαίων ἐξουσίας, δεῖ δὲ
αὐτήν, καθάπερ ἕνα ἄνθρωπον, ζῆν εὖ· τοῖς δὲ εὐδαιμόνως 829
ζῶσιν ὑπάρχειν ἀνάγκη πρῶτον τὸ μήθ' ἑαυτοὺς ἀδικεῖν μήτε
ὑφ' ἑτέρων αὐτοὺς ἀδικεῖσθαι. τούτοιν δὲ τὸ μὲν οὐ πάνυ
χαλεπόν, τοῦ δὲ μὴ ἀδικεῖσθαι κτήσασθαι δύναμιν παγχά-
λεπον, καὶ οὐκ ἔστιν αὐτὸ τελέως σχεῖν ἄλλως ἢ τελέως 5
γενόμενον ἀγαθόν· ταὐτὸν δὴ τοῦτο ἔστι καὶ πόλει ὑπάρχειν,
γενομένῃ μὲν ἀγαθῇ βίος εἰρηνικός, πολεμικὸς δὲ ἔξωθέν τε
καὶ ἔνδοθεν, ἂν ᾖ κακή. τούτων δὲ ταύτῃ σχεδὸν ἐχόντων,
οὐκ ἐν πολέμῳ τὸν πόλεμον ἑκάστοις γυμναστέον, ἀλλ' ἐν b
τῷ τῆς εἰρήνης βίῳ. δεῖ τοίνυν πόλιν ἑκάστου μηνὸς γοῦν
κεκτημένην στρατεύεσθαι μὴ ἔλαττον μιᾶς ἡμέρας, πλείους
δέ, ὡς ἂν καὶ τοῖς ἄρχουσιν συνδοκῇ, μηδὲν χειμῶνας ἢ
καύματα διευλαβουμένους, αὐτούς τε ἅμα καὶ γυναῖκας καὶ 5
παῖδας, ὅταν ὡς πανδημίαν ἐξάγειν δόξῃ τοῖς ἄρχουσιν, τοτὲ
δὲ καὶ κατὰ μέρη· καί τινας ἀεὶ παιδιὰς μηχανᾶσθαι καλὰς
ἅμα θυσίαις, ὅπως ἂν γίγνωνται μάχαι τινὲς ἑορταστικαί,
μιμούμεναι τὰς πολεμικὰς ὅτι μάλιστα ἐναργῶς μάχας. c
νικητήρια δὲ καὶ ἀριστεῖα ἑκάστοισι τούτων δεῖ διανέμειν
ἐγκώμιά τε καὶ ψόγους ποιεῖν ἀλλήλοις, ὁποῖός τις ἂν ἕκαστος
γίγνηται κατά τε τοὺς ἀγῶνας ἐν παντί τε αὖ τῷ βίῳ, τόν
τε ἄριστον δοκοῦντα εἶναι κοσμοῦντας καὶ τὸν μὴ ψέγοντας. 5
ποιητὴς δὲ ἔστω τῶν τοιούτων μὴ ἅπας, ἀλλὰ γεγονὼς πρῶτον
μὲν μὴ ἔλαττον πεντήκοντα ἐτῶν, μηδ' αὖ τῶν ὁπόσοι ποίησιν
μὲν καὶ μοῦσαν ἱκανῶς κεκτημένοι ἐν αὑτοῖς εἰσιν, καλὸν δὲ
ἔργον καὶ ἐπιφανὲς μηδὲν δράσαντες πώποτε· ὅσοι δὲ ἀγαθοί d
τε αὐτοὶ καὶ τίμιοι ἐν τῇ πόλει, ἔργων ὄντες δημιουργοὶ
καλῶν, τὰ τῶν τοιούτων ᾀδέσθω ποιήματα, ἐὰν καὶ μὴ
μουσικὰ πεφύκῃ. κρίσις δὲ αὐτῶν ἔστω παρά τε τῷ παιδευτῇ
καὶ τοῖς ἄλλοις νομοφύλαξι, τοῦτο ἀποδιδόντων αὐτοῖς γέρας, 5
παρρησίαν ἐν μούσαις εἶναι μόνοις, τοῖς δὲ ἄλλοις μηδεμίαν

ἐξουσίαν γίγνεσθαι, μηδέ τινα τολμᾶν ᾄδειν ἀδόκιμον μοῦσαν
μὴ κρινάντων τῶν νομοφυλάκων, μηδ᾽ ἂν ἡδίων ᾖ τῶν Θα-
ε μύρου τε καὶ Ὀρφείων ὕμνων, ἀλλ᾽ ὅσα τε ἱερὰ κριθέντα
ποιήματα ἐδόθη τοῖς θεοῖς, καὶ ὅσα ἀγαθῶν ὄντων ἀνδρῶν
ψέγοντα ἢ ἐπαινοῦντά τινας ἐκρίθη μετρίως δρᾶν τὸ τοι-
οῦτον. τὰ αὐτὰ δὲ λέγω στρατείας τε πέρι καὶ τῆς ἐν ποιήσεσι
5 παρρησίας γυναιξί τε καὶ ἀνδράσιν ὁμοίως γίγνεσθαι δεῖν.
χρὴ δὲ ἀναφέρειν παραδεικνύντα ἑαυτῷ τὸν νομοθέτην τῷ
λόγῳ· Φέρε, τίνας ποτὲ τρέφω τὴν πόλιν ὅλην παρα-
830 σκευάσας; ἆρ᾽ οὐκ ἀθλητὰς τῶν μεγίστων ἀγώνων, οἷς
ἀνταγωνισταὶ μυρίοι ὑπάρχουσι; Καὶ πάνυ γε, φαίη τις ἂν
ὀρθῶς λέγων. Τί δῆτα; εἰ πύκτας ἢ παγκρατιαστὰς ἐτρέ-
φομεν ἤ τι τῶν τοιούτων ἕτερον ἀγωνισμάτων ἀθλοῦντας,
5 ἆρα εἰς αὐτὸν ἂν ἀπηντῶμεν τὸν ἀγῶνα, ἐν τῷ πρόσθεν
χρόνῳ οὐδενὶ καθ᾽ ἡμέραν προσμαχόμενοι; ἢ πύκται γε ὄντες
παμπόλλας ἂν ἡμέρας ἔμπροσθεν τοῦ ἀγῶνος ἐμανθάνομέν
b τε ἂν μάχεσθαι καὶ διεπονούμεθα, μιμούμενοι πάντα ἐκεῖνα
ὁπόσοις ἐμέλλομεν εἰς τότε χρήσεσθαι περὶ τῆς νίκης δια-
μαχόμενοι, καὶ ὡς ἐγγύτατα τοῦ ὁμοίου ἰόντες, ἀντὶ ἱμάντων
σφαίρας ἂν περιεδούμεθα, ὅπως αἱ πληγαί τε καὶ αἱ τῶν
5 πληγῶν εὐλάβειαι διεμελετῶντο εἰς τὸ δυνατὸν ἱκανῶς, εἴ
τέ τις ἡμῖν συγγυμναστῶν συνέβαινεν ἀπορία πλείων, ἆρ᾽
ἂν δείσαντες τὸν τῶν ἀνοήτων γέλωτα οὐκ ἂν ἐτολμῶμεν
κρεμαννύντες εἴδωλον ἄψυχον γυμνάζεσθαι πρὸς αὐτό; καὶ
c ἔτι πάντων τῶν τε ἐμψύχων καὶ τῶν ἀψύχων ἀπορήσαντές
ποτε, ἐν ἐρημίᾳ συγγυμναστῶν ἆρά γε οὐκ ἐτολμήσαμεν ἂν
αὐτοὶ πρὸς ἡμᾶς αὐτοὺς σκιαμαχεῖν ὄντως; ἢ τί ποτε ἄλλο
τὴν τοῦ χειρονομεῖν μελέτην ἄν τις φαίη γεγονέναι;
5 ΚΛ. Σχεδόν, ὦ ξένε, οὐδὲν ἄλλο γε πλὴν τοῦτο αὐτὸ ὃ
σὺ νῦν ἔφθεγξαι.
ΑΘ. Τί οὖν; τὸ τῆς πόλεως ἡμῖν μάχιμον ἢ χεῖρόν τι

e 1 ὀρφείων in marg. iterat Λ²   e 2 ὄντων Λ L O · ὄντα I.² O²
b 4 περιεδούμεθα Λ² δου in marg.) O et in textu fecit a : περιελούμεθα
Λ L O² (λ s. v.)   c 2 ἐρημίαις Vat. 1029 et fecit O² (αις s. v.)

παρασκευασάμενον τῶν τοιούτων ἀγωνιστῶν εἰς τὸν μέγιστον
τῶν ἀγώνων ἑκάστοτε τολμήσει παριέναι, διαμαχούμενον περὶ
ψυχῆς καὶ παίδων καὶ χρημάτων καὶ ὅλης τῆς πόλεως; καὶ d
ταῦτα δὴ φοβηθεὶς αὐτῶν ὁ νομοθέτης τὰ πρὸς ἀλλήλους
γυμνάσια μὴ φαίνηταί τισιν γελοῖα, οὐκ ἄρα νομοθετήσει,
στρατεύεσθαι προστάττων μάλιστα μὲν ἑκάστης ἡμέρας τά
γε σμικρὰ χωρὶς τῶν ὅπλων, χορούς τε εἰς ταῦτα ἅμα καὶ 5
γυμναστικὴν πᾶσαν συντείνων, τὰς δὲ οἷόν τινας μείζους
τε καὶ ἐλάττους γυμνασίας μὴ ἔλαττον ἢ κατὰ μῆνα ἕκαστον
ποιεῖσθαι προστάξει, ἁμίλλας τε πρὸς ἀλλήλους ποιουμένους
κατὰ πᾶσαν τὴν χώραν, ἐπὶ κατάληψιν χωρίων ἁμιλλωμέ- e
νους καὶ ἐνέδρας, καὶ πᾶσαν μιμουμένους τὴν πολεμικήν,
ὄντως σφαιρομαχεῖν τε καὶ βολαῖς ὡς ἐγγύτατα τῶν
ἀληθῶν, χρωμένους ὑποκινδύνοις βέλεσιν, ὅπως μὴ παντά-
πασιν ἄφοβος ἡ πρὸς ἀλλήλους γίγνηται παιδιά, δείματα δὲ 5
παρέχῃ καί τινα τρόπον δηλοῖ τόν τε εὔψυχον καὶ τὸν μή,
καὶ τοῖς μὲν τιμάς, τοῖς δὲ καὶ ἀτιμίας διανέμων ὀρθῶς, τὴν 831
πόλιν ὅλην εἰς τὸν ἀληθινὸν ἀγῶνα διὰ βίου παρασκευάζῃ
χρησίμην, καὶ δὴ καί τινος ἀποθανόντος οὕτως, ὡς ἀκουσίου
τοῦ φόνου γενομένου, τιθῇ τὸν ἀποκτείναντα κατὰ νόμον
καθαρθέντα καθαρὸν εἶναι χεῖρας, ἡγούμενος ἀνθρώπων μὲν 5
τελευτησάντων μὴ πολλῶν, ἑτέρους πάλιν οὐ χείρους φύ-
σεσθαι, φόβου δὲ οἷον τελευτήσαντος, ἐν πᾶσιν τοῖς τοιούτοις
βάσανον οὐχ εὑρήσειν τῶν τε ἀμεινόνων καὶ χειρόνων, οὐ
σμικρῷ πόλει μεῖζον κακὸν ἐκείνου; b

ΚΛ. Συμφαῖμεν ἂν ἡμεῖς γε, ὦ ξένε, τὰ τοιαῦτα δεῖν καὶ
νομοθετεῖν καὶ ἐπιτηδεύειν πόλιν ἅπασαν.

ΑΘ. Ἆρ' οὖν γιγνώσκομεν ἅπαντες τὴν αἰτίαν διότι ποτὲ
νῦν ἐν ταῖς πόλεσιν ἡ τοιαύτη χορεία καὶ ἀγωνία σχεδὸν 5

c 9 διαμαχούμενον Vat 1029 et fecit O² (ν s. v.) : διαμαχύμενον ΛLO
d 1 καὶ (post ψυχῆς) ΛO : τε καὶ O²   d 4 μὲν O²: om. ΛLO
d 7 τε καὶ ἐλάττους secl. Hermann   e 4 ἀληθῶν Λ et fecit O²
(ν s. v.): ἀληθῶς LO   a 8 βάσανον οὐχ] βασκα οὐχ Λ (sed ανον
supra κα Λ²)

οὐδαμῇ οὐδαμῶς ἐστιν, εἰ μὴ πάνυ τι σμικρά; ἢ φῶμεν δι᾽
ἀμαθίαν τῶν πολλῶν καὶ τῶν τιθέντων αὐτοῖς τοὺς νόμους;

ΚΛ. Τάχ᾽ ἄν.

c ΑΘ. Οὐδαμῶς, ὦ μακάριε Κλεινία· δύο δὲ χρὴ φάναι
τούτων αἰτίας εἶναι καὶ μάλα ἱκανάς.

ΚΛ. Ποίας;

ΑΘ. Τὴν μὲν ὑπ᾽ ἔρωτος πλούτου πάντα χρόνον ἄσχολον
5 ποιοῦντος τῶν ἄλλων ἐπιμελεῖσθαι πλὴν τῶν ἰδίων κτημάτων,
ἐξ ὧν κρεμαμένη πᾶσα ψυχὴ πολίτου παντὸς οὐκ ἄν ποτε
δύναιτο τῶν ἄλλων ἐπιμέλειαν ἴσχειν πλὴν τοῦ καθ᾽ ἡμέραν
κέρδους· καὶ ὅτι μὲν πρὸς τοῦτο φέρει μάθημα ἢ καὶ ἐπιτή-
δευμα, ἰδίᾳ πᾶς μανθάνειν τε καὶ ἀσκεῖν ἑτοιμότατός ἐστιν,
d τῶν δὲ ἄλλων καταγελᾷ. τοῦτο μὲν ἓν καὶ ταύτην μίαν
αἰτίαν χρὴ φάναι τοῦ μήτε τοῦτο μήτ᾽ ἄλλο μηδὲν καλὸν
κἀγαθὸν ἐθέλειν ἐπιτήδευμα πόλιν σπουδάζειν, ἀλλὰ διὰ τὴν
τοῦ χρυσοῦ τε καὶ ἀργύρου ἀπληστίαν πᾶσαν μὲν τέχνην
5 καὶ μηχανήν, καλλίω τε καὶ ἀσχημονεστέραν, ἐθέλειν ὑπο-
μένειν πάντα ἄνδρα, εἰ μέλλει πλούσιος ἔσεσθαι, καὶ πρᾶξιν
πράττειν ὅσιόν τε καὶ ἀνόσιον καὶ πάντως αἰσχράν, μηδὲν
δυσχεραίνοντα, ἐὰν μόνον ἔχῃ δύναμιν καθάπερ θηρίῳ τοῦ
e φαγεῖν παντοδαπὰ καὶ πιεῖν ὡσαύτως καὶ ἀφροδισίων πᾶσαν
πάντως παρασχεῖν πλησμονήν.

ΚΛ. Ὀρθῶς.

ΑΘ. Αὕτη μὲν τοίνυν, ἣν λέγω, μία κείσθω διακωλύουσα
5 αἰτία τοῦ μήτε ἄλλο καλὸν μήτε τὰ πρὸς τὸν πόλεμον ἱκανῶς
ἐῶσα ἀσκεῖν τὰς πόλεις, ἀλλ᾽ ἐμπόρους τε καὶ ναυκλήρους
καὶ διακόνους πάντως τοὺς φύσει κοσμίους τῶν ἀνθρώπων
ἀπεργαζομένη, τοὺς δὲ ἀνδρείους λῃστὰς καὶ τοιχωρύχους καὶ
832 ἱεροσύλους καὶ πολεμικοὺς καὶ τυραννικοὺς ποιοῦσα, καὶ μάλ᾽
ἐνίοτε οὐκ ἀφυεῖς ὄντας, δυστυχοῦντάς γε μήν.

ΚΛ. Πῶς λέγεις;

b 6 τι σμικρά] τις μικρά Winckelmann   c 5 ποιοῦντος ΑLO :
ποιοῦντες Ο² (ε s. v.)   e 5 τοῦ secl. Ast   e 6 ἐῶσα secl.
Hermann

ΑΘ. Πῶς μὲν οὖν αὐτοὺς οὐ λέγοιμ᾽ ἂν τὸ παράπαν
δυστυχεῖς, οἷς γε ἀνάγκη διὰ βίου πεινῶσιν τὴν ψυχὴν ἀεὶ 5
τὴν αὐτῶν διεξελθεῖν;

ΚΛ. Αὕτη μὲν τοίνυν μία· τὴν δὲ δὴ δευτέραν αἰτίαν
τίνα λέγεις, ὦ ξένε;

ΑΘ. Καλῶς ὑπέμνησας.

ΚΛ. Αὕτη μὲν δή, φῇς σύ, μία, ἡ διὰ βίου ἄπληστος 10
ζήτησις, παρέχουσα ἄσχολον ἕκαστον, ἐμπόδιος γίγνεται τοῦ b
μὴ καλῶς ἀσκεῖν τὰ περὶ τὸν πόλεμον ἑκάστους. ἔστω· τὴν
δὲ δὴ δευτέραν λέγε.

ΑΘ. Μῶν οὐ λέγειν ἀλλὰ διατρίβειν δοκῶ δι᾽ ἀπορίαν;

ΚΛ. Οὔκ, ἀλλὰ οἷον μισῶν δοκεῖς ἡμῖν κολάζειν τὸ 5
τοιοῦτον ἦθος μᾶλλον τοῦ δέοντος τῷ παραπεπτωκότι λόγῳ.

ΑΘ. Κάλλιστα, ὦ ξένοι, ἐπεπλήξατε· καὶ τὸ μετὰ τοῦτο
ἀκούοιτ᾽ ἄν, ὡς ἔοικε.

ΚΛ. Λέγε μόνον.

ΑΘ. Τὰς οὐ πολιτείας ἔγωγε αἰτίας εἶναί φημι ἃς 10
πολλάκις εἴρηκα ἐν τοῖς πρόσθεν λόγοις, δημοκρατίαν καὶ c
ὀλιγαρχίαν καὶ τυραννίδα. τούτων γὰρ δὴ πολιτεία μὲν
οὐδεμία, στασιωτεῖαι δὲ πᾶσαι λέγοιτ᾽ ἂν ὀρθότατα· ἑκόν-
των γὰρ ἑκοῦσα οὐδεμία, ἀλλ᾽ ἀκόντων ἑκοῦσα ἄρχει σὺν
ἀεί τινι βίᾳ, φοβούμενος δὲ ἄρχων ἀρχόμενον οὔτε καλὸν 5
οὔτε πλούσιον οὔτε ἰσχυρὸν οὔτ᾽ ἀνδρεῖον οὔτε τὸ παράπαν
πολεμικὸν ἑκὼν ἐάσει γίγνεσθαί ποτε. ταῦτ᾽ οὖν ἐστι τὰ
δύο πάντων μὲν σμικροῦ διαφερόντως αἴτια, τούτων δ᾽ οὖν
ὄντως διαφέρει. τὸ δὲ τῆς νῦν πολιτείας, ἣν νομοθετούμενοι
λέγομεν, ἐκπέφευγεν ἀμφότερα· σχολήν τε γὰρ ἄγει που d
μεγίστην, ἐλεύθεροί τε ἀπ᾽ ἀλλήλων εἰσί, φιλοχρήματοι δὲ
ἥκιστ᾽ ἄν, οἶμαι, γίγνοιντ᾽ ἂν ἐκ τούτων τῶν νόμων, ὥστ᾽
εἰκότως ἅμα καὶ κατὰ λόγον ἡ τοιαύτη κατάστασις πολι-
τείας μόνη δέξαιτ᾽ ἂν τῶν νῦν τὴν διαπεραινθεῖσαν παιδείαν 5

a 10 ἡ L : om. Λ Ο   b 10 οὐ Λ Ο : οὖν Ο²   c 3 στασιωτεῖαι
in marg. iterat Λ²   d 2 τε Λ et fecit Ο² ,τ s. v.; : δὲ Ο   d 3 γίγνοιτ᾽
Λ Ο (sed ν s. v. Λ²)

τε ἅμα καὶ παιδιὰν πολεμικήν, ἀποτελεσθεῖσαν ὀρθῶς τῷ
λόγῳ.

ΚΛ. Καλῶς.

ΑΘ. Ἆρ᾽ οὖν οὐ τούτοις ἐφεξῆς ἐστιν μνησθῆναί ποτε
e περὶ ἁπάντων τῶν ἀγώνων τῶν γυμνικῶν, ὡς ὅσα μὲν
αὐτῶν πρὸς πόλεμόν ἐστιν ἀγωνίσματα ἐπιτηδευτέον καὶ
θετέον ἆθλα νικητήρια, ὅσα δὲ μή, χαίρειν ἐατέον; ἃ δ᾽
ἔστιν, ἐξ ἀρχῆς ἄμεινον ῥηθῆναί τε καὶ νομοθετηθῆναι. καὶ
5 πρῶτον μὲν τὰ περὶ δρόμον καὶ τάχος ὅλως ἆρ᾽ οὐ θετέον;

ΚΛ. Θετέον.

ΑΘ. Ἔστι γοῦν πάντων πολεμικώτατον ἡ σώματος
ὀξύτης πάντως, ἡ μὲν ἀπὸ τῶν ποδῶν, ἡ δὲ καὶ ἀπὸ τῶν
833 χειρῶν· φυγεῖν μὲν καὶ ἑλεῖν ἡ τῶν ποδῶν, ἡ δ᾽ ἐν ταῖς
συμπλοκαῖς μάχη καὶ σύστασις ἰσχύος καὶ ῥώμης δεομένη.

ΚΛ. Τί μήν;

ΑΘ. Οὐ μὴν χωρίς γε ὅπλων οὐδετέρα τὴν μεγίστην
5 ἔχει χρείαν.

ΚΛ. Πῶς γὰρ ἄν;

ΑΘ. Σταδιοδρόμον δὴ πρῶτον ὁ κῆρυξ ἡμῖν, καθάπερ
νῦν, ἐν τοῖς ἀγῶσι παρακαλεῖ, ὁ δὲ εἴσεισιν ὅπλα ἔχων·
ψιλῷ δὲ ἆθλα οὐ θήσομεν ἀγωνιστῇ. πρῶτος δὲ εἴσεισιν
10 ὁ τὸ στάδιον ἁμιλλησόμενος σὺν τοῖς ὅπλοις, δεύτερος δὲ
b ὁ τὸν δίαυλον, καὶ τρίτος ὁ τὸν ἐφίππιον, καὶ δὴ καὶ τέ-
ταρτος ὁ τὸν δόλιχον, καὶ πέμπτος δὲ ὃν ἀφήσομεν πρῶτον
ὡπλισμένον, ἑξήκοντα μὲν σταδίων μῆκος πρὸς ἱερὸν Ἄρεώς
τι καὶ πάλιν, βαρύτερον, ὁπλίτην ἐπονομάζοντες, λειοτέρας
5 ὁδοῦ διαμιλλώμενον, τὸν δὲ ἄλλον, τοξότην πᾶσαν τοξικὴν
ἔχοντα στολήν, σταδίων δὲ ἑκατὸν πρὸς Ἀπόλλωνός τε καὶ
Ἀρτέμιδος ἱερὸν τὴν δι᾽ ὀρῶν τε καὶ παντοίας χώρας ἁμιλλώ-
c μενον· καὶ τιθέντες τὸν ἀγῶνα μενοῦμεν τούτους, ἕως ἂν
ἔλθωσι, καὶ τῷ νικῶντι τὰ νικητήρια δώσομεν ἑκάστων.

ΚΛ. Ὀρθῶς.

ΑΘ. Τριττὰ δὴ ταῦτα ἀθλήματα διανοηθῶμεν, ἐν μὲν
παιδικόν, ἐν δὲ ἀγενείων, ἐν δὲ ἀνδρῶν· καὶ τοῖς μὲν τῶν 5
ἀγενείων τὰ δύο τῶν τριῶν τοῦ μήκους τοῦ δρόμου θήσομεν,
τοῖς δὲ παισὶ τὰ τούτων ἡμίσεα, τοξόταις τε καὶ ὁπλίταις
ἁμιλλωμένοις, γυναιξὶν δέ, κόραις μὲν ἀνήβοις γυμναῖς
στάδιον καὶ δίαυλον καὶ ἐφίππιον καὶ δόλιχον, ἐν αὐτῷ τῷ d
δρόμῳ ἁμιλλωμέναις, ταῖς δὲ τριακαιδεκέτεσι μέχρι γάμου
μενούσαις κοινωνίας μὴ μακρότερον εἴκοσι ἐτῶν μηδ' ἔλαττον
ὀκτωκαίδεκα· πρεπούσῃ δὲ στολῇ ταύτας ἐσταλμένας κατα-
βατέον ἐπὶ τὴν ἅμιλλαν τούτων τῶν δρόμων. καὶ τὰ μὲν 5
περὶ δρόμους ἀνδράσι τε καὶ γυναιξὶ ταῦτα ἔστω· τὰ δὲ
κατ' ἰσχύν, ἀντὶ μὲν πάλης καὶ τῶν τοιούτων, τὰ νῦν ὅσα
βαρέα, τὴν ἐν τοῖς ὅπλοις μάχην, ἕνα τε πρὸς ἕνα διαμα- e
χομένους καὶ δύο πρὸς δύο, καὶ μέχρι δέκα πρὸς δέκα δια-
μιλλωμένους ἀλλήλοις. ἃ δὲ τὸν μὴ παθόντα ἢ ποιήσαντα δεῖ
νικᾶν καὶ εἰς ὁπόσα, καθάπερ νῦν ἐν τῇ πάλῃ διενομοθετή-
σαντο οἱ περὶ τὴν πάλην αὐτὴν τί τοῦ καλῶς παλαίοντος 5
ἔργον καὶ μὴ καλῶς, ταὐτὸν δὴ καὶ τοὺς περὶ ὁπλομαχίαν
ἄκρους παρακαλοῦντας, χρὴ τούτους συννομοθετεῖν κελεύειν
τίς νικᾶν ἄρα δίκαιος περὶ ταύτας αὖ τὰς μάχας, ὅτι μὴ
παθὼν ἢ δράσας, καὶ τὸν ἡττώμενον ὡσαύτως ἥτις διακρίνει 834
τάξις. ταὐτὰ δὲ καὶ περὶ τῶν θηλειῶν ἔστω νομοθετούμενα
τῶν μέχρι γάμου. πελταστικὴν δὲ ὅλην ἀντιστήσαντας δεῖ
τῇ τοῦ παγκρατίου μάχῃ, τόξοις καὶ πέλταις καὶ ἀκοντίοις
καὶ λίθῳ ἐκ χειρός τε καὶ σφενδόναις ἁμιλλωμένων, διαθε- 5
μένους αὖ περὶ τούτων νόμους, τῷ κάλλιστα ἀποδιδόντι τὰ
περὶ ταῦτα νόμιμα τὰ γέρα καὶ τὰς νίκας διανέμειν. τὸ δὲ
μετὰ ταῦτα ἵππων δὴ περὶ ἀγῶνος γίγνοιτο ἑξῆς ἂν νομοθε- b

c 8 ἀνήβοις] ἀγήμοις Λ : corr. Λ² ('γ cras. et add. ν extra v.)
d 1 ἐφίππειον fecit Λ² · ἔφιππον Eus.   d 3 μενούσαις Eus. : μὲν
οὔσαις libri : μενούσης Boeckh   d 4 ταύτας ἐσταλμέναις Eus.
e 3 ἢ ΛΟ : ἢ μὴ Ο²   e 7 νομοθετεῖν Eus.   a 5 λίθῳ ci. Schneider :
λίθων libri · λίθων βολῇ Aldina

τούμενα· ἵππων δὲ ἡμῖν χρεία μὲν οὔτε τις πολλῶν οὔτε
πολλή, κατά γε δὴ Κρήτην, ὥστε ἀναγκαῖον καὶ τὰς σπουδὰς
ἐλάττους γίγνεσθαι τάς τε ἐν τῇ τροφῇ καὶ τὰς περὶ ἀγωνίαν
5 αὐτῶν. ἅρματος μὲν οὖν καὶ τὸ παράπαν οὔτε τις τροφεὺς
ἡμῖν ἐστιν οὔτε τις φιλοτιμία πρὸς ταῦτα οὐδενὶ γίγνοιτ'
ἂν λόγον ἔχουσα, ὥστε τούτου μὲν ἀγωνιστάς, οὐκ ἐπιχώριον,
ἔσται τιθέντας νοῦν μήτε ἔχειν μήτε δοκεῖν κεκτῆσθαι·
c μονίπποις δὲ ἆθλα τιθέντες, πώλοις τε ἀβόλοις καὶ τελείων
τε καὶ ἀβόλων τοῖς μέσοις καὶ αὐτοῖς δὴ τοῖς τέλος ἔχουσι,
κατὰ φύσιν τῆς χώρας ἂν τὴν ἱππικὴν παιδιὰν ἀποδιδοῖμεν.
ἔστω δὴ τούτων τε αὐτῶν κατὰ νόμον ἅμιλλά τε καὶ φιλο-
5 νικία, φυλάρχοις τε καὶ ἱππάρχοις δεδομένη κοινὴ κρίσις
ἁπάντων τῶν τε δρόμων αὐτῶν καὶ τῶν καταβαινόντων μεθ'
ὅπλων· ψιλοῖς δὲ ὅπλων οὔτ' ἐν τοῖς γυμνικοῖς οὔτε ἐνταῦθα
d τιθέντες ἀγωνίας ὀρθῶς ἂν νομοθετοῖμεν. τοξότης δὲ ἀφ'
ἵππων Κρὴς οὐκ ἄχρηστος, οὐδ' ἀκοντιστής, ὥστε ἔστω καὶ
τούτων παιδιᾶς χάριν ἔρις τε καὶ ἀγωνία. θηλείας δὲ περὶ
τούτων νόμοις μὲν καὶ ἐπιτάξεσιν οὐκ ἄξια βιάζεσθαι τῆς
5 κοινωνίας· ἐὰν δὲ ἐξ αὐτῶν τῶν ἔμπροσθεν παιδευμάτων
εἰς ἔθος ἰόντων ἡ φύσις ἐνδέχηται καὶ μὴ δυσχεραίνῃ παῖδας
ἢ παρθένους κοινωνεῖν, ἐᾶν καὶ μὴ ψέγειν.

Ἀγωνία δὴ νῦν ἤδη καὶ μάθησις γυμναστικῆς, ὅσα τε
e ἐν ἀγῶσιν καὶ ὅσα καθ' ἡμέραν ⟨ἐν⟩ διδασκάλων ἐκπονού-
μεθα, πάντως ἤδη πέρας ἔχει. καὶ δὴ καὶ μουσικῆς τὰ μὲν
πλεῖστα ὡσαύτως διαπεπέρανται, τὰ δὲ ῥαψῳδῶν καὶ τῶν
τούτοις ἑπομένων, καὶ ὅσαι ἐν ἑορταῖς ἅμιλλαι χορῶν ἀνα-
5 γκαῖαι γίγνεσθαι, ταχθέντων τοῖς θεοῖς τε καὶ τοῖς μετὰ
θεῶν μηνῶν καὶ ἡμερῶν καὶ ἐνιαυτῶν, κοσμηθήσονται τότε,
εἴτε τριετηρίδες εἴτε αὖ καὶ διὰ πέμπτων ἐτῶν, εἴθ' ὅπῃ καὶ
835 ὅπως ἔννοιαν διδόντων τῶν θεῶν τάξεως πέρι διανεμηθῶσιν·
τότε καὶ τοὺς μουσικῆς ἀγῶνας χρὴ προσδοκᾶν κατὰ μέρος

d 3 παιδείας C. Ritter   d 4 ἄξια O Eus. : ἀξία A L et in marg. O
e 1 ἐν add. Winckelmann   a 1 ὅπως ⟨ἂν⟩ Ast

ἀγωνιεῖσθαι ταχθέντας ὑπό τε ἀθλοθετῶν καὶ τοῦ παιδευτοῦ
τῶν νέων καὶ τῶν νομοφυλάκων, εἰς κοινὸν περὶ αὐτῶν
τούτων συνελθόντων καὶ γενομένων νομοθετῶν αὐτῶν, τοῦ   5
τε πότε καὶ τίνες καὶ μετὰ τίνων τοὺς ἀγῶνας ποιήσονται
περὶ ἁπάντων χορῶν καὶ χορείας. οἶα δὲ ἕκαστα αὐτῶν
εἶναι δεῖ κατὰ λόγον καὶ κατ' ᾠδὰς καὶ καθ' ἁρμονίας ῥυθμοῖς
κραθείσας καὶ ὀρχήσεσι, πολλάκις εἴρηται τῷ πρώτῳ νο-   b
μοθέτῃ, καθ' ἃ τοὺς δευτέρους δεῖ μεταδιώκοντας νομοθετεῖν,
καὶ τοὺς ἀγῶνας πρεπόντως ἑκάστοις θύμασιν ἐν χρόνοις
προσήκουσι νείμαντας, ἑορτὰς ἀποδοῦναι τῇ πόλει ἑορτάζειν.
ταῦτα μὲν οὖν καὶ ἄλλα τοιαῦτα οὔτε χαλεπὸν γνῶναι τίνα   5
τρόπον χρὴ τάξεως ἐγγύμου λαγχάνειν, οὐδ' αὖ μετατιθέ-
μενα ἔνθα ἢ ἔνθα μέγα τῇ πόλει κέρδος ἢ ζημίαν ἂν φέροι·
ἃ δὲ μὴ σμικρὸν διαφέρει, πείθειν τε χαλεπόν, θεοῦ μὲν   c
μάλιστα ἔργον, εἴ πως οἶόν τε ἦν ἐπιτάξεις αὐτὰς παρ'
ἐκείνου γίγνεσθαι, νῦν δὲ ἀνθρώπου τολμηροῦ κινδυνεύει
δεῖσθαί τινος, ὃς παρρησίαν διαφερόντως τιμῶν ἐρεῖ τὰ
δοκοῦντα ἄριστ' εἶναι πόλει καὶ πολίταις, ἐν ψυχαῖς   5
διεφθαρμέναις τὸ πρέπον καὶ ἑπόμενον πάσῃ τῇ πολιτείᾳ
τάττων, ἐναντία λέγων ταῖς μεγίσταισιν ἐπιθυμίαις καὶ οὐκ
ἔχων βοηθὸν ἄνθρωπον οὐδένα, λόγῳ ἑπόμενος μόνῳ μόνος.

ΚΛ. Τίν' αὖ νῦν, ὦ ξένε, λόγον λέγομεν; οὐ γάρ πω   d
μανθάνομεν.

ΑΘ. Εἰκότως γε· ἀλλὰ δὴ πειράσομαι ἐγὼ φράζειν ὑμῖν
ἔτι σαφέστερον. ὡς γὰρ εἰς παιδείαν ἦλθον τῷ λόγῳ,
εἶδον νέους τε καὶ νέας ὁμιλοῦντας φιλοφρόνως ἀλλήλοις·   5
εἰσῆλθεν δή με, οἷον εἰκός, φοβηθῆναι, συννοήσαντα τί
τις χρήσεται τῇ τοιαύτῃ πόλει ἐν ᾗ δὴ νέοι μὲν νέαι τε
εὐτρεφεῖς εἰσί, πόνων δὲ σφοδρῶν καὶ ἀνελευθέρων, οἳ
μάλιστα ὕβριν σβεννύασιν, ἀργοί, θυσίαι δὲ καὶ ἑορταὶ καὶ   e
χοροὶ πᾶσιν μέλουσιν διὰ βίου. τίνα δή ποτε τρόπον ἐν

a 4 κοινων Λ : corr. Λ²   d 4 ἔτι L (ut vid.) O² : τι Α Ο   d 6 δή
Α Ο : δέ L.   d 8 δὲ Α Ο : τε O² (τ s. v.)   e 1 ὕβριν L (ut vid.)
O² : ὑμῖν Α et (ut vid.) O

ταύτῃ τῇ πόλει ἀφέξονται τῶν πολλοὺς δὴ πολλὰ ἐπιθυμιῶν
εἰς ἔσχατα βαλλουσῶν, ὧν ἂν ὁ λόγος προστάττῃ ἀπέ-
5 χεσθαι, νόμος ἐπιχειρῶν γίγνεσθαι; καὶ τῶν μὲν πολλῶν
οὐ θαυμαστὸν ἐπιθυμιῶν εἰ κρατοῖ τὰ πρόσθεν νόμιμα ταχ-
836 θέντα—τὸ γὰρ μὴ πλουτεῖν τε ἐξεῖναι ὑπερβαλλόντως
ἀγαθὸν πρὸς τὸ σωφρονεῖν οὐ σμικρόν, καὶ πᾶσα ἡ παιδεία
μετρίους πρὸς τὰ τοιαῦτ᾽ εἴληφεν νόμους, καὶ πρὸς τούτοις
ἡ τῶν ἀρχόντων ὄψις διηναγκασμένη μὴ ἀποβλέπειν ἄλλοσε,
5 τηρεῖν δ᾽ ἀεί, τοὺς νέους τ᾽ αὐτούς, πρὸς μὲν τὰς ἄλλας
ἐπιθυμίας, ὅσα γε ἀνθρώπινα, μέτρον ἔχει—τὰ δὲ δὴ τῶν
ἐρώτων παίδων τε ἀρρένων καὶ θηλειῶν καὶ γυναικῶν ἀνδρῶν
b καὶ ἀνδρῶν γυναικῶν ὅθεν δὴ μυρία γέγονεν ἀνθρώποις ἰδίᾳ
καὶ ὅλαις πόλεσιν, πῶς τις τοῦτο διευλαβοῖτ᾽ ἄν, καὶ τί
τεμὼν φάρμακον τούτοις ἑκάστοις τοῦ τοιούτου κινδύνου
διαφυγὴν εὑρήσει; πάντως οὐ ῥᾴδιον, ὦ Κλεινία. καὶ γὰρ
5 οὖν πρὸς μὲν ἄλλα οὐκ ὀλίγα ἡ Κρήτη τε ἡμῖν ὅλη καὶ ἡ
Λακεδαίμων βοήθειαν ἐπιεικῶς οὐ σμικρὰν συμβάλλονται
τιθεῖσι νόμους ἀλλοίους τῶν πολλῶν τρόπων, περὶ δὲ τῶν
ἐρώτων—αὐτοὶ γάρ ἐσμεν—ἐναντιοῦνται παντάπασιν. εἰ
c γάρ τις ἀκολουθῶν τῇ φύσει θήσει τὸν πρὸ τοῦ Λαΐου
νόμον, λέγων ὡς ὀρθῶς εἶχεν τὸ τῶν ἀρρένων καὶ νέων μὴ
κοινωνεῖν καθάπερ θηλειῶν πρὸς μεῖξιν ἀφροδισίων, μάρ-
τυρα παραγόμενος τὴν τῶν θηρίων φύσιν καὶ δεικνὺς πρὸς
5 τὰ τοιαῦτα οὐχ ἁπτόμενον ἄρρενα ἄρρενος διὰ τὸ μὴ φύσει
τοῦτο εἶναι, τάχ᾽ ἂν χρῷτο πιθανῷ λόγῳ, καὶ ταῖς ὑμετέραις
πόλεσιν οὐδαμῶς συμφωνοῖ. πρὸς δὲ τούτοις, ὃ διὰ παντός
d φαμεν δεῖν τὸν νομοθέτην τηρεῖν, τοῦτο ἐν τούτοις οὐχ
ὁμολογεῖ. ζητοῦμεν γὰρ ἀεὶ δὴ τί τῶν τιθεμένων πρὸς
ἀρετὴν φέρει καὶ τί μή· φέρε δή, τοῦτο ἐὰν συγχωρῶμεν

e 3 δὴ πολλὰ A : δὴ πολλαὶ O teste Bekker) : δὴ καὶ πολλὰς Aldina
a 2 τὸ] τῷ fecit Λ²   a 5 τ᾽ αὐτούς] ταῦτ᾽ οὖν Aldina   b 2 κακὰ
post πόλεσιν add. Aldina   b 4 διαφυγὴν O² : διαφυγεῖν A L O
c 1 πρὸ τοῦ L et πρὸ s. v. Λ²O² : τοῦ A O   c 6 καὶ] εἰ καὶ Hermann
d 1 τηρεῖν A et in marg. O² : διατηρεῖν L O

καλὸν ἢ μηδαμῶς αἰσχρὸν νομοθετεῖσθαι τὰ νῦν, τί μέρος
ἡμῖν συμβάλλοιτ' ἂν πρὸς ἀρετήν; πότερον ἐν τῇ τοῦ 5
πεισθέντος ψυχῇ γιγνόμενον ἐμφύσεται τὸ τῆς ἀνδρείας
ἦθος, ἢ ἐν τῇ τοῦ πείσαντος τὸ τῆς σώφρονος ἰδέας γένος;
ἢ ταῦτα μὲν οὐδεὶς ἂν πεισθείη ποτέ, μᾶλλον δὲ ἅπαν
τούτου τοὐναντίον, τοῦ μὲν ταῖς ἡδοναῖς ὑπείκοντος καὶ
καρτερεῖν οὐ δυναμένου. ψέξει πᾶς τὴν μαλακίαν, τοῦ δ' εἰς e
μίμησιν τοῦ θήλεος ἰόντος τὴν τῆς εἰκόνος ὁμοιότητα ἆρ'
οὐ μέμψεται; τίς οὖν ἀνθρώπων τοῦτο ὂν τοιοῦτον νομο-
θετήσει; σχεδὸν οὐδείς, ἔχων γε ἐν τῷ νῷ νόμον ἀληθῆ.
πῶς οὖν φαμεν ἀληθὲς τοῦτο εἶναι; τὴν τῆς φιλίας τε καὶ 5
ἐπιθυμίας ἅμα καὶ τῶν λεγομένων ἐρώτων φύσιν ἰδεῖν 837
ἀναγκαῖον, εἰ μέλλει τις ταῦτα ὀρθῶς διανοηθήσεσθαι· δύο
γὰρ ὄντα αὐτά, καὶ ἐξ ἀμφοῖν τρίτον ἄλλο εἶδος, ἓν ὄνομα
περιλαβὸν πᾶσαν ἀπορίαν καὶ σκότον ἀπεργάζεται.

ΚΛ. Πῶς; 5

ΑΘ. Φίλον μέν που καλοῦμεν ὅμοιον ὁμοίῳ κατ' ἀρετὴν
καὶ ἴσον ἴσῳ, φίλον δ' αὖ καὶ τὸ δεόμενον τοῦ πεπλουτη-
κότος, ἐναντίον ὂν τῷ γένει· ὅταν δὲ ἑκάτερον γίγνηται
σφοδρόν, ἔρωτα ἐπονομάζομεν.

ΚΛ. Ὀρθῶς. b

ΑΘ. Φιλία τοίνυν ἡ μὲν ἀπὸ ἐναντίων δεινὴ καὶ ἀγρία
καὶ τὸ κοινὸν οὐ πολλάκις ἔχουσα ἐν ἡμῖν, ἡ δ' ἐκ τῶν
ὁμοίων ἥμερός τε καὶ κοινὴ διὰ βίου· μεικτὴ δὲ ἐκ τούτων
γενομένη πρῶτον μὲν καταμαθεῖν οὐ ῥᾳδία, τί ποτε βούλοιτ' 5
ἂν αὑτῷ γενέσθαι τὸν τρίτον ἔρωτά τις ἔχων τοῦτον, ἔπειτα
εἰς τοὐναντίον ὑπ' ἀμφοῖν ἑλκόμενος ἀπορεῖ, τοῦ μὲν κελεύ-
οντος τῆς ὥρας ἅπτεσθαι, τοῦ δὲ ἀπαγορεύοντος. ὁ μὲν
γὰρ τοῦ σώματος ἐρῶν, καὶ τῆς ὥρας καθάπερ ὀπώρας c
πεινῶν, ἐμπλησθῆναι παρακελεύεται ἑαυτῷ, τιμὴν οὐδεμίαν
ἀπονέμων τῷ τῆς ψυχῆς ἤθει τοῦ ἐρωμένου· ὁ δὲ πάρεργον
μὲν τὴν τοῦ σώματος ἐπιθυμίαν ἔχων, ὁρῶν δὲ μᾶλλον ἢ

b 6 τοῦτον A ; τούτων O   c 3 τοῦ A : om. LO

5 ἐρῶν, τῇ ψυχῇ δὲ ὄντως τῆς ψυχῆς ἐπιτεθυμηκώς, ὕβριν
ἥγηται τὴν περὶ τὸ σῶμα τοῦ σώματος πλησμονήν, τὸ
σῶφρον δὲ καὶ ἀνδρεῖον καὶ μεγαλοπρεπὲς καὶ τὸ φρόνιμον
αἰδούμενος ἅμα καὶ σεβόμενος, ἁγνεύειν ἀεὶ μεθ' ἁγνεύοντος

d τοῦ ἐρωμένου βούλοιτ' ἄν· ὁ δὲ μειχθεὶς ἐξ ἀμφοῖν τρίτος
ἔρως οὗτός ἐσθ' ὃν νῦν διεληλύθαμεν ὡς τρίτον. ὄντων δὲ
τούτων τοσούτων, πότερον ἅπαντας δεῖ κωλύειν τὸν νόμον,
ἀπείργοντα μὴ γίγνεσθαι ἐν ἡμῖν, ἢ δῆλον ὅτι τὸν μὲν
5 ἀρετῆς ὄντα καὶ τὸν νέον ἐπιθυμοῦντα ὡς ἄριστον γίγνεσθαι
βουλοίμεθ' ἂν ἡμῖν ἐν τῇ πόλει ἐνεῖναι, τοὺς δὲ δύο,
εἰ δυνατὸν εἴη, κωλύοιμεν ἄν; ἢ πῶς λέγομεν, ὦ φίλε
Μέγιλλε;

ΜΕ. Πάντῃ τοι καλῶς, ὦ ξένε, περὶ αὐτῶν τούτων
e εἴρηκας τὰ νῦν.

ΑΘ. Ἔοικά γε, ὅπερ καὶ ἐτόπαζον, τυχεῖν τῆς σῆς, ὦ
φίλε, συνῳδίας· τὸν δὲ νόμον ὑμῶν, ὅτι νοεῖ περὶ τὰ τοιαῦτα,
οὐδέν με ἐξετάζειν δεῖ, δέχεσθαι δὲ τὴν τῷ λόγῳ συγχώ-
5 ρησιν. Κλεινίᾳ δὲ μετὰ ταῦτα καὶ εἰς αὖθις περὶ αὐτῶν
τούτων πειράσομαι ἐπᾴδων πείθειν· τὸ δέ μοι δεδομένον
ὑπὸ σφῷν ἴτω, καὶ διεξέλθωμεν πάντως τοὺς νόμους.

ΜΕ. Ὀρθότατα λέγεις.

ΑΘ. Τέχνην δή τιν' αὖ τούτου τοῦ νόμου τῆς θέσεως
838 ἐν τῷ νῦν παρόντι τὴν μὲν ῥᾳδίαν ἔχω, τὴν δ' αὖ τινα
τρόπον παντάπασιν ὡς οἷόν τε χαλεπωτάτην.

ΜΕ. Πῶς δὴ λέγεις;

ΑΘ. Ἴσμεν που καὶ τὰ νῦν τοὺς πλείστους τῶν ἀνθρώ-
5 πων, καίπερ παρανόμους ὄντας, ὡς εὖ τε καὶ ἀκριβῶς εἴρ-
γονται τῆς τῶν καλῶν συνουσίας οὐκ ἄκοντες, ὡς οἷόν τε
δὲ μάλιστα ἑκόντες.

ΜΕ. Πότε λέγεις;

ΑΘ. Ὅταν ἀδελφὸς ἢ ἀδελφή τῳ γένωνται καλοί. καὶ

c 5 δὲ ὄντως Schneider : δεόντως libri   d 1 δὲ] δὴ ci. Stallbaum
d 5 ὄντα AO : τε ὄντα O²   τῶν νέων Vat. 1029 et fecit A²
d 7 λέγομεν A : λέγωμεν O   a 1 τὴν ... τὴν] τῇ ... τῇ Stephanus

περὶ ὑέος ἢ θυγατρὸς ὁ αὐτὸς νόμος ἄγραφος ὢν ὡς οἷόν b
τε ἱκανώτατα φυλάττει μήτε φανερῶς μήτε λάθρᾳ συγκαθεύ-
δοντα ἤ πως ἄλλως ἀσπαζόμενον ἅπτεσθαι τούτων· ἀλλ'
οὐδ' ἐπιθυμία ταύτης τῆς συνουσίας τὸ παράπαν εἰσέρχεται
τοὺς πολλούς.   5

ΜΕ. Ἀληθῆ λέγεις.

ΑΘ. Οὐκοῦν σμικρὸν ῥῆμα κατασβέννυσι πάσας τὰς
τοιαύτας ἡδονάς;

ΜΕ. Τὸ ποῖον δὴ λέγεις;

ΑΘ. Τὸ ταῦτα εἶναι φάναι μηδαμῶς ὅσια, θεομισῆ δὲ 10
καὶ αἰσχρῶν αἴσχιστα. τὸ δ' αἴτιον ἆρ' οὐ τοῦτ' ἐστί, τὸ c
μηδένα ἄλλως λέγειν αὐτά, ἀλλ' εὐθὺς γενόμενον ἡμῶν
ἕκαστον ἀκούειν τε λεγόντων ἀεὶ καὶ πανταχοῦ ταῦτα, ἐν
γελοίοις τε ἅμα ἐν πάσῃ τε σπουδῇ τραγικῇ λεγομένῃ πολ-
λάκις, ὅταν ἢ Θυέστας ἤ τινας Οἰδίποδας εἰσάγωσιν, ἢ 5
Μακαρέας τινὰς ἀδελφαῖς μειχθέντας λαθραίως, ὀφθέντας
δὲ ἑτοίμως θάνατον αὑτοῖς ἐπιτιθέντας δίκην τῆς ἁμαρτίας;

ΜΕ. Ὀρθότατα λέγεις τό γε τοσοῦτον, ὅτι τὸ τῆς φή-
μης θαυμαστήν τινα δύναμιν εἴληχεν, ὅταν μηδεὶς μηδαμῶς d
ἄλλως ἀναπνεῖν ἐπιχειρήσῃ ποτὲ παρὰ τὸν νόμον.

ΑΘ. Οὐκοῦν ὀρθὸν τὸ νυνδὴ ῥηθέν, ὅτι νομοθέτῃ, βου-
λομένῳ τινὰ ἐπιθυμίαν δουλώσασθαι τῶν διαφερόντως τοὺς
ἀνθρώπους δουλουμένων, ῥᾴδιον γνῶναί γε ὅντινα τρόπον 5
χειρώσαιτο ἄν· ὅτι καθιερώσας ταύτην τὴν φήμην παρὰ πᾶσι,
δούλοις τε καὶ ἐλευθέροις καὶ παισὶ καὶ γυναιξὶ καὶ ὅλῃ
τῇ πόλει κατὰ τὰ αὐτά, οὕτω τὸ βεβαιότατον ἀπειργασμένος
ἔσται περὶ τοῦτον τὸν νόμον.   c

ΜΕ. Πάνυ μὲν οὖν· ὅπως δὲ αὖ τὸ τοιοῦτον ἐθέλοντας
λέγειν πάντας δυνατὸν ἔσται ποτὲ παρασχεῖν—

ΑΘ. Καλῶς ὑπέλαβες· αὐτὸ γὰρ τοῦτο ἦν τὸ παρ' ἐμοῦ
λεχθέν, ὅτι τέχνην ἐγὼ πρὸς τοῦτον τὸν νόμον ἔχοιμι τοῦ 5

---

b 7 κατασβέννυσι ΛΟ : κατασβεννύει Ι. et in marg. γρ. Λ'Ο²
c 4 λεγομενη Λ : λεγομένη fecit Λ² : λεγομένων Ast : λεγόμενα Orelli

κατὰ φύσιν· χρῆσθαι τῇ τῆς παιδογονίας συνουσίᾳ, τοῦ μὲν
ἄρρενος ἀπεχομένους, μὴ κτείνοντάς τε ἐκ προνοίας τὸ τῶν
ἀνθρώπων γένος, μηδ' εἰς πέτρας τε καὶ λίθους σπείροντας,
839 οὗ μήποτε φύσιν τὴν αὑτοῦ ῥιζωθὲν λήψεται γόνιμον, ἀπε-
χομένους δὲ ἀρούρας θηλείας πάσης ἐν ᾗ μὴ βούλοιο ἄν
σοι φύεσθαι τὸ σπαρέν. ὁ δὴ νόμος οὗτος διηνεκὴς μὲν
γενόμενος ἅμα καὶ κρατήσας, καθάπερ νῦν περὶ τὰς τῶν
5 γονέων συμμείξεις κρατεῖ, ἐὰν καὶ περὶ τὰς ἄλλας νικήσῃ
δικαίως, μυρία ἀγαθὰ ἔχει. κατὰ φύσιν μὲν γὰρ πρῶτον
κεῖται, λύττης δὲ ἐρωτικῆς καὶ μανίας καὶ μοιχειῶν πασῶν
καὶ πωμάτων καὶ σίτων εἴργεσθαι ποιεῖ τῶν ἀμέτρων
b πάντων, γυναιξί τε αὐτῶν οἰκείους εἶναι φίλους· ἄλλα
τε πάμπολλα ἀγαθὰ γίγνοιτ' ἄν, εἰ τοῦ νόμου τις τούτου
δύναιτο ἐγκρατὴς εἶναι. τάχα δ' ἂν ἡμῖν τις παραστὰς
ἀνὴρ σφοδρὸς καὶ νέος, πολλοῦ σπέρματος μεστός, ἀκούων
5 τιθεμένου τοῦ νόμου λοιδορήσειεν ἂν ὡς ἀνόητα καὶ ἀδύνατα
τιθέντων νόμιμα, καὶ βοῆς πάντα ἐμπλήσειε· πρὸς ἃ δὴ
καὶ βλέψας ἐγὼ τοῦτο εἶπον τὸ ῥῆμα, ὥς τινα τέχνην κεκτή-
c μην, τῇ μὲν ῥᾴστην ἁπασῶν, τῇ δὲ χαλεπωτάτην, πρὸς τὸ
τοῦτον τεθέντα ἐμμεῖναι τὸν νόμον. νοῆσαι μὲν γὰρ δὴ
ῥᾷστον ὡς δυνατόν τέ ἐστιν καὶ ὅπῃ—φαμὲν γὰρ δὴ καθι-
ερωθὲν τοῦτο ἱκανῶς τὸ νόμιμον πᾶσαν ψυχὴν δουλώσεσθαι
5 καὶ παντάπασιν μετὰ φόβου ποιήσειν πείθεσθαι τοῖς τεθεῖσιν
νόμοις—ἀλλὰ γὰρ εἰς τοῦτο προβέβηκε νῦν, ὥστ' οὐδ' ἂν
τότε γενέσθαι δοκεῖ, καθάπερ τὸ τῶν συσσιτίων ἐπιτήδευμα
ἀπιστεῖται μὴ δυνατὸν εἶναι δύνασθαι διὰ βίου πόλιν ὅλην
d ζῆν πράττουσαν τοῦτο, ἐλεγχθὲν δ' ἔργῳ καὶ γενόμενον
παρ' ὑμῖν, ὅμως ἔτι τό γε γυναικῶν οὐδὲ ἐν ταῖς ὑμετέραις
πόλεσιν δοκεῖ φύσιν ἔχειν γίγνεσθαι. ταύτῃ δ' αὖ, διὰ τὴν

a 2 βούλοιο A et in marg. γρ. LO: βούλοιτ' LO et fecit A²
a 7 λύττης L (ut vid.) O²: αὐτῆς AO   a 8 πωμάτων fecit A²
σίτων AO: σιτίων O²   b 1 εἶναι AO: εἶναι καὶ O²   b 3 τάχα
L (ut vid.) O²: ταχὺ AO   c 1 τῇ ... τῇ] τὴν ... τὴν Vat. 1029
c 2 ἐμμεῖναι] an συμμεῖναι?   c 7 τότε ALO: ποτε scr. recc.

τῆς ἀπιστίας ῥώμην, εἴρηκα ἀμφότερα ταῦτα εἶναι παγχάλεπα
μεῖναι κατὰ νόμον.   5

ΜΕ. Ὀρθῶς γε σὺ λέγων.

ΑΘ. Ὡς δ' οὖν οὐκ ἔστιν ὑπὲρ ἄνθρωπον, οἷόν τε δὲ
γενέσθαι, βούλεσθε ὑμῖν πειραθῶ τινα λόγον ἐχόμενον
πιθανότητος εἰπεῖν τινος;

Κλ. Πῶς γὰρ οὔ;   10

ΑΘ. Πότερον οὖν τις ἀφροδισίων ῥᾷον ἂν ἀπέχοιτο,   e
καὶ τὸ ταχθὲν ἐθέλοι περὶ αὐτὰ μετρίως ποιεῖν, εὖ τὸ σῶμα
ἔχων καὶ μὴ ἰδιωτικῶς, ἢ φαύλως;

Κλ. Πολύ που μᾶλλον μὴ ἰδιωτικῶς.

ΑΘ. Ἆρ' οὖν οὐκ ἴσμεν τὸν Ταραντῖνον Ἴκκον ἀκοῇ 5
διὰ τὸν Ὀλυμπίασί τε ἀγῶνα καὶ τούς γε ἄλλους; ὧν διὰ   840
φιλονικίαν, καὶ τέχνην καὶ τὸ μετὰ τοῦ σωφρονεῖν ἀνδρεῖον
ἐν τῇ ψυχῇ κεκτημένος, ὡς λόγος, οὔτε τινὸς πώποτε γυ-
ναικὸς ἥψατο οὐδ' αὖ παιδὸς ἐν ὅλῃ τῇ τῆς ἀσκήσεως ἀκμῇ·
καὶ δὴ καὶ Κρίσωνα καὶ Ἀστύλον καὶ Διόπομπον καὶ ἄλλους 5
παμπόλλους ὁ αὐτός που λόγος ἔχει. καίτοι τῶν γ' ἐμῶν καὶ
σῶν πολιτῶν, ὦ Κλεινία, πολὺ κάκιον ἦσαν πεπαιδευμένοι
τὰς ψυχάς, τὰ δὲ σώματα πολὺ μᾶλλον σφριγῶντες.   b

Κλ. Ἀληθῆ ταῦτα λέγεις ὅτι σφόδρα ὑπὸ τῶν πα-
λαιῶν ἐστιν εἰρημένα περὶ τούτων τῶν ἀθλητῶν ὡς ὄντως
ποτὲ γενόμενα.

ΑΘ. Τί οὖν; οἱ μὲν ἄρα νίκης ἕνεκα πάλης καὶ δρόμων 5
καὶ τῶν τοιούτων ἐτόλμησαν ἀπέχεσθαι λεγομένου πράγ-
ματος ὑπὸ τῶν πολλῶν εὐδαίμονος, οἱ δὲ ἡμέτεροι παῖδες
ἀδυνατήσουσι καρτερεῖν πολὺ καλλίονος ἕνεκα νίκης, ἣν
ἡμεῖς καλλίστην ἐκ παίδων πρὸς αὐτοὺς λέγοντες ἐν μύθοις   c
τε καὶ ἐν ῥήμασιν καὶ ἐν μέλεσιν ᾄδοντες, ὡς εἰκός, κηλή-
σομεν;

Κλ. Ποίας;

a 1 γε scripsi : τε libri : secl. ci. Ast   ὧν] ὡς Heindorf
a 5 ἄστυλον Λ Ο   a 6 τῶν Λ²Ο¹ : το Λ : τω Ο

5 ΑΘ. Τῆς τῶν ἡδονῶν νίκης ἐγκρατεῖς ὄντας ἂν ζῆν
εὐδαιμόνως, ἡττωμένους δὲ τοὐναντίον ἅπαν. πρὸς δὲ τού-
τοις ἔτι φόβος ὁ τοῦ μηδαμῇ μηδαμῶς ὅσιον αὐτὸ εἶναι
δύναμιν ἡμῖν οὐκ ἄρα ἕξει κρατεῖν ὧν ἄλλοι κεκρατήκασι
τούτων ὄντες χείρονες;

10 ΚΛ. Εἰκὸς γοῦν.

ΑΘ. Ἐπειδὴ τοίνυν ἐνταῦθά ἐσμεν τούτου τοῦ νομίμου
d πέρι, διὰ κάκην δὲ τὴν τῶν πολλῶν εἰς ἀπορίαν ἐπέσομεν,
φημὶ τὸ μὲν ἡμέτερον νόμιμον ἀτεχνῶς δεῖν περὶ αὐτῶν
τούτων πορεύεσθαι λέγον ὡς οὐ δεῖ χείρους ἡμῖν εἶναι τοὺς
πολίτας ὀρνίθων καὶ ἄλλων θηρίων πολλῶν, οἳ κατὰ μεγάλας
5 ἀγέλας γεννηθέντες, μέχρι μὲν παιδογονίας ἠίθεοι καὶ ἀκή-
ρατοι γάμων τε ἁγνοὶ ζῶσιν, ὅταν δ' εἰς τοῦτο ἡλικίας
ἔλθωσι, συνδυασθέντες ἄρρην θηλείᾳ κατὰ χάριν καὶ θήλεια
ἄρρενι, τὸν λοιπὸν χρόνον ὁσίως καὶ δικαίως ζῶσιν, ἐμμέ-
e νοντες βεβαίως ταῖς πρώταις τῆς φιλίας ὁμολογίαις· δεῖν
δὴ θηρίων γε αὐτοὺς ἀμείνους εἶναι. ἐὰν δ' οὖν ὑπὸ τῶν
ἄλλων Ἑλλήνων καὶ βαρβάρων τῶν πλείστων διαφθείρων-
ται, τὴν λεγομένην ἄτακτον Ἀφροδίτην ἐν αὐτοῖς ὁρῶντές
5 τε καὶ ἀκούοντες μέγιστον δυναμένην, καὶ οὕτω δὴ μὴ
δυνατοὶ γίγνωνται κατακρατεῖν, δεύτερον νόμον ἐπ' αὐτοῖς
μηχανᾶσθαι χρὴ τοὺς νομοφύλακας νομοθέτας γενομένους.

841 ΚΛ. Τίνα δὴ συμβουλεύεις αὐτοῖς τίθεσθαι νόμον, ἐὰν
ὁ νῦν τιθέμενος αὐτοὺς ἐκφύγῃ;

ΑΘ. Δῆλον ὅτι τὸν ἐχόμενον τούτου δεύτερον, ὦ
Κλεινία.

5 ΚΛ. Τίνα λέγεις;

ΑΘ. Ἀγύμναστον ὅτι μάλιστα ποιεῖν τὴν τῶν ἡδονῶν
ῥώμην ἦν, τὴν ἐπίχυσιν καὶ τροφὴν αὐτῆς διὰ πόνων ἄλλοσε
τρέποντα τοῦ σώματος. εἴη δ' ἂν τοῦτο, εἰ ἀναίδεια μὴ
ἐνείη τῇ τῶν ἀφροδισίων χρήσει· σπανίῳ γὰρ αὖ τῷ τοιούτῳ

d 4 post θηρίων ras. duarum vel trium litt. Λ   d 5 ἀγέλας L.
(ut vid.) et in marg. Λ : om. A O   a 7 ἦν A O¹ : om. L (ut vid.)
pr. O

δι' αἰσχύνην χρώμενοι, ἀσθενεστέραν ἂν αὐτὴν δέσποιναν b
κτῷντο ὀλιγάκις χρώμενοι. τὸ δὴ λανθάνειν τούτων δρῶντά
τι καλὸν παρ' αὑτοῖς ἔστω, νόμιμον ἔθει καὶ ἀγράφῳ νομι-
σθὲν νόμῳ, τὸ δὲ μὴ λανθάνειν αἰσχρόν, ἀλλ' οὐ τὸ μὴ
πάντως δρᾶν. οὕτω τοῦτο αἰσχρὸν αὖ καὶ καλὸν δευτέρως 5
ἂν ἡμῖν ἐν νόμῳ γενόμενον κέοιτο, ὀρθότητα ἔχον δευτέραν,
καὶ τοὺς τὰς φύσεις διεφθαρμένους, οὓς ἥττους αὑτῶν προσ-
αγορεύομεν, ἐν γένος ὄν, περιλαβόντα τρία γένη βιάζοιτ' c
ἂν μὴ παρανομεῖν.

ΚΛ. Ποῖα δή;

ΑΘ. Τό τε θεοσεβὲς ἅμα καὶ φιλότιμον καὶ τὸ μὴ τῶν
σωμάτων ἀλλὰ τῶν τρόπων τῆς ψυχῆς ὄντων καλῶν γεγονὸς 5
ἐν ἐπιθυμίᾳ. ταῦτα δὴ καθάπερ ἴσως ἐν μύθῳ τὰ νῦν
λεγόμεν' ἐστὶν εὐχαί, πολύ γε μὴν ἄριστα, εἴπερ γίγνοιτο,
ἐν πάσαις πόλεσι γίγνοιτο ἄν. τάχα δ' ἄν, εἰ θεὸς ἐθέλοι,
κἂν δυοῖν θάτερα βιασαίμεθα περὶ ἐρωτικῶν, ἢ μηδένα d
τολμᾶν μηδενὸς ἅπτεσθαι τῶν γενναίων ἅμα καὶ ἐλευθέρων
πλὴν γαμετῆς ἑαυτοῦ γυναικός, ἄθυτα δὲ παλλακῶν σπέρ-
ματα καὶ νόθα μὴ σπείρειν, μηδὲ ἄγονα ἀρρένων παρὰ
φύσιν· ἢ τὸ μὲν τῶν ἀρρένων πάμπαν ἀφελοίμεθ' ἄν, τὸ 5
δὲ γυναικῶν, εἴ τις συγγίγνοιτό τινι πλὴν ταῖς μετὰ θεῶν
καὶ ἱερῶν γάμων ἐλθούσαις εἰς τὴν οἰκίαν, ὠνηταῖς εἴτε
ἄλλῳ ὁτῳοῦν τρόπῳ κτηταῖς, μὴ λανθάνων ἄνδρας τε καὶ e
γυναῖκας πάσας, τάχ' ἂν ἄτιμον αὐτὸν τῶν ἐν τῇ πόλει
ἐπαίνων νομοθετοῦντες ὀρθῶς ἂν δόξαιμεν νομοθετεῖν,
ὡς ὄντως ὄντα ξενικόν. οὗτος δὴ νόμος, εἴτε εἷς εἴτε
δύο αὐτοὺς χρὴ προσαγορεύειν, κείσθω περὶ ἀφροδισίων 5
καὶ ἁπάντων τῶν ἐρωτικῶν, ὅσα πρὸς ἀλλήλους διὰ τὰς 842
τοιαύτας ἐπιθυμίας ὁμιλοῦντες ὀρθῶς τε καὶ οὐκ ὀρθῶς
πράττομεν.

ΜΕ. Καὶ τούτῳ, ὦ ξένε, ἐγὼ μέν σοι σφόδρα δεχοίμην

c 1 περιλαβόντα Stallbaum · περιλαβὸν τὰ libri   c 7 γίγνοιτο . . .
c 8 πόλεσι L (ut vid.) et in marg. A¹ om. ΛΟ   d 3 παλλακίδων
Clemens   a 2 τε καὶ οὐκ ὀρθῶς om. ΛΟ : add. in marg. A²

5 ἂν τοῦτον τὸν νόμον, ὁ δὲ δὴ Κλεινίας αὐτὸς φραζέτω τί
ποτε περὶ αὐτῶν διανοεῖται.

ΚΛ. Ἔσται ταῦτα, ὦ Μέγιλλε, ὁπόταν γε δή μοι δόξῃ
τις παραπεπτωκέναι καιρός· νῦν μὴν ἐῶμεν τὸν ξένον ἔτι
εἰς τὸ πρόσθεν προϊέναι τῶν νόμων.

10 ΜΕ. Ὀρθῶς.

b ΑΘ. Ἀλλὰ μὴν νῦν γε προϊόντες ἤδη σχεδόν ἐσμεν
ἐν τῷ κατεσκευάσθαι μὲν συσσίτια—ὅ φαμεν ἄλλοθι μὲν
ἂν χαλεπὸν εἶναι, ἐν Κρήτῃ δὲ οὐδεὶς ἄλλως ἂν ὑπολάβοι
δεῖν γίγνεσθαι—τὸ δὲ τίνα τρόπον, πότερον ὡς ἐνθάδε ἢ
5 καθάπερ ἐν Λακεδαίμονι, ἢ παρὰ ταῦτα ἔστιν τι τρίτον εἶδος
συσσιτίων ἀμφοῖν τούτοιν ἄμεινον ἂν ἔχον, τοῦτο οὔτ᾽ ἐξευ-
ρεῖν μοι χαλεπὸν εἶναι δοκεῖ, μέγα τε ἀγαθὸν εὑρεθὲν οὐδὲν
ἀπεργάσεσθαι· καὶ γὰρ νῦν ἐμμελῶς ἔχειν κατεσκευασμένα.

c Τούτοις δ᾽ ἐστὶν ἀκόλουθον ἡ τοῦ βίου κατασκευή, τίν᾽
αὐτοῖς ἂν τρόπον ἔποιτο. βίος δὴ ἄλλαις μὲν πόλεσιν
παντοδαπῶς ἂν καὶ πολλαχόθεν εἴη, μάλιστα δὲ ἐκ διπλα-
σίων ἢ τούτοις· ἐκ γῆς γὰρ καὶ ἐκ θαλάττης τοῖς πλείστοις
5 τῶν Ἑλλήνων ἐστὶ κατεσκευασμένα τὰ περὶ τὴν τροφήν,
τούτοις δὲ μόνον ἐκ γῆς. τῷ μὲν οὖν νομοθέτῃ τοῦτο ῥᾷον·

d οὐ γὰρ μόνον ἡμίσεις αὖ γίγνονται νόμοι μέτριοι, πολὺ δ᾽
ἐλάττους, ἔτι δ᾽ ἐλευθέροις ἀνθρώποις μᾶλλον πρέποντες.
ναυκληρικῶν μὲν γὰρ καὶ ἐμπορικῶν καὶ καπηλευτικῶν καὶ
πανδοκεύσεων καὶ τελωνικῶν καὶ μεταλλειῶν καὶ δανεισμῶν
5 καὶ ἐπιτόκων τόκων καὶ ἄλλων μυρίων τοιούτων τὰ πολλὰ
ἀπήλλακται, χαίρειν αὐτοῖς εἰπών, ὁ περὶ ταύτην τὴν πόλιν
νομοθέτης, γεωργοῖς δὲ καὶ νομεῦσι καὶ μελιττουργοῖς καὶ
τοῖς περὶ τὰ τοιαῦτα φυλακτηρίοις τε καὶ ἐπιστάταις ὀργάνων

e νομοθετήσει, τὰ μέγιστα ἤδη νενομοθετηκὼς περὶ γάμους
ἅμα καὶ γενέσεις παίδων καὶ τροφάς, ἔτι δὲ καὶ παιδείας

a 5 ὁ δὲ δὴ Λ : ὁ δὲ Ο : ὅδε δὲ Ο²   b 1 μὴν L (ut vid.) Ο² : μὴ
Λ Ο   b 3 ἄλλως L² : ἄλλως Α L Ο   b 4 δεῖν om. γρ. Ο   b 6 ἂν
om. γρ. Ο   b 8 ἀπεργάσεσθαι Λ Ο² (e s. v.) : ἀπεργάσασθαι L Ο
d 7 μελιττουργοῖς Λ Ο : μελιτουργοῖς L

ἀρχῶν τε καταστάσεις ἐν τῇ πόλει· νῦν δ' ἐπὶ τοὺς τὴν
τροφὴν καὶ ὅσοι περὶ αὐτὴν ταύτην συνδιαπονοῦσιν ἀναγκαῖον
νομοθετοῦντά ἐστιν τρέπεσθαι.   5

Πρῶτον δὴ νόμοι ἔστωσαν λεγόμενοι τοὔνομα γεωργικοί.
Διὸς ὁρίου μὲν πρῶτος νόμος ὅδε εἰρήσθω· Μὴ κινείτω γῆς
ὅρια μηδεὶς μήτε οἰκείου πολίτου γείτονος, μήτε ὁμοτέρμονος
ἐπ' ἐσχατιᾶς κεκτημένος ἄλλῳ ξένῳ γειτονῶν, νομίσας τὸ
τἀκίνητα κινεῖν ἀληθῶς τοῦτο εἶναι· βουλέσθω δὲ πᾶς πέ-   843
τρον ἐπιχειρῆσαι κινεῖν τὸν μέγιστον ἄλλον πλὴν ὅρον
μᾶλλον ἢ σμικρὸν λίθον ὁρίζοντα φιλίαν τε καὶ ἔχθραν
ἔνορκον παρὰ θεῶν. τοῦ μὲν γὰρ ὁμόφυλος Ζεὺς μάρτυς,
τοῦ δὲ ξένιος, οἳ μετὰ πολέμων τῶν ἐχθίστων ἐγείρονται.   5
καὶ ὁ μὲν πεισθεὶς τῷ νόμῳ ἀναίσθητος τῶν ἀπ' αὐτοῦ
κακῶν γίγνοιτ' ἄν, καταφρονήσας δὲ διτταῖς δίκαις· ἔνοχος
ἔστω, μιᾷ μὲν παρὰ θεῶν καὶ πρώτῃ, δευτέρᾳ δὲ ὑπὸ νόμου.
μηδεὶς γὰρ ἑκὼν κινείτω γῆς ὅρια γειτόνων· ὃς δ' ἂν κινήσῃ, b
μηνυέτω μὲν ὁ βουλόμενος τοῖς γεωργοῖς, οἱ δὲ εἰς τὸ
δικαστήριον ἀγόντων. ἢν δέ τις ὄφλῃ τὴν τοιαύτην δίκην,
ὡς ἀνάδαστον γῆν λάθρα καὶ βίᾳ ποιοῦντος τοῦ ὄφλοντος,
τιμάτω τὸ δικαστήριον ὅτι ἂν δέῃ πάσχειν ἢ ἀποτίνειν τὸν   5
ἡττηθέντα.

Τὸ δὲ μετὰ τοῦτο βλάβαι πολλαὶ καὶ σμικραὶ γειτόνων
γιγνόμεναι, διὰ τὸ θαμίζειν ἔχθρας ὄγκον μέγαν ἐντίκτουσαι,
χαλεπὴν καὶ σφόδρα πικρὰν γειτονίαν ἀπεργάζονται. διὸ   c
χρὴ πάντως εὐλαβεῖσθαι γείτονα γείτονι μηδὲν ποιεῖν διά-
φορον, τῶν τε ἄλλων πέρι καὶ δὴ καὶ ἐπεργασίας συμπάσης
σφόδρ' ἀεὶ διευλαβούμενον· τὸ μὲν γὰρ βλάπτειν οὐδὲν
χαλεπὸν ἀλλ' ἀνθρώπου παντός, τὸ δ' ἐπωφελεῖν οὐδαμῇ   5
ἅπαντος. ὃς δ' ἂν ἐπεργάζηται τὰ τοῦ γείτονος ὑπερβαίνων
τοὺς ὅρους, τὸ μὲν βλάβος ἀποτινέτω, τῆς δὲ ἀναιδείας ἅμα
καὶ ἀνελευθερίας ἕνεκα ἰατρευόμενος διπλάσιον τοῦ βλάβους   d

e 7 ὁρίου] ὀρείου fecit a   e 9 ἐν ἐσχατίαις κεκτημένου Eus.
b 2 γεωργοῖς A L O: γεωμόροις O¹   c 4 σφόδρα ἀεὶ διευλαβούμενον
L O¹: σφόδρα διευλαβούμενον A O (sed δι rel. in ras. A²)

ἄλλο ἐκτεισάτω τῷ βλαφθέντι· τούτων δὲ καὶ ἁπάντων τῶν
τοιούτων ἐπιγνώμονές τε καὶ δικασταὶ καὶ τιμηταὶ γιγνέσθων
ἀγρονόμοι, τῶν μὲν μειζόνων, καθάπερ ἐν τοῖς πρόσθεν
5 εἴρηται, πᾶσα ἡ τοῦ δωδεκατημορίου τάξις, τῶν ἐλαττόνων
δὲ οἱ φρούραρχοι τούτων. καὶ ἐάν τις βοσκήματα ἐπινέμῃ,
τὰς βλάβας ὁρῶντες κρινόντων καὶ τιμώντων. καὶ ἐὰν ἑσμοὺς
ἀλλοτρίους σφετερίζῃ τις τῇ τῶν μελιττῶν ἡδονῇ συνεπό-
e μενος καὶ κατακρούων οὕτως οἰκειῶται, τινέτω τὴν βλάβην.
καὶ ἐὰν πυρεύων τὴν ὕλην μὴ διευλαβηθῇ τῶν τοῦ γείτονος,
τὴν δόξασαν ζημίαν τοῖς ἄρχουσι ζημιούσθω. καὶ ἐὰν φυ-
τεύων μὴ ἀπολείπῃ τὸ μέτρον τῶν τοῦ γείτονος χωρίων,
5 καθάπερ εἴρηται καὶ πολλοῖς νομοθέταις ἱκανῶς, ὧν τοῖς
νόμοις χρὴ προσχρῆσθαι καὶ μὴ πάντα ἀξιοῦν, πολλὰ καὶ
σμικρὰ καὶ τοῦ ἐπιτυχόντος νομοθέτου γιγνόμενα, τὸν μείζω
844 πόλεως κοσμητὴν νομοθετεῖν· ἐπεὶ καὶ τῶν ὑδάτων πέρι
γεωργοῖσι παλαιοὶ καὶ καλοὶ νόμοι κείμενοι οὐκ ἄξιοι παρο-
χετεύειν λόγοις, ἀλλ' ὁ βουληθεὶς ἐπὶ τὸν αὑτοῦ τόπον
ἄγειν ὕδωρ ἀγέτω μὲν ἀρχόμενος ἐκ τῶν κοινῶν ναμάτων,
5 μὴ ὑποτέμνων πηγὰς φανερὰς ἰδιώτου μηδενός, ᾗ δ' ἂν
βούληται ἄγειν, πλὴν δι' οἰκίας ἢ ἱερῶν τινων ἢ καὶ μνη-
μάτων, ἀγέτω, μὴ βλάπτων πλὴν αὐτῆς τῆς ὀχεταγωγίας.
b ἀνυδρία δὲ εἴ τισι τόποις σύμφυτος ἐκ γῆς τὰ ἐκ Διὸς ἰόντα
ἀποστέγει νάματα, καὶ ἐλλείπει τῶν ἀναγκαίων πωμάτων,
ὀρυττέτω μὲν ἐν τῷ αὑτοῦ χωρίῳ μέχρι τῆς κεραμίδος γῆς,
ἐὰν δ' ἐν τούτῳ τῷ βάθει μηδαμῶς ὕδατι προστυγχάνῃ,
5 παρὰ τῶν γειτόνων ὑδρευέσθω μέχρι τοῦ ἀναγκαίου πώματος
ἑκάστοις τῶν οἰκετῶν· ἐὰν δὲ δι' ἀκριβείας ᾖ καὶ τοῖς γεί-
τοσι, τάξιν τῆς ὑδρείας ταξάμενος παρὰ τοῖς ἀγρονόμοις,
ταύτην ἡμέρας ἑκάστης κομιζόμενος, οὕτω κοινωνείτω τοῖς
c γείτοσιν ὕδατος. ἐὰν δὲ ἐκ Διὸς ὕδατα γιγνόμενα, τὸν
ἐπάνω γεωργοῦντα ἢ καὶ ὁμότοιχον οἰκοῦντα τῶν ὑποκάτω

e 5 ὧν] ὧν A   b 1 ἀνυδρία A² (ref. in ras.) O² (ι s. v.) : ἀνδρεία
Λ O   b 2 ἀποστέγει Aldina : ἀποστέγειν libri   ἐλλείπει] ἐλλιπῆ
in marg. a   πωμάτων fecit A² (et mox b 5)

βλάπτῃ τις μὴ διδοὺς ἐκροήν, ἢ τοὐναντίον ὁ ἐπάνω μεθιεὶς
εἰκῇ τὰ ῥεύματα βλάπτῃ τὸν κάτω, καὶ περὶ ταῦτα μὴ
ἐθέλωσιν διὰ ταῦτα κοινωνεῖν ἀλλήλοις, ἐν ἄστει μὲν ἀστυ- 5
νόμον, ἐν ἀγρῷ δὲ ἀγρονόμον ἐπάγων ὁ βουλόμενος ταξάσθω
τί χρὴ ποιεῖν ἑκάτερον· ὁ δὲ μὴ ἐμμένων ἐν τῇ τάξει φθόνου
θ' ἅμα καὶ δυσκόλου ψυχῆς ὑπεχέτω δίκην, καὶ ὀφλὼν d
διπλάσιον τὸ βλάβος ἀποτινέτω τῷ βλαφθέντι, μὴ ἐθελήσας
τοῖς ἄρχουσιν πείθεσθαι.

Ὀπώρας δὲ δὴ χρὴ κοινωνίαν ποιεῖσθαι πάντας τοιάνδε
τινά. διττὰς ἡμῖν δωρεὰς ἡ θεὸς ἔχει χάριτος αὕτη, τὴν 5
μὲν παιδιὰν Διονυσιάδα ἀθησαύριστον, τὴν δ' εἰς ἀπόθεσιν
γενομένην κατὰ φύσιν. ἔστω δὴ περὶ ὀπώρας ὅδε νόμος
ταχθείς· Ὃς ἂν ἀγροίκου ὀπώρας γεύσηται, βοτρύων εἴτε
καὶ σύκων, πρὶν ἐλθεῖν τὴν ὥραν τὴν τοῦ τρυγᾶν ἀρκτούρῳ c
σύνδρομον, εἴτ' ἐν τοῖς αὑτοῦ χωρίοις εἴτε καὶ ἐν ἄλλων,
ἱερὰς μὲν πεντήκοντα ὀφειλέτω τῷ Διονύσῳ δραχμάς, ἐὰν
ἐκ τῶν ἑαυτοῦ δρέπῃ, ἐὰν δ' ἐκ τῶν γειτόνων, μνᾶν, ἐὰν δ'
ἐξ ἄλλων, δύο μέρη τῆς μνᾶς. ὃς δ' ἂν τὴν γενναίαν νῦν 5
λεγομένην σταφυλὴν ἢ τὰ γενναῖα σῦκα ἐπονομαζόμενα
ὀπωρίζειν βούληται, ἐὰν μὲν ἐκ τῶν οἰκείων λαμβάνῃ, ὅπως
ἂν ἐθέλῃ καὶ ὁπόταν βούληται καρπούσθω, ἐὰν δ' ἐξ ἄλλων
μὴ πείσας, ἑπομένως τῷ νόμῳ, τῷ μὴ κινεῖν ὅτι μὴ κατέθετο,
ἐκείνως ἀεὶ ζημιούσθω· ἐὰν δὲ δὴ δοῦλος μὴ πείσας τὸν 845
δεσπότην τῶν χωρίων ἅπτηταί του τῶν τοιούτων, κατὰ ῥᾶγα
βοτρύων καὶ σῦκον συκῆς ἰσαρίθμους πληγὰς τούτοις μαστι-
γούσθω. μέτοικος δὲ ὠνούμενος τὴν γενναίαν ὀπώραν
ὀπωριζέτω, ἐὰν βούληται, ἐὰν δὲ ξένος ἐπιδημήσας ὀπώρας 5
ἐπιθυμῇ φαγεῖν διαπορευόμενος τὰς ὁδούς, τῆς μὲν γενναίας
ἁπτέσθω, ἐὰν βούληται, μεθ' ἑνὸς ἀκολούθου χωρὶς τιμῆς,
ξένια δεχόμενος, τῆς δὲ ἀγροίκου λεγομένης καὶ τῶν τοι- b

d 6 παιδιὰν Grou: ποιδείαν libri   e 9 ἑπομένως ci Stephanus:
ἑπόμενος libri cum Eus.   νόμῳ] λόγῳ Eus.   a 1 ἐκείνως L
(ut vid : ἐκείνος Λ O Eus.   b 1 τῶν τοιούτων Λ : τὸν τοιούτον L O
et fecit Λ²

οὕτων ὁ νόμος εἰργέτω μὴ κοινωνεῖν ἡμῖν τοὺς ξένους· ἐὰν
δέ τις ἄίστωρ ὢν αὐτὸς ἢ δοῦλος ἅψηται, τὸν μὲν δοῦλον
πληγαῖς κολάζειν, τὸν δὲ ἐλεύθερον ἀποπέμπειν νουθετή-
5 σαντα καὶ διδάξαντα τῆς ἄλλης ὀπώρας ἅπτεσθαι τῆς εἰς
ἀπόθεσιν ἀσταφίδος οἴνου τε καὶ ξηρῶν σύκων ἀνεπιτηδείου
κεκτῆσθαι. ἀπίων δὲ πέρι καὶ μήλων καὶ ῥοῶν καὶ πάντων
c τῶν τοιούτων, αἰσχρὸν μὲν μηδὲν ἔστω λάθρᾳ λαμβάνειν,
ὁ δὲ ληφθεὶς ἐντὸς τριάκοντα ἐτῶν γεγονὼς τυπτέσθω καὶ
ἀμυνέσθω ἄνευ τραυμάτων, δίκην δ᾽ εἶναι ἐλευθέρῳ τῶν
τοιούτων πληγῶν μηδεμίαν. ξένῳ δὲ καθάπερ ὀπώρας ἐξέστω
5 καὶ τῶν τοιούτων μέτοχον εἶναι· ἐὰν δὲ πρεσβύτερος ὢν
ἅπτηται τούτων, φαγὼν αὐτοῦ καὶ ἀποφέρων μηδέν, καθάπερ
ὁ ξένος ταύτῃ κοινωνείτω τῶν τοιούτων ἁπάντων, μὴ πειθό-
d μενος δὲ τῷ νόμῳ κινδυνευέτω ἀναγώνιστος γίγνεσθαι περὶ
ἀρετῆς, ἐὰν εἰς τότε τὰ τοιαῦτα περὶ αὐτοῦ τοὺς τότε κριτάς
τις ἀναμιμνῄσκῃ.

Ὕδωρ δὲ πάντων μὲν τὸ περὶ τὰς κηπείας διαφερόντως
5 τρόφιμον, εὐδιάφθαρτον δέ· οὔτε γὰρ γῆν οὔτε ἥλιον οὔτε
πνεύματα, τοῖς ὕδασι σύντροφα τῶν ἐκ γῆς ἀναβλαστανόντων,
ῥᾴδιον φθείρειν φαρμακεύσεσιν ἢ ἀποτροπαῖς ἢ καὶ κλοπαῖς,
περὶ δὲ τὴν ὕδατος φύσιν ἐστὶ τὰ τοιαῦτα σύμπαντα δυνατὰ
e γίγνεσθαι· διὸ δὴ βοηθοῦ δεῖται νόμου. ἔστω τοίνυν ὅδε
περὶ αὐτοῦ· Ἄν τις διαφθείρῃ ἑκὼν ὕδωρ ἀλλότριον, εἴτε
καὶ πηγαῖον εἴτε καὶ συναγυρτόν, φαρμακείαις ἢ σκάμμασιν
ἢ κλοπαῖς, ὁ βλαπτόμενος δικαζέσθω πρὸς τοὺς ἀστυνόμους,
5 τὴν ἀξίαν τῆς βλάβης ἀπογραφόμενος· ἂν δέ τις ὄφλῃ
φαρμακείαις τισὶν βλάπτων, πρὸς τῷ τιμήματι καθηράτω τὰς
πηγὰς ἢ τἀγγεῖον τοῦ ὕδατος, ὅπῃπερ ἂν οἱ τῶν ἐξηγητῶν
νόμοι ἀφηγῶνται δεῖν γίγνεσθαι τὴν κάθαρσιν ἑκάστοτε καὶ
ἑκάστοις.

b 3 ἄίστωρ ὢν Λ: ἀιστορῶν fecit Λ² (o supra ω et add. acc.)
τὸν μὲν δοῦλον Λ²: των μεν δουλων Λ   b 6 ἀσταφίδος re vera Λ:
ὁσταφίδος Photius   d 5 οὔτε ἥλιον L (ut vid.) et in marg. γρ. Λ Ο:
οὔτε ὕδωρ Λ Ο   e 2 ἀλλότριον Λ Ο: ἀλλότριον ὂν L Ο²   e 8 ὑφη-
γῶνται ci. Ast

Περὶ δὲ συγκομιδῆς τῶν ὡραίων ἁπάντων, ἐξέστω τῷ 10
βουλομένῳ τὸ ἑαυτοῦ διὰ παντὸς τόπου κομίζεσθαι, ὅπῃπερ 846
ἂν ἢ μηδὲν μηδένα ζημιοῖ ἢ τριπλάσιον αὐτὸς κέρδος τῆς
τοῦ γείτονος ζημίας κερδαίνῃ, τούτων δὲ ἐπιγνώμονας τοὺς
ἄρχοντας γίγνεσθαι, καὶ τῶν ἄλλων ἁπάντων ὅσα τις ἂν
ἑκὼν ἄκοντα βλάπτῃ βίᾳ ἢ λάθρα, αὐτὸν ἢ τῶν αὐτοῦ τι, 5
διὰ τῶν αὐτοῦ κτημάτων, πάντα τὰ τοιαῦτα τοῖς ἄρχουσιν
ἐπιδεικνὺς τιμωρείσθω, μέχρι τριῶν μνῶν ὄντος τοῦ βλάβους·
ἐὰν δ' ἔγκλημά τῳ μεῖζον ἄλλῳ πρὸς ἄλλον γίγνηται, πρὸς
τὰ κοινὰ δικαστήρια φέρων τὴν δίκην τιμωρείσθω τὸν b
ἀδικοῦντα. ἐὰν δέ τις τῶν ἀρχόντων δοκῇ μετ' ἀδίκου
γνώμης κρίνειν τὰς ζημίας, τῶν διπλασίων ὑπόδικος ἔστω
τῷ βλαφθέντι· τὰ δὲ αὖ τῶν ἀρχόντων ἀδικήματα εἰς τὰ
κοινὰ δικαστήρια ἐπαγάγειν τὸν βουλόμενον ἑκάστων τῶν 5
ἐγκλημάτων. μυρία δὲ ταῦτα ὄντα καὶ σμικρὰ νόμιμα, καθ'
ἃ δεῖ τὰς τιμωρίας γίγνεσθαι, λήξεών τε πέρι δικῶν καὶ
προσκλήσεων καὶ κλητήρων, εἴτ' ἐπὶ δυοῖν εἴτ' ἐφ' ὁπόσων c
δεῖ καλεῖσθαι, καὶ πάντα ὁπόσα τοιαῦτά ἐστιν, οὔτ' ἀνο-
μοθέτητα οἷόν τ' εἶναι γέροντός τε οὐκ ἄξια νομοθέτου,
νομοθετούντων δ' αὐτὰ οἱ νέοι πρὸς τὰ τῶν πρόσθεν νομο-
θετήματα ἀπομιμούμενοι, σμικρὰ πρὸς μεγάλα, καὶ τῆς 5
ἀναγκαίας αὐτῶν χρείας ἐμπείρως ἴσχοντες, μέχριπερ ἂν
πάντα ἱκανῶς δόξῃ κεῖσθαι· τότε δὲ ἀκίνητα ποιησάμενοι,
ζώντων τούτοις ἤδη χρώμενοι μέτρον ἔχουσι.

Τὸ δὲ τῶν ἄλλων δημιουργῶν ποιεῖν χρὴ κατὰ τόδε. d
πρῶτον μὲν ἐπιχώριος μηδεὶς ἔστω τῶν περὶ τὰ δημιουργικὰ
τεχνήματα διαπονούντων, μηδὲ οἰκέτης ἀνδρὸς ἐπιχωρίου.
τέχνην γὰρ ἱκανήν, πολλῆς ἀσκήσεως ἅμα καὶ μαθημάτων
πολλῶν δεομένην, κέκτηται πολίτης ἀνὴρ τὸν κοινὸν τῆς 5
πόλεως κόσμον σῴζων καὶ κτώμενος, οὐκ ἐν παρέργῳ δεό-
μενον ἐπιτηδεύειν· δύο δὲ ἐπιτηδεύματα ἢ δύο τέχνας ἀκριβῶς

διαπονεῖσθαι σχεδὸν οὐδεμία φύσις ἱκανὴ τῶν ἀνθρωπίνων,
e οὐδ' αὖ τὴν μὲν αὐτὸς ἱκανὸς ἀσκεῖν, τὴν δὲ ἄλλον ἀσκοῦντα
ἐπιτροπεύειν. τοῦτ' οὖν ἐν πόλει ὑπάρχον δεῖ πρῶτον
γίγνεσθαι· μηδεὶς χαλκεύων ἅμα τεκταινέσθω, μηδ' αὖ
τεκταινόμενος χαλκευόντων ἄλλων ἐπιμελείσθω μᾶλλον ἢ τῆς
5 αὑτοῦ τέχνης, πρόφασιν ἔχων ὡς πολλῶν οἰκετῶν ἐπιμελού-
μενος ἑαυτῷ δημιουργούντων, εἰκότως μᾶλλον ἐπιμελεῖται δι'
847 ἐκείνων διὰ τὸ τὴν πρόσοδον ἐκεῖθεν αὑτῷ πλείω γίγνεσθαι
τῆς αὑτοῦ τέχνης, ἀλλ' εἰς μίαν ἕκαστος τέχνην ἐν πόλει
κεκτημένος ἀπὸ ταύτης ἅμα καὶ τὸ ζῆν κτάσθω. τοῦτον δὴ
τὸν νόμον ἀστυνόμοι διαπονούμενοι σῳζόντων, καὶ τὸν μὲν
5 ἐπιχώριον, ἐὰν εἴς τινα τέχνην ἀποκλίνῃ μᾶλλον ἢ τὴν τῆς
ἀρετῆς ἐπιμέλειαν, κολαζόντων ὀνείδεσί τε καὶ ἀτιμίαις,
μέχριπερ ἂν κατευθύνωσιν εἰς τὸν αὑτοῦ δρόμον, ξένων δὲ
ἄν τις ἐπιτηδεύῃ δύο τέχνας, δεσμοῖσί τε καὶ χρημάτων
b ζημίαις καὶ ἐκβολαῖς ἐκ τῆς πόλεως κολάζοντες, ἀναγκαζόντων
ἕνα μόνον ἀλλὰ μὴ πολλοὺς εἶναι. μισθῶν δὲ αὐτοῖς πέρι
καὶ τῶν ἀναιρέσεων τῶν ἔργων, καὶ ἐάν τις αὐτοὺς ἕτερος
ἢ 'κεῖνοί τινα ἄλλον ἀδικῶσι, μέχρι δραχμῶν πεντήκοντα
5 ἀστυνόμοι διαδικαζόντων, τὸ δὲ πλέον τούτου τὰ κοινὰ
δικαστήρια διακρινόντων κατὰ νόμον.

Τέλος δὲ ἐν τῇ πόλει μηδένα μηδὲν τελεῖν μήτε ἐξαγο-
μένων χρημάτων μήτ' εἰσαγομένων· λιβανωτὸν δὲ καὶ ὅσα
c πρὸς θεοὺς τὰ τοιαῦτα ἐστὶν ξενικὰ θυμιάματα, καὶ πορφύραν
καὶ ὅσα βαπτὰ χρώματα, μὴ φερούσης τῆς χώρας, ἢ περί
τινα ἄλλην τέχνην δεομένην ξενικῶν τινων εἰσαγωγίμων
μηδενὸς ἀναγκαίου χάριν μήτε τις ἀγέτω, μήτε αὖ τῶν ἐν
5 τῇ χώρᾳ ἀναγκαίων ἐμμένειν ἐξαγέτω· τούτων δ' αὖ πάντων
ἐπιγνώμονας εἶναι καὶ ἐπιμελητὰς τῶν νομοφυλάκων, πέντε
ἀφαιρεθέντων τῶν πρεσβυτέρων, τοὺς ἑξῆς δώδεκα.
d Περὶ δὲ ὅπλων καὶ ὅσα περὶ τὸν πόλεμον ἅπαντα ὄργανα,

e 1 ἱκανὸς Λ O Stob. : ἱκανῶς vulg.   e 6 δι᾽ Λ O : om. vulg. (τὸ
δι᾽ ἔν τισιν ὠβέλισται in marg. O)

ἐάν τινος ἢ τέχνης εἰσαγωγίμου δέῃ γίγνεσθαι ἢ φυτοῦ ἢ
μεταλλευτικοῦ κτήματος ἢ δεσμευτικοῦ ἢ ζῴων τινῶν ἕνεκα
τῆς τοιαύτης χρείας, ἵππαρχοι καὶ στρατηγοὶ τούτων ἔστωσαν
κύριοι εἰσαγωγῆς τε καὶ ἐξαγωγῆς, διδούσης τε ἅμα καὶ   5
δεχομένης τῆς πόλεως, νόμους δὲ περὶ τούτων νομοφύλακες
τοὺς πρέποντάς τε καὶ ἱκανοὺς θήσουσι· καπηλείας δὲ ἕνεκα
χρηματισμῶν μήτε οὖν τούτου μήτε ἄλλου μηδενὸς ἐν τῇ
χώρᾳ ὅλῃ καὶ πόλει ἡμῖν γίγνεσθαι.   e

Τροφῆς δὲ καὶ διανομῆς τῶν ἐκ τῆς χώρας ἐγγὺς τῆς
τοῦ Κρητικοῦ νόμου ἔοικεν ὀρθότης ἄν τις γιγνομένη κατὰ
τρόπον γίγνεσθαι. δώδεκα μὲν γὰρ δὴ μέρη τὰ πάντα ἐκ
τῆς χώρας γιγνόμενα νέμειν χρεὼν πάντας, ᾗπερ καὶ ἀνα-   5
λωτέα· τὸ δὲ δωδέκατον μέρος ἕκαστον—οἷον πυρῶν καὶ
κριθῶν, οἷσιν δὴ καὶ τὰ ἄπαντα ἀκολουθείτω τὰ ἄλλα ὡραῖα
νεμόμενα, καὶ ὅσα ζῷα σύμπαντα πράσιμα ἐν ἑκάστοις ᾖ—   848
τριχῇ διαιρείσθω κατὰ λόγον, ἓν μὲν μέρος τοῖς ἐλευθέροις,
ἓν δὲ τοῖς τούτων οἰκέταις· τὸ δὲ τρίτον δημιουργοῖς τε καὶ
πάντως τοῖς ξένοις, οἵ τέ τινες αὖ τῶν μετοικούντων ὦσι
συνοικοῦντες τροφῆς ἀναγκαίου δεόμενοι, καὶ ὅσοι χρείᾳ τινὶ   5
πόλεως ἤ τινος ἰδιωτῶν εἰσαφικνοῦνται ἑκάστοτε, πάντων
τῶν ἀναγκαίων ἀπονεμηθὲν τρίτον μέρος ὤνιον ἐξ ἀνάγκης
ἔστω τοῦτο μόνον, τῶν δὲ δύο μερῶν μηδὲν ἐπάναγκες ἔστω
πωλεῖν. πῶς οὖν δὴ ταῦτα ὀρθότατα νέμοιτ' ἄν; πρῶτον   b
μὲν δῆλον ὅτι τῇ μὲν ἴσα, τῇ δ' οὐκ ἴσα νέμομεν.

ΚΛ. Πῶς λέγεις;

ΑΘ. Χείρω που καὶ βελτίω τούτων ἕκαστα ἀνάγκη φύειν
καὶ ἐκτρέφειν τὴν γῆν.   5

ΚΛ. Πῶς γὰρ οὔ;

ΑΘ. Τῷ μὲν τοίνυν τοιούτῳ τῶν μερῶν, τριῶν ὄντων, μηδὲν

d 4 στρατηγοὶ L ut vid. O² στρατικοὶ Λ · στρατικοὶ O   e 7 τὰ
(post καὶ) secl. ci. Stallbaum   a 1 πράσιμα ἐν] πράσιμ' ἂν Ast : aut
ὦν' ἂν scribendum aut ἢ delendum ci. Stallbaum   a 4 αὖ τῶν
scripsi : αὐτῶν Λ O : ἂν τῶν O²   a 5 ὅσοι χρείᾳ O² : ὅσαι χρείαὶ
Λ L O

πλέον ἐχέτω μήτε τοῖς δεσπόταις ἢ δούλοις νεμόμενον, μήτε
αὖ τὸ τῶν ξένων, ἀλλὰ τὴν τῆς ὁμοιότητος ἰσότητα ἡ νομὴ
c πᾶσιν ἀποδιδότω τὴν αὐτήν· λαβὼν ἕκαστος τῶν πολιτῶν τὰ
δύο μέρη κύριως ἔστω τῆς νομῆς δούλοις τε καὶ ἐλευθέροις,
ὁπόσ' ἂν καὶ ὁποῖα βούληται διανέμειν. τὸ δὲ πλέον τούτων
μέτροις τε καὶ ἀριθμῷ τῇδε χρὴ διανέμεσθαι· λαβόντα τὸν
5 ἀριθμὸν πάντων τῶν ζῴων οἷς ἐκ τῆς γῆς δεῖ τὴν τροφὴν
γίγνεσθαι, διανέμειν.

Τὸ δὲ μετὰ τοῦτο αὐτοῖς οἰκήσεις δεῖ χωρὶς διατεταγμένας
εἶναι· τάξις δὲ ἥδε πρέπει τοῖς τοιούτοις. δώδεκα κώμας
εἶναι χρή, κατὰ μέσον τὸ δωδεκατημόριον ἕκαστον μίαν, ἐν
d τῇ κώμῃ δὲ ἑκάστῃ πρῶτον μὲν ἱερὰ καὶ ἀγορὰν ἐξῃρῆσθαι
θεῶν τε καὶ τῶν ἑπομένων θεοῖς δαιμόνων, εἴτε τινὲς ἔντοποι
Μαγνήτων εἴτ' ἄλλων ἱδρύματα παλαιῶν μνήμῃ διασεσω-
μένων εἰσίν, τούτοις ἀποδιδόντας τὰς τῶν πάλαι τιμὰς
5 ἀνθρώπων, Ἑστίας δὲ καὶ Διὸς Ἀθηνᾶς τε, καὶ ὃς ἂν
ἀρχηγὸς ᾖ τῶν ἄλλων τοῦ δωδεκάτου ἑκάστου μέρους, ἱερὰ
πανταχοῦ ἱδρύσασθαι. πρῶτον δὲ οἰκοδομίας εἶναι περὶ τὰ
e ἱερὰ ταῦτα, ὅπῃ ἂν ὁ τόπος ὑψηλότατος ᾖ, τοῖς φρουροῖς
ὑποδοχὴν ὅτι μάλιστα εὐερκῆ· τὴν δὲ ἄλλην χώραν κατα-
σκευάζειν πᾶσαν δημιουργῶν τριακαίδεκα μέρη διελομένους,
καὶ τὸ μὲν ἐν ἄστει κατοικίζειν, διελομένους αὖ καὶ τοῦτο
5 εἰς τὰ δώδεκα μέρη τῆς πόλεως ἁπάσης, ἔξω τε καὶ ἐν κύκλῳ
καταγεμηθέντας, ἐν τῇ κώμῃ δὲ ἑκάστῃ τὰ πρόσφορα γεωργοῖς
γένη τῶν δημιουργῶν συνοικίζειν. τοὺς δ' ἐπιμελητὰς εἶναι
τούτων πάντων τοὺς τῶν ἀγρονόμων ἄρχοντας, ὅσων τε καὶ
ὧντινων ὁ τόπος ἕκαστος δεῖται, καὶ ὅπου κατοικοῦντες
10 ἀλυπότατοί τε καὶ ὠφελιμώτατοι ἔσονται τοῖσιν γεωργοῖσι.
849 τῶν δὲ ἐν ἄστει κατὰ τὰ αὐτὰ ἐπιμεληθῆναι καὶ ἐπιμελεῖσθαι
τὴν τῶν ἀστυνόμων ἀρχήν.

b8 τοῖς A L O : τὸ τοῖς (τὸ s. v.) O²   c1 λαβὼν A O : λαβὼν
δ' vulg.   d4 διασεσωμένων re vera A : διασεσωσμένων fecit a (σ s. v.)
d5 δὲ] τε fecit O² (τ s. v.)   e6 γεωργοῖς A · γεωργοῖσι vulg.
e7 γένη τῶν L (ut vid.) O² : μενοητων A : μὲν ῥητῶν fecit A²   e10 γεωρ-
γοῖσι Λ O · γεωργοῦσι L et fecit O² (υ s. v.)

Τοῖς δὲ δὴ ἀγορανόμοις τὰ περὶ ἀγορὰν που δεῖ ἕκαστα
μέλειν· ἡ δ' ἐπιμέλεια, μετὰ τὴν τῶν ἱερῶν ἐπίσκεψιν τῶν
κατ' ἀγορὰν μή τις ἀδικῇ τι, τῆς τῶν ἀνθρώπων χρείας τὸ 5
δεύτερον ἂν εἴη, σωφροσύνης τε καὶ ὕβρεως ἐπισκόπους ὄντας
κολάζειν τὸν δεόμενον κολάσεως. τῶν δὲ ὠνίων, πρῶτον
μὲν τὰ περὶ τοὺς ξένους ταχθέντα πωλεῖν τοῖς ἀστοῖς σκοπεῖν
εἰ γίγνεται κατὰ τὸν νόμον ἕκαστα. νόμος δ' ἑκάστῳ μηνὸς b
τῇ νέᾳ ὧν δεῖ πραθῆναι τὸ μέρος τοῖς ξένοις ἐξάγειν τοὺς
ἐπιτρόπους, ὅσοι τοῖς ἀστοῖς ξένοι ἢ καὶ δοῦλοι ἐπιτρο-
πεύουσι, δωδεκατημόριον πρῶτον τοῦ σίτου, τὸν δὲ ξένον
εἰς πάντα τὸν μῆνα ὠνεῖσθαι σῖτον μὲν καὶ ὅσα περὶ σῖτον 5
ἀγορᾷ τῇ πρώτῃ· δεκάτῃ δὲ τοῦ μηνὸς τὴν τῶν ὑγρῶν οἱ μὲν
πρᾶσιν, οἱ δὲ ὠνὴν ποιείσθωσαν δι' ὅλου τοῦ μηνὸς ἱκανήν·
τρίτῃ δὲ εἰκάδι τῶν ζῴων ἔστω πρᾶσις, ὅσα πρατέα ἑκάστοις c
ἢ ὠνητέα αὐτοῖς δεομένοις, καὶ ὁπόσων σκευῶν ἢ χρημάτων
γεωργοῖς μὲν πρᾶσις, οἷον δερμάτων ἢ καὶ πάσης ἐσθῆτος
ἢ πλοκῆς ἢ πιλήσεως ἤ τινων ἄλλων τοιούτων, ξένοις δὲ
ἀναγκαῖον ὠνεῖσθαι παρ' ἄλλων κτωμένοις. καπηλείας δὲ 5
τούτων ἢ κριθῶν ἢ πυρῶν εἰς ἄλφιτα νεμηθέντων, ἢ καὶ τὴν
ἄλλην σύμπασαν τροφήν, ἀστοῖς μὲν καὶ τούτων δούλοις μήτε
τις πωλείτω μήτε ὠνείσθω παρὰ τοιούτου μηδεὶς μηδενός, ἐν
δὲ ταῖς τῶν ξένων ξένος ἀγοραῖς πωλείτω τοῖς δημιουργοῖς d
τε καὶ τούτων δούλοις, οἴνου τε μεταβαλλόμενος καὶ σίτου
πρᾶσιν, ὃ δὴ καπηλείαν ἐπονομάζουσιν οἱ πλεῖστοι· καὶ
ζῴων διαμερισθέντων μάγειροι διατιθέσθων ξένοις τε καὶ
δημιουργοῖς καὶ τούτων οἰκέταις. πᾶσαν δὲ ὕλην καύσιμον 5
ὁσημέραι ξένος ὁ βουληθεὶς ὠνείσθω μὲν ἀθρόαν παρὰ τῶν
ἐν τοῖς χωρίοις ἐπιτρόπων, πωλείτω δὲ αὐτὸς τοῖς ξένοις,
καθ' ὅσον ἂν βούληται καὶ ὁπόταν βούληται. τῶν δὲ ἄλλων e
χρημάτων πάντων καὶ σκευῶν ὁπόσων ἑκάστοισι χρεία,

a 3 δὴ ἀγορανόμοις τὰ περὶ ἀγοράν L O² : δι' ἀγοράν Λ Ο   a 5 τὸ
Λ Ο : τὸ δὲ vulg.   b 1 δ' ἑκάστῳ Λ L Ο : δὲ ἔστω vulg. : δ' ἑκάστου
Hermann   b 6 δεκάτῃ Λ Ο : τῇ δεκάτῃ L   c 2 αὐτοῖς] αὖ
τοῖς Ast   καὶ om. A O . add. s. v. Λ²   e 1 ται κ . ὁπόταν βούλη
in marg. Λ : om. Λ cum pr. O

πωλεῖν εἰς τὴν κοινὴν ἀγορὰν φέροντας εἰς τὸν τόπον
ἕκαστον, ἐν οἷς ἂν νομοφύλακές τε καὶ ἀγορανόμοι, μετ'
5 ἀστυνόμων τεκμηράμενοι ἕδρας πρεπούσας, ὅρους θῶνται
τῶν ὠνίων, ἐν τούτοις ἀλλάττεσθαι νόμισμά τε χρημάτων
καὶ χρήματα νομίσματος, μὴ προϊέμενον ἄλλον ἑτέρῳ τὴν
ἀλλαγήν· ὁ δὲ προέμενος ὡς πιστεύων, ἐάντε κομίσηται
καὶ ἂν μή, στεργέτω ὡς οὐκέτι δίκης οὔσης τῶν τοιούτων
850 περὶ συναλλάξεων. τὸ δὲ ὠνηθὲν ἢ πραθὲν ὅσῳ πλέον ἂν ᾖ
καὶ πλέονος ἢ κατὰ τὸν νόμον, ὃς εἴρηκεν πόσου προσγενο-
μένου καὶ ἀπογενομένου δεῖ μηδέτερα τούτων ποιεῖν, ἀναγρα-
φήτω τότ' ἤδη παρὰ τοῖς νομοφύλαξιν τὸ πλέον, ἐξαλειφέσθω
5 δὲ τὸ ἐναντίον. τὰ αὐτὰ δὲ καὶ περὶ μετοίκων ἔστω τῆς
ἀναγραφῆς πέρι τῆς οὐσίας. ἰέναι δὲ τὸν βουλόμενον εἰς
τὴν μετοίκησιν ἐπὶ ῥητοῖς, ὡς οἰκήσεως οὔσης τῶν ξένων τῷ
b βουλομένῳ καὶ δυναμένῳ κατοικεῖν, τέχνην κεκτημένῳ καὶ
ἐπιδημοῦντι μὴ πλέον ἐτῶν εἴκοσιν ἀφ' ἧς ἂν γράψηται,
μετοίκιον μηδὲ σμικρὸν τελοῦντι πλὴν τοῦ σωφρονεῖν, μηδὲ
ἄλλο αὖ τέλος ἕνεκά τινος ὠνῆς ἢ καὶ πράσεως· ὅταν δ'
5 ἐξήκωσιν οἱ χρόνοι, τὴν αὑτοῦ λαβόντα οὐσίαν ἀπιέναι.
ἐὰν δ' ἐν τοῖς ἔτεσι τούτοις αὐτῷ συμβῇ λόγου ἀξίῳ πρὸς
εὐεργεσίαν τῆς πόλεως γεγονέναι τινὰ ἱκανήν, καὶ πιστεύῃ
πείσειν βουλὴν καὶ ἐκκλησίαν, ἤ τινα ἀναβολὴν τῆς ἐξοι-
c κήσεως ἀξιῶν αὑτῷ γίγνεσθαι κυρίως, ἢ καὶ τὸ παράπαν διὰ
βίου τινὰ μονήν, ἐπελθὼν καὶ πείσας τὴν πόλιν, ἅπερ ἂν πείσῃ,
ταῦτα αὐτῷ τέλεα γιγνέσθω. παισὶ δὲ μετοίκων, δημιουργοῖς
οὖσι καὶ γενομένοις ἐτῶν πεντεκαίδεκα, τῆς μὲν μετοικίας
5 ἀρχέτω χρόνος ὁ μετὰ τὸ πέμπτον καὶ δέκατον ἔτος, ἐπὶ
τούτοις δὲ εἴκοσιν ἔτη μείνας, ἴτω ὅπῃ αὐτῷ φίλον, μένειν
δὲ ἂν βούληται, κατὰ τὰ αὐτὰ μενέτω πείσας· ὁ δὲ ἀπιὼν
d ἐξαλειψάμενος ἴτω τὰς ἀπογραφάς, αἵτινες ἂν αὐτῷ παρὰ
τοῖς ἄρχουσιν γεγραμμέναι πρότερον ὦσιν.

b 1 κατοικεῖν Λ Ι. Ο : μετοικεῖν O² (μετ s. v.)   b 6 ἐν τοῖς] γρ.
ἀπ' ὀρθώσεως· ἐὰν δ' ἐντὸς τοῖς ἔτεσι τούτοις in marg. L O   c 6 μείνας
ἴτω Λ (ut vid.) L et in marg. γρ. Λ' O · in textu μεινάτω O et fecit Λ²

OXFORD CLASSICAL TEXTS

GREEK
All prices are net

	Cloth	India Paper
AESCHYLUS. A. Sidgwick. Second edition	4s 6d	
ANTONINUS. J. H. Leopold	4s	
APOLLONIUS RHODIUS. R. C. Seaton	4s	
ARISTOPHANES. F. W. Hall, W. M. Geldart		10s 6d
I. *Ach., Eq., Nubes, Vesp., Pax, Aves.* Second edition	4s 6d	
II. *Lys., Thesm., Ran., Eccl., Plutus, Fragmenta.* Sec. ed.	4s 6d	
ARISTOTLE. J. Bywater, F. G. Kenyon		
De Arte Poetica. Second edition	3s	
De Caelo	7s 6d	
Ethica. (On quarto writing paper, 10s. 6d.)	5s	
Atheniensium Respublica	3s 6d	
BUCOLICI GRAECI. U. v. Wilamowitz-Moellendorff	4s	6s
DEMOSTHENES		
I. *Orationes* I–XIX. S. H. Butcher	5s 6d	
II. i. *Orationes* XX–XXVI. S. H. Butcher	4s 6d	
II. ii. *Orationes* XXVII–XL. W. Rennie	4s 6d ⎱ 15s
III. *Or.* XLI–LXI; *Prooemia; Epistulæ.* W. Rennie	6s ⎰
EURIPIDES. G. G. A. Murray		15s
I. *Cyc., Alc., Med., Heracl., Hip., Andr., Hec.*	4s 6d	
II. *Suppl., Herc., Ion, Tro., El., I. T.* Third ed.	4s 6d	
III. *Hel., Phoen., Or., Bacch., Iph. Aul., Rhesus*	4s 6d	6s
HELLENICA OXYRHYNCHIA *cum Theopompi et Cratippi fragmentis.* B. P. Grenfell, A. S. Hunt	5s 6d	
HERODOTUS. K. Hude. Second edition		
I (Books I–IV)	5s 6d ⎱ 15s
II (Books V–IX)	5s 6d ⎰
HOMER		15s
I–II. *Iliad.* D. B. Monro, T. W. Allen		
Books I–XII. Second edition	4s ⎱ 8s 6d
Books XIII–XXIV. Third edition	4s ⎰
III–IV. *Odyssey.* T. W. Allen		
Books I–XII. Second edition	4s ⎱ 8s 6d
Books XIII–XXIV. Second edition	4s ⎰
V. Hymns, &c. T. W. Allen	5s 6d	
HYPERIDES. F. G. Kenyon	4s 6d	
LONGINUS. A. O. Prickard	3s 6d	

All prices are net

	Cloth	India Paper
LYSIAS. K. Hude	4s 6d	
PINDAR. C. M. Bowra	8s 6d	

PLATO. J. Burnet

	Cloth	India Paper
I–III	20s	
IV–V	20s	
I. *Euth.,Apol.,Crit.,Ph.; Crat. Tht.,Soph.,Polit.* Ed.2	7s 6d	
II. *Par.,Phil.,Symp.,Phdr.; Alc.I,II,Hipp.,Am.* Ed. 2	7s 6d	
III. *Thg., Chrm., Laches, Lysis ; Euthd., Prot., Gorg., Meno ; Hp. Ma. et Min., Io, Mnx.*	7s 6d	
IV. *Clitopho, Respublica, Timaeus, Critias*	8s 6d	
Republic separately (4to with margin, 12s 6d)	7s 6d	8s 6d
V. *Minos, Leges ; Ep., Epp., Def., Spuria*	9s 6d	
SOPHOCLES, *Fabulae.* A. C. Pearson	6s 6d	8s
THEOPHRASTUS, *Characteres.* H. Diels	4s 6d	

THUCYDIDES. H. Stuart Jones

	Cloth	India Paper
Books I–IV	4s 6d	
Books V–VIII. Second edition	4s 6d	10s 6d

XENOPHON. E. C. Marchant

	Cloth	India Paper
I–V		21s
I. *Historia Graeca,* Ed. 2, and III. *Anabasis*	each 4s	
II. *Libri Socratici* and IV. *Institutio Cyri*	each 4s 6d	
V. *Opuscula*	7s 6d	

LATIN

	Cloth	India Paper
ASCONIUS. A. C. Clark	4s 6d	
CAESAR, COMMENTARII. R. L. A. Du Pontet		10s
I. *Bellum Gallicum*	3s 6d	
II. *Bellum Civile*	4s	
CATULLUS. R. Ellis	3s 6d	
With *Tibullus* and *Propertius*		10s 6d
CICERO, EPISTULAE. L. C. Purser		21s
I. *ad Fam.*	7s 6d	
II. *ad Att., Pars* i (1–8), *Pars* ii (9–16)	each 5s 6d	
III. *ad Q. F., ad M. Brut., Fragm.*	4s	

ORATIONES. A. C. Clark and W. Peterson

	Cloth	India Paper
Rosc. Am., I. Pomp., Clu., Cat., Mur., Cael. Clark	4s	
Pro Milone, Caesarianae, Philippicae. Clark. Ed. 2	4s	21s
Verrinae. Peterson. Second edition	5s	
Quinct., Rosc. Com., Caec., Leg. Agr., Rab. Perduell., Flacc., Pis., Rab. Post. Clark	4s	
Post Reditum, De Domo, Har. Resp., Sest., Vat., Prov. Cons., Balb. Peterson	4s	
Tull., Font., Sull., Arch., Planc. Scaur. Clark	3s 6d	

CICERO (*cont.*)

RHETORICA. A. S. Wilkins

I. *De Oratore*	4s	
II. *Brutus*, &c.	4s 6d	

HORACE. E. C. Wickham. Ed. 2. H. W. Garrod	4s	6s
ISIDORI ETYMOLOGIAE. W. M. Lindsay. Two vols.	20s	25s

LIVY. R. S. Conway and C. F. Walters

Books I–V	7s 6d	
Books VI–X	7s 6d	10s 6d
Books XXI–XXV	6s	
Books XXVI–XXX R. S. Conway and S. K. Johnson	8s 6d	

LUCRETIUS. C. Bailey	5s	7s 6d
MARTIAL. W. M. Lindsay	7s 6d	
NEPOS. E. O. Winstedt	3s	
OVID, *Tristia, Epistulae ex Ponto*, &c. S. G. Owen	4s	
PERSIUS and JUVENAL. S. G. Owen. Second ed.	4s	
PHAEDRUS, *Fabulae.* J. P. Postgate	6s	

PLAUTUS. W. M. Lindsay

I. *Amphitruo–Mercator*	7s 6d }	16s
II. *Miles Gloriosus–Fragmenta*	7s 6d }	

PROPERTIUS. J. S. Phillimore. Ed. 2. (I.P., see Catullus)	4s	

STATIUS

Silvae. J. S. Phillimore. Second edition	4s 6d	
Thebais and *Achilleis.* H. W. Garrod	7s 6d	

TACITUS

Annales. C. D. Fisher	7s 6d }	
Historiae. C. D. Fisher	5s }	16s
Opera Minora. H. Furneaux	3s }	

TERENCE. W. M. Lindsay and R. Kauer. Second ed.	5s	7s 6d
TIBULLUS. J. P. Postgate. Ed. 2 (I.P., see Catullus)	3s	
VELLEIUS PATERCULUS. R. Ellis	5s	
VIRGIL. Sir Arthur Hirtzel	4s 6d	6s
APPENDIX VERGILIANA. R. Ellis	5s	

The Oxford Greek Testament, 5s net (I. P. 7s 6d net; on quarto writing paper
12s 6d net); Dr. Souter's Pocket Lexicon to the above, 3s 6d net (I. P.
5s 6d net); The New Testament in Latin, 3s net (I. P. 4s 6d net).

All prices are subject to alteration without notice

OXFORD UNIVERSITY PRESS

Amen House   Warwick Square   London, E.C. 4

Lightning Source UK Ltd.
Milton Keynes UK
UKHW020706250722
406332UK00006B/648